大学化学实验丛书

综合化学实验

李　珺　张逢星　李剑利　主编

国家基础科学人才培养基金(J0830417,J1103311)
国家级化学特色专业
国家级无机化学与分析化学教学团队
陕西省人才培养模式创新实验区项目　　资助出版
陕西省化学专业实验课教学团队
西北大学“211”基础实验室建设项目
西北大学质量工程项目

科学出版社
北　京

内 容 简 介

本书分为概论、基本型综合实验、应用型综合实验、研究型综合实验与科研探索计划、附录五个部分，收录编写了49个实验，8个专题。

概论介绍了综合化学实验课程的基本要求，实验室必备的环境保护和安全知识。基本型综合实验和应用型综合实验部分采取专题带实验项目的模式。研究型综合实验与科研探索计划则以课题模式领衔，给出一些热点方向的背景、示范实验和拓展导引等，与学生创新研究活动结合在一起，构成学生科学研究训练计划。

本书可作为高等学校理工科化学、应用化学等专业高年级化学实验教材以及研究生的实验参考书。

图书在版编目(CIP)数据

综合化学实验/李珺，张逢星，李剑利主编. —北京：科学出版社，2011.9
(大学化学实验丛书)

ISBN 978-7-03-032339-2

Ⅰ.①综… Ⅱ.①李…②张…③李… Ⅲ.①化学实验-高等学校-教材 Ⅳ.①O6-3
中国版本图书馆CIP数据核字(2011)第185450号

责任编辑：陈雅娴 丁 里/责任校对：包志虹
责任印制：赵 博/封面设计：华路天然工作室

科学出版社出版
北京东黄城根北街16号
邮政编码：100717
http://www.sciencep.com
北京凌奇印刷有限责任公司印刷
科学出版社发行 各地新华书店经销
*
2011年9月第 一 版 开本：787×1092 1/16
2025年1月第五次印刷 印张：20
字数：515 000

定价：42.00元

(如有印装质量问题，我社负责调换)

《大学化学实验丛书》

编写委员会

《大学化学实验丛书》编写说明

2006年西北大学化学实验教学中心被评为国家级实验教学示范中心。以此为契机，学院深化教学改革，进一步明确化学本科人才培养的目标，即培养具有扎实的化学基础和一定的生命科学与材料科学知识背景，实验技能强、综合素质高，受到系统科研训练、具有自主学习能力、实践能力、探索精神、创新能力和合作精神的高素质本科生，以强化实践教学为原则，育人为本、加强基础、注重交叉、突出创新、提高素质、体现特色。以此为指导，构建了“三层面、双系统、多途径实验课程新体系”。所谓三层面是指：第一层面，基础化学实验，包括基础化学实验Ⅰ(无机化学与化学分析实验)、基础化学实验Ⅱ(有机化学实验)、基础化学实验Ⅲ(物理化学实验)、基础化学实验Ⅳ(仪器分析实验)，主要训练学生单元操作的能力，对基本技能进行训练；第二层面，综合化学实验平台，主要训练学生连接单元操作、设计实验、分析未知物等能力，对研究方法和思维能力进行训练；第三层面，创新研究实验平台，包括创新研究实验Ⅰ(化学生物学实验)和创新研究实验Ⅱ(材料化学实验)，开设生命科学和材料科学等领域代表化学学科发展方向的实验，使学生对学科的发展方向和科研工作的一般规律有所认识，拓展科研思路，培养其科学素养和从事科研工作的能力。

《大学化学实验丛书》是西北大学化学国家级实验教学示范中心建设的重要成果。丛书由7本实验教材和2本手册组成，分别为《基础化学实验Ⅰ(无机化学与化学分析实验)》、《基础化学实验Ⅱ(有机化学实验)》、《基础化学实验Ⅲ(物理化学实验)》、《基础化学实验Ⅳ(仪器分析实验)》、《综合化学实验》、《创新研究实验Ⅰ(化学生物学实验)》、《创新研究实验Ⅱ(材料化学实验)》、《化学实验基本技能手册》和《常用分析仪器使用手册》等。实验教材在内容上包括基础实验、综合实验和设计实验等。在三个不同层次的实验中，综合设计型实验的要求是：第一层次基础实验中，侧重于兴趣的提高和实验的延伸，为综合实验奠定基础；第二层次综合实验中，侧重于二级学科的融合和单元操作的衔接；第三层次创新研究实验中，注重学科前沿和科学研究能力的培养。《化学实验基本技能手册》注重基础能力的培养，《常用分析仪器使用手册》注重开拓学生研究视野，培养创新意识和实际操作能力。

《大学化学实验丛书》由西北大学组织，南京大学、中山大学、西北农林科技大学、西安交通大学、第四军医大学、陕西省进出口检验检疫局、西安近代化学研究所、咸阳师范学院、陕西省环境监测中心站等联合编写，适合于各层次理工科专业的化学实验教学。

本套《大学化学实验丛书》受到国家基础科学人才培养基金(J0830417，J1103311)、国家级化学特色专业、国家级无机化学与分析化学教学团队、陕西省人才培养模式创新实验区项目、陕西省化学专业实验课教学团队、西北大学“211”基础实验室建设项目、西北大学质量工程项目等项目资助。

由于编者的水平和经验有限，书中难免有疏漏和不妥之处，敬请读者批评指正。

《大学化学实验丛书》编写委员会

2011 年 6 月

前　言

《大学化学实验丛书》共九册。第一、二、三、四册分别对应第一层次基础化学实验课程，主要培养学生单元操作的能力，对基本技能进行训练。第五册对应综合化学实验课程，主要培养学生连接单元操作、设计实验、分析未知物等能力，对研究方法和思维能力进行训练。第六、七册分别对应第三层次创新研究实验课程，对学生进行科研全过程的训练，使学生对学科的发展方向和科研工作的一般规律有所认识，拓展科研思路，培养其科学素养和从事科研工作的能力。第八、九册为手册。前言注重基础能力的培养，后者注重开拓学生研究视野，培养创新意识和实际操作能力。

本书是第五册《综合化学实验》。西北大学化学实验教学中心于 1999 年开始设立综合化学实验课程，2003 年在西北大学出版社曾出版同名教材。2007 年该课程获得陕西省高校质量工程教学改革立项资助，2009 年该课程获批为陕西省精品课程。以此为契机，编者进行了新一轮课程内容的改革与探索，同时总结课程开设 12 年来的实践，编写了全新的《综合化学实验》教材。本书总结了该课程 12 年的教学积累，构建了新的课程体系，并努力适应化学学科研究水平的提高，通过实施多种形式的实验以及本科生各类各级创新基金，外延了课程作用，整体提升学生的综合素质和科研素养。

在构建新的课程体系时，编者力求体现如下三项指导思想：①综合化学实验作为开设在基础化学实验之后的多学科性和综合性实验课程，应担负培养学生综合应用化学知识和多种化学研究方法分析问题、解决问题的能力，实验内容着力体现实验训练的综合性；②化学学科作为实用性很强的学科，越来越多地与诸多学科融汇，形成交叉化学新分支，因此，实验内容还应适当追踪化学研究前沿，反映科研成果，增加交叉领域的实验项目；③创新思维和科学研究精神的培养始终是综合化学实验的教学主线，这使该课程成为全面、科学地培养学生的重要载体。故课程中应当设置多个环节，或在过程中体现科学研究思维和精神的培养，或采用实验背景知识将学生直接导引到较新科学研究领域，还可以结合学生早期进入科学研究实验室实习和各类各级创新基金项目，直接进入科学研究工作中。

基于上述指导思想，本书在精选实验项目的基础上，巧妙构思编排形式。全书共 4 章，第 1 章为实验课程概论，然后依基本型综合实验、应用型综合实验和研究型综合实验与科研探索计划三大类实验项目分别设第 2 章至第 4 章。在第 2 章和第 3 章中，采取专题带实验项目的模式，设立化合物合成与表征、配合物研究方法、苛刻条件下合成技术、分离技术与天然产物有效成分提取、应用电化学、精细化学品合成、绿色化学与绿色合成、功能材料 8 个专题；第 4 章则以课题模式领衔，给出一些热点方向的背景、示范实验和拓展导引等，与学生创新研究活动结合在一起，构成学生科学研究训练计划。

本书由西北大学李珺、张逢星和李剑利担任主编，李珺负责全书的策划和统稿，张逢星负责全书的审定；西北大学郭慧林、白泉和王兰英，西北农林科技大学王俊儒和张继文等参与了部分实验项目的提供或编写；西北大学综合化学实验课程组董绮功、南志祥、李恒欣等先后在实验项目编制中提供了素材和帮助。

吉林大学化学实验教学中心主任徐家宁组织教材审定组主审了教材，张寒琦、杨胥微、段海峰、朱万春、于苗、王莉以及张俊虎参加了教材审定，提出了许多宝贵意见，在此特致谢意。在本书编写过程中还参考了国内多本教材，在此一并感谢。

由于编者的水平和经验有限，书中难免有疏漏和不妥之处，敬请读者批评指正。

《综合化学实验》编写组

2011年6月

目　　录

第一章 概 论

综合化学实验课程是大学本科化学类专业必修的一门实验课程。目前，国内高校均将实验课程视为培养创新型人才的重要实践教学环节，20世纪90年代中后期才开设的综合化学实验课程，则促成了国内高校普遍实施的“基础化学实验—综合化学实验—研究化学实验”多层次一体化新型实验课程体系的建立。由此可见，综合化学实验作为新型实验体系的核心环节，上承基础化学实验，下启研究化学实验，具有重要的教学地位。本章作为综合化学实验课程的一个导引，介绍综合化学实验课程的基本要求以及教学实施特点，并简述实验室必备的环境保护和安全知识。

第一节 综合化学实验课程总述

一、综合化学实验体系的建立思想及其特点

综合化学实验是在学生完成基础化学实验，掌握化学实验基本原理和基本操作的基础上，在化学一级学科层面上开设的一门独立课程。其课程体系主要构筑在以下三个指导思想上：

首先，综合化学实验是一门深层次、多学科性、综合性实验技能训练的化学实验课程，除培养学生熟练掌握实验技能外，还能培养学生综合应用化学知识和多种化学研究方法，使学生能融会贯通“四大化学”，培养学生分析问题、解决问题的能力。因此，综合化学实验的综合性，着力体现实验训练的综合性。以化学研究对象——无机化合物、有机化合物或者二者结合的复合物及其具有一定应用性能的材料相为研究目标，从其合成、组成分析、结构表征到性能与应用，对学生进行系列的程序训练。相比于基础化学实验只是化学研究的片段训练，综合化学实验进入了一个新层次，这正是科学研究的完整过程训练，可以大大提升学生的科学研究思维和方法。

其次，化学学科作为实用和中心学科，越来越多地与诸多学科融汇，形成交叉化学新分支。而有关新分支前沿知识的理论课程教学多采用选修模式，便于追踪化学研究前沿，反映科研成果，但也形成课程设置的多变性。利用综合化学实验课程，选择交叉领域的实验项目，可以使学生受到这些方面的方法、技术和研究思维训练，大大增强了学生毕业后就业的适应性。

最后，创新思维和科学研究精神始终成为综合化学实验的教学主线，并着力使该课程成为全面、科学地培养学生的重要载体。本教材的编写，力争使实验各具一定目标，力争使多数实验具有培养科学研究思维和精神的作用，力争使某些典型实验介绍实验背景知识或实验拓展阅读文献，将学生直接引导到最新科学研究领域，为学生辟出一片科学研究耕耘之地，加之结合学生早期进入科学研究实验室实习和各类各级创新基金项目，直接拓宽到科学研究工作中。

基于上述指导思想，本教材在实验内容上着力体现以下几个特点：

(1) 综合化学实验内容的广泛性。实验内容既覆盖化学学科各二级分支学科，又包括环境化学、生物化学、材料化学以及精细化学等领域。

(2) 化学技能训练的综合性。综合化学实验第一个训练层次是继续完成学生在基础化学实验中未能接受的某些特殊化学实验操作，例如，无氧无湿操作、高温操作、高压操作等苛刻条件下的合成制备技术；第二个训练层次是选择一些研究方法实验，例如，热分析方法研究固体反应动力学，循环伏安法测定配合物稳定性，几何异构、键合异构和旋光异构体的制备和异构化动力学以及无机化合物和有机化合物的电化学合成等；第三个训练层次是努力实现化合物制备、结构表征和性能测试的综合性训练。通过这样的训练，学生较好地体会化学研究的整体过程，培养了科学素养，同时反复使用各类光谱和测试仪器，动手能力和分析问题的能力明显增强。

(3) 着力体现化学的应用性和实用性。化学科学的魅力之一在于其广泛地与许多学科融合渗透，与国计民生的许多部门密切联系，这也成为综合化学实验吸引学生的亮点之一。为此，在内容上选择精细化学品合成、材料合成与应用、生命体系中的化学以及环境化学等课题，借以向学生展示化学的应用魅力，同时也可以达到多交叉领域的初步实验训练的目的。

(4) 着眼学生科研能力培养的示范性和拓展性训练。选择化学研究中的热点课题，组成研究型实验板块。该板块中，每个实验代表一个热点领域，前有研究背景简介，后有拓展导引，中间为示范实验训练。示范训练实验来自科学研究成果转化，步骤多，实验时间长，表征测试完整，成为学生进行科学研究拓展工作的方法和步骤模板，有助于培养学生独立实验和分析问题的能力，将科学精神和科研素质培养溶于实验教学过程中。

为此，综合化学实验教材在编排上巧妙构思，将实验项目分章划块，设置为基本型综合实验、应用型综合实验和研究型综合实验 3 个模块。每一模块中，除了实验项目外，还穿插编有若干的专题。基本型综合实验模块里，给出化合物合成与表征、配合物研究方法以及苛刻条件下合成技术 3 个专题；应用型综合模块里，给出分离技术与天然产物有效成分分离提取、应用电化学、精细化学品合成、绿色化学与绿色合成及功能材料 5 个专题；研究型化学实验模块，则以课题形式编排，给出 10 个热点方向的背景、示范实验和拓展导引等。

二、综合化学实验课程的教学组织实施与基本要求

1. 综合化学实验课程的教学组织实施

综合化学实验课程采用循环实验项目安排。实验分为两个阶段：

第一阶段，学生单人单组完成基本型和应用型两类综合化学实验。一般为固定实验时间、台面和实验项目，多数实验项目完成时间为 8 h，少部分实验需要分为 2～3 实验单元，每个单元仍然为 8 h。可以设计为全部必修，也可以依学生兴趣或专业方向，由学生选择实验项目。综合型实验项目为化学类专业通修，应用型实验项目可由学生根据兴趣和专业方向特点自主选择。

第二阶段为研究型实验项目，一般为较大型的研究成果移植实验，实验时间为 16～24 h。为了训练学生团队合作精神，可以安排两位学生合作完成实验。至于拓展项目，可以采取学生创新研究基金或暑期科研夏令营形式，学生自主组合，申请项目，答辩批准后在实验室完成。

2. 综合化学实验课程的基本要求

综合化学实验课程旨在对学生进行较为系统的化学研究思维和科学精神训练，应当特别

注意发挥学生的主观能动性，从实验准备、实验过程到实验数据处理，最后提交完整的实验报告，都要体现严谨的科学态度。课程可以采用统一设计印刷的综合化学实验报告纸，如表 1.1 所示。该报告纸包括预习报告、实验过程记录和实验结果报告三部分。预习报告部分要求在进入实验室前完成，实验过程记录要求即时记载，不得由其他记录转记，按规定时间认真完成实验结果报告，每部分均在规定时间交指导教师批阅、签字。各阶段基本要求如下：

表 1.1 综合化学实验报告纸

综合化学实验报告

实验名称________________ 实验时间____年____月____日

学生姓名________ 年级________ 专业________ 同组学生姓名____________

Ⅰ. 预习报告(包括实验目的、合成与测试装置及原理、数据处理以及其他必要的实验数据)：

实验指导教师签字：________ ____年____月____日

Ⅱ. 实验过程记录(包括实验操作、实验现象的记录与解释、实验数据与信息记录。其中实验简要步骤和实验数据记录表格准备，作为预习要求检查)：

实验指导教师签字：________ ____年____月____日

Ⅲ. 实验结果报告(包括合成目标物品性、收率和组分分析报告，性能测试与数据处理过程与结果，所得结论及其讨论，实验建议与教材习题解答等)：

实验指导教师签字：________ ____年____月____日

Ⅳ. 教师对实验报告的评语及成绩：

实验指导教师签字：________ ____年____月____日

1）实验预习

实验前要认真预习，并查阅必要的数据和文献，清楚实验目的、原理以及所使用仪器和设备的操作方法，制订实验操作步骤，简明扼要地完成“预习报告”，并按每个实验特点，在“实验过程记录”中准备必要的数据记录表格。

2）实验过程

(1) 提前十分钟进入实验室，认真清理实验台面，检查实验所用仪器和试剂是否完整。如果有问题要及时报告指导教师，否则实验结束后，出现问题由自己负责。

(2) 实验过程要严格按实验要求和指导教师意见进行实验，操作仪器必须按照规定程序进行，否则出现仪器损坏等要按规定赔偿。实验中要始终保持实验室整洁，不乱扔乱放，养成良好的实验素养。

(3) 必须以严谨的态度对待实验，实验现象和数据必须当场记录，实验结束时必须请指导教师检查、签字。

(4) 实验结束后，整理实验台面，所用仪器要清理干净，摆放整齐，有使用登记册的要填写使用情况，并经指导教师验收、签字。

(5) 每次实验结束后安排值日生。值日生必须认真整理实验台面、实验边台，打扫实验室卫生，检查水电等。工作完毕后请实验指导教师检查，合格后方可离开实验室。

3）实验报告

按实验记录认真处理数据，对实验结果和结论进行必要的讨论，完成实验教材提出的思考题，最后完成实验报告。下次实验前交回上次实验报告。

3. 实验考核与成绩

实验课程作为实践教学环节，科学评价学生的实验成绩，是一项复杂而又十分必要的课程管理工作。综合化学实验的考核划分为 3 个阶段：通修综合型和应用型实验，作为平时实验成绩，建立量化考核指标体系，如表 1.2 所示，还可以进一步制订逐个实验结果和数据的评判等级，以使所给成绩尽可能科学合理；研究型实验，可采取学生论文汇报答辩方式，由学生和指导教师共同参与，给出成绩，可使学生受到科研论文写作、答辩等过程的训练；期末采用笔试方式，对实验中所涉及理论、实验环节及其实验操作等进行笔试，促进学生对实验由感性认识到理性认识的进一步飞跃。最后，由这三部分成绩依照一定比例计入课程总成绩。

表 1.2　综合化学实验学生平时成绩良好考核指标系统

实验		实验时间			学生姓名					
成绩*	A 级	B 级	C 级	D 级						
预习报告（10 分）	①实验原理清楚	有①、②、③、⑤项	有①、②、③项	有①、②项						
	②有实验过程示意									
	③有数据记录表格									
	④有必要数据查阅									
	⑤有主要仪器使用预习									
实验过程（50 分）	①实验台面整洁和环境卫生好	较整洁	一般	较差						
	②实验装置规范	较规范	一般	有损坏						
	③实验操作规范，仪器使用熟练	较规范	一般	较差						
	④实验记录规范	较规范	一般	较差						
	⑤实验结果优秀	良好	达标	不符合						
	⑥遵守纪律，实验态度好	能遵守	一般遵守	不遵守						
实验报告（40 分）	①实验数据处理规范	较规范	一般	较差						
	②有实验结果报告并给予科学、充分的解释	科学	合理	无或差						
	③有充分的实验讨论和建议，并能完成课后思考题	全有，较好	讨论好，未答思考题	全无						
综合分	* 成绩权重系数：A—1.0；B—0.8；C—0.7；D—0.5。满分 100 分									

第二节　实验室安全、实验防护与“三废”处理

化学实验室使用的药品和试剂种类繁多，许多化学药品具有易燃、易爆、有毒等特点，或具有腐蚀性，一些化学实验操作需要在高温、低温、高压或真空条件下进行，因此，化学实验室存在一定的不安全性，一旦发生事故，即会造成生命和财产的巨大损失。实验室工作人员，包括实验技术人员、教师和学生，不但需要有非常强烈的安全意识，还必须熟练掌握实验室一般的

安全防护措施和急救知识。

1. 安全事故分类及防护

化学实验室常见的事故包括火灾、爆炸、中毒、玻璃割伤、化学药品烧伤或腐蚀等。

1) 防火防爆的基本措施

实验室中需要经常使用易燃、易爆以及强氧化性的试剂、气体等，实验中还会进行加热、灼烧、蒸馏等实验操作，随时存在着火、爆炸的可能。使用这些物质时，最重要的是要注意不能有大量易燃、易爆物质，压力和热的积累和突然释放。在实验中，可采取以下措施进行防备：

(1) 控制易燃、易爆物质的使用。在满足实验、研究的条件下，尽量不用或少用化学危险品。特别是在选择有机溶剂时，尽量选用火灾、爆炸危险性低的替代品。

(2) 加强容器设备的密闭性，不能用开口或破损容器盛装易燃物质，容积较大而没有保护装置的玻璃容器不能贮存易燃液体，不耐压的容器不能充装压缩气体和加压液体。

(3) 通风后可燃物质在空气中的浓度一般会少于或等于爆炸下限的1/4，因此要加强通风。

(4) 不得用带有磨口塞的玻璃瓶盛装爆炸性物质；盛放化学危险品的容器必须清洗干净，以免与其他异物发生反应；使用惰性气体降低空气中氧的含量是防火防爆的基本原理，使用干燥爆炸性物质应在惰性气体保护下进行。

(5) 加强化学危险品的安全管理：①化学危险品必须贮存在专用仓库，应根据其危险特性与物性分类存放，不能混存；②易燃易爆的实验操作应在通风橱内进行，操作人员须穿戴相应的防护器具，实验完毕及时销毁残存的易燃易爆物，并按规定处理"三废"；③实验室废液不能随便倾倒与互混，有机溶剂会挥发并与空气形成爆炸性混合气体。

(6) 消除点火源：①尽量不使用明火对易燃液体加热，可采用过热水蒸气、密封电炉或其他加热设备；②易燃物不得存放在火焰、电加热器或其他热源附近，工作完毕，立即关闭所有热源；③避免摩擦和冲击；④防止电气火花；⑤实验室内严禁吸烟；⑥实验室用的电热板、电炉、烘箱等放在木制台面上时必须用耐火材料衬垫。

(7) 采取正确灭火方法。灭火的基本原则是破坏形成燃烧的3个条件，基本方法是：①隔离法；②冷却法；③窒息法；④化学中断法。另外，火灾发生后，除积极灭火外，还要限制火势蔓延，如无法及时灭火或阻止其蔓延，应进行疏散以减少人员的伤亡和财产的损失。

2) 防中毒的基本措施

大多数化学药品都有不同程度的毒性。有毒物质进入人体的途径有3种，即皮肤、消化道和呼吸道。为了预防和避免在实验室内使用毒性物质时的偶然中毒，最根本的是一切实验工作都应遵守安全规章制度，严格操作规程。

(1) 严禁在实验室内饮食，严禁将实验器皿作饮食工具使用。

(2) 通过嗅觉检查样品时，只能拂气入鼻，稍闻其味即可，绝不可向瓶口猛吸，严禁以鼻子接近瓶口鉴别。

(3) 工作人员在实验前应熟悉有毒物质的各种性状(包括毒物性质、最高允许浓度、中毒的途径、中毒症状等)和解毒的方法。

(4) 使用有毒气体和可能产生毒性蒸气的实验必须在通风橱中进行。

(5) 凡对有毒物质进行操作时，必须采取必要的措施，如穿工作服、戴防护用具等。皮肤有伤口者不允许操作有毒物质。

(6) 绝大多数有机溶剂具有毒性，如果实验允许，尽量选用毒性较弱的溶剂。

(7) 毒物废渣应立即进行无害化处理或者密封并统一处置。有毒废液经解毒后,用水稀释后倒入废桶内,统一处置。

3) 防触电的基本措施

(1) 非专业人员不得对电路进行更改。实验室要常备试电笔。

(2) 水可以导电,保持带电体干燥且在干燥的环境中使用电器。

(3) 避免接触或靠近电压高、电流大的带电或通电物体。

(4) 使用电器前,先参考说明书,准确掌握使用方法并了解注意事项。

(5) 长期搁置的电器设备应定期维护。

(6) 根据电路的实际用量选择适当的保护设备、保险丝、盒匣开关。

(7) 各种电器应绝缘良好并接地线。对高电压、大电流的设备,应确保接地电阻符合规范。

(8) 发生火灾时,应先切断电源,然后进行灭火。

4) 防化学烧伤与玻璃割伤的基本措施

高温物质、过冷物品、腐蚀性化学物质以及火焰、爆炸、电、放射性物质均可能导致烧伤。割伤包括由玻璃、金属器械造成的伤害。

(1) 取用腐蚀性刺激药品,如强酸、强碱和溴水等,应戴上橡皮手套和防护眼镜等。

(2) 必须采用特制的虹吸管移出危险液体,并采取相应的防护措施(如佩戴防护镜、橡皮手套等)。

(3) 稀释硫酸时,必须在耐热容器内进行,并且在不断搅拌下,慢慢地将浓硫酸加入水中。绝对不能将水加入浓硫酸中。

(4) 加热化学药品时,必须平稳放置,瓶口不能对准人或设备。

(5) 取下正在沸腾的液体时,须夹稳并摇动后再取下,防止液体暴沸伤人。

(6) 切割玻璃管(棒)及进行瓶塞打孔时,易造成割伤。截断玻璃管时,要用布包裹住玻璃管再折断。往玻璃管上套橡胶管时,用水或甘油湿润管外壁及塞内孔,并戴好手套,以防玻璃破碎割伤手。

(7) 装配或拆卸玻璃仪器装置时,要戴手套作业。

2. 实验室安全总则和事故的急救措施

化学实验室应有严格的规章制度,包括遵守国家有关部门对危险化学物品的管理规定,实验室常用危险物品、化学试剂的性质、使用和处理方法手册,实验室废物处理条例等。另外,实验室还应设有高级指导,负责指导学生和其他实验室人员,管理设备和负责实验室的日常安全工作。

化学实验室的消防器材应包括:①灭火器、灭火毯、灭火砂和消防龙头;②淋浴器、洗眼器;③医药箱。应在实验室的醒目位置张贴火警、急救电话号码以及实验室管理人员和单位安全负责人的电话号码。对于实验室的废弃化学物品,要分类存放,明显标注,定期清理,要严格禁止将不同的废弃试剂混合,高危、剧毒药品要单独专人处理。

个人要有安全意识,实验室事故通常源于急躁冒进和粗心大意,因此,进入实验室首先要做到心静,要专注于手头的实验而心无旁骛,切忌分心。每一次实验需要认真预习,查阅文献和手册,了解实验和试剂的危险性以及正确的操作方法与防护措施。在日常的实验操作中,熟视无睹和侥幸心理会酿成大祸,于己于人留下祸根。实验中要密切注意反应进程,记录实验现象,实验后及时处理废物。

除发生紧急情况外，不准在实验室跑动，不准在实验室吃、喝东西以及抽烟，不要在实验室大声喧哗和随意开玩笑。整洁是实验室安全的重要方面，要时刻保持实验室整洁，实验台之间的通道不能堆放物品，以免堵塞。地面不要有油渍和积水，如果有油、水、固体颗粒等洒落要及时清理干净。实验台面要经常保持整洁和干燥，物品摆放有序，不要摆放长久不用的物品，尤其是易燃易爆的化学试剂。用过的器皿要放在塑料盆(桶)中，并及时清洗。

化学实验室中意外事故的急救措施如下。

1) 割伤

应保持伤口干净，伤口内如有异物(如玻璃片)应及时取出，然后用医用双氧水擦洗或用酒精棉球清除伤口周围的污物，涂上外伤药膏或消炎粉，用纱布包扎。其他“机械类”创伤的处理方法与此类似，不得用手触摸伤口或用水洗涤伤口。严重的割伤应采取止血措施，并立即送医院治疗。

2) 一般烫伤和烧伤

不得用冷水洗涤伤处，应用 95%的乙醇轻涂伤口，不得弄破水泡。涂上烫伤膏或涂上一层凡士林油；若伤处皮肤已破，可涂上紫药水或 1%高锰酸钾溶液，然后用纱布包扎；若烫伤面积很大，应立即送医院治疗。

3) 浓酸洒落

浓酸洒在桌面上，先用 $NaHCO_3$ 溶液中和，然后用水冲洗，再用抹布擦净；浓酸沾在皮肤上，不能用水冲洗，应先用布拭去，然后用水冲洗，最后涂上 3%～5%的 $NaHCO_3$ 溶液。

4) 浓碱洒落

浓碱洒在桌面上，先用稀乙酸中和，然后用水冲洗，用抹布擦干净；浓碱沾在皮肤上，用较多的水冲洗，再涂上硼酸。

5) 化学品灼伤

(1) 酸灼伤。一般酸液灼伤，应先用水冲洗，再用 5%的碳酸氢钠溶液洗涤，最后用水清洗，在创伤处涂上甘油，如有水泡出现，应涂上紫药水。当皮肤或衣服粘上浓硫酸时，切忌先用水冲洗，应该先用棉花或干棉布吸去浓硫酸，然后用水冲洗。

(2) 碱灼伤。先用水多次冲洗，然后用 2%的硼酸或 2%的乙酸清洗。当酸或碱溶液溅入眼内，应先用水冲洗，再用 5%的碳酸氢钠或 2%的乙酸冲洗。实验室应配备洗眼器。

(3) 溴灼伤。先用水冲洗，再用 1 体积(25%)的氨水、1 体积松节油和 10 体积(95%)乙醇的混合液涂敷，也可先用苯、甘油等除去溴，然后用水冲洗。

(4) 磷灼伤。先用水冲洗，再用 2%的碳酸氢钠溶液浸泡，以中和生成的磷酸，然后用 1%的硫酸铜溶液洗涤，使磷转化为难溶的磷化铜，再用水冲洗残留的硫酸铜，最后按烧伤处理，但不要用油脂性敷料。

(5) 酚灼伤。先用浸有甘油或聚乙二醇和乙醇混合液(7∶3)的棉花除去污物，再用清水冲洗干净，最后用饱和硫酸钠溶液湿敷。皮肤上粘有酚，也可用 4 体积 75%的乙醇和 1 体积 $1\ mol \cdot L^{-1}$ 的氯化铁溶液组成的混合液冲洗，但不可先用水冲洗污物，否则有可能使创伤加重。

6) 其他事故

(1) 吸入刺激性或有毒气体。吸入氯气、氯化氢气体时，可吸入少量乙醇和乙醚的混合蒸气解毒；吸入硫化氢或一氧化碳气体而感不适时，应立即到室外呼吸新鲜空气。应注意，对于氯气、溴中毒，不可进行人工呼吸；对于一氧化碳中毒，不可施用兴奋剂。

(2) 毒物进入口内。将 5～10 mL 稀硫酸铜溶液加入一杯温水中，内服后，用手指伸入咽喉部，促使呕吐，吐出毒物，然后立即送医院。

(3) 触电。首先切断电源，必要时可进行人工呼吸。

(4) 起火。决不能惊慌，应根据起火的原因及火场情况立即采取如下措施：若火势较大，应立即向消防队报警；立即关闭煤气和停止加热，切断电源，移走一切可燃物质等，防止火势扩大；扑灭火焰，物质燃烧除需要空气外，还需要一定的温度，故灭火的原则：一是降温，二是将燃烧物与空气隔绝。为此，根据起火原因，可选择如下灭火方法：①一般的小火可用湿布、石棉布、灭火毯或砂子覆盖燃烧物，即可灭火。火势大时可用泡沫灭火器，实验室内应备有灭火毯。②一般起火可用泡沫灭火器喷射起火处，但此法不适用于电器火灾。③金属和有机溶剂起火时，可用砂子或石棉布覆盖于着火物体上，或用 1211 灭火器灭火，不能使用泡沫灭火器，以免触电。④电器设备起火时，可用二氧化碳、四氯化碳或 1211 灭火器喷射燃烧物以灭火。对于贵重仪器设备着火，当着火区域较小时，应首先考虑用灭火毯灭火，这样能尽量保护仪器；若着火区域较大，则应立即用二氧化碳或 1211 灭火器喷射燃烧物以灭火。⑤实验人员衣服着火时，切勿惊慌乱跑，应立即脱下衣服或用石棉布覆盖着火处，或就地卧倒打滚，使火焰熄灭。总之，一旦着火，千万要镇静，只要采用正确的灭火措施，就能迅速将火熄灭。

3. 实验室环保意识"三废"处理

随着我国经济和人民生活水平的不断提高，环境保护成为摆在人们面前的一个日益严峻的问题，世界各国包括我国在内，都制定了一系列保护环境的政策，对企业废水、废气及固体废弃物的排放都制定了严格的排放标准。高校实验室废弃物虽数量相对较少，但危害很大，必须引起足够重视。化学实验过程中产生的废弃物必须进行有效的处理后才能排放，要防患于未然，杜绝污染事故的发生。同时培养预防化学污染的思想和学习消除或尽可能减少污染的实验技术，从而保障实验人员的安全，减少危害，做到对实验室现有环境污染的治理与加强管理相结合，使实验室具有良好、洁净、安全的工作环境。

化学实验室的废弃物包括液体、气体、固体三大类。有害气体污染物主要有 H_2S、Cl_2、NH_3、HCl 等，通常实验室中直接产生有毒、有害气体的实验都要求在通风橱内进行，有害气体通过通风橱或通风管道，经空气稀释排出。大量的有毒气体必须通过与氧充分燃烧或吸收处理后才能排放。如果气体是反应原料，则在实验装置尾部应该加一个气体吸收装置。化学实验室产生最多的污染物是各种废液，一般把废液分为普通有机废液、含卤有机废液、重金属离子废液、废酸及废碱等，每一类都由标签标明的密闭容器存放，前三类由专门公司回收处理，后两类可以中和后稀释，达到排放标准后排放。实验室产生的固体废物包括多余样品、分析产物、消耗的实验用品或失效的化学试剂等。这些固体废物成分复杂，尤其是不少过期失效的化学试剂，处理稍有不慎，很容易导致严重的污染事故，一般不得随意丢入垃圾桶，应倒入指定地方，由专门公司回收处理。

在实验课程中，学生应该有良好的环境保护意识，在做好化学实验的同时，也应按要求做好废液、废渣的倾倒，尽可能减少对环境的污染。作为教师，也应该具有绿色化学的思想，提倡绿色教育，具备环保意识，具备一定的对实验排放的"三废"进行控制和处理的能力，把化学废弃物的危害降到最低点，保护好环境。

第二章　基本型综合实验

第一节　化合物组成、成键和结构表征方法

对一种新化合物，需要通过各种手段对其进行表征，以确定其组成、结构及性质。这里介绍化合物常见的表征分析方法。

一、组成分析

对一种新化合物，首先要确定其组成。元素分析仪常用于有机化合物的分析，可以测定化合物中含有的C、H、N、S等元素的含量。如果化合物中含有金属或金属离子，可以通过滴定、分光光度等方法来测定，也可以利用原子吸收光谱仪或电感耦合等离子体发射光谱仪（ICP）来测定其中金属离子的含量。如果化合物中含有结晶水或溶剂分子，可以通过热重分析仪（TGA）来测定。

二、结构分析

众所周知，物质的结构决定物质的物理化学性质，物理化学性质是物质结构的反映。只有充分了解物质的结构，才能深入认识和理解物质的性能。探测物质结构的方法有很多种，大体可归为两类：波谱法和 X 射线衍射结构分析。波谱法包括紫外-可见吸收光谱法、红外光谱法、核磁共振波谱法、质谱法、荧光光谱法等，主要是基于物质对某些波长电磁波的吸收和发射，当电磁波的量子化能量 $h\nu$ 与物质的某个能级相匹配时，就发生吸收，这些吸收反映了物质的能级信息，通过其吸收谱可以推导出物质的一些结构与性质方面的信息。X 射线衍射是针对晶体材料进行的结构分析，包括单晶和多晶粉末结构分析两类。

1. X 射线粉末衍射分析

X 射线是波长为 0.01～10 nm 的电磁波谱，处于 γ 射线和紫外线之间的电磁波谱区，当高能带电粒子（如被 30 kV 高压加速的电子）碰撞一个金属靶时，入射电子有足够的能量，使某些靶金属的 1s 电子激发电离，处于较外层轨道（2p 或 3p）上的一个电子立即回跃，占据空的 1s 能级，所释放的能量表现为 X 辐射。对于铜靶，它的 2p→1s 的跃迁波长为0.154 18 nm，称作 CuK_α。能发生 X 射线的靶金属，除了铜之外，还有 Cr、Fe、Mo、Ag 等，它们的跃迁波长各不相同。可根据样品的不同而选用不同的靶金属。

一试样吸收 X 辐射的数量取决于该物质对给定波长 X 射线的吸收系数，线性吸收系数 μ 定义为照射到试样上的入射 X 射线束与其穿透 1 cm 试样物质后 X 射线束强度之比的对数，可表示为

$$I/I_0 = e^{-\mu L} \tag{2.1}$$

$$\mu = \ln(I_0/I)/L \tag{2.2}$$

式中，I_0 为入射 X 射线的强度；I 为透过 X 射线束的强度；μ 为线性吸收系数；L 为试样的厚度。

一束波长为 λ 的单色 X 射线照射晶体时观察到的衍射花样遵从 Bragg 方程式：

$$2d\sin\theta = n\lambda \tag{2.3}$$

式中，d 为晶面间距；θ 为入射 X 射线与晶面的夹角，称为 Bragg 角。因 λ 已知，θ 可以测得，从而可以计算各组晶面的 d 值。

X 射线粉末衍射分析常用于多晶化合物的结构分析，对化合物进行晶相、纯度测定。当一束单色 X 射线照到样品上，在理想情况下，样品中晶体按各种可能的取向随机排列，各种点阵面也以各种可能的取向存在，对每套点阵面，至少有一些晶体的取向与入射束成 Bragg 角，于是这些晶体面发生衍射。粉末法的重要用途是对化合物结构进行定性鉴定。每种晶相都有其固有的特征粉末衍射图，就像人们的指纹一样，可用于对晶相的鉴定。通过和标准粉末衍射卡片相比较，从而对化合物结构进行判断。

2. X 射线单晶结构分析

X 射线单晶结构分析的原理类似粉末衍射，但测试对象是单晶样品，除了可以测定晶体的晶胞参数外，主要提供一个化合物在固态时所有原子的精确空间位置，从而为化学、材料科学和生命科学等研究提供广泛而重要的信息，包括原子的链接方式、分子构象、准确的键长和键角等数据。另外，还可以从中得到化合物的化学组成比例，对称性以及原子或分子在三维空间的排列、堆积情况。

目前所用仪器有传统的 X 射线四圆衍射仪和面探测衍射仪，其中根据面探测仪所用探测器不同，又分为 X 射线电荷耦合器件探测仪(charge coupled device detector，CCD 探测器)和 X 射线成像板探测仪(image plate detector，IP 探测器)。

仪器一般由恒定波长的 X 射线源、安放样品单晶的支架和 X 射线检测器构成。检测器和晶体样品的转动由计算机控制，晶体相对于入射 X 射线取某些方向时以特定角度发生衍射，衍射强度由衍射束方向上的检测器测量并被记录，存贮。通常至少要收集 1000 个以上的衍射强度和方向的数据，每个结构参数(各个原子的位置和由热运动造成的位置变化范围)需获得 10 个以上的衍射数据，通过直接法程序或者根据衍射数据提供的信息结合原子排布的知识选定一种尝试结构，通过原子位置的系统位移对尝试结构模型进行调整，直到计算的 X 射线衍射强度与观测值相符合。常用于解析晶体结构的分析软件是 Shelxtl 分析程序。

3. 紫外-可见光谱分析

分子的紫外-可见吸收光谱法是基于分子内电子跃迁产生的吸收光谱进行分析的一种常用的光谱分析法。分子在紫外-可见区的吸收与其外层电子结构紧密相关。

紫外-可见光区一般用波长(nm)表示。其研究对象大多是具有共轭双键结构的有机分子和金属配位化合物，它们在 200～380 nm 的近紫外光区和(或)380～780 nm 的可见光区有吸收。其吸收主要是化合物分子内电子的 $\pi\rightarrow\pi^*$、$n\rightarrow\pi^*$ 跃迁，电荷转移及过渡金属离子的 d-d 跃迁产生的光谱。其灵敏度取决于产生光吸收分子的摩尔吸光系数。

4. 红外光谱分析

红外光谱是分子振动光谱，按波长范围可粗略地分为近红外光谱(波长为 0.8～2.5 μm)、中红外光谱(2.5～25 μm)和远红外光谱(25～1000 μm)，其中 2.5～25 μm(400～4000 cm^{-1})的中红外光谱应用最广。

通过谱图解析可以获取分子结构的信息。任何气态、液态、固态样品均可进行红外光谱测定，由于每种化合物均有红外吸收，尤其是有机化合物的红外光谱能提供丰富的结构信息，因此红外光谱是化合物结构分析的重要手段之一。

红外光谱最重要的应用是中红外区有机化合物的结构鉴定。通过与标准谱图比较，可以确定化合物的结构；对于未知样品，通过官能团、顺反异构、取代基位置、氢键结合以及络合物的形成等结构信息可以推测结构。

红外光谱也常用于配位化合物的结构分析，可以获得配合物中配体的结构信息，特别是通过比较配位前后红外光谱图中一些特征峰的变换，还可以获得配合物重要的配位信息。

5. *核磁共振谱分析*

核磁共振(nuclear magnetic resonance，NMR)是指磁矩不为零的原子核，在外磁场作用下自旋能级发生塞曼分裂，共振吸收某一定频率的射频辐射的物理过程。并不是所有的原子核都能产生这种现象，原子核能产生核磁共振现象是因为具有核自旋。原子核自旋产生磁矩，当核磁矩处于静止外磁场中时产生进动核和能级分裂。在交变磁场作用下，自旋核会吸收特定频率的电磁波，从较低的能级跃迁到较高能级，这一过程就是核磁共振。

核磁共振谱是将核磁共振现象应用于分子结构测定的一项技术。对于有机分子结构测定来说，核磁共振谱扮演了非常重要的角色，核磁共振谱与紫外光谱、红外光谱和质谱一起被有机化学家称为“四大名谱”。目前对核磁共振谱的研究主要集中在^{1}H 和^{13}C 两类原子核的图谱。

化学位移、偶合常数和信号强度是核磁共振谱的三个重要参数。在有机化合物中，各种氢核在分子中因所处的化学环境不同，其周围的电子云密度不同，从而使共振频率发生位移，这种现象称为化学位移。化学位移产生的原因是分子中运动的电子在外磁场下对核产生的磁屏蔽。屏蔽作用的大小可用屏蔽因子 σ 来表示。

核磁共振的共振频率：

$$\omega = \gamma H_0(1-\sigma)$$

实际测定中，化学位移是以某一参考物的谱线为标准，其他谱线都与它比较，即以一无因次的量 δ 表示化学位移的大小。常用参考物是四甲基硅(TMS)。

$$\delta = \frac{H_{参考} - H_{样品}}{H_0} \times 10^6 \text{ 或 } \delta = \frac{\nu_{参考} - \nu_{样品}}{\nu_0} \times 10^6$$

式中，$H_{参考}$、$H_{样品}$分别为使参考物和被测样品共振的磁场强度；H_0 为仪器工作的磁场强度；$\nu_{参考}$、$\nu_{样品}$分别为参考物和被测样品的共振频率；ν_0 为仪器的工作频率；化学位移的单位为 ppm (10^{-6})。化学位移的大小受邻近基团的电负性、磁各向异性、芳环环流、溶剂、pH、氢键等许多因素的影响。化学位移值反映了分子结构的状态，质子受屏蔽后，吸收峰由低场区向高场区移动，具有较低的化学位移值；质子去屏蔽后，吸收峰由高场区向低场区移动，具有较高的化学位移值。

偶合常数是化学位移之外核磁共振谱提供的另一个重要信息，所谓偶合指的是邻近原子核自旋角动量的相互影响，这种原子核自旋角动量的相互作用会改变原子核自旋在外磁场中进动的能级分布状况，造成能级的裂分，进而造成 NMR 谱图中的信号峰形状发生变化，通过解析这些峰形的变化，可以推测出分子结构中各原子之间的连接关系。由于自旋裂分形成的多重峰中相邻两峰之间的距离称为自旋-自旋偶合常数，用 J 表示。偶合常数用来表征两核之间偶合作用的大小，具有频率的因次，单位是 Hz。

信号强度是核磁共振谱的第三个重要信息。处于相同化学环境的原子核在核磁共振谱中会显示为同一个信号峰，通过解析信号峰的强度可以获知这些原子核的数量，从而为分子结构的解析提供重要信息。表征信号峰强度的是信号峰曲线下的面积积分，这一信息对于 ^{1}H-NMR谱尤为重要，而对于 ^{13}C-NMR 谱而言，由于峰强度和原子核数量的对应关系并不显著，因而峰强度并不非常重要。

6. 质谱分析

质谱(mass spectrum，MS)分析是一种测量离子质荷比(质量-电荷比)的分析方法。其基本原理是使试样中各组分在离子源中发生电离，生成不同质荷比的带正电荷的离子，经加速电场的作用，形成离子束，进入质量分析器；在质量分析器中，再利用电场和磁场使离子束发生相反的速度色散，将它们分别聚焦而得到质谱图，从而确定其质量。质谱仪主要包括离子源、质量分析器、检测器和真空系统几个部分。

质谱仪种类非常多，工作原理和应用范围也有很大的不同。从应用角度来分，质谱仪可以分为有机质谱仪、无机质谱仪、同位素质谱仪等。化合物结构分析中应用最多的是有机质谱仪，它能提供化合物的相对分子质量、元素组成以及官能团等结构信息。按质谱仪所用的质量分析器的不同，质谱仪又可分为双聚焦质谱仪、四极杆质谱仪、飞行时间质谱仪、离子阱质谱仪、傅里叶变换质谱仪等。

有机质谱仪的发展很重要的一个方面是与各种仪器(气相色谱、液相色谱、热分析等)的联合使用。其基本工作原理是：利用一种具有分离技术的仪器，作为质谱仪的“进样器”，将有机混合物分离成纯组分进入质谱仪，充分发挥质谱仪的分析特长，为每个组分提供相对分子质量和分子结构信息。

三、热分析技术

热分析是研究物质随温度变化所发生的物理化学过程以及相应产生的状态变化的一种方法。化合物包括配合物以及材料相，在受热过程中，会发生许多物理变化，如熔化、升华和蒸发以及晶形转变，还会发生化合物分解等化学过程，这些过程会伴有热效应；而物理和化学过程中若产生逸出气体，则会发生质量变化，相应就形成了热分析技术，包括热重法(TG)[包括微分热重(DTG)]、差热法(DTA)、差示扫描量热法(DSC)。借助热分析技术可以获得化合物的热稳定性以及热分解反应的许多信息，包括测定熔点、沸点或升华温度，也可以测定多晶转变温度以及揭示热分解过程。近年来，随着电子技术的发展，热分析技术向着微量、快速等方面发展，还形成了多种技术联用仪器，包括 TG/DSC 同步仪器、逸出气体的红外光谱、拉曼光谱以及色谱分离联用仪器，使得应用领域逐渐扩大。图 2.1 给出了同步热分析仪获得的 $CaC_2O_4 \cdot 2H_2O$的热分析图谱，其中包括 TG、DTG 和 DSC 三条曲线。

1. TG 和 DTG 曲线

热重分析是在程序控制温度下，测量物质质量与温度关系的一种技术。热重法实验得到的曲线称为热重(TG)曲线。TG 曲线以温度作横坐标，以试样的失重作纵坐标，显示试样的绝对质量随温度的恒定升高而发生的一系列变化。这些变化表征了试样在不同温度范围内发生的挥发组分的挥发，以及在不同温度范围内发生的分解产物的挥发。

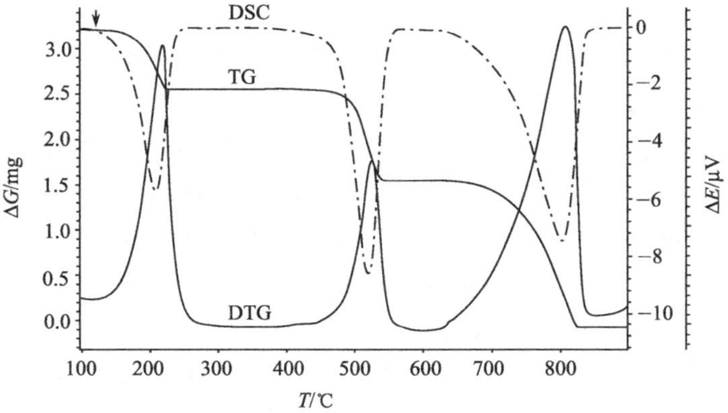

图 2.1　$CaC_2O_4 \cdot 2H_2O$ 的热分析曲线

TG 曲线能够反映化合物在受热过程中有逸出气体产生时发生的化学变化或物理变化。如果出现平台，对应产生新相或新化合物，其组成根据失重计算来推测。图 2.1 中 $CaC_2O_4 \cdot 2H_2O$ 的 TG 曲线有三个非常明显的失重阶段。第一阶段表示 2 个 H_2O 的失去，第二阶段表示 CaC_2O_4 分解为 $CaCO_3$，第三阶段表示 $CaCO_3$ 分解为 CaO。当然，$CaC_2O_4 \cdot 2H_2O$ 的热失重比较典型，实际上许多物质的热重曲线很可能无法如此明了地区分为各阶段，甚至会成为一条连续变化的曲线。这时，测定曲线在各个温度范围内的变化速率就显得格外重要，它是热重曲线的一阶导数，称为微分热重(DTG)曲线，DTG 曲线能很好地显示这些速率的变化。

2. DTA 或 DSC 曲线

物质在受热过程中发生的物理或化学变化，不仅伴随有质量的变化，也常伴随有热效应的发生。差热分析是测定在受热过程中，样品与基准物之间的温差 ΔT 与温度 T 或时间 t 关系的一种方法，ΔT 与 T 或 t 的关系曲线为差热(DTA)曲线。差示扫描量热分析(DSC)记录的则是在二者之间建立零温度差所需的能量随时间或温度的变化。受热过程中若样品没有发生物理或化学变化，则样品与基准物的温度相等，这时差热回路中没有电流通过，记录器上应得一条平行于横坐标的水平线(称为基线)，若样品发生变化(如晶格变化、熔化、沸腾、升华、蒸发、脱水、分解、氧化还原等)而产生热效应，则样品与基准物的温度不等，差热回路中产生了电流，经放大器放大后输入记录器，曲线开始偏离基线，样品反应完毕，样品与基准物之间温差逐渐消失，曲线又回到基线。从图 2.1 可以看出，$CaC_2O_4 \cdot 2H_2O$ 的 DSC 曲线(DTA 曲线与 DSC 曲线相似)有三个向下的峰，分别表示 $CaC_2O_4 \cdot 2H_2O$ 热分解时发生了三个吸热反应。换言之，凡是有热量变化的物理和化学现象都可以借助于差热分析或差示扫描量热分析的方法来进行精确的分析，并能定量地加以描述。尤其是某些变化过程，如多晶转变和熔化，并不涉及样品的失重，这时 DSC 曲线会给出重要的信息。

3. 差热分析结果影响因素

差热分析中温度的测定是采用材料相同、电势方向相反的两对热电偶连接起来进行的，其中一个热电偶的热端插在样品中，另一个热电偶的热端插在基准物中，无机物中常用的基准物有灼烧后的 Al_2O_3 和 MgO 等，从理论上讲，基准物的选择应在受热期间没有热效应，而且热容尽量与样品接近。

加热速度、炉内气氛、温度的测量、仪器性能、样品用量和充填程度等会影响热重和差热分析。通常加热速度慢时，TG 曲线中相邻的台阶可以分离，DTA 曲线中基线漂移较小，所得的峰矮而宽，可以分辨出热效应变化接近的过程，但测定的时间较长；加热速度快时，DTA 曲线峰尖而窄，测定时间较短，而基线漂移明显，与平衡条件相距较远，出峰温度误差较大，分辨能力也下降。为便于比较，在测定一系列样品时，应采用相同的加热速度，升温速度一般采用2～20 ℃ · min^{-1}。炉内气氛及其压力不同，样品热分解过程也不相同，因而 TG 曲线和 DTA 曲线的形状也随之不同。因此，在实际测定中必须根据待测样品选择适当的炉内气氛及其压力，一般选用惰性气体作为炉内气氛。样品用量的不同，一方面造成炉内气氛不同，另一方面固体样品因分解速度等因素造成分解过程不同，样品的用量过多，往往易形成包块，这样使相邻的峰互相重叠而无法分辨。因此，在热分解过程中应根据仪器的灵敏度、稳定性等因素选择适当量的样品，并在实际操作过程中使样品和基准物充填程度尽量一致。

四、磁化率测定

配合物中心金属离子常含有未成对的电子，因此，研究配合物的磁性，能够给出配合物中心金属离子外围电子自旋状态，如果配合物中含有多个金属离子，磁性的研究还可以给出金属离子之间电子耦合的情况。配合物磁化率的测定是研究配合物的磁性常采用的方法，常温条件下，采用古埃磁天平测量，通过计算，能够给出金属配合物分子中的未成对电子数，从而确定配合物是高自旋还是低自旋。精确的磁化率测量还可以确定配位化合物的电子基态及其轨道角动量的大小，其原理如下。

将物质置于强度为 H 的磁场中，物质被磁化，其内部的磁场强度（称为磁感应强度）B 为

$$B = H + \Delta H \tag{2.4}$$

式中，B、H、ΔH 均为向量；H 的绝对电磁单位（CGSM）为奥斯特（Oe），国际单位（SI）为安培 · 米$^{-1}$（A · m^{-1}）；磁感应强度 B 的单位为高斯 Gs（CGSM）或特斯拉 T（SI）；ΔH 为物质磁化时产生的附加磁场强度。

$$\Delta H = 4\pi I \tag{2.5}$$

式中，I 为磁化强度。对于非磁性物质，磁化强度与外磁场强度成正比，即

$$I = KH \tag{2.6}$$

式中，K 为比例常数，称为单位体积磁化率，其物理意义是当物质在单位外磁场强度的作用下，所产生磁化强度的大小和方向。对顺磁性物质而言，I 和 H 的方向相同，$K>0$；对反磁性物质而言，I 和 H 方向相反，$K<0$。

在化学上常用比磁化率 χ 或摩尔磁化率 χ_M（cm^3 · mol^{-1}）来表示物质的磁性。

$$\chi = K/d \tag{2.7}$$

式中，d 为物质的密度；χ 的单位是 cm^3 · g^{-1}。

$$\chi_M = \chi \cdot M \tag{2.8}$$

式中，M 为物质的摩尔质量；χ_M 的单位是 cm^3 · mol^{-1}。物质的摩尔磁化率是物质顺磁磁化率 χ_P 和反磁磁化率 χ_D 之和。

$$\chi_M = \chi_P + \chi_D \tag{2.9}$$

物质在外磁场的作用下，在轨道上的电子将受到洛伦兹力的作用而改变其运动方向，由此产生的诱导磁场的方向与外磁场方向相反。因此，它们具有反磁性。反之，如果原子、离子或分子中除了轨道上的成对电子外，还具有一个或几个未成对电子，则它们具有永久磁矩，如同一个小磁体，在外磁场的作用下被迫转向，使其磁力线方向与外磁场方向相一致，从而产生顺磁性。又因为顺磁效应比反磁效应大得多，所以，凡是有未成对电子的物质都是顺磁性物质。在计算中，应该对物质的顺磁磁化率进行反磁磁化率校正。

帕斯卡在对大量有机化合物的摩尔磁化率的测定和分析中发现，有机化合物的摩尔磁化率具有加合性，即每一原子和结构单元（如双键、苯环）可指定一数值，而摩尔磁化率等于二者之和，它可用式(2.10)表示：

$$\chi_M = \sum n_A \chi_A + \sum n_B \chi_B \tag{2.10}$$

式中，n_A 为分子中摩尔磁化率为 χ_A 的原子数目；n_B 为分子中不同结构改正参数为 χ_B 的数目。常见的原子摩尔磁化率、配体的反磁磁化率和结构改正参数见附录 9。

要测定某一原子或离子的磁化率，可以从测出的化合物磁化率中扣除其他原子或离子的反磁磁化率，即为该原子或离子的磁化率。若研究的是配合物，则必须从测得的磁化率中减去配体的磁化率以及外界各离子的磁化率，才能得出其中金属离子的磁化率，并推断其结构。

在研究物质结构时，化学上常用有效磁矩 μ_{eff} 来进行计算，有效磁矩 μ_{eff} 与摩尔顺磁磁化率 χ_P 的关系为

$$\mu_{eff} = 2.828\sqrt{\chi_P \cdot T} \tag{2.11}$$

式中，T 为热力学温度；μ_{eff} 的单位为玻尔磁子，常用 B. M. 表示。

根据泡利原理，同一轨道上成对电子的自旋磁矩相反，互相抵消，故只有未成对电子才能产生磁矩。因此，有效磁矩的大小可由式(2.12)表示：

$$\mu_{eff} = \sqrt{4S(S+1) + L(L+1)} \tag{2.12}$$

式中，S 为总的自旋量子数；L 为总的轨道量子数。

对于第一过渡系金属离子，由于电子绕核运动所产生的轨道磁矩很小，所以化合物的顺磁性通常可用电子的纯自旋磁矩来代表。因此，对过渡元素可取下式作近似表示：

$$\mu_{eff} = \sqrt{4S(S+1)}$$

因为 $S = \sum s$，而自旋量子数只有 $s = \pm 1/2$，如果 n 表示未成对电子数目，则上式可改写为

$$\mu_{eff} = \sqrt{n(n+2)} \tag{2.13}$$

因此，当通过实验测得单位体积磁化率后即可按上述公式求得摩尔顺磁磁化率 χ_M，减去配合物中的反磁磁化率 χ_D 后得到中心金属离子的摩尔顺磁磁化率 χ_P，再根据有效磁矩公式算出有效磁矩 μ_{eff}，从而计算出金属离子的未成对电子数 n；反之若已知 n，则可算出有效磁矩。

$n=1$，$\mu_{eff}=1.73$ B. M.；$n=2$，$\mu_{eff}=2.83$ B. M.；

$n=3$，$\mu_{eff}=3.87$ B. M.；$n=4$，$\mu_{eff}=4.90$ B. M.；

$n=5$，$\mu_{eff}=5.92$ B. M.

计算值与实验值往往有一定的误差，这是由于轨道磁矩被忽略。

参考文献

陈小明，蔡继文. 2003. 单晶结构分析——原理与实践. 北京：科学出版社.

金斗满，朱文祥. 1996. 配位化学研究方法. 北京：科学出版社.
晋勇，孙小松，薛屺. 2008. X射线衍射分析技术. 北京：国防工业出版社.
张汉辉，郑威. 1998. 波谱学. 厦门：厦门大学出版社.

实验1　草酸根合铁(Ⅲ)酸钾的制备、组成及结构分析

实验目的与主要内容

本实验通过草酸根合铁(Ⅲ)酸钾的制备、组成分析、热重分析、电荷测定、磁化率测定、红外光谱测定等，巩固配合物合成、分析等基本操作，掌握配合物结构与某些性质的物理测试方法。

一、背景知识

草酸根可以和很多金属离子生成沉淀，如 CaC_2O_4，这是肾结石的主要成分；同时，它也是制备金属氧化物或复合氧化物材料前驱物的常用共沉淀剂。草酸根是二齿配体，能与很多金属离子形成配合物，尤其是螯合物。由于草酸根是－2价阴离子，因此很多是以配阴离子形式存在于水溶液中，如 $[Fe(C_2O_4)_3]^{3-}$、$[Cr(C_2O_4)_3]^{3-}$、$[Al(C_2O_4)_3]^{3-}$、$[Cu(C_2O_4)_2]^{2-}$ 等。此外，草酸根还具有还原性，因此在配位反应过程中，也会还原某些金属离子到低价态配合物或高温热分解过程中还原金属离子到低价态氧化物甚至金属单质。

草酸根合铁(Ⅲ)酸钾，即 $K_3[Fe(C_2O_4)_3]\cdot 3H_2O$，为绿色单斜晶体，溶于水，难溶于乙醇。110 ℃下失去三分子结晶水而成为 $K_3[Fe(C_2O_4)_3]$，230 ℃时分解。

草酸根合铁(Ⅲ)酸钾是制备负载型活性铁催化剂的主要原料，也是一些有机反应很好的催化剂，因而具有工业生产价值。

草酸根合铁(Ⅲ)酸钾对光敏感，光照下即发生分解，Fe(Ⅲ)还原为 Fe(Ⅱ)，生成 $[Fe(C_2O_4)_2]^{2-}$，并放出二氧化碳，此过程为光还原反应：

$$2[Fe(C_2O_4)_3]^{3-} \xlongequal{h\nu} 2[Fe(C_2O_4)_2]^{2-} + C_2O_4^{2-} + 2CO_2$$

若将绿色的草酸根合铁(Ⅲ)酸钾溶液置于阳光下，数小时后溶液即变为橙黄色，就是由于发生上述反应。

二、实验原理

合成草酸根合铁(Ⅲ)酸钾的工艺路线有多种，常见的有如下两种：

(1) 以铁为原料制得硫酸亚铁铵，加草酸钾制得草酸亚铁后经氧化制得草酸根合铁(Ⅲ)酸钾。

(2) 以三氯化铁或硫酸铁与草酸钾直接合成草酸根合铁(Ⅲ)酸钾。

本实验用第(2)种方法制备草酸根合铁(Ⅲ)酸钾。要确定所制得草酸根合铁(Ⅲ)酸钾配合物的组成，必须综合应用各种方法。

化学分析可以确定各种组分的百分含量，从而确定化学式。配合物中的 Fe^{3+} 一般可通过比色分析或原子吸收光谱确定其含量，K^+ 的含量可以用重量法测定，也可用离子选择电极测定。

草酸根合铁(Ⅲ)酸钾中水和草酸根的存在形式(配离子的外界还是内界)可通过红外光谱作定性鉴定，将被测样品的红外光谱与标准红外光谱图对照，进而确定样品是何种配合物。

以草酸根为配体的配合物加热易分解，产生一氧化碳和二氧化碳，用热重分析可以研究它们的热分解反应，亦可定量测定结晶水和草酸根的含量。

配离子电荷的测定可确定配合物组成在溶液中的状态。

草酸根合铁(Ⅲ)酸钾配合物中心离子 Fe^{3+} 的 d 电子组态及配合物是高自旋还是低自旋可以由磁化率测定来确定。

在过渡金属配合物中，由于配体的影响，中心原子原来能量相同的 d 轨道上的电子究竟如何排列取决于分裂能 Δ 和成对能 P 的大小。如果 $\Delta > P$，电子尽可能占据能量低的 d 轨道自旋成对而形成低自旋配合物，凡属强场则表现为低自旋。未成对电子数比高自旋的少，磁性也弱。反之，弱场则表现为高自旋。其未成对电子数比低自旋的多，磁性较强。

本实验是用古埃磁天平(图 2.2)测定磁化率。把圆柱形样品管悬在两个磁极的正中，样品管下端位于磁场强度 H 最大的区域，而另一端位于磁场强度很弱的 H_0 区域。若 H_0 可忽略不计，则磁场对样品管作用的力 F 与样品管的截面积 A、样品的单位体积磁化率 K 之间有如下的关系：

$$F = \frac{1}{2}KH^2A \tag{2.14}$$

当测定磁化率时，把样品悬在天平的一臂上，设 Δ 为加磁场前后砝码质量之差，显然

$$F = \frac{1}{2}KH^2A = \Delta \cdot g \tag{2.15}$$

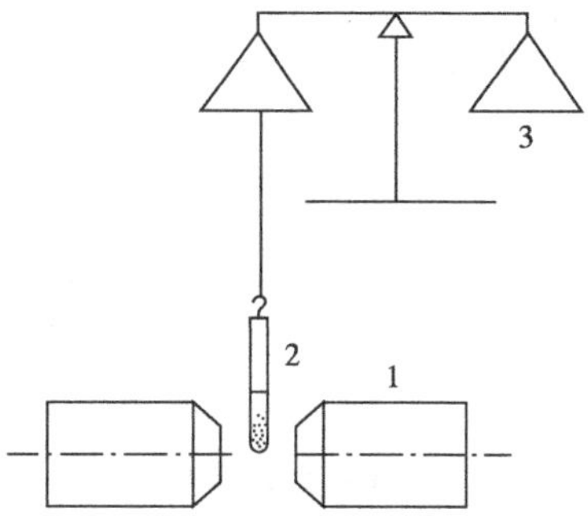

图 2.2　古埃磁天平示意图

1. 磁铁；2. 样品管；3. 电光天平

式中，g 为重力加速度。

已知 H 和 A，测出 Δ 即可求出磁化率 K，为计算方便把式(2.15)改写为

$$\Delta \cdot g = \frac{\chi H^2 m}{2l} \tag{2.16}$$

式中，m 为样品质量；l 为样品管长度；χ 为比磁化率。

若外加磁场强度一定，样品管长度一定，则在同一磁场强度 H、同一样品管中进行测定，对不同物质而言，$2lg/H^2$ = 常数，此常数以 β 表示，为样品管校正系数，则式(2.16)可简化为

$$\chi = \Delta \cdot \beta / m \tag{2.17}$$

取已知 χ 的标准样品，测定其 m 和加磁场前后的 Δ 值，即可求出 β 值。

在实际测定中，样品管为玻璃管，玻璃管在磁场作用下具有反磁性，会产生质量变化，设 δ 为玻璃管在磁场作用下的质量变化(因质量变化是减轻，故计算时 δ 应取负值)，则

$$\chi = \frac{(\Delta - \delta)\beta}{m} \tag{2.18}$$

本实验先通过测定已知磁化率的 $(NH_4)_2Fe(SO_4)_2 \cdot 6H_2O$ 在加场前后的 Δ 值，根据式(2.18)计算出 β 值，再测定样品在加场前后 Δ 值，从而求出磁化率，忽略空气影响。

$(NH_4)_2Fe(SO_4)_2 \cdot 6H_2O$ 的磁化率与温度的关系式为

$$\chi_t = 9500 \times 10^{-6}/(t+1)$$

$Ni(en)_3S_2O_3$ 的磁化率与温度的关系式为

$$\chi_t = 2757.5 \times 10^{-6}/(230 + t)$$

式中，t 为热力学温度。

由摩尔磁化率计算有效磁矩，进而求得中心金属离子的单电子数，可参见第一节中磁化率测定部分。

三、仪器和试剂

1. 仪器

721 型分光光度计，1 台；古埃磁天平，1 台；PXS-215-2 型离子计，1 台；电导率仪，1 台；PCT-I 型差热天平，1 台；电磁搅拌器，1 台；常用玻璃仪器，1 套；钾电极，1 支；甘汞电极，1 支；No. 4 玻璃坩埚，2 个。

2. 试剂

草酸钾(C. P.)，磺基水杨酸(C. P.)，氨水(C. P.)，乙酸锂(A. R.)，三氯化铁(C. P.)，四苯硼化钠(A. R.)，氯化钾(A. R.)，冰醋酸(A. R.)，100 $\mu g \cdot mL^{-1}$ Fe^{3+} 标准溶液。

注：Fe^{3+} 标准溶液配制。将铁丝(G. R.)用细砂纸擦过后用蒸馏水洗净，烘干，精确称量该铁丝 1.0000 g，置于烧杯中，注入 30 mL 1：1 盐酸，在低温电热板上加热，待铁丝全部溶解后，加入双氧水，保证 Fe^{2+} 全部氧化为 Fe^{3+}，加热分解多余双氧水。移入 1000 mL 容量瓶中，用蒸馏水稀释到刻度，摇匀，此溶液含 Fe^{3+} 为 1 $mg \cdot mL^{-1}$。

吸取上述溶液 10 mL 于 100 mL 容量瓶中，注入 1 mL 1：1 盐酸，用蒸馏水稀释到刻度，摇匀，即得含 Fe^{3+} 为 100 $\mu g \cdot mL^{-1}$ 的标准溶液。

四、实验步骤

1. 草酸根合铁(Ⅲ)酸钾的制备

称取 24.0 g 草酸钾放入 200 mL 烧杯中，注入 40 mL 蒸馏水并加热，使草酸钾全部溶解，在溶液近沸腾时边搅拌边注入 16 mL 三氯化铁溶液(0.4 $g \cdot mL^{-1}$)，将此溶液在冰水中冷却即有绿色晶体析出，用布氏漏斗过滤得粗产品。

将粗产品溶解在 30 mL 热水中，趁热过滤，将滤液在冰水中冷却，待结晶完全后再过滤。用少量冰水洗涤晶体产物，并在空气中干燥。

2. 化学分析

1) 配合物中铁含量的测定

精确称取 0.9800 g 干燥的经重结晶的草酸根合铁(Ⅲ)酸钾，溶于 40 mL 水中，注入 0.5 mL 1：1 盐酸后，在 50 mL 容量瓶中稀释到刻度。再吸取上述溶液 5 mL，在 250 mL 容量瓶中稀释到刻度，此溶液为样品溶液，须保存在暗处。

用刻度移液管分别吸取 0.0 mL、1.0 mL、2.5 mL、4.0 mL、5.5 mL、7.0 mL、8.5 mL 标准溶液于 7 个 50 mL 容量瓶中，再移取 10.0 mL 样品溶液于另一个 50 mL 容量瓶中，用蒸馏水将它们稀释到 25 mL，分别注入 2.5 mL 25%的磺基水杨酸，用 1：1 氨水中和到呈黄色，再注入 0.5 mL 氨水，然后用蒸馏水稀释到刻度，摇匀。在分光光度计上，用 1 cm 比色皿在 450 nm

处进行比色，测定各铁标准溶液和样品溶液的消光值。

2) 配合物中钾含量的测定

方法 1：离子计测定。

将冠醚-PVC 膜钾电极作指示电极，将 217 型饱和甘汞电极(外盐桥充 0.1 mol · L^{-1} 乙酸锂)作参比电极接到离子计上，用蒸馏水清洗电极，用干净滤纸将电极表面的水吸干后分别测定 10^{-5} mol · L^{-1}、10^{-4} mol · L^{-1}、10^{-3} mol · L^{-1}、10^{-2} mol · L^{-1}、10^{-1} mol · L^{-1} KCl 标准溶液的电位，测定的顺序必须从稀到浓。每次测定前不必用蒸馏水洗，只要用滤纸将电极表面吸干，注意电极表面不能有气泡，否则会影响电位值，全部测完后将电极浸在蒸馏水中清洗，直至清洗到测得电位与未测钾标准溶液前有相近的负值。

在 150 mL 干的烧杯中，注入 100.0 mL(记为 V)样品溶液，测定电位 E_1，再用移液管注入 1.0 mL 的 0.1000 mol · L^{-1}(记为 c_s)KCl 标准溶液，搅动 1 min。静止 2 min 后测定电位 E_2，由测定的电位计算样品中的钾含量。

方法 2：四苯硼化钠法测定钾。

在微酸性溶液中，四苯硼化钠与钾离子反应，生成组成确定、溶解度很小的白色晶态沉淀，成功地被应用于钾的测定，其反应为

$$K^+ + NaB(C_6H_5)_4 \xlongequal{} KB(C_6H_5)_4 \downarrow + Na^+$$

1% $NaB(C_6H_5)_4$ 溶液：取 2.0 g $NaB(C_6H_5)_4$ 溶于水并稀释至 200 mL，转入棕色瓶中，放置过夜，使用时过滤。

$KB(C_6H_5)_4$ 饱和溶液：取 1.0 g $KB(C_6H_5)_4$ 沉淀于 500 mL 水中，强烈振荡，并放置过夜，使用前过滤。

1 ∶ 100 HAc 溶液：取 2 mL 冰醋酸溶于 200 mL 水中，摇匀。

取一定量试样溶液(含 K^+ 为 2～20 mg)于 100 mL 烧杯中，加甲基红指示剂 1 滴，用 0.05 mol · L^{-1} HCl 或 0.05 mol · L^{-1} NaOH 溶液调节溶液呈酸性，再加 1 mL 1 ∶ 100 HAc 溶液，用水稀释至 50 mL，在不断搅拌下，滴加 1% 的 $NaB(C_6H_5)_4$ 试剂(每毫克 K^+ 约相当于 1.32 mL 1% 试剂)，并在 2 min 左右加完，沉淀放置 10 min，用 No. 4 玻璃坩埚抽气过滤，并以 $KB(C_6H_5)_4$ 饱和溶液转移和洗涤沉淀。沉淀于 105～110 ℃烘干至恒量。

注：①$NaB(C_6H_5)_4$ 试剂的稳定性较差，故最好在使用前 1～2 d 制备，并在用前进行过滤。②$NaB(C_6H_5)_4$ 试剂加入速度不宜太快，太快则分析结果偏高，最好在 1.5～2 min 加完。③在微酸性溶液中，$NaB(C_6H_5)_4$ 试剂仅与 K^+，Rb^+，Cs^+，NH_4^+，Ce^{4+}，Hg^{2+} 等发生沉淀反应。如有干扰离子，可事先除去再测钾。④方法操作简单，准确度为±0.5%。

3. 配离子的电荷测定

配制 1.0×10^{-3} mol · L^{-1} 的草酸根合铁(Ⅲ)酸钾样品水溶液，在电导率仪上测定溶液电导率，计算出摩尔电导率，参考附录 6，判断样品溶液中阴、阳离子的电荷。

4. 热重分析

在瓷坩埚中，称取一定量磨细的配合物样品，按规定的操作步骤在热天平上进行热分解实验，升温到 550 ℃为止，记录不同温度时的样品质量。

5. 配合物的磁化率测定

用古埃磁天平测定草酸根合铁(Ⅲ)酸钾的磁化率。

(1) 样品管的标定。

在样品管中装入事先研细的已知磁化率的标定物$(NH_4)_2Fe(SO_4)_2 \cdot 6H_2O$或$Ni(en)_3S_2O_3$。在装填粉末样品时，需不断将样品管竖直在桌面上轻轻敲击，以使粉末样品均匀填实，再继续装填紧实，装1.5～3.0 cm高。

小心将样品管挂在右边天平盘下悬丝上(注意：样品管的底部是否位于磁场强度最大区域，样品管是否悬在两极的正中)，调节磁极间距为27 mm。待线丝不再摇摆后，称量样品管质量。然后通电流，用调压器调节电流为4 A，再称出样品管的质量，将加磁场与不加磁场时的质量差记为Δ。

倒去标定物，洗净样品管，用少量丙酮荡洗后，用电吹风机吹干。待样品管冷却后如前面方法称量加磁场前后样品管的变化，并将所得的质量差记为δ。由Δ和δ计算β。

(2) 磁化率的测定。

如前法将研细的草酸根合铁(Ⅲ)酸钾粉末样品分别装入样品管中。样品的紧密程度要与标定物的尽量一致，装样量高度和标定物的一样。

如前在加磁场和不加磁场时测定其质量变化，计算χ。

五、实验结果和处理

1. 配合物中的铁含量测定

将光度法测定的实验结果记录于下表中。

以消光值E为纵坐标，Fe^{3+}含量为横坐标作图，得一直线即为Fe^{3+}的标准曲线，以样品的消光值E在标准曲线上找到相应Fe^{3+}含量，计算样品中Fe^{3+}的百分含量。

编号	Fe^{3+}溶液体积/mL	Fe^{3+}含量/($\mu g \cdot mL^{-1}$)	消光值E
1	0.0	0.0	
2	1.0		
3	2.5		
4	4.0		
5	5.5		
6	7.0		
7	8.5		
样品	10		

2. 配合物中的钾含量测定

方法1：

(1) 根据下面公式计算不同浓度时KCl溶液中K^+的活度系数：

$$\lg r_{K^+} = \frac{-0.51\sqrt{I}}{1+1.30\sqrt{I}} + 0.06\sqrt{I}$$

$$I = \frac{1}{2}\sum c_i Z_i^2$$

式中，I 为离子强度；c_i 为 i 离子的浓度；Z_i 为 i 离子的电荷。

(2) 按 $a=c \cdot r$ 计算活度，以 $-\lg a_{K^+}$ 为横坐标，相应的 E 为纵坐标作图，将各点连成一平滑的曲线，计算直线部分的斜率 S。

$c_{KCl}/(mol \cdot L^{-1})$	10^{-5}	10^{-4}	10^{-3}	10^{-2}	10^{-1}
γ					
a					
$\lg a$					
$-\lg a$					

(3) 用下式计算钾离子浓度 c：

$$c=\frac{\Delta c}{10^{\pm \Delta E/S}-1}=\frac{c_s \cdot V_s}{V(10^{\Delta E/S}-1)}$$

式中，Δc 为浓度增量。由此计算样品中钾的百分含量。

方法 2：

结果计算

$$K^+ 含量(mg \cdot L^{-1})=\frac{W \times 0.1091}{V} \times 10^6$$

式中，W 为沉淀质量，单位为 g；V 为试液的体积，单位为 mL。

3. 配离子电荷的测定

由测定配离子的电荷初步确定配合物在水溶液中是以何种配离子形式存在。

4. 配合物的热重分析

由热重曲线计算样品的失重率，并与各种可能的热分解反应的理论失重相比较，参考红外光谱图确定该配合物的组成，并写出热分解反应方程式。

提示：草酸根合铁(Ⅲ)酸钾配合物分解应放出水汽、一氧化碳、二氧化碳，550 ℃褐色的固体残渣是铁和钾的化合物，下面列出了几种可能的固体产物相应的热分解反应的理论失重率。

固体产物		理论失重/%	编号
K_2O	FeO	56.8	1
K_2O	Fe_3O_4	55.5	2
K_2O	Fe_2O_3	55.0	3
K_2O	$FeCO_3$	47.6	4
K_2CO_3	FeO	43.2	5
K_2CO_3	Fe_3O_4	42.1	6
K_2CO_3	Fe_2O_3	41.6	7
K_2CO_3	$FeCO_3$	34.2	8

5. 样品的磁化率测定

根据测定得到的样品磁化率 χ，计算摩尔磁化率 χ_M、校正后 χ_P 和有效磁矩 μ_{eff}，从而计算出配合物中心离子 Fe^{3+} 的未成对电子数，画出电子的排布，并说明草酸根是强场配体还是弱场配体。

综合上述实验结果，确定试样的正确分子式及中心离子 Fe^{3+} 的电子组态，并写出热分解反应方程式。

思考题

1. 如何正确确定草酸根合铁(Ⅲ)酸钾的热分解产物？
2. 配合物中铁离子和草酸根含量的测定还有其他方法，请设计一个测定它们的分析方法。
3. 草酸根合铁酸钾有没有光学异构体？如果有，请画出异构体结构。

参考文献

游效曾. 1980. 结构分析导论. 北京：科学出版社.

Avamudan G A R, et al. 1974. Preparation and properties of potassium trioxalatoferrate(Ⅲ) trihydrate. J Chem Educ, 51: 129.

Bancroft G M, et al. 1970. Moessbauer study of the thermal decomposition of potassium trioxalatoferrate(Ⅲ). Inorg Chem, 9: 223.

Johneon R C. 1970. Convenient procedure for the preparation of potassium trioxalatoferrate(Ⅲ). J Chem Educ, 47: 702.

Kazuo Nakamoto. 1963. Infrared Spectra of Inorganic and Coordination Compounds. New York: John Wiley & Sons.

实验 2 大环配合物[Ni(14)4,11-二烯-N_4]I_2 的合成及其表征

实验目的与主要内容

本实验通过[Ni(14)4,11-二烯-N_4]I_2 的制备，了解大环配合物的合成特点，学会组成分析、电导率、红外光谱、紫外-可见光谱、核磁共振以及磁化率等手段在配合物结构分析表征中的应用。

一、背景知识

大环配体是指一种环状分子。对于一个至少含有九个原子的这种环状分子环来说，应含有三个或更多的潜在给体原子，图 2.3 给出了几种常见大环配体。

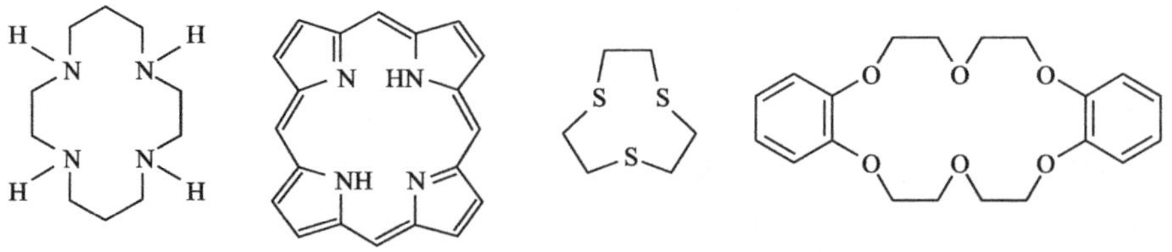

(a) 1,4,8,11-四氮杂环十四烷　(b) 卟啉　(c) 1,4,7-三硫杂环壬烷　(d) 二苯并18-冠-6

图 2.3 四种常见大环配体

大环配体和配合物广泛存在于生物体中，可以毫不夸张地说，如果缺乏这种分子，人们所知的生物体将无法存在，例如，卟啉环[图 2.3(b)]、咕啉环都是生物体中普遍存在的。这些配体的铁配合物与电子转移、氧的输送和氧的贮存过程有关。绿色植物中的叶绿素含有大环，它吸收光经过一系列电子转移过程，最终使水氧化放出氧气。氧给予体的大环如无活菌素存在于碱金属离子的主动转移中，控制细胞内离子平衡、神经信号的传递，代表了一类广泛使用的抗生素。

合成大环的一项主要用途是合成具有类似生物分子性能的化合物。这种化合物结构相对简单，研究这些相对简单的化合物，可以更好地理解自然界中相应物种的功能。这样的简单化合物起到"结构模型"作用，重现生物分子的光谱或其他特征；或者起到"功能模型"作用，可以复制生物的功能和化学反应活性。就目前来说，结构模型配合物在合成制备方面功效非常显著，而功能模拟体系方面的研究进展仍然缓慢。

大环配位化学的另一个敏感课题是用大环配体来模拟蛋白质中金属键的位置，而蛋白质通常并非大环体系。蛋白质可以看做是一个相对分子质量非常大的待组装的多齿配体。给予体原子在金属成键圈内呈相对确定的空间排列方式，这可以通过具有等价给予体原子的大环配体以相似方式来重现。

大多数大环化合物在动力学和热力学方面比类似的非环状配体的化合物稳定得多，大环化合物高稳定性这一性质已经在金属蛋白模型构造和技术应用方面得到了广泛应用。大环配体用于金属选择性萃取，在发展湿法冶金代替常规的对环境有害的火法冶金方面也有一些特殊的应用。

对含大环配体配位化合物的研究使得人们能够探求配合物反应过程中的许多细节，而这些状况在不稳定的非大环配体的配合物中是无法观察到的。

能键合放射性金属离子的大环配体可望几年后用于临床上的化学疗法，键合镧系金属离子的大环配合物也可望几年后成为临床上的成像剂。

目前，许多微电子元件及传感器在设计和制造时选用大环配体作为探测、放大或识别金属离子。在这些尖端的设备中，金属离子的键合使系统中发生一些机械的或光学的变化，从而进行探测识别。

大环配合物的合成主要有两种方法，一种是配合物合成的常用方法，即先合成大环配体，然后与金属配位生成配合物。这种方法适用于大部分冠醚、氮杂、硫杂大环配合物和许多含混合配位原子配体如卟啉和酞菁的合成。值得强调的一点是，配体对金属的配位速率有可能很慢，使得反应达到平衡需要很长的时间。另一种合成方法是模板合成，这是大环配合物合成特有的方法。一般是金属离子作为模板，形成大环配体的有机分子通过和金属离子配位，在金属离子周围定向排列，最后缩合直接生成大环配合物。例如，图 2.4 所示的反应虽然在不含金属离子的合成中已制备出了四氮杂大环配体 cyclam，但是$[Ni(cyclam)]^{2+}$最简单的制备方法依旧采用的是图 2.4 的路线。亚胺键很容易被还原，当将过量 KCN 加入上述反应溶液中时，镍(Ⅱ)生成 $Ni(CN)_4^{2-}$，同时分离出 cyclam。

模板反应的优势很明显：高收率、直接得到金属配合物及温和的反应条件，但是该反应也存在一些不利因素。最大的缺点是并非所有的金属元素都可以作为理想反应的模板剂，而且寻找合适金属离子的过程也很难准确把握。这使得出现了一个明显的问题，即如果对铁大环配合物感兴趣，但是只有镍离子可以作为模板剂，虽然有时也可发生金属离子的置换反应，但是一般都遵循 Irring-Williams 稳定性规则，其中镍配合物已达到稳定性的最大值。从大环配合物中移去金属离子通常会导致脆弱的配体体系开链，使得将模板产物转变为自由配体很难。

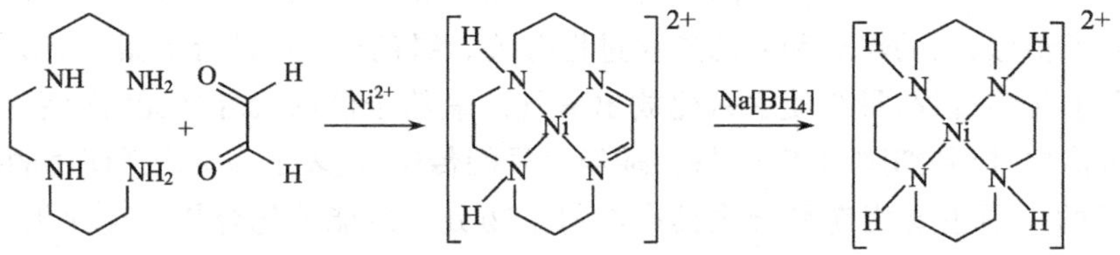

图 2.4　用于[Ni(cyclam)]$^{2+}$合成的模板效应

二、实验原理

本实验合成的是镍的大环配合物——5,7,7,12,14,14-六甲基-1,4,8,11-四氮环 14-4,11-二烯合镍碘化合物,简写为[Ni(14)4,11-二烯-N_4]I_2,化学式为 $C_{16}H_{32}N_4NiI_2$,相对分子质量为 592.95,其结构如下:

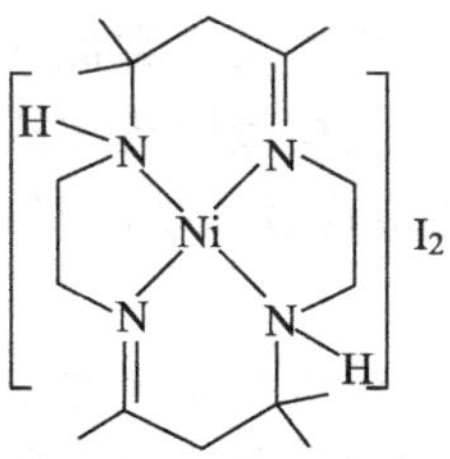

实验时先合成大环配体,然后其再与 Ni^{2+} 反应生成大环镍配合物。大环配体是由两分子乙二胺和四分子丙酮在酸性条件下缩合得到的,其详细机理还不清楚,但是很有可能在环化步骤中生成中间物种(图 2.5),在中间物种中氢键的存在稳定了所需的构型。

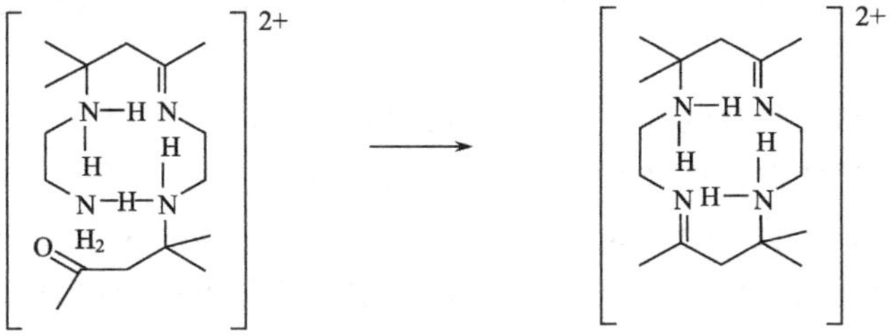

图 2.5　Curtis 大环可能的形成过程

这一大环以它的发现者名字命名为 Curtis 大环,Curtis 大环的作用十分重要,因为它为大环化学引进了另一种重要的反应类型——胺和羰基化合物反应生成亚胺。亚胺是非常好的 π 电子接受配体,并且亚胺环在稳定特殊氧化态方面也显示出重要的作用。

通过不含金属离子的反应可获得大环配体,但是采用模板合成方法使镍(Ⅱ)大环配合物更容易制备,即将紫色[$Ni(en)_3$][ClO_4]$_2$(en 为乙二胺)在丙酮溶液中加热,当溶液变成黄色时便可分离出镍大环配合物。有趣的是,在此金属模板合成的过程中,其异构化盐可以同时被分离出来(图 2.6),这一特殊的模板反应包括四分子丙酮和两分子 1,2-乙二胺,通过形成

C—N、C═N、C—C 键而生成。

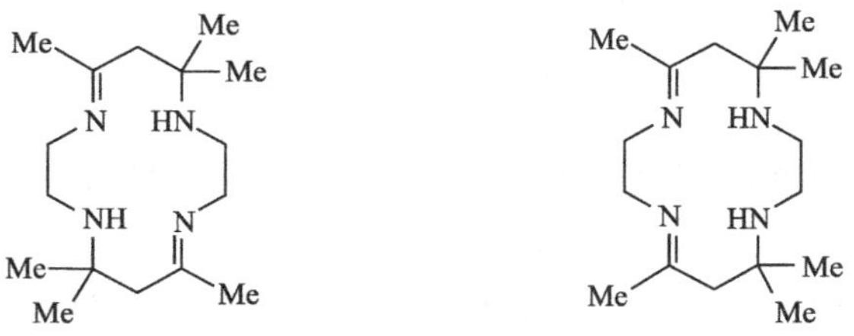

图 2.6　大环镍配合物的两种同分异构体

通过有关的化学分析和各种物理测试方法，验证所合成的[Ni(14)4,11-二烯-N_4]I_2 是预期的大环配合物，并描述它的特性，其特性应包括大环配合物的构型、该配合物是否有磁性、大环配体与中心离子的配位形式等。

三、仪器和试剂

1. 仪器

三颈烧瓶(100 mL)，1 只；搅拌器，1 只；冷凝管(15 cm)，1 支；干燥器，1 只；烧杯(250 mL)，2 只；吸滤瓶，1 只；量筒(50 mL)，1 支；布氏漏斗，1 只。

2. 试剂

乙酸镍(A. R.)，乙二胺(A. R.)，氢碘酸(A. R.)，丙酮(A. R.)，甲醇(A. R.)，乙醇(A. R.)，70%高氯酸(A. R.)。

四、实验步骤

1. 大环配体[Ni(14)4,11-二烯-N_4]·2HI 的合成

方法 1：在 250 mL 烧杯中，注入 5 mL 无水乙醇，再加入 6.6 mL(0.1 mol)无水乙二胺，把烧杯放在冰浴中冷却，慢慢滴加 18 mL(0.1 mol)的 47%氢碘酸(加入氢碘酸时有大量的热放出，必须缓慢操作)，然后再加入 15 mL 丙酮(需过量，约为 0.4 mol)。烧杯在冰水浴中进一步冷却有白色晶体析出。由于晶体析出较慢，在冰浴中需放置 2～3 h 或更长时间才能使晶体析出较完全，抽滤得白色针状晶体，在 60 ℃下干燥，称量，并计算收率。

方法 2：冰盐浴下，在 250 mL 烧杯中加入 30 mL 丙酮，搅拌下加入 2.9 g(0.05 mol)乙二胺，然后缓慢滴加含有 0.05 mol 70%高氯酸的丙酮溶液 30 mL，反应液先变浑浊，而后便生成白色沉淀，滴加完毕后在常温下继续反应 20 h 左右，使反应完全。抽滤，用无水乙醇洗涤沉淀，60 ℃下干燥得白色晶体。称量，并计算收率。

2. 大环配合物[Ni(14)4,11-二烯-N_4]I_2 的合成

在装有回流冷凝管、磁子的 100 mL 三颈烧瓶中，注入 40 mL 甲醇和与配体等物质的量的乙酸镍，磁力搅拌加热使乙酸镍溶解，再加入合成的大环配体。在搅拌下，加热回流 1 h，然后趁热过滤溶液，将溶液在水浴上浓缩到有晶体析出为止(在通风橱里操作)，把浓缩液放在冰浴

中冷却 1 h 或更长时间，过滤溶液得亮黄色的晶体，即为大环配合物。在乙醇中重结晶提纯产品，将亮黄色晶体放在干燥器中干燥，称量，计算收率。

3. 大环配合物[Ni(14)4,11-二烯-N_4]I_2 的特性测定

通过下面几种方法的测定，把所得的实验数据与文献值比较来确证所合成的大环配合物，并用实验测得的数据来描述它的结构特性。

(1) 通过镍和碘的元素分析，确定大环配合物中镍和碘的百分含量。

(2) 通过电导率的测定，确定大环配合物的离子数目和大致结构。

(3) 测定大环配体和大环配合物的红外光谱，与文献中的谱图对照来确证该大环配合物，并比较上述两谱图的异同来说明大环配体与镍的配位信息。

(4) 测定大环配合物的紫外-可见光谱，由此确定该配合物最合适的构型。

(5) 测定大环配合物的氢核磁共振谱，标出其各个质子的谱峰。

(6) 测定大环配合物的磁化率，由此说明该配合物是否具有磁性。

根据具体情况可以选做以上实验中的部分内容，也可选择其他方法来测定大环配合物的有关结构特点。

思 考 题

1. 根据大环配体和配合物的红外光谱图，如何说明大环配体与镍离子形成了配合物？
2. 为何从配合物的电子光谱能判断它的构型？

参 考 文 献

李冠峰，郁兆莲，潘慧平，等. 2008. Cu(Ⅱ)-四氮朵十四环-NCS 配合物的合成及其晶体结构. 化学应用与研究，20(9)：1205-1208.

王伯康. 2000. 综合化学实验. 南京：南京大学出版社.

Constable E C. 1999. Coordination Chemistry of Macrocyclic Compounds. Oxford：Oxford University Press.

Curtis N F. 1968. Macrocyclic coordination compounds formed by condensation of metal-amine complexes with aliphatic carbonyl compounds. Cood Chem Rev，3：3.

Curtis N F，et al. 1966. Transition-metal complexes with aliphatic schiff bases. Ⅷ. isomeric hexamethyl-1，4，8，11-tetraazacyclotetrade cadienenickel(Ⅱ) complexes formed by reaction of trisdiaminoethaneniekel(Ⅱ) with acetone. J Chem Soc，1015.

Curtis N F，House D A. 1961. Structure of some aliphatic Schiff-base complexes of nickel(Ⅱ) and copper(Ⅱ). Chem Ind，54：1708.

Merrell P H，et al. 1977. Synthesis and characterization of a macrocyclic nickel complex. An experiment to conclude an advanced inorganic or analytical course. J Chem Educ，54：580.

实验 3 2,3-*O*-异亚丙基-2,3-二羟基-1,4-双(二苯基膦基)丁烷的制备

实验目的与主要内容

所谓不对称合成是指潜手性底物在实际或其他条件的影响下形成两个不等量的对映体或非对映体。本实验用天然(+)-酒石酸合成手性配体 2,3-*O*-异亚丙基-2,3-二羟基-1,4-双(二苯基膦基)丁烷(DIOP)，使学生了解手性化合物概念，掌握不对称合成手性化合物的方法。

一、背景知识

所谓不对称合成是指潜手性底物在实际或其他条件的影响下形成两个不等量的对映体或非对映体。在一般的化学反应中却很难达到这一点。例如，用硼氢化钠还原丙酮酸时，只能得到外消旋的2-羟基丙酸（乳酸），也就是说，所生成的羟基丙酸的两个对映体其数量相等：

$$CH_3COCOOH \xrightarrow{NaBH_4} (\pm)CH_3CH_2(OH)COOH$$

要想获得两个不等量的对映体，必须满足下列诸条件中的一个：

(1) 使用一个手性的反应物（如丙酮酸）同一个手性的醇进行酯化；

(2) 使用一个手性试剂；

(3) 在反应中引入手性试剂或在手性催化剂的作用下反应。

总之，要进行不对称合成，必须具备手性条件或提供手性环境。在光化学反应中，利用圆偏振光也能够进行不对称合成，这是产生手性分子的方法之一，在特殊的情况下只生成一种对映体。利用酶的专一性进行不对称合成，可以百分之百地得到一对对映体中的一个。

不对称合成的光学收率在手性产物容易分离的情况下很容易获得，利用旋光仪是测定光学收率——对映体过量（*e. e.*）或光学纯度（*P*）最常用的方法。光学纯度的定义是：手性产物的比旋光度除以该纯净物质在相同条件下的比旋光度：

$$P=\frac{[\alpha]^t_{D观察值}}{[\alpha]^t_{D最大值}}\times 100\%$$

式中，$[\alpha]^t_D$ 为手性物质在温度 t℃，钠光灯波长（589 nm）时的比旋光度。

对映体过量 *e. e.* 则是用下式确定：

$$e.e.=\frac{[R]-[S]}{[R]+[S]}\times 100\%（设 R 为主要的异构体）$$

式中，[*R*]、[*S*]分别为两种手性异构体的浓度。

若旋光度与对映体的组成成正比，即在各对映体之间没有明显的相互作用时，则 *P*=*e. e.*。但在某些情况下，上述假设却是不能成立的。例如，α-甲基-α-乙基丁二酸，其函数 *P*=*f*(*e. e.*)就明显不是一条直线。

在设计合成一个新的手性配体时应当预见到它的立体选择性和可能达到的最佳效果，同时，配体的合成应当简单易行，若有可能，应当避免拆分这一步骤，并尽可能使用天然产物衍生出来的手性原料。

二、实验原理

本实验用天然(+)-酒石酸合成手性配体2，3-*O*-异亚丙基-2，3-二羟基-1，4-双（二苯基膦基）丁烷，其合成路线如下：

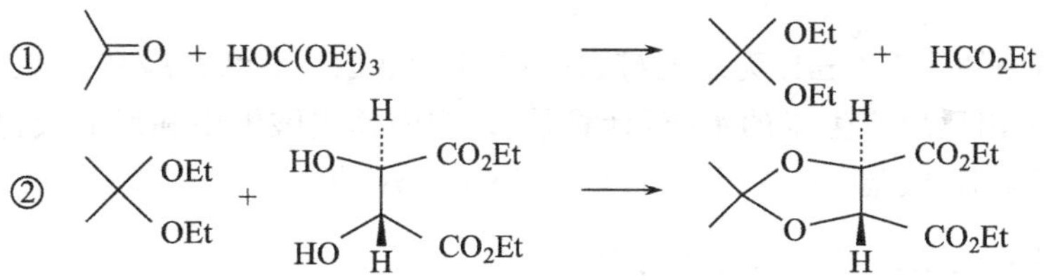

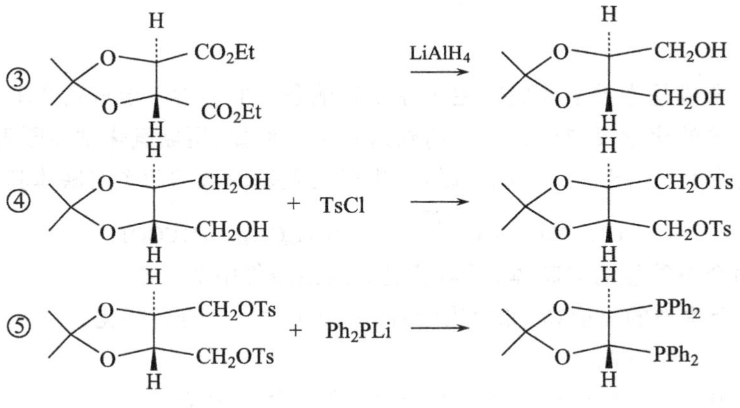

DIOP

DIOP 与铑配合时是双齿配位体，它对空气稳定，催化性能高。它的铑配合物在合成 α-乙酰胺基丙酸时，立体选择性为 80%*e. e.* 。

三、仪器和试剂

1. 仪器

500 mL 三颈瓶，1 只；冷凝管，1 支；1000 mL 三颈瓶，1 只；氮气钢瓶，1 个；250 mL 二颈瓶，1 只；精馏塔(约 20 塔板)，1 个；滴液漏斗，1 只；脂肪萃取器，1 个；氯化钙干燥管，1 支。

2. 试剂

乙醇钠(A. R.)，丙酮(A. R.)，无水碳酸钠(A. R.)，原甲酸三乙酯(A. R.)，浓硫酸(A. R.)，无水乙醇(A. R.)，碳酸钾(A. R.)，对甲基苯磺酸(A. R.)，氢化锂铝(A. R.)，苯(A. R.)，无水硫酸镁(A. R.)，(+)-酒石酸(A. R.)，4 mol · L^{-1}氢氧化钠溶液(A. R.)，四氢呋喃(A. R.)，2,2-二乙氧基丙烷(A. R.)，乙酸乙酯(A. R.)，乙醚(A. R.)，对甲基苯磺酰氯(A. R.)，氯代叔丁烷(A. R.)，三苯基膦(A. R.)。

四、实验步骤

1. 2,2-二乙氧基丙烷的制备

在装有电磁搅拌、温度计和回流冷凝管的 500 mL 三颈瓶中加入 160 mL 无水乙醇、29 g (0.5 mol)丙酮、95.1 g(0.58 mol)原甲酸三乙酯和 0.15 g 对甲基苯磺酸。在搅拌下加热回流 50 min。稍冷后，用乙醇钠中和反应液，使 pH=8。冷至室温，用 600 mL 水稀释，在分液漏斗中分出有机层，用水洗涤两次，硫酸钠干燥后蒸馏。收集 113～115 ℃馏分，约 37 g，收率 70%。

2. 酒石酸二乙酯的制备

在圆底烧瓶中加入 130 mL 无水乙醇、15 mL 苯、50 g(+)-酒石酸和 1 mL 浓硫酸。加热，利用共沸蒸馏，分出反应所生成的水(至计算量)。用固体碳酸钾中和反应液，滤去残渣。蒸除苯和乙醇后减压蒸馏，收集 140～144 ℃/1.07 kPa 馏分，约 54 g，收率 80%。

3. 2,3-*O*-异亚丙基酒石酸二乙酯的制备

在装有电磁搅拌、回流冷凝管的 250 mL 圆底烧瓶中加入 52 g(0.25 mol)酒石酸二乙酯、

40 g(0.3mol)2,2-二乙氧基丙烷、100 mL 无水苯和 0.13 g 对甲基苯磺酸。在搅拌下加热回流 0.5 h。用一根 25 cm 长的分馏柱取代回流冷凝管，进行分馏。在 77 ℃以下分馏出乙醇-苯共沸混合物，约需要 8 h。停止加热，用固体碳酸钾中和。滤去残渣，在水泵减压下蒸馏，收集 118～124 ℃/0.53 kPa 馏分，约 48 g，为无色透明液体。

4. 2,3-*O*-异亚丙基-L-1,4-丁二醇的制备

在三颈瓶中加入 110 mL 无水四氢呋喃、12 g 氢化锂铝。在搅拌下加热回流 0.5 h。稍冷后，滴加溶于 140 mL 四氢呋喃溶液中的 35 g 2,3-*O*-异亚丙基酒石酸二乙酯溶液。控制滴加速度以维持稳定回流为宜。滴加完毕后，再加热回流 3 h。然后缓慢地滴加 14 mL 乙酸乙酯，以分解过剩的氢化锂铝。冷却至 0～5 ℃，依次加入 12 mL 水、12 mL(4 mol · L^{-1})的氢氧化钠水溶液和 36 mL 水。抽滤，滤饼(含有产品)用乙醚充分洗涤，提取。合并滤液和乙醚提取液，用硫酸钠干燥后蒸除溶剂，减压蒸馏，收集 114～116 ℃/0.27 kPa 馏分，约 12 g，收率 52%。纯净的产品在室温下逐渐固化，熔点为 49～51 ℃。

5. 2,3-*O*-异亚丙基-L-1,4-对甲苯磺酰氧基丁烷的制备

在圆底烧瓶中加入 9 g 2,3-*O*-异亚丙基-L-1,4-丁二醇和 60 mL 无水吡啶。在电磁搅拌下冷却至－10 ℃，加入 22 g 研细的对甲基苯磺酰氯，固体溶解，呈橙黄色，然后有沉淀析出。在 0 ℃以上放置 10 h 后，用冰水浴冷却，在搅拌下滴加 130 mL 水，在滴加过程中，沉淀析出。4 h以后减压过滤，依次用水、95%乙醇洗涤滤饼，晾干，得 23 g 无色固体。乙醇重结晶，得白色针状结晶，熔点为 89～91 ℃，$[\alpha]_D = -12.1°$(c 4.4 g · $(100\ mL)^{-1}$，$CHCl_3$)。

6. 2,3-*O*-异亚丙基-2,3-二羟基-1,4-双(二苯膦基)丁烷的制备

在三颈瓶中加入 76 mL 无水四氢呋喃和 23.5 g(0.09 mol)三苯基膦。在氮气氛下搅拌至三苯基膦溶解。加入 1.7 g 金属锂丝，继续搅拌 3 h。滴加新蒸过的氯代叔丁烷。用冰水浴冷却，过滤除去剩余的锂。滴加 20 g 2,3-*O*-异亚丙基-L-1,4-对甲苯磺酰氧基丁烷于 50 mL 无水四氢呋喃溶液中。在室温搅拌 2 h 后减压蒸除溶剂。加水 40 mL，摇匀，分出有机层，水层用苯提取三次。合并有机层和提取液，减压下蒸除溶剂，得胶状黄色物。加入 95%乙醇(约 60 mL)研磨、洗涤，冰浴冷却。过滤得半固状产物，约 25 g。再用 95%乙醇重结晶，可得无色固体，熔点为 89～92 ℃。

7. 对产物 DIOP 进行测定分析

对产物 DIOP 进行红外、核磁及旋光测定。

思考题

1. 查阅文献了解手性膦配体的钌配合物(手性催化剂)在不对称催化剂中的应用。
2. 什么是不对称合成？请举几个不对称合成的例子。不对称合成要满足的条件有哪些？

参考文献

吴世晖，周景尧，林子森. 1986. 中级有机化学实验. 北京：高等教育出版社.

实验4　安息香及其衍生物的合成和表征

实验目的与主要内容

安息香又称苯偶姻、苯偶因或二苯乙醇酮，可用作生产聚酯树脂的催化剂，也可用于生成润湿剂、乳化剂和药品。本实验通过安息香及其衍生物二苯乙二酮和二苯乙醇酸的合成，使学生学习辅酶合成安息香的反应原理及其合成方法，学习二苯乙醇酸的重排，并且掌握如何利用薄层板检测反应的进程。

一、背景知识

安息香的别名为苯偶姻、苯偶因或二苯乙醇酮，为乳白色或淡黄色结晶，主要用于荧光反应检验锌和有机合成，可作为测热法的标准及防腐剂等，也是粉末涂料生产中除粉末涂料出现针孔的理想助剂。此外，安息香可用作生产聚酯树脂的催化剂，并可用于生产润湿剂、乳化剂和药品。安息香可由苯甲醛在热的氰化钾或氰化钠的乙醇溶液中反应制得。因其相当于两分子醛缩合在一起的产物，故该反应称为安息香缩合。安息香分子中含有羰基和羟基两种官能团，可分别进行这两种基团的反应。安息香经钠汞齐还原可生成氢化安息香，用锌和盐酸还原可得去氧安息香。

二、实验原理

早期安息香缩合反应一般采用氰化钾(钠)作催化剂，是在碳负离子作用下，两分子苯甲醛缩合生成二苯羟乙酮。但氰化物是剧毒品，易危害人体，操作困难，且“三废”处理困难。20世纪70年代后，开始采用具有生物活性的辅酶维生素 B_1 代替氰化物作催化剂进行缩合反应。本实验采用辅酶维生素 B_1 完成安息香缩合反应，作用机制如下：

(1) 反应时，维生素 B_1 分子中的噻唑环上的氮原子和硫原子邻位的氢，在碱的作用下可生成碳负离子。

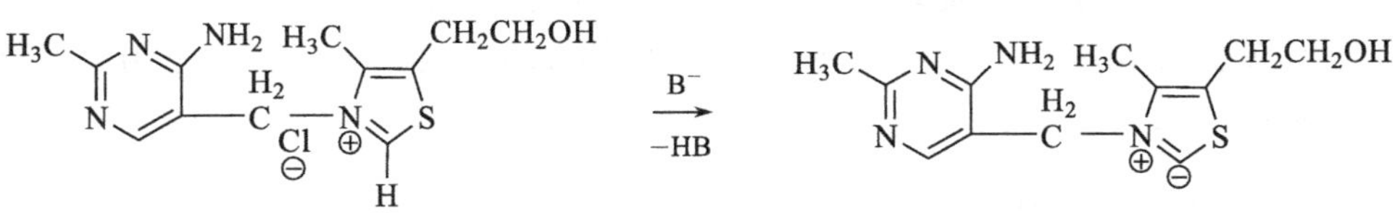

(2) 然后，形成的碳负离子与苯甲醛的羰基加成生成烯醇式加合物(Ⅰ)，环上的正氮原子起调节电荷作用。

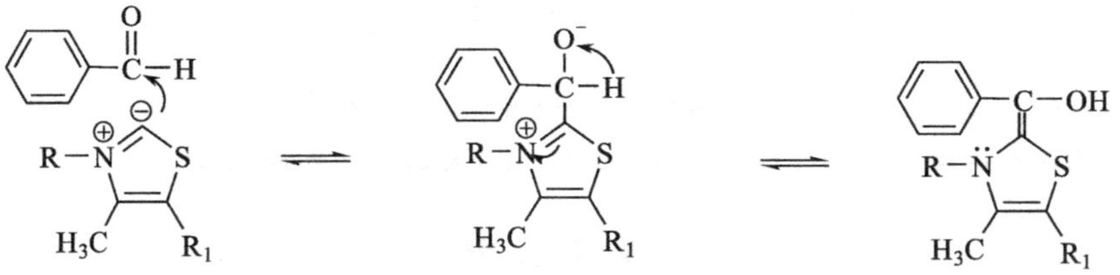

(Ⅰ)

(3) 烯醇式加合物与苯甲醛作用形成新的辅酶加合物(Ⅱ)。

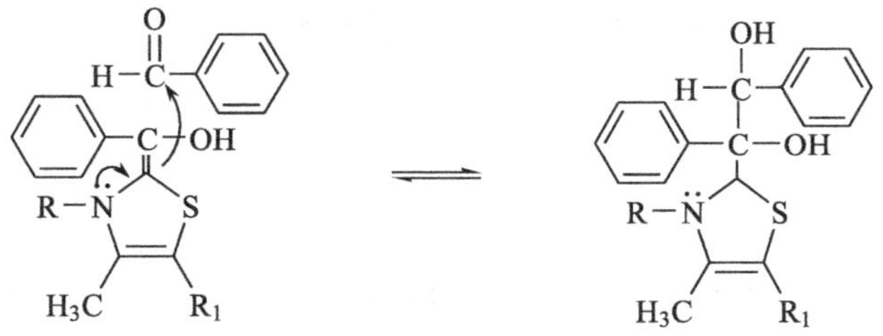

(4) 次辅酶加合物离解成安息香而辅酶复原。

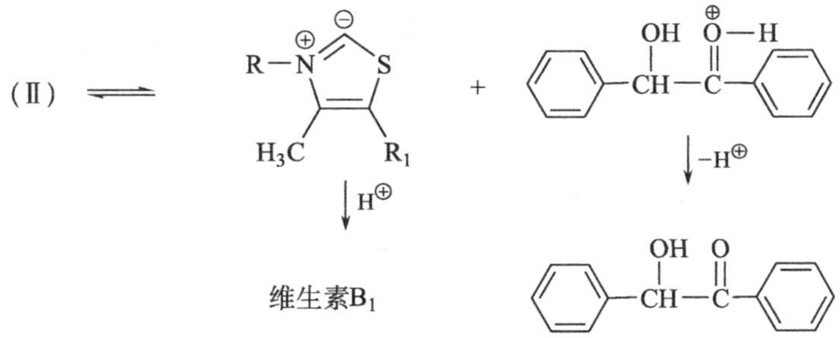

苯偶酰(二苯基乙二酮)是重要的有机合成试剂，通常由安息香氧化而得，能使安息香氧化的试剂很多，常用的氧化剂有硝酸、乙酸铜、三氯化铁等。本实验以安息香为原料，利用氧化剂将二苯羟乙酮氧化为二苯基乙二酮，根据所用氧化剂的不同，合成可有多种方法。

方法1：硝酸氧化法。用硝酸氧化法较为简便，但反应中释放出的二氧化氮会对环境产生污染。

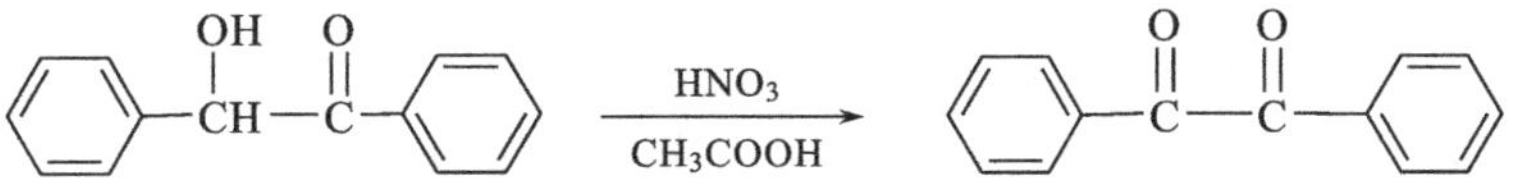

方法2：乙酸铜氧化法。安息香可以被温和的氧化剂乙酸铜氧化生成 α-二酮，铜盐本身被还原成亚铜态。实验经改进后使用催化量的乙酸铜，反应中产生的亚铜盐可不断被硝酸铵重新氧化生成铜盐，硝酸铵本身被还原为亚硝酸铵，后者在反应条件下分解为氮气和水。改进后的方法在不延长反应时间的情况下可明显节约试剂，且不影响收率及产物纯度。

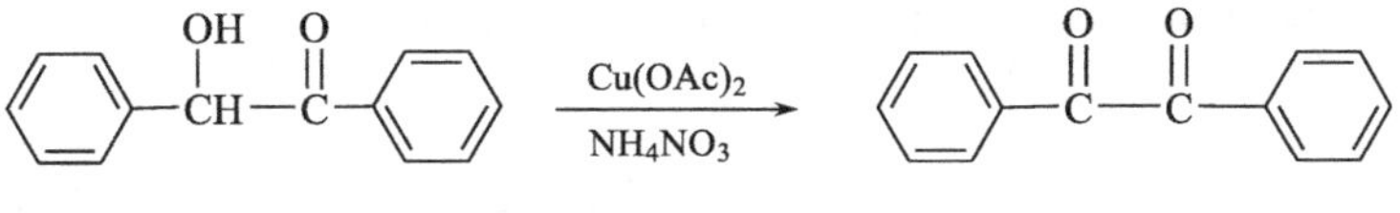

方法3：三氯化铁氧化法。$FeCl_3 \cdot 6H_2O$ 也是安息香氧化的良好氧化剂，不仅避免了常用的硝酸氧化法中产生有毒的氮的氧化物，而且收率高、质量好、操作方便、安全。

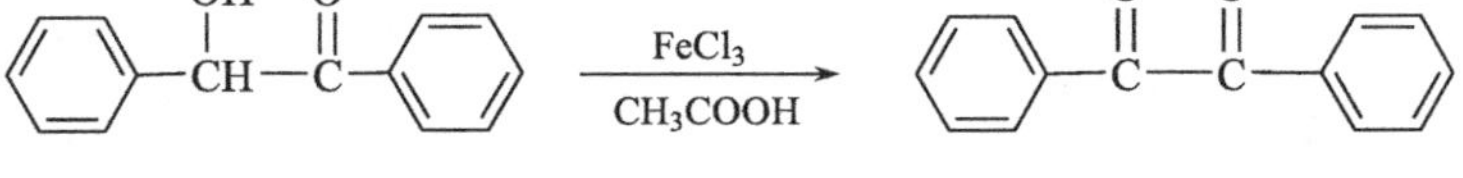

二苯基乙二酮是一个不能烯醇化的 α-二酮，当用碱处理时发生了碳骨架的重排，得到二苯基乙醇酸。由于二苯基乙醇酸是这种类型重排中最早的实例，故此种类型的重排亦称为二苯基乙醇酸重排。

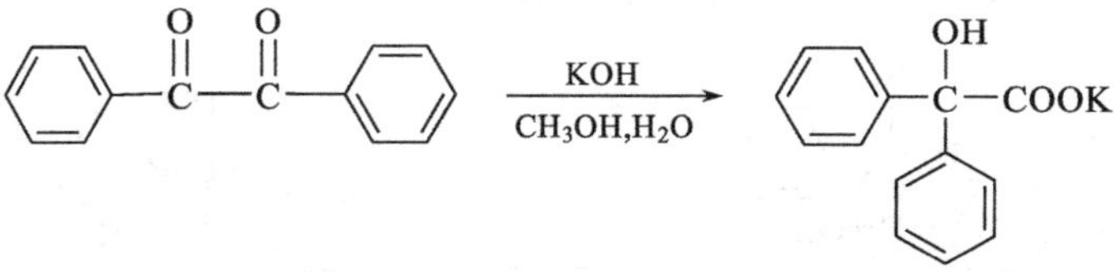

此反应是由氢氧根负离子进攻二苯基乙二酮分子中的一个羰基，形成活性中间体。此时另一个羰基则是亲电中心，苯基带着一对电子进行转移重排，而反应的动力是生成的羧基负离子的稳定性。

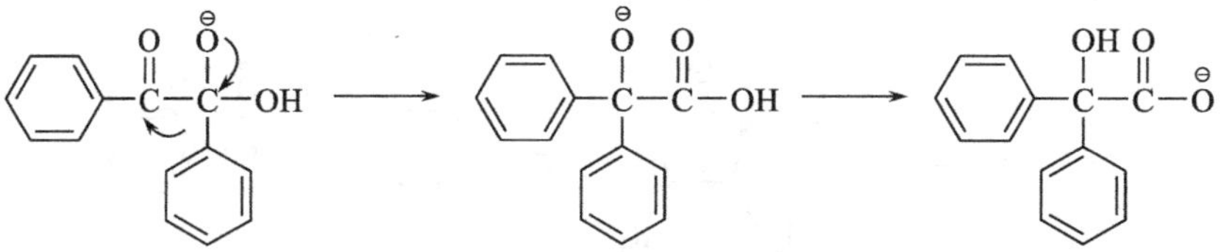

二苯基乙二酮与氢氧化钾溶液回流，生成二苯乙醇酸盐，称为二苯基乙醇酸重排。形成稳定的羧酸盐是反应的推动力。一旦生成羧酸盐，经酸化后即产生二苯基乙醇酸。这一重排反应可普遍用于将芳香族 α-二酮转化为芳香族 α-羟基酸，某些脂肪族 α-二酮也可发生类似的反应。总反应式为

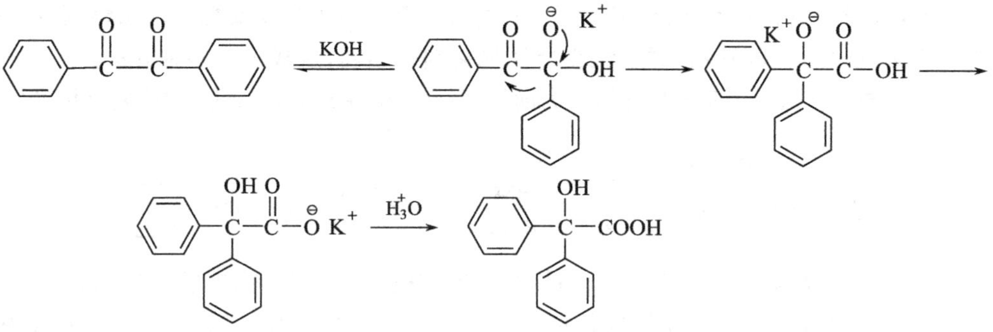

二苯基乙醇酸也可直接由安息香与碱性溴酸钠溶液一步反应来制备，得到高纯度的产物。

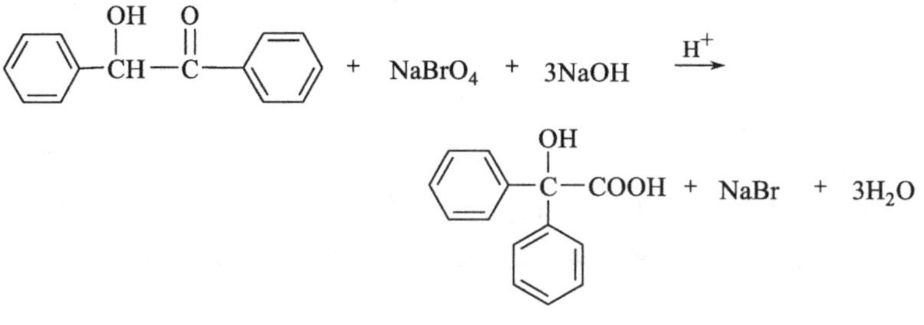

三、仪器和试剂

1. 仪器

100 mL 三颈烧瓶，1 只；红外光谱仪，1 台；30 cm 回流冷凝管，1 支；显微熔点仪，1 台；100 mL圆底烧瓶，1 只；紫外分光光度仪，1 台；CS-910 双波长薄层层析扫描仪，1 台。

2. 试剂

3 mol · L^{-1}氢氧化钠(A. R.),维生素 B_1(A. R.),70%硝酸(密度 1.42 g · mL^{-1})(A. R.),苯甲醛(A. R.),浓硫酸(A. R.),95%乙醇(A. R.),2%乙酸铜(A. R.),浓盐酸(A. R.),氢氧化钠(A. R.),溴酸钠(A. R.),硝酸铵(A. R.),1%羧甲基纤维素钠(A. R.),三氯化铁(A. R.),冰醋酸(A. R.),氢氧化钾(A. R.),硅胶 GF254。

四、实验步骤

1. 安息香的合成

(1) 在 100 mL 三颈烧瓶上装回流冷凝管,加入 3.5 g(0.010 mol)维生素 B_1 和 7 mL 水,使其溶解,再加入 30 mL 95%乙醇。在冰浴冷却下,自冷凝管顶端,边摇动边逐滴加入 3 mL 3 mol · L^{-1}氢氧化钠,约需 5 min。当碱液加入一半时溶液呈淡黄色,随着碱液的加入,溶液的颜色也变深。

(2) 量取 20 mL(20.8 g,0.196 mol)苯甲醛,倒入反应混合物中,加入沸石,于 60~76 ℃水浴上加热 90 min(或用塞子把瓶口塞住,于室温放置 48 h 以上),此时溶液的 pH 应为 8~9。反应混合物经冷却后即有白色晶体析出。抽滤,用 100 mL 冷水分多次洗涤,干燥后粗产品质量为 14~15 g,熔点 132~134 ℃,收率 60%~70%。

(3) 用95%乙醇重结晶,每克产物约需乙醇 6 mL。纯化后产物为白色晶体,熔点 134~136 ℃。

(4) 测定纯产品的红外光谱并与安息香的已知红外光谱图对比,指出其主要吸收带的归属。

2. 二苯基乙二酮的合成

(1) 制备薄层板。用硅胶 GF254 作吸附剂,其中掺入 1%羧甲基纤维素钠作为黏合剂,在 7.5 cm×2.0 cm 的洁净玻璃片上均匀地制成薄层硬板,于室温晾干后,置于烘箱中逐步升温至 110 ℃,活化 1 h。为了跟踪氧化反应的进行,每人准备上述薄层板 6 块和 20 cm×10 cm 薄层板 1 块(硅胶 GF254 和 1%羧甲基纤维素钠)。实验中使用的展开剂是二氯甲烷。

(2) 标准样品 R_f 值的测定。首先使用安息香和二苯基乙二酮的标准样品的混合物溶液在 20 cm×10 cm 薄层板上进行点样,展开,测出两点的 R_f 值。再用 CS-910 双波长薄层层析扫描仪分别测出此两点的紫外最大吸收值(λ_{max}),从而确定出哪一个点是安息香,哪一个点是二苯基乙二酮。

(3) 合成二苯基乙二酮,方法如下。

方法 1:在 100 mL 三颈瓶上装回流冷凝器和温度计,另一瓶颈上用标准磨口塞塞紧。将6.0 g 粗品安息香和 30 mL 冰醋酸及 15 mL 浓硝酸(70%,相对密度 1.42)混合均匀。将此反应混合物在水浴上加热至液体温度为 85~95 ℃,此后每隔 15~20 min 用细毛细管取出少量的反应液。

在 7.5 cm×2.0 cm 薄层板上点样 2~3 次,每次约数微升(μL),并将薄层板放置使冰醋酸和硝酸挥发,然后用二氯甲烷展开,用碘蒸气显色。如此不断地观察安息香是否已全部转化为二苯基乙二酮。

当安息香已全部(或接近全部)转化为二苯基乙二酮后,将反应液冷却并加入 120 mL 水和 120 g 冰的混合物,此时有黄色的二苯基乙二酮结晶出现,抽滤,并用少量冰水洗涤结晶固体,干燥后,用甲醇进行重结晶,计算收率。

方法 2:在 50 mL 圆底烧瓶中加入 4.3 g(0.02 mol)安息香、12.5 mL 冰醋酸、2 g 粉状的

硝酸钠和 2.5 mL 2%硫酸铜溶液，加入几粒沸石，装上回流冷凝管，在石棉网上缓缓加热并时加摇荡。当反应物溶解后，开始放出氮气，继续回流 1.5 h 使反应完全。将反应混合物冷却至 50～60 ℃，在搅拌下倾入 20 mL 冰水中，析出二苯基乙二酮结晶。抽滤，用冷水充分洗涤，尽量压干，粗产物干燥后为 3～3.5 g。产物已足够纯净可直接用于下一步合成。如要制备纯品，可用 75%的乙醇溶液重结晶，熔点 94～96 ℃。纯二苯基乙二酮为黄色晶体，熔点为 95 ℃。

注：2%硫酸铜可用下述方法制备，溶解 2.5 g 水合硫酸铜于 100 mL 10%乙酸水溶液中，充分搅拌后滤去碱性铜盐的沉淀。

方法 3：在 100 mL 圆底烧瓶中加入 10 mL 冰醋酸、5 mL 水、9.0 g $FeCl_3 \cdot 6H_2O$，装上回流冷凝管，加热至沸，加入 2.1 g 安息香，继续加热回流 45～60 min。加水 30～50 mL，煮沸后冷却则析出黄色固体，抽滤，粗产品用 95%乙醇重结晶后为 1.9～2.0 g，收率 90%～95%，熔点 94～95 ℃。

(4) 测定纯品的熔点和红外光谱，并与二苯基乙二酮的已知谱图对比，指出其主要吸收带的归属。

3. 二苯基乙醇酸的合成

方法 1：在 100 mL 圆底烧瓶中加入 17 mL 95%乙醇和 5.5 g(0.026 mol)二苯基乙二酮，不断摇动使固体物完全溶解。同时在另一锥形瓶中将 5.5 g 氢氧化钾溶于 12 mL 水中，在振摇下将此氢氧化钾水溶液加入圆底烧瓶中。装上回流冷凝管，在水浴上回流 15 min，此间反应液由最初的黑色转化为棕色，最后将反应液转移到烧杯中，盖上表面皿放置过夜，析出二苯基乙醇酸钾盐结晶，抽滤，并用 2 mL 95%乙醇洗涤所得固体。

将所得到的二苯基乙醇酸钾盐溶于尽量少的热水中，加活性炭脱色并趁热过滤。滤液用浓盐酸酸化至 pH=2。当此反应混合物冷却至室温后，用冰浴冷却。抽滤所得结晶固体，并用冷水充分洗涤，通过抽气将大部分水分除尽。然后在空气中干燥，得产物。称量，测定熔点，计算收率。纯品二苯基乙醇酸的熔点为 150 ℃。如欲进一步纯化，可用 15%的乙醇作溶剂 ($30～35\ mL \cdot g^{-1}$)进行重结晶。

测定纯产品的红外光谱，与二苯基乙醇酸的已知红外光谱对比，并指出各主要吸收带的归属。

方法 2：在 50 mL 圆底烧瓶中溶解 2.5 g 氢氧化钾于 5 mL 水中，加入 2.5 g 二苯基乙二酮溶于 7.5 mL 95%乙醇的溶液，混合均匀后，装上回流冷凝管，在水浴上回流 15 min。然后将反应混合物转移到小烧杯中，在冰水浴中放置约 1 h(也可将反应混合物用表面皿盖住，放至下一次实验，二苯基乙醇酸钾盐将在此段时间内结晶)，直至析出二苯基乙醇酸钾盐的晶体。抽滤，并用少量冷乙醇洗涤晶体。

将过滤出的钾盐溶于 70 mL 水中，用滴管加入 2 滴浓盐酸，少量未反应的二苯基乙二酮成胶体悬浮物，加入少量活性炭并搅拌几分钟，然后用折叠滤纸过滤。滤液用 5%的盐酸(约需 25 mL)酸化至刚果红试纸变蓝，即有二苯基乙醇酸晶体析出，在冰水浴中冷却使结晶完全。抽滤，用冷水洗涤几次以除去晶体中的无机盐。粗产物干燥后为 1.5～2 g，熔点 147～149 ℃。进一步纯化可用水或苯重结晶，并加少量活性炭脱色。二苯基乙醇酸产量约 1.5 g，熔点148～149 ℃。纯二苯基乙醇酸为无色晶体，熔点 150 ℃。

方法 3：由安息香制备二苯基乙醇酸。

在一个小蒸发皿中放置 5.5 g 氢氧化钠和 1.2 g 溴酸钠，溶于 12 mL 水。将蒸发皿置于热水浴上，加热至 85～90 ℃。然后在搅拌下分批加入 4.3 g 安息香，加完后保持此温度(反应混合物切勿超过 90 ℃，反应温度过高易导致二苯基乙醇酸分解脱羧增加副产物二苯甲醇)，并不断搅拌，中间需不断地补充少量水，以免反应液变得过于黏稠，直至反应到取少量反应混合物于试管中，加水后几乎完全溶解为止，需 1～1.5 h。

用 50 mL 水稀释反应混合物，置于冰浴中冷却后滤去不溶物(副产物二苯甲醇)。在充分搅拌下，向滤液中慢慢加入 40%硫酸(1∶3 体积比)，到恰好不释放出溴为止(需 13～14 mL)(为了减小通过终点的危险性，酸化前可取出 5 mL 滤液于试管中，剩余物用硫酸酸化至释放出微量的溴，然后从试管中加入少量事先取出的滤液)。抽滤析出的二苯基乙醇酸晶体，用少量冷水洗涤几次，压干，粗产物干燥后为 3～3.5 g，熔点 148～149 ℃。进一步提纯可用水重结晶。

思考题

1. 为什么要向维生素 B_1 的溶液中加入氢氧化钠？试用化学反应式说明。
2. 试将测定的红外光谱图与标准谱图比较，并对主要吸收带进行解释，指出其归属。
3. 合成安息香可选择的催化剂有哪些？
4. 已知安息香：λ_{max}=248 nm(EtOH)，二苯基乙二酮：λ_{max}=260 nm(EtOH)，试用这两个数据确定用薄层板分离得到的两个点各是哪一个化合物，并算出各自的 R_f 值。哪一个化合物的 R_f 值大一些，为什么？
5. 产物二苯基乙二酮为黄色结晶固体，原料安息香为白色固体。试从原料与产物的结构特点出发说明这种颜色的变化。
6. 用乙酸铜氧化安息香制备二苯基乙二酮的反应中，试用反应方程式表示硫酸铜和硝酸铵在与安息香反应过程中的变化。
7. 如果二苯基乙二酮用甲醇钠在甲醇溶液中处理，经酸化后应得到什么产物？写出产物的结构式和反应机理。
8. 如何由相应的原料经二苯基乙醇酸重排合成下列化合物？

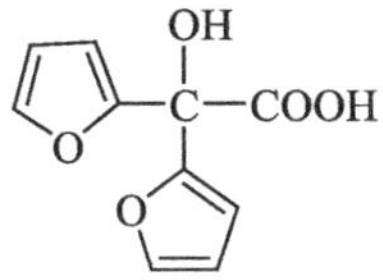

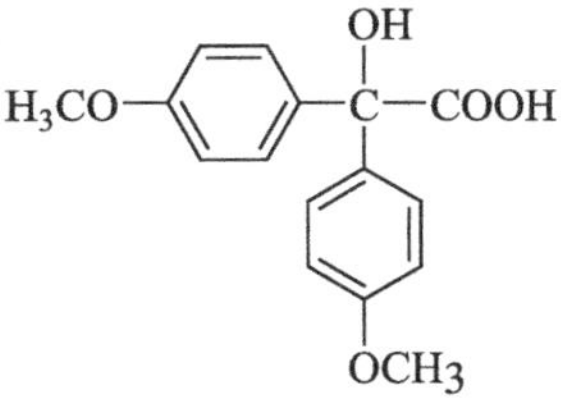

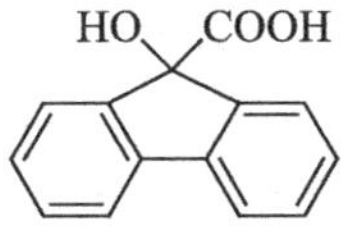

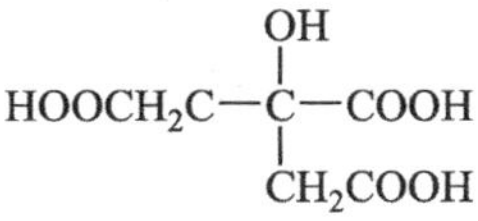

(柠檬酸)

参考文献

霍宁 E C. 1981. 有机合成. 第一集. 南京大学有机室，译. 北京：科学出版社.
吴世晖，周景尧，林子森. 1986. 中级有机化学实验. 北京：高等教育出版社.

实验 5　抗癫痫药苯妥英钠及其衍生物的设计与合成

实验目的与主要内容

本实验通过抗癫痫药苯妥英钠(dilantin)的设计与合成，使学生学习辅酶催化合成安息香的反应原理及其合成方法，在制备安息香的基础上，学习利用相关氧化剂将安息香氧化为二苯基乙二酮，再进一步与尿素缩合、酸化合成，学习掌握相转移催化条件下苯妥英衍生物合成原理及方法，并且了解利用红外光谱表征产品分子结构的基本方法。

一、背景知识

苯妥英钠(phenytoin sodium, PHT-Na)是苯妥英(phenytoin)的钠盐,又称大伦丁(dilantin),化学名称为5,5-二苯基-2,4-咪唑烷二酮钠盐,是目前抗癫痫症的一线药物,主要用于治疗癫痫大发作及精神运动性发作,全身强直性、单纯及复杂部分(运动神经)性、继发全面性发作和癫痫持续状态的起始和附属治疗。此外,由于PHT-Na和一些苯妥英衍生物有广泛的生物学活性和药理治疗作用,临床上也常将其用于其他疾病的治疗。例如,可用其治疗偏头痛、皮肤病以及三叉神经痛等多种疼痛,同时,PHT-Na和部分苯妥英衍生物还可起到抗心律失常和促进伤口愈合等作用。

苯妥英及其衍生物经典的合成路线是通过安息香缩合、氧化,继而与尿素关环得到:

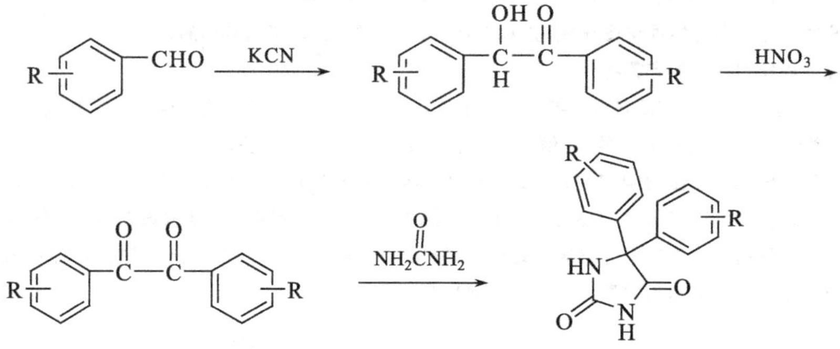

R=H, *p*-Cl, 2,4-Cl_2, *p*-CH_3, *p*-OCH_3

二、实验原理

芳香醛在氰化钠(钾)的作用下,分子间发生缩合生成二苯乙醇酮(或称安息香)的反应,称为安息香缩合。最典型的例子是苯甲醛的缩合反应。苯妥英钠传统的合成方法是以苯甲醛为原料,剧毒NaCN为催化剂,发生安息香缩合生成二苯基乙二酮,再用HNO_3氧化,反应产生大量NO_2气体,污染环境。针对以上缺点,目前,安息香缩合普遍采用维生素B_1作为催化剂,反应条件温和,无毒且收率高。其机理如下:

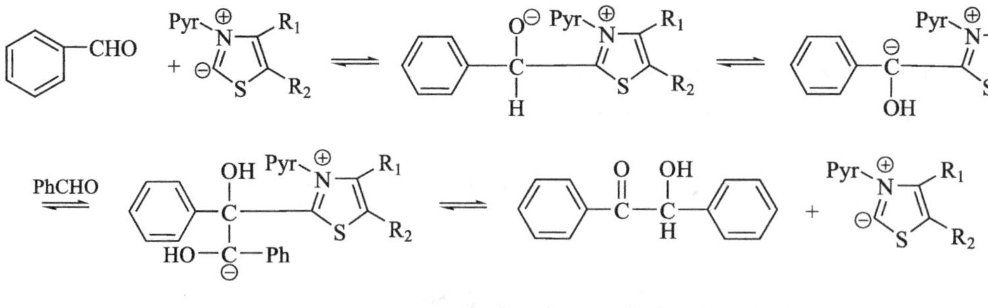

($R_1=CH_3$, $R_2=CH_2CH_2OH$, Pyr代表嘧啶环部分)

二苯羟乙酮(安息香)在有机合成中常常用作中间体。苯妥英钠的全合成中即采用芳香醛在辅酶维生素B_1作用下缩合为安息香;因为安息香很容易被硝酸或硫酸铜的吡啶溶液、三氯化铁溶液氧化,或在乙酸中用重铬酸钠氧化(此氧化方式收率低,易发生碳碳键断裂生成苯甲醛的副反应），可选择的氧化方式很多，但本实验采用温和的三氯化铁氧化安息香得到二苯基乙二酮，无毒气排放，操作安全，从而进一步与尿素在碱性条件下缩合，经酸化得到产品苯妥英。合成线路如下：

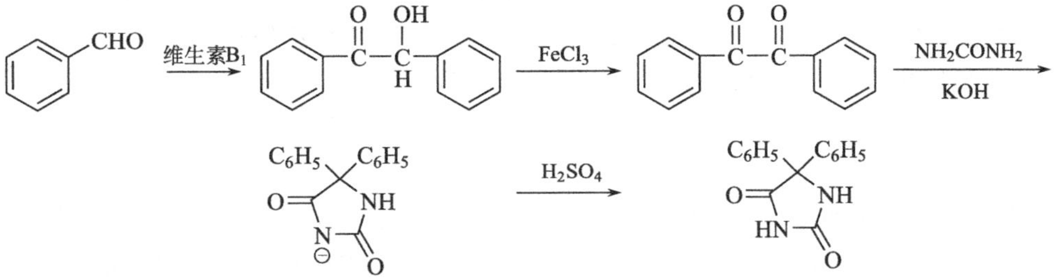

目前对于苯妥英研究较多的是在1、3位氮原子上，以及5位两个苯环上引入不同的取代基团，使化合物在电性、立体性、亲水性、疏水性等方面发生重大变化，从而使化合物的生物活性，甚至药效基团发生变化，产生其他类型的生理作用。

本实验在合成苯妥英的基础上，采用相转移催化剂TEBA，将苯妥英与活性基团氯化苄拼接，设计合成苯妥英衍生物——1,3-二苄基苯妥英。合成线路如下：

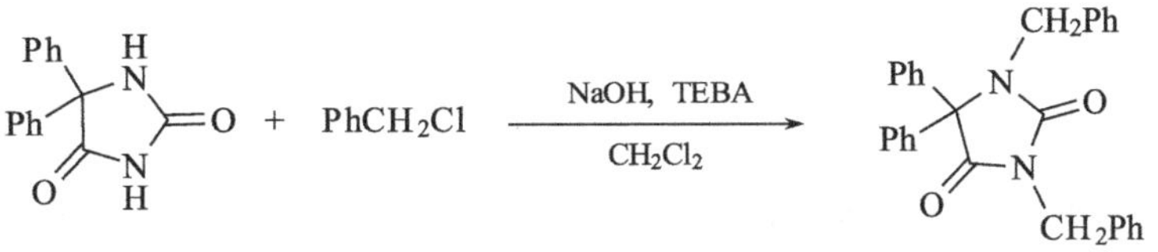

三、仪器和试剂

1. 仪器

100 mL三颈烧瓶，1只；干燥器，1台；回流冷凝管，1支；温度计，1支；50 mL圆底烧瓶，1只；电磁搅拌器，1台；100 mL锥形瓶，1只；恒压滴液漏斗，1只；100 mL圆底烧瓶，1只；250 mL分液漏斗，1只；载玻片（2.5 cm×7.5 cm），5片；抽滤瓶和布氏漏斗，各1只；层析柱（ϕ1.0 cm×120 cm），2支；真空泵及紫外分析仪，各1台；层析缸（ϕ3.0 cm×18 cm），2个；红外光谱仪，1台。

2. 试剂

3 mol·L^{-1}氢氧化钠（A. R.），维生素B_1（A. R.），浓硝酸（A. R.），苯甲醛（A. R.），碘（A. R.），95%乙醇（A. R.），5%盐酸（A. R.），冰醋酸（A. R.），活性炭（A. R.），尿素（A. R.），二氯甲烷（A. R.），三氯化铁（A. R.），苄氯（A. R.），石油醚（A. R.），乙酸乙酯（A. R.），三乙胺（C. P.）。

四、实验步骤

1. 安息香的合成

在100 mL圆底烧瓶上装有回流冷凝管，加入1.8 g(0.005 mol)维生素B_1和5 mL水，使其溶解，再加入15 mL 95%的乙醇。在冰浴冷却下，自冷凝管顶端，边摇动边加入5 mL10% NaOH，约需5 min，调节溶液pH为9～10，此时溶液呈黄色。去掉冰水浴，加入10 mL

(10.4 g,0.098 mol)新蒸的苯甲醛,加入沸石,将混合物置于水浴上温热 1.5 h。水浴温度保持在 60～75 ℃,且勿将混合物加热到剧烈沸腾,此时反应混合物将呈橘黄或橘红色均相溶液状态。将反应混合物冷至室温,析出浅黄色结晶。将烧瓶置于冰水浴中使结晶完全。若产物呈油状物析出,应重新加热使呈均相,再慢慢冷却重新结晶。必要时可用玻璃棒摩擦瓶壁或投入晶种。抽滤,用 50 ml 冷水分两次洗涤结晶。粗产物用 95%乙醇重结晶。若产物呈黄色,可加入少量活性炭脱色。干燥后粗产品为 4～5 g,熔点 134～136 ℃。

2. 二苯基乙二酮的合成

在 100mL 圆底烧瓶中加入 20 mL 冰醋酸、10 mL 水、18.0 g $FeCl_3 \cdot 6H_2O$,装上回流冷凝管,加热至沸,保持 3 min。加入 4.3 g 自制安息香,继续加热回流 45～60 min。此后每隔 15～20 min 用毛细管取出少量的反应液。

在 7.5 cm×2.0 cm 薄层板上点样 2～3 次,每次约数微升,并将薄层板放置使冰醋酸和硝酸挥发,然后用二氯甲烷展开,用碘蒸气显色。如此不断地观察安息香是否已全部转化为二苯基乙二酮。

当安息香已全部转化为二苯基乙二酮后,加水 60～100 mL,煮沸后冷却则析出黄色固体。抽滤,粗产品用 95%乙醇重结晶,趁热过滤,冷却析出黄色长针状结晶。抽滤,让结晶自然晾干,熔点 95～96 ℃。

3. 苯妥英的合成

在 50 mL 的圆底烧瓶中加热 1.0 g 二苯基乙二酮、0.58 g 尿素,再加入 10.0 mL95%的乙醇及 KOH 溶液(1.7 g 溶于 2.0 mL 水中)。装上回流冷凝管,在电磁搅拌下,水浴上加热回流 2～2.5 h,反应过程中有少许不溶物产生。把反应液冷却,过滤,除去不溶物。进一步在冰水浴中冷却滤液,并用 6 $mol \cdot L^{-1}$ 硫酸慢慢地酸化,使溶液的 pH≈3,此时有白色固体生成。过滤固体,并用水洗涤固体(水洗要充分,最好把固体取出后,放在烧杯内洗,否则含有大量无机盐),抽干,即得粗产品。粗产品可用 95%的乙醇重结晶,产量约为 0.85 g,收率 70%,熔点 297～299 ℃。

4. TEBA 催化苯妥英衍生物 1,3-二苄基苯妥英的合成

在 100 mL 圆底烧瓶中,加入 11.5 mL 苄氯、40 mL 1,2-二氯乙烷和 15.3 mL 三乙胺,水浴加热回流 3～4 h。冷却后,抽滤,并用少量溶剂洗涤,烘干得到白色晶体 TEBA。

在 100 mL 三颈瓶中,加入 1 g 苯妥英、2 mL 15% NaOH 溶液、0.1 g TEBA、20 mL CH_2Cl_2,温热搅拌使之溶解。在滴液漏斗中加入 2 mL 苄氯,边搅拌边滴加,20 min 内滴加完毕。在 50 ℃下加热回流 5～6 h(有白色固体生成)。向反应产物中加入一定量水,然后用 CH_2Cl_2 萃取,蒸去溶剂,得到黄色的黏稠液体,柱分离,得到纯品,洗脱剂为乙酸乙酯∶石油醚=1∶3。将析出的固体用乙醇重结晶,产量为 0.44 g。产物为白色固体,熔点 129～130 ℃。

5. 测定产物熔点并进行表征

测定合成的苯妥英及 1,3-二苄基苯妥英的熔点,对其进行红外、核磁等表征。

注:①苯甲醛中不能含有苯甲酸,长期放置的苯甲醛使用前最好用 5% $NaHCO_3$ 洗涤后蒸馏。②维生素 B_1 在酸性条件下是最稳定的,但易吸水,在水溶液中易被氧化失效,光及铜、

铁、锰等金属离子均可以加速氧化；在 NaOH 溶液中噻唑环易开环失效。因此，反应前后维生素 B_1 及 NaOH 溶液必须用冷水冷透。③反应温度要严加控制，特别是安息香合成开始前期加热不必太快，后期可适当升高温度至沸腾(80～90 ℃)。④TEBA 熔点为 310 ℃，易吸潮，应保存于干燥器中备用。

思　考　题

1. 本实验为什么要用新蒸馏的苯甲醛？
2. 安息香的氧化反应中，各种氧化剂的反应过程有什么不同？它们各有什么优缺点？
3. 氢氧化钠在缩合反应中起什么作用？
4. 为什么加入苯甲醛后，反应混合物的 pH 要保持在 9～10？溶液 pH 过低有什么不好？
5. 写出 TEBA 催化下 1,3-二苄基苯妥英合成的反应机理。

参 考 文 献

兰州大学，复旦大学化学系有机化学教研室. 1994. 有机化学实验. 2 版. 北京：高等教育出版社.
李珺. 2003. 综合化学实验. 西安：西北大学出版社.
李仁利. 2004. 药物构效关系. 北京：中国医药科技出版社.
吴世晖，周景尧，林子森. 1986. 中级有机化学实验. 北京：高等教育出版社.
Stella V J, Charman W N, Naringrekar V H. 1985. Prodrugs: Do they have advantages in clinical practice? Drugs, 29(5): 455-473.
Williams D A, Lemke T L. 2005. 药物化学原理. 赵建，蒋兴凯，主译. 北京：中国医药科技出版社.
Zha C X, Brown G B, Brouillette W J. 2004. Synthesis and structure-activity relationship studies for hydantoins and analogues as voltage-gated sodium channel ligands. J Med Chem, 47(26): 6519-6528.

课外阅读：苯妥英钠临床应用概述

苯妥英钠临床应用主要有以下几个方面。

1. 促进伤口愈合

苯妥英钠在临床应用中发现有造成牙龈增生的副作用。1958 年，Shapiro 首次将苯妥英钠应用于牙龈创面的治疗，发现苯妥英钠的确能促进创面的愈合。临床上已有将其用于治疗创面愈合的报道，并取得了理想效果。此外，苯妥英钠在下肢溃疡、骨髓炎窦道、麻风溃疡、糖尿病皮肤溃疡、口腔溃疡、褥疮、宫颈癌放疗后手术伤口愈合及外伤创面愈合困难等方面，也都取得了较好效果。

2. 治疗偏头痛

苯妥英钠作为生物电调节剂治疗偏头痛，特别是对伴随神经症的偏头痛病人，疗效显著。实验发现，典型偏头痛及非典型偏头痛有效率为 74.36%，所有神经症治疗有效的病人其偏头痛治疗均有效。

3. 治疗眩晕症

苯妥英钠也可作为抗眩晕药应用于临床。苯妥英钠的抗眩晕作用也可能同利多卡因一样，是由于其对中枢神经及周围神经的膜具有稳定作用所致。苯妥英钠治疗眩晕症患者，一般用药 2～3 d 症状即消失。

4. 治疗呃逆

实验证实，静脉注射苯妥英钠可使顽固性呃逆消失，苯妥英钠不引起催眠、不影响病人的智力、价廉易得，不失为治疗呃逆症状之良药。

5. 治疗心脑血管疾病

有研究表明，将苯妥英钠用于治疗急性脑梗死，取得了较好疗效。动物实验表明，苯妥英钠对缺血再灌注脑损伤有保护作用。通过对急性脑梗死患者的临床疗效、SPECT 局部脑血流改变的观察表明，苯妥英钠能明显改善脑梗死后病灶局部脑血流的下降和继发的缺血性损害，促进临床神经功能的恢复。

6. 在烧伤中的应用

苯妥英钠粉剂外敷治疗烧伤具有显著的效果。其机理在于：①烧伤后，创面上大量的神经纤维末梢受损伤，而损伤部位的神经产生自发性异位冲动是引起疼痛的主要原因，苯妥英钠却能直接抑制神经受伤部位产生的自发性神经异位冲动，所以能迅速缓解疼痛；②苯妥英钠能抑制脂性过氧化物的量，从而减少肉芽肿组织和渗出液的形成，二者为炎症反应的表现；③苯妥英钠能刺激烧伤创面纤维母细胞增生，增加胶原合成、胶原含量及肉芽组织的成熟，抑制胶原酶及胶原肽酶的活性，加快烧伤创面的愈合。

7. 治疗精神分裂症幻听

临床实验证明，对存在各类幻听的精神分裂症病人，在常规抗精神病药物治疗的基础上，加用苯妥英钠，结果发现加用苯妥英钠者的疗效显著，苯妥英钠对精神分裂症幻听有很好的疗效。

8. 治疗海洛因依赖者戒断症状

苯妥英钠对海洛因依赖者有控制戒断症状的作用，在治疗阿片类依赖者过程中，能有效减少美沙酮等替代品的使用时间，且不影响疗效，并能有效改善焦虑、渴求及稽延性戒断症状的作用。

实验 6 食品防腐剂——山梨酸的合成

实验目的与主要内容

山梨酸又称花楸酸，易溶于水，它及其盐类是优良的食品、药物和化妆品的防腐剂，是国际上公认的高效低毒保存剂，适用于较宽的 pH 范围，所以广泛应用于各类食品保鲜防腐。本实验以乙醛为原料，通过三步合成反应合成山梨酸，使学生了解羟醛缩合及卤仿反应原理和特点以及山梨酸作为食品防腐剂的应用。

一、背景知识

食品防腐剂是指能抑制微生物生长，防止食品腐败变坏，延长保存期的一类食品添加剂。

引起食品腐败的有物理因素、化学因素和有害微生物等。食品尤其是果蔬含有丰富的营养成分和大量水分，很适合微生物生长，而微生物的作用是导致食品腐烂的主要因素。防止微生物对食品的危害主要有三种方法：①防止微生物污染食品；②灭活有害微生物；③降低或抑制受污染的食品中微生物的生长，使之失活。食品防腐剂主要是通过第三种方法起到防腐的作用。

防腐剂按其来源可分为有机防腐剂、无机防腐剂和生物防腐剂及其他类。有机防腐剂包括苯甲酸及其盐类、山梨酸及其盐类、对羟基苯甲酸酯类、丙酸及其盐类、单辛酸甘油酯、双乙酸钠及脱氢乙酸等。无机防腐剂主要包括亚硫酸及其盐类、亚硝酸及其盐类、各种来源的二氧化碳等。生物防腐剂是指由微生物产生的具有防腐作用的物质，主要包括乳酸链球菌和那他霉素。

山梨酸又称花楸酸，易溶于水，它及其盐类是优良的食品、药物和化妆品的防腐剂，是国际上公认的高效低毒保存剂。它作为食品防腐剂，用量少，成本低。山梨酸可以通过巴豆醛分别与乙烯酮、丙二酸或丙酮制得。

二、实验原理

山梨酸及其钾盐是目前国外最普遍使用的食品防腐剂之一，它不仅低毒(毒性与食盐相仿)、无味，而且由于对广谱的细菌、霉菌有抑制其生长、繁殖的作用，适用于较宽的 pH 范围，所以广泛应用于各类食品保鲜防腐。

本实验通过三聚乙醛的解聚、羟醛缩合及卤仿反应等典型反应合成山梨酸，并采用简易水蒸气蒸馏装置，原料易得，收率也较好。

合成路线如下：

$$2CH_3CHO \xrightarrow{NaOH(稀)} \underset{巴豆醛}{CH_3CH{=}CHCHO} + H_2O$$

$$CH_3CH{=}CHCHO + H_3C\overset{O}{\overset{\|}{C}}CH_3 \xrightarrow{Ba(OH)_2} CH_3CH{=}CHCH{=}CH\overset{O}{\overset{\|}{C}}CH_3$$

$$CH_3CH{=}CHCH{=}CH\overset{O}{\overset{\|}{C}}CH_3 \xrightarrow{NaClO} CH_3CH{=}CHCH{=}CH\overset{O}{\overset{\|}{C}}ONa + NaOH + CHCl_3$$

$$CH_3CH{=}CHCH{=}CH\overset{O}{\overset{\|}{C}}ONa \xrightarrow{HCl} \underset{山梨酸}{CH_3CH{=}CHCH{=}CH\overset{O}{\overset{\|}{C}}OH}$$

三、仪器和试剂

1. 仪器

250 mL 和 125 mL 圆底烧瓶，各 1 只；机械搅拌器，1 台；100 mL 锥形瓶，1 只；温度计，1 支；250 mL 三颈瓶，1 只；Y 形管，1 支；分液漏斗，1 只；滴液漏斗冷凝管，1 支；减压蒸馏装置，1 套；水蒸气蒸馏装置，1 套；烧杯，若干只。

2. 试剂

浓硫酸(A. R.)，三聚乙醛(A. R.)，1% NaOH 溶液(A. R.)，解聚乙醛(A. R.)，盐酸(A. R.)，丙酮(A. R.)，碘(A. R.)，巴豆醛(A. R.)，$Ba(OH)_2 \cdot 8H_2O$(A. R.)，3,5-庚二烯-2-酮

(A. R.),新制的 NaClO 溶液(A. R.),淀粉-KI 试纸,饱和 $NaHSO_3$(A. R.)。

四、实验步骤

1. 三聚乙醛的解聚

于 250 mL 圆底烧瓶中加入 150 mL 三聚乙醛,缓慢滴入浓硫酸 1.5 mL,并摇匀,加入沸石,在水浴中蒸馏,保持水浴温度为 55～60 ℃(三聚乙醛的解聚对温度敏感,如温度过高,乙醛中会有白色针状晶体析出),收集 24～28 ℃馏分于锥形瓶中,锥形瓶用水浴冷却(由于乙醛的沸点接近室温甚至低于室温,乙醛的挥发对收率影响较大)。

2. 乙醛的缩合——巴豆醛的制备

将装有机械搅拌器、温度计及 Y 形管,Y 形管上再分别装有滴液漏斗和冷凝管的三颈瓶置于冰浴中,瓶中放入 32 g(40 mL,0.73 mol)的解聚乙醛,在搅拌下滴加 38.4 mL 1%NaOH 溶液(约需 1 h),保持反应温度 15～20 ℃,得到几乎无色的油状液体。用 1.1 mL 盐酸中和,使反应停止,然后蒸除未反应的乙醛 15 mL,改用水蒸气蒸馏装置(可以采用简易水蒸气蒸馏装置,即把水直接加入圆底烧瓶中,烧瓶上接一恒压滴液漏斗,漏斗上再接冷凝管,共沸液收集在滴液漏斗中分层,可把下层的水再放回圆底烧瓶),在 90～110 ℃下蒸出水与乙醛的共沸物(蒸馏前先加入 40 mL 水)。用分液漏斗分出馏出物中的油层,得到粗产品。将得到的巴豆醛粗产品进行分馏提纯,35 ℃时开始有馏分流出,收集 85～102 ℃的共沸物,在 103～104 ℃得到无色透明的液体巴豆醛。

3. 3,5-庚二烯-2-酮的制备

在 125 mL 圆底烧瓶中加入 75 mL 丙酮(1 mol)和 0.1～0.2 g 碘(0.4～0.8 mmol),待碘全部溶解后加入 1.7 g(0.005 mol)$Ba(OH)_2 \cdot 8H_2O$ 和 7 g(0.1 mol)巴豆醛,装上回流冷凝管,在 60～65 ℃的水浴中剧烈搅拌 1 h,反应过程中颜色逐渐由红→浅黄→橙黄→橙红变化,停止反应后,倾出溶液,弃去瓶底的催化剂残渣。在倾出的溶液中用浓硫酸或盐酸酸化至 pH＝3～4,液体的颜色变浅并有黄色沉淀生成,然后用水浴蒸出未反应的丙酮约 57 mL,剩余物进行水蒸气蒸馏得粗产品。将粗产品减压蒸馏,收集 76～80 ℃/1.7～2.2 kPa(13～17 mmHg)馏分,收率 73%,折光率 1.5190^{20}。

4. 山梨酸的合成

在 150 mL 圆底烧瓶中加入 2.2 g(0.02 mol)3,5-庚二烯-2-酮和 95 g 新制的次氯酸钠溶液(浓度 7.6%,有效氧浓度 3.0%),在冷水浴中搅拌反应,反应过程中应及时补加 NaClO 溶液以保持淀粉-KI 试纸变蓝,否则发生缩合反应。3 h 后停止反应,用饱和 $NaHSO_3$ 除去过量的 NaClO,将反应液倒入分液漏斗中,分出下层油状物($CHCl_3$)1.3 g,将上层液体转移到 200 mL的烧杯中,加入 50 g 碎冰块,用盐酸酸化至 pH＝3(酸化反应液的时候应充分搅拌和冷却,如果温度太高,产物的颜色会发黄),析出大量白色固体,抽滤得到粗产品 1.9 g,粗产品可用水重结晶,得针状结晶 1.8 g,收率 80.4%,熔点 132～134 ℃。

光谱数据:

巴豆醛　IR(cm^{-1}):3030,2940,2860,2700,1640,1450,1400,1150,1080,970,930;

^{1}H NMR($CDCl_3$)δ(ppm)：2.0，6.1，9.5。

山梨酸　IR(cm^{-1})：3030，2980，2840，2650，2580，1700，1680，1640，1610，1420，1380，1330，1270，1160，1000，920，870，700；^{1}H NMR($CDCl_3$)δ(ppm)：1.9，5.8，7.4，12.0。

思　考　题

1. 为什么乙醛缩合所用 NaOH 溶液浓度很稀？若浓度太大，对反应有何影响？
2. 试说明改进后的水蒸气蒸馏装置在本实验中的优点。
3. 羟醛缩合的机理是什么？还可用哪些催化剂？写出本实验中还可能得到的另几种产物。
4. 卤仿反应的条件是什么？为何有效氯和碱的浓度对反应收率有很大的影响？

参 考 文 献

李汝珍．2000．食品防腐用山梨酸的制备与应用．广西化工，29(2)：27-29.
武玉民，邢存章，刘丹凤．1995．山梨酸合成技术初探．山东轻工业学院学报，9(4)：9-11.

第二节　配位化合物研究方法

配位化合物简称为配合物，有时也称为络合物，是指中心金属与可给出电子对或多个不定域电子的物种以配位键形成的化合物。配位化合物的存在范围极为广泛，在生产生活中起着重要作用。对它的研究形成了无机化学的一个重要分支学科——配位化学，并成为引人瞩目的化学领域之一。

对配合物的研究现在已经有很多方法，第一节中已经介绍了热分析和磁化率测定技术，本节主要介绍电化学方法和配合物几何异构体的研究。

一、电化学方法

配合物的溶液电化学研究有很多应用，如用以研究溶液平衡、配离子稳定性、电化学催化、电化学合成等。此外，配合物在电极上的作用可以看做特殊的多相化学体系，它的热力学、动力学和成键性质可以由实验的电极电位和电流反映出来。

主要的研究方法有：电导法测定配离子电荷、pH 电位法测定配合物稳定常数、循环伏安研究配合物稳定性。

1. 电导法测定配离子电荷

溶液的电导随离子的数目、电荷和大小而变化，也随着溶剂的不同而变化，不同电荷的配离子对给定溶液产生不同的电导。电导就是电阻的倒数，用 L 来表示，单位为 Ω^{-1}。溶液的电导是该溶液传导电流能力的量度，在电导池中，溶液的电导与两极之间的距离 l 成反比，与电极的面积成正比：

$$L = K\frac{S}{l} \tag{2.19}$$

式中，K 为电导率，即两极之间距离为 1 cm、电极面积为 1 cm^2 时溶液的电导。

电解质溶液的电导率随溶液中离子的数目不同而变化，即随溶液的浓度不同而变化，因此，通常用摩尔电导 Λ_m 来衡量电解质溶液的导电能力，摩尔电导是 1 mol 电解质溶液置于相距1 cm的两极之间的电导，它与电导率之间关系如下：

$$\Lambda_m = K \times 1000/c \tag{2.20}$$

式中，c 为电解质溶液的物质的量浓度。

如果测得一系列已知浓度物质的摩尔电导，并和被测配合物的物质的量浓度相比较，就可以求得配合物的离子总数，或直接测定其配离子的摩尔电导，由其大小来确定其配离子数，从而可以确定配离子电荷数。

2. pH 电位法测定配合物稳定常数

稳定常数是衡量配合物在溶液中稳定性的尺度，其值越大越稳定。配合物在溶液中形成时，常引起某一种物理化学性质的改变。测定稳定常数的方法就是以此为基础，主要有电位法、伏安法等。

电位法是以研究溶液中离子与电极的相互作用为基础，来测定金属离子或配体的活度。电位法所测的数据精确，适用于单核、混合和多核配合物的研究，应用范围最广泛。用电位法测定稳定常数时，要求电极反应必须是可逆的。使用的电极主要有金属或金属汞齐电极、氧化还原电极和离子选择性电极三种。金属汞齐电极使用较广，适用于 Cu^{2+}、Zn^{2+}、Cd^{2+}、In^{3+}、Tl^{+}、Sn^{2+}、Pb^{2+}、Bi^{3+} 等金属配合物的研究。用玻璃电极测定稳定常数，称为 pH 电位法，可以测量配合物形成时溶液 pH 的变化，从 pH 的变化可以算出配体的平衡浓度，从而可计算配合物的稳定常数。用 pH 电位法测定稳定常数时，要求配合物在溶液中有足够的溶解度，在反应过程中无沉淀生成，配体的碱度要适中。该法在测定螯合物的稳定常数时特别有效。

3. 循环伏安法研究配合物稳定性

配合物中，不同配体对金属离子的氧化还原电位影响不同，同时，相同配体对不同的金属离子的影响也不同。循环伏安法可以研究配合物的稳定性。

循环伏安法能控制电极电动势以不同的速率，随时间以三角波形一次或多次反复扫描。得到的电流-电压曲线包括两个分支，如果前半部分电位向阴极方向扫描，电活性物质在电极上还原，产生还原波，后半部分电位向阳极方向扫描时，还原产物又会重新在电极上氧化，产生氧化波。因此一次三角波扫描，完成一个还原和氧化过程的循环，故该法称为循环伏安法，其电流-电压曲线称为循环伏安图。

研究配离子稳定性时，根据加入配体后金属离子的半波电位 $E_{1/2}$ 的改变来确定配合物稳定性的变化。金属离子在形成配位化合物后它的氧化还原电位会发生变化。对于同一金属离子(如铁离子)，当配位化合物的生成使高价态(氧化态)稳定时，$E_{1/2}$ 值会降低，因此相对于水合 $Fe(H_2O)_6^{3+}$ 配离子而言，CN^- 和 $C_2O_4^{2-}$ 的配位使 Fe^{3+} 更为稳定。反之，当配位化合物的生成使低价态(还原态)稳定时，则 $E_{1/2}$ 增加，因此联吡啶等配位时会使 Fe^{2+} 更为稳定。此外，根据具体的半波电位可以计算配合物的稳定常数。该法所得数据准确可靠，灵敏度高，特别适用于浓度和稳定性较低的配合物。

二、配合物异构体的研究

化学组成相同的若干配合物，因中心金属和配位原子间的连接方式或空间排列方式的不同而引起的结构和性质不同的现象，称为配合物的同分异构现象。配合物的异构现象种类很多，其中重要的有几何异构现象、光学异构现象、键合异构现象、水合异构现象、离子异构现象、配合异构现象等。异构现象是配合物具有的重要性质之一。它不仅影响配合物的物理和化学性质，而且与其稳定性、反应性和生物活性也有密切关系。有些异构体中某一结构不稳定，在一定条件下会逐渐转化为它的异构体结构，或者两种异构体存在一个平衡。对它们的研究，主要是利用异构体之间光谱性质的差别来判断或计算。

1. 配合物中的异构现象

1) 配合物几何异构

几何异构现象是指配合物中，配体的类型、数目和配位原子完全相同，仅由于配体围绕中心金属离子的排列不同而产生的异构现象，其异构体称为几何异构体。配合物的几何异构现象不仅影响其物理和化学性质，而且与配合物的稳定性和键性质有密切的关系，因此几何异构现象的研究在配位化学中有着重要的意义。

在几何异构现象中，其中相同的配体处于邻位的称作顺式(*cis*-)、相同的配体处于对位的称为反式(*trans*-)，这种异构现象称为顺反异构，可以存在于配位数为 4 的平面四方形结构的配合物和配位数为 6 的八面体结构的配合物中。平面 4 配位配合物中几何异构现象研究最多的是 Pt(Ⅱ)和 Pd(Ⅱ)的配合物，最著名的是顺式和反式的二氯二氨合铂(Ⅱ)[$Pt(NH_3)_2Cl_2$]；八面体[MA_4X_2]型配合物，如[$Cr(NH_3)_4Cl_2$]$^+$生成顺式(紫色)和反式(绿色)两种几何异构体。图 2.7 给出了平面四方形八面体结构配合物的顺反异构示例。

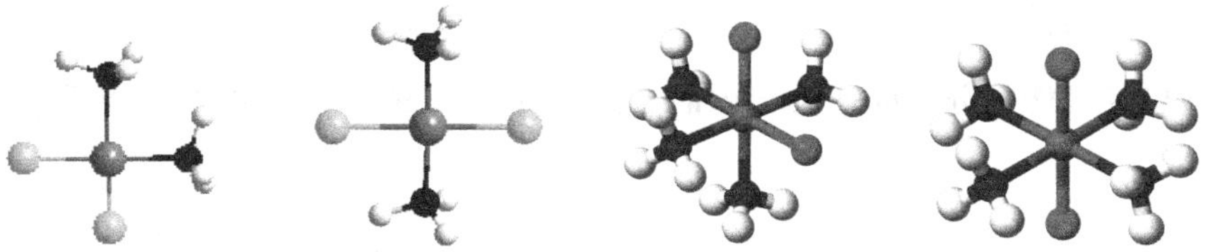

cis- $Pt(NH_3)_2Cl_2$　　*trans*-$Pt(NH_3)_2Cl_2$　　*cis*-[$Co(NH_3)_4Cl_2$]$^+$　　*trans*-[$Co(NH_3)_4Cl_2$]$^+$

图 2.7　平面四方形八面体结构配合物的顺反异构示例

在八面体[MA_3B_3]配合物中，同类配体位于八面体的一个三角形面的顶点，称为面式(*fac*-)异构体；相同的配体在八面体外接球的子午线上并列，称为经式(*mer*-)异构体，这种现象称为面式-经式异构现象。图 2.8 为[$CoCl_3(NH_3)_3$]的面式和经式结构示意。

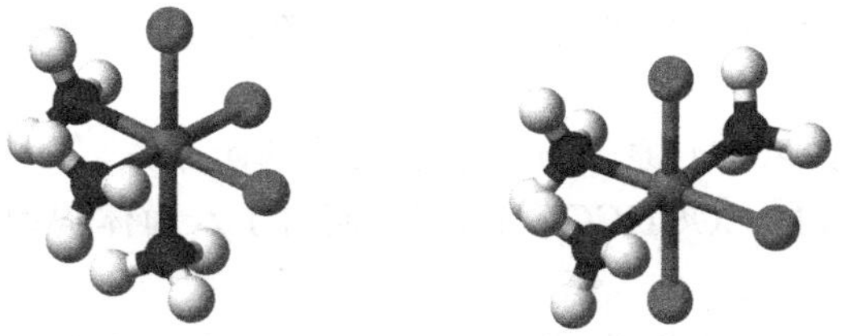

fac-[$CoCl_3(NH_3)_3$]　　*mer*-[$CoCl_3(NH_3)_3$]

图 2.8　八面体[MA_3B_3]配合物的面式和经式结构示意图

2）配合物键合异构体

配合物的键合异构体指的是由同一个配体通过不同的配位原子跟中心原子配位而形成的多种配合物。当一个配体中两个不同的原子都可以作为配位原子时，就有可能出现键合异构现象。

以下配体的配合物常会产生键合异构体：SCN^-，$SeCN^-$，NO_2^-，SO_3^{2-}，CN^-等。例如，亚硝酸根离子 NO_2^-：当亚硝酸根离子通过氮原子跟中心原子配位时，这种配合物称为硝基配合物；当亚硝酸根离子通过氧原子跟中心原子配位时，这种配合物称为亚硝酸根配合物。同样，硫氰酸根离子通过硫原子跟中心原子配位时，称为硫氰酸根配合物，而通过氮原子跟中心原子配位时，称为异硫氰酸根配合物。典型的键合异构体如紫色的$[(NH_3)_5Co\text{-}SCN]^{2+}$及橙黄色的$[(NH_3)_5Co\text{-}NCS]^{2+}$。硫配位的化合物与氮配位的化合物之间存在互变，且异构化反应是在分子内进行的。

3）配合物光学异构体

光学异构体是指两种构造相同，但彼此互为镜像而又不能重叠的化合物（或称对映异构体）。在光学异构体的分子中，相应的键角和键长都相同，只是由于分子原子的空间排列方式不同，使偏振光的振动平面旋转方向不同，这是光学异构体在性质上的最特征的差别。理论和实践都证明，只有不具有对称中心、对称面和反轴（但可以有对称轴）的分子才可能有光学异构体。因为三个原子本身可以组成一个对称平面，所以有光学活性的分子至少必须包括四个原子。光学异构体在有机化学中是常见的。

在配合物中，由于配体在金属离子周围的排列也可能产生光学异构体，两种光学异构体呈现镜像对称，它们会使平面偏振光发生等量但不同方向的偏转，因此又称旋光异构或对映异构，其中一种异构体使偏振光的振动平面向右旋转，而另一种异构体使偏振光的振动平面向左旋转。大多数配合物在溶液中都会逐渐失去旋光性，这一过程称为消旋作用。根据具体情况的不同，消旋机理可能是分子间或分子内的。图 2.9 为$[Fe(ox)_3]^{3-}$的两个光学异构体。

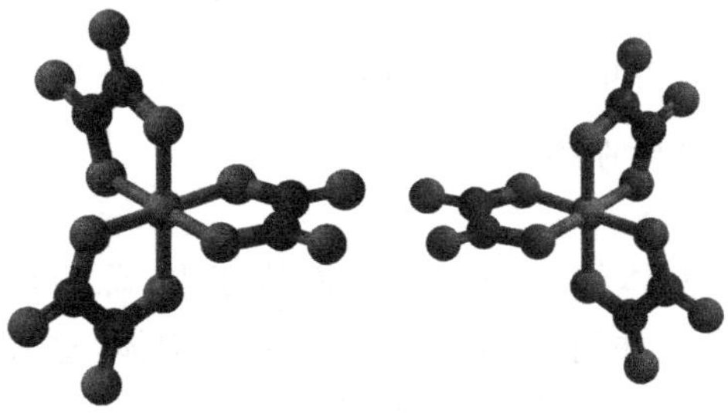

Λ-$[Fe(ox)_3]^{3-}$　　Δ-$[Fe(ox)_3]^{3-}$

图 2.9　$[Fe(ox)_3]^{3-}$的光学异构体

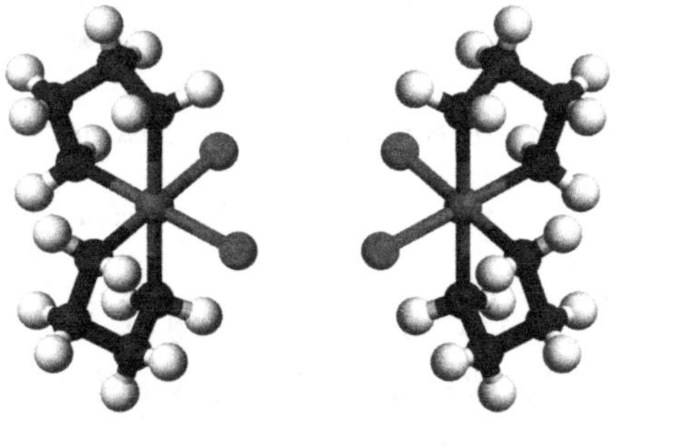

Λ-*cis*-$[CoCl_2(en)_2]^+$　　Δ-*cis*-$[CoCl_2(en)_2]^+$

图 2.10　*cis*-$[CoCl_2(en)_2]^+$的光学异构体

四面体型配合物中，如果中心原子与四个不同的基团相连，分子不能与镜像重合，则会产生光学异构体，如$[Be^{II}(C_6H_5COCHCOCH_3)_2]$。而对于八面体构型的配合物而言，光学异构主要有以下几种情况：

(1) $[M(AA)_3]$型，如三-(草酸根)合铬(Ⅲ)、$[Co\{(OH)_2Co(NH_3)_4\}_3]Cl_6$（这是第一个制得的具有旋光性且不含碳原子的化合物）。

(2) $[M(AA)_2X_2]$型，如$[Rh(en)_2Cl_2]^+$。

(3) $[M(AB)_3]$型，如$[Co(gly)_3]$。

(4) $[M(AA)B_2X_2]$型,如$[Co(en)(NH_3)_2Cl_2]^+$。

(5) 涉及多齿配体,如$[Co(edta)]^-$。

另外,在八面体的一些配合物中,顺式异构体有光学活性,而反式没有,图 2.10 为配合物 *cis*-$[CoCl_2(en)_2]^+$的光学异构体。

2. 配合物的异构现象研究

配合物的异构现象中,除了键合异构是由于配位原子发生了改变外,其余都是起源于配体在空间的位置不同,并均会引起它们物理和化学性质的差异,这也成为异构体鉴别和研究的基础。

(1) 结构差异。异构体是不同的化学个体,具有不同的结构特征,使得 X 射线衍射分析图谱可以成为鉴别异构体的有效手段;几何对称性差异,引起偶极矩的不同,可采用偶极矩测定鉴别异构体。

(2) 溶解度差异。某些异构体的溶解度存在差异,利用溶解度不同产生在溶液中结晶的先后次序,可以分别制备不同的异构体。

(3) 颜色差异。不同的异构体呈现颜色的差异,可通过光谱分析来研究不同的异构体。

(4) 光性质差异。光学异构体表现为不同的旋光性能,通常采用旋光性测定来研究。

(5) 键合差异。键合异构体由于成键原子的不同,在红外吸收方面呈现极大的差异,通常采用红外光谱来研究。

还需要指出,异构体在溶液中的稳定性不同,会发生两种异构体之间的转化,称为异构体的异构化反应,异构化反应成为配合物研究的重要内容之一。异构化反应研究属于反应动力学范畴,最为基础的是不同反应时刻给定异构体组分量的测定。研究中就是利用配合物不同异构体的性能差异,来选择浓度测定手段,显然可以采用紫外-可见光谱分析、红外吸收光度分析以及旋光度测定等手段检测异构化反应的进行。

参考文献

金斗满,朱文祥. 1996. 配位化学研究方法. 北京:科学出版社.

唐宗薰. 2005. 中级无机化学. 北京:高等教育出版社.

实验 7　pH 法测定甘氨酸合镍配合物逐级稳定常数

实验目的与主要内容

本实验用 pH 法测定甘氨酸合镍配合物的逐级稳定常数,通过本实验,使学生掌握 pH 法测定配合物逐级稳定常数的基本原理和计算方法,并熟悉利用 Excel 进行实验数据的计算处理及作图。

一、背景知识

稳定常数是衡量配合物在溶液中稳定性的尺度,其值越大越稳定。在水溶液中,配合物的形成是水合金属离子 $M(H_2O)_n$ 中内层的水分子被配体 L 取代的反应。

测定配合物稳定常数的方法很多，其中电位法应用的最广泛，而且所得数据也最精确。pH 法是电位法的一种，它是根据配体呈弱酸性或弱碱性，在形成配合物的过程中，溶液 pH 的变化，算出配体的平衡浓度，从而计算配合物的稳定常数。由于 pH 法的设备简单，操作方便，因此得到了广泛的应用。

配合物虽有各种几何构型，但在溶液中第一过渡系金属离子 M^{2+} 总是形成$[M(H_2O)_6]^{2+}$形式的八面体配合物。若在这种水溶液中加入更强的配体 L，则 L 将逐步取代 H_2O 而形成一系列配合物：$[M(H_2O)_5L]^{2+}$、$[M(H_2O)_4L_2]^{2+}$、…、$[ML_6]^{2+}$。由于水溶液中水的浓度基本上是一常数，所以在平衡和平衡常数的表示中常将 H_2O 消去而简写成：

$$M^{2+} + L \rightleftharpoons ML^{2+} \qquad K_1 = \frac{[ML^{2+}]}{[M^{2+}][L]}$$

$$ML^{2+} + L \rightleftharpoons ML_2^{2+} \qquad K_2 = \frac{[ML_2^{2+}]}{[ML^{2+}][L]}$$

$$\cdots\cdots \qquad \cdots\cdots$$

$$ML_5^{2+} + L \rightleftharpoons ML_6^{2+} \qquad K_6 = \frac{[ML_6^{2+}]}{[ML_5^{2+}][L]}$$

式中，K_1、K_2、…、K_6 为逐级稳定常数。配合物的稳定常数有时用积累稳定常数 β 来表示，它与逐级稳定常数 K 的关系为

$$\beta_1 = K_1$$

$$\beta_2 = K_1K_2$$

$$\cdots\cdots$$

$$\beta_6 = K_1K_2K_3\cdots K_6$$

必须指出，热力学平衡是平衡时各组分活度的函数，而计算复杂体系的活度系数是十分困难的，溶液中离子强度不同，其组分浓度即使相同，活度系数亦不同。因此，在实际研究中常固定溶液的离子强度，用平衡时各组分的浓度代替活度，这样得到的平衡常数称为浓度形成常数，离子强度不同，浓度形成常数也不同，所以有时又称为条件形成常数。文献中列举的配合物稳定常数一般是指浓度形成常数。

二、实验原理

本实验测定甘氨酸合镍配合物的逐级稳定常数。甘氨酸也称氨基乙酸，是最简单的氨基酸，化学式为 NH_2CH_2COOH，甘氨酸（用 HL 表示）是二齿配体，通过 O 和 N 与 Ni^{2+} 配位而形成配合物，在体系中有以下的配位平衡：

$$Ni^{2+} + L^- \rightleftharpoons NiL^+ \qquad K_1 = \frac{[NiL^+]}{[Ni^{2+}][L^-]} \tag{2.21}$$

$$NiL^+ + L^- \rightleftharpoons NiL_2 \qquad K_2 = \frac{[NiL_2]}{[NiL^+][L^-]} \tag{2.22}$$

$$NiL_2 + L^- \rightleftharpoons NiL_3^- \qquad K_3 = \frac{[NiL_3^-]}{[NiL_2][L^-]} \tag{2.23}$$

此外，体系中还有甘氨酸的离解平衡：

$$HL \rightleftharpoons H^+ + L^- \qquad K_a = \frac{[H^+][L^-]}{[HL]} \tag{2.24}$$

式中，K_a 为甘氨酸的离解常数。

由上述各式可知，由于 Ni^{2+} 与 HL 形成配合物而使体系中的 H^+ 浓度发生变化。因此，可

以利用 pH 测量该体系中 H^+ 浓度的变化来计算配合物的逐级稳定常数 K_1、K_2、K_3。

为计算 K_1、K_2、K_3，可利用生成函数 $\bar{n}$ 来求得。$\bar{n}$ 为与每个金属离子所配位的配体的平均数，在本实验的体系中：

$$\bar{n}=\frac{\text{配位的 L 的物质的量}}{\text{总的 } Ni^{2+} \text{ 的物质的量}}=\frac{[NiL^+]+2[NiL_2]+3[NiL_3^-]}{[Ni^{2+}]+[NiL^+]+[NiL_2]+[NiL_3^-]}$$

$$=\frac{K_1[L^-]+2K_1K_2[L^-]^2+3K_1K_2K_3[L^-]^3}{1+K_1[L^-]+K_1K_2[L^-]^2+K_1K_2K_3[L^-]^3} \tag{2.25}$$

由式(2.25)可知，若知道了 $\bar{n}$ 和$[L^-]$，就可以求得 K_1、K_2、K_3。

由 $\bar{n}$ 和$[L^-]$来计算稳定常数的方法也较多，这里仅介绍本实验所用的两种方法。

1. 半 $\bar{n}$ 法

若体系中仅存在以下一种平衡：

$$Ni^{2+}+L^- \rightleftharpoons NiL^+$$

当$[NiL^+]=[Ni^{2+}]$时，由式(2.19)可得 $\lg K_1=-\lg[L^-]=p[L^-]$，这时根据 $\bar{n}$ 的定义，$\bar{n}=0.5$。

若体系中仅存在 $NiL^+ + L^- \rightleftharpoons NiL_2$ 这种平衡，当$[NiL^+]=[NiL_2]$时，由式(2.22)可得 $\lg K_2=p[L^-]$时，$\bar{n}=1.5$。同样可得到，当 $\lg K_3=p[L^-]$时，$\bar{n}=2.5$。

所以只要求得 $\bar{n}$ 和$[L^-]$，并以 $\bar{n}$ 为纵坐标，$p[L^-]$为横坐标作图，图中 $\bar{n}=0.5$、1.5、2.5 所对应的 $p[L^-]$，即为 $\lg K_1$、$\lg K_2$、$\lg K_3$。

2. Rossetti 图解法

若以积累稳定常数 β_1、β_2、β_3 代替式(2.25)中的 K_1、K_2、K_3，则

$$\bar{n}=\frac{\beta_1[L^-]+2\beta_2[L^-]^2+3\beta_3[L^-]^3}{1+\beta_1[L^-]+\beta_2[L^-]^2+\beta_3[L^-]^3} \tag{2.26}$$

重排式(2.26)得

$$\frac{\bar{n}}{(1-\bar{n})[L^-]}=\beta_1+\frac{(2-\bar{n})[L^-]}{(1-\bar{n})}\beta_2+\frac{(3-\bar{n})[L^-]^2}{(1-\bar{n})}\beta_3 \tag{2.27}$$

取 $\bar{n}$ 为 0.2～0.8 的实验数据，以 $\frac{\bar{n}}{(1-\bar{n})[L^-]}$ 对 $\frac{(2-\bar{n})[L^-]}{(1-\bar{n})}$ 作图得一直线。直线的截距为 β_1，斜率为 β_2。再以所得的截距 β_1 代入式(2.27)，并用 $\frac{(2-\bar{n})}{(1-\bar{n})}[L^-]$ 除等式两边，重排得

$$\frac{\bar{n}-(1-\bar{n})\beta_1[L^-]}{(2-\bar{n})[L^-]^2}=\beta_2+\frac{(3-\bar{n})}{(2-\bar{n})}[L^-]\beta_3 \tag{2.28}$$

取 $\bar{n}$ 为 1.1～1.7 的实验数据，以 $\frac{\bar{n}-(1-\bar{n})\beta_1[L^-]}{(2-\bar{n})[L^-]^2}$ 对 $\frac{(3-\bar{n})}{(2-\bar{n})}[L^-]$ 作图得一直线，直线的截距为 β_2，斜率为 β_3。这样由 β_1、β_2、β_3 就可求得 K_1、K_2、K_3。

在本实验中 $\bar{n}$ 可以通过甘氨酸的总浓度 c_L、甘氨酸的平衡浓度$[HL]$、甘氨酸根的浓度$[L^-]$以及 Ni^{2+} 的总浓度求得

$$\bar{n}=\frac{c_L-[HL]-[L^-]}{c_{Ni^{2+}}} \tag{2.29}$$

由式(2.24)得

$$[L^-] = K_a[HL]/[H^+] \tag{2.30}$$

溶液中甘氨酸的平衡浓度[HL]为

$$[HL] = c_{H^+} + [OH^-] - [H^+] \tag{2.31}$$

式中，c_{H^+} 为外加 HNO_3 的浓度；$[H^+]$为游离的 H^+ 浓度；$[OH^-]$为 H_2O 离解出的 H^+ 浓度。

将式(2.31)代入式(2.28)得

$$[L^-] = \frac{K_a}{[H^+]}(c_{H^+} + [OH^-] - [H^+]) \tag{2.32}$$

测定滴定过程中溶液的 pH，根据 $pH = -\lg a_{H^+} = -\lg[H^+] - \lg\gamma_\pm$，$\lg[OH^-] = pH - pK_W + \lg\gamma_\pm$，求出$[H^+]$、$[OH^-]$。当离子强度 $I=0.10$ 时，25 ℃时的 $K_W = 1.615\times10^{-14}$，平均活度系数按 $-\lg\gamma_\pm = \frac{0.50Z_1Z_2\sqrt{I}}{1+\sqrt{I}} - 0.10I$ 计算，其中 Z_1、Z_2 分别为惰性电解质的正负离子电荷的绝对值。c_{H^+} 为外加酸的浓度，是已知值，所以只要知道 K_a，就可根据式(2.32)求出一定 pH 时的$[L^-]$。

将式(2.31)、式(2.32)代入式(2.29)得

$$\bar{n} = \frac{c_L - (1 + K_a/[H^+])(c_{H^+} + [OH^-] - [H^+])}{c_{Ni^{2+}}} \tag{2.33}$$

由式(2.33)可知，若知道 K_a，即可求得 $\bar{n}$ 值。这样得到了$[L^-]$和 $\bar{n}$，就可计算稳定常数。

本实验中还需测定甘氨酸的离解常数 K_a，它是通过已知浓度的 NaOH 溶液滴定甘氨酸来求得，由于电荷平衡：

$$[L^-] + [OH^-] = [H^+] + [Na^+]$$

则

$$[L^-] = [H^+] + [Na^+] - [OH^-] \tag{2.34}$$

溶液中总的甘氨酸浓度为

$$c_L = [HL] + [L^-] \tag{2.35}$$

把式(2.34)、式(2.35)代入式(2.24)，整理后得

$$pK_a = -\lg[H^+] + \lg\left[\frac{c_L - ([Na^+] - [H^+] + [OH^-])}{[Na^+] + [H^+] - [OH^-]}\right] \tag{2.36}$$

式(2.36)中$[Na^+]$和甘氨酸总浓度 c_L 都是已知值，通过 pH 测量可算出$[H^+]$和$[OH^-]$，这样就可以求得 K_a。

三、仪器和试剂

1. 仪器

100 mL 烧杯，2 只；pH 计，1 台；400 mL 烧杯，1 只；磁力搅拌器，1 台；50 mL 烧杯，1 只；10 mL、2 mL 刻度移液管，各 1 支；25 mL 容量瓶，1 只；50 mL 酸式滴定管，1 支；250 mL 容量瓶，1 只；50 mL 碱式滴定管，1 支；250 mL 锥形瓶，3 只；20 mL 移液管，1 支。

2. 试剂

氯化镍(A. R.)，甘氨酸(A. R.)，硝酸(A. R.)，甲基橙指示剂，氢氧化钠(A. R.)，酚酞指示剂，硝酸钾(A. R.)，pH=4.00 标准缓冲溶液，0.1000 mol · L^{-1} NaOH 标准溶液。

四、实验步骤

1. 溶液的配制

1) 0.2 mol · L^{-1} KNO_3 溶液的配制

称取一定量硝酸钾,溶解在 250 mL 水中使其浓度为 0.2 mol · L^{-1}。

2) 0.1 mol · L^{-1} HNO_3 溶液的配制

吸取一定量的浓硝酸,溶于 150 mL 水中使其浓度为 0.1 mol · L^{-1},并用 0.1000 mol · L^{-1} NaOH 标准溶液定其浓度。

3) 0.4000 mol · L^{-1} 甘氨酸溶液的配制

精确称取一定的甘氨酸,配制 25 mL 0.4 mol · L^{-1} 甘氨酸溶液。

4) 4.00×10^{-2} mol · L^{-1} $NiCl_2$ 溶液的配制

精确称取一定的氯化镍,配制 50 mL 4.00×10^{-2} mol · L^{-1} 氯化镍溶液。

5) 0.5000 mol · L^{-1} NaOH 溶液的配制

称取一定量的氢氧化钠,配制 100 mL 0.5 mol · L^{-1} 的氢氧化钠溶液,并用上述已标定的 0.1 mol · L^{-1} 硝酸溶液来标定其浓度。

6) 0.4000 mol · L^{-1} 甘氨酸钠溶液的配制

精确称取配制 25 mL 0.4000 mol · L^{-1} 甘氨酸钠所需的甘氨酸,注入中和甘氨酸所需的 0.5000 mol · L^{-1} NaOH 溶液,然后稀释到 25 mL。

2. 甘氨酸离解常数的测定

在 250 mL 烧杯中,加入 100 mL 0.2 mol · L^{-1} 硝酸钾溶液、90 mL 水和 10 mL 0.4000 mol · L^{-1} 甘氨酸。在搅拌下,用 0.5000 mol · L^{-1} NaOH 标准溶液来滴定,每次加入 0.5 mL,在每次加入 NaOH 溶液后,测定溶液的 pH,一直滴定到甘氨酸全部中和为止。记录加入 NaOH 溶液的体积和相应的 pH(取滴定范围在 20%～80%的各点计算 pK_a)。

3. 甘氨酸合镍配合物逐级稳定常数的测定

在 250 mL 烧杯中注入 100 mL 0.2 mol · L^{-1} 硝酸钾溶液、10 mL 0.1 mol · L^{-1} 硝酸溶液、65 mL 水、25 mL 0.0400 mol · L^{-1} 氯化镍溶液。在搅拌下,用 0.4000 mol · L^{-1} 甘氨酸钠溶液来滴定,每次注入 0.2 mL,一直滴完 10 mL 甘氨酸钠溶液为止。记录每次加入甘氨酸钠溶液的体积和相应的 pH。

五、实验结果和处理

1. 甘氨酸在 0.1 mol · L^{-1} 硝酸钾溶液中的离解常数

将注入的 NaOH 溶液的体积和相应的 pH 记录于下表,并将按式(2.35)、式(2.36)计算得到的 c_L 和 pK_a 也列入下表,取 pK_a 的平均值。

NaOH 溶液浓度________ 甘氨酸浓度________ 测定温度________

注入 NaOH 溶液体积/mL	pH	lg[H^+]	[H^+] /(mol · L^{-1})	[OH^-] /(mol · L^{-1})	c_L /(mol · L^{-1})	[Na^+] /(mol · L^{-1})	pK_a

2. 甘氨酸合镍逐级稳定常数的计算

1) 半 $\bar{n}$ 法

把每次滴定的甘氨酸钠溶液体积和相应的 pH 记录于下表，并将用式(2.32)、式(2.33)分别计算出不同 pH 时的[L⁻]和 $\bar{n}$ 也列入下表。

$c_{Ni^{2+}}$ ________　HNO_3 浓度________　加入 HNO_3 溶液体积________

注入甘氨酸溶液体积/mL	pH	$[H^+]$/(mol·L⁻¹)	$[OH^-]$/(mol·L⁻¹)	c_L/(mol·L⁻¹)	$K_a/[H^+]$	$\bar{n}$	$[L^-]$/(mol·L⁻¹)	$p[L^-]$

以 $\bar{n}$ 为纵坐标，$p[L^-]$为横坐标作图，在 $\bar{n}$ 为 0.5、1.5、2.5 时所对应的 $p[L^-]$即为 $\lg K_1$、$\lg K_2$、$\lg K_3$。

2) Rossetti 图解法

由所得的 $\bar{n}$ 和$[L^-]$值，根据式(2.25)以$\frac{\bar{n}}{(1-\bar{n})[L^-]}$对$\frac{(2-\bar{n})[L^-]}{(1-\bar{n})}$作图得一直线，直线的截距为 β_1。根据式(2.26)，以$\frac{\bar{n}-(1-\bar{n})\beta_2[L^-]}{(2-\bar{n})[L^-]^2}$对$\frac{(3-\bar{n})}{(2-\bar{n})}[L^-]$作图得一直线，直线的截距为 β_2，斜率为 β_3。由 β_1、β_2、β_3 可求得 K_1、K_2、K_3。

思　考　题

1. 试比较由半 $\bar{n}$ 法和 Rossetti 图解法求得的 K_1、K_2、K_3，何者精确？为什么？
2. 用哪些方法可以比较方便地处理数据？在计算甘氨酸离解常数时，为什么取滴定范围在 20%～80%的各点计算 pK_a？

参 考 文 献

Girolami G S, Rauchfuss T B, Angelici R J. 1977. Synthesis and Technique in Inorganic Chemistry. Herndon: Univ Science Books.

Guenther W B. 1967. Stepwise formation constants of complexions: a studet experiment. J Chem Educ, 44: 46.

Li N C, White J M, Roest R L. 1956. Some metal complexes of alycine and valine. J Am Chem Soc, 78: 5218.

实验 8　配合物的几何异构体的制备、异构化速率常数和活化能的测定

实验目的与主要内容

本实验制备顺式和反式二水二草酸根合铬酸钾，对其进行鉴定，并用光度法测定配合物顺反异构化速率常数和活化能。通过本实验，使学生了解配合物的几何异构现象，掌握光度法测定配合物顺反异构化速率常数和活化能的原理和方法。

一、背景知识

几何异构是配合物中存在的一种重要的异构现象，它是指化学组成完全相同的一些配合

物，由于配体围绕中心离子的排列不同而引起结构和性质不同的一些现象。互为几何异构体的配合物，其性质有一定差异，最著名的是四配位的顺式和反式的二氯二氨合铂(Ⅱ)$Pt(NH_3)_2Cl_2$，其中顺式(常称为顺铂)是一种良好的抗癌药物，反式却不具备此性质。在六配位的八面体配合物中，常见的有顺式和反式 $K[Cr(C_2O_4)_2(H_2O)_2]$、$[CoCl_2(NH_3)_4]^+$，面式和经式$[Ru(H_2O)_3Cl_3]$、$[Pt(NH_3)_3Br_3]^+$等。

几何异构体可用多种方法鉴别，如偶极矩、单晶X射线衍射、可见-紫外吸收光谱及化学反应分析等。其中单晶X射线晶体衍射方法是最直接的。

二水二草酸根合铬酸钾 $K[Cr(C_2O_4)_2(H_2O)_2]$中，配阴离子中的 Cr^{3+} 为六配位，其中草酸根为二齿配体，它有顺式和反式两种异构体，如图2.11所示。

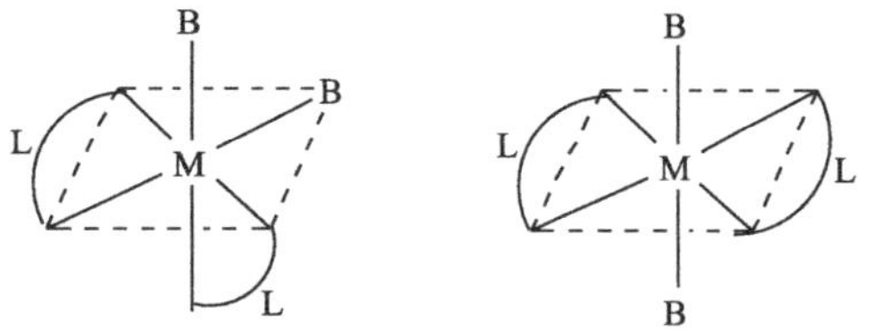

cis-$K[Cr(C_2O_4)_2(H_2O)_2]$　*trans*-$K[Cr(C_2O_4)_2(H_2O)_2]$

图 2.11　$K[Cr(C_2O_4)_2(H_2O)_2]$的几何异构体(B代表 H_2O，L代表 C_2O_4)

顺式异构体为蓝紫色微细粉末，易溶于水；而反式异构体是紫红色单斜晶系柱状结晶，微溶于水，在水溶液中不稳定，会转化为顺式配合物。

二、实验原理

对于顺式和反式异构的配合物，目前尚没有普遍适用的合成方法。本实验是利用二水二草酸根合铬酸钾的顺反异构体在溶解度上的差别来制得所需的异构体，由于在溶液中有顺式和反式之间的平衡，而反式异构体的溶解度较小，因此，反式异构体先从溶液中结晶出来，这样可以分别得到反式和顺式异构体。

配合物顺反异构体的鉴定方法有偶极矩、X射线晶体衍射、可见-紫外吸收光谱及化学反应分析等。本实验是利用二水二草酸根合铬酸钾的顺反异构体与稀氨水反应所生成碱式盐溶解度的不同来鉴别，顺式异构体的碱式盐溶解度很大，而反式异构体的碱式盐溶解度很小。

顺式和反式二水二草酸根合铬酸钾是有色物质，并且反式异构体在水溶液中不稳定，容易转化为顺式异构体，因此，可以用分光光度法来测定其异构化速率常数。

设溶液中含有顺式异构体(以Y表示)和反式异构体(以X表示)两种配合物，且反式异构体随时间而不断转变为顺式异构体，根据吸收定律：

$$E_t = (\varepsilon_X[X]_t + \varepsilon_Y[Y]_t)l \qquad (2.37)$$

式中，l 为比色皿的厚度；E_t 为溶液在时间 t 的消光；ε_X、ε_Y 为反式异构体X、顺式异构体Y的摩尔消光系数。

因X随时间 t 而逐渐转变为Y，最后在溶液中X全部转变为Y：

$$X \longrightarrow Y$$

若此异构化反应为一级反应，则异构化速率为

$$\frac{d[X]}{dt} = -k[X] \qquad (2.38)$$

积分得

$$[X]_t = [X]_0 e^{-kt} \qquad (2.39)$$

式中，$[X]_0$ 为反式异构体X的起始浓度；$[X]_t$ 为时间 t 时反式异构体X的浓度。经过时间 t

以后顺式异构体 Y 的浓度可以用式(2.38)来表示：

$$[Y]_t = [X]_0 - [X]_0 e^{-kt} \tag{2.40}$$

将式(2.39)和式(2.40)代入式(2.37)得

$$E_t = (\varepsilon_X[X]_0 e^{-kt} + \varepsilon_Y[X]_0 - \varepsilon_Y[X]_0 e^{-kt})l$$

$$\frac{E_t}{l[X]_0} = (\varepsilon_X - \varepsilon_Y)e^{-kt} + \varepsilon_Y$$

$$\frac{E_t}{l[X]_0} - \varepsilon_Y = (\varepsilon_X - \varepsilon_Y)e^{-kt} \tag{2.41}$$

由式(2.41)可知，以 $-\ln(\frac{E_t}{l[X]_0} - \varepsilon_Y)$ 对 t 作图得一直线，直线的斜率即为异构化速率常数 k。按照这个作图法就必须知道$[X]_0$ 和 ε_Y，而 ε_Y 是未知的；但异构化速率常数 k 是可以在$[X]_0$ 和 ε_Y 两者未知的情况下，通过测定发生异构化的反式异构体溶液的消光和在完全转化后相同浓度的反式异构体溶液的消光之差来求得。

设溶液中反式异构体的消光值为 E_X，顺式异构体的消光值为 E_Y，异构化溶液在时间 t_1、t_2、t_3、…的消光值为 E_1、E_2、E_3、…，在时间$(t_1+\Delta t)$、$(t_2+\Delta t)$、$(t_3+\Delta t)$、…的消光值为 E'_1、E'_2、E'_3、…。Δt 为恒定的时间间隔，是两种异构化溶液中间所相隔的时间。

在 t_1 时异构化溶液的消光值为

$$\begin{aligned} E_1 &= (\varepsilon_X[X]_0 e^{-kt_1} + \varepsilon_Y[X]_0 - \varepsilon_Y[X]_0 e^{-kt_1})l \\ &= l\varepsilon_X[X]_0 e^{-kt_1} + l\varepsilon_Y[X]_0 - l\varepsilon_Y[X]_0 e^{-kt_1} \\ &= E_X e^{-kt_1} + E_Y - E_Y e^{-kt_1} \end{aligned}$$

所以

$$E_Y - E_1 = (E_Y - E_X)e^{-kt_1} \tag{2.42}$$

这是由一级反应速率方程式(2.39)所得的必然结果，$(E_Y - E_X)$为溶液中反式异构体起始浓度的量度，$(E_Y - E_1)$为经过时间 t_1 以后留在溶液中反式异构体的量度。同样可得

$$E_Y - E'_1 = (E_Y - E_X)e^{-k(t_1+\Delta t)} \tag{2.43}$$

由式(2.42)减去式(2.43)得

$$\begin{aligned} E'_1 - E_1 &= (E_Y - E_X)(e^{-kt_1} - e^{-k(t_1+\Delta t)}) \\ &= (E_Y - E_X)(1 - e^{-k\Delta t})e^{-kt_1} \end{aligned}$$

$$\frac{E'_1 - E_1}{E_Y - E_X}e^{kt_1} = 1 - e^{-k\Delta t}$$

$$e^{kt_1} = \frac{(E_Y - E_X)(1 - e^{-k\Delta t})}{E' - E_1}$$

两边取对数得

$$kt_1 = \ln(1 - e^{-k\Delta t})(E_Y - E_X) - \ln(E'_1 - E_1)$$

同样得

$$kt_2 = \ln(1 - e^{-k\Delta t})(E_Y - E_X) - \ln(E'_2 - E_2)$$

一般通式为

$$kt = 常数 - \ln\Delta E \tag{2.44}$$

式中，ΔE 为两溶液的消光值之差。

以 $\ln\Delta E$ 对 t 作图得一直线，直线的斜率即为反式异构体转化为顺式异构体的异构化速率常数 k。

若测得在不同温度下的异构化速率常数 k，则由式(2.45)可求得异构化的活化能。

$$\lg\frac{k_2}{k_1}=\frac{E}{2.303R}\left(\frac{1}{T_1}-\frac{1}{T_2}\right) \tag{2.45}$$

式中，T 为热力学温度；R 为摩尔气体常量(其值为 8.31 $J\cdot mol^{-1}\cdot K^{-1}$)；$E$ 为异构化的活化能。

三、仪器和试剂

1. 仪器

研钵，1 个；紫外-可见分光光度计，1 台；100 mL 容量瓶，4 只；双孔恒温水浴，2 台；100 mL 烧杯，2 只；布氏漏斗，1 只；5 mL 移液管，2 支；吸滤瓶，1 只；表面皿，2 个。

2. 试剂

重铬酸钾(A. R.)，无水乙醇(A. R.)，草酸(A. R.)，高氯酸(A. R.)，氨水(A. R.)。

四、实验步骤

1. 反式和顺式异构体的制备

1) 反式 $K[Cr(C_2O_4)_2(H_2O)_2]$的制备

称取 3.0 g 草酸和 1.0 g 重铬酸钾分别溶解于 5 mL 的沸水中，趁热混合于 100 mL 烧杯中。混合两种溶液时有大量二氧化碳气体放出。为防止溶液逸出，两种溶液混合时必须缓慢地分批加入，并盖上表面皿。待反应完毕冷却，溶液呈酱油色。在室温下，将此溶液自然蒸发浓缩，有紫红色的晶体析出，过滤晶体，并用少量水和乙醇洗涤，晶体在 60 ℃烘干。

2) 顺式 $K[Cr(C_2O_4)_2(H_2O)_2]$的制备

在研钵中，研细 3.0 g 草酸和 1.0 g 重铬酸钾的混合物，混合均匀后转入微潮的 100 mL 烧杯中，盖上表面皿。用小火在烧杯的底部微热，立即发生激烈的反应，并有二氧化碳气体放出，反应物呈深紫色的黏状液态。反应结束立即加入 15 mL 无水乙醇，在水浴上微微加热烧杯的底部，并用玻璃棒不断搅动使它成为晶体。若一次不行，可倾出液体，再加入相同数量的乙醇重复以上操作，直到全部成为细小晶体。倾出乙醇，晶体在 60 ℃烘干。

2. 顺式和反式异构体的鉴别

分别将两种异构体的晶体置于滤纸的中央，并放在表面皿上，用稀氨水润湿。顺式异构体转为深绿色的碱式盐，它易溶解并向滤纸的周围扩散；反式异构体转为棕色的碱式盐，溶解度很小，仍以固态留在滤纸上。

3. 异构化速率常数和活化能的测定

1) 顺、反异构体的吸收光谱测定

分别称取 0.1000 g 顺、反异构体溶于 100 mL 1.0×10^{-4} $mol\cdot L^{-1}$的高氯酸溶液中，以蒸

馏水为空白，在 380～600 nm 波长范围内，分别测定反式异构体溶液（记为溶液 1）和顺式异构体溶液（记为溶液 2）的吸收光谱。因为反式异构体在水溶液中不稳定，因此配好溶液后，应将其放入冰水中以减小转化速率，并立刻测定其光谱。从这两种异构体的吸收光谱图上选择吸收差别最大时的波长作为测定波长。

2）异构化速率常数和活化能的测定

称取反式异构体 0.1000 g，溶于盛有 1.0×10^{-4} mol · L^{-1} 高氯酸溶液的 100 mL 容量瓶中，在 20 ℃的恒温水浴中放置 2 h，使其几乎全部转为顺式异构体（此步应提前做）（记为溶液 3）。

以蒸馏水为空白，在 1 cm 比色皿中以顺、反异构体溶液吸收差别最大时的波长作为测定波长，迅速测定溶液 1 和溶液 3 的吸光度。开始每间隔 5 min 测一次消光值，约 30 min 后，反应变慢，则可以间隔 10 min 测一次消光值。

在 40 ℃时，重复上述实验，测定不同时间的消光值。

五、实验结果和处理

（1）记录顺、反异构体两种溶液在不同波长 λ 时的消光值 E，绘制 λ-E 吸收曲线，由此可确定测定波长。

（2）将不同时间间隔的消光值填入下表中。

E		t/min										
		10	15	20	25	30	40	50	60	70	80	90
20 ℃	E_i											
	E_i'											
	ΔE											
	$\ln\Delta E$											
40 ℃	E_i											
	E_i'											
	ΔE											
	$\ln\Delta E$											

（3）以 $-\ln\Delta E$ 对 t 作图得一直线，求得直线的斜率即为异构化速率常数 k。

（4）求得不同温度的 k 值，由式（2.43）可求得异构的活化能 E。

思考题

1. 制备反式和顺式异构体的反应中，草酸根除了作为二齿配体外，还起什么作用？
2. 在测定异构化速率常数时，称取的两份反式异构体质量是否要求严格相等？为什么？

参考文献

南京大学配位化学研究所．1987．配位化学（无机化学丛书第十二卷）．北京：科学出版社．
日本化学会．1988．新实验化学讲座（8）无机化合物的合成（Ⅲ）．北京：化学工业出版社．

Ashley K P. 1965. Catlon catalysis of trans-cis isomerization of bis(oxalato)dioquochromate(Ⅲ). Inorg Chem,4:1120.
Pass G,Sutcliffe H. 1974. Practical Inorganic Chemistry. 2nd ed. London:Chapman and Hall.

实验 9 配合物 $K_2[Cu(C_2O_4)_2]\cdot 2H_2O$ 的热分析研究

实验目的与主要内容

本实验制备 $K_2[Cu(C_2O_4)_2]\cdot 2H_2O$ 配合物,测定其热重和差热曲线,通过实验,使学生掌握热重和差热曲线的测定方法和基本原理,并利用热分析曲线分析配合物的热稳定性及其可能的热分解过程。

一、背景知识

热稳定性是配合物的重要性质之一,它除了包括热解离或热分解等单纯的配位键断裂,还包括配体取代反应、异构化或配位结构的转换等,研究配合物的热分解,可以得到配合物结构的一些重要信息。

热分析技术在配合物中的应用十分广泛,主要包括:①水合或溶剂合配合物的脱水或脱溶剂条件和新相推断;②配合物的熔点测定和热稳定性信息;③配合物的热分解过程信息;④多个配体配合物的配位强弱信息;⑤以配合物为前驱体制备纳米金属或氧化物、硫化物以及氮化物等条件的信息;⑥配合物几何异构和键合异构体转变以及多晶转变的信息。尽管如此,热分析技术只是组成和热效应随温度变化关系的反应,还需要其他技术的联合使用,才能有效地研究配合物。

对于金属配合物,研究得最多最详细的热反应是热分解反应,所谓热分解就是指加热时化合物中若干键断裂而分解成两个以上具有较小相对分子质量的化合物的现象。但是,在此分解过程中,被切断的键往往还要进行后续的各种反应。就固体配合物而言,加热时因其部分配位体的脱离而被切断的键,在切断瞬间或参与另外新键的形成,或在分子内部引起电子密度的一些变化从而改变其配位结构,并借此来收敛因键的断裂而引起的分子内的紊乱。例如,Ni(Ⅱ)的氨合物——$[Ni(NH_3)_6]Cl_2$,加热时先放出配位于 Ni(Ⅱ)的 NH_3 分子,紧接着外界 Cl^- 进入 NH_3 分子腾出的配位空位,引起所谓配体取代反应,与此同时,配位的 Cl^- 又在两个 Ni(Ⅱ)之间架桥而形成聚合物。

固体配合物在加热过程中发生的主要反应有:

1) 离解反应

因加热而放出配位体分子、外界离子或结晶水等的反应,如下面配合物的热分解:

$$[Ni(NH_3)_6]Cl_2 \longrightarrow NiCl_2 + 6NH_3$$

$$Ni(py)_4Cl_2 \xrightarrow{110^\circ C} Ni(py)_2Cl_2 + 2py \xrightarrow{190^\circ C} Ni(py)Cl_2 + py$$

$$\xrightarrow{310^\circ C} NiCl_2 + py$$

2) 配位体取代反应

配位化合物受热时发生内外界物质的交换,包括中性易挥发配体脱离而由外界抗衡离子替代和阴离子配体从相关物质中夺取质子后成为中性分子离去。

(1) 中性配位体的脱离，如下面配合物热分解：

$$[Cr(H_2O)(NH_3)_5]Cl_3 \longrightarrow [CrCl(NH_3)_5]Cl_2 + H_2O$$

$$[Cr(en)_3]Cl_3 \longrightarrow \textit{cis}\text{-}[CrCl_2(en)_2]Cl + en$$

(2) 阴离子配位体的脱离。阴离子配位体不可能以其离子状态直接脱离，而必须从附近夺取 H^+ 等并结合成中性分子才能脱离。被夺去 H^+ 的配位体则进入已离去阴离子的配位空缺。例如，$[Cr(OH)(Hnpda)(H_2O)_2]$[Hnpda＝氮基丙酸二乙酸，$H(CH_3COOH)_2(CH_2CH_2COOH)$]被加热时，配位 OH^- 与 Hnpda 中的 H^+ 结合成 H_2O 脱离，夺去 H^+ 的 npda 则以其羧基的 O 重新配位，这样原来的三齿配位变成了四齿配位，如下面反应：

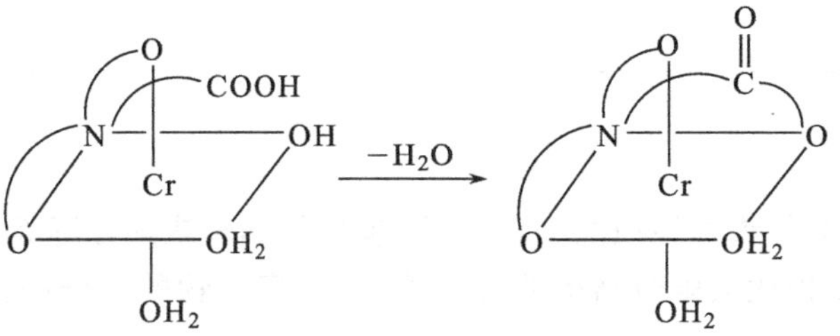

3) 聚合反应

有些金属配合物在配位体解离和取代反应的同时，还常发生聚合反应，并形成双核或多核配合物，如下面反应：

$$2[CrCl_2(en)_2]Cl \xrightarrow{\triangle} [Cl_3Cr{-}en{-}Cr(en)Cl_3] + en$$

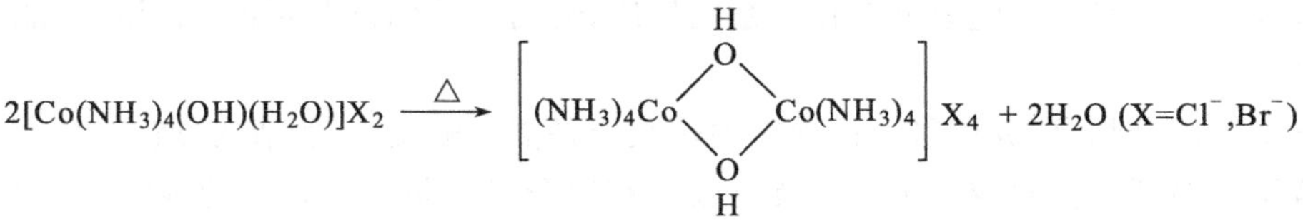

4) 配位构型变换反应

同时含有水或氨等易挥发性配位体的二氨配合物，有时因加热失去配位体而发生八面体→四面体或八面体→平面正方形的配位构型变换。属前者的有 $[CoCl_2py_4]$，属后者的有 $[Ni(H_2O)_2N_4]X_2$（N_4＝*N*,*N*-二乙基乙二胺或 *N*,*N*-二甲基乙二胺，X＝Cl^-，Br^-，I^-，NO_3^-）。

5) 异构化反应

配合物受热发生顺-反、键合等异构化反应。

6) 电子转移反应

如果中心金属或配体具有氧化还原性，配位化合物受热时会发生由配体或外界离子向中心金属离子的电子迁移反应。

二、实验原理

本实验测定 $K_2[Cu(C_2O_4)_2]\cdot 2H_2O$ 配合物的热重和差热曲线，通过研究其热重和差热曲线，可以判断配合物中的水分子是配位水还是晶格水，配合物开始分解的温度、分解的中间产物和最后产物，判断可能的热分解过程等。

草酸根（$C_2O_4^{2-}$）是一个优良的配体，可以和许多过渡金属或非过渡金属离子形成配位化合物。由于草酸根具有还原性，此类配位化合物的热分解过程较为复杂，一些草酸盐的金属配合物在热分解过程中逐渐被还原为低价甚至单质，因而对于研究具有特殊价态和混合价态的金属氧化物和复合氧化物具有重要意义。

$K_2[Cu(C_2O_4)_2]\cdot 2H_2O$ 为蓝色结晶，在 150 ℃失掉水分，在 260 ℃分解，虽可溶于温水，但缓缓分解，在丙酮、苯、四氯化碳、氯仿、乙醇和甲醇等有机溶剂中微溶。合成反应式如下：

$$2K_2C_2O_4(\text{过量})+CuSO_4 \xrightarrow{\text{冷却}} K_2[Cu(C_2O_4)_2]\cdot 2H_2O\downarrow +K_2SO_4$$

$K_2[Cu(C_2O_4)_2]\cdot 2H_2O$ 的热分解过程包括 $K_2[Cu(C_2O_4)_2]\cdot 2H_2O$ 脱水、无水配合物分解、碳酸盐分解等。其热分解曲线如图 2.12 所示。

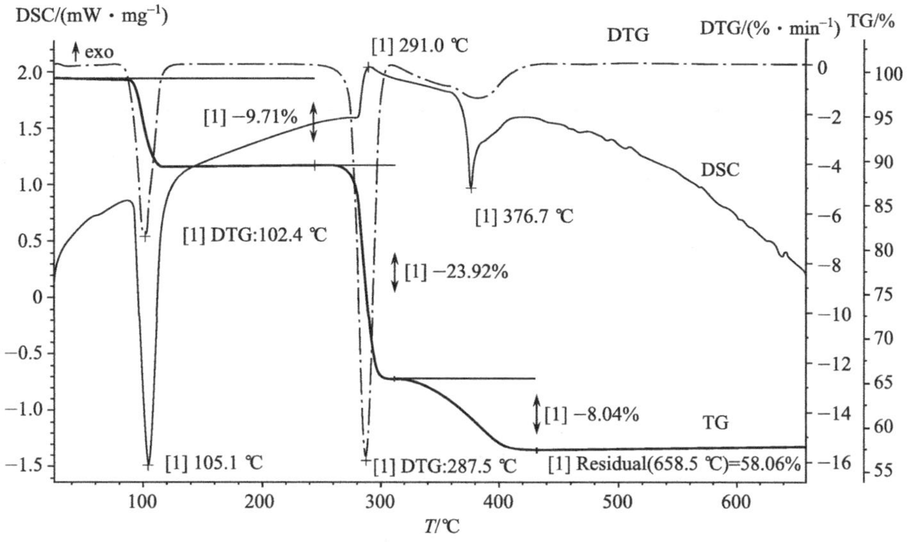

图 2.12　配合物 $K_2[Cu(C_2O_4)_2]\cdot 2H_2O$ 的热分解曲线

三、仪器和试剂

1. 仪器

250 mL 烧杯，1 只；差热分析仪，1 台；50 mL 量筒，1 支；真空干燥器，1 个；250 mL 吸滤瓶，1 只；布氏漏斗(ϕ6 cm)，1 只；100 mL 烧杯，1 只。

2. 试剂

$CuSO_4\cdot 5H_2O$(A. R.)，无水乙醇(A. R.)，$K_2C_2O_4\cdot H_2O$(A. R.)，P_2O_5(C. P.)。

四、实验步骤

1. 配合物 $K_2[Cu(C_2O_4)_2]\cdot 2H_2O$ 的制备

取 0.05 mol $CuSO_4\cdot 5H_2O$ 用 25 mL 水溶解并加热到 90 ℃。另取 0.2 mol $K_2C_2O_4\cdot H_2O$ 用 100mL 水溶解并加热到 90 ℃。在激烈搅拌下，将草酸钾溶液迅速加到硫酸铜溶液里，冰水冷却，析出沉淀，抽滤，冷水洗涤，50 ℃烘干样品。

2. $K_2[Cu(C_2O_4)_2]\cdot 2H_2O$ 配合物的热分析测定

在氧化铝坩埚中装入配合物样品几十毫克，以 Al_2O_3 或 MgO 为基准物，在空气或氮气气氛中以 10 ℃ · min^{-1}的升温速率测定配合物从室温到 500 ℃的 TG 和 DTA 曲线。

五、实验结果和处理

(1) 称量配合物 $K_2[Cu(C_2O_4)_2]\cdot 2H_2O$,并计算其收率。

(2) 由 TG 和 DTA 曲线所得的热分析参数记录于下表。

$T_{峰}$/℃	T_1	T_2	T_3
ΔH			
$\frac{dW}{W}$/%			

(3) 对照 TG 和 DTA 曲线,由 $T_{峰}$、dW/W 值推断配合物的热分解机理。

思　考　题

1. 为什么 TG 和 DTA 必须要维持等速升温?
2. 在配合物 $K_2[Cu(C_2O_4)_2]\cdot 2H_2O$ 的热分解过程中,试拟定出中间产物的表征方法。

参 考 文 献

任颜卫,王伟,李珺,等. 2004. Cr(Ⅲ)、Fe(Ⅲ)、Al(Ⅲ)、Cu(Ⅱ)草酸配合物热分析研究. 西北大学学报,34(2):177-182.

日本化学会. 1988. 无机化合物合成手册(Ⅲ). 北京:化学工业出版社.

Hill J O,Magee R J. 1988. Advanced undergraduate experiments in thermoanalytical chemistry. J Chem Educ,65:1024.

Li J,Zhang F X,Ren Y W,et al. 2003. Thermal kinetic TG-analysis of metal oxalate complexes. Thermochimica Acta,406:77-87.

实验 10　配合物键合异构体的制备、鉴别和异构化速率常数测定

实验目的与主要内容

本实验制备键合异构体$[Co(NH_3)_5NO_2]Cl_2$ 和$[Co(NH_3)_5ONO]Cl_2$,利用红外光谱图对其鉴别,测定其异构化速率常数,使学生了解配合物的键合异构现象,掌握一种键合异构体的制备、鉴定及异构化速率常数的测定原理和方法。

一、背景知识

键合异构是配位化合物中的一种重要现象,有关基本形式与结构已在第二节中介绍。红外光谱是测定配合物键合异构体的最有效的方法。分子或基团的振动导致相结合原子间的偶极矩发生改变时,它就可以吸收相应频率的红外辐射而产生对应的红外吸收光谱。每一个基团都有特征频率,基团的特征频率受其原子的质量和键的力常数等因素所影响,可表示如下:

$$\nu = \frac{1}{2\pi}\sqrt{\frac{k}{\mu}}$$

式中,ν 为频率;k 为基团的化学键力常数;μ 为基团中成键原子的折合质量。

基团的化学键力常数 k 越大，折合质量 μ 越小，则基团的特征频率越高。反之，基团的力常数越小，折合质量越大，则基团的特征频率越低。当基团与金属形成配合物时，配位键的形成不仅引起金属离子与配位原子之间的振动(这种振动称为配合物的骨架振动)，而且影响配体中原来基团的特征频率。配合物的骨架振动直接反映了配位键的特性和强度，这样就可以通过骨架振动的测定直接研究配合物的配位键的性质。但是，由于配合物中心原子的质量一般都比较大，而且配位键的力常数比较小，因此，这种配位键的振动频率都很低，一般出现在 200～500 cm^{-1} 的低波数范围，这对研究配位键带来很大的困难。然而由于配合物的形成，配体中的配位原子与中心原子的配位作用会改变这个配体的对称性和配体中某些原子的电子密度，同时还可能使配体的构型发生变化，这些因素都能引起配体特征频率的变化，因此，可以利用这种配体特征频率的变化来研究配位键的性质。

二、实验原理

本实验制备键合异构体 $[Co(NH_3)_5NO_2]Cl_2$ 和 $[Co(NH_3)_5ONO]Cl_2$ 配合物。制得的两种钴配合物具有不同的物理性质。红色异构体 $[Co(NH_3)_5NO_2]Cl_2$ 中亚硝酸根以氮原子配位，黄色异构体 $[Co(NH_3)_5ONO]Cl_2$ 中亚硝酸根则以一个氧原子配位，见图 2.13。进一步的实验表明，在紫外线照射下，红色的异构体会自发转变为黄色的异构体。

通过测定 $[Co(NH_3)_5NO_2]Cl_2$ 和 $[Co(NH_3)_5ONO]Cl_2$ 配合物的红外光谱，利用它们的谱图可以识别哪一个配合物是通过氮原子配位的硝基配合物，哪一个是通过氧原子配位的亚硝酸根配合物。亚硝酸根离子(NO_2^-)中的 N 或 O 原子与 Co^{3+} 配位时，对 N—O 键特征频率的影响是不同的，当 NO_2^- 以 N 原子配位形成 $Co^{3+} \leftarrow NO_2$ 时，由于 N 给出电荷，N—O 键力常数减弱，因为两个 N—O 键是等价的，则在两个 N—O 键之间键力常数的减弱是平均分配的，由于键力常数的减弱，N—O 键的伸缩频率降低，在 1428 cm^{-1} 左右出现特征吸收峰；当 NO_2^- 以 O 原子配位形成 $Co^{3+} \leftarrow ONO$ 时，则配位的 O—N 键力常数减弱，其特征吸收峰出现在 1065 cm^{-1} 附近，而另一个没有配位的 O—N 键力常数比用 N 配位时的 N—O 键力常数大，故在 1468 cm^{-1} 出现特征吸收峰。因此，可以从它们的红外光谱图来识别其键合异构体。

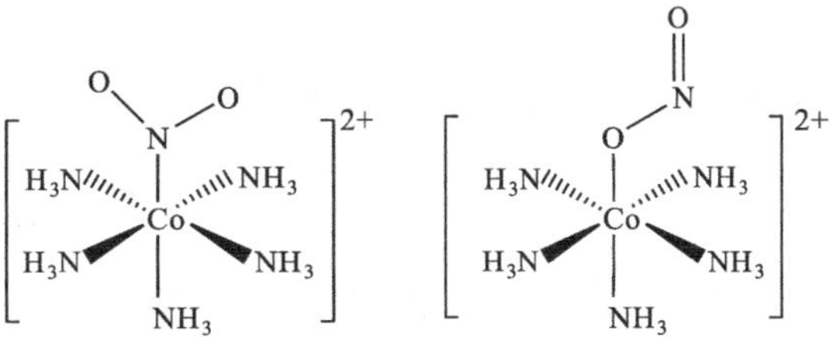

图 2.13　键合异构体 $[Co(NH_3)_5NO_2]^{2+}$(左)和 $[Co(NH_3)_5ONO]^{2+}$(右)

氧配位的 $[Co(NH_3)_5ONO]Cl_2$ 异构体是不稳定的，而且会慢慢转化为氮配位的 $[Co(NH_3)_5NO_2]Cl_2$ 异构体。近年来人们发现氮配位的 $[Co(NH_3)_5NO_2]Cl_2$ 也会向氧配位的 $[Co(NH_3)_5ONO]Cl_2$ 异构体转化，两种异构体之间存在着相互转化，最后异构化达到平衡：

$$[Co(NH_3)_5ONO]Cl_2 \underset{k_2}{\overset{k_1}{\rightleftharpoons}} [Co(NH_3)_5NO_2]Cl_2 \tag{2.46}$$

本实验就是用红外光谱测定该键合异构体相互转化的速率常数，即氧配位的 $[Co(NH_3)_5ONO]Cl_2$ 异构体向氮配位的 $[Co(NH_3)_5NO_2]Cl_2$ 转化的速率常数 k_1 和 $[Co(NH_3)_5NO_2]Cl_2$ 向 $[Co(NH_3)_5ONO]Cl_2$ 转化的速率常数 k_2，并计算键合异构化反应的平衡常数 K。

由式(2.46)可知,键合异构化反应是一级对峙反应。设$[Co(NH_3)_5ONO]Cl_2$的起始浓度为c_0,瞬时t的浓度为c_t,平衡时的浓度为c_e,则式(2.46)的反应速率可表示为

$$-\frac{dc}{dt}=k_1c_t-k_2(c_0-c_t)$$

$$=(k_1+k_2)c_t-k_2c_0 \tag{2.47}$$

变换式(2.47)可得

$$\frac{dc}{(k_1+k_2)c_t-k_2c_0}=-dt$$

$$\frac{d[(k_1+k_2)c_t-k_2c_0]}{(k_1+k_2)[(k_1+k_2)c_t-k_2c_0)]}=-dt$$

$$\frac{d[(k_1+k_2)c_t-k_2c_0]}{[(k_1+k_2)c_t-k_2c_0]}=-(k_1+k_2)dt$$

积分得

$$\ln[(k_1+k_2)c_t-k_2c_0]-\ln[(k_1+k_2)c_0-k_2c_0]=-(k_1+k_2)t \tag{2.48}$$

平衡时,由于$\frac{dc}{dt}=0$,得 $k_1c_e=k_2(c_0-c_e)$

即 $$(k_1+k_2)c_e=k_2c_0 \tag{2.49}$$

将式(2.49)代入式(2.48),整理后得

$$\ln\left(\frac{c_t-c_e}{c_0}\right)=\ln\left(\frac{k_1}{k_1+k_2}\right)-(k_1+k_2)t \tag{2.50}$$

由比尔定律可知,$[Co(NH_3)_5ONO]Cl_2$的浓度c可用相对应的吸光度A来表示,$[Co(NH_3)_5ONO]Cl_2$的吸光度A可用该配合物中最灵敏的ν_{O-N}特征峰(1060 cm^{-1})来测定,则式(2.50)可表示为

$$\ln\left(\frac{A_t-A_e}{A_0}\right)=\ln\left(\frac{k_1}{k_1+k_2}\right)-(k_1+k_2)t \tag{2.51}$$

由式(2.51)可知,若以$\ln\left(\frac{A_t-A_e}{A_0}\right)$对$t$作图,可得一直线,直线的斜率为$-(k_1+k_2)$,截距为$\ln\left(\frac{k_1}{k_1+k_2}\right)$,这样由直线的斜率和截距可得$k_1$和$k_2$,同时可求得式(2.46)的异构化平衡常数$K=\frac{k_1}{k_2}$。

此外,用紫外-可见光谱也可测定异构化速率常数。两异构体的水溶液在458 nm和510 nm都有强的吸收峰,只要测得不同时间异构体的吸光度,就可计算出相对应的异构体浓度,则利用式(2.50)可得到异构化速率常数k_1和k_2。

三、仪器和试剂

1. 仪器

100 mL烧杯,2只;红外光谱仪(附有恒温吸收池),1台;长颈漏斗,1只;6 cm布氏漏斗,1只;100 mL量筒,2支;250 mL吸滤瓶,1只。

2. 试剂

亚硝酸钠(A. R.),乙醇(A. R.),氨水(A. R.),$[Co(NH_3)_5Cl]Cl_2$(自制),盐酸(A. R.),pH 试纸。

注:$[Co(NH_3)_5Cl]Cl_2$ 配合物制备。在锥形瓶中将 1.0 g 氯化铵溶于 6 mL 浓氨水中,待完全溶解后,手持锥形瓶不断振摇,使溶液均匀,然后加入 2.0 g $CoCl_2 \cdot 6H_2O$,边加边摇动,加完后继续摇动使溶液变成棕色稀浆,再往其中滴加 2~3 mL 30% H_2O_2,边加边摇动,加完后在热水浴(约 70 ℃)中加热至摇动锥形瓶不再有气泡析出。取出锥形瓶冷却至室温,在通风橱中缓慢加入 6 mL 浓 HCl(注意要慢加,否则析不出晶体),将溶液自然冷却至室温,再在冷水中冷却约 10 min。用布氏漏斗滤出固体产物,用 95% 乙醇 5 mL 分数次洗涤沉淀,用 5 mL 冷的 6 mol·L^{-1} 盐酸洗涤,取出固体产物于表面皿上,放入烘箱,在 110 ℃下烘烤 1.5 h 后取出,上述晶体全部转化为紫红色的$[Co(NH_3)_5Cl]Cl_2$ 配合物,收率 80.9%。反应方程式如下:

$$2Co^{2+} + 2NH_4^+ + 8NH_3 + H_2O_2 \xlongequal{\quad} 2[Co(NH_3)_5(H_2O)]^{3+}$$

$$[Co(NH_3)_5(H_2O)]^{3+} + 3Cl^- \xlongequal{\quad} [Co(NH_3)_5(H_2O)]Cl_3$$

$$[Co(NH_3)_5(H_2O)]Cl_3 \xlongequal{\triangle} [Co(NH_3)_5Cl_2]Cl + H_2O$$

四、实验步骤

1. 键合异构体的制备

键合异构体(Ⅰ)的制备:在 15 mL 2mol·L^{-1}的氨水中溶解 1.0 g$[Co(NH_3)_5Cl]Cl_2$,在水浴上加热使其尽量溶解,过滤除去不溶物,滤液冷却后用 4 mol·L^{-1}的盐酸酸化到 pH 为 3~4,加入 1.5 g 亚硝酸钠,加热使所生成的沉淀全部溶解,冷却溶液,在通风橱内向冷却液中小心注入 15 mL 浓盐酸,再在冰水中冷却使结晶完全,滤出棕黄色晶体,用无水乙醇洗涤,晾干,记录产量。

键合异构体(Ⅱ)的制备:在 20 mL 水和 7 mL 浓氨水的混合液中溶解 1.0 g $[Co(NH_3)_5Cl]Cl_2$,在水浴上加热使其尽量溶解,过滤除去不溶物,滤液冷却后用 4 mol·L^{-1}的盐酸中和溶液,使 pH 为 5~6,冷却后加入 1.0 g 亚硝酸钠,搅动使其溶解,再在冰水中冷却,有橙红色的晶体析出,过滤晶体,并用冰冷却的水和无水乙醇洗涤,在室温下干燥,记录产量。

二氯化亚硝酸根五氨合钴$[Co(NH_3)ONO]Cl_2$ 不稳定,容易转变为二氯化硝基五氨合钴$[Co(NH_3)NO_2]Cl_2$。因此,必须用新制备的样品来测定其红外光谱。

2. 键合异构体的红外光谱测定

在 700~4000 cm^{-1},用 KBr 压片测定这两种异构体的红外光谱。

3. 配合物键合异构体的异构化速率常数的测定

把制备的经红外光谱鉴定为纯的$[Co(NH_3)_5ONO]Cl_2$ 样品用 KBr 压片,把压好的 KBr 样品片放入样品架内,在 40 ℃于 900~1200 cm^{-1},每间隔 30 min 测定 ν_{O-N}特征吸收峰,一直测到其吸收峰无明显变化为止。

五、实验结果和处理

(1) 在测定的两种异构体的红外光谱图上,标识并解释谱图中的主要特征吸收峰。

(2) 根据两种异构体的红外光谱图，确认哪个是氮配位的硝基配合物，哪个是氧配位的亚硝酸根配合物。

(3) 记录不同时间特征吸收峰的透光率，其中，T_0 为特征吸收峰基线透光率，T_b 为峰值的透光率。

时间 t/min	0	30	60	90	120	150	180
T_0							
T_b							
$T=T_0-T_b$							
$A\left(\lg\frac{1}{T}\right)$							
A_t-A_e							
$\frac{A_t-A_e}{A_0}$							
$\ln\frac{A_t-A_e}{A_0}$							

(4) 以 $\ln\frac{A_t-A_e}{A_0}$ 对 t 作图，由所得的直线可求得其斜率和截距，由此可计算得 k_1 和 k_2。由 k_1 和 k_2 可求得异构化反应的平衡常数 K。

思考题

1. 为何配合物配位键的特征频率不易直接测定？

2. 若能测得配合物中配位键的特征频率，能否利用这种特征频率来鉴别上述两种键合异构体？在何种情况下，可以直接利用这种特征来鉴别键合异构体？

3. 异构体$[Co(NH_3)_5ONO]Cl_2$ 的吸光度为什么可用 ν_{O-N}特征吸收峰来测定？是否可用异构体的其他特征吸收峰来测定？

参考文献

日本化学会. 1988. 新实验化学讲座(8)无机化合物的合成(Ⅲ). 北京：化学工业出版社.

王伯康. 1991. 开设综合化学实验的探索与实践. 大学化学，6(2)：42.

Hehman W H. 1974. A combined infrared and kinetic study of linkage isomers. An inorganic experiment. J Chem Educ，51：553.

Jackson W G，et al. 1981. Base-catalyzed linkage isomerization：An undergraduate inorganic kinetics experiment. J Chem Educ，58：734.

Nakamoto K. 1963. Infrared Spectra of Inorganic and Coordination Compounds. 1st ed. New York：Wiley

Phillips W M. 1990. Kinetics of pentaamminenitritocobalt(Ⅲ) to pentaaminenifrocobalt(Ⅲ) linkage isomerization，revisited. J Chem Educ，67：267.

实验 11　循环伏安法测定配合物的稳定性

实验目的与主要内容

本实验用循环伏安法测定 Fe^{3+}、Co^{2+} 分别与 EDTA、邻菲咯啉形成配合物的峰电位，来比较由于配位作用对金属离子形成电位的影响和同种配体对不同金属离子形成电位的影响。通过本实验，学习循环伏安法的基本原理及操作技术，了解配合物的形成对金属离子的氧化还原电位的影响。

一、背景知识

循环伏安法是一种十分有用的近代电化学测量技术，能够迅速地观察到所研究体系在广泛电势范围内的氧化还原行为，通过对循环伏安图的分析，可以判断电极反应产物的稳定性，它不仅可以发现中间状态产物并加以鉴定，而且可以知道中间状态是在什么电势范围及其稳定性如何，此外，还可以研究电极反应的可逆性。因此，循环伏安法已广泛应用在电化学、无机化学、有机化学和生物化学的研究中。

所谓循环伏安法(cyclic voltammetry，CV)，是在工作电极，如铂电极上，加上对称的三角波扫描电势，即从起始电势 $E_{始}$ 扫描到终止电势 $E_{终}$ 后，再回扫至起始电势，记录得到相应的电流-电势(i-E)曲线(图 2.14)。图中表明，三角波扫描的前半部记录峰形的阴极波，后半部则记录峰形的阳极波。一次三角波电势扫描，电极上完成一个还原-氧化循环，从循环伏安图的波形及其峰电势(E_{pc}和 E_{pa})和峰电流(i_{pc}和 i_{pa})可以判断电极反应的机理。

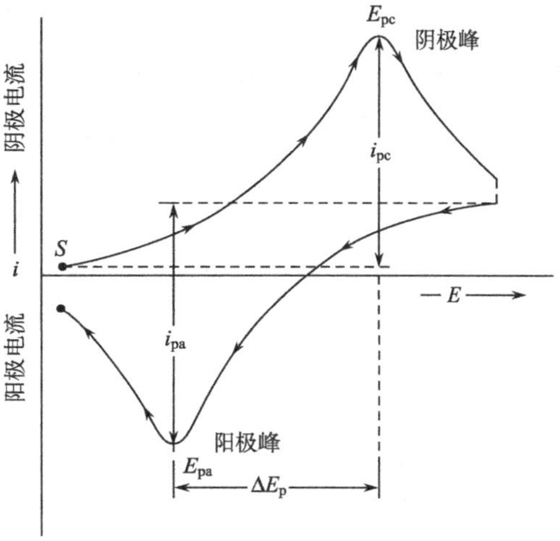

图 2.14　循环伏安图

对于一个符合能斯特(Nernst)过程的可逆电极反应，在 25 ℃时，其循环伏安图有如下特征。

1. 电势响应的性质

可逆电对的形式还原电势(formal reduction potenrial)$E^{0'}$是阳极峰电势(E_{pa})与阴极峰电势(E_{pc})的中间值，即

$$E^{0'} = \frac{1}{2}(E_{pa} + E_{pc})$$

阳极峰与阴极峰电势之差为

$$\Delta E_p = E_{pa} - E_{pc} = \frac{57 \sim 63}{n}(\text{mV})$$

因此，对可逆电对来说，电极反应中所转移的电子数 n 可以从两个峰电势间的差值估算。在电极表面的慢电子转移及不可逆性，都会引起峰间距 ΔE_p 的增加。

峰电势值 E_p 在一定的扫描速度范围内与扫描速度无关。

2. 电流响应的性质

峰电流 I_p 正比于浓度，对可逆电对有

$$\frac{i_{pa}}{i_{pc}} = 1$$

可见，峰电流比值明显地受与电极过程偶联的化学反应的影响。

一般在测定时，由于溶液中被测样品浓度一般非常低，为维持一定的电流，常在溶液中加入一定浓度的惰性电解质如 KNO_3、$NaClO_4$ 等。

二、实验原理

金属离子的标准还原电位在配位时由于不同电荷金属离子的自由能的不同变化而发生改变。下列方程表示金属离子在不同氧化态 M^{n+}、$M^{(m-n)+}$ 时与中性配体 L 反应时自由能的变化。

$$M^{m+} + ne^- \longrightarrow M^{(m-n)+} \qquad \Delta G_1^0 = -nFE_{aq} \tag{2.52}$$

$$M^{m+} + pL \longrightarrow ML_p^{m+} \qquad \Delta G_2^0 = -RT\ln K_m \tag{2.53}$$

$$M^{(m-n)+} + qL \longrightarrow ML_q^{(m-n)+} \qquad \Delta G_3^0 = -RT\ln K_{m-n} \tag{2.54}$$

式中，K_m、K_{m-n}分别为 ML_p^{m+}、$ML_q^{(m-n)+}$ 的形成常数，即

$$K_m = \frac{[ML_p^{m+}]}{[M^{m+}][L]^p} \qquad K_{m-n} = \frac{[ML_q^{(m-n)+}]}{[M^{(m-n)+}][L]^q}$$

把式(2.54)加式(2.52)再减式(2.53)得

$$ML_p^{m+} + ne^- \longrightarrow ML_q^{(m-n)+} + (p-q)L$$

$$\Delta G_4^0 = -nFE_{aq}^0 + RT\ln(K_m/K_{m-n}) \tag{2.55}$$

则

$$\frac{\Delta G_4^0}{-nF} = E_{ML_p}^0 = E_{aq}^0 - \frac{RT}{nF}\ln(K_m/K_{m-n}) \tag{2.56}$$

式(2.56)表明形成配合物时配离子的标准还原电位 $E_{ML_p}^0$ 决定于 $\ln(K_m/K_{m-n})$的值。实验中测得的是形式电位，它包含了标准电位介质中其他组分的贡献。根据循环伏安理论，峰电位 E_p(对于可逆体系)与形式电位 E^0 的关系为

$$E_p = E^0 - \frac{RT}{nF}\ln\left(\frac{D_0}{D_r}\right)^{\frac{1}{2}} - 1.109\frac{RT}{nF} \tag{2.57}$$

式中，D_0、D_r 分别为 M^{m+} 和 $M^{(m-n)+}$ 的扩散系数。当配体 L 的浓度足够大能形成 ML_p^{m+} 和 $ML_q^{(m-n)+}$ 配离子，则配离子的峰电位 E_{pML_p} 为

$$E_{pML_p} = E_{ML_p}^0 - \frac{RT}{nF}(p-q)\ln c_L - \frac{RT}{nF}\ln\frac{D_0'}{D_r'} - 1.109\left(\frac{RT}{nF}\right) \tag{2.58}$$

式中，D_0'、D_r'分别为配离子 ML_p^{m+} 和 $ML_q^{(m-n)+}$ 的扩散系数；c_L 为溶液中配体 L 的浓度。若$\frac{D_0}{D_r}=\frac{D_0'}{D_r'}$，$p=q$，则可得

$$E_{pML_p} - E_p = E_{ML_p}^{0'} - E_{aq}^{0''} = \ln\left(\frac{K_{m-n}'}{K_m'}\right) \tag{2.59}$$

式中，K_{m-n}'、K_m'为条件形成常数。式(2.59)表示，可以由 M^{m+} 在有配体 L 存在和没有配体 L 存在时峰电位 E_p 之间的差值，求得条件形成常数的比值，若已知其中一个条件形成常数，就可求得另一条件形成常数。

三、仪器和试剂

1. 仪器

50 mL 烧杯，5 只；M283 恒电位恒电流仪，1 台；50 mL 量筒，1 支；电磁搅拌器，1 台；250 mL烧杯，1 只；氮气钢瓶，1 个；50 mL 容量瓶，5 只。

2. 试剂

硫酸铁铵(A. R.),浓硝酸(A. R.),$CoCl_2 \cdot 6H_2O$(A. R.),邻菲咯啉(A. R.),高氯酸钠(A. R.),乙二胺四乙酸二钠盐(EDTA)(A. R.),乙醇,甲醇。

四、实验步骤

1. 合成邻菲咯啉合铁(Ⅱ)配合物

莫尔盐 $FeSO_4(NH_4)SO_4 \cdot H_2O$ 和邻菲咯啉按 1∶3 的物质的量比称取,用大约含有 10%甲醇的温水溶解,往溶液中加高氯酸钠,生成的结晶用水重结晶,组成为$[Fe(C_{12}H_8N_2)_3](ClO_4)_2 \cdot H_2O$。

2. 合成邻菲咯啉合钴(Ⅱ)配合物

将 0.6 g $CoCl_2 \cdot 6H_2O$ 用 25 mL 乙醇溶解,过滤除去不溶物,煮沸赶出空气。往溶液中加 20 mL 溶解有 1.5 g 邻菲咯啉的热乙醇溶液,得到棕色溶液,通入氮气保护,用 50 mL 除气的纯水稀释,加入过量高氯酸钠,用冰水冷却 15 min,析出结晶,过滤,用水洗涤,干燥。组成为$[Co(C_{12}H_8N_2)_3](ClO_4)_2$。

3. 溶液的配制

1) 硫酸铁铵溶液的配制

称取一定量硫酸铁铵和高氯酸钠,溶解于 30 mL 水中(水中加一滴浓硝酸,以防 Fe^{3+} 水解),转移到 50 mL 容量瓶中,稀释到刻度,使硫酸铁铵的浓度为 5×10^{-3} mol · L^{-1},硝酸钾的浓度为 0.1 mol · L^{-1}。

2) 硫酸铁铵-EDTA 溶液的配制

称取一定量硫酸铁铵、乙二胺四乙酸二钠盐,分别溶解于少量水中,将其中一份加入到另一份中混合,再加入一定量高氯酸钠,转移到 50 mL 容量瓶中,稀释到刻度,使硫酸铁铵和 EDTA 的浓度分别都为 5×10^{-3} mol · L^{-1},高氯酸钠的浓度为 0.1 mol · L^{-1}。

3) 邻菲咯啉合铁(Ⅱ)配合物溶液的配制

称取一定量的邻菲咯啉合铁(Ⅱ)配合物,溶于少量水中,转移到 50 mL 容量瓶中,稀释到刻度,使邻菲咯啉合铁(Ⅱ)配合物浓度为 5×10^{-3} mol · L^{-1}。

4) 邻菲咯啉合钴(Ⅱ)配合物溶液的配制

称取一定量的邻菲咯啉合钴(Ⅱ)配合物,溶于少量水中,转移到 50 mL 容量瓶中,稀释到刻度,使邻菲咯啉合钴(Ⅱ)配合物浓度为 5×10^{-3} mol · L^{-1}。

4. 循环伏安图的测定

以铂片为工作电极,饱和甘汞电极为参比电极,铂丝为辅助电极,用 M283 恒电位恒电流仪测定上述四种溶液的循环伏安图。测定前溶液通氮气驱氧。

五、实验结果和处理

(1) 从测得的循环伏安图上求出 Fe(Ⅲ)和 Co(Ⅱ)在不同配体存在时的还原电位 E_{pML_p}。

(2) 计算金属离子在配体 L 存在和无配体 L 时的还原电位的差值 ΔE。

(3) 根据金属离子还原电位的差值 ΔE，比较当配体分别为 EDTA 和邻菲咯啉时，对 Fe(Ⅲ)和 Fe(Ⅱ)的稳定性的影响，以及邻菲咯啉为配体时，对 Co(Ⅲ)、Co(Ⅱ)稳定性的影响，并比较邻菲咯啉对这两种金属离子不同价态稳定性的影响。

思　考　题

1. 根据金属离子的电子组态和配位键理论，说明邻菲咯啉与 Fe(Ⅲ)还是 Fe(Ⅱ)能形成更稳定的配合物。
2. 怎样利用循环伏安法来计算配合物的形成常数？
3. 测定循环伏安前溶液为什么要驱氧？

参 考 文 献

王伯康. 2000. 综合化学实验. 南京：南京大学出版社.

游效曾. 1992. 配位化合物的结构和性质. 北京：科学出版社.

Bard J A, et al. 1980. Electrochemical Methods: Fundamentals and Applications. New York: Wiley.

实验 12　三乙二胺合钴配离子光学异构体的制备、离析和旋光度测定

实验目的与主要内容

本实验用空气氧化法制备外消旋光学异构体三乙二胺合钴(Ⅲ)配离子，并和一种带相反电荷的光学活性化合物(D-酒石盐)作用，得到非对映异构体，根据它们溶解度的不同，选择适当的溶剂用分步结晶的方法把它们拆分开，得到某一种纯的非对映体，最后再用非光学活性物质处理，使一对光学活性盐恢复成原来的组成，并分别测定它们的旋光度。通过本实验，了解配合物的光学异构现象，并掌握三乙二胺合钴配离子光学异构体的制备、离拆和旋光度的测定。

一、背景知识

1912 年，沃纳(Werner)制备和离析出第一个过渡金属配合物$[Co(en)_3]^{3+}$的两种光学异构体，其构型如图 2.15 所示。其中一种异构体使偏振光的振动平面向右旋转，而另一种异构体使偏振光的振动平面向左旋转，通常以 $d(+)$表示右旋，以 $l(-)$表示左旋。

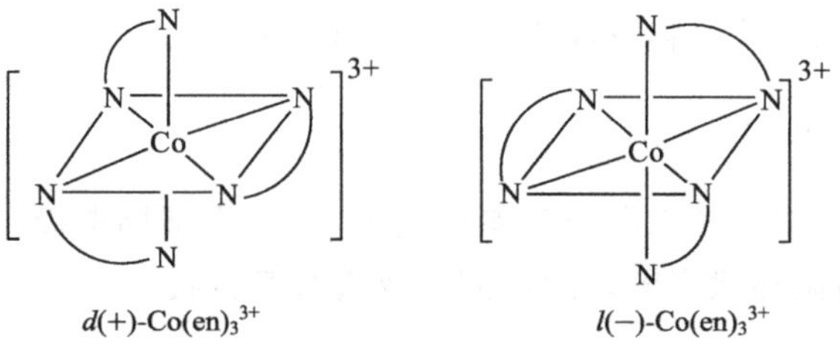

图 2.15　$[Co(en)_3]^{3+}$的构型

物质使偏振光的振动平面旋转的能力可以用比旋光度$[\alpha]_\lambda^t$来表示。$[\alpha]_\lambda^t$为在某一波长λ和温度t时每毫升溶液中所含物质为1 g的测定长度为1 dm时所产生的旋转角度，它对某一物质是一定值，可用式(2.60)表示

$$[\alpha]_\lambda^t = \frac{\alpha}{lc} \tag{2.60}$$

式中，l为样品的测定长度，以dm表示；c为每毫升溶液中所含样品的质量；α为旋转角度读数。

化学中，常用摩尔光度$[\alpha_M]_\lambda$来表示物质的旋光能力：

$$[\alpha_M]_\lambda = \frac{M[\alpha]_\lambda}{100} \tag{2.61}$$

式中，M为测定物质的摩尔质量。

光学活性物质的旋光度随着波长的不同而变化，一种光学异构体可以在某一波长下使偏振光的振动平面右旋，而在另一波长时使偏振光的振动平面左旋。所以近年来常用旋光色散(ORD)曲线和圆二色(CD)曲线来表示物质的光学活性，光学活性物质的摩尔旋光光度$[\alpha_M]_\lambda$与波长λ的关系图，称为旋光色散(ORD)曲线；光学活性物质的左旋偏振光和右旋偏振光的摩尔吸收系数的差$\Delta\varepsilon(\varepsilon_l-\varepsilon_d)$与波长$\lambda$的关系图，称为圆二色(CD)曲线(图2.16)。曲线有极大值，ORD曲线在极大吸收位置出现转折点，互为对映体的旋光度$[\alpha_M]_\lambda$值相等，但符号相反。旋光色散曲线和圆二色曲线及有关现象，总称为科顿效应，正科顿效应相应于ORD曲线上$[\alpha_M]_\lambda$随波长增加而由负值向正值改变，CD曲线上的$\Delta\varepsilon$为正值，负科顿效应正好相反。

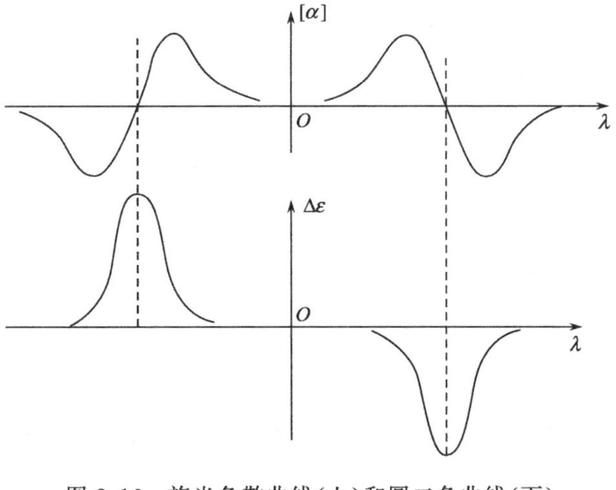

图2.16　旋光色散曲线(上)和圆二色曲线(下)

习惯上通常规定$[\alpha]_\lambda$为正值时是右旋异构体，$[\alpha]_\lambda$为负值时是左旋异构体。在ORD曲线中较短波长$[\alpha_M]_\lambda$为负值(对应于CD曲线上$\Delta\varepsilon$为负值)时是右旋异构体，而在较短波长$[\alpha_M]_\lambda$为正值(对应于CD曲线上$\Delta\varepsilon$为负值)时是左旋异构体。但右旋和左旋异构体只是反映物质对偏振光有两种不同的旋光性质，并没有指出哪一种旋光异构体的真正立体几何构型。例如，d-$[Co(en)_3]^{3+}$异构体究竟是图2.15中左边的还是右边的几何构型，直到1954年，日本人利用特殊的X射线技术才确定，d-$[Co(en)_3]^{3+}$异构体是图2.15左边的那种立体几何构型。虽然光学活性物质的对映体和它的绝对构型之间有必然的关系，但由于光学活性的理论很复杂，同时用X射线测定的真正几何构型又很少，因此，现在还不能利用ORD曲线或CD

曲线来确定光学异构体的绝对构型,目前只能与具有类似结构而已知其绝对构型的光学异构体的 ORD 曲线或 CD 曲线相比较,若有相同符号的科顿效应,则两者具有相同的绝对构型。毫无疑问,利用 ODR 曲线或 CD 曲线来确定光学异构体的绝对构型将是未来研究的任务。

光学异构体的化学性质相同,用普通的方法不能直接制得光学异构体,而总是得到它们的外消旋混合物。要得到每种纯的对映体,必须用一定的方法来把外消旋混合物分开,这种方法称为外消旋体的离析。常用的一种方法是化学离析法,就是使混合物的外消旋离子与另一种带相反电荷的光学活性化合物作用得到非对映异构体,根据它们溶解度的不同,选择适当的溶剂用分步结晶的方法把它们拆分开,得到某一种纯的非对映体,最后用非光学活性物质处理,可使一对光学活性盐恢复成原来的组成。

二、实验原理

本实验欲制备和离析光学异构体$[Co(en)_3]^{3+}$,在它们的外消旋混合物中加入 D-酒石盐(用 D-tart 表示)而使光学异构体分离:

$$[d\text{-}Co(en)_3]^{3+} + \text{D-tart} + Cl^- + 5H_2O \longrightarrow [d\text{-}Co(en)_3][\text{D-tart}]Cl \cdot 5H_2O \downarrow$$

$$[l\text{-}Co(en)_3]^{3+} + \text{D-tart} + Cl^- \longrightarrow [l\text{-}Co(en)_3][\text{D-tart}]Cl$$

$[d\text{-}Co(en)_3][\text{D-tart}]Cl \cdot 5H_2O$ 与 NaI 反应转为$[d\text{-}Co(en)_3]I_3 \cdot H_2O$,这个产物的比旋光度$[\alpha]_D^{20}$ 为$+89°$。

在沉淀出$[Co(en)_3][\text{D-tart}]Cl \cdot 5H_2O$ 以后的溶液中,加入 NaI,有$[d\text{-}Co(en)_3]I_3 \cdot H_2O$与$[l\text{-}Co(en)_3]I_3 \cdot H_2O$ 的混合物析出,因为$[l\text{-}Co(en)_3]I_3 \cdot H_2O$ 在温水中的溶解度比其对映体大得多,所以重结晶可以得到较纯的$[l\text{-}Co(en)_3]I_3$,这个产物的比旋光度$[\alpha]_D^{20}$ 为$-89°$。由实验测得各异构体的比旋光度$[\alpha]_D^t$ 与理论值相比,就可求得样品中异构体的纯度。

三、仪器和试剂

1. 仪器

250 mL 吸滤瓶,1 只;旋光仪,1 台;250 mL 烧杯,2 只;布氏漏斗,1 只;100 mL 烧杯,3 只;50 mL 容量瓶,2 只。

2. 试剂

硫酸钴(A. R.),乙二胺(70%,A. R.),碳酸钡(A. R.),D-酒石酸,碘化钠(A. R.),活性炭,盐酸(A. R.)。

四、实验步骤

1. 酒石酸钡的制备

在 250 mL 烧杯中,把 5 g D-酒石酸溶于 50 mL 水中,边搅动边缓慢地加入 13 g 碳酸钡,加热并连续搅动 0.5 h 以确保反应完全,滤出沉淀并用冷水洗涤,随后在 110 ℃烘干。

2. $[Co(en)_3]^{3+}$的制备

在一只 250 mL 三角瓶中加入 20 mL 24%的乙二胺溶液和 5 mL 浓盐酸,再加入硫酸钴溶液(7 g 硫酸钴溶于 15 mL 水中)和 1 g 活性炭,室温搅拌下用气泵向溶液中鼓空气 2h,使

Co^{2+} 氧化到 Co^{3+}，这时有[Co(en)$_3$]$^{3+}$ 生成。

$$4Co^{2+} + 12en + 4H^+ + O_2 \rightleftharpoons 4[Co(en)_3]^{3+} + 2H_2O$$

当氧化完成时，用稀盐酸和稀乙二胺调节 pH 为 7.0～7.5，把此溶液转入到 100 mL 烧杯中，在蒸汽浴上加热 15 min，使反应完全，溶液冷却后过滤以除去活性炭。

在所得的[Co(en)$_3$]$^{3+}$ 的溶液中，加入 7 g D-酒石酸钡，充分搅动并在蒸汽浴上加热 0.5 h，抽滤出硫酸钡沉淀，用少量热水冲洗沉淀，蒸发滤液到约 15 mL，冷却浓缩液，有橙红色[d-Co(en)$_3$][D-tart]Cl · 5H_2O 晶体析出，过滤。保留滤液为离析 l-异构体用。橙红色晶体用约 10 mL 热水重结晶，用乙醇洗涤晶体并晾干。

3. [d-Co(en)$_3$]I_3 · H_2O 的制备

在 100 mL 烧杯中用 10 mL 热水溶解[d-Co(en)$_3$][D-tart]Cl · 5H_2O 晶体，并注入 0.5 mL浓氨水，在充分搅动下，再注入碘化钠溶液(9 g NaI 溶解于 8 mL 热水中)。在冰水中冷却此溶液，过滤得橙红色[d-Co(en)$_3$]I_3 · H_2O 针状晶体，并用 10 mL 30%NaI 溶液洗涤，最后再用少量无水乙醇和丙酮洗涤，晾干，记录产量。

4. [l-Co(en)$_3$]I_3 · H_2O 的制备

在上面保留的滤液中，注入 0.5 mL 浓氨水，加热到 80 ℃，在搅动下，加入 9 g 碘化钠固体，在冰水中冷却，有晶体析出，过滤得到不纯的[l-Co(en)$_3$]I_3 · H_2O 异构体，用冷却的10 mL 30% NaI 溶液洗涤，然后再用无水乙醇洗涤。产物中含有一些外消旋酒石酸盐，将它溶解在 15 mL 50 ℃的水中，滤出不溶的外消旋酒石酸盐，加入 3 g 碘化钠固体于 50 ℃的滤液中，在冰水中冷却，有橙黄色[l-Co(en)$_3$]I_3 · H_2O 晶体析出，过滤。产物用少量无水乙醇和丙醇洗涤，晾干，记录产量。

5. 异构体旋光度 α 的测定

称取 1.00 g[d-Co(en)$_3$]I_3 · H_2O 和[l-Co(en)$_3$]I_3 · H_2O 异构体，分别倒入 50 mL 容量瓶中，用蒸馏水稀释到刻度。分别在旋光仪上用 1 dm 的样品管测定其旋光度 α(若有旋光色散光度计，可测定不同波长的摩尔旋光度 $[\alpha_M]_\lambda$)。

五、实验结果和处理

1. 光学异构体的旋光度

测定温度 t：________℃

[d-Co(en)$_3$]$^{3+}$：α=________

[l-Co(en)$_3$]$^{3+}$：α=________

2. 比旋光度 $[\alpha]_\lambda^t$ 和摩尔旋光度 $[\alpha_M]_\lambda$ 的计算

按式(2.58)和式(2.59)分别计算 $[\alpha]_\lambda^t$ 和 $[\alpha_M]_\lambda$。

3. 光学异构体纯度的计算

由实验测得的 $[\alpha]_\lambda^t$ 与理论的 $[\alpha]_D^{20}$ 相比，可求得该样品的纯度。

$$纯度\% = \frac{实测的[\alpha]_\lambda^t}{理论的[\alpha]_D^{20}} \times 100\%$$

思 考 题

1. 如何判别配合物是否具有光学异构体？若测定了它的ORD曲线、CD曲线，能否确定它的立体构型？
2. 在纯化异构体$[Co(en)_3]I_3 \cdot H_2O$中，为何要用NaI的溶液洗涤？

参 考 文 献

南京大学配位化学研究所. 1987. 配位化学(无机化学丛书第十二卷). 北京：科学出版社.
日本化学会. 1988. 无机化合物的合成(Ⅲ). 曹惠民，包文滁，安家驹，译. 北京：化学工业出版社.
游效曾. 1980. 结构分析导论. 北京：科学出版社.

实验 13 [Co(Ⅱ)salen]配合物的制备和载氧作用

实验目的与主要内容

本实验通过[Co(Ⅱ)salen]配合物的制备，使学生掌握无机合成中的一些基本操作技术；通过[Co(Ⅱ)salen]配合物的吸氧量测定和放氧，使学生观察、了解某些金属配合物的载氧作用机制。

一、背景知识

在自然界的生物体中，有许多含有过渡金属离子的蛋白，其中有些金属蛋白在一定条件下能够吸收和放出氧气，以供有机体生命活动的需要，如含铁的肌红蛋白、血红蛋白，含铜的血清蛋白和含钒的血钒蛋白等。天然氧载体在生物体内输送氧或贮存氧，主要是通过结合到蛋白质上或蛋白质辅基上的铁、铜等过渡金属与氧分子可逆配位来实现的。为了弄清生物体内载氧机理，人们除了研究天然氧载体外，还合成了许多模型化合物来研究，第一个人工氧载体是日本化学家于1938年报道的Co(Ⅱ)与N,N'-双水杨醛缩乙二胺形成的配合物[Co(Ⅱ)salen]，该配合物可吸收和释放氧气分子(可逆吸收)(图2.17)。

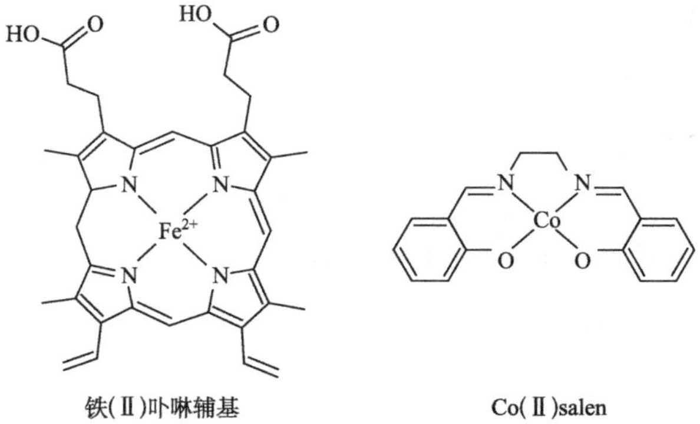

图2.17 能可逆载氧的血红蛋白和肌红蛋白中的铁(Ⅱ)卟啉辅基(左)和载氧模型配合物[Co(Ⅱ)salen](右)

目前,研究比较多的模型配合物有过渡金属的席夫碱(Schiff base)配合物和铁卟啉两大体系。因为血红蛋白和肌红蛋白的活性中心是铁卟啉辅基,以铁卟啉人工合成铁氧载体是最佳的模拟方法,但 Fe(Ⅱ)卟啉配合物不稳定,很容易与 O_2 作用生成不能可逆载氧的 μ-O 二聚体 Fe(Ⅲ)-O-Fe(Ⅲ)。生物体中的血红蛋白和肌红蛋白的铁卟啉基处于多肽链的盘绕之中,这种空间位阻能阻止两个血红素的 Fe(Ⅱ)离子相互靠近,抑制了 Fe(Ⅲ)-O-Fe(Ⅲ)的形成,可以可逆载氧。人们经过大量研究,已找到防止 Fe(Ⅲ)配合物形成 μ-O 二聚体的途径,例如,在 Fe(Ⅱ)配合物内设置空间位阻,把 Fe(Ⅱ)配合物固定在一个刚性载体上等。

1973 年,科尔曼(Collman)合成了带围栅的 Fe(Ⅱ)卟啉配合物(图 2.18),能够可逆载氧。该配合物第 5 配位基为 1-甲基咪唑(1-MeIm)。卟啉环上带有大的竖起的基团,可有效阻止另一个铁卟啉分子接近,生成 μ-O 配合物。该配合物载氧与肌红蛋白相似。

自从发现 Co(Ⅱ)salen 配合物能可逆吸收和释放氧以来,人们合成了很多 Co(Ⅱ)-Schiff 碱配合物来模拟氧载体。例如,Co(bzacen)(*N*,*N*′-双苯乙酰丙酮缩乙二胺)在吡啶存在下,0 ℃或更低温度下能迅速和可逆地载氧,并得到其氧加合物[Co(bzacen)Py · O_2](图 2.19)。可以看出,配体与 Co(Ⅱ)处于平面,Py 作为第 5 配体,O_2 作为第 6 配位,近似为超氧化物,O—O 键长为 126 pm。

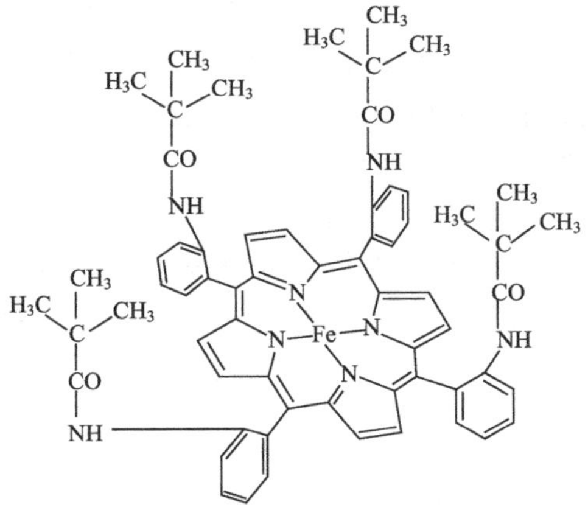

图 2.18　带围栅的 Fe(Ⅱ)卟啉配合物

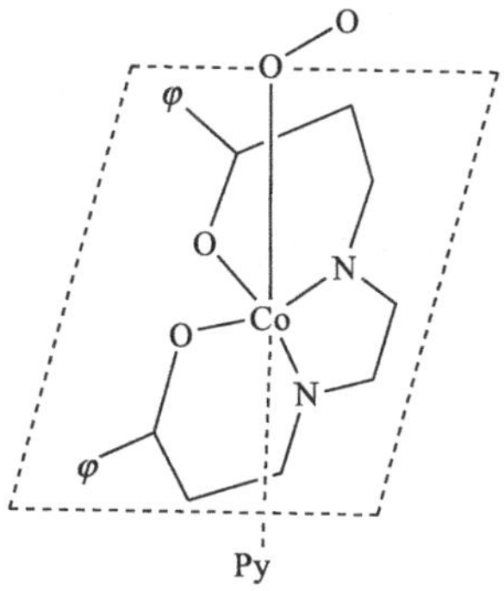

图 2.19　氧加合物[Co(bzacen)Py · O_2]结构

二、实验原理

本实验合成 *N*,*N*′-双水杨醛缩乙二胺合钴[Co(Ⅱ)salen]的合成路线见图 2.20,它是研究最多的氧载体模型配合物。

[Co(Ⅱ)salen]配合物由于制备条件的不同可以有两种不同的固体形态存在(图 2.21),一种是棕褐色黏状产物(活性型),在室温下能迅速吸收氧气;另一种是暗红色晶体(非活性型),在室温下稳定,不吸收氧气。

活性型[Co(Ⅱ)salen]配合物是一个双聚体,其中一个[Co(Ⅱ)salen]分子中的 Co 原子和另一个分子中的 Co 原子相结合;非活性型[Co(Ⅱ)salen]配合物也是一个双聚体,它是一个[Co(Ⅱ)salen]分子中的 Co 原子与另一个分子中的 O 原子相结合。活性型[Co(Ⅱ)salen]配合物在室温能吸收氧气,在较高温度下放出氧气,这种循环作用可以进行多次,但载氧能力随着循环的进行而不断降低。

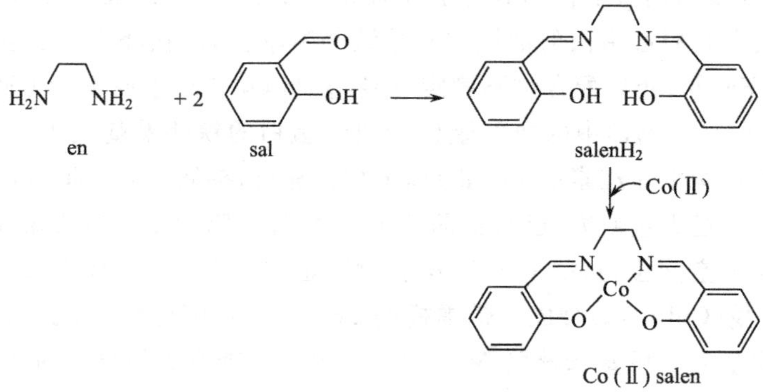

图 2.20　N,N'-双水杨醛缩乙二胺合钴[Co(Ⅱ)salen]合成路线

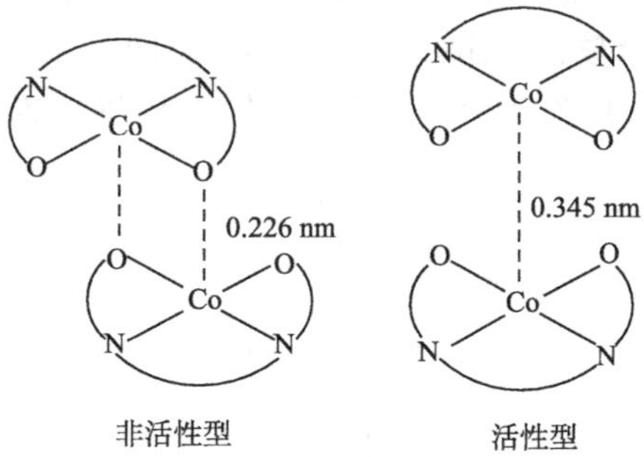

图 2.21　[Co(Ⅱ)salen]的两种固体形式

非活性的[Co(Ⅱ)salen]配合物在某些溶液剂(L)中,如二甲亚砜(DMSO)、二甲基甲酰胺(DMF)、吡啶(Py)等,能与溶剂配位形成五或者六配位配合物。例如,在吡啶溶液中,[Co(Ⅱ)salen(Py)]和[Co(Ⅱ)salen$(Py)_2$]都存在,但是在氯仿溶液中,只存在Co(Ⅱ)salen形式。当给[Co(Ⅱ)salen]配合物的吡啶溶液中通氧气时,氧分子能够键合在[Co(Ⅱ)salen(Py)]的第六配位位置或取代[Co(Ⅱ)salen$(Py)_2$]中的一个吡啶分子,最后生成可能是六配位的1∶1或2∶1氧加合物(图2.22)。要说明的是,氧加合物的生成是一个氧化还原过程,其中氧分子接受来自Co^{2+}的一个电子,生成超氧离子O_2^-,并配位到氧化的Co^{3+}上,形成1∶1配合物。氧分子也可以接受来自两个Co^{2+}的各自一个电子,生成过氧离子O_2^{2-},并以μ-O的形式分别键合到两个氧化的Co^{3+}上,形成2∶1配合物。

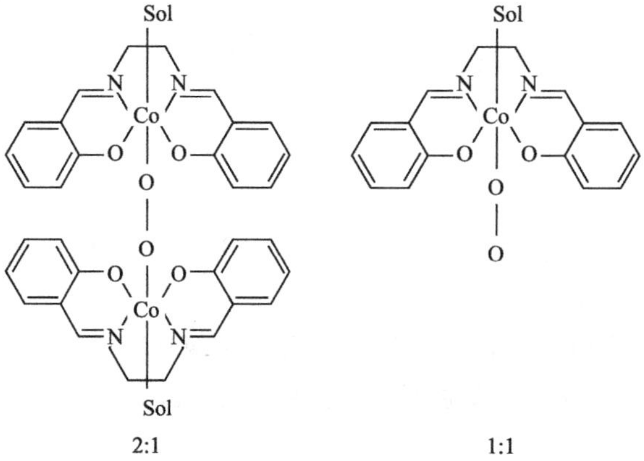

图 2.22　[Co(Ⅱ)salen]配合物形成的两个可能氧加合物(Sol 表示溶剂分子)

[Co(Ⅱ)salen]配合物与氧的反应可能经历不同的反应历程,从而生成不同的产物:

$$\text{Co(Ⅱ)salenL} + O_2 \rightleftharpoons \text{L(salen)Co}C_2$$

$$\text{Co(Ⅱ)salenL} + \text{L(salen)Co}O_2 \rightleftharpoons \text{L(salen)Co}-O_2-\text{Co(Ⅱ)salenL}$$

$$2Co(\text{Ⅱ})salenL + O_2 \rightleftharpoons L(salen)Co-O_2-Co(\text{Ⅱ})salenL$$

第一个反应受氧分压影响较大，在氧分压较大时，一般几分钟就能完成反应。后两个反应的速率受实验条件的影响较大，完成反应需要几分钟至几个小时，实际过程中，上述反应可能同时存在，随反应条件，如配体、温度、压力、搅拌速度、产物纯度、产物颗粒大小及表面形态等的变化而变化。

在 DMF 溶剂中所形成的氧加合物$[Co(\text{Ⅱ})salen]_2(DMF)_2O_2$是细颗粒状的暗褐色沉淀，不易过滤，可用离心分离法得到暗褐色沉淀，加合物中 Co 和 O 的物质的量比可用气体容积测量法测定。

当给$[Co(\text{Ⅱ})salen]_2(DMF)_2O_2$加合物中加进弱电子给予体氯仿或苯后，加合物将慢慢溶解，不断放出细小的氧气流，并产生暗红色的$[Co(\text{Ⅱ})salen]$溶液。

$$[Co(\text{Ⅱ})salen]_2 \cdot (DMF)_2O_2 \xrightarrow{CHCl_3} 2[Co(\text{Ⅱ})salen]_2 + O_2 + 2DMF$$

三、仪器和试剂

1. 仪器

250 mL 三颈瓶，1 只；制备装置；5 mL 刻度移液管，2 支；吸氧装置（图 2.23）；5 mL 离心管，2 支；真空干燥器（或红外灯），1 个；100 mL 量筒，1 支；氧气钢瓶，1 个；离心机，1 台；氮气钢瓶，1 个；吸滤瓶和漏斗，各 1 只。

2. 试剂

乙酸钴 $Co(CH_3COO)_2 \cdot 4H_2O$（A. R.），95%乙醇（A. R.），水杨醛（A. R.），二甲基甲酰胺（DMF）（A. R.），乙二胺（A. R.），二甲基亚砜（DMSO）（A. R.），氯仿（A. R.）。

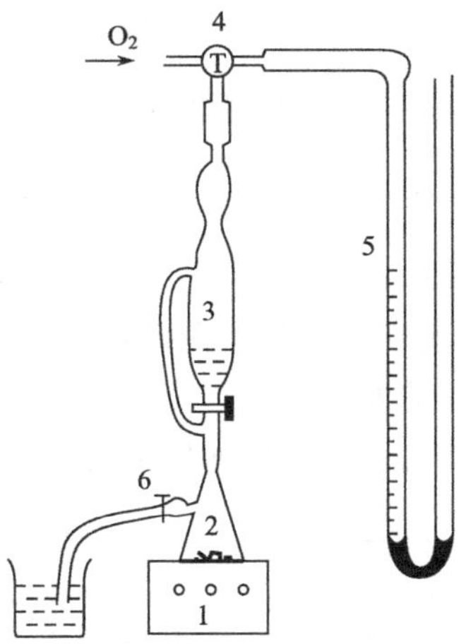

图 2.23　吸氧装置

1. 磁力搅拌器；2. 带支管三角烧瓶；3. 常压分液漏斗；4. 三通活塞；5. 带刻度玻璃管；6. 活塞

四、实验步骤

1. 非活性型[Co(Ⅱ)salen]的制备

在 250 mL 三颈瓶中放入磁子，装上回流冷凝管和通 N_2 的玻璃管。从另一侧口加入 80 mL95%乙醇、1.6 mL 水杨醛，开动搅拌，加入 0.7 mL70%（或 0.5 mL99%）乙二胺，让其反应 4～5 min，此时生成亮黄色的 *N*,*N*′-双水杨醛缩乙二胺片状晶体。然后向三颈瓶中通入氮气赶尽装置中的空气，再调节氮气流使速度稳定在每秒 1～2 个气泡。这时让冷却水进入冷凝管，并开始加热水浴使温度保持在 70～80 ℃。溶解 1.9 g 乙酸钴于 15 mL 热水中，在亮黄色片状晶体全部溶解后，把乙酸钴溶液迅速倒入三颈瓶中，立即生成棕色的胶状沉淀，在 70～80 ℃时搅动 40～50 min，在这段时间内棕色沉淀慢慢转为暗红色晶体。移去水浴用冷水冷却反应瓶，再中止氮气流。抽滤晶体，用 5 mL 水洗涤三次，然后用 5 mL95%乙醇洗涤。在真空干燥器中（或 60 ℃左右）干燥产品，最后称量并计算收率。

2. [Co(Ⅱ)salen]配合物的吸氧测定

首先检查吸氧装置(图 2.23)是否漏气。关闭 6,旋转三通活塞 4 使 2、3 与管 5 相通,向管 5 敞口的一边加入少量水,使其左右有一液面差。如果 U 形管中的液面仅在开始时稍有下移,以后即维持恒定,这表明装置不漏气;如果液面继续下降则表明装置漏气。这时应检查各接口处是否密闭,经检查和调整后,再重复试验,直到不漏气为止。

准确称取 0.05～0.1 g 的[Co(Ⅱ)salen]配合物,放入事先干燥的三角瓶 2 中,并放入磁子。然后量取 5～8 mL DMF(或 DMSO)放入 3 中,注意此时不能让 DMF 进入 2 中。旋转三通活塞 4 使 O_2 进入 3、2 中,赶去装置中的空气并使整个装置中充满氧气,气体从 6 处放出,约几分钟后,关闭 O_2,并关闭 6。这时旋转 4 使 2、3 与 5 相通,调节管 5 右侧使两液面在同一水平,这时装置内的压力与外界大气压力相等,读出和体系相连一端管 5 中液面的刻度。打开活塞使 DMF 流入 2 中,并同时开启磁力搅拌器 1,一直到管 5 中液面不再明显变化为止(10～20 min),这时上下调节管 5 右侧,使两边液面相平,读取 5 管中液面刻度,此读数与第一次读数之差即为吸氧体积。平行测量三次,每次必须干燥三角瓶 2。读取对应时刻的温度和大气压。

3. 加合物在氯仿中反应的观察

把上面气体测量产生的氧加合物[Co(Ⅱ)salen]$_2$(DMF)$_2$$O_2$ 转移到两个离心管中,使这两个离心管保持质量平衡,然后在离心机上离心分离,使沉淀沉积在离心管底部,小心除去上层溶液,得到暗褐色的加合物固体保留在离心管底部,沿管壁慢慢注入 3 mL 氯仿,不要摇动或搅动,细心观察管内所发生的现象。

五、实验结果和处理

1. [Co(Ⅱ)salen]配合物的吸氧体积

室温:____℃　大气压:____mmHg①　室温时饱和水蒸气压:____mmHg

No.	样品质量/g	吸氧体积/mL	平均体积/mL
1			
2			
3			

2. O_2 与[Co(Ⅱ)salen]物质的量之比的计算

[Co(Ⅱ)salen]的物质的量 n_1:

$$n_1 = \frac{W}{M}$$

式中,W 为[Co(Ⅱ)salen]配合物的质量;M 为[Co(Ⅱ)salen]的摩尔质量(325 g · mol^{-1})。

O_2 的物质的量 n_2:

由理想气体方程 $pV=nRT$,测得一定温度和压力下吸收 O_2 的体积,就可以求出 O_2 的物

① 1 mmHg=133.332 Pa,下同。

质的量 n_2。

由 n_1 和 n_2 即可求得 O_2 与[Co(Ⅱ)salen]的物质的量之比。

3. 观察并解释现象

观察并解释加合物在氯仿中的现象,并用反应方程式表示。

思　考　题

1. 在制备[Co(Ⅱ)salen]配合物过程中通氮气起何作用?
2. [Co(Ⅱ)salen]配合物在溶剂 DMF 和 $CHCl_3$ 中有两种性质截然不同的吸氧和放氧作用,试从溶剂性质的角度来解释其所起的作用。

参 考 文 献

胡道道,房喻,侯莉莉. 1992. Co(Salen)载氧实验装置的改进. 化学通报,3:43.
王伯康. 2000. 综合化学实验. 南京:南京大学出版社.
Appieton T G. 1997. Oxygen uptake by a cobalt(Ⅱ)complex. An undergraduate experiment. J Chem Educ,54:443.

第三节　苛刻条件下的合成与制备技术

高科技的迅猛发展,对化合物和材料提出了各种各样的要求,也越来越要求化学家能够合成更多的具有新型结构和新型功能的化合物和材料。在现代合成中,越来越广泛地应用极端条件下的合成方法与技术来实现通常条件下无法进行的合成,并在这些极端条件下发掘多种多样的一般条件下无法得到的新化合物、新物相与物态。

一、高温合成

高温合成技术是化合物和材料合成的一个重要手段。通常的合成温度都在 1000 ℃以上。例如,高熔点金属粉末的烧结、难熔化合物的熔化和再结晶、陶瓷体的烧成等都需要很高的温度。

在实验室中,主要是利用马弗炉或电磁感应炉来获得高温,根据加热体的不同,可以获得1000～3000 ℃的高温,甚至更高。炉内气氛可以是空气气氛,也可以是其他气氛,炉体可以是箱式,也可以是管式等。测量高温通常使用热电偶高温计,一般可在室温到 2000 ℃之间应用,某些情况下甚至可达 3000 ℃。在更高的温度下可用光学高温计,它的测量范围是 700～6000 ℃。光学高温计只能测量高温,低温段则不准确。图 2.24、图 2.25 为实验室常见的高温炉和管式炉的结构示意图。

高温下常见的反应是固相反应,它不同于溶液中的反应,它们在常温常压下很难进行。例如,从热力学角度讲,MgO(s)和 Al_2O_3(s)反应生成尖晶石 $MgAl_2O_4$(s)的反应完全可以自发进行,然而,实际上在 1200 ℃以下反应几乎不能进行,在 1500 ℃时反应也需数天才能完成。原因有两点:第一,反应的第一阶段,即在反应物晶粒界面上或与界面邻近的晶格中生成 $MgAl_2O_4$ 晶核,由于产物晶核与反应物结构不同,因而产物晶核的生成很困难;第二,进一步实现在晶核上的晶体生长也有相当的难度,这主要是固相间离子的扩散速率非常慢的缘故。高温下有利于晶核生成和离子扩散,所以能加速反应。

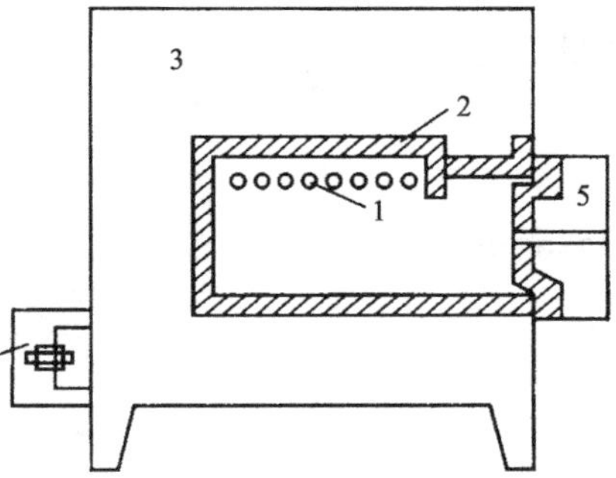

图 2.24　箱形高温炉结构

1. 硅碳棒；2. 炉膛；3. 炉体；4. 接温度控制；5. 炉门

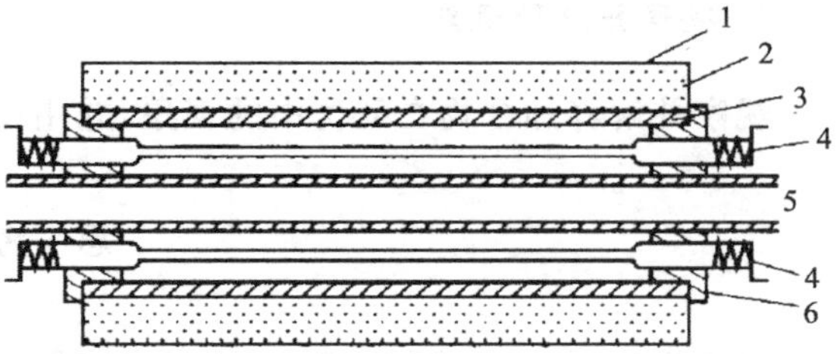

图 2.25　管式炉结构

1. 外壳；2. 绝热材料；3. 套管；4. 硅碳棒；5. 炉心管；6. 面板

为了降低固相反应的温度，使反应能在比较温和的条件下进行，有一些方法可以降低固相反应的温度，如将反应物充分破碎和研磨，或通过各种化学途径制备成粒度细、比表面积大、表面具有活性的反应物原料，然后通过加压成片，甚至热压成型使反应物颗粒充分均匀接触；或通过化学方法使反应物组分事先共沉淀；或通过化学反应制成化合物前驱物等。这些方法都非常有利于固相合成反应。

二、高压合成

1955 年，布迪(Budy)等人首次利用高压手段人工合成出只有地球内部条件下才能形成的、具有重大应用价值的金刚石。之后，人们借助高压方法合成出了自然界中未曾发现的、与碳具有等电子结构的、硬度仅次于金刚石的立方氮化硼。高压合成，就是利用高压力使物质产生多型相转变或发生不同元素间的化合得到新相或新化合物的方法。

通常高压的产生有两类，一类是静高压，即利用外界机械加载方式，通过缓慢逐渐施加负荷挤压所研究的物体或试样，当其体积缩小时，就在物体或试样内部产生高压强。由于外界施加载荷的速度缓慢，通常不会伴随着物体的升温。常见的静高压产生装置有两类：一是利用油压机作为动力源，推动高压装置中的高压构件挤压试样，产生高压；二是利用天然金刚石作顶锤(压砧)制成的微型金刚石对顶砧高压装置(diamond anvil cell，DAC)，这种装置可以产生几十吉帕到三百多吉帕的高压，还可以与同步辐射光源、X 射线衍射、拉曼散射等测试设备联用，开展高压条件下的物质相变、高压合成的原位测试。但是若以合成材料作为研究目的，微型金刚石对顶砧的腔体太小(约 10^{-1} mm^3)，难于取出试样来进行产物的各种表征及其他性能的测试。通常，以产物合成为研究目的的高压装置都采用具有大腔体(10^{-1} cm^3，甚至数百立方厘米)的大型高压装置(如两面顶和六面顶压机等)，压强可以达到 8 GPa，如图 2.26 所示。

另一类产生的高压称为动高压，是指利用爆炸(核爆炸、火药爆炸等)、强放电等产生的冲击波，在秒至秒的瞬间以很高的速度作用到物体上，可使物体内部压力达到几十吉帕以上，甚至上千吉帕，同时伴随着骤然升温。这种高压力就称为动态高压。它也可用来开展新材料的合成研究，但因受条件的限制，动高压材料合成的研究工作开展得还不多。

通常的高压合成都采用高压和高温两种条件交加的高压高温合成法，目的是寻求能够使经卸压、降温以后的高压高温合成产物在常压常温下保持其高压高温状态的特殊结构和性能

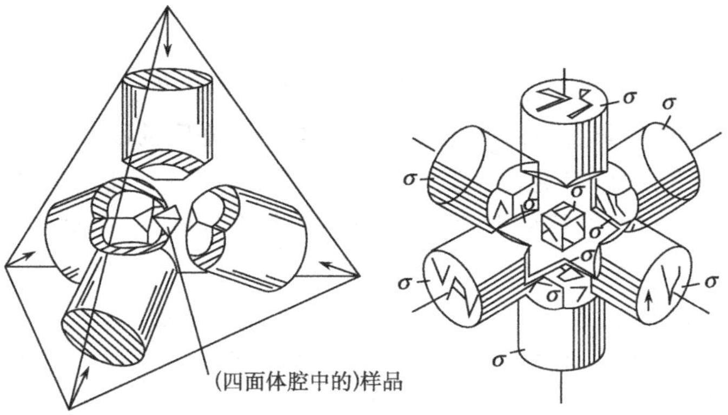

图 2.26　高压装置(左:四面顶高压机,右:六面顶高压机)

的新材料。例如,六方结构的石墨在催化剂的作用下,于 5.5 GPa 高压和 1400 ℃高温条件下反应生成立方结构的金刚石。在常态下,合成的金刚石虽然处于热力学亚稳态,但因金刚石向石墨的转变极其缓慢以至基本觉察不出来,因此,人们可以在常态的条件下保持金刚石结构。利用金刚石的优良的超硬性能可以制成用于石油开采、地质勘探的工具和各种机械加工工具。目前,人们利用高温高压方法已经成功制备了很多性能优异的超硬材料。

三、高温高压反应

一些有机化学或者无机化学合成与制备反应,需要在高温高压条件下进行。通常高温高压反应需要在特制的压力容器中进行,这种反应器称为高压反应釜,图 2.27 给出了常见的几种高压反应釜的构成图。这种反应釜以聚四氟乙烯材料作为内套,可以进行强酸或强碱对有机物或无机物、矿石等样品进行溶解或反应的操作,可大大缩短样品溶解或反应的时间,能承受 20 MPa 的压强,控制升温达到 300 ℃,还可以进行反应气体的导入和导出,用于小剂量高温、高压、加氢、聚合等状态下的实验。此种反应釜有容积为 25～100 mL 的微型反应釜,适用于科研实验。

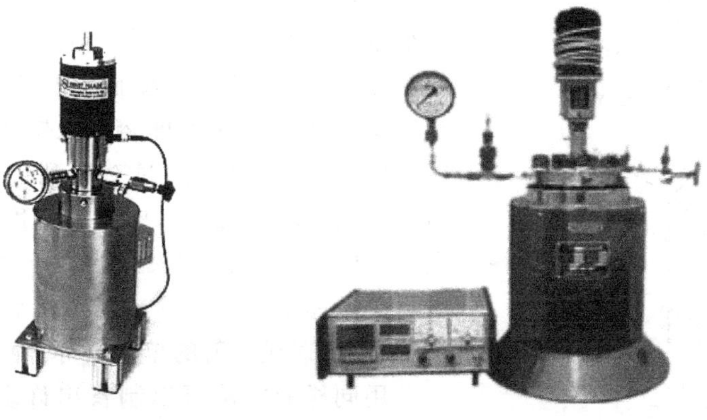

50 mL 微型高压反应釜　　　　0.5～5 L 高压反应釜

图 2.27　常见高压反应釜

四、水热合成

水(溶剂)热合成法是地质学家为了模拟地层下的水热条件,研究某些矿物和岩石的形成原因,在实验室进行仿地水热合成时产生的方法。它是在密闭的以水为溶剂的体系中,在一定温度和水的自生压强下,使原料混合物发生反应,通常在不锈钢反应釜内进行。

水热合成法按反应温度进行分类,可分为低温水热合成法、中温水热合成法和高温高压水热合成法。

低温水热合成法是指温度在 100 ℃以下进行的水热合成反应。

温度在 100～300 ℃下的水热合成称为中温水热合成,分子筛人工合成工作中的绝大部分工作都是在这一温度区间进行的。在密闭容器中,水热反应温度可依需要进行调节,这样就可使水溶液中,多硅酸根离子与铝酸根离子的聚合状态及其分布、凝胶的转变和溶解、成核和晶化"造孔"以及亚稳态间的转型等步骤可随温度的变化而变化,结果可以在同一体系中得到不同孔结构类型的微孔晶体。

高温高压水热合成实验温度高达 1000 ℃,压力高达 0.3 GPa。高温高压水热合成是一种重要的无机合成和晶体制备方法,它利用作为反应介质的水在超临界状态下的性质和反应物质在高温高压水热条件下的特殊性质而进行合成反应,这种方法广泛用于制备许多铁电、磁电、光电固体材料和复杂的无机化合物的合成,得到了许多无法用其他方法制备的无机物的单晶。例如,应用广泛的非线性光学材料 $NaZr_2P_3O_{12}$、$AlPO_4$,声光晶体铝酸锌锂,激光晶体和多功能的 $LiNbO_3$、$LiTaO_3$,某些具有特殊功能的氧化物晶体如 ZrO_2、GeO_2、CrO_2,人工宝石等都是通过高温高压水热方法来合成的。曾有报道,在高温高压水热条件下制备出了超导固体薄膜 $BaPb_{1-x}BiO_3$。在高温高压水热条件下甚至还合成出了 17 g 的祖母绿宝石[$Be_3Al_2(SiO_3)_6$]。

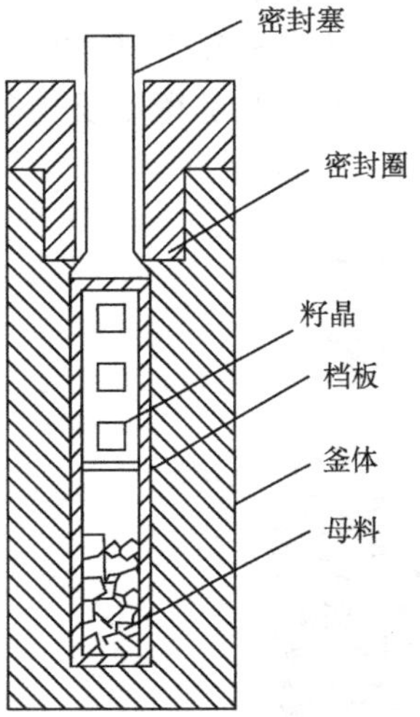

图 2.28　人工合成石英高压釜示意

水热法也是制备单晶的重要方法,用水热法制备单晶常需加一种矿化剂。矿化剂可以是任意的化合物,但它能加速结晶。其作用机制是通过生成某些在水中通常是不存在的可溶性物质以增加溶质的溶解度。例如,石英即使在 400 ℃、200 MPa 的水中溶解度也很小,以至于很难进行石英的重结晶。但是,当加入 NaOH 作为矿化剂时,石英的溶解度增加。如图 2.28 所示,将石英和 1.0 $mol \cdot L^{-1}$ 的 NaOH 溶液保持在 400 ℃、170 MPa 气压下使其部分溶解,通过对流到达反应容器较冷区域,由于石英在较低温度水中的溶解度降低,从而可以在预先放置的籽晶上沉淀聚集成几千克的大块晶体。得到的石英单晶常用于雷达或声呐仪等设备中,也用于压电传感器、X 射线衍射的单色器等。

用同样的方法可以制备出许多其他的高质量的单晶材料,如刚玉(Al_2O_3)和红宝石(用 Cr^{3+} 掺杂 Al_2O_3)等。

五、无水无氧合成技术

空气敏感化合物的合成使用最广泛的方法是无水无氧合成技术,它是基于用抽真空和惰性气体排代装置中的空气的方法。这种方法可进一步细分为三种。

1. 用特殊玻璃装置在工作台上进行的操作

1）双排管

实验室进行无水无氧反应操作常使用双排管（图 2.29），其工作原理是：两根分别具有 4～8 个支管口的平行玻璃管，通过控制它们连接处的双斜三通活塞，对体系进行抽真空和充惰性气体两种互不影响的实验操作，从而使体系得到实验所需要的无水无氧的环境要求。

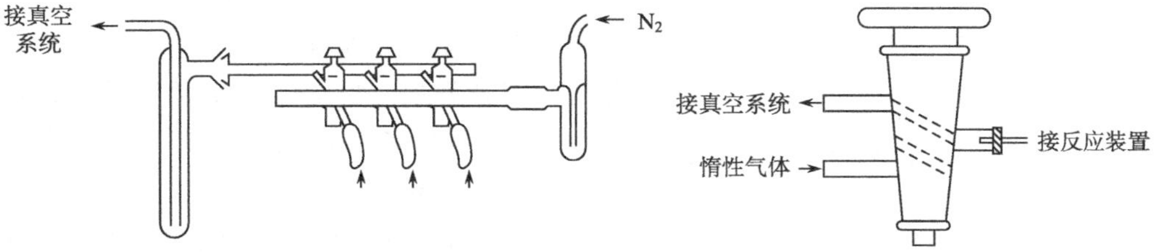

图 2.29　实验室进行无水无氧反应操作使用的双排管（右边为双斜三通活塞放大图）

2）施伦克技术

对于无水无氧条件下的回流、蒸馏和过滤等操作，应用施伦克（Schlenk）仪器比较方便。Schlenk 仪器是为便于抽真空、充惰性气体而设计的带活塞支管的普通玻璃仪器或装置，活塞支管用来抽真空或充放惰性气体，保证反应体系能达到无水无氧状态。所用仪器均先装好且密封，然后利用“抽换气”技术使整个反应装置充满经过无水无氧处理过的 Ar 或其他惰性气体。所用药品均需干燥除水，液体在“抽换气”前加入，反应过程中加入药品或调换仪器而需开启反应瓶时，都在较大 Ar 气流下进行，有些简单反应可直接在惰性气体封管内进行。产物的分离纯化及转移、分装贮存均采用 Schlenk 仪器或相当的仪器进行操作。

2. 在惰性气体箱内进行的常规操作

常用的惰性气体箱有手套箱和干燥箱，它们都可用于操作大量固体或液体。通常使用循环气体净化器或用快速惰气流进行冲洗以降低气氛气体中的杂质，最常用的惰性气体是 N_2，被操作的物质能与 N_2 反应时改用 He 或 Ar。在手套箱中进行敏感固体的称量、红外样品研磨及 X 射线样品装管，操作十分方便。除了用于操作敏感化合物外，手套箱也可用于转移放射性物质、有毒物质和具有危险性的生物制剂。手套箱的主要优点是能用于复杂固体操作，并可控制放射性和高毒性物质的污染。

3. 真空线技术

抽真空可以更严格地排除装置中的空气，真空线操作技术在空敏化合物的合成与分离操作——包括真空过滤、真空线上的气相色谱、产物的低温分馏、气体和溶剂的贮存、封管反应等——中占有重要的地位。它已成功地用于氢化物、卤化物和许多其他挥发性物质的合成与操作，但不适用于氟化氢和某些其他活性氟化物，这些化合物的操作一般在金属材料或碳氟材料仪器中进行。图 2.30 为紧密真空装置示意图。

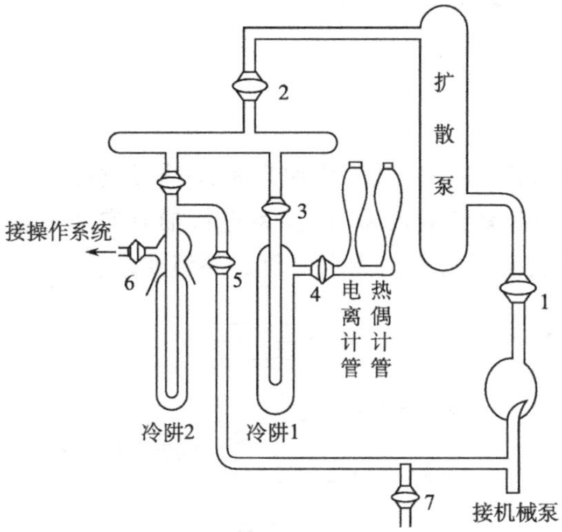

图 2.30　紧密真空装置示意图

六、微波下的合成

微波具有内部加热、快速加热、选择性加热和节能等优越性。自 1986 年格迪(Gedye)发表了关于微波技术在有机合成中的应用的第一篇论文以来,微波技术在合成化学上的应用潜力开始被发掘出来,现已成功地应用在有机和无机合成等领域。近年来,随着多种新型微波反应器的出现,微波合成化学得到迅速发展。目前实验室所用微波设备的频率为 2450 MHz(波长 12.2 cm),和家用微波炉使用的频率一样。

实验表明,极性分子溶剂吸收微波能而被快速加热,而非极性分子溶剂几乎不吸收微波能,升温很小。水、醇类、羧酸类等极性溶剂都在微波作用下被迅速加热,有些能达到沸腾,而非极性溶剂(正己烷、正庚烷和 CCl_4)几乎不升温。有些固体物质(如 Co_2O_3、NiO、CuO、Fe_3O_4、PbO_2、V_2O_5、WO_3、炭黑等)能强烈吸收微波能而迅速被加热升温,而有些物质(如 CaO、CeO_2、Fe_2O_3、La_2O_3、TiO_2 等)几乎不吸收微波能,升温幅度很小。微波加热大体上可认为是介电加热效应。

微波这种原位(in-situ)能量转换加热模式具有许多独特之处,微波与分子的偶合能力依赖于分子的性质,这就有可能控制材料的性质和产生反应的选择性,也就是说一种反应物或达到决定反应速率过渡态的过渡配合物或中间体能有选择地吸收微波能,从而引起大的速率增加。除了加热效应之外,微波可能还使一些分子的空间结构发生变化,使一些化学键断裂或使分子活化,而促进多种类型的化学反应。目前对于微波的非热效应从理论上和实验上解释都还不完善,也许与耗散结构理论有关。

微波在有机合成中得到了广泛应用,其中以微波有机干法应用最多,它是将反应物浸渍在氧化铝、硅胶、黏土、硅藻土或高岭石等多孔无机载体上进行的微波反应。这些载体与微波只有弱偶合作用,而固体介质表面所吸附的有机反应物能充分吸收微波能量,活化后使反应速率大为提高。由于反应中不存在因溶剂挥发而形成高压的危险,可在较安全的条件下利用普通微波炉在敞口容器中进行,避免了大量有机溶剂的使用,对解决环境污染具有现实意义。

七、等离子体下的合成

等离子体下的合成是利用等离子体的特殊性质进行化学合成的一种技术。众所周知,随着温度的升高,物质的聚集态可由固态变为液态、气态。如果进一步提高温度,其中的部分粒子将发生电离。当电离部分超过一定限度(>0.1%),则成为一种导电率很高的流体,这种流体与一般固态、液态、气态完全不同,被称为物质第四态。由于其中负电荷总数等于正电荷总数,宏观上仍呈电中性,所以又称等离子体。99%以上的物质都可以呈等离子体状态,处于等离子体态的物质微粒具有较强的化学活性,在一定的条件下可获得较完全的化学反应。

较实用的获得等离子体的方法是放电法,如各种电弧放电、辉光放电、高频电感耦合放电、高频电容耦合放电和诱导放电等。根据其产生的条件不同,又分为高压平衡等离子体(或称热等离子体或高温等离子体）和低压非平衡等离子体（或称冷等离子体或低温等离子体）。热等离子体可看做是一种由电能产生的密度很高的热源，其温度可达 6000～10 000 K。

利用热等离子体可以进行金属及合金的冶炼，超细、耐高温材料的合成，制备金属超微粒子，用于 NO_2 和 CO 的生产等。例如，将煤通过等离子体电弧，加热产生 7000 ℃的高温来还原铁矿石，得到高产优质的铁。以三氯化硼、甲烷及氢为原料，制备碳化硼，在氩气中生成等离子体，温度为 5000～10 000 K，这时处于激发态的电子、离子及自由基只需 10^{-6}～10^{-3} s 即可完成，将其很快淬灭至室温，产物形成晶核快而晶体长大得慢，可以得到 10～100 nm 的超微粉末。

此外，通过微波也可以产生等离子体，称为微波等离子体。它在化学气相沉积（CVD）制备薄膜材料方面显示了优良的性能。例如，通过微波等离子体 CVD 法生产光纤，沉积温度低、沉积速度快、效率高、质量好，制出的光纤损耗低、频带宽、光学特性好。又如，利用低气压微波 CVD 获得的非晶硅太阳能电池薄膜质量优良，量转换效率高（可达 16%），沉积速率快，是一种十分理想的方法。

在等离子体增强的 CVD 工艺中，可以大大降低气相沉积温度。因为等离子体中高速运动的电子撞击到中性的反应气体分子，就会使中性反应气体分子变成碎片或处于激活的状态从而容易发生反应。衬底温度通常保持在 350 ℃左右就可以得到良好的 SiO_x 或 SiN_x 薄膜，可以作为集成电路最后的钝化保护层，提高集成电路的可靠性。

参 考 文 献

刘祖武. 1999. 现代无机合成. 北京：化学工业出版社.
徐如人，庞文琴. 2001. 无机合成与制备化学. 北京：高等教育出版社.

实验 14　无水三氯化铬的制备

实验目的与主要内容

无机盐类化合物常常以其水合化合物形态存在，因而市售化学试剂或化工产品也多是某些水合形态。化学研究与应用中，某些实验或过程需要无水化合物时，就需要将所用试剂或材料预先进行脱水，制备成无水化合物。脱水过程的难易以及脱水方法的选择取决于水合化合物本身的属性。另外，有时也会另辟蹊径，直接选用非水溶剂或固态反应，直接合成无水化合物。本实验就是采用后一种途径。通过无水三氯化铬的制备，使学生掌握一种气氛存在下高温加热制备无水卤化物的方法和实验操作技术，了解其反应原理。

一、背景知识

无机盐类化合物常常以其水合化合物形态存在，因而市售化学试剂或化工产品也多是某些水合形态。以金属氯化物为例，除碱金属（锂除外）可自水溶液直接制备无水氯化物外，其他元素的无水氯化物大多数难以从水溶液中直接制取。过渡金属卤化物 MX_n 具有较强的吸水性，遇水一般易迅速反应生成水合物。市售的过渡金属卤化物往往是它们的水合物。例如，三氯化铁是含 6 个结晶水的 $FeCl_3 \cdot 6H_2O$ 晶体，二氯化铜是含 2 个结晶水的 $CuCl_2 \cdot 2H_2O$ 晶体。

许多反应是在水溶液中进行的，市售的水合无机化合物即可直接使用。然而，有些合成反应只能用无水化合物才能完成，也有许多研究工作必须在无水条件或非水体系中进行，因而掌握无水无机化合物的制备方法和实验操作技术是非常必要的。无水化合物的制备有两种途径。

(1) 从水合化合物出发，加热脱水制备成无水化合物。脱水过程的难易以及脱水方法的选择取决于水合化合物本身的属性。

例如，硫酸铜在室温下结晶为 $CuSO_4 \cdot 5H_2O$，是蓝色晶体，可以在不同温度下逐步失水，最后产物为白色 $CuSO_4$ 粉末：

$$CuSO_4 \cdot 5H_2O \xrightarrow{375\ K} CuSO_4 \cdot 3H_2O \xrightarrow{423\ K} CuSO_4 \cdot H_2O \xrightarrow{523\ K} CuSO_4$$

但多数过渡金属卤化物易水解或者发生分解还原，故不能直接采用加热水合物除水的方法制备它们的无水卤化物。这时，制备无水过渡金属卤化物时，就需要在相应卤化氢气氛中进行。例如，绿色 $CuCl_2 \cdot 2H_2O$ 晶体在 HCl 气氛中于 413～423 K 下加热，可得到棕黄色的 $CuCl_2$ 粉末。还可以利用水合物与亲水性更强的物质反应来制得。例如，水合三氯化铁与氯化亚砜反应，氯化亚砜与水合三氯化铁中的水分子迅速反应而生成 SO_2 和 HCl 气体逸出。

$$FeCl_3 \cdot 6H_2O + 6SOCl_2 \longrightarrow FeCl_2 + 6SO_2 + 12HCl\uparrow$$

可用的脱水剂还有氯化氢、氯化铵、二氯化硫等。挥发性 HCl 还可以采用其固体源化合物 NH_4Cl，例如，加热 $MgCl_2 \cdot 6H_2O$ 和 NH_4Cl 的混合物或其配合物来制备无水 $MgCl_2$。

(2) 通过不含水的过渡金属或它的氧化物与卤化剂作用，直接制备无水过渡金属卤化物。例如，实验室中采用在干燥氯气中直接燃烧金属铁，通过升华而收集到纯的无水三氯化铁：

$$2Fe + 3Cl_2 \xrightarrow{\triangle} 2FeCl_3$$

二、实验原理

化学式为 $CrCl_3 \cdot 6H_2O$ 的水合氯化铬，严格意义上讲，是一类配位化合物，存在三种水合异构体：$[Cr(H_2O)_6]Cl_3$（紫色）、$[Cr(H_2O)_5Cl]Cl_2 \cdot H_2O$（淡绿色）和反式-$[Cr(H_2O)_4Cl_2]Cl \cdot 2H_2O$（暗绿色）。无水 $CrCl_3$ 是一种玫瑰紫色片状晶体，在 1223 K 升华，几乎不溶于水，与冷水相接触时能保持一定时间内不发生溶解作用或反应，也不溶于其他溶剂，对于其他配体取代反应也很缓慢。加入氯化亚铬时，此固体即缓慢地溶解，取代反应速率也加快。

本实验采用直接制备途径，采用 Cr_2O_3 与 CCl_4 反应制备无水三氯化铬：

$$Cr_2O_3 + 3CCl_4 \longrightarrow 2CrCl_3 + 3COCl_2$$

$$2Cr_2O_3 + 3CCl_4 \longrightarrow 4CrCl_3 + 3CO_2$$

反应过程中产生少量极毒的光气，可用 5% 的乙醇溶液吸收：

$$COCl_2 + 2C_2H_5OH \longrightarrow \underset{\text{碳酸二乙酯}}{CO(C_2H_5O)_2} + 2HCl$$

为防止反应装置有泄漏，实验必须在通风橱中进行。反应装置如图 2.31 所示。由于卤化物能与氧发生氧化还原反应，所以实验中以惰性气体 N_2 为气氛，同时作为带出 CCl_4 的载气。

三、仪器和试剂

1. 仪器

50 mL 量筒，2 支；玻璃棒，1 支；50 mL 酸式滴定管，1 支；250 mL 容量瓶，1 只；250 mL 锥

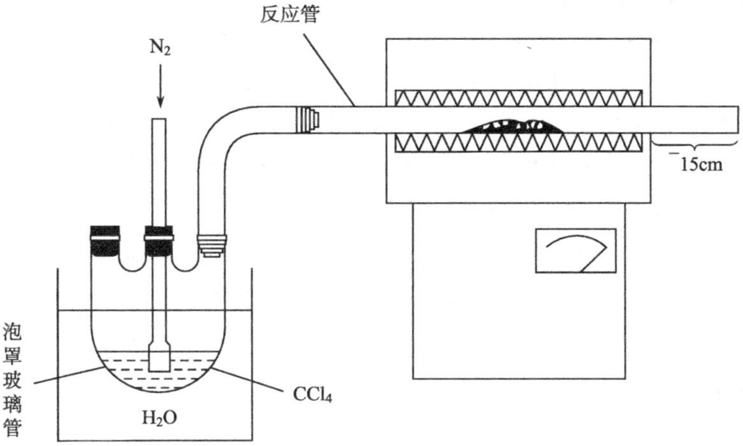

图 2.31 反应装置

形瓶，2 只；洗耳球，1 只；500 mL 棕色试剂瓶，1 只；管式炉，1 台；50 mL 烧杯，2 只；氮气钢瓶，1 个；25 mL 移液管，2 支；反应器(图 2.31)。

2. 试剂

三氧化二铬(A. R.)，硫酸(A. R.)，硫酸亚铁铵(A. R.)，四氯化碳(C. P.)，锌粉(A. R.)，磷酸(A. R.)，0.01 mol · L^{-1}重铬酸钾标准溶液，95%乙醇(C. P.)，30%过氧化氢(A. R.)，邻氨基苯甲酸指示剂。

四、实验步骤

1. 无水 $CrCl_3$ 的制备

在通风橱中按图 2.31 安装仪器。称取 1.5 g Cr_2O_3 放在石英舟中推至反应管中炉温度最高处。在石英管外用石棉绳绕好，使管与炉之间密闭保温。在三颈瓶中放入适量的 CCl_4。将控温仪的温度指针调到 750 ℃，同时打开氮气钢瓶使氮气慢慢通过 CCl_4，再进入反应管，氮气的进入速度以尾气排出时有气泡缓慢出现为宜。打开加热电源。当反应管内温度升至 300 ℃时，打开电炉加热 CCl_4，控制炉温使反应管内温度升至 600 ℃时，CCl_4 的温度为 57～65 ℃，并保持这个温度范围。从反应温度升至 600 ℃时开始，反应 3 h 后停止对反应管加热。拆除石棉绳保温层，至反应管温度降至 600 ℃时停止对 CCl_4 加热。反应管温度降至 300 ℃以下，关闭氮气钢瓶阀门，取出 $CrCl_3$，观察它的颜色、外观，称量并计算收率。

2. 无水 $CrCl_3$ 中 Cr 含量的测定

准确称取含铬 20～40 mg 的样品，加入少量 Zn 粉(约为样品量的 5%)，滴入少量水，当紫色的无水 $CrCl_3$ 基本溶解后，加入少量 30%的 H_2O_2 至黄绿色或棕黄色，小心加热此溶液至溶液呈黄色，再继续加热煮沸 15 min(注意补充去离子水)。冷却后将溶液移入 250 mL 容量瓶中，用去离子水稀释至刻度。

用移液管取配制好的试样溶液 25 mL 至锥形瓶中，加入 15～17.5 mL 的硫磷混合酸和 4 滴邻氨基苯甲酸指示剂，用 0.01 mol · L^{-1}硫酸亚铁铵标准溶液滴定，当溶液由樱桃红变为亮绿色时，即达滴定终点。平行测定三次。

注：①硫磷混合酸的配制。量取 700 mL 去离子水，边搅拌边向其中缓慢加入 150 mL 浓硫酸和 150 mL 磷酸，摇匀，即可制得 1000 mL 硫磷混合酸。②邻氨基苯甲酸指示剂的配制。称取 0.2 g 邻氨基苯甲酸溶于 100 mL 0.2%碳酸钠溶液中即可。③硫酸亚铁铵标准溶液的配制和标定。称取 1.2 g 硫酸亚铁铵[$FeSO_4 \cdot (NH_4)_2SO_4 \cdot 6H_2O$]溶于 50 mL 水中，慢慢加入 4 mL 浓硫酸，冷却后用水稀释到 300 mL 摇匀。

吸取 25 mL 0.01 mol · L^{-1} 重铬酸钾标准溶液于 250 mL 锥形瓶中，加入 10 mL 硫磷混合酸和 4 滴邻苯胺基苯甲酸指示剂。以配制的硫酸亚铁铵溶液滴定到溶液由樱桃红色转为亮绿色，即为终点。由重铬酸钾浓度和硫酸亚铁铵的滴定体积计算硫酸亚铁铵的浓度。

五、实验结果和处理

1. 产物形貌与收率

颜色：________；外观：________；收率：________。

2. 产物组成分析

按下式计算 Cr 的质量分数 $w(\mathrm{Cr})$：

$$w(\mathrm{Cr}) = \frac{c[\mathrm{Fe(NH_4)_2(SO_4)_2}] \cdot V[\mathrm{Fe(NH_4)_2(SO_4)_2}] \times \frac{52}{3}}{m \cdot \frac{25}{250 \times 1000}}$$

式中，$c[\mathrm{Fe(NH_4)_2(SO_4)_2}]$为硫酸亚铁铵的物质的量浓度；$V[\mathrm{Fe(NH_4)_2(SO_4)_2}]$为滴定用去的硫酸亚铁铵的体积，单位为 mL；$m$ 为试样质量，单位为 g。

样品质量 m/g	$c[\mathrm{Fe(NH_4)_2(SO_4)_2}]$ /(mol · L^{-1})	$V[\mathrm{Fe(NH_4)_2(SO_4)_2}]$/mL			$w(\mathrm{Cr})$

思　考　题

1. 制备无水三氯化铬时，为何要在氮气条件下进行？
2. 如何计算收率和产品纯度？
3. 保证准确测定 Cr 含量的关键是什么？
4. 讨论无水三氯化铬溶于水时加入少量 Zn 的作用。对分析结果有无影响？

参 考 文 献

李珺. 2003. 综合化学实验. 西安：西北大学出版社.
王伯康，钱文浙，等. 1984. 中级无机化学实验. 北京：高等教育出版社.
只秉文. 1985. 无水三氯化铬的合成. 化学教育，3：32-33.

实验 15　空气敏感化合物乙酸铬(Ⅱ)的 Schlenk 装置合成

实验目的与主要内容

空气敏感物质的合成及其操作方法是现代化学的重要实验技术。本实验在封闭惰性体系中用金属锌作还原剂,将铬(Ⅲ)还原为铬(Ⅱ),再与乙酸钠溶液作用制备$[Cr_2(OAc)_4]\cdot 2H_2O$配合物,测定其室温磁化率。通过乙酸铬(Ⅱ)配合物的 Schlenk 装置合成,掌握空气敏感物质合成的操作技术;通过乙酸铬(Ⅱ)配合物的磁化率测定,了解其磁化学特性。

一、背景知识

通常二价铬的化合物非常不稳定,它们能迅速被空气中的氧气氧化为三价铬的化合物,只有铬(Ⅱ)的卤素化合物、磷酸盐、碳酸盐和乙酸盐可存在于干燥状态下。乙酸铬(Ⅱ)为砖红色晶体,不溶于水,易溶于盐酸,在空气中容易被氧化为三价铬化合物。因此,它的制备及贮存都不允许有空气存在,一般采用惰性气体或还原性气体作保护性氛围来制备。

空气敏感物质的合成及其操作方法是现代化学的重要实验技术,其中最简便且广泛应用的是 Schlenk 装置,它是通过通路活塞交叉地抽真空和导入惰性气体,排除装置内的空气,进而进行化合物的合成、产物的过滤和洗涤等操作。实现 Schlenk 技术最常见的是双排管方式,即一条惰气线、一条真空线,通过特殊的活塞来切换。

乙酸铬(Ⅱ)配合物的结构如图 2.32 所示,Cr 原子的配位数为 6。纯的乙酸铬(Ⅱ)配合物是砖红色粉末晶体。Cr(Ⅱ)是 d^4 电子构型,在弱场 OAc^- 作用下单个 Cr(Ⅱ)具有 4 个未成对电子,则它的 μ_{eff} 应为 4.90 B. M.,但由于$[Cr_2(OAc)_4]\cdot 2H_2O$ 是双核配合物,Cr(Ⅱ)与 Cr(Ⅱ)之间生成四重键,键长 195～255 pm,电子之间反铁磁性偶合,所以该配合物的磁性远小于单个 Cr(Ⅱ)的磁性,可通过磁化率的测定来衡量所合成配合物的纯度。

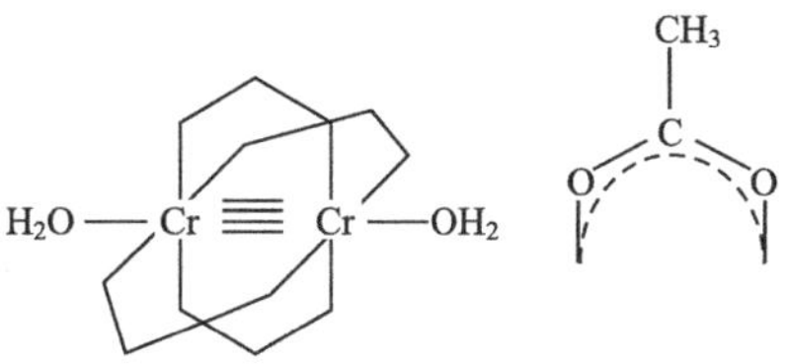

图 2.32　双核配合物 $[Cr_2(OAc)_4]\cdot 2H_2O$ 结构

多核配合物的磁性不同于单核配合物,不等于各个中心离子磁性的加和。在多核配合物中,中心离子为顺磁性离子时,中心离子之间存在电子-电子相互磁交换作用,这种磁交换作用的性质和大小与配合物的诸性质(如成键性质、构型、磁性等)有关。双核配合物中两中心离子之间的磁交换作用的自旋哈密顿(Hamiltonian)算符 $\hat{H}$ 为

$$\hat{H} = -2JS_1 \cdot S_2 \tag{2.62}$$

式中,S_1、S_2 分别为中心离子的自旋量子数;J 为磁交换作用积分常数,J 的符号和大小表示两中心离子之间磁交换作用的方向和强度,$J>0$ 表示两中心离子之间为铁磁性相互作用,$J<0$ 表示两中心离子之间为反铁磁性相互作用,J 值越大,表示磁交换相互作用越强。

磁交换作用积分常数 J 值不能由实验直接求得,理论计算又有很大困难,目前主要通过理论模型与变温磁化率数值的拟合过程来评估 J 值。通过所研究体系的自旋 $\hat{H}$ 算符推导出含有 J 的理论磁化率表示式 $\chi_{理}$,再通过实验测定该体系在不同温度下的磁化率 $\chi_{实}$,用最小二乘法使 $\chi_{理}$ 与 $\chi_{实}$ 拟合,求得 J、g 等磁参数。

二、实验原理

乙酸铬(Ⅱ)配合物$[Cr_2(OAc)_4]\cdot 2H_2O$中Cr(Ⅱ)极容易被氧化为Cr(Ⅲ)，其颜色由砖红色逐渐变为灰绿色，所以配合物的合成必须在隔绝空气的无氧条件下进行。在封闭惰性体系中用金属锌作还原剂，将铬(Ⅲ)还原为铬(Ⅱ)，再与乙酸钠溶液作用制得$[Cr_2(OAc)_4]\cdot 2H_2O$配合物，其反应为

$$2Cr^{3+} + Zn \longrightarrow 2Cr^{2+} + Zn^{2+}$$

$$2Cr^{2+} + 4OAc^- + 2H_2O \longrightarrow [Cr_2(OAc)_4]\cdot 2H_2O\downarrow$$

本实验测定乙酸铬(Ⅱ)配合物的室温磁化率，由室温磁化率的值来说明配合物中Cr(Ⅱ)离子之间的电子偶合情况与所合成配合物的纯度。

三、仪器和试剂

1. 仪器

250 mL恒压漏斗，1只；简单的Schlenk装置(图2.33)；250 mL烧杯，1只；古埃磁天平，1台；250 mL锥形瓶，1只；磁力搅拌器，1台；100 mL量筒，1支；N_2钢瓶，1个；10 mL磨口小试管，1只；6 cm培养皿，1个。

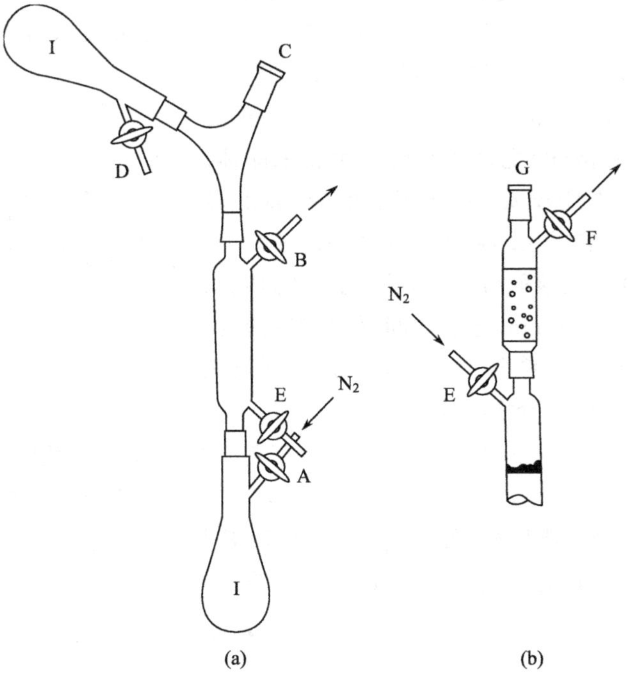

图2.33　简单的Schlenk装置

2. 试剂

三氯化铬(A. R.)，乙酸钠(A. R.)，浓盐酸(A. R.)，95%乙醇，(A. R.)，Zn片(A. R.)。

四、实验步骤

(1) 在烧瓶Ⅰ中装入24.0 g(0.29 mol)乙酸钠和磁搅拌子,并按图2.33连接好Schlenk装置。

(2) N_2 在A处通入,由B处通过液封逸出。在通 N_2 情况下,在C处加入60 mL H_2O,并继续通 N_2 20min以除去 H_2O 中的 O_2。

(3) 关闭活塞B,在A处用水泵抽真空,使除 O_2 的 H_2O 流入烧瓶Ⅰ中,搅拌使NaOAc溶解形成乙酸钠溶液。

(4) 再通 N_2,打开活塞B,在C处加入三氯化铬溶液[13.0 g(0.049 mol)$CrCl_3 \cdot 6H_2O$ 溶于50 mLH_2O],然后加入8.0 g锌片(剪成小片加入),再在C处用恒压滴液漏斗慢慢滴加25 mL盐酸(不能滴加太快,以免反应太快使溶液从活塞B处冲出),让其反应使整个溶液呈透明的纯蓝色,以示 Cr^{3+} 已全部还原为 Cr^{2+},与此同时,加热NaOAc溶液到60～70 ℃,这时关闭活塞B,并从A处抽真空,在搅拌情况下,使 Cr^{2+} 溶液滴入烧瓶Ⅰ中的NaOAc溶液中,这时有砖红色沉淀产生,再继续搅拌10 min。

(5) 倒转Schlenk装置,在D处抽真空,过滤产物,移去烧瓶Ⅰ,装上充 N_2 的除 O_2 管[图2.33(b)]。在通 N_2 情况下,在G处加入60 mL H_2O,继续通 N_2 15 min,以除去 H_2O 中的 O_2,然后关闭F,在E处慢慢抽真空,使除 O_2 的 H_2O 进入产物。再在D处通 N_2,E处抽真空,使产物与 H_2O 充分混合。关闭活塞E,在D处抽真空,过滤产物。

(6) 同样方法用30 mL乙醇洗涤产物,并抽干产物,将干燥后的产物装入试管,并用塞子塞紧(在干燥产物时,若有部分产物变为灰绿色,应立即将其除去,以免蔓延)。

(7) 用古埃磁天平法测定配合物的室温磁化率。

五、实验结果和处理

1. 配合物的质量和收率

配合物质量:__________;收率:__________。

2. 磁化率测定结果

由计算出的 μ_{eff} 值求得 n,由 n 值来评估Cr(Ⅱ)-Cr(Ⅱ)之间的电子偶合情况,并评述配合物的纯度。

思 考 题

1. 如何从测定的磁化率来说明$[Cr_2(OAc)_4] \cdot 2H_2O$是双核结构?
2. 试说明影响古埃磁天平测定的因素。

参 考 文 献

乔利 W L. 1986. 无机化合物的合成与鉴定. 李彬等,译. 北京:高等教育出版社.
王伯康,钱文浙,等. 1994. 中级无机化学实验. 北京:高等教育出版社.
Young C G. 1988. A convenient schlenk line synthesis of $Cr_2(OAC)_4 \cdot 2H_2O$. J Chem Educ,65:918.

实验 16　苯频哪醇的合成与表征

实验目的与主要内容

光化学反应是指在紫外光或可见光照射下发生的化学反应。光化学反应为有机化学中的二聚、环加成、重排、氧化、还原、取代、消除等反应带来了许多新的实验方法。本实验利用光化学还原方法，在高压水银灯照射下由二苯酮制备苯频哪醇。

一、背景知识

光化学反应是指在紫外光或可见光照射下发生的化学反应。虽然早在 18 世纪人们就发现自然界的光化学反应——光合作用，但是，只是在近二十多年来光化学的研究工作才有了飞跃的发展，并成为了一个化学分支。目前，已经发现光化学反应作为一种合成方法有许多独特之处。这是因为光化学反应一般都是以分子的激发态进行的。分子在基态和激发态的电子排布不同，和基态相比，激发态的热力学能比较高，因而光化学反应可以形成基态难以形成的热力学能比较高的产品，如游离基、双基或张力比较大的环状化合物。

光化学反应不同于热化学反应，主要表现在两个方面。光化学反应是由光能引起的。依据分子吸收光的波长，可以选择性地激发某一种分子。例如，用 313 nm 的紫外光照射顺式和反式的 1,2-二苯乙烯时，只有反式的可以吸收光能。光化学反应的第二个特点是分子吸收光子后所获得的能量大大超过热反应中得到的能量。例如，苯用 254 nm 的紫外光照射时，所吸收的能量为 113 J · mol^{-1}，这相当于 60000 ℃的热能。而热化学反应是由热能引起的，反应物分子不可能选择性地活化。另外，热反应难以提供足够大的能量，即使达到所需要的温度，产品也是不稳定的。

光化学反应为有机化学中的二聚、环加成、重排、氧化、还原、取代、消除等反应带来了许多新的实验方法。这些反应有的用热反应是不能完成的，有的则需要经过很多步骤才能完成，而用光化学反应则可能大大简化这一过程。

光化学反应常在液相中进行。如果反应需要在 300 nm 以上波长的光照射下进行，就可用硬质玻璃制作的反应器；如果反应需要在 200～300 nm 光照下反应，就需要石英反应器。反应器一般有两种：外照射反应器，光源放在反应器的外面；内照射反应器，光源放在反应器的里面。可根据反应的需要采用内照射或外照射反应器。

光源是实现光化学反应的必要条件，光源有多种，可根据反应物和产物的吸收光谱来选择光源。常用的光源是汞灯，主要有以下三种：

(1) 低压汞灯。波长在 184～254 nm，其中 80%～95%为 254 nm，适用于波长较短的范围内有吸收带的反应物。

(2) 中压汞灯。波长在 200～1400 nm，其中有特别强的发射光，波长为 313 nm、366 nm、435.8 nm 和 546.1 nm。尚未清楚吸收带波长的反应物选用中压汞灯较为适宜。

(3) 高压汞灯。它能给出 220～1400 nm 的整个谱带。在可见光范围内发射很强。

中、高压汞灯在使用时有很大一部分能量转变成热，使体系温度升高，因此必须冷却。有时反应只需要某一波段的光谱带，可采用滤光的方法。

(1) 固体滤光片：例如，石英玻璃片可以透过 180 nm 左右的紫外光，软质玻璃片可透过

350 nm 以上的紫外光，硬质玻璃片可透过 310～350 nm 的紫外光。

(2) 溶液滤光：利用无机物或有机物的溶液的吸收光谱的特性来去掉某些谱带。

除汞灯之外，还有卤钨灯和钠灯。卤钨灯便宜，但红外线多，发热量大，也需要很好的冷却。中压钠灯在 520 nm 左右有较宽的光谱，发热量小，不需要冷却，是很好的光源。

二、实验原理

二苯酮的光化学还原是研究得比较清楚的光化学反应之一。若将二苯酮溶于一种“质子给予体”的溶剂中，如异丙醇，当用 300～350 nm 紫外光照射时，会形成不溶性的苯频哪醇：

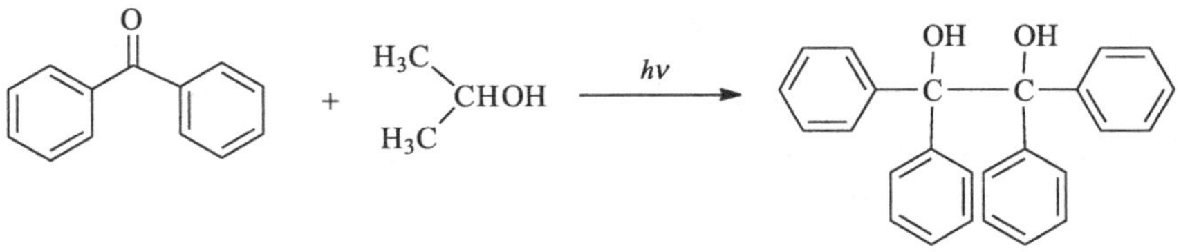

还原过程是一个包含自由基中间体的单电子反应：

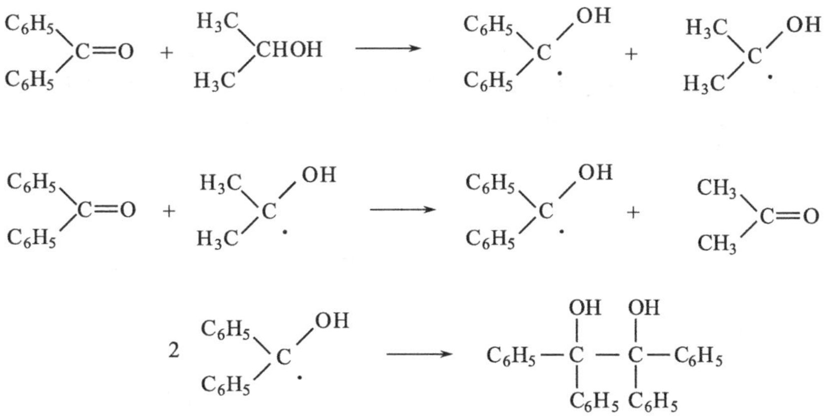

苯频哪醇也可由二苯酮在镁汞齐或金属镁与碘的混合物（二碘化镁）作用下发生双还原反应制备。

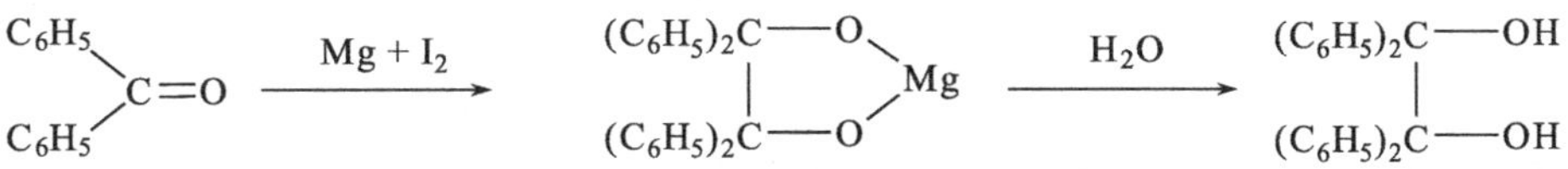

三、仪器和试剂

1. 仪器

100 mL 锥形瓶，1 只；熔点仪，1 台；光反应器，1 套；红外光谱仪，1 台；高压水银灯，1 只；100 mL 圆底烧瓶，1 只。

2. 试剂

二苯酮(A. R.)，异丙醇(A. R.)，冰醋酸(A. R.)，乙醇(A. R.)。

四、实验步骤

方法1:在100 mL圆底烧瓶中,加入10.0 g(0.055 mol)二苯酮和50 mL异丙醇,在水浴上温热使二苯酮溶解。向溶液中加入一滴冰醋酸,再用异丙醇将烧瓶充满,用磨口塞或干净的橡皮塞将瓶塞紧,尽可能排除瓶内的空气,必要时可补充少量异丙醇。将它放在太阳光下照射,24 h内有无色晶体析出表明反应已开始。光照1~2周后,苯频哪醇不断析出,待反应结束后,在冰水里冷却,抽滤并用少量异丙醇洗涤结晶。干燥可得9.3 g苯频哪醇,熔点180~182 ℃。用冰醋酸重结晶,得到无色晶体8.1 g,熔点185~186 ℃,收率81%。将所得到的产物用红外光谱进行表征。

方法2:将10.0 g(0.055 mol)二苯酮溶于110 mL异丙醇中,加入2~3滴冰醋酸。然后放入到事先通入氮气的光化学反应器内,打开冷却水,开启高压汞灯,氮气流起着搅拌的作用。半小时后,苯频哪醇开始析出,并不断增加,沉积在反应器的内壁上,会挡住光的照射。因此,反应约2 h将汞灯关闭,把沉积在内壁上的产物刮下来,过滤收集,灯套用乙醇清洗,晾干后和母液一起放回反应器内继续照射,2h后再收集。如此反复,8 h后可得产品8~9 g(收率约75%),熔点178~182 ℃。用冰醋酸重结晶,得到无色晶体,熔点185~186 ℃。将所得到的产物用红外光谱进行表征。

注:①二苯酮激发的n-π^*跃迁所需的光照波长为350 nm,这是易透过普通玻璃的波长。②加入冰醋酸的目的是中和普通玻璃器皿中的微量碱,碱催化下苯频哪醇易裂解生成二苯甲酮和二苯甲醇,对反应不利。③二苯甲酮在发生光化学反应时有自由基产生,而空气中的氧会消耗自由基,使反应速率减慢。

思 考 题

1. 光化学反应的类型有哪些?
2. 发生光化学反应必须具备什么条件?
3. 二苯酮与二苯甲醇的混合物在紫外光照射下能否生成苯频哪醇?写出其反应机理。
4. 试写出在氢氧化钠存在下,苯频哪醇分解为二苯酮和二苯甲醇的反应机理。
5. 反应前如果没有滴加冰醋酸,会对实验结果有何影响?试写出有关反应式。

参 考 文 献

李吉海,刘金庭. 2009. 基础化学实验(Ⅱ)——有机化学实验. 北京:化学工业出版社.
李良助,宋艳玲,袁晋芳,等. 1989. 有机合成原理和技术. 北京:高等教育出版社.

实验17 高压合成——苄氯催化羰基化合成苯乙酸

实验目的与主要内容

本实验以苄氯为原料通过羰基化反应合成苯乙酸,使学生了解并掌握压力反应体系中的催化剂和相转移催化剂对反应的影响,探索一种改进苄氯催化羰基化合成苯乙酸的新方法,并且学会利用气相色谱-质谱联用仪检测反应进程,利用核磁、红外等表征合成物的分子结构。

一、背景知识

苯乙酸(phenylacetic acid)是一种带有植物香味的片状白色晶体。由于苯乙酸结构上具有羧基、亚甲基氢和苯环等多个反应活性点,使其可以发生多个典型反应,因此成为一种重要的有机化工中间体。苯乙酸广泛应用于医药、农药、香料等工业,其中主要消费领域是青霉素G的生产,约占总需求量的85%。近年来,随着青霉素及其他下游产品产业的发展,苯乙酸的需求量呈现出日益扩大的趋势。

目前,我国苯乙酸生产主要采用苯乙腈水解法。这种方法对环境污染大,原料苯乙腈合成困难,原料及中间产物毒性大,因此产品的范围大大缩减。苄氯羰基化法是众多替代生产线路中最具有前景的一种方法,即苄氯在一氧化碳、催化剂及适当试剂作用下,发生单羰基化反应,得到苯乙酸。

苄氯羰基化反应可用下式表示:

$$PhCH_2Cl + CO + 2NaOH \longrightarrow PhCH_2COONa + NaCl + H_2O$$

$$PhCH_2COONa + HCl \longrightarrow PhCH_2COOH + NaCl$$

该反应中的副反应可用下式表示:

$$PhCH_2Cl + NaOH \longrightarrow PhCH_2OH + NaCl$$

苄氯羰基化的反应中要使用合适的催化剂,目前比较成熟的主催化剂是铑、钯和钴配合物催化剂。其中,铑的催化性能最好,但由于其高昂的成本而难于推广。钯的催化性能稍逊于铑,但生产上同样存在成本过高的问题。因此,相对而言,钴催化剂的综合优势比较明显,本实验利用$Co(Ph_3P)_2Cl_2$催化苄氯与CO羰基化合成苯乙酸,相转移催化剂的介入对本实验有重要的促进作用,尤其是咪唑啉类相转移催化剂的应用。

研究表明,使用相转移催化剂对羰基化反应有很大作用,不但可以大大提高苯乙酸的收率和纯度,同时使反应条件温和,合成成本降低,适宜于大规模生产。目前,羰基化反应中常用的相转移催化剂有季铵盐(主要为苄基三乙基氯化铵、十八烷基三甲基氯化铵、十二烷基三乙基氯化铵、四丁基氯化铵)、冠醚、聚乙二醇等,其中季铵盐的使用比较广泛。它的催化反应机理为相转移催化剂与水相中OH^-结合,使其与有机相中的苄氯加合物充分反应,得到较好的转化率。这些相转移催化剂与卤代物的用量比一般为1∶20左右,回收循环使用效率在1～2次,反应温度多集中在55 ℃左右,反应常常需要在一定压力下进行。但使用这些相转移催化剂存在用量大、回收循环利用率低的缺点,致使主催化剂流失大,同时这些季铵盐难于被环境降解,有不同程度的毒性,对生物刺激性强,环保处理困难,一些长链烷基季铵盐水溶性差,在强碱性反应体系中易分解失效等。因此,寻找一种催化性能好且对环境友好的相转移催化剂对工业生产十分需要。

二、实验原理

本实验提出将一种更为有效、更为环保的咪唑啉型相转移催化剂用于苄氯羰基化合成苯乙酸。

咪唑啉类表面活性剂是近年来国内外广泛关注的一种新型表面活性剂,广泛应用于日用化工、纺织、石油工业。较之传统季铵盐表面活性剂,咪唑啉类表面活性剂有明显的低刺激性和优良的易降解性。在大量的催化羰基化条件实验研究中,2-烷基-1-二(2-羟乙基)-2-咪唑啉氯化物表面活性剂(DHIL)用作苄氯羰基化合成苯乙酸的相转移催化剂,表现出许多综合性

能优势。DHIL 的合成反应式为

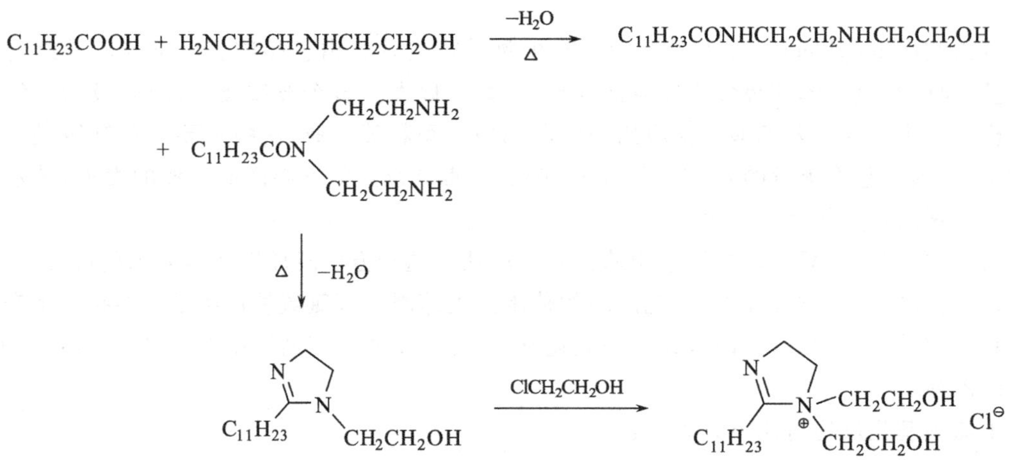

使用 2-烷基-1-二(2-羟乙基)-2-咪唑啉氯化物作相转移催化剂，在互不相溶的油水两相中，相转移催化剂起到信使的作用，通过与水溶液中的 OH^- 形成离子对而将其从水相转移到有机相。有机相中，苄基氯与 $Co(PPh_3)_2Cl_2$ 发生氧化加成反应形成烃基钴配合物，进而与 CO 形成酰基钴配合物。该配合物与被携带到有机相中的 OH^- 发生反应，生成的苯乙酸盐进入水相，催化剂 $Co(PPh_3)_2Cl_2^-$ 和相转移催化剂分别得到再生，这样就完成了催化剂与相转移催化剂的双循环过程(图 2.34)。

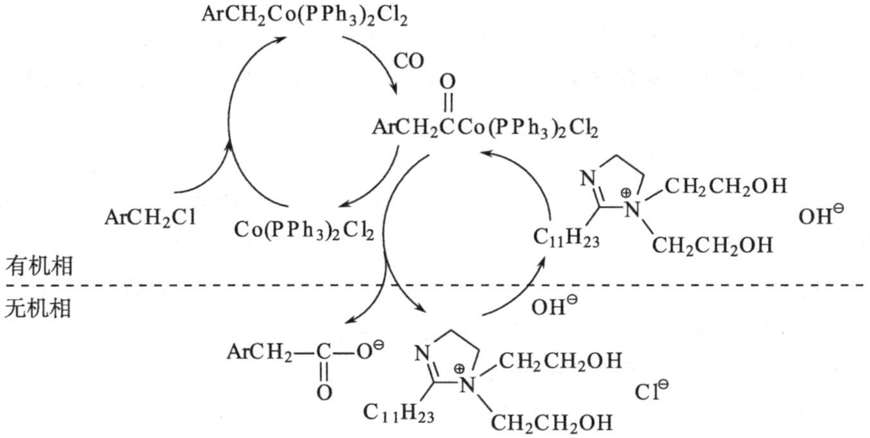

图 2.34　羰基化反应示意图

咪唑啉物质生产流程短，设备投资少，成本低，尤其是无毒无害易于降解，把这种表面活性剂用于苯乙酸工业生产，不但具有经济效益，而且绿色、环保，具有环境效益。

总之，苄氯羰基化反应将一氧化碳引入有机化合物分子内，是化学工业应用研究的热点，也是有机合成化学中最为有效的替代自然力将无机物转变为有机物的方法之一。合成的产品可以分别为用途广泛的醛、酮、酯、酸、酰胺及其衍生物，同时对一氧化碳的有效利用，可以产生很显著的环境效益、经济效益和社会效益。

三、仪器和试剂

1. 仪器

250 mL 三口瓶，1 只；电加热磁力搅拌器，1 台；油水分离器，1 只；导气管；减压蒸馏装置，1 套；微型高压反应釜，1 台；滴液漏斗，1 只；CO 储气钢瓶，1 个；冷凝管，1 支；油浴，1 个。

2. 试剂

N-(2-羟基)乙二胺(A. R.)，二甲苯(A. R.)，月桂酸(A. R.)，异丙醇(A. R.)，$CoCl_2 \cdot 6H_2O$(A. R.)，氯乙醇(A. R.)，三苯基膦(A. R.)，乙醇(A. R.)，正丁醇(A. R.)，CO(A. R.)，15%NaOH(A. R.)，相转移催化剂，苄基氯(A. R.)，15%盐酸溶液(A. R.)，乙醚(A. R.)，无水 $MgSO_4$(A. R.)。

四、实验步骤

1. 相转移催化剂——2-烷基-1-二(2-羟乙基)-2-咪唑啉氯化物表面活性剂的制备

在三口瓶中加入 20.8 g(0.20 mol)*N*-(2-羟基)乙二胺和 25 mL 二甲苯，油浴加热混合物至大约 100 ℃，搅拌下在 10 min 内滴加 32.0 g(0.16 mol)月桂酸和二甲苯(20 mL)溶液。滴加完毕后，换上油水分离器，在 140～150 ℃和 180～190 ℃共反应 7 h，分出水和羟乙基乙二胺约 9.4 mL。反应温度降至 60 ℃时，改为减压蒸馏装置，逐步升温至 200 ℃并提高真空度到 800 Pa，蒸出二甲苯和未反应的胺。粗产物用有机溶剂重结晶得到白色晶体咪唑啉中间体 13.4 g。

在三口瓶中加入 13.4 g(0.10 mol)上面制备的咪唑啉中间体和 100 mL 异丙醇，水浴加热，维持温度在 85～90 ℃。搅拌下，缓慢滴加 4.5 g(0.06 mol)氯乙醇，滴加完后，继续搅拌 4 h。减压蒸出异丙醇和未反应的氯乙醇，得到红色油状物，氯仿萃取(25 mL×3)，蒸出溶剂得到黄色油状物 14.9 g。

2. 催化剂 $Co(PPh_3)_2Cl_2$ 的制备

称取一定量的 $CoCl_2$，溶于适量乙醇中，加热到回流，将定量的三苯基膦溶于热的乙醇中，缓慢加入到烧瓶中，滴加完后，继续在回流状态下搅拌，约半小时后有蓝色固体析出，停止反应，冷却混合物至室温，过滤，用乙醇洗涤，干燥，待用。

3. 苯乙酸的合成

在 100 mL 微型高压反应釜(图 2.35)中加入正丁醇(15 mL)、$Co(PPh_3)_2Cl_2$(0.75 g)、苄基氯(2.1 g)、DHIL(0.4 g)，混合均匀，用 CO 将反应釜中气体置换 3 次，然后加压(0.1 MPa)，在 60 ℃条

图 2.35　微型高压反应釜

件下，搅拌 2 h。去除压力，加入配置好的 15%的 NaOH 溶液(20 mL)，继续加压，在 60 ℃条件下搅拌反应 4 h。去除压力，将混合物冷却到室温，分液，下层液体过滤，上层液体用少量水洗涤，得到的水层并入到滤液中，用 15%稀盐酸调节 pH＝2～3，乙醚萃取(15 mL×3)，$MgSO_4$ 干燥(对粗产品的乙醚溶液通过气相色谱-质谱联用仪，能否推算苯乙酸的合成收率?)。蒸去乙醚的粗产品用蒸馏水重结晶，得到无色片状苯乙酸晶体，计算收率。对目标产物进行核磁和红外光谱结构分析。

注：①实验中反应温度应严格控制在一定范围之内，以 55～65 ℃为宜。②碱的用量和浓度会影响反应的进行，若碱用量不足，不利于羰基化反应的进行；当碱用量过多时，反应液的 pH 过高，抑制羰基化反应，直接影响苯乙酸的收率。③溶剂对苄氯羰基化的影响极为复杂，实验表明，苄氯羰基合成苯乙酸需在正丁醇等极性溶剂中进行，在非极性溶剂中收率极低。④相转移催化剂也可选用 Bu_4NBr 等季铵盐对比实验，探究其中的催化机理。

思 考 题

1. 实验中以羰基钴为催化剂，此外，还有哪些物质也可以作为反应体系的催化剂？它们分别是什么？反应条件、作用机理等有什么不同？

2. 相转移催化剂对羰基化反应影响很大，除了本实验中提到的咪唑啉表面活性剂，还有哪些相转移催化剂可以起到相同的作用？

3. 还有哪些有机物质可以像苄氯一样发生羰基化反应？

4. 较之传统季铵盐表面活性剂，咪唑啉类表面活性剂有明显的低刺激性和优良的易降解性，本实验中使用 2-烷基-1-二(2-羟乙基)-2-咪唑啉氯化物表面活性剂作为相转移催化剂，它有哪些综合性能优势？

5. 除了本实验中提到的羰基化合成法以外，苯乙酸还有哪些合成方法？它们各有什么优缺点？

参 考 文 献

戴金水. 1998. 用八羰基合二钴在相转移催化条件下合成 1-萘乙酸. 应用化学，15(01)：86-88.

龚军芳，段家荣，王恩来，等. 1999. 羰化法合成苯乙酸及其酯类的研究进展. 化学通报，(01)：20-25.

韩建多. 2000. 羰基合成苯乙酸的研讨. 化学推进剂与高分子材料，3：12-13.

金子林，燕远勇，朱道亚. 1994. 氯苄催化双羰基化合成苯丙酮酸的研究. 精细化工，11(06)：44-47.

李光兴，刘勇. 1998. 漆原钴法制备四羰基钴钠及羰基化反应. 应用化学，15(01)：116-118.

李光兴，朱治良，蔡晓江，等. 1995. 四羰基钴钠合成及红外光谱研究. 分子催化，9(04)：303-308.

李剑利，郭媛，史真. 2010. 卤代物羰基化反应方法. 国家发明专利(专利号：ZL 2007 1 0018901. 3).

史真，杨卫国. 1994. 二羟乙基咪唑啉阳离子表面活性剂的合成. 化学世界，1：14-15.

史真. 1998. 现代杂化化学选论. 西安：陕西科学技术出版社.

张善言，肖森，冉鸣，等. 1987. 在相转移下苄基氯经钯络合催化羰化合成苯乙酸. 分子催化，1(2)：115-119.

第三章　应用型综合实验

第一节　分离技术与天然产物有效成分提取

化合物的分离纯化是化学实验中一项很重要的技术，除了常用的沉淀、重结晶、升华等方法外，还包括溶剂萃取法、离子交换法、膜分离法及柱层析等。

一、溶剂萃取法

溶剂萃取是指在被分离物质的水溶液中，加入与水互不混溶的有机溶剂，借助于萃取剂的作用，使一种或几种组分进入有机相，而另一些组分仍留在水相，从而达到分离的目的。萃取体系的水相和有机相基本不互溶，且有一定的密度差异。被萃取的物质称为被萃物，它在萃取过程中由水相转移到有机相。对于无机金属离子，往往需要在有机相中加入所谓的萃取剂。萃取剂是能与被萃物发生化学作用形成易溶于有机相的萃合物的有机试剂，分中性、酸性、螯合、胺类等类型。常用的萃取剂有磷酸三丁酯（TBP）、甲基异丁基酮（MIBK）、氯代三烷基甲胺（N_{263}）、噻吩甲酰三氟丙酮（HTTA）、二(2-乙基己基磷酸)（P_{204}）等，它们一般与被萃取的金属离子形成配合物而被萃取到有机相中。溶剂萃取法在铀矿中铀的分离富集、稀有金属离子的分离及湿法冶金中发挥了很重要的作用。

一般常用分配比（D）、分离系数（β）、相比（R）及萃取率（E）等参数来表示萃取分离时的好坏。分配比（D）是指当萃取体系达到平衡时，被萃物在有机相中的总浓度与在水相中的总浓度之比，表示被萃物在两相中的实际分配情况，D 值越大，说明被萃物越易进入有机相。分配比不是一个常数，它随被萃物的浓度、萃取剂的浓度、溶液的酸度、稀释剂的性质、盐析剂的浓度等而改变。分离系数（β）是指两种被分离的元素在同一萃取体系内，在同样萃取条件下分配比的比值。令 A 表示易萃元素，B 表示难萃元素，则 β 值的大小表示 A、B 两种元素分离效果的好坏，β 值越大，分离效果越好，即萃取剂对某元素的选择性越高。若 $D_A=D_B$，$\beta=1$，说明该萃取剂不能把 A、B 两元素分离。相比（R）是指在一个萃取体系中，有机相和水相体积之比。在生产上，还往往用萃取率（E）来表示某一萃取剂对某物的萃取能力，计算萃取的效果。萃取率是物质被萃入有机相中的物质的量与物质在萃取前原始水溶液中物质的量的百分比：

$E=$（被萃物在有机相中的物质的量 / 被萃物在萃取前原始水溶液中的物质的量）$\times 100\%$

不难推出：

$$E=\frac{D}{D+\frac{1}{R}}\times 100\%$$

可见，被萃物的分配比 D 越高，$V_{水}/V_{有}$ 越小，则萃取率越高，即被萃物进入有机相的比率越大，萃取效果越好。

二、离子交换分离法

离子交换分离法是应用离子交换剂与溶液中的离子之间发生的交换作用来进行物质分离

的一种现代操作技术，所用的离子交换剂分为无机离子交换剂（如沸石）和有机离子交换剂（称为离子交换树脂），其中离子交换树脂应用最广。它是具有网状结构和可电离的活性基团的难溶性高分子电解质。根据树脂骨架上的活性基团的不同，可将其分为阳离子交换树脂、阴离子交换树脂、两性离子交换树脂、螯合树脂和氧化还原树脂等。

阳离子交换树脂的功能团都是一些酸性基团，常见的有

强酸性基团：$-SO_3H$；

弱酸性基团：$-COOH$；

中强酸性基团：$-PO_3H_2$，$-AsO_3H_2$。

阳离子交换树脂按其酸性强弱分为强酸性树脂、弱酸性树脂和中强酸性树脂。在溶液中，这些交换功能团中的氢离子会离解，并与其他阳离子发生交换反应。例如，

$$R-SO_3H + Na^+ \longrightarrow R-SO_3Na + H^+$$

式中，R 为树脂的骨架。

阴离子交换树脂所带的功能团都是一些碱性基团，常见的有

强碱性基团：　$-CH_2-N(CH_3)_3Cl$，$-CH_2-\underset{\displaystyle C_2H_4OH}{\underset{|}{C}}(CH_3)_2Cl$，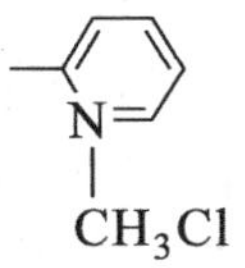；

弱碱性基团：　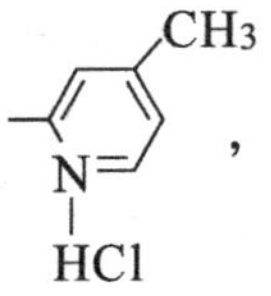，$-NH_2$，$-NH(CH_3)$。

阴离子交换树脂也可按其碱性强弱区分为强碱性树脂和弱碱性树脂等。

离子交换分离过程包括柱上交换与淋洗过程。当将浓度为 c_0 的溶液流入交换柱一段时间后（图 3.1），A 区树脂被交换，B 区树脂部分被流入液离子交换，C 区则未交换，此时流出液（浓度为 c）含被交换离子浓度为零。当交换液不断加入，交换继续进行，B 区下移，C 区缩小，直至 C 区消失，到某一时刻流出液中有被交换离子，则说明树脂发生穿透，此点称为穿透点，此时交换容量为此交换柱的穿透交换容量，继续加入交换液，直到树脂完全被交换饱和，即流出液浓度 $c=c_0$ 时，为交换树脂的全交换容量，实际操作时交换过程往往控制在穿透点之前。

淋洗过程则与交换吸附过程的反应恰好相反。原先已吸附在树脂上的离子，被淋洗液不断淋洗出来，淋洗时，如果溶液中含有 A、B 两种（或两种以上）离子，从上层树脂到下层树脂，两种离子不断吸附和解吸，由于各种离子对树脂的亲和力不同，于是亲和力较大的 B 较难洗脱出来，而 A 离子则先淋洗下来，结果如图 3.2 所示，两种离子被分离开来，从而达到分离的目的。

树脂的粒度对分离有影响，树脂粒度小，离子内扩散途径短，可加快交换平衡速度，有利于分离。但粒度太小则树脂层的压力增大，交换液流速慢，反洗时流失量也多，因此，在能达到分离的前提下，粒度尽可能大些，处理水一般用 20～40 目，分离元素一般要用 40～80 目，甚至到 120 目。树脂粒度相近，可使离子柱填充均匀，提高交换效率。

对一定量的树脂，树脂层越高，交换量越大，树脂利用率越大。一般，交换柱细长些较好，实验室中柱高与柱径之比为(20～30)∶1（直径 1～2 cm，柱高 50～70 cm 为宜）。

洗脱剂浓度应合适，太稀和太浓，洗脱效率都较差。洗脱剂的流速也不应太快，否则洗脱过程来不及达到平衡，洗脱效率就较低，要达到同样的洗脱百分率，所需洗脱剂体积就增加。

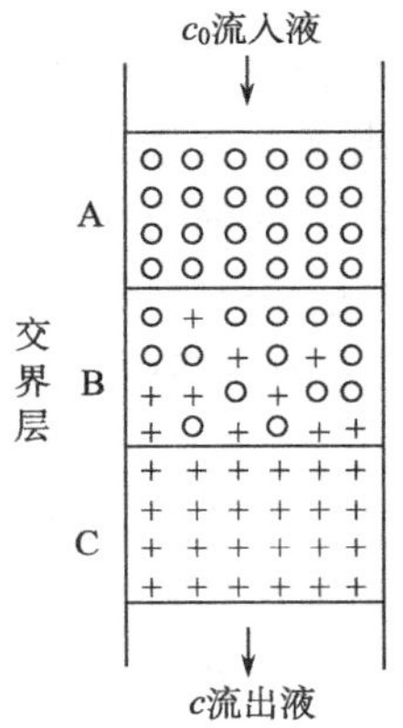

图 3.1　树脂交换示意图

o 表示已被交换树脂；+表示未被交换树脂

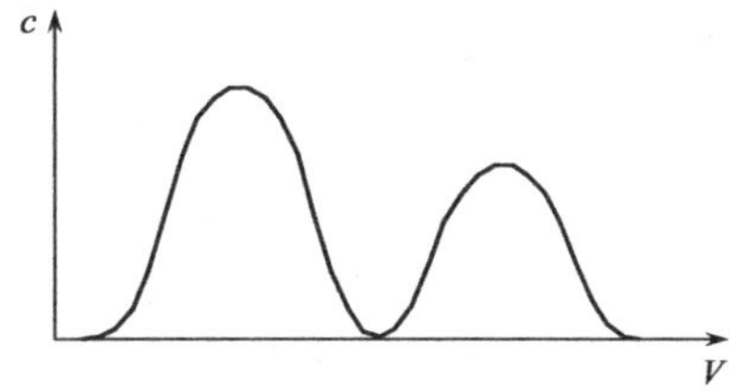

图 3.2　离子交换洗脱曲线

较合适的实验室洗脱流速为 2～3 $mL \cdot min^{-1}$。

离子交换树脂应用十分广泛，例如，水处理就是离子交换树脂应用最广泛的一个领域，如去离子水的生产、硬水软化、废水中贵金属回收等；贫铀矿的铀多数是用季铵盐碱性阴离子交换树脂提取的；金矿内的少量金，工业废物中重金属如 Cu、Ni、Cr、Co，都可以用离子交换树脂提纯分离；稀土元素中有不少可用离子交换树脂提纯，通过适当的离子交换树脂提纯可达到光谱级纯度；有些稀有金属如 Zr-Hf、Ta-Nb、Mo-La 等的分离，只能用离子交换法。

三、膜分离

膜是指在一种流体相内或是两种流体相之间有一层薄的凝聚态物质，它把流体相分隔为互不相通的两部分，但这两部分之间能产生传质作用。膜可以是固体的，也可以是液体的。被膜分隔的流体相可以是液态，也可以是气态。膜具有两个明显的特征：其一，不管膜有多薄它必须有两个界面，通过两个界面分别与两侧的流体相接触；其二，膜应有选择透过性，可以使流体相中的一种或几种物质透过，而不允许其他物质透过。在液相中，膜能使溶剂（如常见的水）透过的现象通常称为渗透，膜能使溶质透过的现象通常称为渗析。利用膜的选择透过性进行分离或浓缩的方法称为膜法分离技术。要实现膜法分离必须要有能量作为推动力，根据所给予能量的不同形式，膜法分离也就有了不同的名称，其中最常用的技术是电渗析、反渗透、超过滤，其次是微滤和自然渗析。

膜是膜分离技术的关键，根据膜的功能和结构特征可将其分为反渗透膜、超过滤膜、微孔膜、离子交换膜、气体分离膜、液态膜、蒸馏膜、生物酶膜、渐放膜（控制释放膜）和压渗析膜等。膜法分离技术在分离浓缩过程中不发生化学反应和相变化，仅使物质分离和纯化，但不改变它们原有的属性；不需要从外界加进其他物质；当一种物质得到分离，另一些（或种）物质则被浓缩，分离与浓缩可以同时进行；膜分离可以在常温下进行，从而不损坏对热敏感和对热不稳定的物质；此外，膜分离工艺耗能少，适应性强，处理规模可大可小，操作及维护方便，易于实现自动化控制。

四、层析分离

层析是通过物质不同组分在两相中的分布不同而使混合物分离的方法。过程中的一相是固相，另一相是流动相。其基本原理是不同物质在固定相和流动相中有着不同的分配系数。如果一个化合物和固定相的作用较弱，那么它在流动相的冲洗下较快地从层析体系中流出来；反之一个化合物和固定相作用较强，它将较慢地从层析体系中流出来。在理想的情况下，混合物的每个组分在流动相和固定相之间有着不同的分配系数，因此以不同的流速流经层析体系，从而达到完全分离的目的。层析依流动相物理状态的不同可以分为气相层析（流动相是气体）和液相层析（流动相为液体）两种，其中液相层析用途较广，它又依分配体系的形状不同分为柱层析、板层析和纸层析等。

层析法分离混合物的依据是各组分在固定相表面的吸附和脱附的平衡，以及在流动相中的溶解。分子的吸附性能与极性有关，也与吸附剂的活性及流动相的极性有关。一般来说，化合物中功能团的极性越强，它在固定相表面的吸附也越强。吸附剂的活性则与它的化学组成、颗粒的大小、颗粒的多孔性质等有关。表 3.1 中列举了各类化合物在柱色谱中洗脱流出的次序及常见的几种吸附剂。

表 3.1　各类化合物的洗脱次序及常用的吸附剂

化合物		吸附剂	
饱和烃	↓ 极性加大越难洗脱	纤维素	↓ 吸附剂活性增大
烯烃		淀粉	
芳烃、卤代烃		糖	
硫化物		硅胶	
醚类		氧化铝	
硝基化合物		活性炭	
醛、酮、酯			
醇、胺			
亚砜			
酰胺			
羧酸			

在层析中使用什么吸附剂，这与需要分离的化合物的类型有关。纤维素和淀粉的吸附活性最小，因而多用于分离多功能团的天然产物。硅胶是有机化学中应用最广泛的吸附剂，它的一个特点是当使用氯仿作洗脱溶剂，在柱层析时硅胶柱是透明的，而无色物质在透明的柱上则形成不透明的层带，因而可以辨认出来。氧化铝也是一个用途很广的吸附剂，它有酸性、碱性和中性三种。酸性氧化铝的 pH 接近于 4，可用于分离氨基酸和羧酸，碱性氧化铝的 pH 在 10 左右，用于分离胺类化合物，中性氧化铝 pH 在 7 左右，用于分离中性有机物。

用层析法分离混合物的另一个要素是洗脱溶剂，表 3.2 列举了一些常用溶剂，这些溶剂可以单独使用，也可以组成混合溶剂使用，在洗脱过程中也可以采取逐步增加极性较大溶剂的办法（淋洗梯度），使吸附性强的物质逐步分开并洗脱下来。

层析中，柱上层析是经常用来分离混合物或提纯少量物质的有效方法。在柱上层析技术中最重要的是层析柱的装填和洗脱这两步操作。柱体一般是用玻璃做的，如有不同的颜色可以清楚地显示出来以便于操作。底部的旋塞最好用聚四氟乙烯塑料旋塞,这可以避免旋塞油将分开的各组分沾污,如只有玻璃旋塞时,应尽量不要涂油脂。

表 3.2 常用洗脱溶剂

石油醚	
环己烷	
四氯化碳	
苯	
二氯甲烷	
氯仿(不含乙醇)	溶剂极性增加 ↓
乙醚	
乙酸乙酯	
吡啶	
丙酮	
正丙醇	
乙醇	
甲醇	
水	
乙酸	

填装好层析柱是柱上层析成功的关键。层析柱要填平整,中间没有气泡和空隙,装填时先在柱底层放一些玻璃棉,然后在玻璃棉上层放一层干净的细砂,并使上表面平整,在其上面装入吸附剂至需要的高度,再放一层细砂。

向柱内装入吸附剂有干法和湿法两种方法。干法装填后,加溶剂时易出现气泡,而且有时吸附剂与溶剂作用后要溶胀,甚至有将吸附柱胀裂的可能。湿法装柱是先将柱内充满溶剂,然后依次不间断地将吸附剂加入。湿法装柱的关键是柱身一定要垂直,这样可以形成较平的柱面。但如吸附剂颗粒大小不均匀,往往大颗粒向下沉速较快,小颗粒浮在上面使柱身不均匀,这时可先将吸附剂与溶剂拌成糊状,将糊状物加入空柱内则可以克服上述缺点。

吸附剂的用量与要分离的混合物的性质及数量有关,一般情况下,要分离 1 g 物质需要 20～30 g 吸附剂,对性质相似的化合物有时要用到(50～100)∶1。柱高与其直径的比值也是很重要的参数,柱太短了分离不开,过长了耗时太长也不经济,一般以 8∶1 到 10∶1 为宜。装填好柱后,将多余的溶剂通过旋塞自下放掉,使溶剂恰在吸附剂上端。将需要分离的混合物溶于尽量少的极性小的溶剂中(一般每克物质不超过 10～15 mL 溶剂),小心地自上加到柱中,通过旋塞自下放掉溶剂以使混合物落在吸附剂上面。此时用洗脱剂自柱上端逐滴加入淋洗,使混合物分离并在柱上形成不同的带,有的极性较强的化合物一时不易洗出,可增加强极性的溶剂以使其展开和洗出。所得淋洗液可用薄层层析监测,以决定可否并在一起,当发现淋洗液中所含物质很少时,即可认为一个化合物的层析带已经洗出。如混合物经紫外光照射可呈荧光现象时,也可以用紫外灯照射来监测混合物展开和淋洗的情况,一般说来,经柱上层析物质的损耗极小，可以有 90%～95%的物质被回收。

五、天然产物有效成分提取分离

天然产物活性成分是指从再生资源中提取的具有独特功能和生物活性的化合物，其中许多有效成分是疾病防治、强身健体的物质基础。天然产物安全性高，已成为医药、食品及饲料的重要来源，具有很高的生理活性和经济价值。天然产物活性成分包括有黄酮、多酚、萜类等几百种，其相对分子质量较低，从几百到几千，具有一定的极性，可溶于许多有机溶剂。但是，由于天然产物中成分复杂，有效成分含量低，分离困难，因此，有关天然产物有效成分的提取分离技术一直是摆在人们面前的重要任务。传统方法有浸渍法、渗漉法、煎煮法、回流提取法、连续回流提取法、水蒸气蒸馏法等。但是传统方法往往各自存在较多的缺点，如高温操作引起热敏性有效成分的大量分解，提取液中除有效成分外杂质较多等。随着技术的进步和发展，近年来发展了一些新的技术，这里介绍超临界萃取技术、超声波提取技术和微波辅助萃取技术。

1）超临界萃取技术

超临界萃取技术一般采用 CO_2 作为萃取剂，其原理是利用超临界流体的独特溶解能力和物质在超临界流体中的溶解度对压力、温度的变化非常敏感的特性，通过升温、降压手段(或两者兼用)将超临界流体中所溶解的物质分离出来，达到分离提纯的目的，它兼有精馏和萃取两种作用。超临界流体萃取技术最大的优点是可以在近常温条件下提取分离不同极性、不同沸点的化合物，几乎保留天然产物中全部有效成分，无有机溶剂残留，因此，有效成分提取的纯度高，而且收率高，操作简单，节能。

2）超声波提取技术

超声波提取技术是利用超声波产生的强烈的空化效应、机械振动、高的加速度、乳化、扩散、击碎和搅拌作用，增大物质分子运动频率和速度，增加溶剂穿透力，从而加速药物有效成分进入溶剂，促进提取的进行。实验表明，超声提取可以缩短提取时间，提高有效成分的提出率，提高药材的利用率，节约能源，并且避免了高温对提取成分的影响。

3）微波辅助萃取技术

微波辅助萃取技术是利用微波能来提高萃取效率的一种新技术。微波指频率在 300MHz 和 300 kMHz 之间的电磁波。在微波场中分子会发生极化，将其在电磁场中所吸收的能量转化为热能。介质中不同组分的介电常数、比热、含水量不同，吸收微波能的程度不同，由此产生的热量和传递给周围环境的热量也不相同。微波辅助萃取技术的原理就是利用不同组分吸收微波能力的差异，使基体物质的某些区域或萃取体系中的某些组分被选择性加热，从而使得被萃取物质从基体或体系中分离，进入到介电常数较小、微波吸收能力相对较差的萃取剂中，并达到较高的收率。在微波萃取过程中，溶剂的极性对萃取效率有很大的影响。

微波辅助萃取技术在天然产物有效成分提取中的优势在于：一是选择性好。微波萃取过程中由于可以对萃取物质中不同组分进行选择性的加热，因而能使目标物质直接从基体分离。二是微波具有极强的穿透力。微波能使天然植物的细胞壁和细胞膜快速破碎，使萃取剂容易进入细胞内。三是加热效率高。微波有利于萃取热不稳定物质，可以避免长时间高温引起样品的分解。四是仪器设备简单、低廉，适应面广。五是试剂用量少，萃取率高，节时、节能、污染小。

参考文献

周宪平. 2008. 化学分离法. 北京：北京大学出版社.

徐光宪. 1984. 萃取化学原理. 上海:上海科学技术出版社.

实验 18　槐米中芦丁的提取、分离和鉴定

实验目的与主要内容

芦丁又称芸香苷(rutin),广泛存在于植物界。槐米和荞麦中芦丁含量较高,可作为提取制备芦丁的原材料。本实验通过从槐米中提取芦丁,使学生学习和掌握提取和精制芦丁的具体操作方法,并了解如何对黄酮类化合物进行化学鉴定。

一、背景知识

黄酮类化合物广泛存在于自然界中,是以 2-苯基色原酮为基本母核的一系列化合物,现在泛指两个苯环(A 环与 C 环)通过中央三碳链相互联结而成的一系列化合物(图 3.3)。黄酮类化合物结构中常连接有酚羟基、甲氧基、甲基、异戊烯基等官能团。此外,它还常与糖结合成苷。

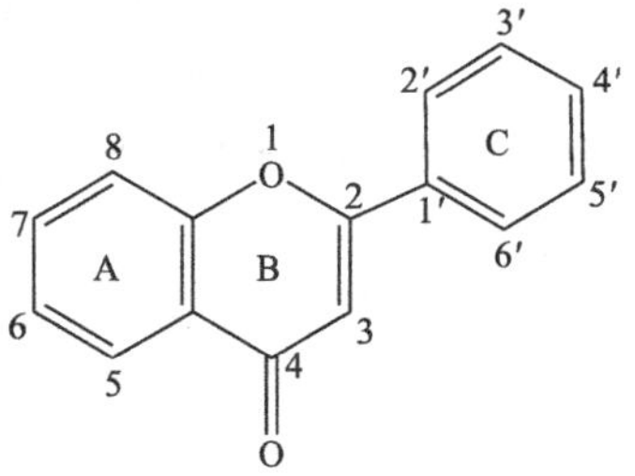

图 3.3　黄酮类化合物结构

根据 B 环连接位置(2 位或 3 位)、环氧化程度以及是否成环等,黄酮类化合物又分为多种,如黄酮、黄酮醇、二氢黄酮、二氢黄酮醇、异黄酮、二氢异黄酮、查耳酮、二氢查耳酮类、橙酮类、花色素和黄烷醇类等。

含有黄酮类化合物的中草药较多,且多以成苷的形式存在。中草药所含成分十分复杂,既有有效成分,又有无效成分和有毒成分。为了提高中草药的治疗效果,药物有效成分的提取就要达到最大限度,尽量去除无效成分及有毒成分,故提取方法的选择在制剂工艺中十分重要。黄酮类化合物的提取方法较多,主要是依据其溶解性及酸性。

黄酮类化合物的提取方法一般有:

(1) 热水提取法。此法仅限于提取苷类,一般含纤维较多,质地松泡,黏性较大。质地坚硬或有效成分不清楚的药材可采用水煎煮法。

(2) 醇提法。此种方法为黄酮类化合物最常用的提取方法,一般使用甲醇或乙醇提取。90%～95%的高浓度醇适用于苷元的提取,60%的醇适用于提取黄酮苷。乙醇的溶解性能比较好,对中草药细胞的穿透能力较强。亲水性的成分除蛋白质、黏液质、果胶、淀粉和部分多糖等外,大多能在乙醇中溶解。用乙醇提取比用水提取的用量少,提取时间短,溶解出的水溶性杂质也少。乙醇为有机溶剂,虽易燃,但毒性小,价廉,来源方便,有一定设备即可回收反复使用,而且乙醇的提取液不易发霉变质。由于上述原因,乙醇提取是最常用的方法之一。甲醇的性质和乙醇相似,沸点较低(64 ℃),但有毒性,使用时应注意。

(3) 碱提酸沉法。由于黄酮化合物大多具有酚羟基,因此,可溶于碱性溶液,经酸化后,溶解度降低,又可析出。此法也是黄酮类化合物的常用提取方法。

(4) 系统溶剂提取法。溶剂提取法是根据中草药中各种成分在溶剂中的溶解性质,选用对活性成分溶解度大,且对不需要溶出成分溶解度小的溶剂,将有效成分从药材组织内溶解出的方法。系统溶剂提取法是用极性由小到大的溶剂依次提取。例如,先用石油醚或乙烷脱脂,然后用苯提取多甲氧基黄酮。氯仿、乙醚、乙酸乙酯可提取大多数游离黄酮;丙酮、乙醇、甲醇、甲醇-水(1∶1)可以提取出多羟基黄酮、双黄酮、查耳酮;稀醇、沸水可提取出苷类;1%盐酸可

提取出花色素类等。

随着科学技术的进步，在多学科互相渗透并对浸提原理及过程深入研究的基础上，已开发出一些浸提新方法、新技术。例如，半仿生提取法、超临界流体萃取法、微波提取法、超声提取和酶提取等技术的不断应用，大大提高了中药制剂的质量。

二、实验原理

芦丁又称芸香苷，化学名称为 3,3′,4′,5,7 -五羟基黄酮-3-*O*-芸香糖苷，结构如图 3.4 所示，属黄酮类化合物，广泛存在于植物界。槐米和荞麦中芦丁含量较高，可作为提取制备芦丁的原材料。芦丁的效用同维生素 P，可调节毛细血管壁渗透性，作止血用，可治吐血、便血症等。临床上主要用于高血压病的辅助治疗和用于防治因芦丁缺乏所致的其他出血症，例如，防治脑血管出血、高血压、视网膜出血、急性出血性肾炎、恢复毛细血管弹性等，同时还用于预防和治疗糖尿病及合并高脂血症。目前芦丁已被广泛用于医药、保健食品和化妆品中，具有很高的开发价值。

本实验用槐米作原料提取芦丁。槐米系豆科槐属植物槐树的花蕾，两千年前即入中药用，有凉血止血、清肝泻火功效，可治便血、痔血、肝热目赤、头痛眩晕等症。

槐米中含芦丁、槲皮素(图 3.5)、皂苷、白桦、脂醇、槐二醇黏液质等多种成分。芦丁是其主要有效成分，含量为 16%～25%。芦丁属黄酮类化合物，结构中含有多个酚羟基，呈酸性，苷元为槲皮素，糖基为芸香糖。芦丁($C_{27}H_{30}O_{16}$)为浅黄色细小针状结晶(水)，熔点 176～178 ℃，214～215 ℃发泡分解，溶于热水、甲醇、乙醇[(1∶60)～(1∶650)]，微溶于乙酸乙酯、丙酮，不溶于苯、氯仿、石油醚等。槲皮素($C_{15}H_{10}O_7$)二水合物为黄色针状结晶，95～97 ℃脱水，熔点 314 ℃(分解)，可溶于沸乙醇(1∶23)、无水乙醇(1∶29)、乙酸乙酯、丙酮等，不溶于石油醚、水。

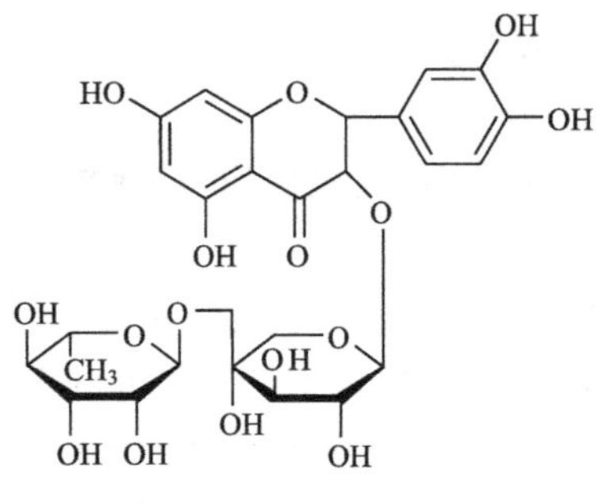

图 3.4　芦丁结构

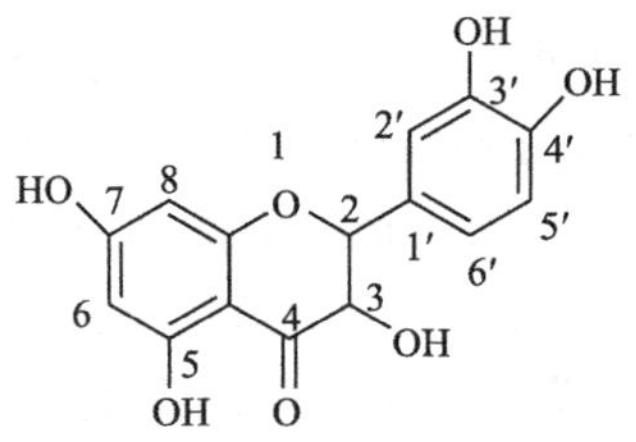

图 3.5　槲皮素结构

芦丁可溶于碱液中，呈黄色，酸化后又析出，故可采用碱提取酸沉淀的方法得到芦丁粗品，然后利用芦丁在冷水中不溶(1∶1000)，在热水中微溶(1∶200)的溶解度差精制，可获得纯度高的微细针状结晶，最后利用芦丁、槲皮素及糖的性质予以鉴定。在分析中草药制剂中黄酮类化合物含量时，常用芦丁作标准品。

芦丁结构中含有共轭 π 体系的芳环，可以根据吸收峰的位置及强度判断有机分子中含有哪些类型的共轭结构及芳取代基的性质。多数黄酮类化合物在 200～400 nm 区域的乙醇溶液中有两个主要吸收带。带Ⅰ在 300～400 nm 区域，是由 B 环桂皮酰基系统的电子跃迁所引起：

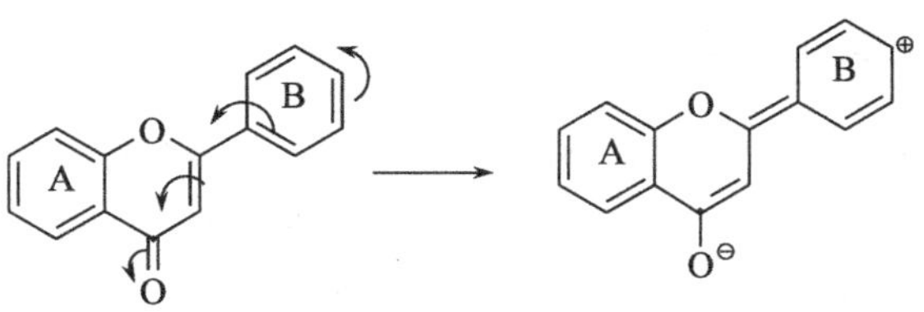

带Ⅱ在 240～285 nm 区域，是由 A 环苯甲酰基系统电子跃迁所引起的吸收：

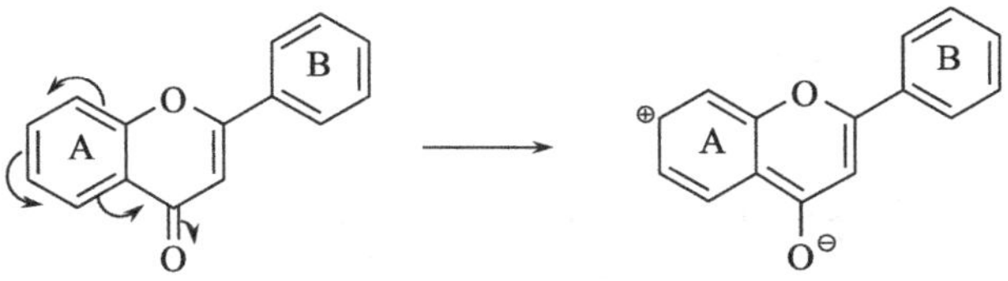

在黄酮的乙醇样品中加入各种诊断性试剂，以判断其黄酮上的取代基，通常所用的试剂有乙醇钠(NaOEt)、乙酸钠(NaOAc)、乙酸钠/硼酸($NaOAc/H_3BO_3$)、三氯化铝及三氯化铝/盐酸($AlCl_3/HCl$)等。

1) 乙酸钠/乙醇溶液

黄酮化合物的 7 位或 4′位羟基可以与羰基共轭，显示比其他羟基具有更强的酸性，能够被乙酸钠离子化，使相应谱带红移，而其他位置上的羟基吸收则不受其影响。

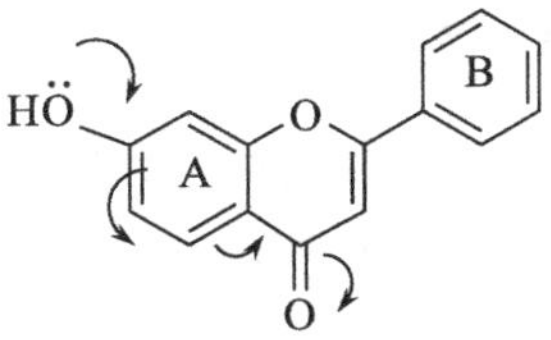

7-羟基黄酮

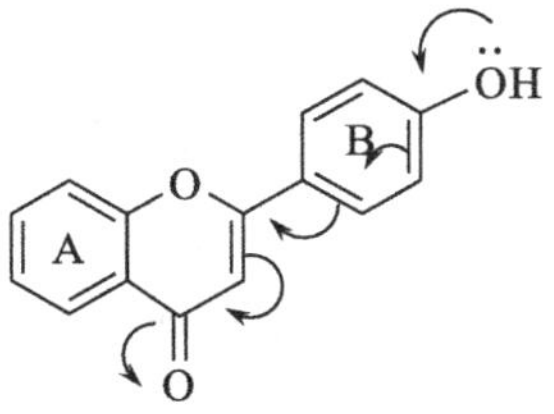

4′-羟基黄酮

例如，7 位苷化的槲皮素在无水乙醇中测得紫外光谱后，加入相当量的乙酸钠，再测其紫外光谱，可发现带Ⅰ向红移动而带Ⅱ无变化，说明这个化合物中 4′位有羟基，7 位或无羟基或羟基被苷化了。

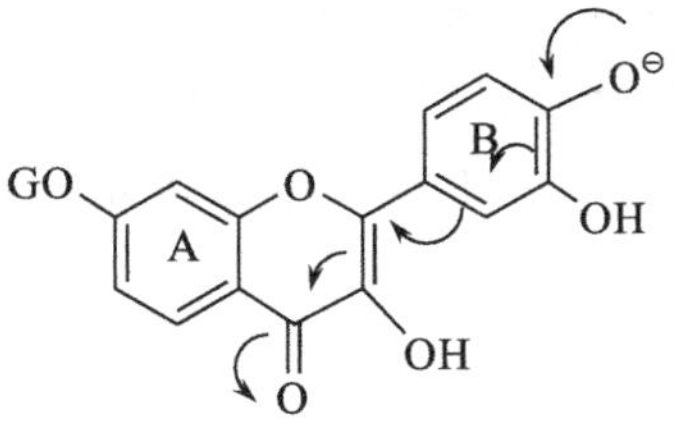

7位苷化槲皮素

用芦丁做同样的实验，发现带Ⅰ和带Ⅱ都向红移动，说明芦丁的 7 位和 4′位都有羟基。

2) $AlCl_3$ 溶液

黄酮类化合物在 3 位或 5 位有羟基时，可与邻位羰基形成螯合的氢键，酸性较弱不与 NaAc 作用，但在乙醇溶液中与 $AlCl_3$ 作用可以形成配合物。

5-羟基黄酮与 $AlCl_3$ 形成配合物使带Ⅱ红移 20～40 nm，3-羟基黄酮与 $AlCl_3$ 形成配合物可使带Ⅰ红移 60 nm。因此，如果黄酮类化合物在乙醇溶液中与 $AlCl_3$ 作用不能引起紫外光谱变化,则说明 3 位、5 位没有羟基。

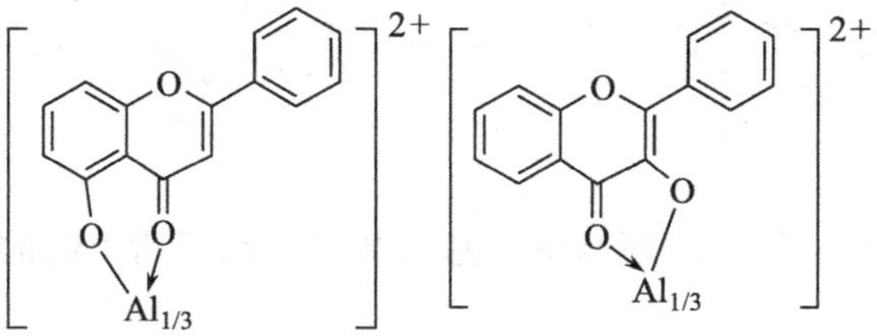

5-羟基黄酮　　3-羟基黄酮

3）硼酸钠溶液

含有邻位羟基的黄酮化合物可与硼酸钠配位,使相应的谱带明显地向红移动,3′,4′-羟基取代黄酮与硼酸钠配位时,可使带Ⅰ向红移动 15～30 nm。

4）乙醇钠/乙醇溶液

$NaOC_2H_5$ 的碱性很强,可使黄酮类化合物中所有的羟基离解,所以,黄酮类化合物在 0.002 mol · L^{-1} C_2H_5ONa-C_2H_5OH 溶液中的紫外光谱都明显向红移动,酸化后恢复原位。若 3 位和 4 位同时存在自由羟基,则表现出对碱的不稳定性,加入 C_2H_5ONa-C_2H_5OH 溶液可立即导致黄酮体系骨架的变化,故光谱上的吸收带将随时间延长而衰退。

三、仪器和试剂

1. 仪器

研钵,1 个;抽滤装置,1 套;500 mL 烧杯,1 只;漏斗,1 只;250 mL 烧杯,1 只;层析缸,1 个;硅胶薄层板;紫外分析仪,1 台;100 mL 锥形瓶,1 只;滤纸、层析滤纸等;50 mL 容量瓶,1 只。

2. 试剂

槐米,乙醇(A. R.),硼砂(A. R.),乙酸钠(A. R.),石灰乳,硅胶 G,浓盐酸(A. R.),硼酸(A. R.),浓硫酸(A. R.),丁酮(A. R.),三氯化铝(A. R.),甲苯(A. R.),乙酰丙酮(A. R.),苯胺(A. R.),丙酮(A. R.),正丁醇(A. R.),甲酸(A. R.),羧甲基纤维素钠(CMC)(A. R.),邻苯二胺(A. R.),聚酰胺粉或锦纶丝,标准试样:芦丁、槲皮素、鼠李糖、葡萄糖,苯胺/邻苯二甲酸显色剂(配制:将 0.93 g 苯胺和 1.66 g 邻苯二甲酸溶于 100 mL 水饱和的丁醇中),展开剂(乙酸乙酯∶丁酮∶甲酸∶水=5∶3∶1∶1,甲苯∶氯仿∶丙醇∶甲酸=8∶5∶7∶1)。

四、实验步骤

1. 芦丁提取

方法 1. 称取槐米 10.0 g,在研钵中稍加研碎后,置于 500 mL 烧杯中,加入 250 mL 水,加热搅拌下添加石灰乳,保持 pH=8～8.5。加热至 80 ℃左右时加入硼砂 0.2 g,搅拌下加热至沸约 20 min,稍置,倾出上清液过滤。对残渣再用 200 mL 水重复提取 1 次。弃去残渣,合并滤液。用 10%盐酸调 pH 为 5,静置过夜,过滤,用少量冷蒸馏水洗 2～3 次,抽干即得芦丁粗品(约 1.3 g)。

方法 2. 称取槐米 10.0 g，在研钵中稍加研碎后，置于 250 mL 烧杯中，加入沸蒸馏水 250 mL，搅拌下继续加热煮沸 30 min，趁热倾出上清液，以脱脂棉过滤，残渣再加水提取 1 次，趁热过滤，合并滤液。用 1%盐酸调 pH 为 5，静置过夜，过滤，用少量冷蒸馏水洗 2～3 次，抽干即得芦丁粗品。

2. 芦丁精制

取粗品 2.0 g 转入烧杯中，加入适量蒸馏水(350 mL 左右)，加热至沸，添加适量蒸馏水，使之刚好溶解完全，趁热(保温)抽滤，静置过夜，使结晶析出。抽滤，用少量冷水洗 2 次，在 70～80 ℃干燥结晶，即得精制芦丁(纯品)，称量后计算芦丁收率。

3. 芦丁水解

取芦丁精品 0.5 g，置 100 mL 锥形瓶中，加入 2%硫酸水溶液 40 mL，用小漏斗盖住瓶口，沸水浴加热约 30 min，及时补加蒸发损失的水分。在加热过程中，开始时溶液呈混浊状态，约 10 min 后，则由混浊转变为逐渐澄清，并析出黄色小针状结晶，即为水解产物槲皮素。继续加热 20 min 左右，抽滤，保留滤液，以备后续实验检查水解物中的单糖成分。所得槲皮素加 40 mL70%乙醇加热回流使之溶解，趁热抽滤后冷置析晶，得槲皮素。

4. 水解产物薄板识别

1) 槲皮素的薄板识别

将实验所得的槲皮素的 1/2(另 1/2 槲皮素用做紫外光谱鉴定黄酮类化合物实验)用甲醇溶解，并与标准槲皮素的甲醇溶液及标准芦丁的甲醇溶液分别点在硅胶 G 板上，用甲苯：氯仿：丙酮：甲酸＝ 8：5：7：1 展开。紫外灯下观察荧光，喷 2%三氯化铝乙醇溶液后再观察荧光的变化，计算 R_f 值。

芦丁和槲皮素亦可在聚酰胺薄板上展开，展开剂为氯仿：甲醇(5：4)或氯仿：甲醇：丁酮：乙酰丙酮(16：10：5：1)。

2) 水解糖的纸色谱识别

将芦丁水解实验中抽滤的母液倒入烧杯中，用 NaOH 或氨水中和至中性，将溶液浓缩至约数毫升，与标准葡萄糖、鼠李糖在同一条层析滤纸上点样展开，展开剂为正丁醇：乙酸：水(4：2：5)。展开完毕，烘干，喷苯胺-邻苯二甲酸显色剂，在 105 ℃烘 5 min，显现棕色斑点。计算其 R_f 值。

5. 紫外光谱鉴定

称取 0.5 mg 芦丁和 0.3 mg 槲皮素，分别用乙醇溶解在 50 mL 容量瓶中。

槲皮素紫外光谱的测定如下：

(1) 测定槲皮素在乙醇中的紫外光谱。

(2) 在(1)中装槲皮素的比色皿中滴加 1～2 滴 0.5%C_2H_5ONa/C_2H_5OH 溶液，测其紫外光谱。

(3) 在比色皿中倒入槲皮素的乙醇溶液，加入 1～2 滴 0.5%H_3BO_3/C_2H_5OH 溶液，测其紫外光谱。

(4) 在比色皿中倒入槲皮素的乙醇溶液，加入 1 滴 0.5% $AlCl_3/C_2H_5OH$ 溶液，测其紫外光谱。在该溶液中再加入 2 滴 2% HCl 溶液，放置 10 min，测其紫外光谱。放置 0.5 h，再测一次。

芦丁的紫外光谱测定步骤同槲皮素。

列表记录各实验数据及λ_{max}的移动数据，并解释引起各图谱变化的原因。

注：① 硅胶G板的制备。硅胶G与0.7%的羧甲基纤维素钠(CMC)水溶液以1∶3在研钵中研磨混匀，涂于干净的玻璃板上，晾干后，于110 ℃活化0.5 h，放在干燥器内备用。② 聚酰胺薄板的制备。取1 g聚酰胺粉，加入6.5 mL 85%甲酸中。待完全溶解后，加入2 mL75%乙醇，摇匀后，过滤除去不溶物，将此溶液涂布在干净的玻璃板上，在室温下水平放置，晾干，再放入托盘中清水漂洗，彻底除去甲酸，晾干后即可使用。聚酰胺板适用于分离能形成氢键的化合物，对多酚羟基化合物分离效果甚佳。由于北方天气干燥，制板后不宜放置过久，聚酰胺凝固、变成白色时可用清水漂洗，不要让水直接冲到板上，应缓冲后再流过托盘。③ 自制聚酰胺。取锦纶丝100 g，室温溶于300 mL浓盐酸中，先加5%乙醇170 mL，再加400 mL稀释并剧烈搅拌，使成粉状，放置抽滤，用5%NaOH或$NaHCO_3$洗至pH＝10左右，再用水洗至pH＝7左右，滤干，晾干，再在80 ℃干燥，过80目筛。

思考题

1. 为什么从槐米中提取芦丁时开始不能加冷水慢慢煮沸，而要直接加沸水提取？
2. 芦丁和其苷元槲皮素在聚酰胺柱色谱上用70%乙醇洗脱时，哪个先被洗脱下来？
3. 提取时不加硼砂，会有什么后果？芦丁与硼砂如何反应？
4. 芦丁和槲皮素在聚酰胺薄板上展开时，与在硅胶G板上展开有什么不同？
5. 水解糖的纸色谱，葡萄糖、鼠李糖哪个R_f值大？
6. 比较芦丁和槲皮素在相同鉴定试剂中的图谱，能说明什么问题？
7. 用紫外光谱能测定哪些化合物，溶剂该如何选择？

参考文献

龚盛昭，何远伦．2003．从槐米中提取芦丁的研究．中国资源综合利用，1：22．
郭乃妮，杨建洲．2009．超声条件下碱提取酸沉淀法从槐米中提取芦丁的研究．应用化工，38(2)：207-209．
梁敏，闭献树，潘英明，等．2004．槐花米中提取芦丁的微型实验探讨．内蒙古民族大学学报(自然科学版)，19(3)：283．
全先高，刘君，韩秀媛，等．2008．槐米中提取芦丁的实验研究．济宁医学院学报，31(4)：293．
王俊儒．2006．天然产物提取分离与鉴定技术．杨凌：西北农林科技大学出版社．
王宪楷．1989．天然药物化学．北京：人民卫生出版社．
王鑫．2007．黄酮类化合物提取方法的应用．天津药学，19(5)：61-66．

实验19　中药丹参有效成分丹参醌类提取与鉴定

实验目的与主要内容

中药丹参是唇形科鼠尾草属植物丹参(salvia miltiorrhira)的干燥根茎，因其根皮丹(红)而肉紫，具有滋补强壮作用，故名丹参。丹参中的活性成分主要有两大类：一类是脂溶性的二萜醌类化合物，另一类是水溶性的酚酸类化合物。本实验通过介绍丹参酮和丹参素的提取方法和操作技术，使学生学习和掌握纯化精制丹参酮的具体方法。

一 背景知识

中药丹参是唇形科鼠尾草属植物丹参(salvia mietiorrhiza)的干燥根茎,因其根皮丹(红)而肉紫,具有滋补强壮作用,故名丹参。其具有祛血止痛,活血通经,安神宁心,清心除烦等功效。该药近年来在心脑血管疾病、癌症、抗衰老等方面具有良好的治疗效果。鼠尾草属植物,全世界有近千种,遍布温暖地带,我国有 83 种,变种 25 种。药典收录丹参仅 1 种,民间作丹参入药的近 30 余种,如毛地黄鼠尾草(银紫丹参)、甘西鼠尾草(甘肃紫丹参)、褐毛甘西鼠尾草(红秦艽)、山鼠尾草(紫花丹参)、滇丹参、白花丹参、野丹参(黄花丹参)、荞麦地鼠尾草(丹参红根)等。

丹参中的活性成分主要有两大类:一类是脂溶性的二萜醌类化合物,约 40 余种,以丹参酮Ⅰ、Ⅱ-A、Ⅱ-B,隐丹参酮,异丹参酮Ⅰ、Ⅱ-A、Ⅱ-B,羟基丹参酮Ⅱ-A,异隐丹参酮,丹参酸甲脂,丹参新醌甲、乙、丙、丁等为代表;另一类是水溶性的酚酸类化合物,有数十种,以丹参酸甲(丹参素)、乙、丙,原儿茶醛,丹参酚酸 A 等为代表。

各地产丹参中丹参酮Ⅱ-A 含量为 0.02%~0.78%,丹参酮Ⅰ含量为 0.02%~0.15%,总酚含量 0.6%~2.5%(野生),0.6%~1.1%(栽培)。其中,丹参酮Ⅱ-A 及其衍生物丹参酮Ⅱ-A 磺酸钠、隐丹参酮、原儿茶醛、丹参酸甲等在治疗冠心病和外科抗菌消炎、抗结核、抗麻风等方面效果显著。复方丹参滴丸、丹参注射液、复方丹参注射液、丹参酮Ⅱ-A 磺酸钠已广泛用于治疗冠心病,而丹参酮片则用于抗菌消炎,治疗急慢性骨髓炎、急性扁桃腺炎、咽喉炎、烧伤感染等。

图 3.6 给出了主要丹参酮类的结构简式,表 3.3 中汇总了它们的结晶形态、化学式、熔点、特征红外吸收和紫外吸收等数据。

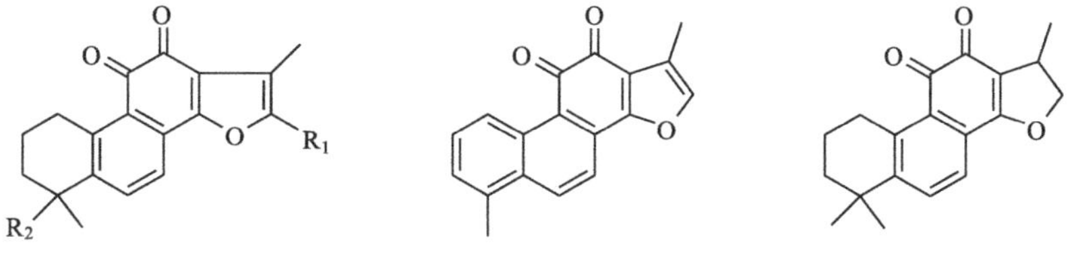

R_1=H, R_2=CH_3　丹参酮Ⅱ-A　　　　丹参酮Ⅰ　　　　隐丹参酮

R_1=H, R_2=CH_2OH　丹参酮Ⅱ-B

R_1=SO_3Na, R_2=CH_3 丹参酮Ⅱ-A磺酸钠

R_1=H, R_2=$COOCH_3$ 丹参酸甲酯

图 3.6　丹参酮类结构

二、实验原理

丹参酮类为脂溶性化合物,而丹参素类则易溶于水,因此提取时常将这两类成分分开来提取。丹参酮类一般用乙醇提取,丹参素常用水提醇沉法,再精制纯化。有关联合提取的工艺路线现在也有研究,如超临界提取法。提取出的有效成分可用于制备口服液、注射液及其他制剂。丹参酮Ⅱ-A 从总丹参醌中分离出来后,可以进行磺酰化制备成磺酸钠盐,反应式如下:

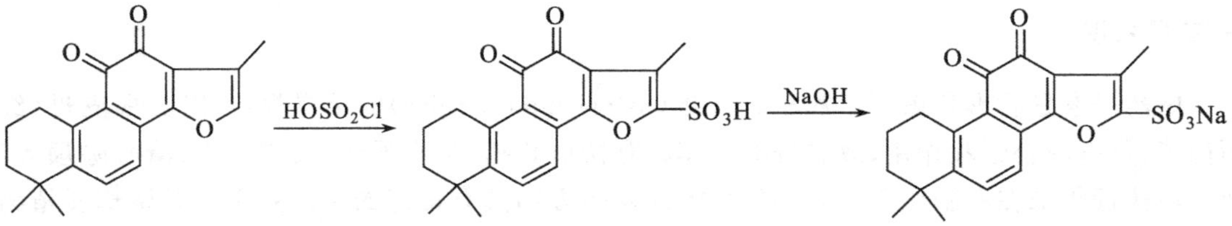

丹参酮Ⅱ-A　　丹参酮Ⅱ-A磺酸　　丹参酮Ⅱ-A磺酸钠

表 3.3　主要丹参酮类的物理性质与特征光谱数据

名称	结晶形态	分子式(相对分子质量)	m. p. / ℃	$\frac{UV_{ETOH}}{\lambda_{max}(\log\varepsilon)}$	IR(KBr) ν/cm^{-1}	$[\alpha]_D^{23}$/(°)
丹参酮(醌)Ⅰ	棕红色柱状结晶	$C_{18}H_{12}O_3$ (276.28)	～234	245(4.63) 270(4.34), 325(3.73) 420(3.74)	1680 1660	
丹参酮(醌)Ⅱ-A	樱红色针状结晶(甲醇)	$C_{19}H_{18}O_3$ (294.33)	209～210			
丹参酮(醌)Ⅱ-B	紫红色针状结晶(甲醇)	$C_{19}H_{18}O_4$ (310.38)	200～204	224(4.38) 252(4.30), 269(4.44) 272(4.35), 348(3.38) 458(3.42)		−153 (氯仿)
丹参酮甲酯	红色长条形薄片结晶(丙酮)	$C_{20}H_{18}O_3$ (306.34)	183～184	224(4.17) 252(4.16), 267(4.20) 275(s,4.20) 352(br,3.30) 465(br,3.43)		−139 (氯仿)
隐丹参酮	橙色针状结晶(甲醇)	$C_{19}H_{20}O_3$ (296.35)	184～185	219 263 271 290 357		
二氢丹参酮	棕红色针状结晶(甲醇)	$C_{18}H_{14}O_3$ (278.29)	215～216			−208.5 (丙酮)

三、仪器和试剂

1. 仪器

三口烧瓶,1 只;回流提取装置,1 套;硅胶 G 薄层,1 片;控温水浴,1 台;电动搅拌器,1 台;超声仪,1 台;无水氯化钙干燥管,1 只;层析柱,1 支。

2. 试剂

丹参根粉,95%乙醇、50%乙醇(A. R.),丹参酮Ⅱ-A 对照品,二氯甲烷(A. R.),乙酸镁(A. R.),甲醇(1∶4,V/V)(A. R.),无水氯化钙(C. P.),苯(A. R.),氯仿(A. R.),石油醚∶苯(1∶1),磺酰氯(A. R.),柱层析用硅胶(A. R.),2 mol · L^{-1}氢氧化钠(A. R.),苯∶乙酸乙酯(19∶1)(A. R.)。

四、实验步骤

1. 总丹参酮(醌)提取

方法 1. 称取丹参根粉 20.0 g,以 150 mL 95%乙醇加热回流提取 2 次,每次 1h,再以

150 mL75%乙醇回流提取 0.5 h。抽滤后合并乙醇提取液，回收乙醇至 40 mL，静置 0.5 h，使析晶完全。抽滤得橘红色粉末，80 ℃下干燥，得总丹参酮。

方法 2. 称取丹参根粉 20.0 g，以 200 mL 95%乙醇加热回流提取 1 h，再以 150 mL50%乙醇回流提取 0.5 h。抽滤后，残渣以 150 mL 水回流提取 0.5 h；抽滤后合并提取液，浓缩至 50 mL，静置 0.5 h，使析晶完全。抽滤得橘红色粉末，80 ℃下干燥，得总丹参酮。

方法 3. 称取丹参根粉 10.0 g，以 150 mL 二氯甲烷∶甲醇(1∶4，*V*/*V*)于带塞三角瓶中超声促提萃取 30 min。抽滤，残渣再用 150 mL 混合溶剂超声促提萃取 1 次，然后用 95%乙醇加热回流提取 0.5 h，合并提取液，浓缩至 50 mL，静置 0.5 h，使析晶完全。抽滤得橘红色粉末，80 ℃下干燥，得总丹参酮。

2. 丹参酮Ⅱ-A 分离纯化

取硅胶 400 g，用苯作溶剂，湿法装柱，将粗总丹参酮 1.0 g 溶解于适量苯中，进行柱层析分离。以石油醚∶苯(1∶1)进行洗脱，每 100 mL 为一馏分，回收各份溶剂至小体积，以丹参醌Ⅱ-A 为对照品进行薄层层析检测，相同组分合并，回收溶剂可得丹参酮Ⅱ-A，再以甲醇重结晶。

3. 丹参醌的定性鉴定

一般实验利用乙酸镁或碱性实验来检测。薄层检测以丹参酮Ⅱ-A 为标准，检测提取物中的丹参酮。硅胶 G 薄层层析展开，展开剂为苯∶乙酸乙酯(19∶1)；自然显色，应为红色斑点。

4. 丹参酮磺酸钠制备

取 0.5 g 丹参酮Ⅱ-A 置于三口瓶中，装上电动搅拌器和无水氯化钙干燥管，加 100 mL 氯仿溶解，置于冰水浴中，维持在 0 ℃以下，搅拌下逐滴加入磺酰氯(可将其溶解于 5 mL 氯仿中)0.98 mL，15 min 内滴加完毕，继续搅拌 15 min。反应完成后，将反应物仔细缓慢倾入 10 mL冰水中，待水与氯仿分层后收集水层(氯仿层回收溶剂)，用 2 mol·L^{-1}氢氧化钠调节水层 pH 至 5～6，静置 0.5 h，即可析出丹参酮Ⅱ-A 磺酸钠盐。抽滤，少量水洗 2 次，抽干，沉淀在 80 ℃下干燥，即可得到丹参酮磺酸钠。在此条件下，丹参酮Ⅱ-A 的 R_f 值约为 0.72。

思　考　题

1. 在制备丹参酮磺酸钠衍生物时，为什么要用装有无水氯化钙干燥管干燥？
2. 三种提取丹参酮的方法各有何优缺点？

参 考 文 献

杜敏，黄湘. 2005. 不同提取方法测定丹参药材中丹参酮Ⅱ-A 含量比较研究. 现代中药研究与实践，9(3)：33.

黄政德，将孟良，李昌刚，等. 2001. 丹参中脂溶性成分提取工艺优选实验. 中国中药杂志，26(5)：338.

王俊儒. 2006. 天然产物提取分离与鉴定技术. 杨凌：西北农林科技大学出版社.

徐义. 2004. 丹参酮Ⅱ-A 的提取方法研究. 化学工程师，(8)：64.

杨朝莲，曹敏. 2005. 丹参药材中丹参酮Ⅱ-A 提取方法的探讨. 贵阳中医学院学报，(1)：60.

张荣泉，王德任，张蓉. 2001. 丹参水溶性成分提取工艺研究. 中药材，24(1)：818.

实验 20　苦皮藤素衍生物的合成

实验目的与主要内容

苦皮藤(celastrus angulatus)属卫矛科(celastraceae)南蛇藤属(celastrus)多年生藤本植物，广泛分布于我国黄河、长江流域的丘陵和山区。苦皮藤的根皮和茎皮均含有多种强力杀虫成分，目前已从根皮或种子中分离鉴定出数十种具有杀虫活性的以 β-二氢沉香呋喃(图 3.7)为骨架的多元醇酯化合物，统称苦皮藤素，而苦皮藤素的母体骨架主要是 $1\beta,2\beta,4\alpha,6\alpha,8\beta,9\alpha$,12-七羟基-$\beta$-二氢沉香呋喃。本实验通过介绍制备、分离 $1\beta,2\beta,4\alpha,6\alpha,8\beta,9\alpha$,12-七羟基-$\beta$-二氢沉香呋喃的方法和操作技术，使学生学习和掌握精制、纯化 $1\beta,2\beta,4\alpha,6\alpha,8\beta,9\alpha$,12-七羟基-$\beta$-二氢沉香呋喃并进行结构修饰的具体方法。

一、背景知识

苦皮藤是卫矛科南蛇藤属的一种多年生藤状灌木，广泛分布于我国长江和黄河流域的丘陵浅山区。当地农民很早以前就知道其根皮具有杀虫活性，可以防治某些蔬菜害虫，故又称之为“菜虫药”。

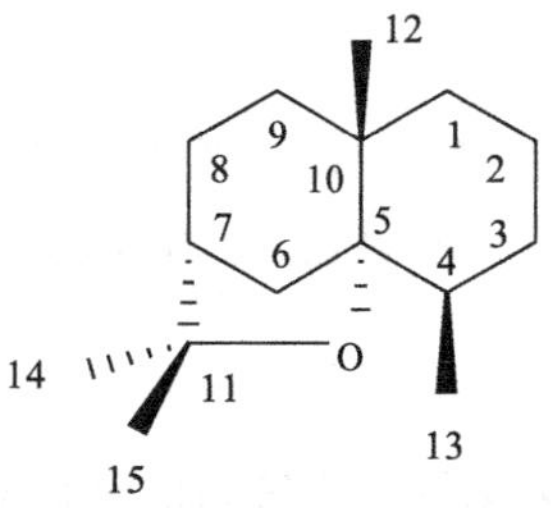

图 3.7　β-二氢沉香呋喃的结构

关于苦皮藤的化学成分，20 世纪 80 年代以前，国外仅有一篇文献报道从其叶子中分离出羟黄酮槲皮素等。直到 1988 年，若林(Wakabayashi)等从苦皮藤根皮中分离鉴定出第一个具有生物活性的二氢沉香呋喃倍半萜多元酯，即苦皮藤素-Ⅰ，众多植物化学家才对苦皮藤的化学成分进行了广泛的研究，取得了丰硕的成果。近年来，从苦皮藤中分离得到了一大类结构新颖、立体结构复杂的具有独特生物活性的 β-二氢沉香呋喃倍半萜多元醇酯。吴文君等从苦皮藤中先后分离得到了具有拒食、麻醉和毒杀三种生物活性的 51 种该类化合物。刘吉开等人分离出 15 种对菜青虫、玉米螟、赤拟谷盗显示强的拒食活性和部分具有毒杀作用的化合物。涂永强等报道了 13 种该类化合物，部分具有拒食活性。汪茂田等发现苦皮藤素 A 的混合物对菜青虫呈现强烈的拒食和毒杀作用。王国亮等报道了 4 种有昆虫拒食活性的苦皮藤酯类化合物。

从苦皮藤中得到的二氢沉香呋喃多元醇酯和生物碱，从结构分析看，与从其他卫矛科植物中得到的该类化合物相似，大多数化合物的取代基均位于 C-1、C-2、C-4、C-6、C-8、C-9、C-12 位，这些位置上的取代基不同，差向异构不同；而且凡是在 C-4 位置上有取代基的几乎无一例外是羟基，绝大部分化合物在 C-3 位上没有取代基存在(图 3.8)。取代基的种类归纳起来有乙酰基、苯甲酰基、呋喃甲酰基、异丁酰基、异戊酰基、异丙酰基等。

二、实验原理

苦皮藤中含有大量的以 β-二氢沉香呋喃为骨架的多元醇酯化合物，该类化合物脂溶性较强，故苦皮藤根皮粉的苯提取浸膏中含有大量该类化合物。此提取物在甲醇中用甲醇钠作强碱水解会使所有酯基崩解，得到其核心骨架多羟基 β-二氢沉香呋喃。以所得到的多羟基 β-二氢沉香呋喃为出发原料，进行酯化可以得到不同种类的 β-二氢沉香呋喃多元酯类衍生物(图 3.9)。

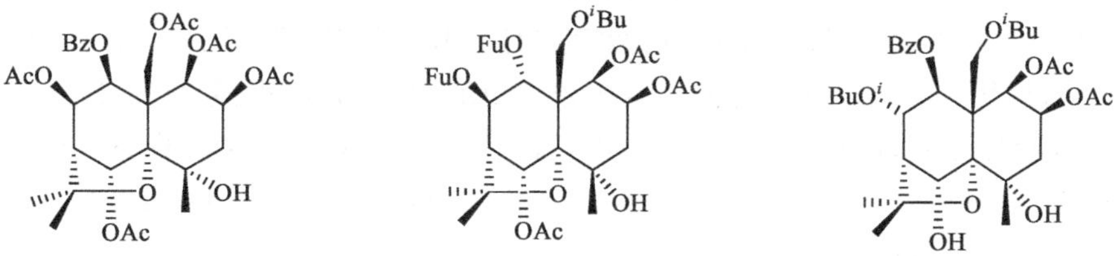

苦皮藤素-Ⅰ　　　苦皮藤素-Ⅳ　　　苦皮藤素-Ⅴ

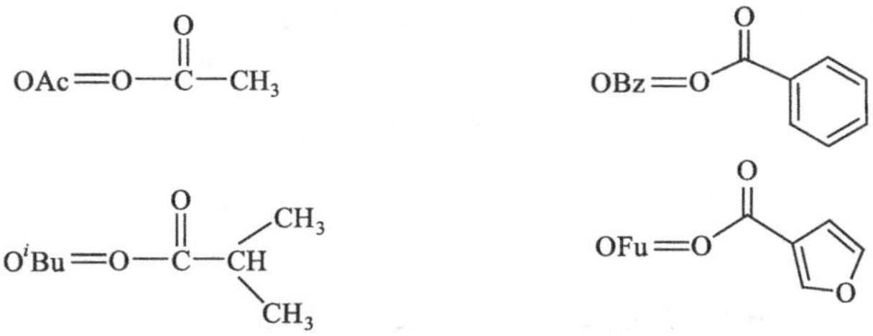

图 3.8　苦皮藤素类化合物的结构

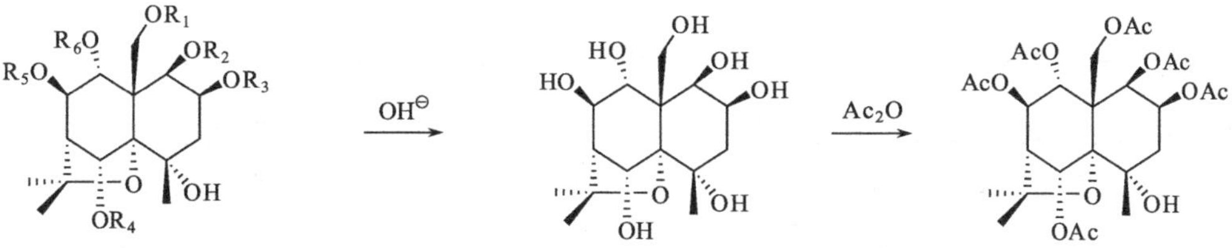

图 3.9　1*β*,2*β*,6*α*,8*β*,9*α*,12-六乙酰氧基-4*α*-羟基-*β*-二氢沉香呋喃的制备

三、仪器和试剂

1. 仪器

三颈烧瓶,1 只;红外光谱仪,1 台;无水氯化钙干燥管,1 支;质谱仪,1 台;5 mL 注射器,1 只;旋转蒸发仪,1 台;层析柱,1 支;控温水浴,1 台;超声仪,1 台;电磁搅拌器,1 台。

2. 试剂

甲醇钠(A. R.),乙酸酐(A. R.),氯化钠(A. R.),甲醇(A. R.),无水氯化钙(C. P.),无水吡啶(A. R.),无水硫酸钠(A. R.),石油醚(A. R.),盐酸(A. R.),乙酸乙酯(A. R.),碳酸氢钠(A. R.),丙酮(A. R.),10%的浓硫酸/乙醇溶液(A. R.),柱层析硅胶,薄层析硅胶,苦皮藤的苯提取浸膏,1*β*,2*β*,4*α*,6*α*,8*β*,9*α*,12-七羟基-*β*-二氢沉香呋喃对照品。

四、实验步骤

1. 苦皮藤素水解产物的制备

苦皮藤根皮粉的苯提取浸膏 62.8 g(含干物质约 50 g),用 300 mL 甲醇溶解,然后加入含量不低于50%的甲醇钠5.0 g，超声波处理助溶，在30 ℃的水浴中放置24 h。减压蒸去大部分溶剂后，用80 g 100～200目硅胶吸附，然后进行硅胶柱层析，先用300 mL石油醚洗柱，洗下脂溶性部分，后用450 mL甲醇洗柱。减压浓缩甲醇洗下部分，得浸膏36.5 g，取12.0 g用100～200目硅胶拌样后，进行硅胶柱层析，以乙酸乙酯∶甲醇＝95∶5的洗脱液1300 mL洗柱，每50 mL收集一馏分，共收集26份。第12～18馏分减压浓缩后即得1β,2β,4α,6α,8β,9α,12-七羟基-β-二氢沉香呋喃。

2. β-二氢沉香呋喃多元酯类衍生物的合成

称取1β,2β,4α,6α,8β,9α,12-七羟基-β-二氢沉香呋喃330 mg，放入25 mL干燥的梨形瓶中，氮气保护，电磁搅拌下用5 mL无水吡啶溶解，25 ℃下用注射器缓缓加入乙酸酐1.8 mL（约12 mmol），控制酸酐的滴加速度，维持体系温度无大的波动。保持25 ℃搅拌过夜，硅胶薄层层析检查原料点完全消失，展开剂分别为乙酸乙酯∶甲醇＝9∶1和石油醚∶乙酸乙酯＝1∶1，显色剂为10%的浓硫酸/乙醇溶液，得到一个比移值较原料大得多的产物点。加入2 mL甲醇淬灭反应，产物用质量百分比浓度0.3%的稀盐酸和乙酸乙酯分配，有机相分别用饱和$NaHCO_3$和饱和NaCl洗涤，无水Na_2SO_4干燥，除去溶剂后得1β,2β,6α,8β,9α,12-六乙酰氧基-4α-羟基-β-二氢沉香呋喃粗品约380 mg。

3. 1β,2β,6α,8β,9α,12-六乙酰氧基-4α-羟基-β-二氢沉香呋喃的分离纯化

将380 mg 1β,2β,6α,8β,9α,12-六乙酰氧基-4α-羟基-β-二氢沉香呋喃粗品溶于2 mL丙酮，然后加1 g硅胶吸附，待丙酮挥干后，干法上样，硅胶柱层析分离，流动相为石油醚∶乙酸乙酯（3∶1～9∶1），梯度洗脱。薄层层析（TLC）检测，合并R_f值约为0.45的斑点（10%的硫酸/乙醇显色，展开剂为石油醚∶乙酸乙酯＝2∶1）。

4. 1β,2β,6α,8β,9α,12-六乙酰氧基-4α-羟基-β-二氢沉香呋喃的鉴定

红外检测（IR）：1720 cm^{-1}，有明显的酯羰基吸收峰。

质谱检测（ESI-MS，正离子模式）：$[M+Na]^+=609$。

思　考　题

1. 在制备1β,2β,4α,6α,8β,9α,12-七羟基-β-二氢沉香呋喃时，还会得到哪些副产物？
2. 除了用乙酸酐进行乙酰化外，还有哪些方法可以乙酰化？

参 考 文 献

江苏植物研究所. 1988. 新华本草纲要. 上海：上海科学技术出版社.

南玉生，卢令娴. 1995. 植源杀虫剂苦皮藤研究现状. 农药，34(7)：28-31.

吴文君，刘慧霞，朱靖博，等. 1998. 天然产物杀虫剂——原理、方法、实践. 西安：陕西科学技术出版社.

Bruning R R, Wagneg H. 1978. Ubersicht uber die celatraceen-inhaltsstoffe: chemie, chemotaxnomie, biosynthese, pharmakologie. Phytochemistry, 17: 1821-1858.

实验 21　扁桃酸的合成和拆分

实验目的与主要内容

扁桃酸又名苦杏仁酸或 α-羟基苯乙酸，是一种重要的医药和染料合成中间体，在生物和化学合成中有着广泛的应用。本实验介绍了相转移催化剂 TEBA 的制备及其用于卡宾反应制备扁桃酸，不对称化合物的合成以及从外消旋体拆分旋光异构体的方法，以及天然麻黄碱旋光异构体的提取和分离。

一、背景知识

扁桃酸又名苦杏仁酸(mandelic acid) 或 α-羟基苯乙酸，是一种重要的医药和染料合成中间体，在生物和化学合成中有着广泛的应用，是合成头孢类抗生素、血管扩张药环扁桃酸酯和尿路消毒剂扁桃酸乌洛托品的重要原料。扁桃酸是一种手性分子，其单一对映异构体在药效上存在较大差异。各国对手性药物管理日益严格，许多国家明确规定手性药物不能以消旋体形式上市。同时，光学活性的扁桃酸具有很好的生物分解性，是合成许多手性药物的重要中间体。例如，*R*-扁桃酸用于头孢菌类系列抗生素羟苄四唑头孢菌素的侧链修饰剂，*S*-扁桃酸是合成用于治疗尿急、尿频和尿失禁药物 *S*2 奥昔布宁的前体原料 。手性扁桃酸还是一种重要的外消旋体拆分试剂。

扁桃酸合成主要有三种方法。

1) 苯甲醛氧化法

由苯甲醛经过与氰化物反应，得到羟基苯乙氰，然后直接水解，就可以得到扁桃酸。

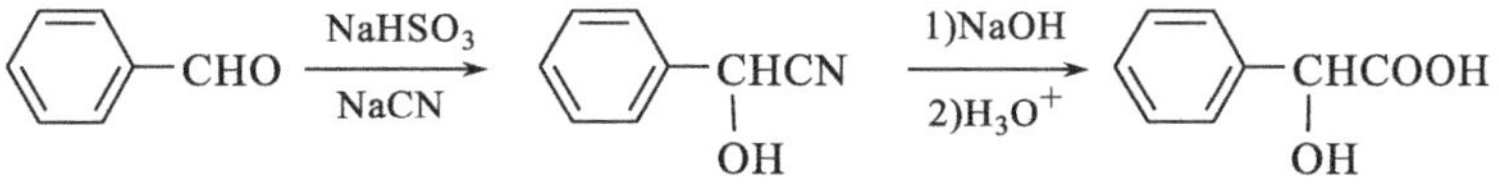

此法存在收率和纯度都较低，纯化难，使用剧毒的氰化物，污染较大等缺点，已逐渐被淘汰。

2) 苯乙酮衍生法

通过苯乙酮氯代成 α,α'-二氯苯乙酮，然后水解得到扁桃酸。

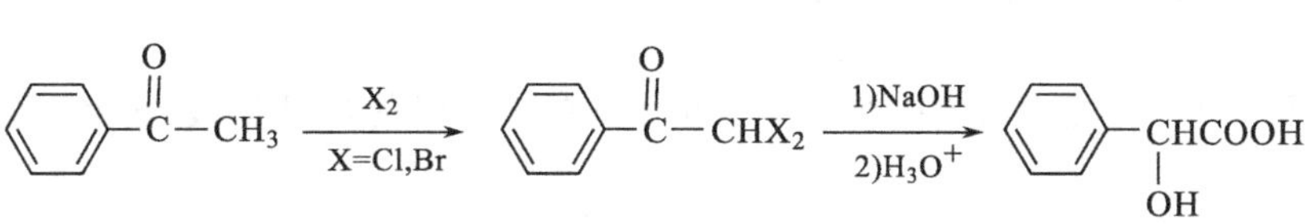

该路线每一步溶剂使用量都较大，成本较高。

3) 相转移催化法(phase transfer catalysis，PTC)

在扁桃酸的合成上，人们一直在探索改进合成方法。其中相转移催化法是近年来发展的一种新方法，该方法条件温和，操作简单，催化剂一般情况下可以循环使用。

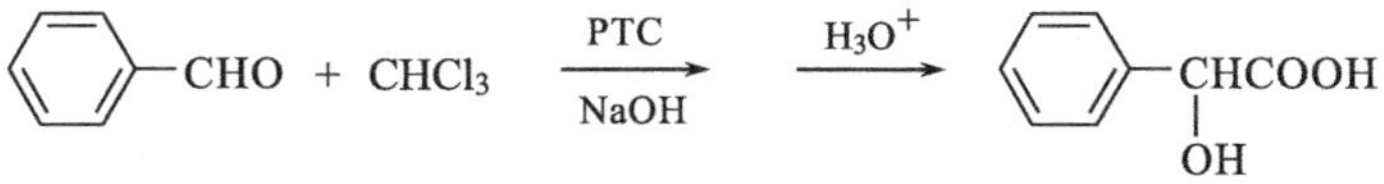

如果用手性的相转移催化剂催化，可以得到单一对映体的扁桃酸。但是，通常的化学合成法得到的大多数是扁桃酸的外消旋体，如果要得到某一构型手性的扁桃酸，需要对其进行拆分。常用的拆分外消旋扁桃酸的方法有以下几种。

1）非对映体盐结晶拆分法

非对映体盐结晶拆分法是目前工业上应用最广泛的一种拆分技术。它是利用化学反应把对映体变为非对映体。如果手性化合物的分子中含有一个易于反应的拆分基团，如羧基或氨基等，就可以使它与一个纯的旋光化合物（拆解剂）反应，从而把一对对映体变成两种非对映体。由于非对映体具有不同的物理性质，如溶解性、结晶性等，利用结晶等方法将它们分离、精制，然后再去掉拆解剂，就可以得到纯的旋光化合物，达到拆分的目的。实际工作中，要得到纯的旋光化合物，并不是件容易的事情，往往需要冗长的拆分操作和反复的重结晶才能完成。

使用该方法拆分扁桃酸的拆分试剂主要有生物碱（麻黄碱、辛可宁、士的宁、吗啡）、手性胺（2-氨基-1-丁醇、L-苯乙胺等）、氨基酸及其衍生物等，但存在溶剂消耗大，拆分试剂成本高等缺点。

2）萃取拆分法

手性萃取分离法是近几年才提出的具有相当潜力的手性分离方法，其基本原理是：依靠手性选择体与两种对映体生成两种非对映体的吉布斯自由能差－Δ(ΔG)将外消旋体分开，在足够多的级数下，可实现对映体的高纯度分离，目前这个方法在技术上还不成熟，需要进一步完善发展。

此外，拆分外消旋扁桃酸的方法还有色谱拆分法、电泳拆分法、酶催化拆分法等。

对映体的完全分离当然是最理想的，但在实际工作中很难做到这一点，常用光学纯度表示被拆分后对映体的纯净程度，它等于样品的比旋光除以纯对映体的比旋光。

$$光学纯度(op)=\frac{样品的[\alpha]}{纯物质的[\alpha]}\times 100\%$$

二、实验原理

1. 外消旋化合物扁桃酸的合成

本实验采用相转移催化反应，合成外消旋扁桃酸。合成反应式如下：

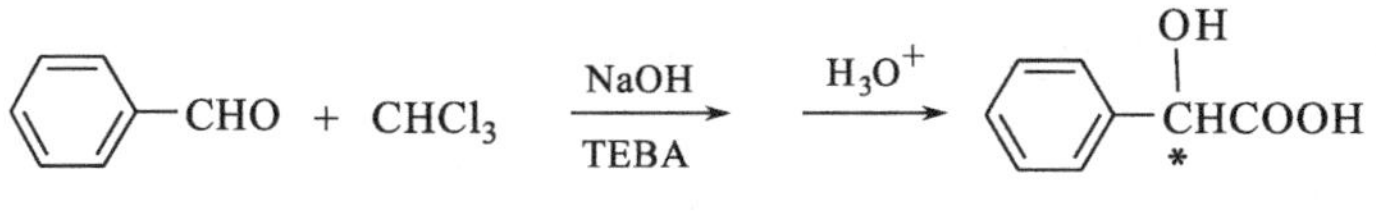

反应机理一般认为是，反应中产生的二氯卡宾对苯甲醛的羰基加成，再经重排及水解：

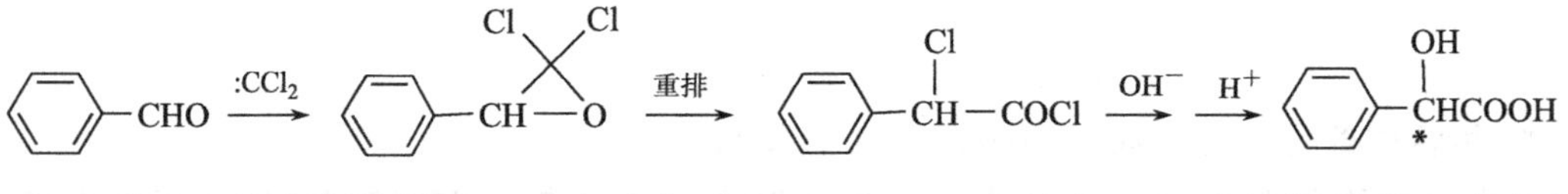

实验采用相转移催化剂三乙基卡宾氯化铵（TEBA），它是由三乙胺与氯化苄反应制得的季铵盐：

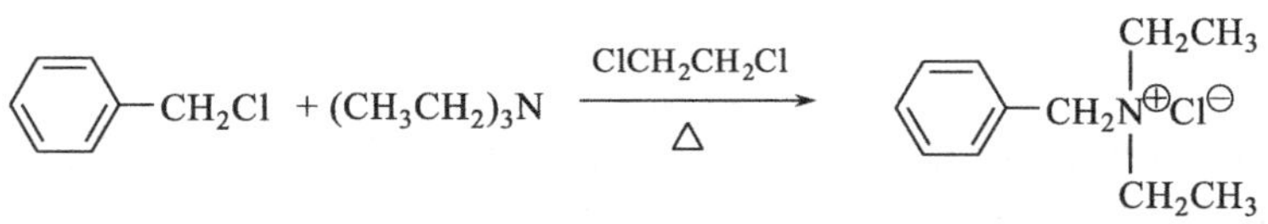

2. 外消旋化合物扁桃酸的拆分

本实验选用非对映体盐结晶法来拆分外消旋的扁桃酸，用自制或购买的天然光学纯的D(—)-麻黄素作为拆解剂，它与外消旋体的苦杏仁酸作用，生成非对映体的盐，利用两种非对映体的盐在无水乙醇中的溶解度不同，用分步结晶的方法将它们拆开，然后再用酸处理已拆分的盐，使苦杏仁酸重新游离出来，得到较纯的(—)-和(+)-苦杏仁酸，并通过旋光度(α)的测定，计算产物的比旋光度[α]和光学纯度 op。

天然 D(—)-麻黄素的结构为

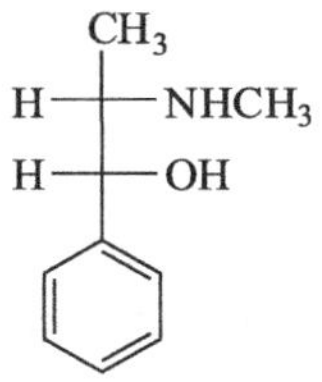

本实验过程采用的实验路线如图 3.10 所示。

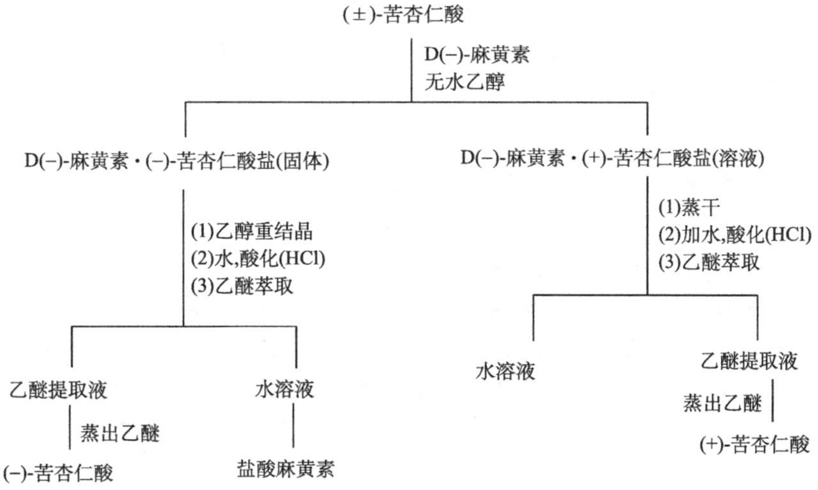

图 3.10　扁桃酸合成与拆分流程图

三、仪器和试剂

1. 仪器

100 mL 圆底烧瓶，1 只；温度计，1 支；100 mL 三颈瓶，1 只；搅拌器，1 台；回流冷凝管，1 支；旋光仪，1 台。

2. 试剂

苯甲醛(新蒸)(A.R.),氯仿(A.R.),1,2-二氯乙烷(A.R.),三乙胺(A.R.),氯苄(A.R.),50%氢氧化钠(A.R.),乙醚(A.R.),硫酸(A.R.),无水硫酸钠(A.R.),无水乙醇(A.R.),甲苯(A.R.),麻黄素盐酸盐(A.R.),氢氧化钠(A.R.),浓盐酸(A.R.),刚果红试纸。

四、实验步骤

1. 相转移催化剂 TEBA 的制备

在 100 mL 圆底烧瓶中,加入 11.5 mL 氯苄、40 mL 1,2-二氯乙烷和 15.3 mL 三乙胺,水浴加热回流 3～4 h。冷却后,抽滤,用少许溶剂洗涤,白色结晶烘干后称量,计算收率。

注:TEBA 熔点 310 ℃,易吸潮,应保存在干燥器中备用。

2. 二氯卡宾反应合成扁桃酸

在 100 mL 装有搅拌器、回流冷凝管和温度计的三颈瓶中,加入 6.8 mL 苯甲醛、0.7 g TEBA 和 12 mL 氯仿。开动搅拌,在水浴上加热,待温度上升至 50～60 ℃,自冷凝管上口慢慢滴加配制的 50% 的氢氧化钠溶液。滴加过程中控制反应温度在 60～65 ℃,约需 45 min 到 1 h加完。加完后,保持此温度继续搅拌 1 h。

将反应液用 140 mL 水稀释,每次用 15 mL 乙醚萃取两次,合并乙醚萃取液,倒入指定容器待回收乙醚。此时水层为亮黄色透明状,用 50% 硫酸酸化至 pH 为 1～2 后,再每次用 30 mL 乙醚萃取两次,合并酸化后的乙醚萃取液,用无水硫酸钠干燥。在水浴上蒸干乙醚,并用水泵减压抽净残留的乙醚(产物在醚中溶解度大),得粗产物 6～7 g。

将粗产物用甲苯-无水乙醇(8∶1 体积比)进行重结晶(每克粗产物约需 3 mL),趁热过滤,母液在室温下放置使结晶慢慢析出。冷却后抽滤,并用少量石油醚(30～60 ℃)洗涤,促使其快干。产品为白色结晶,产量 4～5 g,熔点 118～119 ℃。

注:① 也可用电磁搅拌代替电动搅拌,效果更好。相转移催化剂是非均相反应,搅拌必须是有效和安全的。这是实验成功的关键。② 溶液呈浓稠状,腐蚀性极强,应小心操作。盛碱的分液漏斗用后要立即洗干净,以防活塞受腐蚀而黏结。③ 此时可取反应液用试纸测其 pH,应接近中性,否则可适当延长反应时间。④ 也可单独用甲苯重结晶(每克约需 1.5 mL)。

3. 外消旋体扁桃酸的拆分

1) D(—)-麻黄素的制备

在 50 mL 锥形瓶中,将 4.0 g 麻黄素盐酸盐溶于 10 mL 水,加入 1.0 g 氢氧化钠溶于 5 mL水的溶液,摇荡混合后,D(—)-麻黄素即游离出来。冷却后每次用 10 mL 乙醚萃取两次,合并醚萃取液并用无水硫酸钠干燥。在 100 mL 圆底烧瓶中蒸去乙醚后,即得 D(—)-麻黄素。

2) 外消旋苦杏仁酸的拆分

将上面制得的麻黄碱溶于 30 mL 无水乙醇，然后加入 3.0 g 制备的苦杏仁酸溶于 10 mL 无水乙醇的溶液，混合均匀后在水浴上隔绝潮气回流 1.5～2 h。放置至室温让其自然结晶，然后在冰浴中冷却让其结晶完全。抽滤，粗产物用 40 mL 无水乙醇重结晶后得无色结晶约 2.2 g。重新用 20 mL 无水乙醇重结晶一次后，得到白色粒状晶体即为(－)-苦杏仁酸 D(－)-麻黄素盐，约 1.5 g，熔点 169～170 ℃。

将得到的非对映体盐溶于 10 mL 水中，然后用浓盐酸小心酸化至刚果红试纸变蓝(约需 1 mL)。酸化后的水溶液每次用 10 mL 乙醚萃取两次，合并醚萃取液，经无水硫酸钠干燥后在水浴上蒸去乙醚，得(－)-苦杏仁酸白色结晶约 0.5 g，熔点 131～132 ℃，$[\alpha]_D = -130°$ (0.002 72 g·L^{-1}，水)。萃取后的水溶液倒入指定的容器内，以便回收麻黄素。

将两次结晶(－)-苦杏仁酸·D(－)-麻黄素盐后的乙醇母液在水浴上蒸去乙醇，并用水泵将溶液抽干。残留物中加入 20 mL 水，温热并搅拌使固体溶解，然后小心用浓盐酸酸化至刚果红试剂变蓝。此时若有油状黏稠物出现，可用滤纸滤掉。每次用 10 mL 乙醚萃取两次，合并乙醚萃取液，经无水硫酸钠干燥后蒸去乙醚，得(＋)-苦杏仁酸，熔点 120～124 ℃，$[\alpha]_D = -101°$(0.002 12 g·L^{-1}，水)。萃取后的水溶液倒入指定容器回收麻黄素。

4. 比旋光度的测定

将上面制提的(＋)-及(－)-苦杏仁酸准确称量后，用蒸馏水配成 2% 的溶液。测定比旋光度，并计算拆分后单个对映体的光学纯度。

纯苦杏仁酸的$[\alpha] = \pm 156°$。

注：① 盐酸麻黄素熔点为 216～220 ℃，$[\alpha]_D^{25} = -33° \sim 35.5°$，符合药典要求。我国部分制药厂有商品出售，也可从中药麻黄中提取。② 蒸出的乙醚可用于下一步萃取。③ 将萃取后的水溶液在蒸馏瓶中蒸去大部分水，然后移至烧杯中浓缩至一定体积后，冷却结晶，抽滤析出的晶体，干燥，即可回收 D(－)-麻黄素。④ (＋)-苦杏仁酸的分离显得更加困难，一般难以得到纯品。故建议安排学生实验时只分离对映异构体之一，即(－)-苦杏仁酸。⑤ 如溶液混浊，需用定量滤纸过滤。

思考题

1. 本实验中，酸化前后两次用乙醚萃取的目的何在？
2. 根据相转移反应原理，写出本反应中离子的转移和二氯卡宾的产生及反应过程。
3. 本实验反应过程中为什么必须保持充分的搅拌？
4. 为提高产物的光学纯度，你认为本实验的关键步骤是什么？
5. 若测得苦杏仁酸的旋光度 $\alpha = -6°$，如何确定其旋光度是 $-6°$，而不是 $+354°$？

参考文献

何彬，李燕. 2005. 药物中间体扁桃酸的合成. 大众科技，6:83.
邵恒，甘永平，张文魁，等. 2007. 扁桃酸的拆分和手性扁桃酸的合成研究进展. 化学试剂，29 (3):143-146.
吴世晖，周景尧，林子森，等. 1986. 中级有机化学实验. 北京：高等教育出版社.

课外阅读：从中药麻黄中提取麻黄碱

麻黄为麻黄科植物草麻黄（ephedra sinica stapt）或木贼麻黄（山麻黄）（ephedra equisetina bunge)的干燥草质茎，是一种常用中草药，苦涩，具有发汗解表、止咳平喘、消水肿的能力，同时也是提取麻黄生物碱的主要原料。中药麻黄含有1%～2%的生物碱，其中主要是D(－)-麻黄碱（占全碱重的80%左右）和L(＋)-假麻黄碱。它们都具有相同的分子式$C_{10}H_{15}NO$，而天然产物中L(＋)-假麻黄碱含量很少。L(＋)-麻黄碱和D(－)-假麻黄碱则是人工合成的产物。

麻黄主要产于我国山西、河南、河北、内蒙古、甘肃及新疆等地，其中以山西大同产的最好。一般情况下，是把提取得到的D(－)-麻黄碱做成盐酸盐保存。其盐酸盐为斜方针状结晶，熔点216～220 ℃，在水中的比旋光度$[\alpha]_D^{25}=-33°$。D(－)-麻黄碱性味微苦，是中草药麻黄的有效成分。

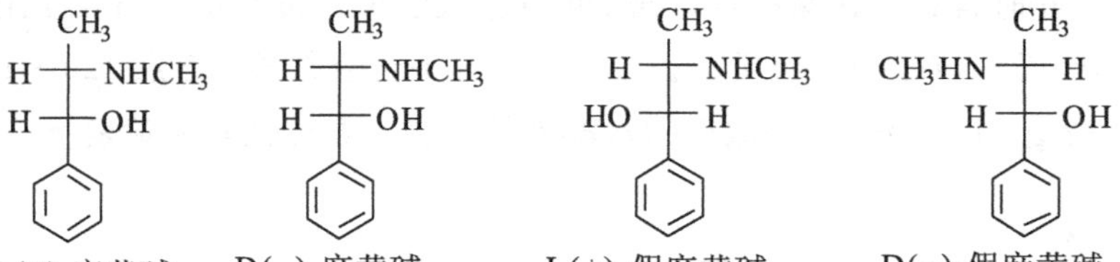

L(+)-麻黄碱　D(−)-麻黄碱　L(+)-假麻黄碱　D(−)-假麻黄碱

(天然产物中提取)

1. 试剂

草麻黄，0.1%盐酸，乙醚，粒状氢氧化钠，丙酮或氯仿，氯化氢的无水乙醚饱和溶液，生石灰。

2. 实验步骤

1）溶剂提取法

在500 mL的烧杯中加入草麻黄25 g，然后用200 mL 0.1%～0.5%稀盐酸溶液浸泡一昼夜以上，刚浸泡的草麻黄溶液pH＝1，浸泡一昼夜以上后pH为4～5，溶液呈橘黄色。滤去草麻黄及其残渣，并收集浸取液。浸取液用碳酸钠调节溶液酸度至pH＝5.5～6。再把浸取液减压浓缩至原体积的1/3左右。浓缩液用碳酸钠中和至pH＝10，这时浓缩液有浅橘黄色絮状沉淀析出，过滤，澄清的浸取液用氯化钠进行饱和。用40 mL乙醚分三次提取用氯化钠饱和的浸取液。合并乙醚提取液。乙醚提取液为无色透明液体，其pH＝8～9。最后用粒状氢氧化钠干燥。滤去干燥剂，在常压下蒸去乙醚，残余物为橘红色油状物。在残余物中加入2～5 mL饱和的氯化氢无水乙醇溶液，即有大量斜方针状结晶析出。待结晶完全析出后，过滤，用10 mL氯仿或丙酮分三次进行洗涤，以除去混杂在产品中的L(＋)-假麻黄碱。产品进行干燥，挑选斜方针状结晶，测其熔点(218～221 ℃)，然后把干燥好的产品放于真空干燥器内保存。产品可用无水乙醇重结晶。

2) 水蒸气蒸馏法

将 25.0 g 的草麻黄用 200 mL 0.1% 的稀盐酸溶液浸泡一昼夜以上，然后滤去草麻黄及残渣，得到浸泡过的浸取液。将浸取液浓缩至一定体积后，加入石灰使呈碱性，再用氯化钠饱和后进行水蒸气蒸馏，收集蒸出液。在蒸出液中加入草酸使呈酸性，D(—)-麻黄碱草酸盐即沉淀析出。过滤收集沉淀，母液待处理。将沉淀放入小烧杯中，加入饱和的氯化钙水溶液进行复分解，D(—)-麻黄碱草酸盐就变成 D(—)-麻黄碱盐酸盐而溶解。滤去析出的草酸钙沉淀，然后把滤液浓缩到一定体积后，加入活性炭进行脱色，煮 10 min 左右，趁热滤去活性炭。将滤液进行冷却，D(—)-麻黄碱盐酸盐结晶即析出。将过滤 D(—)-麻黄碱草酸盐沉淀后的草酸母液按类似的方法处理，就可以得到 L(+)-假麻黄碱的盐酸盐结晶。

3. 麻黄碱的鉴定实验——双缩脲反应

取本品酸性水浸液，加碱后，用乙醚提取，分出乙醚液，常压蒸去乙醚，残留物溶于少量稀酸溶液中，加入硫酸铜数滴及氢氧化钠溶液至稍过量，则溶液呈现紫色。再加入乙醚数毫升，混合后加上塞子放置，则醚层呈紫色，而水相呈蓝色。这是由于麻黄碱分子中 $-CH(NH_2)-CH(OH)$ 的结构与蛋白质类似，可与铜发生双缩脲反应呈紫色，其螯合物可溶于有机溶剂，故醚层呈现紫色，其螯合物结构如图 3.11 所示。

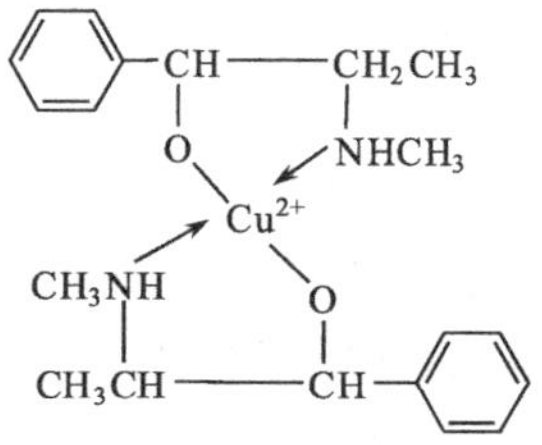

图 3.11 双缩脲铜螯合物结构示意图

第二节 应用电化学

电化学是从研究电能与化学能之间的相互转化开始的，目前已发展为一门重要的边缘学科，它与化学领域中的其他学科、物理、生物、电子等学科的紧密联系，形成了电分析化学、有机电化学、催化电化学、量子电化学、半导体电化学、生物电化学等交叉学科，这些学科涉及能源、交通、材料、生命以及环境等重大问题的研究，推动着国民经济和科学技术的发展。

电极反应是电化学中的主要研究对象，是指在电子导体与离子导体界面上发生的有电子参加的氧化还原反应。电极本身既是传递电子的介质，又是电极反应的场所。通常将电流通过电极与溶液界面时所发生的一连串变化的总和，称为电极过程。

按反应类型来说，电极反应属于氧化还原反应，然而，由于这种反应是在电极表面上进行的，是特殊的异相氧化还原反应，它与一般的氧化还原反应又有许多不同。

(1) 分区进行。由于反应中涉及的电子能通过电极和外电路传递，氧化反应和还原反应可以分别在阳极和阴极进行。电极表面作为“反应地点”，起着相当于异相催化反应中催化剂表面的作用。

(2) 电极表面上存在双电层和表面电场(电极反应的特殊性)。虽然在一般催化剂表面上也存在表面力场和电场，但电极表面的特点是可以在一定范围内任意地和连续地改变表面上电场的强度和方向，因而就可以在一定范围内随意地和连续地改变电极反应的活化能和反应速度。换言之，在电极表面上有可能随意地控制反应表面的“催化活性”与反应条件。

根据电极反应的性质，电极过程可以分为阴极过程和阳极过程。根据电极过程研究对象不同大致可分为三类：①金属电极过程，包括金属电沉积和金属溶解，如 $Ni^{2+}+2e^- \longrightarrow Ni$(镀镍的阴极过程)和 Cu(粗铜)$\longrightarrow Cu^{2+}+2e^-$(铜电解精炼的阳极过程)；②气体电极过程，如氢氧燃料电池中的两个电极反应 $H_2 = 2H^+ + 2e^-$ 和 $O_2 + 2H_2O + 4e^- = 4OH^-$；③电解氧化还原，其实所有在电极上进行的反应都是氧化反应或还原反应，这里指的是除金属电极过程和气体电极过程以外的电极过程，而且其反应物和产物通常是可溶的。因此电解氧化还原涉及面广，在无机方面如硫酸盐电解氧化 $2SO_4^{2-} = S_2O_8^{2-} + 2e^-$，在有机方面如硝基苯的电还原 $C_6H_5NO_2 + 6H^+ + 6e^- = C_6H_5NH_2 + 2H_2O$。以上所涉及的都是将电能转化为化学能的情况，即电极过程为电解过程或电镀过程。应该强调的是，电化学的内容还包括将化学能转变为电能时的电极过程，其中最重要的就是化学电源。

一、金属电沉积——金属材料的制备

电沉积也称电镀，是一种电化学沉积过程，即将直流电通入一定组成的电解质溶液，在阴极镀件表面上沉积出金属镀层的过程。电镀反应是一种典型的电解反应，根据镀层的组成可分为单金属镀层和合金镀层；根据镀层与基体金属的电化学性质可分为阴极性镀层和阳极性镀层；根据镀层的作用可分为防护性镀层、防护-装饰性镀层、修复性镀层，以及具有特殊功能（导电、磁性能、耐腐蚀等）的镀层。

工业上应用的电镀溶液大多数是电解质水溶液，特殊情况下采用有机溶剂或熔融盐。几乎所有的金属都能从熔融盐中电沉积出来，但并不是所有的金属均可从水溶液和非水溶液中电沉积。主要是因为水溶液中存在有氢离子，对于金属离子能否从中沉积，取决于金属离子的析出电位，可以根据金属的平衡电极电位与氢的平衡电极电位的数值，来判断金属在水溶液中析出的可能性与沉积速度。根据镀液中金属离子的存在形式可将其分为简单盐溶液和络盐溶液。此外，除电镀液性质的影响外，镀层质量还受金属盐的浓度、导电盐、添加剂，以及电流密度、温度、搅拌、pH 等影响。

合金镀层是指含有两种或两种以上金属的镀层。两种金属离子共沉积除具备电沉积单金属的一些基本条件外，还应具备以下两个基本条件：

(1) 合金中两种金属至少有一种能单独从水溶液中沉积出来。有些金属如钨、钼等虽然不能单独从水溶液中沉积出来，但可与另一种金属如铁、钴、镍等同时从水溶液中实现共沉积。这是金属共沉积的必要条件。

(2) 金属共沉积的基本条件是两种金属的析出电位要十分接近或相等。

$$\varphi_{析} = \varphi_{平} + \Delta\varphi = \varphi^0 + \frac{RT}{nF}\ln a + \Delta\varphi$$

$$\varphi_{析1} \approx \varphi_{析2}$$

为了达到金属共沉积的目的，可以在电镀溶液中采用改变金属离子的浓度、加入配位剂或添加剂的方法实现。

化学镀也称无电解镀，是采用金属盐和还原剂在同一种溶液中进行自催化的氧化还原反应而在固体表面沉积金属层的新成膜技术。化学镀与电镀相比具有如下优点：

(1) 化学镀可以在各种基体材料上获得金属镀层，包括半导体及非导体，如塑料、玻璃、陶瓷等。

(2) 化学镀能获得厚度均匀的镀层，特别适合于形状复杂的制件，如腔体件、深孔件、盲孔件、管件内壁等的表面施镀。

(3) 化学镀不需要外加电源，因而节省了电源设备的投资。化学镀技术由于其工艺本身的特色和它得到的镀层表现出优异的性能，具有极其广泛的应用，目前在工业上应用最广的是化学镀镍，以次亚磷酸盐为还原剂的化学镀镍技术基本上涉及工业各个领域。

随着近代科学技术和工业生产的不断发展，各种工程塑料、陶瓷、玻璃、石英、玻璃钢等非金属材料，在越来越多的领域里得到广泛的应用，但是，非金属材料存在不导电、不导热、不易焊接和易变形等缺陷，不能满足某些产品的特殊要求。因此，往往对非金属材料进行某种表面加工处理，来赋予非金属制品某种特殊的理化性能，这就要对非金属电镀，而其前处理的关键是制件表面导电膜的制备和金属镀层与基体的结合力。非金属材料制品在进行电镀以前，要经过多道工序处理，其中主要的工序是：机械处理→化学除油→化学粗化→敏化→活化→还原→化学镀。化学镀是其中重要的工艺程序。

二、无机及有机化合物的电化学合成方法

以电化学方法制取无机单质和化合物的无机电合成是电化学工业中最重要的领域之一。电化学方法由于其一系列优点：可提供极强的氧化、还原能力，并能通过改变电化学因素，如电流密度、电极电位、电催化活性及选择性等较为方便地控制、调节反应的方向、限度、速率，因而成为很多无机产品主要的或不可取代的生产方法，如氯、氟、烧碱、氯酸盐、高活性的二氧化锰等。

无机物在电解合成中以两种方式生成：

(1) 通过发生在电极表面的电化学反应直接生成产物。例如，通过阳极氧化制取氯、氟、氧、二氧化锰、过硫酸盐、高氯酸盐、高锰酸钾等；通过阴极还原制取氢、提炼金属、回收污水中的金属离子。

(2) 首先在电极表面发生电化学反应，然后通过次级反应，包括溶解、离解、均相化学反应形成欲制取的产物，如氯酸盐、次氯酸盐等。

面对环境、能源、资源与可持续发展等问题日益严峻的形势，绿色化学已经提到了议事日程。绿色化学要求合成反应应当符合"原子经济性"，应最大限度地利用原料分子的每个原子，使之结合到目标分子中，达到零排放。有机电合成就完全符合"原子经济性"要求，它是把电子(世界上最清洁的试剂)作为试剂，通过电子得失来实现有机化合物合成的一种新技术，而传统的合成催化剂和合成"媒介"(试剂)是很难达到这种要求的。以"原子经济性"为目的额定绿色合成将成为这一前沿学科的重要分支之一。从本质来说，有机电合成很有可能会消除传统有机合成产生环境污染的根源。

有机电合成与一般有机合成相比，其特点是：通过比较容易调节的电流密度、电位或改变电极材料就可提高有机反应的速率和选择性，并且在常温、常压下进行。而一般的有机合成提高选择性和速率则要调节温度、压力和催化剂，又加上有机合成通常需要在高温、高压下进行，这将对生产设备的衬质和能耗要求更高。此外，由于一般有机合成的生产规模和设备的时间-空间收率要比有机电合成高得多，因此，有机电合成更适于产量不大而产值高的精细化工产品或现有一般有机合成难于生产的产品。

有机电合成可按照电极在反应过程中的作用分为直接有机电合成和间接有机电合成。前者是指有机合成反应直接在电极表面完成，如工业中通过丙烯腈电合成己二腈；后者是指有机合成反应所需的氧化(还原)剂是通过电化学方法获得的并可再生循环使用，如乙醛酸电解合成中的 Cl_2 便可再生与循环使用。

三、电催化

电催化是指在电场的作用下，存在于电极表面或溶液相中的修饰物(可以是电活性的和非

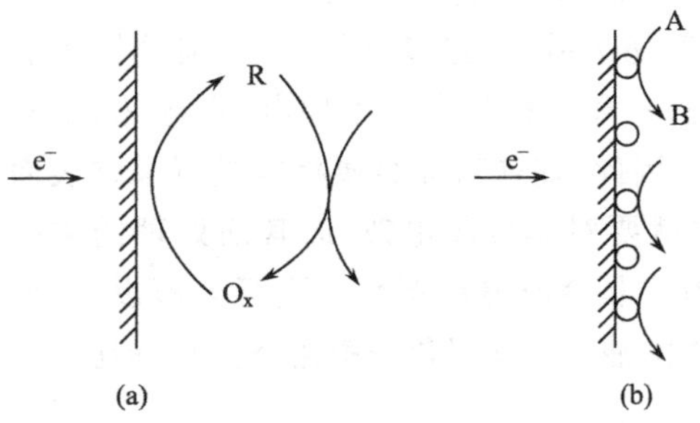

图 3.12　氧化还原(a)和非氧化还原(b)电催化过程示意图

电活性的物种)能促进或抑制在电极上发生的电子转移反应,而电极表面或溶液相中的修饰物本身并不发生变化的一类化学作用。

电催化作用的基底电极可以仅是一个电子导体,亦可以既作为电子导体又兼具催化功能。如果基底电极仅是一个电子导体,则电极表面的修饰物除了一般的传递电子外,还能对反应物进行活化或促进电子的转移速率,或二者兼有。

根据电催化剂的性质可将电催化分成氧化还原电催化和非氧化还原电催化两大类,如图 3.12 所示。

(1) 氧化还原电催化是指在催化过程中,固定在电极表面或存在于电解液中的催化剂本身发生了氧化还原反应,成为底物电荷传递的媒介,促进底物的电子传递。

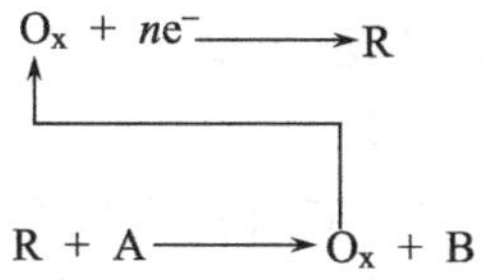

(2) 非氧化还原催化是指固定在电极表面的催化剂本身在催化过程中并不发生氧化还原反应,当发生的总电化学反应中包括旧键的断裂和新键的形成时,发生在电子转移步骤的前、后或其中,产生了某种化学加成物或某些其他的电活性中间体。总的活化能被“化学的”氧化还原催化剂所降低。

四、以多孔阳极氧化铝为模板制备纳米有序结构

以铝或铝合金制品为阳极,置于中等溶解能力的电解质溶液中进行通电处理,利用电解作用使其表面形成氧化铝薄膜。经过阳极氧化处理,铝表面能生成几微米至几百微米的氧化膜。比起铝合金的天然氧化膜,其耐蚀性、耐磨性和装饰性都有明显的改善和提高。

铝阳极氧化的原理实质上就是水电解的原理。当电流通过时，将发生以下的反应：

阴极反应:$2H^+ + 2e^- \longrightarrow H_2\uparrow$

阳极反应:$H_2O - 2e^- \longrightarrow [O] + 2H^+$

这种新生态原子氧具有很强的氧化能力,在强大的外电场作用下,它会从电解质/金属界面向内扩散,与铝作用形成氧化膜:

$$2Al + 3[O] \longrightarrow Al_2O_3\text{(膜的形成)}$$

多余的[O]: $2[O] \longrightarrow O_2\uparrow$

此外:$Al_2O_3 + 3H_2SO_4 \longrightarrow Al_2(SO_4)_3$(膜的溶解)

由此可知,它是电化学成膜和化学溶解同时存在的,只有当成膜速度大于溶解速度,氧化膜才能形成并进一步加厚。

铝的阳极氧化膜由两层组成:外层称为多孔层,较厚、疏松多孔、电阻低;内层称为阻挡层(又称活性层),较薄、致密、电阻高。多孔的外层是在具有介电性质的致密的内层上成长起来的。总体而言,阳极氧化膜是六角柱体的列阵,每一个柱体都有一个充满溶液的星形小孔,形似蜂窝状结构,孔壁的厚度是孔隙直径的两倍。通过控制电解液的浓度和温度、氧化电压和时

间等因素可以获得孔径大小一致并且分布高度有序的氧化铝膜，该膜可以作为模板制备纳米有序结构或纳米线。

五、化学电源

化学电源是一种直接把化学能转变成低压直流电能的装置，即一个小的直流发电器或能量转换器。化学电源在实现化学能转变为电能的过程中，电池的正负极必须分隔在两个区域中，以实现通过外电路做功。化学电源按其工作性质和储存方式可分为一次电池或原电池、二次电池或可充电电池或蓄电池、储备电池和燃料电池四大类。化学电源的结构可以不同，原则上都是由两种不同的电极材料（正、负极）和用以将两个电极分隔开的隔膜及电解液和外壳等组成。

化学电源中正极和负极是由相应的活性物质和一些添加剂组成。所谓活性物质是指在电池充放电过程中参与电极反应，影响电池容量和性能的物质。对于活性物质，正极活性物质的电极电势越高，负极活性物质的电极电势越负，电池的电动势就越大；同时，活性物质的电化学活性高，电极反应的速率就快，电池的电性能也就越好。就目前研究的情况，电池的负极一般选用较活泼的金属，而正极一般选金属氧化物。

化学电源中除正、负极外，电解液也是决定电池电性能必不可少的重要因素。对于电解液的具体要求有：高的导电率，化学稳定性好，不易挥发和易于长期贮存等。对于溶剂，则要求在电池充放电的电势范围内具有高的化学稳定性和好的流动性能。最常见的电解液是电解质的水溶液和有机介质溶液，有时也用固体电解质。

描述化学电源的主要性能指标有电池的电动势、开路电压、工作电压，电池内阻（包括欧姆内阻和极化内阻），电池的容量及比容量、能量及比能量和功率及比功率，电池的贮存性能和循环寿命，电池的自放电率等。

参考文献

宋文顺. 1998. 化学电源工艺学. 北京：中国轻工业出版社.

屠振密. 1993. 电镀合金原理与工艺. 北京：国防工业出版社.

杨辉. 2002. 应用电化学. 北京：科学出版社.

章葆澄. 1993. 电镀工艺学. 北京：北京航空航天大学出版社.

实验 22　电解法制备 $K_2S_2O_8$

实验目的与主要内容

本实验用电解法制备强氧化剂过二硫酸钾（$K_2S_2O_8$），对其氧化性进行反应实验。通过本实验，使学生掌握电解法制备无机化合物的一般实验方法及装置，熟悉电解过程中电流密度和电流效率的计算方法，学习并掌握 $K_2S_2O_8$ 的氧化性。

一、背景知识

电解合成是指用电化学方法合成化学物质。它为人类提供一系列用其他方法难于制得的材料，如钠、钾、镁、钙、铝，及许多强氧化性或还原性的物质、有机化合物等，它为解决目前化学工业给地球环境带来的污染问题，展示出一条有效且切实可行的道路。电解合成在实际生产中的主要应用如下：

强还原性物质的合成（碱金属、碱土金属、铝等）；

强氧化性物质的合成（$K_2Cr_2O_7$、$KMnO_4$、$KClO_4$、H_2O_2、MnO_2 等）；

电解制气（Cl_2、H_2 等）；

电解制碱（KOH、NaOH 等）；

特殊材料的电合成（氟化物、聚氟化物、新型含氟塑料等）；

无污染有机合成（己二腈、四乙基铅等）。

例如，工业上电解 NaCl 水溶液制备重要的 NaOH、Cl_2 和 H_2 产品，用无水熔融的 NaCl 电解制备金属 Na 和 Cl_2，通过电解法由 $MgCl_2$ 得到金属镁，从 Al_2O_3 获得铝[霍尔（Hall）制铝法]，经过用 Ag、Au、Pt、Cr、Ni 或 Cu 电镀处理后得到的金属产品更加耐久而美观。除了工业上的应用之外，电解法同样是合成某些化合物的有效方法，如合成尼龙-66 的己二腈，目前就是用电化学的方法合成。

电化学合成有如下显著的优点：

（1）可通过调节电极电势，来改变电极反应速率。根据计算，电位改变 1 V，活化能降低 40 kJ，这可使反应速率增加 10^7 倍。因此，电化学合成工业一般都在常温常压下进行。如果通过升温的办法使反应速率增加 10 倍，那必须把温度从室温升高到 600 K 左右，这将使对反应设备的要求大大提高。

（2）较易控制电极反应的方向。通过控制电位和选择适当的电极、溶剂等方法，使反应朝着人们所希望的方向进行，减少副反应，从而可以得到较高收率和较纯净的产品，包括许多用一般化学合成难以制得的物质，如高氧化性或强还原性物质。

（3）环境污染少。电化学反应所用的氧化剂或还原剂是电子，这是清洁而干净的物质。电化学合成过程容易实现自动、连续，电解槽容易密闭，因而排放的“三废”很少，不会给环境造成危害。可以说电化学合成是洁净的化学工业。

另一方面，电化学合成法也确实存在一些不足之处：

（1）消耗大量电能。例如，生产每吨铝耗电能 18500 kW · h，生产每吨烧碱耗电 3150 kW · h，生产每吨电解锌耗电 6000 kW · h。因此，在目前能源较紧张的条件下，较难全面地、大规模地发展电化学生产工艺。

（2）电解槽结构复杂，电极活性不易维持。

（3）管理技术要求高。电化学合成中要保证电解槽的正常运转，实现长期而又稳定、连续的生产，要求工厂人员具有现代科技知识，其管理水平和技术水平都要较一般化学工厂高。

二、实验原理

过二硫酸钾（$K_2S_2O_8$）是一种白色、无味晶体，常作强氧化剂使用，也可用作单体聚合引发剂，一般通过电解的方法来制备。本实验通过电解 H_2SO_4 和 K_2SO_4 水溶液制备过二硫酸钾。

X 射线研究表明 $S_2O_8^{2-}$ 具有图 3.13 所示结构，这里，每个 S 原子与周围的四个 O 原子成四面体排列。在被电解的溶液中，K^+ 和 HSO_4^- 是存在的主要物质。电流按图 3.14 所示流过溶液。

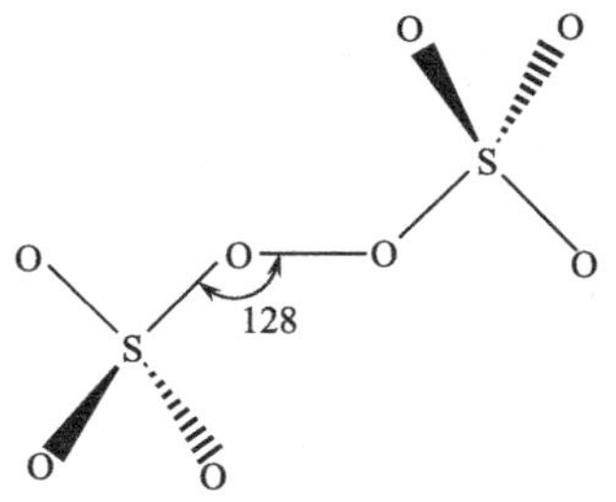

图 3.13　$S_2O_8^{2-}$ 离子结构

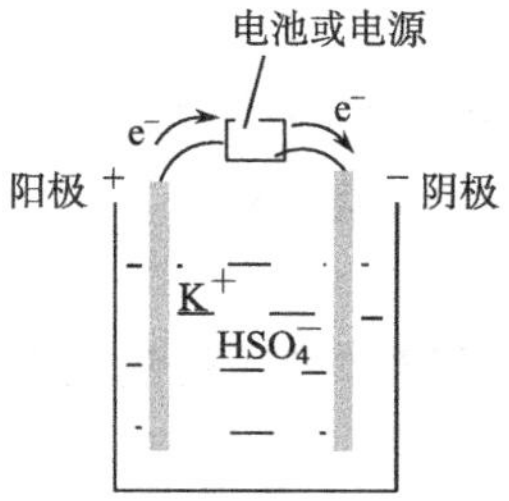

图 3.14　电解池电流流向

阴极上的半反应：　$2H^+ + 2e^- \longrightarrow H_2\uparrow$

阳极上的半反应：　$2HSO_4^- \longrightarrow S_2O_8^{2-} + 2H^+ + 2e^-$　$E^\ominus = -2.05V$

但是，H_2O 氧化成 O_2 的氧化电势更高，比 HSO_4^- 氧化优先发生。氧化的半反应的 $E^\ominus$ 值（−1.23V）不是从电化学测量得到的，而是从其热力学，根据 $\Delta H^\ominus$、$\Delta S^\ominus$ 和 $\Delta G^\ominus$ 的值计算得出的。

$$2H_2O \longrightarrow O_2 + 4H^+ + 4e^- \quad E^\ominus = -1.23V$$

实验中，从水中释放 O_2 所要求的电压比 −1.23V 要高得多，这是这个半反应的不可逆性造成的，而半反应的不可逆性又是 H_2O 氧化中的一个缓慢步骤所造成的。按照动力学的观点，这个缓慢步骤在 O_2 生成以前要求附加电压（"超电压"）。不论这个缓慢反应可能是什么样的反应，其反应速率总是受到电极材料组成的极大影响。氧气超电压使 H_2O 中物质的氧化成为可能，如果 $H_2O \longrightarrow O_2$ 电对不呈现超电压，这种氧化就不可能。Pt 具有较高的氧气超电压（1.38 V），所以在制备 $K_2S_2O_8$ 时将使用 Pt 作为阳极材料。

调整电解的其他条件，如增加氧气、超电压，对于最大限制地获得 $K_2S_2O_8$ 和尽可能减少 O_2 的生成很有益处。由于超电压随电流密度增大而增大，将使用相对高的电流。同样，如果电解是在低温下进行，反应速率降低，H_2O 氧化中的缓慢速率也将降低，这将使氧气超电压增大。由此可见，低温有利于生成 $S_2O_8^{2-}$。最后，用高浓度的 HSO_4^- 和低浓度的 H_2O 可极大地增加 $K_2S_2O_8$ 的产量。由于这些原因，在电解 HSO_4^- 以生成 $S_2O_8^{2-}$ 时将使用 Pt 电极、高电流密度、低温、HSO_4^- 饱和溶液。

像在任何电解制备中一样，伴随生成物总是存在着一种危险，即生成物在阳极上产生，又扩散到阴极被还原成原反应物。一般说来，阴极与阳极部分必须隔开并由一个盐桥连接以避免这种情况发生。在本实验中，预料在阳极产生的 $S_2O_8^{2-}$ 会向阴极扩散，在那里它是溶液中最容易被还原的物质，它会立即被还原成 HSO_4^-。幸而 $K_2S_2O_8$ 很难溶于水，它会在到达阴极之前从溶液中沉淀出来。

Pt 阳极是直径相对小的金属丝（22 号标准规格）。已知阳极金属丝的直径（22 号 B 和 S 金属丝直径为 0.0644 cm）及其与 HSO_4^- 溶液接触的长度，就可能计算出电流密度。电流密度定义为

$$电流密度=安培数/阳极面积$$

$K_2S_2O_8$ 合成所希望的电流密度是 1.0 $A \cdot cm^{-2}$，通过阳极的电流应足以提供。

当然，生成物的数量取决于通过溶液的电流（电子的数目）。由于电流 I(A)与电流通过的时间 t(s)之积为电荷，以 96 500 C 电荷为氧化（或还原）反应物的一个当量，生成物的理论产

量将是

$$理论产量=通过的电荷/96\ 500 = I\times t/96\ 500$$

由于有副反应发生，实际产量常常小于理论产量(按 g 计)，所以通常是估算收率。在电化学中称收率为电流效率：

$$收率 = 电流效率 = 实验产量/理论产量\times 100$$

$S_2O_8^{2-}$ 是已知最强的氧化剂之一，甚至比 H_2O_2 还强。

$$S_2O_8^{2-} + 2H^+ + 2e^- \longrightarrow 2HSO_4^- \qquad E^\ominus=2.05V$$

$$H_2O_2 + 2H^+ + 2e^- \longrightarrow 2H_2O \qquad E^\ominus=1.77V$$

许多元素能被 $S_2O_8^{2-}$ 氧化到它们的最高氧化态。例如，根据下面反应式 Cr^{3+} 可被氧成 $Cr_2O_7^{2-}$：

$$3S_2O_8^{2-} + 2Cr^{3+} + 7H_2O \longrightarrow 6SO_4^{2-} + Cr_2O_7^{2-} + 14H^+$$

像大多数 $S_2O_8^{2-}$ 氧化一样，这个反应进行得相当缓慢，但添加 Ag^+ 会使之催化。Ag^+ 催化反应的最初步骤是 Ag^+ 被氧化成非常活泼的 Ag^{3+}：

$$S_2O_8^{2-} + Ag^+ \longrightarrow 2SO_4^{2-} + Ag^{3+}$$

然后，Ag^{3+} 迅速地与 Cr^{3+} 反应生成 $Cr_2O_7^{2-}$ 并产生出 Ag^+：

$$3Ag^{3+} + 2Cr^{3+} + 7H_2O \longrightarrow Cr_2O_7^{2-} + 3Ag^+ + 14H^+$$

人们还不清楚这些反应的细节，但 $S_2O_8^{2-}$ 的氧化过程是 $S_2O_8^{2-}$ 中的 O—O 键先破裂生成十分活泼的阴离子团 SO_4^{2-}，由它来进行进一步的氧化。

三、仪器和试剂

1. 仪器

250 mL 烧杯，2 只；22 号铂金属丝，2 根；直流稳压电源，1 套；电解池，1 套。

2. 试剂

K_2SO_4(A. R.)，0.1 mol·L^{-1} $AgNO_3$(A. R.)，浓 H_2SO_4(A. R.)，0.1 mol·L^{-1} $MnSO_4$(A. R.)，0.1 mol·L^{-1}KI(A. R.)，0.1 mol·L^{-1} $Cr_2(SO_4)_3$(A. R.)，稀 H_2SO_4，30% H_2O_2，NaCl(工业)，冰。

四、实验步骤

1. 饱和 $KHSO_4$ 溶液的制备

将 75 mL 水和 30 mL 浓 H_2SO_4 溶液用 K_2SO_4 饱和。最好的方法是将 K_2SO_4 加到热的 H_2SO_4 溶液中，直到 K_2SO_4 不再溶解。在冰浴中冷却溶液至 0 ℃，以确保过剩的 K_2SO_4 全部沉淀出来。上层溶液即为饱和的 $KHSO_4$ 溶液。

2. $K_2S_2O_8$ 的制备

将饱和 $KHSO_4$ 溶液倒入电解池，并将电解池浸在冰浴中(图 3.15)。接通电源(记下时间和电流数)，调节电流使阳极电流密度为 1.0 A·cm^{-2}，使电流流通 30～45 min，这期间即有白色晶体 $K_2S_2O_8$ 聚集在试管底部。由于 HSO_4^- 的减少，反应在趋近这段时间末尾时显著减慢。溶液对于电流的阻抗将产生相当多的热量，这就要求在电解过程中补充容器中的冰块。

反应结束后，关闭电源，记下时间。用玻璃砂芯漏斗吸滤，依次用95%乙醇和乙醚清洗晶体，测定产量。根据电流数和时间，计算出电流效率。

3. $K_2S_2O_8$ 的鉴定

将大约0.75 g $K_2S_2O_8$ 溶解在少量的水中制备饱和 $K_2S_2O_8$ 溶液。将 $K_2S_2O_8$ 溶液分别与下列溶液反应，每个反应中将发生什么情况？

(1) 与酸化了的KI溶液反应。稍微加热。

(2) 在加入1滴0.1 $mol \cdot L^{-1}$ $AgNO_3$ 溶液的稀 H_2SO_4 中与 $MnSO_4$ 反应。轻度加热。

(3) 在加入1滴0.1 $mol \cdot L^{-1}$ $AgNO_3$ 溶液的稀 H_2SO_4 中与 $Cr_2(SO_4)_3$ 反应。轻度加热。

(4) 与0.1 $mol \cdot L^{-1}$ $AgNO_3$ 溶液反应。

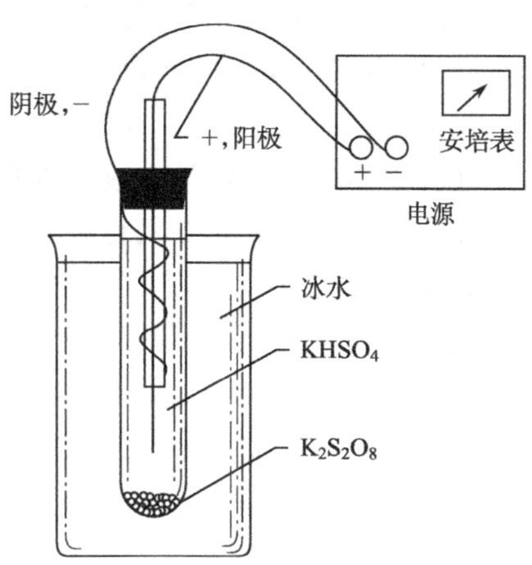

图3.15　电解装置示意图

为了与 $K_2S_2O_8$ 反应作比较，将上面每种溶液与30% H_2O_2 反应，每个反应中会发生什么情况？

思考题

1. 为什么制备 $K_2S_2O_8$ 不能使用 K_2SO_4 代替 $KHSO_4$？
2. 在电解溶液中阴极与阳极的间隔不能太小，这一点为什么是重要的？
3. 如果不用Pt而用Cu金属丝作为阳极，是否仍有 $K_2S_2O_8$ 生成？加以解释。
4. 分析制备 $K_2S_2O_8$ 的电流效率降低的主要原因。

参考文献

Aneglici R J. 1990. 无机化学合成和技术. 郑汝骊，郑志宁，译. 北京：高等教育出版社.
Jolly W L. 1960. Synthetic Inorganic Chemistry. Upper Saddle River：Prentice-Hall.

实验23　电化学方法制备有机物——正十二烷的合成

实验目的与主要内容

电化学有机合成是指利用电化学氧化或还原方法合成有机物的技术。本实验通过有机化合物中的电化学合成方法，使学生了解用电解氧化法制备有机化合物的特点及应用，并熟练掌握不同形态有机物的分离提纯方法及鉴定（折光率、红外光谱、气相色谱、薄层色谱）方法。

一、背景知识

化学反应的本质是反应物外层电子的运动，从这一意义上说，似乎所有的反应都有可能通过电化学方法来进行。人们在长期的实践中确实已经在电解池内完成了加成、取代、裂解、消除、环合、偶合以及氧化和还原等各种反应，极性反应和自由基反应的概念在电化学中也是适用的，而某些有机反应之所以不能用电化学方法完成，只是因为它们所要求的电极电势超越了介质电化学势的范围，因而在实验上无法实现。

有机化学中的电化学合成方法很早就被人们所发现。1894 年，科尔比(Kolbe)发现乙酸钾电解可以生成乙烷和二氧化碳，后来还发现长链烷基酸盐也能发生偶联反应生成烃，该反应称为 Kolbe 反应，这是一个很有名的反应，但是，直到目前为止，不论在工业生产上还是在实验室中，电化学有机合成应用得并不多。具体应用的例子有：电解还原丙烯腈制己二腈以及制备某些含氟有机化合物等。

阳极氧化法制备有机化合物有两种不同的机理：一种是作用物在电极上直接失去电子，转变为产物；另一种则相当于电极上先生成某些活泼的试剂，再与有机物质进行反应得到产物。

下面是一些电化学有机合成的例子。

1. 电氧化有机合成

1）Kolbe 脱羧二聚反应

$$RCOO^- \xrightarrow{e^-} RCOO\cdot \xrightarrow{-CO_2} R\cdot \xrightarrow{二聚} R-R$$

2）烃类的电氧化

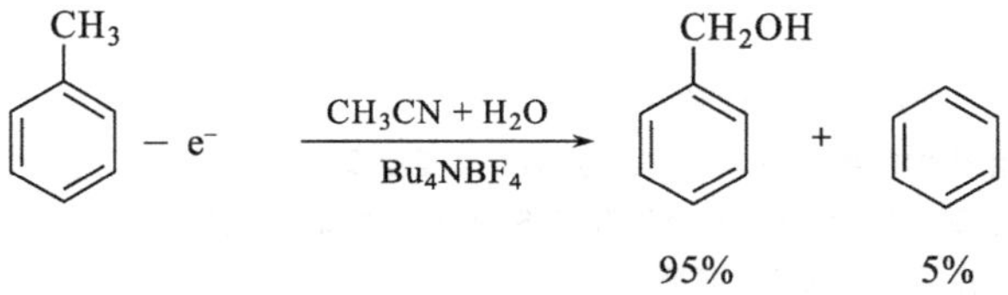

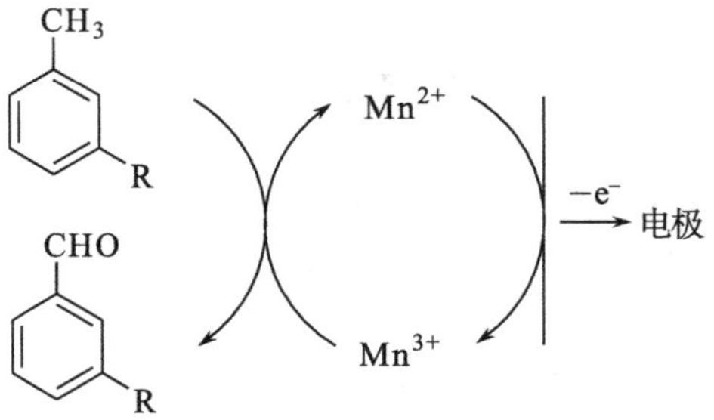

3）羟基化合物的电氧化

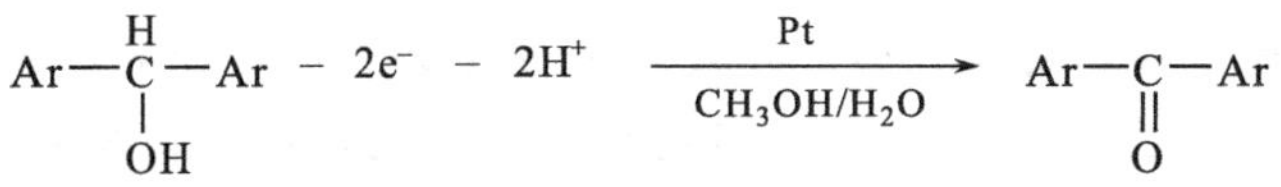

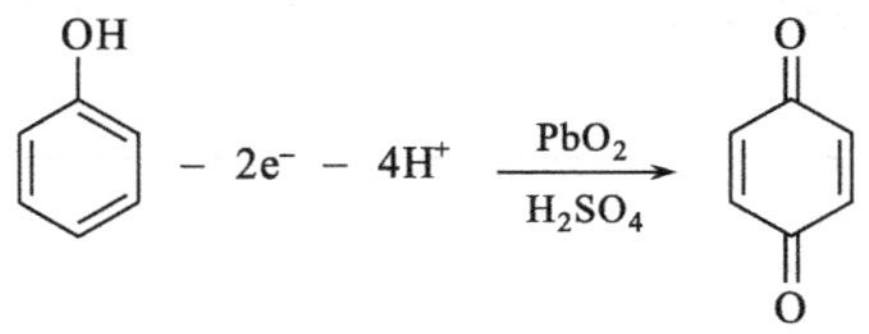

4）含杂原子化合物的电氧化

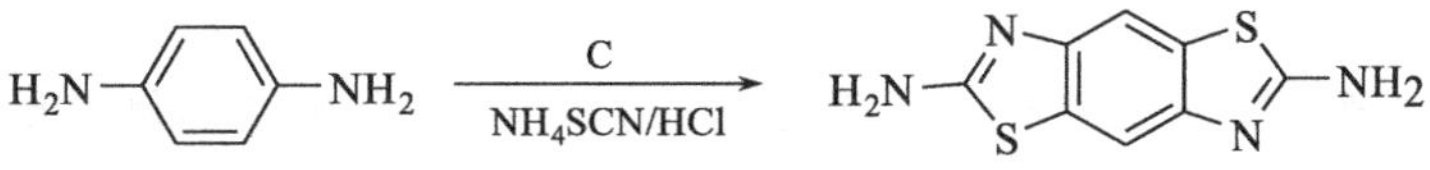

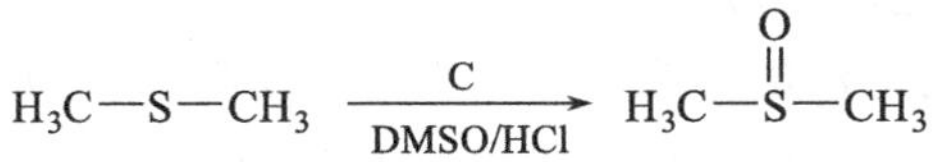

2. 电还原有机合成

1）不饱和烃的电还原

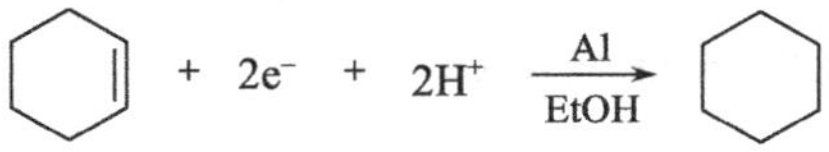

$$CH_3CH{=}CH_2 + 2e^- + 2H^+ \longrightarrow CH_3CH_2CH_3$$

2）有机卤化物的电还原

$$CH_3I + 2e^- + H^+ \xrightarrow[\text{二噁英}]{Hg} CH_4 + I^-$$

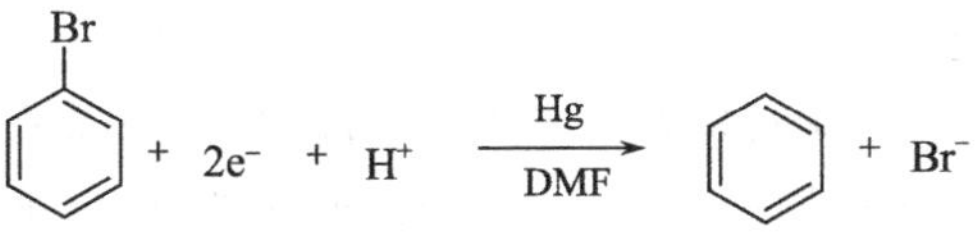

3）羰基化合物的电还原

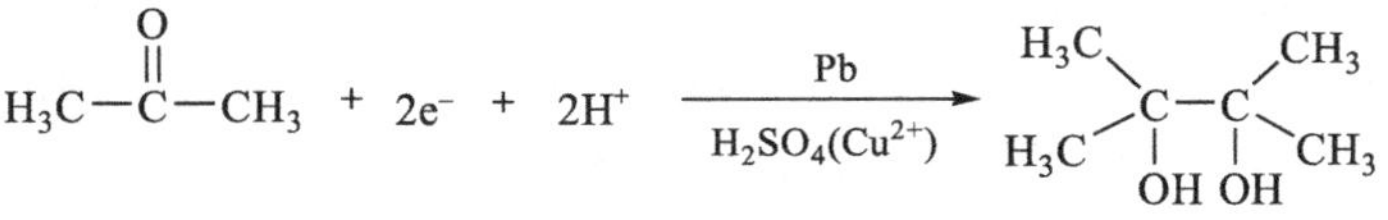

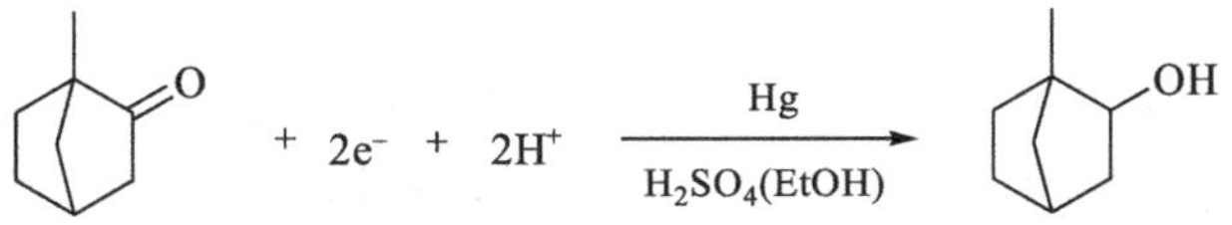

4）硝基化合物的电还原

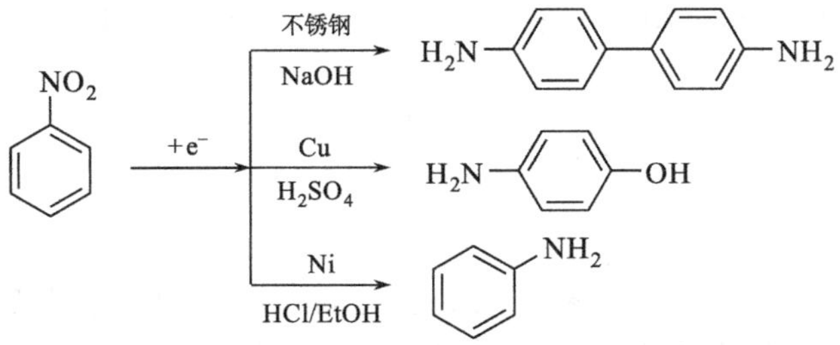

5）含硫化合物的电还原

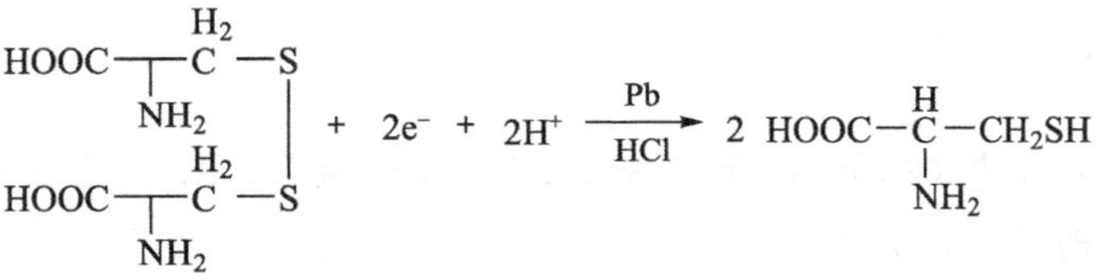

二、实验原理

正十二烷的电解法制备是 Kolbe 电解法合成烷烃的一个典型实例。反应可以在水中或甲醇中进行，其中甲醇是较好的溶剂，电解反应通常是将酸溶于含一定量甲醇钠的甲醇中，在铂电极间电解，其中羧酸盐负离子在电解池的阳极作用下发生电子转移反应而放出一个电子，同时发生离解而放出二氧化碳和烷基自由基，当生成的两烷基自由基发生偶联时就得到了反应物长链烷烃，即

$$2RCOO^- \xrightarrow[\text{氧化}]{\text{电解}} 2CO_2 + 2R \longrightarrow R{-}R$$

经过了大量的研究以后，目前比较广泛接受的反应机理是：首先是羧酸盐负离子吸附在阳极表面上，烷基和 $-COO^-$ 之间的键强度减弱。在发生电子转移放出一个电子的同时，$-COO^-$ 的键角发生变化：

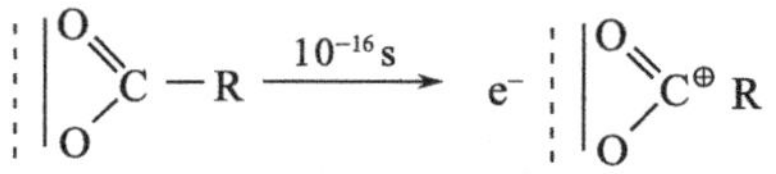

当这种变形分子发生电子转移以后，得到 CO_2 分子和烷基自由基。由于上述几步过程是协同地完成，因此没能分离得 $RCOO^{\cdot}$ 自由基。在适当的条件下，这个反应进行得相当迅速。反应一开始，立即放出大量二氧化碳气体。脱羧后的烷基自由基在阳极表面附近形成一个浓度较高的自由基层，造成自由基偶联的良好环境。两个自由基偶联后即得到反应产物——烷烃。

Kolbe 电解反应适用于直链的饱和脂肪酸或饱和脂肪二元酸单酯等化合物。如果用一种酸进行电解反应，产物比较单纯，为对称分子，效率也高；如果用两种不同的酸进行电解反应，就会形成某种酸脱羧后自身偶联的产物及某两种不同酸脱羧后交叉偶联的产物。因此，至少可以有三种产物生成。这样就降低了目的产物的收率。

Kolbe 电解氧化反应的影响因素较多，主要的有电极材料、羧酸盐的浓度、电流密度、反应温度、电解液的 pH 及导电介质等。本实验是利用正庚酸-庚酸钠在甲醇中的体系进行 Kolbe 电解偶联反应，得到产物是正十二烷：

$$2RCOONa + 2H_2O \xrightarrow[CH_3OH]{\text{电解}} R{-}R + 2CO_2\uparrow + 2NaOH + H_2\uparrow$$

三、仪器和试剂

1. 仪器

用高脚烧杯作电解槽，电极均为铂片（3 cm×2 cm），两个铂片间的距离约 3 mm，事先加以固定，防止在搅拌时电极变形或短路，以电磁搅拌器搅拌。电解槽置于冰水浴中，如图 3.16 所示。将可变直流电源通过一换相开关接至电极。

2. 试剂

正庚酸（A. R.），甲醇（A. R.），金属钠（A. R.），乙醚（A. R.），乙酸（A. R.），氢氧化钠（A. R.），无水氯化钙（C. P.）。

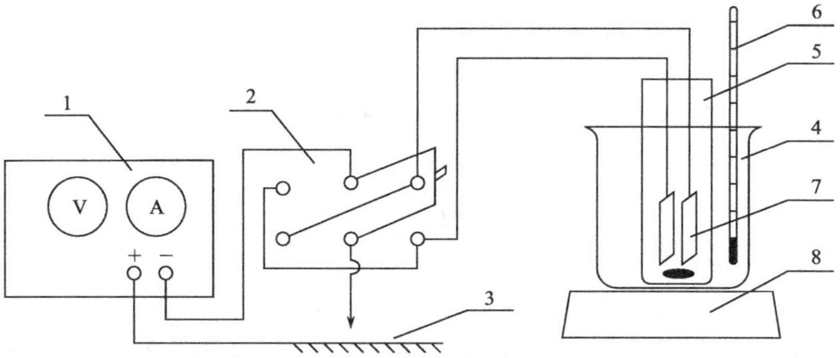

图 3.16 电解氧化装置

1. 直流稳压电源(0～100 V，0～5 A)；2. 换相开关；3. 滑线电阻；4. 冰水浴；5. 高脚烧杯(电解槽)；6. 温度计；7. 铂电极；8. 搅拌子；9. 磁搅拌器

四、实验步骤

(1) 电解合成。

向电解槽中加入 50 mL 甲醇，在搅拌下加入 0.35 g 金属钠。待溶解后，将 11.0 mL(约 10 g)正庚酸加入到电解槽中，搅拌均匀后，测量电解液的 pH，然后装好铂电极，接好通电线路。用冰调节水浴温度在 10 ℃左右。接通电源并调节电压及滑线电阻。电解电流控制在 1.5 A左右(在电压低的情况下达到 1.5 A)开始电解反应，同时每隔 10 min 改变电流方向一次，在电解反应中，经常注意水浴温度，并及时用冰块调节。当电流明显地减小(趋近于零)，可测一下 pH，若 pH 为 8 时，说明反应已达终点，即可切断电源，停止电解，然后用几滴乙酸中和电解槽内的电解液，使之呈中性，蒸除大部分溶剂(甲醇)后将剩余物倒入 50 mL 水中，用乙醚(2×30 mL)萃取两次(注意：究竟要哪一层？应该如何操作?)，再用 5% NaOH 液洗两次。再用去离子水洗两次，洗涤后的乙醚液用无水氯化钙干燥后蒸去乙醚，再减压蒸出产品，称量并计算产品的收率。

(2) 测折光指数(n_D^{20}＝1.421)。

(3) 测定产品的红外光谱并进行分析。

(4) 薄层层析法鉴定产品纯度。

思 考 题

1. 认真操作，仔细观察实验现象，分析讨论每步操作的作用原理。
2. 总结通过实验有什么启发和提高。
3. 比较用电解法制备有机化合物与用化学法合成有机化合物各有什么特点。

参 考 文 献

黄宪，王彦广，陈振初. 2003. 新编有机合成化学. 北京：化学工业出版社.
马淳安. 2002. 有机电化学导论. 北京：科学出版社.
麦肯济 C A. 1980. 实验有机化学. 大连工学院和浙江大学有机化学教研组，译. 北京：人民教育出版社.

王葆仁. 1981. 有机合成反应. 北京:科学出版社.
周科衍,高占先. 1992. 有机化学实验. 北京:高等教育出版社.

实验 24 金属的电镀、着色与塑料的电镀

实验目的与主要内容

应用电化学不仅在化学制备过程中有重要的应用,而且在工业品加工中是常用的技术。本实验选择金属和塑料制品的表面处理作为示例,设计了三个实验:金属电镀,通过赫尔槽实验研究镀液主要成分和添加剂对电镀的影响,通过测定镀液分散能力、深镀能力及电解效率,了解梯形槽的应用方法,了解电镀液的分散能力、深镀能力、电流效率的测定方法及原理,了解电镀中添加剂的作用和杂质对镀层的影响;金属着色,通过纯铝的阳极氧化和着色,了解铝及铝合金表面处理的一般步骤,了解阳极氧化时工艺参数确定的原则以及表面着色工艺;塑料电镀,通过对丙烯腈-丁二烯-苯乙烯共聚物(ABS)塑料的电镀,了解塑料电镀的基本原理、塑料电镀的工艺过程及工艺条件对镀层质量的影响,熟悉这种现代加工工艺中典型的新材料和新工艺结合的技术。

一、背景知识

1. 金属表面电镀

电镀(electroplating)就是利用电解原理在某些金属表面上镀上一薄层其他金属或合金的过程,是利用电解作用使金属或其他材料制件的表面附着一层金属膜的工艺从而起到防止腐蚀,提高耐磨性、导电性、反光性及增进美观度等作用。电镀的主要作用有:

(1) 提高金属制品或者零件的耐蚀性能。例如,钢铁制品或者零件表面镀锌。

(2) 提高金属制品的防护-装饰性能。例如,钢铁制品表面镀铜、镀镍、镀铬等。

(3) 修复金属零件尺寸。例如,轴、齿轮等重要机械零件使用后磨损,可采用镀铁、镀铬等修复其尺寸。

(4) 赋予某种制品或零件某种特殊的功能。例如,镀硬铬可提高其耐磨性能等。

电镀时,镀层金属或其他不溶性材料作阳极,待镀的金属制品作阴极,镀层金属的阳离子在金属表面被还原形成镀层。为排除其他阳离子的干扰,且使镀层均匀、牢固,需用含镀层金属阳离子的溶液作电镀液,以保持镀层金属阳离子的浓度不变。电镀的目的是在基材上镀上金属镀层,改变基材表面性质或尺寸。电镀能增强金属的抗腐蚀性(镀层金属多采用耐腐蚀的金属),增加硬度,防止磨耗,提高导电性、润滑性、耐热性和表面美观度。

影响电镀性能好坏的因素主要有电镀液、电镀温度、电流密度等。

2. 金属表面氧化着色

由于铝及铝合金具有优良的导电性和导热性,无磁性,密度小,又有一定的机械强度,耐腐蚀并具有高的延展性和切削性能,在航空工业、电子工业、汽车工业、建筑及各种家用制品方面都有极广的应用。因此,各种相应的表面处理工艺也就随生产的发展而不断更新。

阳极氧化可显著改善铝合金的耐蚀性能,提高铝合金的表面硬度和耐磨性,经过适当的着

色处理后具有良好的装饰性能。铝及其合金阳极氧化膜着色技术有化学染色、电解着色及电解整体着色三种方法。化学染色是利用氧化膜层的多孔性与化学活性吸附各种色素而使氧化膜着色。电解着色是将阳极氧化后的铝及其合金在含有金属盐的水溶液中进行交流电解，在氧化膜多孔层的底部沉积金属、金属氧化物或金属化合物，由于电沉积物对光的散射作用而呈现各种色彩。电解整体着色指铝及其合金在阳极氧化的同时被着色，其特点是氧化与着色一步完成，着色膜具有良好的耐光性、耐热性、耐蚀性及耐磨性。

经过40年的开发研究，电解着色不断向深度和广度发展，由一般的防护装饰用途发展到具有特殊物理化学性质的功能膜，由单盐着色发展到混合盐着色，由单一均匀色发展到多彩色、多感色等。当前使多孔氧化铝膜朝着功能化方向发展的研究主要从两方面着手：一方面是利用它的多孔结构，研制新型的超精密分离膜；另一方面是通过在其纳米级微孔中沉积各种性质不同的物质，如金属半导体、高分子材料等，来制备新型的功能材料，主要有：

(1) 利用电解着色沉积磁性金属或磁性合金如铁、钴、镍及合金，这种电解着色膜具有磁性，能够用于数据贮存或其他磁记录。

(2) 电解沉积超硬质和自润滑的电解着色膜。铝本身相当软，而阳极氧化提供了一个使其表面硬化的方法。低剪应力的金属填充在阳极氧化铝的微孔中，就是一个提供自润滑性能的有效方法，在机械工程上有十分重要的使用价值。

(3) 电解着色膜作太阳能的吸收板。为了更加有效地利用太阳能，要求太阳能吸收膜的材料在太阳光放射谱域有较高的吸收率，而在热放射谱域的放射率要尽可能小。例如，在磷酸溶液制得的氧化铝膜的纳米级微孔中电沉积 Ni，制成对太阳能具有选择性吸收的功能性膜。通过测定反射率，发现这种膜具有较理想的选择性吸收特性。实验结果表明，向膜孔中分别电沉积 Fe、Ni 等金属均能使膜的耐热性比由其他材料制备的选择性吸收膜明显地增强。

(4) 在光电方面的应用主要是通过在多孔膜微孔中填充荧光物质来制备光电元件，采用浸泡与热处理相结合的方法，在多孔膜内引入 Tb^{3+} 制得的功能化膜，在外加电场的作用下发出绿色光。这种功能化多孔膜所能获得的高的发光强度，表明多孔膜的功能化将成为研制光电元件的又一新途径。而且由于多孔膜的孔径极为细小，更可进一步开发出超微细发光元件。电解着真黑色，还可以用于制作光学仪器，相机消光及其他装饰用途。

(5) 抗菌性氧化铝膜。抗菌性氧化铝膜是将抗菌成分浸透到膜的孔中并在膜孔中析出，从而使之具有抗菌性作用。人们早就知道，银、铜、锌等金属离子具有抗菌作用，通过用含有这些金属离子的热水进行封孔处理就能具有抗菌性。最近，备受关注的抗菌物质是 TiO_2。TiO_2 通过紫外线的作用，在表面生成活性氧类，而此活性氧显示出抗菌作用。除了抗菌作用之外，它还有脱臭、防尘、分解室内挥发性有机化合物(VOC)的作用等，所以，人们又开发了通过在铝建材表面涂覆涂料，而获得具有防污性的产品。目前，主要是涂覆含 TiO_2 涂料的方法，也正在开发在阳极氧化膜孔中析出 TiO_2 的方法。

3. 塑料表面电镀

塑料电镀的目的是将塑料表面披覆上金属，不但增加美观度，且弥补塑料的缺点，赋予其金属的性质，充分发挥塑料及金属的特性于一体，近日已有大量塑料电镀产品应用在电子、汽车、家庭用品等行业上。

与金属制件相比，塑料电镀制品不仅可以实现很好的金属质感，而且能减轻制品质量，在有效改善塑料外观及装饰性的同时，也改善了其在电、热及耐蚀等方面的性能，提高了其表面机械强度。不是所有塑料都能进行电镀，目前可镀的有 ABS、聚砜类、聚丙烯、聚酰胺、聚甲醛、聚苯乙烯、聚乙烯等。其中 ABS 塑料因其结构上的优势，不仅具有优良的综合性能，易于加工成型，而且材料表面易于侵蚀而获得较高的镀层结合力，所以目前在电镀中应用最为普遍。

二、实验原理

1. 金属铜表面镀镍

本实验以金属铜片上镀镍，来研究镀液主要成分和添加剂对电镀的影响，并测定镀液分散能力、深镀能力及电液效率。

1）梯形槽实验原理

梯形槽也称赫尔槽，其形状如图 3.17 所示，是电镀过程中常用、方便、有效的测试手段之一。赫尔槽实验可以在宽广的电流密度范围内进行，观察镀层的变化情况，能够较快地确定获得外观合格镀层的近似电流密度及其他工艺条件如温度、pH 等。赫尔槽广泛应用于研究溶液主要成分和添加剂的影响，探明溶液产生故障的原因等，是维护、控制、修正槽液及试验新工艺时经常使用的手段，对综合评定镀液的性能是非常方便的。

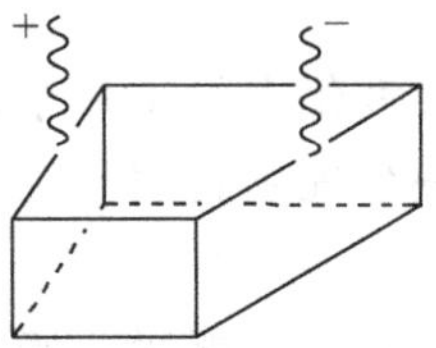

图 3.17　赫尔槽

槽的容积有三种，分别为 1 L、267 mL 和 250 mL。由于槽中阴阳极放置不平行，故阴极上各部分电流分布是不均匀的，在离阳极近端的阴极，电流密度较高，在另一端电流密度较低。通过大量实验，对 267 mL 的梯形槽而言，得到一个在阴极各部分电流密度分布的经验公式，即

$$D_k = I \times (5.1 - 5.24 \lg L)$$

式中，D_k 为阴极上某点的电流密度，单位为 $A \cdot dm^{-2}$；I 为实验时的电流强度，单位为 A；L 为阴极上该点距近端的距离，单位为 cm。

镀层外观主要有如图 3.18 所示的几种表示方法。

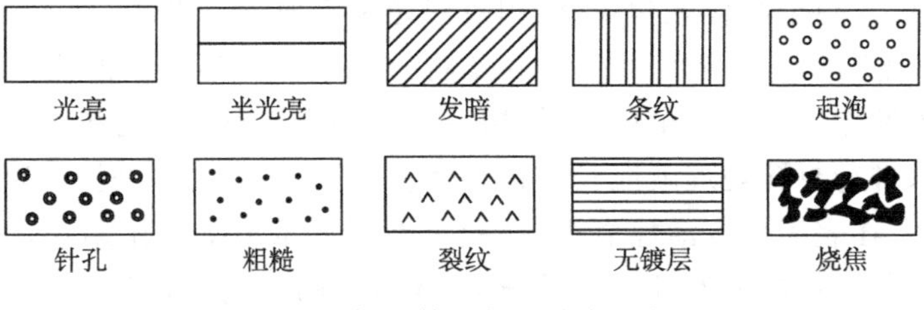

图 3.18　镀层外观的几种表示方法

2）镀液分散能力的测定原理

镀液的分散能力是指电解液所具有的使镀层厚度均匀分布的能力。测定的方法有多种，方法不同，用来表达分散能力的公式也不同。因此，为了比较不同镀液分散能力的大小，必须采用同一种方法测量才有意义。本实验采用远阴极和近阴极的方法（图 3.19），远阴极和近阴极与阳极的距离比 L_2/L_1 等于 K，用这种方法所测得的分散能力可用下式表达：

$$T_P = \frac{K - \frac{m_1}{m_2}}{K - 1} \times 100\%$$

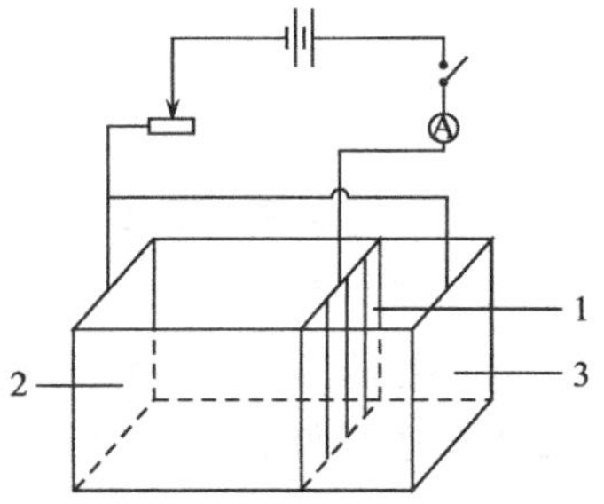

图 3.19　测定分散能力的电镀槽

1. 阳极；2. 远阴极；3. 近阴极

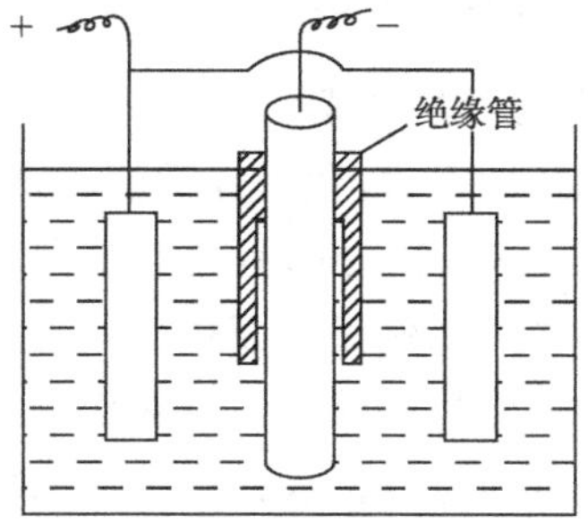

图 3.20　测定镀液深镀能力的电镀槽

式中，T_P 为分散能力，%；K 为远阴极和近阴极与阳极距离之比；m_1、m_2 为近阴极和远阴极上的金属增量。

3）镀液深镀能力的测定

深镀能力是指电解液在阴极镀件深凹（或孔内）部分镀金属层的能力。测定深镀能力的方法有多种，其表示方法各不相同。为了比较几种不同镀液的深镀能力，必须对镀液采用同一种测量方法。本实验采用如图 3.20 所示的阴极，经电镀后测量出孔内阴极表面所镀的长度。长度越大，说明镀液的深镀能力越好。

4）电液效率的测定原理

根据法拉第定律，在电镀镍时，通过电镀槽的电荷若为 1 F(96 500 C)，则应得镍镀层 0.5 mol(58.69/2 g)。而实际上沉积的镍不到 0.5 mol，这是由于在电镀过程中，在电极上进行的反应不只是 $Ni^{2+} + 2e^- \longrightarrow Ni$，还有 $2H^+ + 2e^- \longrightarrow H_2$ 副反应的存在，使得用于沉积金属的电流只是通过总电流的一部分，而其余部分消耗在副反应上，所以电流效率达不到 100%。电流效率的计算公式如下：

$$\eta = (W_{实}/W_{理}) \times 100\% = (Q/Q_{总}) \times 100\%$$

式中，η 为电流效率；$W_{实}$ 为通过一定电荷时，电极上产物的实际质量；$W_{理}$ 为通过同一电荷时，根据法拉第定律应获得产物的质量；Q 为析出一定量的某种物质，根据法拉第定律所需消耗的电荷；$Q_{总}$ 为通过电极的总电荷。

实际测定镀液的电流效率时，在被测镀槽串联一个铜库仑计（图 3.21）。因为铜库仑计上铜阴极的电流效率为 100%，所以根据铜阴极上镀层质量可以得到理论上的金属镀层的质量或通过电极的总电荷。当采用铜库仑计时，电流效率的计算公式可表达为

$$\eta = (Q/Q_{总}) \times 100\% = (W/M) \times (M_{Cu}/W_{Cu}) \times 100\%$$

式中，W 为被测金属镀层的质量；M 为被测金属的摩尔质量；W_{Cu} 为库仑计阴极上铜镀层质量；M_{Cu} 为铜的摩尔质量。（注：被测金属和铜的摩尔质量的值均随所取的基本单元而定。）

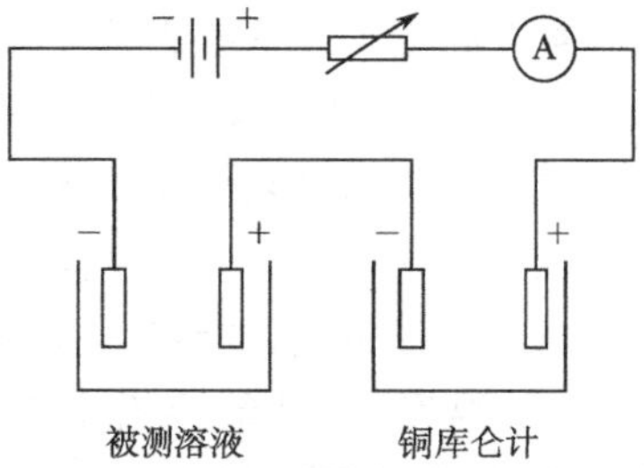

图 3.21　测定电流效率线路图

铜库仑计的溶液组成：$CuSO_4 \cdot 5H_2O$，25 g · L^{-1}；H_2SO_4，25 g · L^{-1}；乙醇，50 mL · L^{-1}。

2. 金属表面着色

1）表面膜的形成

铝是两性金属，化学性质活泼，能与空气中的氧形成一层自然氧化膜，但是这种自然膜太薄，仅 0.01～0.05 μm，且孔隙率大，机械强度低，所以不能满足人们使用的要求。用化学或电化学的方法可以使铝表面获得一层几十到几百微米厚的优质氧化膜，起保护和装饰作用。其中以阳极氧化处理的工艺成熟稳定，操作简便，成本低廉，氧化膜质量好，所以使用最广。

当电流通过以铝或铝合金为阳极的电解液时，由于在阳极上产生氧气，铝及合金会发生化学和电化学溶解，结果形成一层氧化膜：

$$2Al + 3H_2O \longrightarrow Al_2O_3 + 6H^+ + 6e^-$$

据此反应可以计算一定电流密度下通电一定时间形成的氧化膜的厚度。

实际中，膜的厚度还与电解液的类型、操作条件有关，一般会出现下述三种情况：

(1) 如果阳极上的产物在电解液中可溶：

$$Al(OH)_3 + H^+ \rightleftharpoons Al(OH)_3H^+$$

$$Al(OH)_3H^+ \rightleftharpoons Al(OH)^{2+} + OH^- + H_2O$$

则金属将不断溶解。这种情况主要发生在强酸或强碱电解液中。

(2) 如果阳极产物在电解液中不溶，则形成的膜将不断生长，直到形成的膜完全阻止电流才停止。通常电解液用硼酸型或酒石酸型等弱酸时，就会发生这种情况。

(3) 阳极产物在电解液中少量溶解，但仍能生成一层具有较强结合力的氧化膜。在这种情况下，膜生长的同时伴随着溶解，结果在膜中形成很多孔，从而允许电流通过孔到达基体，膜能继续生长变厚，直到膜加厚、电阻加大使生长速度降至与溶解速度相等时，便形成一层一定厚度的膜。

由于上述第三种情况，形成的膜兼备较高的硬度、较高的化学稳定性、较强的吸附能力、较好的绝缘性和很高的结合能力。因此，阳极氧化必须选择合适的条件，让其按这种情况进行。

铝及铝合金阳极氧化的方法很多，本实验采用现在应用最广的硫酸阳极氧化工艺。

2）工艺条件的确定原则

自 1927 年英国的高尔(Gower)和 Brlen 首先发表了硫酸阳极氧化工艺以来，很快就被推广到世界各国，并出现了许多该工艺发展变化的专利。工艺条件是根据影响氧化膜性能的各种因素来确定的。这些因素主要是：

(1) 硫酸浓度：浓度高，膜的溶解速度快，膜层薄，防护性能下降，但形成的膜孔隙率高，便于着色。所以必须由实验来确定合适的浓度以兼顾防护和着色。

(2) 阳极电流密度：提高电流密度有利于增加膜的厚度，但电流密度过大会造成工件与溶液的表面局部过热，导致氧化膜疏松或烧焦。所以要选择合适的电流密度。

(3) 温度：温度高，氧化膜溶解速度快，膜层薄，疏松多孔，甚至变为粉末；但温度过低会使膜层脆，氧化所需时间长。所以应结合电流密度选择合适的槽温。

(4) 氧化时间：由该工艺条件下膜的厚度来决定。例如，实验证明在 H_2SO_4 浓度为 200 $g \cdot L^{-1}$，电流密度为 1 $A \cdot dm^{-2}$ 和温度为 10～20 ℃的条件下，膜厚与时间的经验关系为[膜厚(μm)＝0.238×时间(min)]。由于膜会溶解，所以不能无限地增厚，一般不超过 35 μm。

(5) 搅拌：通过搅拌使溶液浓度、温度均匀。

(6) 电流波形：电流波形不同对氧化膜的性质、外观、厚度等有很大影响。一般采用间断电流、交直流叠加、脉冲电流等效果较好。

(7) 添加剂和杂质：很多添加剂可改善膜的质量，如甘油、$(NH_4)_2SO_4$ 等可控制膜的弹性，铬酸盐、胶体等可提高膜的均匀性等。如果含有杂质 Cl^- 则会使膜上产生腐蚀砂眼。适当含 Al^{3+} 对膜的形成有好处，但含量过高则会使膜变薄。

此外，工件的化学成分不同，在相同条件下膜的情况也不同。在实际使用时必须综合考虑上述各种因素，选择最适合的工艺条件。

3) 阳极氧化后的封闭和着色

(1) 氧化膜的封闭处理。经氧化后的表面层是多孔的，每平方厘米可达 7 亿～9 亿个孔，这些孔形成巨大的表面积，能吸附染料，也会吸附结晶水。多孔膜强度差，为了改善其性能必须采用充填处理，也称为封闭处理，让其失去活性，提高其抗蚀性、耐磨性和使用寿命。封闭处理的方法很多，如沸水法、高压蒸气法、浸渍金属法和填充有机物(如油、合成树脂)等，应用最广的是沸水法，即将氧化后的工件放在沸水里，让水与氧化膜发生水合形成含水氧化铝，而达到封闭的目的。水的 pH 应控制在 4.5～6.5，pH 太高会造成"碱蚀"。

(2) 氧化膜染色。染色是铝制品装饰的重要手段之一。染色应在氧化完成后彻底洗净工件表面的残液后进行。注意染料的纯度。pH 在 4.5～7 为宜。适当加热可加速染色，但温度太高会造成氧化膜封闭，使吸附性能降低。要染色的表面应先染色，后封闭。

3. 塑料表面电镀

绝大部分塑料是绝缘体，不能在塑料上进行电镀，若要电镀，必须对塑料制件的表面进行金属化处理——在不通电的情况下给塑料制件表面涂上一层导电的金属薄膜，使其具有一定的导电能力——然后再进行电镀。

塑料制件金属化的方法很多，如真空镀膜、金属喷镀、阴极溅射、化学沉淀等。这些方法中比较行之有效的是化学沉淀法，因而在化学工业生产中得到广泛应用。

利用化学沉积法进行塑料电镀的现行工艺通常由下列各步组成：

塑料制件的准备→除油→粗化→敏化→活化→化学镀→成品检验。

1) 除油

塑料制件表面除油的目的在于使表面能很快地被水浸润，为化学粗化做好准备。除油的方法有有机溶剂除油、碱性化学除油和酸性化学除油等。人们常采用碱性化学除油法。

2) 粗化

塑料件粗化处理的目的在于在塑料表面造成凹坑、微孔等均匀的微观粗糙状况，以保证金属镀层与塑料表面具有较好的结合力。粗化的方法有两种：机械粗化和化学粗化。由于机械粗化有一定的局限性而很少使用，通常都采用化学粗化。例如，对 ABS 塑料，化学粗化处理一般用硫酸和铬酸的混合溶液来侵蚀，使塑料表面的丁二烯珠状体溶解，留下凹坑，形成微观粗糙，同时增加了表面积。通过红外光谱检测还发现，化学粗化过的表面存在着活性基团，如—COOH，—CHO，—OH 等，这些基团的存在也会增加镀层与基体的结合力。

3) 敏化

敏化就是经粗化后的塑料表面上吸附上一层容易被还原的物质，以便在下一道活化处理时，通过还原反应使塑料表面附着一层金属薄层。最常用的敏化剂是氯化亚锡，现在认为敏化过程的机理是当塑料制品经敏化处理后，表面吸附了一层敏化液，再放入水洗槽中时，由于清洗水的 pH 高于敏化液而使 Sn^{2+} 发生水解作用：

$$SnCl_2 + H_2O \longrightarrow Sn(OH)Cl + HCl$$
$$SnCl_2 + 2H_2O \longrightarrow Sn(OH)_2 + 2HCl$$
$$Sn(OH)Cl + Sn(OH)_2 \longrightarrow Sn(OH)_3Cl$$

$Sn(OH)_3Cl$ 是一种微溶于水的凝胶状物质，会沉积在塑料表面，形成一层几十埃到几千埃的凝胶物质。

4）活化

活化处理就是使塑料工件上产生一层具有催化活性的贵金属，如金、银、钯等，以便加速后面要进行的化学沉积的速度。活化好坏决定化学镀的成败。活化的原理是让敏化处理时塑料表面吸附的还原剂从活化液中还原出一层贵金属来。最常用的活化液是硝酸银型的。当敏化过的工件浸入硝酸银溶液中时，发生反应如下：

$$Sn^{2+} + 2Ag^+ \longrightarrow Sn^{4+} + 2Ag\downarrow$$

5）化学镀

化学镀是利用化学还原的方法在工件表面催化膜上沉积一层金属，使原来不导电的塑料表面沉积薄薄的一层导电的铜或镍层，便于随后进行电镀各种金属。化学镀是塑料电镀前处理的一道关键工序，切不可疏忽大意。常用的化学镀铜的原理是在硫酸铜溶液中加入碱，生成氢氧化铜：

$$CuSO_4 + 2NaOH \longrightarrow Cu(OH)_2\downarrow + Na_2SO_4$$

当溶液中同时存在酒石酸钾钠时，则会生成酒石酸铜配合物：

$$Cu(OH)_2 + NaKC_4H_4O_6 \longrightarrow NaKCuC_4H_2O_6 + 2H_2O$$

在溶液中加入甲醛后，铜的配合物被还原分解生成氧化亚铜：

$$2NaKCuC_4H_2O_6 + HCHO + NaOH + H_2O \longrightarrow Cu_2O + 2NaKC_4H_4O_6 + HCOONa$$

然后工件上的催化银膜进一步使氧化亚铜或配离子中的 Cu^{2+} 直接还原为铜，逐步形成覆盖工件表面的铜层：

$$NaKCuC_4H_2O_6 + HCHO + NaOH \xrightarrow{Ag} Cu + HCO_2Na + NaKC_4H_4O_6$$

当塑料表面形成了一定厚度的紧密的化学镀金属层后，就可以像金属电镀一样，在它们的表面进行常规的电镀处理了。

由上述讨论可见，塑料电镀的工艺过程是比较复杂的，而且每一步处理的好坏都影响镀层的质量，在实验中必须严格按规定的工艺条件操作，对每一步的工艺条件，人们都做了大量研究，也有不同的方案，这里不一一述及。

三、仪器和试剂

1. 金属铜镀镍

1）仪器

赫尔槽实验设备，1 台；250 mL 烧杯，2 只；赫尔槽，1 个；导线，若干；砂纸，若干；长方槽，1 个；镍片；铜片。

2）试剂

NaCl(A. R.)，H_2SO_4(A. R.)，$NiSO_4 \cdot 7H_2O$(A. R.)，乙醇(A. R.)，$CuSO_4 \cdot 5H_2O$(A. R.)，H_3BO_3(A. R.)，$MgSO_4 \cdot 7H_2O$(A. R.)，十二烷基硫酸钠(A. R.)，$Na_2SO_4 \cdot 10H_2O$(A. R.)，糖精，$NiCl_2 \cdot 6H_2O$(A. R.)，1,4-丁炔二醇(A. R.)，香豆素。

2. 铝表面电氧化着色

1) 仪器

250 mL 烧杯,若干;稳流源,1 台;磁力搅拌器,1 台;电炉,1 个;Pb 电极,1 块;纯 Al 片;砂纸。

2) 试剂

浓硫酸(A. R.),5 g · L^{-1} 酸性大红(pH=4.5～5.5),$CuSO_4 \cdot 5H_2O$(A. R.),5 g · L^{-1} 活性艳蓝(pH=4.5～5.5),浓盐酸(A. R.),3～5 g · L^{-1} 直接耐晒翠绿,$K_2Cr_2O_7$(A. R.),2 g · L^{-1} 活性艳橙,氨水(A. R.),无水乙醇(A. R.)。

3. 塑料表面电镀

1) 仪器

恒温热水浴锅,1 台;恒流源,1 台;250 mL 烧杯,若干;磁力搅拌器,1 台;电炉,1 个;温度计(0～100 ℃),1 支;千分卡,1 个;磷铜电极;塑料镀件。

2) 试剂

$K_2Cr_2O_7$(A. R.),Na_3PO_4(A. R.),甲醛(A. R.),Na_2CO_3(A. R.),酒石酸钾钠(A. R.),$SnCl_2 \cdot 2H_2O$(A. R.),酚磺酸(A. R.),$AgNO_3$(A. R.),氨水(A. R.),Sn 条(A. R.),乙醇(A. R.)。

四、实验步骤

1. 金属铜表面镀镍

1) 配制电镀溶液

普通镀镍溶液		光亮镀镍溶液	
$NiSO_4 \cdot 7H_2O$	140～170 g · L^{-1}	$NiSO_4 \cdot 7H_2O$	250～300 g · L^{-1}
H_3BO_3	25～35 g · L^{-1}	H_3BO_3	30～40 g · L^{-1}
NaCl	7～12 g · L^{-1}	$NiCl_2 \cdot 6H_2O$	20～30 g · L^{-1}
$MgSO_4 \cdot 7H_2O$	20～30 g · L^{-1}	糖精	0.6～1 g · L^{-1}
Na_2SO_4	60～80 g · L^{-1}	1,4-丁炔二醇	0.1～0.2 g · L^{-1}
pH	5.2～5.6	香豆素	0.2～0.5 g · L^{-1}
		十二烷基硫酸钠	0.05～0.1 g · L^{-1}
		pH	4～4.5

2) 梯形槽实验

将铜阴极和镍阳极均用金相砂纸打磨光亮,用水冲洗干净。量取 250 mL 普通镀溶液注入 267 mL 梯形槽中,装上阳极阴极试片,接通电源,控制电流在 1 A,电镀 5 min 后,取出阴极片用水冲洗,吹干,观察其外观,将试片上各区域的镀层外观情况按光亮、半光亮、发暗、条纹、起泡、针孔、粗糙、裂纹、无镀层、烧焦等记录下来。

在梯形槽中换上光亮镀镍液,其他同上。

3) 镀液分散能力的测定

取两片铜片,用金相砂纸打磨光亮,用水冲洗干净,做好近、远阴极标记,吹干后在分析天平上分别称量。镍阳极打磨冲净待用。

将阳极和两片阴极放在长方形槽中,并使 $L_2/L_1=2$。将普通镀镍溶液注入长方形槽中,接通电源,电流密度控制在 1 A · dm^{-2},电镀 30 min 后,取出阴极用水冲净、吹干,用分析天平分别称出近、远阴极的质量。

长方形槽中换入光亮镀镍溶液，重复以上步骤。

4）镀液深镀能力的测定

将铜棒阴极用金相砂纸打磨光亮，冲洗干净，然后插入绝缘套内，使铜棒伸出 3 cm。实验所用镍阳极先用 1∶1 盐酸浸泡 5 min，取出后冲洗干净。连接好线路，在镀槽中倒入光亮镀镍溶液，电流密度控制在 1 $A \cdot dm^{-2}$，电镀 10 min。镀后用水冲洗阴极棒，并准确测量孔中阴极棒表面镀层的长度。将此长度绝缘孔内的高度作一比较，就可了解镀液的深镀能力情况。

5）电流效率的测定

将被测镀液和铜库仑计的阴、阳极（被测镀液为铜阴极、镍阳极，铜库仑计阴、阳极均为纯铜）用金相砂纸打磨，冲洗干净。两阴极吹干后用分析天平称量。接好线路，镀槽中注入镀液，接通电源，电流密度控制在 1 $A \cdot dm^{-2}$，电镀 30 min 后，取出两阴极洗净、吹干，分别准确称取质量。注意溶液回收。

6）实验记录与数据处理

（1）用规定的符号绘制和标明梯形槽的阴极镀层外观图，并说明光亮剂和杂质对镀层的影响。

（2）计算镀液的分散能力，并说明镀液分散能力的优劣。

（3）根据孔内阴极镀层的长度说明该镀液的深镀能力。

（4）将实验数据列表如下，并计算电流效率。

电流密度/($A \cdot dm^{-2}$)	铜库仑计阴极质量/g			被测镀液阴极质量/g			电流效率 η/%
	镀前	镀后	增重	镀前	镀后	增重	

2. 铝表面着色

1）铝片表面预处理

（1）碱洗：将用砂纸打磨后的铝片放入 60～70 ℃的 3 $mol \cdot L^{-1}$ NaOH 溶液中浸泡 1 min，取出用自来水冲洗，铝片表面应以不挂水珠为宜。

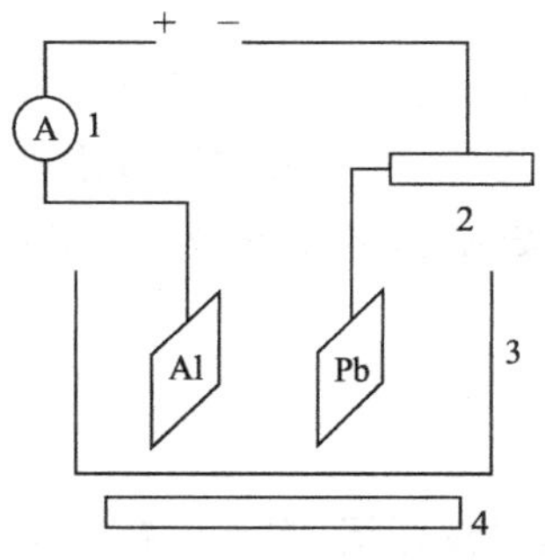

图 3.22　阳极氧化示意图

1. 电流表；2. 滑线电阻；3. 电解槽；4. 磁力搅拌器

（2）酸洗：将碱洗后的铝片放在 2 $mol \cdot L^{-1}$ 的 HNO_3 溶液中浸泡 1 min，洗净的铝片放入蒸馏水中待用。

2）阳极氧化

（1）计算铝片浸入电解液部分（尚留一部分不浸入电解液）的总面积（应计算铝片的两面），按照电流密度为 10～15 $mA \cdot cm^{-2}$ 计算所需的电流。

（2）以铝片为阳极，铅为阴极，15%～20%硫酸为电解液，按图 3.22 接好线路。通电后，调节可变电阻。开始用较小电流密度（不大于 5 $mA \cdot cm^{-2}$），氧化 1 min 后，逐渐调到所需的数值，使电流密度为 8～25 $mA \cdot cm^{-2}$，槽电压为 13～22 V。观察两极反应情况。搅拌下氧化 50 min。

3）染色和着色

（1）将铝片取出用自来水冲洗后，放入1%氨水中0.5 min，冲洗干净后即可染料染色。50 ℃下染色5 min。

（2）重复氧化实验一次，工件取出洗净后放入组成为25 g·L^{-1} $CuSO_4\cdot5H_2O$、30 g·L^{-1} H_2SO_4 的电解液中，在室温下通电进行电解着色，电压控制在8～17 V观察现象，当工件变为均匀的红褐色即可。

4）封闭

将染好色或电解着好色的工件浸入沸水中煮10 min，取出后放入无水乙醇中浸3 min，晾干。

5）耐腐蚀性检验

重复氧化实验一次（20 min），工件取出后直接进行沸水封闭处理。在工件上阳极氧化部分和未氧化部分各滴一滴 K_2CrO_7 盐溶液，观察现象，比较这两部分产生气泡和液滴变绿时间的快慢。注意溶液回收。

3. 塑料电镀

1）配制溶液

按表3.4中配方配制好所需的各种溶液100 mL（实验室已配好的则可以直接取用）。

表3.4　各种溶液配方

化学除油液　温度35 ℃　时间30 min	Na_2CO_3 15 g·L^{-1}　洗衣粉5 g·L^{-1} Na_3PO_4 20 g·L^{-1}
化学粗化液　温度70 ℃　搅拌60 min	$K_2Cr_2O_7$ 120 g·L^{-1}　Al^{3+} 10 mg·L^{-1} H_2SO_4（ρ=1.84 g·mL^{-1}）500 g·L^{-1}
敏化液　室温　搅拌5 min	$SnCl_2\cdot2H_2O$ 10 g·L^{-1}　Sn条一根 HCl（ρ=1.19 g·mL^{-1}）50 mL
活化液　室温　搅拌10 min	$AgNO_3$ 15 g·L^{-1}　$NH_3\cdot H_2O$ 滴加至透明
化学镀铜液　温度25～30 ℃　搅拌20 min	酒石酸钾钠50 g·L^{-1}　NaOH 10 g·L^{-1} $CuSO_4\cdot5H_2O$ 10 g·L^{-1}　甲醛（40%）（镀前加入）100 mL·L^{-1}
酸性光亮镀铜　电流密度1A·dm^{-2}　室温　搅拌30 min	$CuSO_4\cdot5H_2O$ 200 g·L^{-1}　磷铜板阳极　H_2SO_4（ρ=1.84 g·mL^{-1}）60 g·L^{-1}　无水乙醇5 mL·L^{-1}　酚磺酸5 mL·L^{-1}

2）按下述工艺流程施镀

塑料制品→测表面积（双面）→化学除油→自来水洗→蒸馏水洗→粗化→自来水洗→蒸馏水洗→敏化→自来水洗→蒸馏水洗→活化→自来水洗→蒸馏水洗→化学镀铜→自来水洗→蒸馏水洗→电镀铜→洗净、吹干。

注：①每完成一步需漂洗干净，以免将污物带入下一步的溶液中而影响质量。②电镀时应让镀件带电下槽。③溶液回收。

3）镀层质量检验

（1）外观质量检验。包括镀层的颜色、光洁度应均匀一致；不允许镀层有针孔、起泡、脱皮、龟裂和烧焦等现象；不允许镀件的表面有未洗净的各种盐类痕迹等。一般在光照下用肉眼检查。

(2) 镀层厚度的检验。对于不同用途的镀件,对镀层厚度要求不同,按电子工业部标准化研究所的规定,一般化学镀层厚度要求 0.2 μm,光亮酸性铜层要求 20～25 μm。检验方法有溶解法、重量法和直接测量法。本实验采用直接测量法,在工件上选择合适位置,用千分卡尺测量镀前后的厚度变化,计算镀层厚度。

(3) 冷热循环实验。冷热循环实验的目的是定性评价镀层的结合力。测试是基于塑料的热胀系数与金属镀层相差 6～7 倍,因而温度的任何变化将会在金属和塑料界面上产生应力,当镀层结合力弱时就会遭到破坏。现行的冷热循环实验有多种不同的方法,本实验采用国内工厂中常用的一种快速检验法,即让电镀塑料件在 100 ℃下用开水煮沸 20～25 min,然后转入 0～5 ℃的冷水浴中保持 3 min,要求中间转换的时间不超过 1 min。经一个循环后若镀层无起泡、脱层等现象则视为合格。

思考题

1. 影响金属电镀好坏的因素有哪些?
2. 制品为什么要进行氧化处理? 铝制品为什么要进行封闭处理?
3. 为什么要进行化学粗化? 如何掌握粗化的程度?
4. 配制化学镀铜液时,甲醛为什么要在镀前临时加入?
5. 电镀铜时为什么要用磷铜板作阳极? 电流密度对电镀质量有何影响?

参考文献

郭宇翔,张志洪. 2008. ABS塑料电镀技术. 塑料制造, 12:50-55.
鲍慈光,赵逸云. 1996. 应用化学实验. 北京:科学出版社.

第三节　精细化学品

精细化工是精细化学品生产工业的简称。有关精细化学品的定义,国际上一般有两种意见:日本把凡是具有专门功能,研究开发、制造及应用技术密集度高,配方技术左右着产品性能,附加价值高,收益大,批量小,品种多的化工产品称为精细化学品;另一种则是以专用化学品来代替精细化学品。在我国,精细化学品一般指深度加工的、技术精密度高和附加价值大的化学品,其多数产品品种多,更新快,规模小,利润高。它的范围随着社会科学技术的进步,生产和消费水平的提高而不断扩大。

精细化工是 20 世纪 70 年代以后世界化学工业特别是发达国家化学工业结构调整和发展的重点,目前发达国家精细化工率已达到 55%～65%,而我国大约为 40%。精细化工的发展程度是一个国家综合国力和技术水平的重要标志之一。随着科学技术的发展和进步,精细化工的门类和精细化学品的品种越来越多,应用的领域和范围也越来越广。精细化工特别是新领域精细化工一直被列为我国化学工业发展的战略重点之一。

一、精细化学品的分类

精细化学品的范围十分广泛,分类方法主要有结构分类及功能分类两种。但比较适应的是混合分类法,先以产品本身具有的特定功能来分类,再在各类中采用结构分类来细分。

1984 年，日本《精细化工年鉴》将精细化工产品统计为 35 类。1986 年，我国化学工业部把精细化工产品分为 11 大类，它们是农药、染料、涂料（包括油漆和油墨）、颜料、试剂和高纯物、信息用化学品（包括感光材料、磁性材料等）、食品和饲料添加剂、黏合剂、催化剂和各种助剂、化学药品和日用化学品、功能高分子材料（包括功能膜、偏光材料等）。但该分类显然未包括精细化学品的全部内容，如医药制剂、酶制剂、精细陶瓷等。

此外，从生产角度还可以将精细化学品分为两大类：一类是以分子水平合成、提纯为主，结合少量的复制增效技术得到的有特定功能的化学品，如农药、染料、颜料、试剂和高纯物、信息化学品、食品和饲料添加剂、功能高分子材料等；另一类是以配方技术为主要生产手段，配方技术能左右最终使用功能的化学品，如涂料、洗涤化妆品、香料、黏合剂等。

1. 染料

染料是指能使其他物质获得鲜明而牢固色泽的一类有机化合物，由于现在使用的染料都是人工合成的，所以也称为合成染料。染料的用途基本上有三方面：染色、着色和涂色。图 3.23 给出了部分类型染料的代表分子结构。

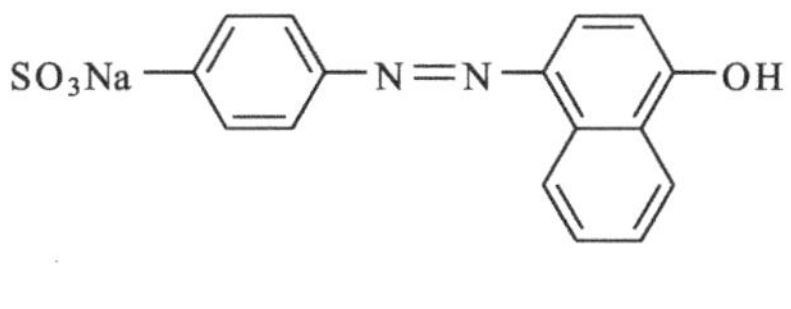

偶氮类染料：酸性橙 I

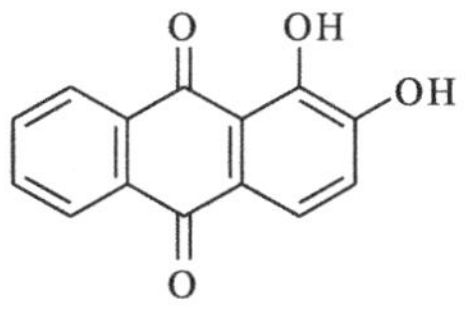

蒽醌类染料

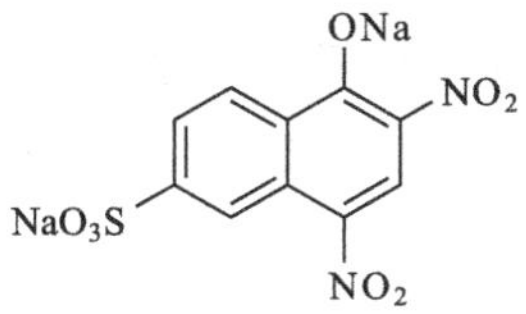

硝基和亚硝基类：黄色酸性染料

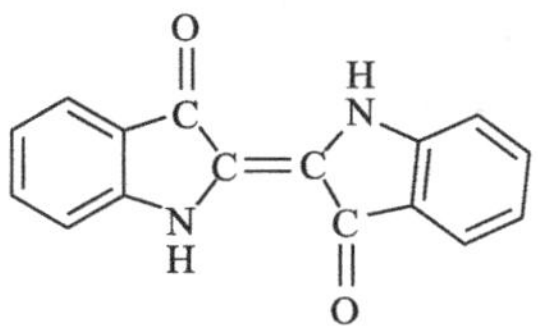

靛族染料：靛蓝

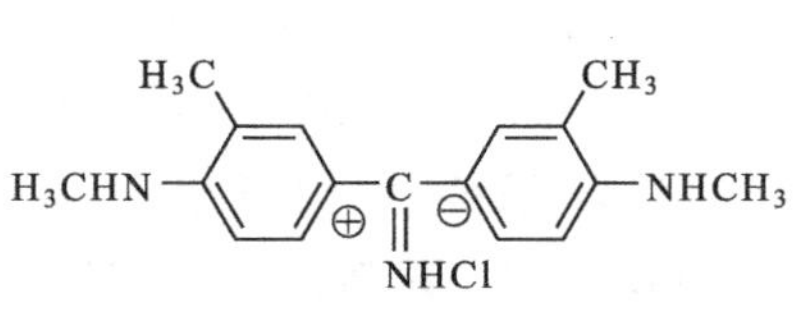

芳甲基类染料：金胺G

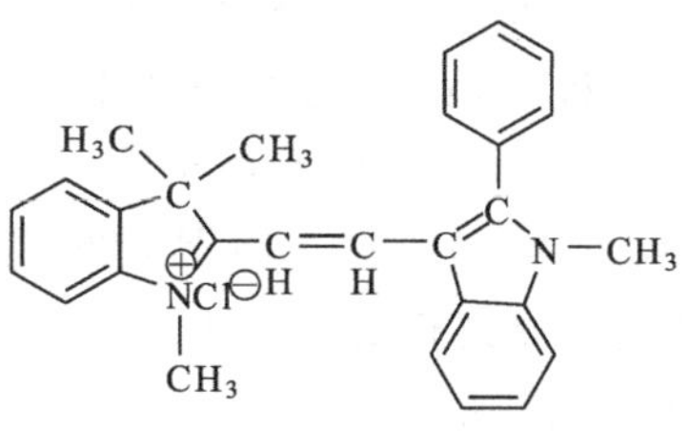

菁系染料：阳离子橙R

图 3.23　代表性有机染料的分子结构

2. 荧光增白剂

织物、纸张漂白后，为了获得更加满意的白度，或者某些浅色印染织物要增加鲜艳度，通常采用能发荧光的无色化合物进行加工，这种化合物称为荧光增白剂。荧光增白剂自身无色，在织物上不但能反射可见光，同时还能吸收日光中的紫外光而发射波长为 415～466 nm 即紫蓝色的荧光，正好同织物原来反射出来的黄色互为补色，相加而成白光，使织物具有明显的洁白感。由于荧光增白剂发射荧光，使织物总的可见光反射率较原来增大，故也提高了亮度，使织物的白度比一般漂白的更为悦目。荧光增白剂用于浅色织物，也同样使亮度增加而起增艳作用。荧光增白剂是利用光学上得到补色作用来增白，因此又可称为光学增白剂。图 3.24 给出了部分类型的荧光增白剂的分子结构。

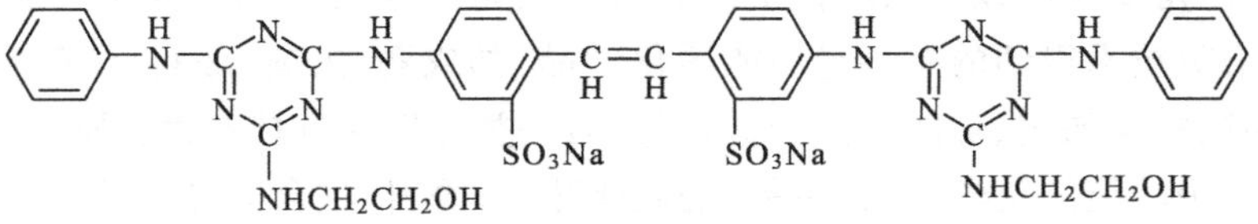

二苯乙烯型荧光增白剂VBL

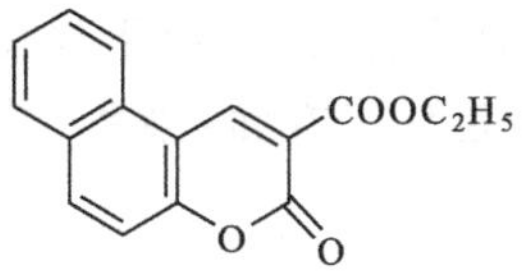

香豆素型荧光增白剂PEB

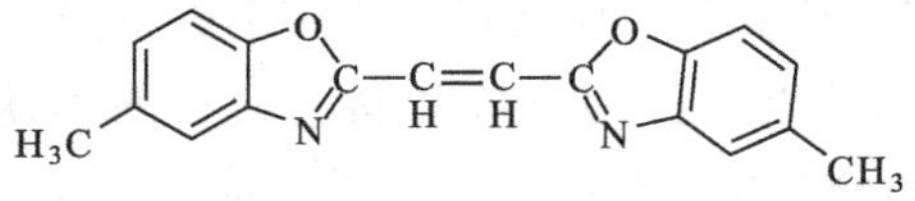

唑型荧光增白剂DT

图 3.24　某些有机荧光增白剂的分子结构

3. *有机颜料*

有机颜料为不溶性的有色有机物，它不溶于水，也不溶于使用它们的各种底物。有机颜料与染料的差别在于它与被着色物体没有亲和力，只有通过胶黏剂或成膜物质将有机颜料附着在物体表面，或混在物体内部，使物体着色。有机颜料种类也很多，主要有偶氮类、异吲哚类、酞菁类等。

4. *表面活性剂*

水溶性表面活性剂的分子结构都具有不对称的极性特点。分子中同时具有亲水基和亲油基。亲油基又称疏水基，它们都是由长烃链—CH_2—CH_2—CH_2—CH_2—组成的，链有长有短，有的有支链或者被杂原子或环状原子团所中断，一般可从石油化工或油脂产品中获得。亲水基是容易溶于水或易于被水所湿润的原子团，如羧基、磺酸基、硫酸酯基、醚基、氨基、羟基等。表面活性剂的分类有很多方法，但最常用和最方便的方法是按离子的类型分类。

1）阴离子型表面活性剂

这类表面活性剂溶于水后生成离子，其亲水基团为带有负电的原子团。它按亲水基不同分为脂肪羧酸酯类、脂肪醇硫酸酯类、烷基磺酸酯类、烷基芳基磺酸酯类和磷酸酯类。

2）阳离子型表面活性剂

这类表面活性剂溶于水后生成的亲水基团为带正电荷的原子团。它按其化学结构又可分为伯胺盐、仲胺盐、叔胺盐和季铵盐。

3）非离子型表面活性剂

这类表面活性剂在水中不会离解成离子，自然也不带电荷。非离子表面活性剂按亲水基团分类，有聚氧乙烯型和多元醇型两类。

4）两性类表面活性剂

这类表面活性剂广义地说是同时具有阴离子、阳离子或同时具有非离子和阳离子或非离子和阴离子的，有两种离子性质的表面活性剂的总称。但习惯上所说的两性表面活性剂是指由阴、阳两种离子所组成的表面活性剂。这种两性表面活性剂中，结构上同时存在着性质相反的离子。在水中同时带有正、负电荷，在酸性溶液中呈阳离子表面活性剂，在碱性溶液中呈阴离子表面活性剂，在中性溶液中呈非离子表面活性剂。它按其化学结构又可分为氨基酸型和甜菜碱型。

表面活性剂除了能降低表面张力，从而引起湿润、渗透、分散、乳化、起泡、洗涤等基本性质外，还有各种派生的性能，可用作纤维的柔软整理剂、抗静电整理剂、杀菌剂、匀染剂和防水整理剂。

5. 香料

香料又称香原料，是一种能被嗅感嗅出气味或味感品出香味的物质，是用以调制香精的原料。除了个别品种外，大部分香料不能单独使用。香料分为天然香料和人造香料，其中天然香料包括动物性天然香料和植物性天然香料。人造香料包括单离香料及合成香料。

1）动物天然香料

动物天然香料是动物的分泌物和排泄物，最常用的有四种：麝香、灵猫香、海狸香和龙涎香。

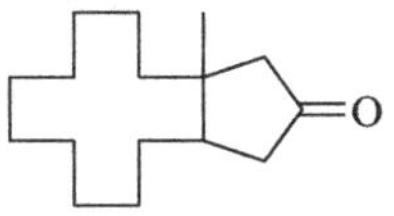

麝香

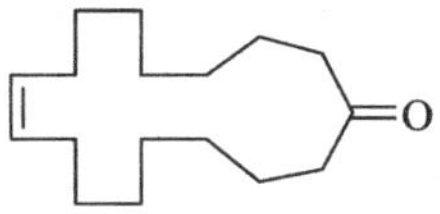

灵猫香

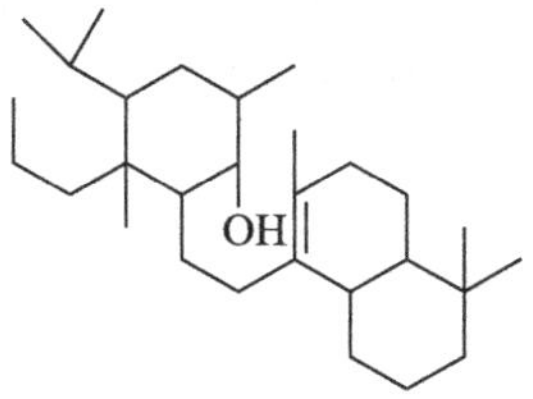

海狸香

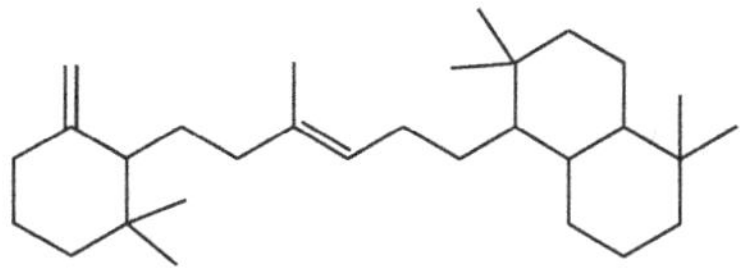

龙涎香

2）植物性天然香料

植物性天然香料是从芳香植物的花、草、叶、茎、果、根、皮等组织中提取出来的有机混合物。大多数呈油状或膏状，少数呈树脂状或半固态。根据产品的形态和制法，通常称为香精、浸膏、净油、香脂和香树脂、酊剂。

3）单离香料

单离香料是从天然香料（以植物性天然香料为主）中分离出比较纯净的某种特定的香成分，广泛用于日化、医药、食品、烟酒等香精的配制。单离香料的生产方法主要有蒸馏法、冻析法、重结晶法和化学处理法。

4）合成香料

合成香料是从石油化工和煤化工的基本原料出发，按照一定的合成路线，通过多步化学反应得到的香料化合物。

6. 化妆品

化妆品根据产品工艺和配方特点可分为 14 类：化妆用化妆品、悬浮状化妆品、粉状化妆品、油状化妆品、锭状化妆品、膏状化妆品、胶态化妆品、液状化妆品、块状化妆品、喷雾状化妆品、透明状化妆品、珠光状化妆品、笔状化妆品以及其他化妆品。

根据产品的不同用途可分为三类：皮肤用的化妆品类、毛发用的化妆品类和口腔卫生用的化妆品类，而每类又可分为清洁用、保护用、美容用、营养及日常治疗用。

化妆品是由各种不同作用的原料，经配方加工而制得的产品。化妆品所用的原料虽然品种很多，但按其用途和性能，可分为两大类：基质原料和辅助原料。

1）基质原料

组成化妆品的原料称为基质原料，它在化妆品配方中占有较大的比例。由于化妆品的种类繁多，采用的原料也很复杂，现选择有代表性的原料作介绍，如油脂、蜡类原料、粉类原料和香水类原料。

2）辅助原料

使化妆品成型、稳定或赋予化妆品以色、香及特定作用的原料称为辅助原料。它在化妆品的配方中占的比例不大，但极为重要。辅助原料包括乳化剂、香精、色素、防腐剂、抗氧化剂等。

7. 农药

农药是指防治农作物病害、虫害、草害、鼠害和调节植物生长的药剂。按所防治对象的不同分类，可分为杀虫剂、除草剂、杀菌剂、杀鼠剂、杀线虫剂、杀螨剂、杀鸟剂、杀软体动物剂、杀卵剂、植物激素、植物生长调节剂、脱叶剂、干燥剂、种子处理剂；按化学结构分类，可分为有机氯、有机氮、有机磷、氨基甲酸酯、拟除虫菊酯、有机硫、有机硅、有机金属、酰胺、苯氧羧酸等；按来源分类，可分为矿物源（无机化合物）、化学合成（有机化合物）和生物源（天然有机物、抗生素、生物农药）；按毒理作用分类，可分为神经毒剂、呼吸毒剂、原生质毒剂和物理性毒剂。

8. 光谱增感染料和彩色显影成色剂

光谱增感染料是一种能使卤化银乳剂的感色范围予以扩展的有机染料，并非所有的染料都具有增感作用，大部分染料具有降低、破坏乳剂感光度的副作用，常用的光谱增感染料在化学结构上看，有菁染料及份菁染料两大类。

1）菁染料

菁染料为脒离子插烯物，根据不同的杂环，菁染料有硫菁、氧菁、硒菁等。在两个氮原子之间有次甲基链相连，按次甲基链的长度不同，菁染料可分为一次甲基菁、三次甲基菁、五次甲基菁、七次甲基菁等。

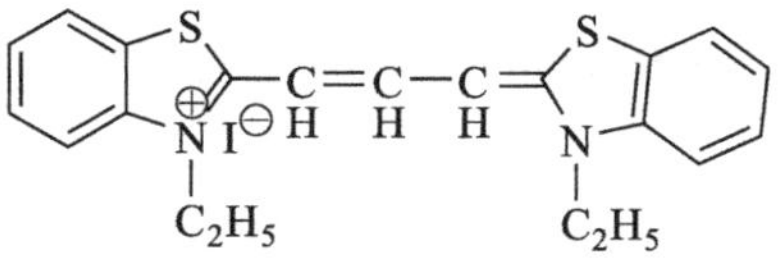

苯并噻唑五次甲基菁

2）份菁染料

份菁染料是一种非离子型中性多甲川染料，共轭双键通过氧原子和氮原子相连，氮原子是菁染料中的碱性杂环。氧原子是含有—$COCH_2$—基团的对环状羰基亚甲基化合物。常用的份菁染料如下所示。

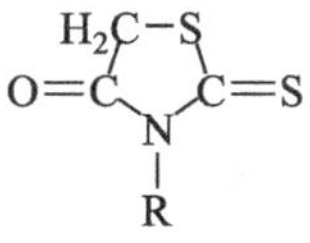

烷基罗丹宁

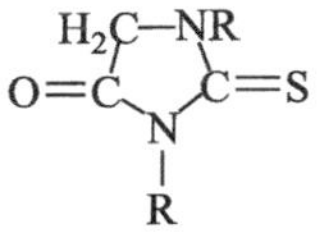

海棠宁

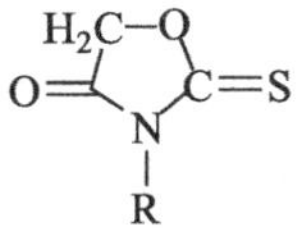

2-硫代噁唑啉酮-[4]

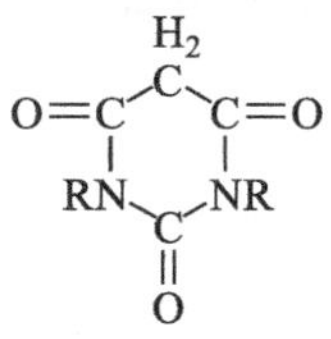

巴比妥酸

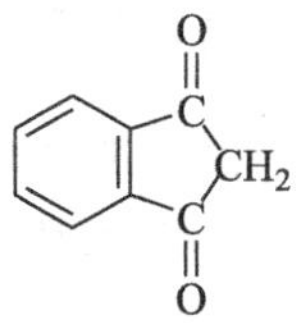

1,3-茚二酮

份菁染料常以碱性杂环季铵盐和上述羰基亚甲基化合物缩合而成。

彩色显影成色剂是银盐彩色感光材料中，显影时能与彩色显影剂的氧化产物反应而生成染料的有机物，简称成色剂。按彩色显影剂氧化产物与成色剂生成染料的颜色不同，成色剂可分为成黄、成品红及成青色三类；按其在乳剂中的固定方法可分为水溶性和油溶性成色剂两大类；按其使用方法可分为内偶式及外偶式成色剂两大类。

二、精细化学品的作用及其发展趋势

1. 精细化学品的作用

1）增进和赋予各种结构材料以特性

除了通常环境下使用的结构材料，如桥梁、船舶、汽车、飞机、发电机、水坝、建筑材料等外，特殊环境下使用的结构材料，如海洋筑物、原子反应堆、高温气体、宇宙火箭、特殊化工装置等，均不可缺少精细化学品的辅助作用。功能性材料的特种性能涉及很多方面，如机械加工方面的硬度、耐磨性、尺寸稳定性等；电、磁制品方面的绝缘性、超导电性、半导电性、光导性、光电变换性、离子导电性、电子放射性、强磁性和弱磁性等。这些特性都需要借助于一定的精细化学品来完成和提高。

2）增进和保障农、林、牧、渔业的丰产丰收

选种、浸种、育秧、病虫害防治、土壤化学、改进水质等也都需要依靠精细化学品的作用来完成。农药、兽药对农业、畜牧业的影响不言而喻，除草剂对于农民来说更是结束了几千年下地除草的历史。

3）丰富和改善人民的生活

为人们生活提供丰富多彩的衣、食、住、行、用等享受性的产品；保障和增进人类的健康，提高人们的生活水平。合成染料的出现使染料顺利地实现了工业化，让颜色不再是一种奢侈品，将人类的生活变得多姿多彩；而食品添加剂的出现则大大满足了人们的食欲；能替代蔗糖的甜味剂，由于它们的甜度高，大多数不属于糖类，使糖尿病患者又可以体会到甜的滋味等，这些都极大地改善了人们的生活。

4）促进和推动科学技术的进一步发展

物质生产是科学技术进步的结果，但一些新物质诞生后，又反作用于科学技术，促进其进一步发展，如电子化学品、磁性材料、功能树脂、化学促进性物质等，客观上都起到了推动科学技术进一步发展的作用。

5）高经济效益

精细化学品的高经济效益，特别是社会经济效益对国民经济有着重大的影响，已经影响到一些国家的技术经济政策，不断提高化学工业内部结构的精细化率，把精细化工视为生财之道。精细化学品对国民经济的重要影响导致精细化工在整体化学工业中所占的比例不断提高。

2. 精细化学品的发展趋势

1）品种继续增加

核聚变、太阳能、氢能、燃料电池、生物质能、海洋能、地热能、风能等新能源的开发利用，食品结构的改变与保健食品的兴起，信息技术的发展要求高技术的精细无机盐和精细陶瓷，医用人工器官等都离不开各种功能的精细化学品。

2）发展速度继续领先

精细化工产值在化学工业总产值中的比例称为精细化率。美、日、德等发达国家化学工业的精细化率由 20 世纪 80 年代的 45%～55%，目前已上升到 55%～65%。以近几年为例，发达国家化学工业发展速度一般在 3%～4%，而精细化工的发展速度则在 6%～7%，并且这种领先的发展速度将会继续。

3）结构调整趋向优化

20 世纪 90 年代以来，一些跨国公司通过兼并和收买，调整经营结构，进行合理改组，独资或合资企业发展精细化工，使国际分工更为深化，技术、产品、市场形成了一个全球性的结构体系，并在科学技术推动下不断升级和优化。

4）大力采用高新技术

高新技术的采用是当今化学工业激烈竞争的焦点，也是综合国力的重要标志之一。对技术密集的精细化工行业来说，这方面更为突出。从科学技术的发展来看，各国正以生命科学、材料科学、能源科学和空间科学为重点进行开发研究。

参考文献

程铸生. 1996. 精细化学品化学(修订版). 上海：华东理工大学出版社.

张成路，闫杰，靳奇峰，等. 2006. 精细化学品合成教学改革中培养学生的创新能力. 大学化学，24(3)：26-30.

章思规，章伟. 2004. 精细化学品及中间体手册. 北京：化学工业出版社.

郑裕国，郑仁朝，沈寅初. 2009. 精细(手性)化学品制造中的生物催化与化学催化整合策略. 中国基础科学，5：45-48.

Chen J, Zheng R C, Zheng Y G, et al. 2009. Microbial transformation of nitriles to high-value acids or amides. Adv Biochem Eng Biotechnol, 113 :33-77.

Leresche J E, Meyer H P. 2006. Chemocatalysis and biocatalysis (biotransformation): some thoughts of a chemist and of a biotechnologist . Org Process Res Dev, 10 : 572-580.

Tao J H, Zhao L S, Ran N Q. 2007. Recent advances in developing chemoenzymatic processes for active pharmaceutical ingredients . Organic Process Research & Development, (11) :259-267.

实验 25　甲基丙烯酸甲酯的本体聚合

实验目的与主要内容

有机玻璃的化学名是聚甲基丙烯酸甲酯，它是由甲基丙烯酸甲酯聚合成的高分子化合物，它具有透明性好，机械强度高，质量小，易于加工的特性。本实验通过甲基丙烯酸甲酯的本体聚合，使学生了解有机化合物本体聚合的原理和特点，熟悉制备有机玻璃的方法和技术，并观察整个聚合过程中体系黏度的变化过程。

一、背景知识

聚甲基丙烯酸甲酯英文简称PMMA,俗称有机玻璃,是由甲基丙烯酸甲酯聚合成的高分子化合物。有机玻璃是开发较早的一种重要的热塑性塑料,具有透明性、稳定性和耐候性,易染色,易加工,外观优美。有机玻璃应用广泛,不仅在商业、轻工业、建筑、化工等方面,而且在有机玻璃制作、广告装潢、沙盘模型上应用十分广泛,如标牌、广告牌、灯箱的面板和中英字母面板等。此外,有机玻璃在医学上还可以制造人工角膜。这种人工角膜的透光性好,化学性质稳定,对人体无毒,容易加工成所需形状,能与人眼长期相容。现在,用有机玻璃做的人工角膜已经普遍用于临床。

有机玻璃一般是通过本体聚合而合成的。本体聚合是不加其他介质,只有单体本身在引发剂或光、热等作用下进行的聚合,又称块状聚合。本体聚合的产物纯度高,工序及后处理简单。但随着聚合的进行,转化率提高,体系黏度增加,聚合热难以散发,系统的散热是关键。同时由于黏度增加,长链游离基末端被包埋,扩散困难,使游离基双基终止速率大大降低,致使聚合速率急剧增加而出现所谓自动加速现象或凝胶效应。这些轻则造成体系局部过热,使聚合物相对分子质量分布变宽,从而影响产品的机械强度;重则造成体系温度失控,引起爆聚。为克服这一缺点,现一般采用两段聚合:第一阶段保持较低转化率,这一阶段体系黏度较低,散热尚无困难,可在较大的反应器中进行;第二阶段转化率和黏度较大,可进行薄层聚合或在特殊设计的反应器内聚合。

本体聚合在工业上可用间歇法和连续法生产,除聚甲基丙烯酸甲酯外,还有聚苯乙烯、聚氯乙烯和高压聚乙烯可采用本体聚合生产。

二、实验原理

甲基丙烯酸甲酯通过本体聚合方法可以制得有机玻璃。聚甲基丙烯酸甲酯由于有庞大的侧基存在,为无定形固体,其最突出的性能是具有高度的透明性,密度小,故其制品(有机玻璃)比同体积无机玻璃制品轻巧得多;同时又具有一定的耐冲击强度与良好的低温性能,是航空工业与光学仪器制造工业的重要原料。有机玻璃表面光滑,在一定的弯曲限度内,光线可在其内部传导而不逸出,故外科手术中利用它把光线输送到口腔喉部照明。聚甲基丙烯酸甲酯是很好的绝缘材料。

甲基丙烯酸甲酯在引发剂过氧化二苯甲酰(BPO)或偶氮二异丁腈(AIBN)存在下进行如下聚合反应:

$$n\mathrm{CH_2{=}\overset{\displaystyle CH_3}{\underset{}{C}}{-}COOCH_3} \longrightarrow \left[\mathrm{CH_2{-}\overset{\displaystyle CH_3}{\underset{\displaystyle COOCH_3}{C}}}\right]_n$$

甲基丙烯酸甲酯在过氧化苯甲酰引发剂存在下聚合反应的变化规律如图3.25所示。

图中曲线表明:聚合反应开始前有一段诱导期,聚合速度为零,体系无黏度变化。在转化率超过20%之后,聚合速率显著加快,而转化率达80%之后,聚合速率显著减小,最后几乎停止聚合,需要升高温度才能使之完全聚合。

聚合配方中引发剂的含量,应视制备的模具厚度而定,一般情况如表3.5所示。

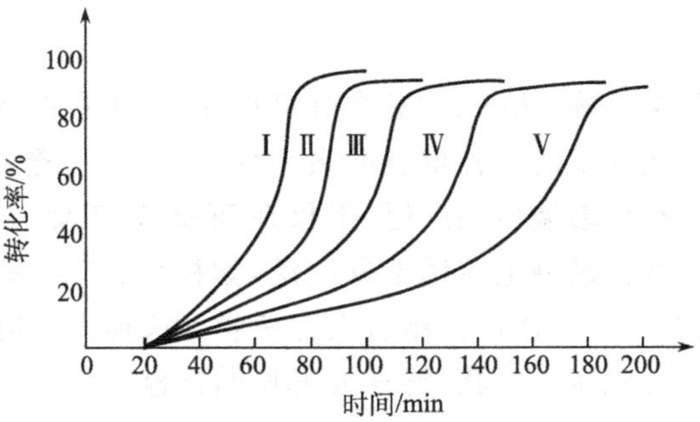

图 3.25　甲基丙烯酸甲酯本体聚合时间与转化率曲线

以过氧化苯甲酰为引发剂，用量是：Ⅰ. 2%；Ⅱ. 1%；Ⅲ. 0.5%；Ⅳ. 0.25%；Ⅴ. 0.125%

表 3.5　聚合配方中引发剂的含量

厚度/mm	1～1.5	2～3	4～6	8～12	14～25	30～45
偶氮二异丁腈/%	0.06	0.06	0.06	0.025	0.020	0.005

由于甲基丙烯酸甲酯单体的密度只有 0.94 g · mL^{-1}，而其聚合物的密度为 1.17 g · mL^{-1}，故有较大的体积收缩，因而生产上一般先做成甲基丙烯酸甲酯的预聚体，然后再进行浇模，这样一则可以减少体积收缩，二则预聚体具有一定黏度，在采用夹板式模具时不会产生液漏现象。

三、仪器和试剂

1. 仪器

1.5 cm×15 cm 试管，若干；冷凝管，1 支；100 mL 三颈瓶，1 只；恒温水浴，1 套。

2. 试剂

甲基丙烯酸甲酯(A. R.)，过氧化二碳酸环己酯(A. R.)，偶氮二异丁腈(A. R.)。

四、实验步骤

本实验采用试管作模具，厚度较大，因而聚合的时间较长。为适应学生操作，在浇模前补加 0.03%的过氧化二碳酸环己酯作为室温引发剂。

(1) 准确称取 0.03 g 偶氮二异丁腈、50.0 g 甲基丙烯酸甲酯，混合均匀，投入到 100 mL、配有冷凝管与通氮气管的磨口三颈瓶中，开启冷却水，通氮气，采用水浴恒温。开动搅拌，升温至 75～80 ℃，20～30 min 后取样，若预聚物具有一定黏度(转化率 7%～10%)，则移去热源，冷却至 50 ℃左右，补加 0.03%(0.015 g)的过氧化二碳酸环己酯，搅拌均匀。

(2) 取 1.5 cm×15 cm 试管若干只，分别进行灌注，灌注高度一般为 5～7 cm (灌注过多，压力太大，有可能使气泡不逸出，留在聚合物内)。然后静置片刻，或在 60 ℃的水浴中加热数分钟，直到试管内无气泡为止，即可取出，放进 30 ℃左右的烘箱或在室温条件下直至硬化。硬化后，在沸水中熟化 1 h，使反应趋于完全。撤出试管，可得到透明度高、光洁的圆柱形聚甲基丙烯酸甲酯。

如采用玻璃夹板作模具，预聚液(转化率为 8%～10%)中不用补加过氧化二碳酸环己酯。

在 55～60 ℃水浴中恒温 2 h，硬化后，升温至 95～100 ℃时，撤出夹板后，可得到透明光洁的有机玻璃薄板。

(3) 用氯仿溶解有机玻璃，制成薄膜(不能厚)，做红外光谱图，并解释之。

思 考 题

1. 试描述甲基丙烯酸甲酯本体聚合的反应原理。
2. 为什么要进行预聚合？
3. 除有机玻璃外，工业上还有什么聚合物是用本体聚合的方法合成的？

参 考 文 献

复旦大学高分子教研组. 1983. 高分子实验技术. 上海：复旦大学出版社.

实验 26　阴离子表面活性剂的合成及应用

实验目的与主要内容

阴离子表面活性剂分为烷基芳基磺酸盐、烷基硫酸酯盐、酯及酰胺的磺酸盐和烷基磺酸盐四类，具有较好的去污、发泡、分散、乳化、润湿等特性。阴离子表面活性剂的制备大多采用疏水基物料与无机药剂直接反应得到。本实验通过十二烷基磺酸钠的合成，使学生了解烷基芳基磺酸盐类阴离子表面活性剂的性质和用途及洗洁精各组分的性质和配方原理，熟悉制备十二烷基磺酸钠的合成方法和洗洁精的配置方法。

一、背景知识

人们很早就使用阴离子表面活性剂，由于其价格和性能都比较适宜，因此其产量至今仍占表面活性剂的绝大部分。阴离子表面活性剂的发展从古代草木灰的应用到近代肥皂的应用，接着出现了磺化蓖麻油(俗称红油)，红油是人工合成的表面活性剂，长期以来应用于纺织纤维的染色整理，后来又出现了高级醇硫酸酯盐及烷基磺酸盐等。

阴离子表面活性剂分为烷基芳基磺酸盐、烷基硫酸酯盐、酯及酰胺的磺酸盐和烷基磺酸盐四类，具有较好的去污、发泡、分散、乳化、润湿等特性，被广泛用作洗涤剂、起泡剂、润湿剂、乳化剂和分散剂。阴离子表面活性剂大多采用疏水基物料与无机药剂直接反应得到，如油脂的苛性碱皂化，烷烃的磺酰氯化，烯烃、烷基苯、脂肪酸的三氧化硫磺化，烯烃和硫酸、亚硫酸盐、亚磷酸二酯的加成，脂肪醇和硫酸、磷酸的酯化等。

阴离子表面活性剂在表面活性剂家族中品种最多，种类最大，应用十分广泛，主要用于农业、建筑工业、化妆品工业、石油工业和纺织工业等。

洗洁精(cleaning mixture)又称餐具洗涤剂或果蔬洗涤剂，是无色或淡黄色透明液体，主要用于洗涤碗碟和水果蔬菜。洗洁精的主要成分有直链烷基苯磺酸钠、十二烷基苯磺酸钠(ABS-Na)、烯烃磺酸钠、脂肪醇聚氧乙烯醚硫酸钠(AES)、烷基醇酰胺(尼诺尔)、烷基糖苷、烷基甜菜碱等。

二、实验原理

十二烷基苯磺酸钠(sodium dodecyl benzo sulfonate)又称石油磺酸钠，简称 LAS、ABS-Na，是重要的阴离子表面活性剂。本品为白色固体，易溶于水，在碱性、中性及弱酸性溶液中较稳定，在硬水中有良好的润湿、乳化、分散、起泡和去污能力，易生物降解，易吸水，遇浓酸分解，热稳定性较好。本品主要用作液体和浆状洗涤剂，用于制洗衣粉，在纺织、印染行业用作脱脂剂、柔软剂、匀染剂等。

1. 合成原理

主要的磺化剂为浓硫酸、发烟硫酸和三氧化硫等。以发烟硫酸作磺化剂，由烷基苯与磺化剂作用，然后用氢氧化钠中和制成，反应方程式为

$$C_{12}H_{25}—C_6H_5 + H_2SO_4(\text{或 } SO_3) \longrightarrow C_{12}H_{25}—C_6H_4—SO_3H + H_2O$$

$$C_{12}H_{25}—C_6H_4—SO_3H + NaOH \longrightarrow C_{12}H_{25}—C_6H_4—SO_3Na + H_2O$$

2. 洗洁精的配制

设计洗洁精的配方结构时，应根据洗涤方式、污垢特点、被洗物特点，以及其他功能要求，具体可归纳为以下几点。

(1) 基本原则：①对人体安全无害；②能较好地洗净并除去动植物油垢，即使对粘附牢固的油垢也能迅速除去；③清洗剂和清洗方式不损伤餐具、灶具及其他器具；④用于洗涤蔬菜和水果时，应无残留物，也不影响其外观和原有风味；⑤手洗产品发泡性良好；⑥消毒洗涤剂应能有效地杀灭有害菌，而不危害人的安全；⑦产品长期贮存稳定性好，不发霉变质。

(2) 配方结构特点：①洗洁精应制成透明状液体，要设法调配成适当的浓度和黏度；②设计配方时，一定要充分考虑表面活性剂的复配效应，以及各种助剂的协同作用，例如，阴离子表面活性剂烷基聚氧乙烯醚硫酸酯盐与非离子表面活性剂烷基聚氧乙烯醚复配后，产品的泡沫性和去污力均好，配方中加入乙二醇单丁醚，则有助于去除油污，加入月桂酸乙二醇酰胺可以增泡和稳泡，可减轻对皮肤的刺激，并可增加介质的黏度，羊毛酯类衍生物可滋润皮肤，调整产品黏度主要使用无机电解质；③洗洁精一般是高碱性，主要为提高去污力和节省活性物，并降低成本，但 pH 不能大于 10.5；④高档的餐具洗涤剂要加入釉面保护剂，如乙酸铝、甲酸铝、磷酸铝酸盐、硼酸酐及其混合物；⑤加入少量香精和防腐剂。

(3) 主要原料：洗洁精都是以表面活性剂为主要活性物配制而成的。手工洗涤用的洗洁精主要使用烷基苯磺酸盐和烷基聚氧乙烯醚硫酸盐，其活性物含量为 10%～15%。

三、仪器和试剂

1. 仪器

100 mL、500 mL 烧杯，各 1 只；100 mL 量筒，1 支；250 mL 三颈烧瓶，1 只；温度计，1 支；60 mL 滴液漏斗，1 只；电动搅拌器，1 台；250 mL 分液漏斗，1 只；150 mL 锥形瓶，1 支；相对密度计，1 支；pH 试纸。

2. 试剂

NaOH 溶液(15%),十二烷基苯酚酞指示剂(A. R.),NaOH 溶液(0.1 mol·L^{-1}),聚氧乙烯醚硫酸钠(A. R.),发烟硫酸(A. R.),椰子油酸二乙醇酰胺(A. R.),氯化钠(A. R.),壬基酚聚氧乙烯醚(A. R.),硫酸(A. R.),乙醇(A. R.),苯甲酸钠(A. R.),甲醛(A. R.),乙二胺四乙酸(A. R.),香精,三乙醇胺(A. R.),脂肪醇(A. R.)。

四、实验步骤

1. 合成十二烷基苯磺酸钠

1) 取料

用相对密度计分别测定烷基苯与发烟硫酸的相对密度,用量筒量取相当于 50.0 g (换算为体积)烷基苯转移至干燥的预先称量的三颈烧瓶中,用量筒量取相当于 58.0 g 的发烟硫酸装入滴液漏斗中。

2) 磺化

装配实验装置,在搅拌下将发烟硫酸逐滴加入烷基苯中,加料时间 1 h。控制反应温度在 25～30 ℃,加料结束后停止搅拌,静止 30 min,反应结束后记下混酸质量。

3) 分酸

在原实验装置中,按混酸：水＝85：15(质量比)计算出需加水量,并通过滴液漏斗在搅拌下将水逐滴加到混酸中,温度控制在 45～50 ℃,加料时间为 0.5～1 h。反应结束后将混酸转移到事先称量的分液漏斗中,静止 30 min,分去废酸(待用),称量,记录。

4) 中和值测定

用量筒取 10 mL 水加于 150 mL 锥形瓶中,并称取 0.5 g 磺酸于锥形瓶中,摇匀,使磺酸分散,加 40 mL 水于锥形瓶中,轻轻摇动,使磺酸溶解,滴加 2 滴酚酞指示剂,用 0.1 mol·L^{-1} NaOH 溶液滴定至出现粉红色。

5) 中和

按中和值计算出中和磺酸所需 NaOH 质量,称取 NaOH,并用 500 mL 烧杯配成 15%(质量分数)NaOH 溶液,置于水浴中,在搅拌下,控制温度 35～40 ℃,用滴液漏斗将磺酸缓慢加入,时间 0.5～1 h。当酸快加完时测定体系的 pH,控制反应终点的 pH 为 7～8(可用废酸和 15%～20% NaOH 溶液调节 pH)。反应结束后称量所得烷基苯磺酸钠的质量。

2. 洗洁精配制

配方见表 3.6,学生可自选。

表 3.6　洗洁精配方 (%,质量分数)

名称	配方Ⅰ	配方Ⅱ	配方Ⅲ	配方Ⅳ
ABS-Na(30%)		16.0	12.0	16.0
AES(70%)	16.0		5.0	14.0
尼诺尔(70%)	3.0	7.0	6.0	
OP-10(70%)		8.0	8.0	2.0
EDTA	0.1	0.1	0.1	0.1

续表

名称	配方Ⅰ	配方Ⅱ	配方Ⅲ	配方Ⅳ
乙醇		6.0	0.2	
甲醛			0.2	
三乙醇胺				4.0
二甲基月桂基氧化胺	3.0			
二甲苯磺酸钠	5.0			
苯甲酸钠	0.5	0.5		0.5
氯化钠	1			1.5
香精、硫酸	适量	适量	适量	适量
去离子水	加至100	加至100	加至100	加至100

注：ABS-Na——十二烷基苯磺酸钠；AES——脂肪醇聚氧乙烯醚硫酸酯盐；
尼诺尔——烷醇酰胺；OP-10——乳化剂烷基酚聚氧乙烯醚。

操作步骤如下：

(1) 将水浴锅中加入水并加热，烧杯中加入去离子水加热至 60 ℃左右。

(2) 加入 AES 并不断搅拌至全部溶解，此时水温要控制在 60～65 ℃。

(3) 保持温度 60～65 ℃，在连续搅拌下加入其他表面活性剂，搅拌至全部溶解。

(4) 降温至 40 ℃以下，加入香精、防腐剂、增溶剂等，搅拌均匀。

(5) 测溶液的 pH，用硫酸调节 pH 至 9～10.5。

(6) 加入食盐调节到所需黏度。调节之前应把产品冷却到室温或测黏度时的标准温度，调节后即为成品。

五、实验结果和处理

1. 中和值计算

按下式计算出中和值 H：

$$H=(cV/m)\times(40/100)$$

式中，c 为 NaOH 溶液浓度，单位为 $mol\cdot L^{-1}$；V 为消耗 NaOH 溶液的体积，单位为 mL；m 为磺酸质量，单位为 g。

2. 各段反应的物料及反应物质量、颜色记录于表中

1) 磺化

反应温度：________反应时间：________

反应物	质量/g	相对密度	体积/mL	生成物	颜色
烷基苯				混酸	
发烟硫酸					

2) 分酸

反应温度：________反应时间：________

反应物	质量/g	生成物	体积/mL	相对密度	质量/g	颜色
混酸		磺酸				
水		废酸				

3）中和

反应温度：__________反应时间：__________

反应物	质量/g	生成物	相对密度	颜色、性状
磺酸		产品＋烧杯		
氢氧化钠		（烧杯质量）		
水		产品		

思　考　题

1. 磺化反应的反应温度如何确定？分酸时为什么要求混酸：水＝85：15？中和时温度为什么控制在 35～40 ℃？
2. 烷基、芳基磺酸盐有哪些主要性质？
3. 配制洗洁精有哪些原则？洗洁精的 pH 应控制在什么范围？为什么？

参 考 文 献

强亮生，王慎敏．1997．精细化工实验．哈尔滨：哈尔滨工业大学出版社．

实验 27　聚乙酸乙烯酯的合成及醇解

实验目的与主要内容

高分子聚合物也称高分子材料，是以高分子化合物为主要成分的有机材料。高分子化合物由低分子化合物通过聚合反应获得。但是由于有些单体并不存在，不能直接聚合，只能通过一种高分子的官能团化学反应而得到。本实验通过聚乙酸乙烯酯的合成及醇解来制备聚乙烯醇，使学生了解高分子聚合物的合成原理和特点，熟悉掌握其制备方法和操作技术。

一、背景知识

高分子聚合物是高分子材料的别称，是以高分子化合物为主要组分的有机材料。高分子化合物是指相对分子质量很大的化合物，其相对分子质量一般在 5000 以上，有的甚至高达几百万。高分子化合物由低分子化合物通过聚合反应获得。组成高分子化合物的低分子化合物称为单体。高分子化合物中的原子连接成很长的线状分子时，称线型高分子（如聚乙烯的分子）。这种高分子在加热时可以熔融，在适当的溶剂中可以溶解。高分子化合物中的原子连接成线状但带有较长分支时，也可以在加热时熔融，在适当溶剂中溶解。如果高分子化合物中的原子连接成网状时，这种高分子由于一般不是平面结构而是立体结构，所以也称为体型高分子。体型高分子加热时不能熔融，只能变软；不能在任何溶剂中溶解，只能在某些溶剂中溶胀。

高分子聚合物通常由其单体直接聚合得到，但是由于有些单体并不存在，不能直接聚合，只能由一种高分子经官能团化学反应变成另一种高分子，从而得到目标高分子聚合物。

二、实验原理

聚乙烯醇是一种水溶性高聚合物，性能介于塑料和橡胶之间，用途相当广泛。由于聚乙烯醇具有独特的强力黏接性、皮膜柔韧性、平滑性、耐油耐溶剂性、保护胶体性、气体阻绝性、耐磨耗性，以及经特殊处理具有的耐水性，因此除了作维纶纤维外，还被大量用于生产涂料、黏合剂、纤维浆料、纸品加工剂、乳化剂、分散剂、薄膜等产品，应用范围遍及纺织、食品、医药、建筑、木材加工、造纸、印刷、农业、钢铁、高分子化工等行业。

由于单体的乙烯醇并不存在，目前工业上制备聚乙烯醇是先用乙酸乙烯酯单体(VAC)聚合成聚乙酸乙烯酯(PVAC)，然后 PVAC 醇解而制得聚乙烯醇(PVA)，即 PVAC 与甲醇在碱催化剂下脱去乙酸根而得到 PVA。

聚乙酸乙烯酯的合成是乙酸乙烯酯在偶氮二异丁腈引发下发生自由基聚合反应：

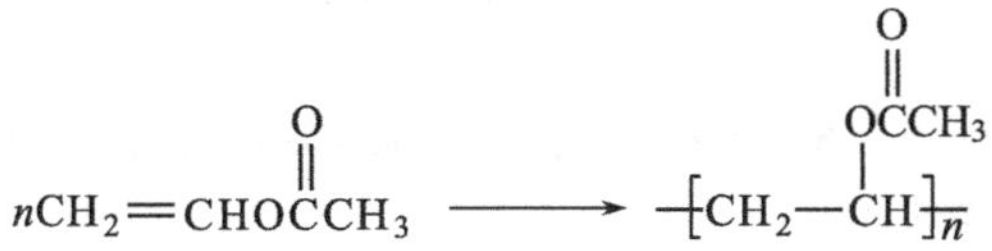

聚乙酸乙烯酯的醇解可以在酸性或碱性催化下进行，通常用乙醇或甲醇作溶剂。酸性醇解时，由于痕量的酸极难从聚乙烯醇中除去，残留在产物中的酸可能加速聚乙烯醇的脱水作用，使产物变黄或不溶于水。碱性醇解时，产品中含有副产物乙酸钠。目前工业上都采用碱性醇解法。

碱性醇解：

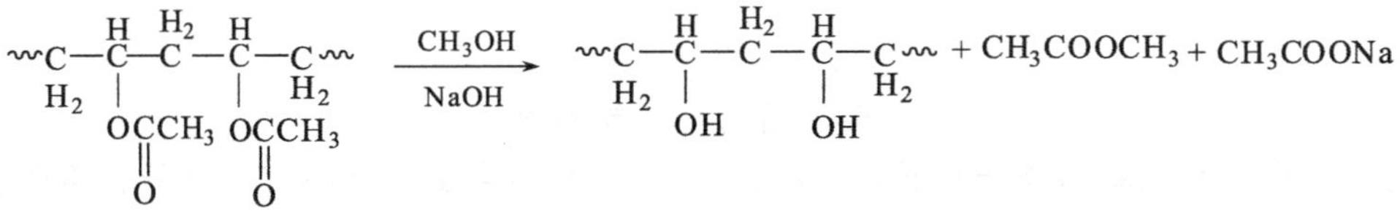

酸性醇解：

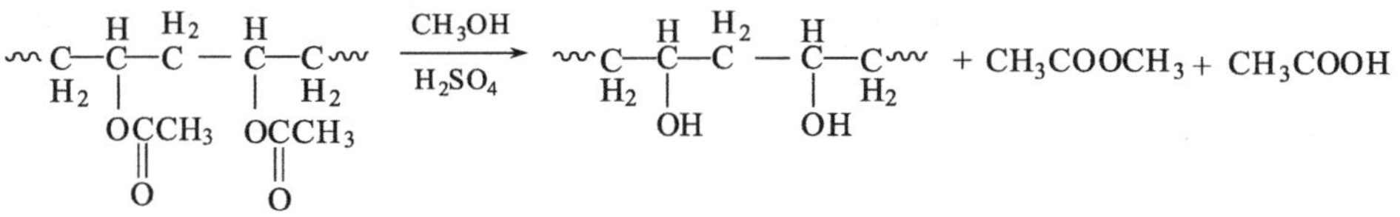

醇解在加热和搅拌下进行，初始时微量 PVA 先在瓶壁析出，当约有 60%的乙酰氧基被羟基取代后，PVA 即自溶液中大量析出。继续加热，醇解在二相中进行。在反应过程中，除了乙酸根被醇解外，还有支链的断裂，聚乙酸乙烯酯的支化度越高，醇解后相对分子质量降低就越多。

三、仪器和试剂

1. 仪器

中量有机制备仪，1 套。

2. 试剂

磷酸二氢钠(A. R.)，乙酸乙烯酯(A. R.)，6%氢氧化钾-乙醇溶液(A. R.)，十二烷基硫酸钠(A. R.),偶氮二异丁腈(A. R.),聚乙酸乙烯酯(A. R.),7%乙醇(A. R.)。

四、实验步骤

1. 聚乙酸乙烯酯的合成

在装有搅拌回流冷凝管、温度计的三颈瓶中,加入 32 mL 乙酸乙烯酯、80 mL 水、0.3 g 十二烷基硫酸钠、0.3 g 磷酸二氢钠、0.2 g 偶氮二异丁腈,水浴加热且缓慢升温到 48 ℃左右,控温反应 4 h 后,改回流装置为蒸馏装置,蒸出未反应的单体,冷却,抽滤,水洗,晾干。

2. 聚乙酸乙烯酯的醇解——聚乙烯醇的制备

在装有搅拌器、冷凝管、温度计和滴液漏斗的 500 mL 三颈瓶中加 330 mL 6%的氢氧化钾-乙醇碱液,用水浴保持温度在 20～25 ℃,滴加 80 g 浓度为 26%的聚乙酸乙烯酯溶液,速度不宜过快,在 40～45 min 内滴完。然后维持此温度 2 h,冷却至室温,用布氏漏斗过滤。产物为白色或浅黄色固体,用 60 mL 70%乙醇分四次洗涤,抽干,然后置于真空烘箱中在 50～60 ℃烘干。

注:①氢氧化钾-乙醇碱液要先配好,过滤后再用。氢氧化钾的质量对产物的色泽影响很大。②温度不宜超过 30 ℃,否则产物的颜色较深。③为防止结块,滴加速度不宜过快,生产上也有采用在聚乙酸乙烯酯的溶液中加入碱液进行醇解的操作方法,但在实验室中不宜采用,因为小试的搅拌效率不高,反应过快,会产生冻胶现象,产物难以处理。

3. 产物醇解度分析

用于分析的反应式如下:

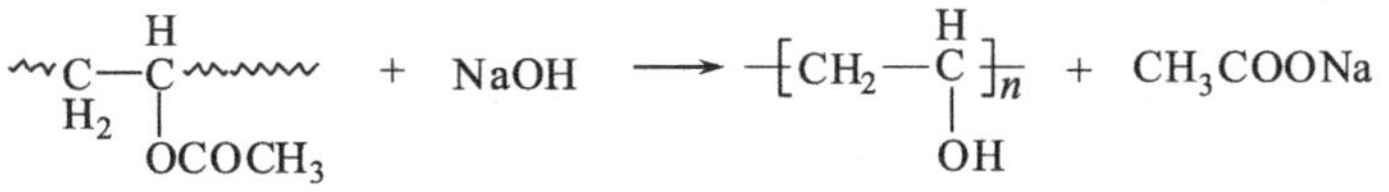

$$NaOH + HCl \longrightarrow NaCl + H_2O$$

准确称取 PVA 样品 1 g,加入 100 mL 蒸馏水,加热回流至全部溶解。冷却后加入酚酞指示剂。用 0.01 mol · L^{-1}氢氧化钠-乙醇溶液中和至微红色。加入 25 mL 0.5 mol · L^{-1}氢氧化钠水溶液,在水浴上回流 1 h,冷却,用 0.5 mol · L^{-1}盐酸滴定至无色,同时做一空白实验。

$$\text{乙酰氧基含量}\% = \frac{(V_2 - V_1)}{W} c(\text{HCl}) \times 0.059 \times 100\%$$

式中,c 为盐酸标准溶液的浓度;V_2 为空白消耗盐酸的体积;V_1 为样品消耗盐酸的体积;W 为样品的质量;0.059 是换算因子。

思　考　题

1. 聚乙烯醇是怎样合成的？能否由乙烯醇直接聚合得到？为什么？
2. 聚乙酸乙烯酯的制备方法有哪些？
3. 聚乙酸乙烯酯醇解过程中,注意的问题有哪些？
4. 聚合过程中,哪些因素会导致聚合物支化度的增加？

参考文献

复旦大学高分子教研组．1983．高分子实验技术．上海：复旦大学出版社．

实验 28　聚乙烯醇缩醛的制备与应用

实验目的与主要内容

聚乙烯醇缩醛是聚乙烯醇在酸催化剂如硫酸、盐酸或磷酸等作用下和醛类化合物的缩合产物。其中，聚乙烯醇缩甲醛和聚乙烯醇缩丁醛是用途广泛的两个工业聚乙烯醇缩醛化合物。本实验通过聚乙烯醇缩醛的制备，使学生了解聚合物化学反应的基本特征，掌握由聚乙烯醇制备聚乙烯醇缩醛的方法。

一、背景知识

聚乙烯醇缩醛是聚乙烯醇和醛类化合物的缩合产物。迄今所有研究过的醛类，即饱和的及不饱和的脂肪族醛、芳香族醛、氢化芳香族醛及环烷基醛，以及胺代、氧代、烷氧代、羧代、硝代、卤代等取代醛都能和聚乙烯醇发生缩合反应。目前，作为商品化的聚乙烯醇缩醛主要有聚乙烯醇缩丁醛、缩甲醛及少量的缩甲乙醛等混合醛。

聚乙烯醇(PVA 或 PVAL)缩甲醛具有很高的机械强度、高软化温度(140～150 ℃)、高耐磨性及良好的黏接性、卓越的电性能，是生产高韧性、可挠性、耐热性、耐磨性及高介电强度漆包线的重要材料。聚乙烯醇缩乙醛是第一个工业化的聚乙烯醇缩醛树脂，具有极佳的透明性和良好的耐油性，是生产耐焊热性好、剥离强度高的印刷电路层压板的良好黏合剂。聚乙烯醇缩甲乙醛兼容缩甲醛及缩乙醛的特性，主要用作裸体铜线的绝缘涂层及黏合剂。聚乙烯醇缩丁醛具有高度的透明性、耐低温性、耐光、耐热及对玻璃的良好黏合性，主要用于安全玻璃夹层，此种玻璃广泛用于汽车及建筑业，是聚乙烯醇缩醛最大的世界范围的应用。

二、实验原理

PVA 是白色粉末，易溶于水，将它的水溶液自纺丝头喷入 Na_2SO_4-K_2SO_4 的溶液中，PVA 即沉淀析出，再用甲醛处理就得强度高、密度大的人造纤维，商品名为“维尼龙”。

为了提高 PVA 的耐水性，可通过 PVA 的缩醛化来改性。PVA 水溶液在浓盐酸催化下与丁醛缩合制得的聚乙烯醇缩丁醛(polyvinyl butyrai，PVB)树脂，是黏结力大、制造透明安全玻璃的一种原料。

PVA 水溶液在浓盐酸催化下与甲醛缩合制得的聚乙烯醇缩甲醛(polyvinyl formal，PVFM 或 PVFO)树脂，又称为 107 胶，为无色透明溶液，易溶于水。由于性能优良，价格低廉，故广泛应用于建筑业，有“万能胶”之称，可用于粘接瓷砖、壁纸、外墙饰面等，还用于制鞋业粘贴皮鞋衬里和文具胶水等。

PVA 制备反应式如下：

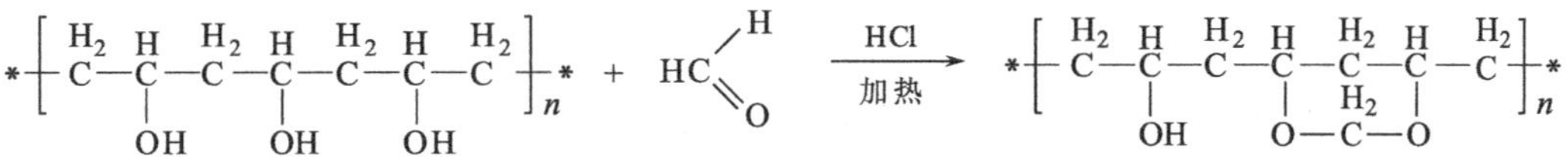

聚乙烯醇缩甲醛分子中的羟基(—OH)是亲水性基团，而缩醛基（$-O-CH_2CH_2CH_2-O-$，两个 O 之间以 CH_2 相连成环）是疏水性基团。控制一定的缩醛度(聚乙烯醇缩醛中所含缩醛基的程度，常以百分率来表示)，可使生成的聚乙烯醇缩甲醛既有较好的耐水性，又有一定的水溶性。为了保证产品的稳定性，缩醛化反应结束后需用 NaOH 中和至中性。

聚乙烯醇缩甲醛胶水的黏度与 PVA 的用量有关，要获得适宜的缩醛度，必须严格控制反应物的配比、催化剂用量、反应时间和反应温度。根据不同用途，控制反应物的配比和反应条件，可得到不同黏度和缩醛度的胶水，作为各种黏接剂，广泛用于建筑施工、鞋革、图书装订、文具及建筑涂料等方面。此外，PVA 对许多有机溶剂不溶，可用来制耐汽油的衬垫和管子。

聚乙烯醇缩甲醛胶水质量的检验，主要是测定其黏度和缩醛度，但由于测定缩醛度的操作麻烦且费时，因而常借测定胶水中的游离甲醛量(留存于 PVFM 中未被缩醛化的甲醛含量，以百分率表示)来了解缩醛化反应完成的情况以及在该反应条件下缩醛度的大小。通常胶水中游离甲醛量少，表面缩醛度高。本实验合成的胶水要求游离甲醛约在 1.2%以下。

黏度的测定采用涂-4 黏度计(一种简易黏度计)，在 20 ℃时，测定100 mL胶水从规定直径(ϕ4 mm)的孔中流出所需的时间(s)，并以该流出时间表示黏度的大小(因其体积固定)。本实验合成的胶水要求黏度在 70 s 以上。

游离甲醛量的测定是通过亚硫酸钠与甲醛的反应，使之生成羟甲基磺酸钠和氢氧化钠：

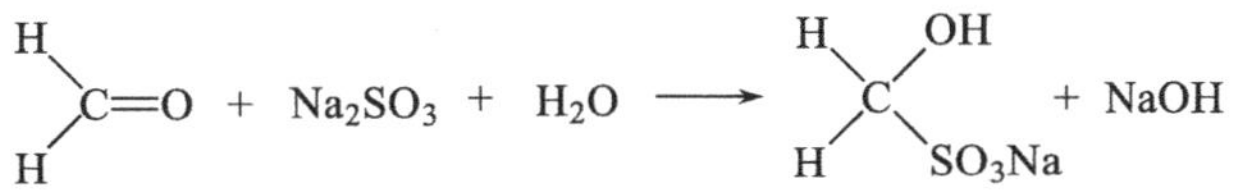

然后用玫红酸(变色范围的 pH 在 6.2～8.0)作指示剂，用标准 HCl 滴定上述反应所生成的 NaOH，溶液由红色变为无色即为终点。根据滴定所需标准 HCl 溶液的量，可算出胶水中游离甲醛的含量(%)，计算公式如下：

$$w(\mathrm{HCHO})/\% = \frac{(V-V_0)\times c(\mathrm{HCl})\times 30.03}{W\times 1000}\times 100\%$$

式中，V 为滴定胶水消耗的标准 HCl 溶液的体积，单位为 mL；V_0 为空白滴定(不加胶水)消耗的标准 HCl 溶液的体积，单位为 mL；W 为胶水的质量，单位为 g；30.03 为甲醛的摩尔质量，单位为 $g\cdot mol^{-1}$。

三、仪器和试剂

1. 仪器

250 mL 三颈瓶，1 只；砂芯漏斗，1 只；冷凝管，1 支；抽滤装置，1 套；搅拌器，1 台；真空干燥箱，1 台；滴液漏斗，1 只；涂-4 黏度计，1 台。

2. 试剂

氢氧化钾-乙醇溶液，盐酸羟胺水溶液，乙醇，亚硫酸钠（0.5 mol · L^{-1}），正丁醛，尿素，甲醛（36%），氢氧化钠溶液（6 mol · L^{-1}），盐酸（标准溶液，0.2 mol · L^{-1}），聚乙烯醇 1799[平均聚合度约为 1700，醇解度约为 99%（摩尔分数）]，玫红酸指示剂。

四、实验步骤

1. 聚乙烯醇缩丁醛（PVB）

1）制备

在装有搅拌器、冷凝管、温度计的 250 mL 三颈瓶中加入 10 g PVA、90 mL 蒸馏水，配成 10% 溶液。在 70～80 ℃溶解 1 h，待聚乙烯醇完全溶解后，冷却到 8～10 ℃，测 pH，若溶液呈碱性，先加数滴 20%的盐酸中和至中性。加入 5.9 g 丁醛，溶解搅拌 10～15 min，加入 20% 盐酸 2.4 mL。反应温度控制在 8～10 ℃ 1 h，10～15 ℃ 1 h，15～20 ℃ 30 min，以后逐步升温到 50～55 ℃，反应 3 h 左右。冷却到室温后，用砂芯漏斗抽气过滤，用大量水洗至中性，并除去未反应的丁醛，产物抽干，在真空烘箱中干燥，温度控制在 40 ℃左右，产物为白色粉末，易溶于酯类和乙醇中，易溶于苯和乙醇的混合物中，缩醛度约为 40%。实验聚乙烯醇缩丁醛的溶解度，并同 PVA 比较，在乙醇中的溶解度随着缩醛度的提高而提高。

注：①为防止结块，温度不能升得太快。工业生产上低温反应时间较长，因学生实验受时间限制，改用上述升温步骤。②未反应的丁醛难溶于冰水，除去困难，可改用 30～40 ℃温水处理，或用低浓度的乙醇溶液洗涤。

2）产物缩醛度和酸度的测定

反应式：

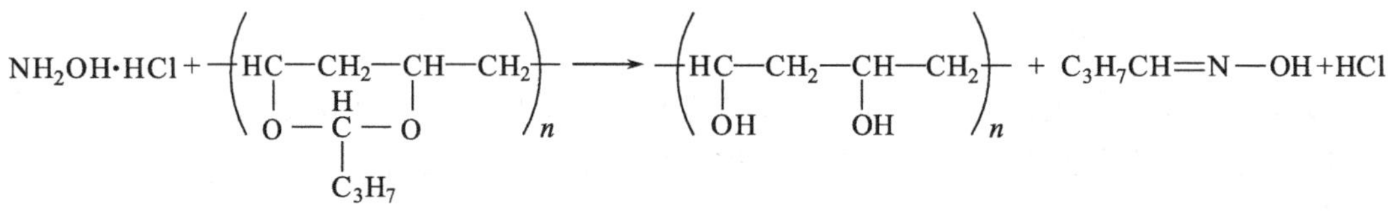

$$KOH + HCl \longrightarrow KCl + H_2O$$

测定方法：聚乙烯醇缩丁醛样品经 50 ℃真空烘箱干燥至恒量，准确称取 1 g，置于250 mL磨口三角烧瓶中，加入 50 mL 乙醇，接上冷凝管，加热至 60 ℃，使样品全部溶解。冷却后，加入 1%酚酞指示剂，用 0.02 mol · L^{-1}氢氧化钾-乙醇溶液滴定至微红色。加入 7%盐酸羟胺水溶液 25 mL，摇匀，并加热回流 3 h，冷却后加入甲基橙指示剂，用 0.5 mol · L^{-1}的氢氧化钾标准溶液滴定至终点由红→黄，同时做一空白实验。

计算方法：$\text{酸值}=\dfrac{(V_2-V_1)c(\text{KOH})\times 56.1}{W\times 1000}100\%$

式中，V_1 为空白消耗氢氧化钾-乙醇溶液体积；V_2 为样品消耗氢氧化钾-乙醇溶液体积；56.1 为换算因子；W 为样品质量；c 为氢氧化钾-乙醇溶液的浓度。

$$\text{缩醛度}\%=\frac{V\times M\times 0.088}{W}\times 100\%$$

式中，$V=(V_2-V_1)$；W 为样品质量；0.088 为换算因子；V_2 为样品消耗氢氧化钾的标准溶液体积；V_1 为空白消耗氢氧化钾标准溶液体积。

2. 聚乙烯醇缩甲醛(PVFM)胶

1) 合成

在三口烧瓶中加入 13.5 g PVA、150 mL 去离子水，开启搅拌并加热，控温在 90 ℃左右，直至 PVA 全部溶解(约 40 min)。往三口烧瓶中滴加浓 HCl 溶液，将 PVA 水溶液的 pH 调为 2。量取 5 mL 36%甲醛水溶液，用滴液漏斗缓缓地将其滴入三口烧瓶中(30 min 滴完)，继续搅拌 30 min。停止加热，滴加 6 mol · L^{-1} NaOH 溶液至聚乙烯醇缩甲醛胶水的 pH 为 7 左右。停止搅拌，卸下三口烧瓶，用自来水流淋洗三口烧瓶外壁，使瓶内的胶水冷却至室温。将其倒入烧杯(烧杯必须洁净、干燥)中，待分析用。

2) 黏度的测定

按涂-4 黏度计测定黏度的装置图(图 3.26)，将洁净、干燥的涂-4 黏度计置于固定架上，用水平调节螺丝调节涂-4 黏度计固定架，使其处于水平状态(怎样确认)。用手指按住黏度计下部小孔，将冷至室温的待测胶水倒入涂-4 黏度计至满后，用玻璃沿水平方向抹去多余试样。将承受杯置于黏度计下方，松开手指，记下胶水由细流状流出转变为滴流状流出所需的时间。

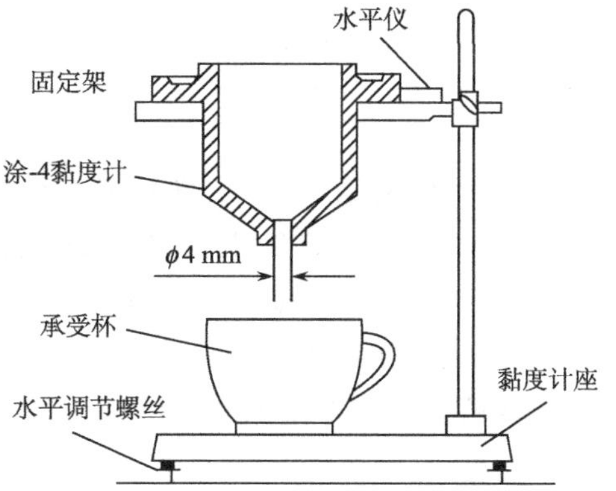

图 3.26 涂-4 黏度计测定黏度的装置

3) 游离甲醛量的测定

将所合成的胶水倒入称量瓶中，在分析天平上用减量法称取 5.0000 g 胶水，置于250 mL具塞锥形瓶中，加入 30 mL 0.5 mol · L^{-1} Na_2SO_3 溶液，迅速摇匀(约数秒钟)，并加入 3 滴 0.5%玫红酸指示剂，立即用 0.2000 mol · L^{-1} 的标准 HCl 溶液滴定至溶液由红色刚变为无色，再用 250 mL具塞锥形瓶进行空白实验(不加胶水，其余同)。计算游离甲醛量。

注：玫红酸指示剂的配制，称取 0.5 g 玫红酸，溶于 50 mL 乙醇中，然后用去离子水稀释至 100 mL，混匀。涂-4 黏度计只能测定低黏度物质；对于黏度较大的物质，可用旋转黏度计测定其黏度。

思 考 题

1. 聚乙烯醇是怎样合成的？聚乙烯醇缩丁醛是怎样合成的？

2. 聚乙烯醇缩甲醛胶是怎样合成的？如何提高聚乙烯醇缩甲醛胶的耐水性？

3. 测定聚乙烯醇缩甲醛中游离甲醛量的原理如何？目的何在？

4. 在 107 胶中加入适量尿素至全部溶解即得 801 胶。801 胶性能优于 107 胶，请问向 107 胶中加入尿素的目的是什么？

参 考 文 献

复旦大学高分子教研组. 1983. 高分子实验技术. 上海：复旦大学出版社.

课外阅读:水溶性聚乙烯醇缩甲醛中游离甲醛的测定方法(JC438-91)

1. 方法要点

过量亚硫酸氢钠与甲醛反应,生成羟甲基磺酸钠,剩余的亚硫酸氢钠用碘滴定并同时做空白实验。用每100 g水溶性聚乙烯醇缩甲醛胶黏剂所含未反应的甲醛质量表示游离甲醛值。

2. 试剂

1) 1%亚硫酸氢钠溶液

称取1.0 g亚硫酸氢钠,溶于100 mL蒸馏水中,新配。

2) 1%淀粉溶液

称取1.0 g可溶性淀粉,加入少许蒸馏水。调至糊状,再加入100 mL沸腾蒸馏水,新配。

3) 硫代硫酸钠标准溶液 $c(Na_2S_2O_3)=0.1\ mol\cdot L^{-1}$

称取25.0 g硫代硫酸钠($Na_2S_2O_3\cdot 5H_2O$),加入400 mL新煮沸冷却蒸馏水和0.05 g碳酸钠,移入1 L棕色容量瓶。用新煮沸冷却蒸馏水稀释至刻度,摇匀,静置过夜或更长时间后标定。

标定方法:称取0.15 g(准确至0.0002 g)经120 ℃烘干的基准重铬酸钾置于250 mL碘瓶中,加入25 mL蒸馏水、2.0 g碘化钾和40 mL的1∶10硫酸溶液,摇匀。置于暗处10 min,加入150 mL蒸馏水,用硫代硫酸钠标准溶液滴定,近终点时,加入1 mL 1%淀粉溶液,继续滴定至溶液由黄色变为亮绿色。

硫代硫酸钠标准溶液的浓度按式(3.1)计算:

$$c_1=\frac{m}{V_1\times 0.049\ 03} \tag{3.1}$$

式中,c_1为硫代硫酸钠标准溶液的物质的量浓度,单位为$mol\cdot L^{-1}$;V_1为硫代硫酸钠标准溶液的体积,单位为mL;m为重铬酸钾的质量,单位为g;0.049 03为与1.00 mL硫代硫酸钠标准溶液($c=1.000\ mol\cdot L^{-1}$)相当的以克表示的重铬酸钾的质量。

4) 碘标准溶液 $c\left(\frac{1}{2}I_2\right)=0.05\ mol\cdot L^{-1}$

称取13.0 g碘和30.0 g碘化钾,置于洁净瓷研钵中,加入少许蒸馏水研磨至完全溶解或先把碘化钾溶于少许蒸馏水中,然后在不断搅拌下加碘使其完全溶解后,移入1000 mL棕色容量瓶,用蒸馏水稀释至刻度,摇匀。贮存于暗处,静置过夜或更长时间后标定。

标定方法:准确量取20~30 mL硫代硫酸钠标准溶液($c=0.1\ mol\cdot L^{-1}$)置于250 mL碘量瓶中,加入150 mL蒸馏水,用碘标准溶液[$c\left(\frac{1}{2}I_2\right)=0.1\ mol\cdot L^{-1}$]滴定,近终点时,加入1 mL 1%淀粉溶液,继续滴定至溶液呈稳定蓝色。

碘标准溶液的浓度按式(3.2)计算:

$$c_2=\frac{c_1\times V_1}{2V_2} \tag{3.2}$$

式中,c_2为碘标准溶液的物质的量浓度,单位为$mol\cdot L^{-1}$;V_2为碘标准溶液的体积,单位为mL;c_1为硫代硫酸钠标准溶液的物质的量浓度,单位为$mol\cdot L^{-1}$;V_1为硫代硫酸钠标准溶液的体积,单位为 mL。

3. 操作步骤

称取 1 g(准确至 0.0002 g)试样,置于 250 mL 碘量瓶中,加入 10 mL 蒸馏水至试样完全溶解后,用移液管准确加入 20 mL 新配 1%亚硫酸氢钠溶液,加塞,于暗处静置 2 h,加入 50 mL蒸馏水和 1 mL 1%淀粉溶液,用碘标准溶液[$c\left(\frac{1}{2}I_2\right)=0.1\ mol\cdot L^{-1}$]滴定至溶液呈蓝色。另量取一份 20 mL 1%亚硫酸氢钠溶液,同时做空白实验。

4. 计算

游离甲醛按式(3.3)计算:

$$F=\frac{(V_0-V_3)c_2\times 0.030\ 03}{W}\times 100\% \tag{3.3}$$

式中,F 为游离甲醛,%;V_0 为空白实验时消耗碘标准溶液的体积,单位为 mL;V_3 为滴定试样时消耗碘标准溶液的体积,单位为 mL;c_2 为碘标准溶液的物质的量浓度,单位为 $mol\cdot L^{-1}$;W 为试样的质量,单位为 g;0.030 03 为与 1.00 mL 碘标准溶液[$c\left(\frac{1}{2}I_2\right)=0.1\ mol\cdot L^{-1}$]相当的以克表示的甲醛的质量。

两次平行测定,绝对误差范围应不超过 0.05%,以其平均值表示,取小数点后两位数。

实验 29 阳离子交换树脂催化合成二甲氧基甲烷

实验目的与主要内容

离子交换树脂是一类带有功能基的网状结构的高分子化合物。树脂中化学活性基团的种类决定了树脂的主要性质和类别。本实验利用高分子催化剂 732 苯乙烯型阳离子交换树脂催化合成二甲氧基甲烷,使学生了解合成二甲氧基甲烷的原理和特点,通过产品的 IR 和 NMR 图谱和二甲氧基甲烷的标准图谱对比巩固有关解谱知识。

一、背景知识

离子交换树脂是一类带有功能基的网状结构的高分子化合物,加热不熔,也不溶解于任何介质,能同溶液里的离子发生交换反应。离子交换树脂根据外观形状及物理性质(孔度、孔度分布、比表面、孔径等)分为凝胶、大孔和离子交换膜等。根据用途可分为选择交换用、脱色用、吸着用、电子交换(氧化还原)用等。根据母体的化学结构可分为苯乙烯系列、丙烯酸系列、酚醛类系列等。根据离子交换树脂中活性基团的性质可分为强酸性的、中等酸性的、弱酸性的;强碱性的、中等碱性的、弱碱性的;氧化还原性的。含有酸性基团的离子交换树脂,能同溶液里的阳离子发生交换反应,称为阳离子交换树脂;含有碱性基团的离子交换树脂,能交换溶液里的阴离子,称为阴离子交换树脂;含氧化还原基团的离子交换树脂,能与溶液里的还原剂或氧化剂发生反应,称为电子交换树脂;同时含酸性和碱性基团的称为两性树脂,因为它在溶液里能与碱或酸作用。若树脂与溶液里的高价阳离子作用后,能形成钳环形的配合物,则称为螯合树脂。

离子交换树脂还可以根据其基体的种类分为苯乙烯系树脂和丙烯酸系树脂。树脂中化学活性基团的种类决定了树脂的主要性质和类别，首先区分为阳离子树脂和阴离子树脂两大类，它们可分别与溶液中的阳离子和阴离子进行离子交换。阳离子树脂又分为强酸性和弱酸性两类，阴离子树脂又分为强碱性和弱碱性两类（或再分出中强酸和中强碱性类）。这里主要介绍阳离子交换树脂。

1. 强酸性阳离子交换树脂

这类树脂含有大量的强酸性基团，如磺酸基—SO_3H，容易在溶液中离解出 H^+，故呈强酸性。树脂离解后，本体所含的负电基团，如—SO_3^-，能吸附结合溶液中的其他阳离子。这两个反应使树脂中的 H^+ 与溶液中的阳离子互相交换。强酸性树脂的离解能力很强，在酸性或碱性溶液中均能离解和产生离子交换作用。

树脂在使用一段时间后，要进行再生处理，即用化学药品使离子交换反应以相反方向进行，使树脂的官能基团回复原来状态，以供再次使用。如上述的阳离子树脂是用强酸进行再生处理，此时树脂放出被吸附的阳离子，再与 H^+ 结合而恢复原来的组成。

2. 弱酸性阳离子交换树脂

这类树脂含弱酸性基团，如羧基—COOH，能在水中离解出 H^+ 而呈酸性。树脂离解后余下的负电基团，如 R—COO^-（R 为碳氢基团），能与溶液中的其他阳离子吸附结合，从而产生阳离子交换作用。这种树脂的酸性即离解性较弱，在低 pH 下难以离解和进行离子交换，只能在碱性、中性或微酸性溶液中（如 pH＝5～14）起作用。这类树脂亦是用酸进行再生（比强酸性树脂较易再生）。

离子交换树脂的品种很多，因化学组成和结构不同而具有不同的功能和特性，适应于不同的用途，应用领域有水处理、食品工业、制药工业、合成化学和石油化学工业、环境保护、湿法冶金等其他工业。离子交换技术有相当长的历史，某些天然物质如泡沸石和用煤经过磺化制得的磺化煤都可用作离子交换剂。但是，随着现代有机合成工业技术的迅速发展，研究制成了许多种性能优良的离子交换树脂，并开发了多种新的应用方法，离子交换技术迅速发展，在许多行业特别是高新科技产业和科研领域中广泛应用。

二、实验原理

甲醛和甲醇在酸作用下生成二甲氧基甲烷的过程可用下式表示：

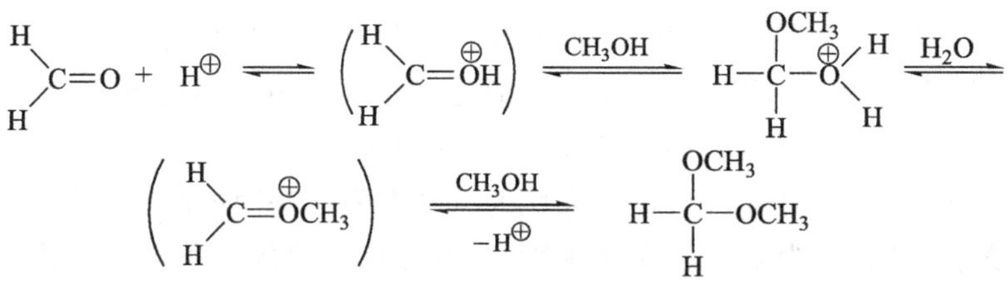

由于 732 苯乙烯型阳离子交换树脂含有可离解的磺酸基，因此，可替代传统的质子酸作为上述反应的催化剂。此外，阳离子交换树脂有脱水作用，因此，可促使平衡向生成二甲氧基甲

烷方向移动，从而获得较高的收率。

三、仪器和试剂

1. 仪器

500 mL 三颈瓶，1 只；分馏装置，1 套；冷凝管，1 支；红外光谱仪，1 台；搅拌器，1 台；核磁共振仪，1 台；滴液漏斗，1 只。

2. 试剂

1 $mol \cdot L^{-1}$ NaOH(A. R.)，甲醇(A. R.)，1 $mol \cdot L^{-1}$ HCl(A. R.)，37%甲醛(A. R.)，732 苯乙烯型阳离子交换树脂(市售)。

四、实验步骤

(1) 树脂的处理：将市售 732 苯乙烯型阳离子交换树脂用自来水冲洗，除去树脂中的悬浮物。将该树脂在 1 $mol \cdot L^{-1}$ NaOH 碱液浸泡 24 h，碱液用量为树脂体积的二倍。然后倾倒碱液，用去离子水清洗，直洗至清液为中性。再将此树脂在 1 $mol \cdot L^{-1}$ HCl 酸液中浸泡 24 h，酸液用量亦为树脂体积二倍。而后倾倒酸液，用去离子水清洗至清液为中性，吸滤，晾干，树脂备用。

(2) 二甲氧基甲烷的合成：在装有搅拌器、冷凝管和滴液漏斗的 500 mL 三颈瓶中加入上述备用树脂 30 g 和甲醇 130 g，水浴加热，当甲醇开始微沸时，在 1 h 内从滴液漏斗中滴加 100 g 37%甲醛水溶液。加完后继续微沸 20 min，然后将仪器改装成分馏装置，进行分馏，收集沸程 42～45 ℃的馏分。

(3) 取少量样品进行 IR 和 ^{1}H NMR 测定。解释 IR 和 ^{1}H NMR 图谱，并与标准图谱进行比较。

注：①二甲氧基甲烷通常由甲醇在少量 HCl 存在下通过气相催化氧化制得，或由甲醛、甲醇在 HCl 催化和大量 $CaCl_2$ 存在下获得，但上述方法或设备要求苛刻或药品耗量大，环境污染严重且收率低。②催化剂可反复使用。若遇初次处理过的 732 苯乙烯型阳离子交换树脂催化效果欠佳时，则在连续使用几次之后效果会明显提高。③本法对甲醛质量要求不高，已有沉淀的甲醛、低浓度甲醛或聚甲醛均可作为本实验原料，其结果除反应时间有些差别之外，对收率和质量影响不大。④用本法合成二甲氧基甲烷已有足够的纯度，无需进一步处理即可使用，它和氯化硫酰(或氯化亚硫酰)可作为芳香化合物的氯甲基化试剂，以替代有高致癌性的氯甲醚。

思　考　题

1. 试述 732 苯乙烯型阳离子交换树脂催化合成二甲氧基甲烷的原理和特点。

2. 已知某化合物由 C、H、O 三种元素组成，其含量分别为 47.35%、10.50%、42.05%。用蒸气压渗透法(VPO)测得其相对分子质量 76.1，该化合物的 ^{1}H NMR 图谱在化学位移为 4.4 和 3.3 处均有一个单峰，且两个峰的相对强度为 1∶3，试推断该化合物的结构。

参 考 文 献

陈义镛，许承威，刘同保，等. 氯化硫酰-甲缩醛法合成强碱性阴离子交换树脂. 高分子通讯，4：254.
刘同保，俞晓薇. 阳离子交换树脂催化合成甲缩醛. 化学世界，9：265.

实验 30　对氨基苯酚的合成及表征

实验目的与主要内容

对氨基苯酚(PAP)是一种应用十分广泛的精细化工中间体，有关它的合成方法发展很快。本实验在雷尼镍催化剂存在下采用水合肼还原对硝基苯酚的方法制备对氨基苯酚。通过本实验，使学生了解目前对氨基苯酚的合成进展，巩固有机合成的基本操作。

一、背景知识

对氨基苯酚又名对羟基苯胺(paminophenols，PAP)，分子式 C_6H_7NO，外观为无色片状晶体，遇光或在空气中会变成灰褐色晶体，溶于热水、碱和醇，微溶于冷水，几乎不溶于氯仿，可升华，并部分分解，与无机酸作用能迅速生成水溶性盐，遇亚硝酸则呈深蓝色。PAP 是一种应用十分广泛的精细化工中间体，在医药工业可用来合成阿的平、扑热息痛、安妥明、维生素 B、复合烟酰胺等；在染料行业上，可用作多类染料的中间体；在橡胶工业和感光材料方面也有广泛应用。

PAP 作为重要的有机化工中间体发展很快，其合成制备方法也很多，按其原料路线划分主要有以下四种方法。

1. 对硝基苯酚法

对硝基苯酚法又分化学还原法、催化加氢还原法和电解还原法。

化学还原法是在酸性介质中用铁粉将对硝基苯酚还原生成 PAP 粗品，再经过亚硫酸钠溶液浸渍、过滤、干燥得成品，但是这种方法存在生产成本高、污染严重和生产规模小的缺点，多数国家已淘汰该法。

催化加氢还原法一般用水作溶剂并添加无机酸、氢氧化钠或碳酸钠，用 Pt /C 或 Pd /C 作催化剂，在 0.2～0.5 MPa、70～90 ℃下加氢。工艺过程中添加甲苯溶剂，使催化剂留在甲苯层中，PAP 则在水层中，催化剂易回收，反应速度快，收率高。但此法成本高，且催化剂易中毒，故不易工业化生产。

也有采用电解还原法制备 PAP 的，一般是在酸性条件下使硝基苯酚在阴极还原为对氨基苯酚，但是电解还原法耗电量高、产品纯度低、电解隔膜质量不过关、无法连续运行、生产效率低，目前尚未在中试扩大实验中取得突破性进展。

2. 对硝基氯化苯法

对硝基氯化苯(PNCB)法为国内生产 PAP 的主要方法。将对硝基氯化苯在碱性条件下加压水解，酸化后制成对硝基苯酚，再用硫化钠在碱性介质中还原。由于该法污染严重，“三废"处理难，国家已限定生产规模。

3. 苯酚法

苯酚法又分苯酚亚硝化法、苯酚卤化氨化法、苯酚偶合法及对苯二酚氨化法。

苯酚亚硝化法是将苯酚亚硝化制得对亚硝基酚(又称对苯醌肟)，然后还原、酸析即制得 PAP。苯酚在硫酸介质中，10 ℃左右经亚硝酸钠亚硝化生成醌肟，该醌肟经硫化钠还原生成 PAP 粗品。将该粗品在热水中用活性炭、亚硫酸氢钠处理得精品 PAP，总收率在 65%。

苯酚卤化氨化法是将苯酚卤化生成溴代或氯代对位体，再经催化氨化，即可生成 PAP。在二氯乙烷中于 0 ℃将苯酚加溴溴化得对溴酚，然后在 $CuSO_4$ 存在下将溴化物氨化，将氨化产物分别用二乙醚、活性炭、亚硫酸钠处理而得 PAP 结晶产品。产品收率为 74%～81%。

苯酚偶合法是先用亚硝酸钠将苯胺重氮化，然后与苯酚在碱溶液中偶合生成对羟基偶氮苯。后者在铁粉和盐酸存在下沸腾还原，生成对氨基酚和苯胺。苯胺经蒸馏回收再用。还原偶合也可用锌和氨还原，或用 $FeCl_3$ 在碱溶液中还原，亦有用钯炭在甲醇中催化氢化的。苯酚法制 PAP，从原料来说比对硝基酚便宜，但配合原料消耗大，排污处理量大，低温亚硝化某些工艺条件较难掌握。

对苯二酚氨化法是在含镓氧化物催化剂作用下，对苯二酚与氨或胺类在 300～500 ℃反应可生成 PAP(也可在加压下催化选择氨解)。这个方法只有在对二酚是副产物时才可考虑应用，工业化意义不大。

4. 硝基苯法

以硝基苯为原料制取 PAP 的优点是原料易得，目前该法已成为国内外开发的焦点，主要有催化加氢还原法、电解还原法和轻重金属还原法。

1) 催化加氢还原法

该法以硝基苯为原料，在酸性介质中，催化加氢还原硝基苯为 PAP。该方法中，硝基苯被氢化生成苯基羟胺，而后进行 Barnberger 重排生成对氨基酚，由于苯基羟胺的重排反应属于酸催化吸热反应，故适当提高酸度和温度利于 PAP 生成。已发表的专利和文献中，大多是采用稀硫酸(浓度为 15%～40%)来保持反应液的 pH。以 Pt 为催化剂，适宜的活性炭为载体，加入适量的表面活性剂(如十二烷基苯磺酸、二甲基十二烷基胺硫酸盐等)，在 80～90 ℃、0～1 MPa 下反应，同时要求硝基苯进料速度恰好使硫酸介质饱和，并保证在反应结束时余下部分未反应硝基苯使催化剂颗粒可以悬浮于硝基苯层中，以便于催化剂与 PAP 的分离及催化剂的循环使用。这种方法成本低，三废易于处理，收率较高。

2) 电解还原法

目前，较发达的国家都采用该法进行大规模工业化生产。例如，日本三井东亚公司于 1977 年投产了 1000 $t \cdot a^{-1}$的生产装置(占其日本国内产量的 45%)，英国 CIB 公司、德国拜尔公司、美国迈尔斯公司等也实现了工业化生产。电解法采用铅板作阳极，阴极用预先汞齐化并固定了的铜，温度在 80～90 ℃，以 20%～30%的稀硫酸作介质，加入少量表面活性剂，如氧化二甲基十二烷基胺等，收率为 73%以上。为防止产物氧化，一般采用隔膜电解槽。该法操作简单、流程短、产品纯度高、污染小、成本低，是工业生产方向。

3）轻、重金属还原法

轻、重金属还原法是用 Al、Mg、Zn 金属或铝汞剂、硫化物还原硝基苯的方法。例如，用 Al 在有机酸（如草酸、脂肪族或芳香族磺酸）的水溶液中还原硝基苯，制得 PAP，收率达 73%。日本专利公昭 29-6570 提出的方法是在硫酸水溶液中用铝或镁屑还原硝基苯。20 世纪 90 年代初，抚顺石油学院进行了铝粉还原硝基苯制取 PAP 的研究，并在抚顺友谊化工厂进行了工业化生产。该法生产成本低、设备简单、生产周期短，但生产时铝粉耗量大，副产物 $Al(OH)_3$ 的过滤也是问题。

二、实验原理

本实验采用水合肼还原对硝基苯酚的方法制备对氨基苯酚，即将对硝基苯酚与过量的水合肼溶于甲醇或乙醇中，然后在雷尼镍催化剂存在下常压加热即可，反应式如下：

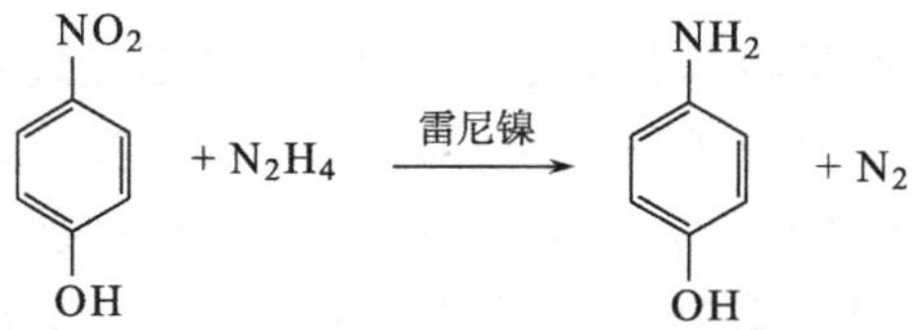

三、仪器和试剂

1. 仪器

250 mL 三颈瓶，1 只；回流冷凝管，1 支；100 mL 恒压滴液漏斗，1 只；500 mL 抽滤瓶，1 只；布氏漏斗，1 只；100 mL 烧杯，2 只；磁力搅拌器（带加热），1 台；磁子，1 只；旋转蒸发仪，1 台；温度计（100 ℃），1 支；熔点仪，1 台；红外光谱仪，1 台。

2. 试剂

对硝基苯酚（A. R.），雷尼镍（A. R.），水合肼（80%）（A. R.），无水乙醇（A. R.）。

四、实验步骤

1. 合成

在三颈瓶中加入对硝基苯酚 2.50 g、无水乙醇 50 mL、雷尼镍 0.18 g，放入磁子，装上回流冷凝管，在装有水浴的磁力搅拌器上加热搅拌，当温度上升到 77 ℃时，从滴液漏斗中滴加 80%水合肼 2.25 g，在 0.5 h 内滴加完毕，控制反应温度在 77～78 ℃。滴完后恒温搅拌回流 3 h，停止反应，趁热抽滤，用旋转蒸发仪蒸发滤液，得粗品，用无水乙醇重结晶，得对氨基苯酚白色晶体。

2. 表征

测定制备的对氨基苯酚的熔点，并与文献数据（189.6～190.2 ℃）比较。

测定其红外光谱图（图 3.27），并与文献比较。

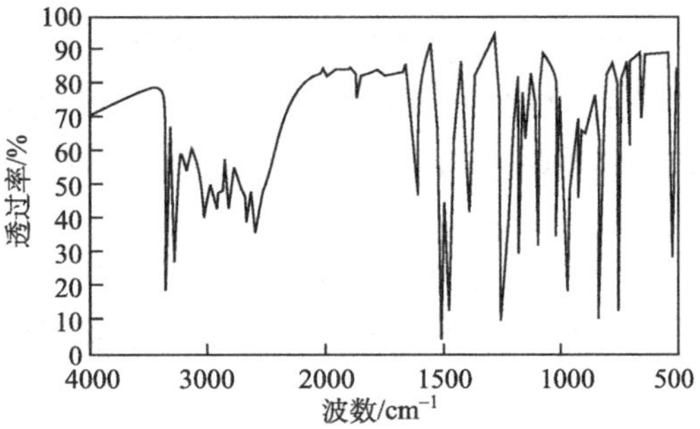

图 3.27　对氨基苯酚的红外光谱图

参考文献

陈天生. 2007. 对氨基苯酚的生产、应用及发展. 精细化工原料及中间体,5：29-32.
刘丽秀,钱建华,张明伟. 2007. 对氨基苯酚的合成研究. 北京石油化工学院学报,15(3):5-7.
许玉芳,蔡春. 2005. 硝基苯催化加氢合成对氨基苯酚工艺研究. 精细化工中间体,35(4):53-55.

实验 31　荧光增白剂 1,3,5-三苯基吡唑啉的合成及表征

实验目的与主要内容

荧光增白剂是一种荧光染料,或称为白色染料,也是一种复杂的有机化合物。本实验通过苯乙酮、苯甲醛的羟醛缩合反应制备查尔酮(1,3-二苯基丙烯酮),再进一步与苯肼在氢氧化钠的存在下环化制备1,3,5-三苯基吡唑啉,使学生掌握由羟醛缩合反应制备芳基α,β-不饱和酮的操作过程,学习环化脱水制备杂环化合物1,3,5-三苯基吡唑啉,并了解用光谱分析和元素分析鉴定杂环化合物。

一、背景知识

荧光增白剂是一种荧光染料,或称为白色染料,也是一种复杂的有机化合物。其特性是能激发入射光线产生荧光,使所染物质获得类似萤石的闪闪发光的效应,使肉眼看到的物质很白,达到增白的效果。

荧光增白剂可以吸收紫外光(波长范围为 360～380 nm),转换为波长较长的蓝色或紫色的可见光,因而可以补偿基质中不想要的微黄色,同时反射出比原来入射的波长在 400～600 nm 的更多的可见光,从而使制品显得更白、更亮、更鲜艳。科学实验表明,荧光剂被人体吸收后,不容易被分解。据医学临床实验证实,荧光物质可以使细胞产生变异性,变异荧光物质可以接收可见光和比紫外线波长更短的电磁波或放射线,再将这些能量转为波长较长的可见光。虽然目前没有证明荧光剂吸收多少会对人体造成伤害,但是荧光剂已被列为潜在致癌因素之一。

增白剂在化学结构上都具有环状的共轭体系,如二苯乙烯衍生物、苯基吡唑啉衍生物、苯并咪唑衍生物、苯并唑衍生物、香豆素衍生物和萘二甲酰亚胺衍生物等。其中二苯乙烯衍生物

产量最大，如4,4′-双(4,6-二苯胺基三嗪基-2-胺基)二苯乙烯-2,2′-二磺酸钠盐是一种用途较广泛的增白剂，商品名为增白剂TA。这类增白剂已大量用于造纸、纺织品、洗衣粉和肥皂等工业中。增白剂AD是苯基吡唑啉的衍生物，学名为1-(对甲磺酰基苯基)-3-(对氯代苯基)吡唑啉，主要用于腈纶纤维纺丝、纺织品和塑料制品的生产中。4-甲基-7-二甲胺香豆素属于氧杂萘邻酮类化合物，可用于羊毛织物、尼龙织品、肥皂和洗涤剂等产品中。

国内最大类的荧光增白剂为VBL、CXT及造纸用液体增白剂。一般增白剂分为两类，一类是水溶性的增白剂，另一类为水不溶性增白剂。前一类可用于纸张、涂料、洗衣粉、棉织物的增白剂，后一类可用于化纤、塑料等增白。

荧光增白剂按化学结构可分为五类：①二苯乙烯型，用于棉纤维及某些合成纤维、造纸、制皂等工业，具有蓝色荧光；②香豆素型，具有香豆酮基本结构，用于赛璐珞、聚氯乙烯塑料等，具有较强的蓝色荧光；③吡唑啉型，用于羊毛、聚酰胺、腈纶等纤维，具有绿色荧色；④苯并氧氮型，用于腈纶等纤维及聚氯乙烯、聚苯乙烯等塑料，具有红色荧光；⑤苯二甲酰亚胺型，用于涤纶、腈纶、锦纶等纤维，具有蓝色荧光。

二、实验原理

利用苯乙酮、苯甲醛的羟醛缩合反应制备查尔酮(1,3-二苯基丙烯酮)，再进一步与苯肼在氢氧化钠的存在下环化制备1,3,5-三苯基吡唑啉。反应式如下：

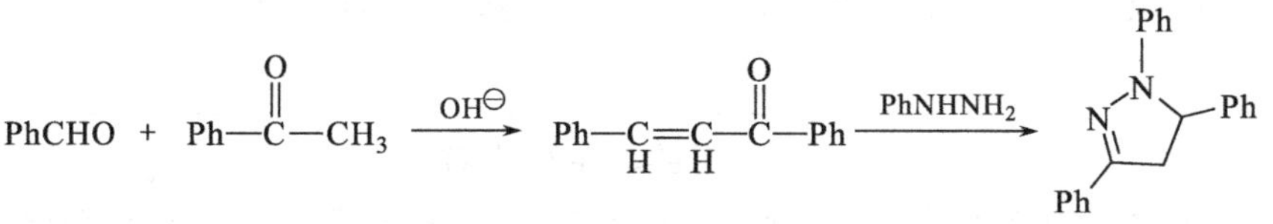

三、仪器和试剂

1. 仪器

100 mL锥形瓶，1只；熔点仪，1台；冷凝器，1支；红外光谱仪，1台；50 mL圆底烧瓶，1只；荧光光度计，1台；抽滤装置，1套；元素分析仪，1台。

2. 试剂

氢氧化钠，乙醇，苯甲醛(新蒸)，苯乙酮，苯肼(新蒸)。

四、实验步骤

1. 查尔酮的制备

在100 mL锥形瓶中，将2.5 g NaOH用22.5 mL水溶解后，加入15 mL乙醇，冰水浴冷却搅拌下，加入6 g (0.05 mol)苯乙酮和5.3 g (0.05 mol)新蒸的苯甲醛，维持15 ℃左右搅拌3 h，冰水浴冷却，使其结晶，抽滤，用少许冷水洗涤后，再用少许冷乙醇洗涤，得到淡黄色结晶，晾干，称量，测熔点，计算收率。可用乙醇重结晶提纯，其熔点为53～54 ℃。

2. 荧光增白剂1,3,5-三苯基吡唑啉的合成

在50 mL圆底烧瓶中，将2.1 g查尔酮用15 mL乙醇温热溶解，加入1 mL新蒸的苯肼和

1 粒 NaOH，摇荡下，水浴加热回流 2 h，冷却后析出沉淀，抽滤，用少许冷的乙醇洗涤，得到的粗品用乙醇重结晶，可得到白色针状晶体 1,3,5-三苯吡唑啉，干燥，称量，测熔点，计算收率。

3. 产物测定

对产物进行红外光谱、紫外光谱、荧光光谱和元素分析的测定。

思考题

1. 描述 1,3,5-三苯基吡唑啉合成的反应机理。
2. 怎样用红外光谱、紫外光谱、荧光光谱和元素分析确定 1,3,5-三苯基吡唑啉结构式？
3. 解释 1,3,5-三苯基吡唑啉产生荧光的机理。

参考文献

Rivett D E, Roscrear J, Wilshire J F K. 1979. The preparation and spectral properties of some monosubstituted 1,3,5-triphenyl-2-pyrazolines. Aust J Chem, 32:1601.

Wilkinson F, Kelly G P, Michael C, et al. 1990. A study of the photophysical properties of various triaryl-2-pyrazdines in solution and microcrystalline form. Journal of Photochemistry and Photobiology A:Chemistry, 52:309.

第四节　绿色化学概念与绿色合成技术

一、绿色化学概念及其发展原则

绿色化学(green chemistry)又称环境无害化学(environmentally benign chemistry)、环境友好化学(environmentally friendly chemistry)、清洁化学(clean chemistry)，诞生于 20 世纪 90 年代，是人们认识到传统化学的不足而产生的一门新兴化学学科。传统化学更关注如何通过化学的方法得到更多的目标产物，而此过程中对环境的影响则考虑较少，即使考虑也着眼于事后的治理而不是事前的预防。绿色化学是对传统化学和化学工业的革命，是以生态环境意识为指导，研究对环境没有(或尽可能小的)副作用，在技术上和经济上可行的化学和化工生产过程，包括用化学原理和方法来减少或消除那些对人类健康、社区安全、生态环境有害的原料、催化剂、溶剂和试剂、产物、副产物等。绿色化学的理想在于不再使用有毒、有害的物质，不再产生废物，是从源头上阻止环境污染的化学。要预防化学污染，最关键的问题应该是培养环境保护意识，树立可持续发展的观念。因此，绿色化学成为化学未来发展的方向。

1. 原子经济性概念

原子经济性(atom economy)的概念是由美国著名的有机化学家特罗斯特(Trost)在 1991 年首先提出的，为此他曾获得了 1998 年度的“总统绿色化学挑战奖”的学术奖。他认为，高效的化学反应能最大限度地利用原料分子中的每一个原子，使之结合成目标产物，原子经济性可用原子利用率来衡量：

$$原子利用率=\frac{目标产物的相对分子质量}{反应物质的相对原子质量之和}\times 100\%$$

由此可见，原子经济性即充分利用反应物中的各个原子，因而既能充分利用资源，又能防止污染。用原子利用率衡量反应的原子经济性，高效的有机合成应最大限度地利用原料分子的每一个原子，使之结合到目标分子中，达到零排放。通常原子利用率越高，反应产生的废弃物越少，对环境造成的污染也越少。

例如，维悌希(Wittig)反应是一个在精细有机合成中十分有用的反应，但在此反应中，溴化甲基三苯基膦分子中只有亚甲基被利用到产物中，其原子利用率仅为4%，产生了96%的"废物"氧化三苯膦：

$$Ph_3P^-(Me)Br^- \xrightarrow{-HBr} Ph_3P{=}CH_2 \xrightarrow{R_1R_2{=}O} R_1R_2C{=}CH_2 + Ph_3P{=}O$$

理想的合成应该是具有高的原子利用率，能用简单、安全、对环境友好的操作，快速定量地把价廉易得的原始原料，转化为天然或设计的目标分子，这实际上也是引导人们去重新设计有机合成，以实现绿色合成。

例如，通过两种不同方法由乙烯制备环氧乙烷反应的原子利用率：

1）两步法

$$CH_2{=}CH_2 + Cl_2 + H_2O \longrightarrow ClCH_2CH_2OH + HCl$$

$$ClCH_2CH_2OH + Ca(OH)_2 + HCl \longrightarrow C_2H_4O + 2CaCl_2 + 2H_2O$$

总反应为

$$C_2H_4 + Cl_2 + Ca(OH)_2 \longrightarrow C_2H_4O + 2CaCl_2 + H_2O$$

原子利用率＝44/(28＋71＋74)×100%＝25.4%

2）一步法

$$C_2H_4 + 1/2O_2 \xrightarrow{Ag} C_2H_4O$$

原子利用率＝44/(28＋16)×100%＝100%

在几种常见的反应中，化合反应、加成反应、重排反应都是理想的原子经济反应，而取代反应和消除反应的原子利用率都不太高。

2. 绿色化学的发展原则

绿色化学的最大特点在于它是在始端就采用实现污染预防的科学手段，因而过程和终端均为零排放或零污染，所以说绿色化学技术根本区别于"三废"处理。曾任美国总统科技顾问的阿纳斯塔斯(Anastase)博士和马萨诸塞大学的瓦纳(Waner)教授通过大量的研究工作，提出了目前已成为世界范围内公认的指导绿色化学发展的12条基本原则：

(1) 防止污染优于污染治理。

(2) 提高原子经济性。

(3) 尽量减少化学合成中的有毒原料、产物。

(4) 设计安全的化学品。

(5) 使用无毒无害的溶剂和助剂。

(6) 合理使用和节省能源。

(7) 利用可再生资源代替消耗性资源合成化学品。

(8) 减少不必要的衍生步骤。

(9) 采用高选择性催化剂优于使用化学计量助剂。

(10) 产物的易降解性。

(11) 发展分析方法，对污染物实行在线监测和控制。

(12) 减少使用易燃易爆物质，降低事故隐患。

也有人提出绿色化学"5R"原则：

（1）Reduction——"减量"，即减少"三废"排放。

（2）Reuse——"重复使用"，诸如化学工业过程中的催化剂、载体等，这是降低成本和减废的需要。

（3）Recycling——"回收"，可以有效实现"省资源、少污染、减成本"的要求。

（4）Regeneration——"再生"，即变废为宝，节省资源、能源，减少污染的有效途径。

（5）Rejection——"拒用"，拒绝在化学过程中使用一些无法替代，无法回收、再生和重复使用的，有毒副作用及污染作用明显的原料，这是杜绝污染的最根本方法。

二、绿色合成实现的途径与技术

1. 微量、半微量化学合成

微量、半微量化学实验体现的是一种"绿色化学"理念和预防化学污染的新思想，不但节约药品、节约经费、缩短实验时间、操作安全，而且减少环境污染和节约能源。常规实验操作是经过长期的实践检验确立的，在实验现象明显、效果显著的前提下，实验中试剂的浓度和用量降至最低限度。半微量实验中试剂的用量或浓度仅为常量的 1/10～1/5，其试剂用量比对应的常量实验节约 80%以上。半微量实验方法避开了微型化学实验的一些局限性，是在绿色化学思想指导下，用预防化学污染的新思想对常规实验进行改革而形成的实验方法。实践证明，药物用量的半微量化与常量化在准确性与严密性上并无明显差别。

2. 选择优化合成途径，提高原子利用率

化学合成中，减少废物的关键是提高原子的利用率，因此在选择合成途径时，除了要考虑理论收率外，还应考虑和比较不同途径的原子利用率。典型实例如下：

环氧丙烷：传统方法——氯醇法

$$2CH_3—CH{=}CH_2 + 2HClO \longrightarrow CH_3CHOHCH_2Cl + CH_3CHClCH_2OH$$

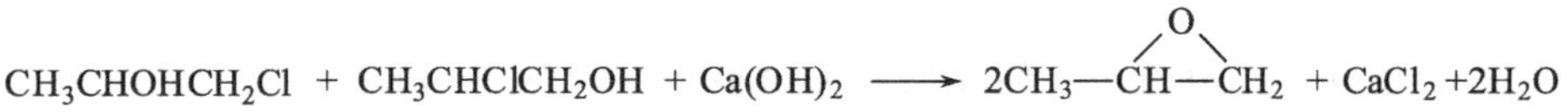

该反应的原子利用率低，仅为 31%，同时消耗大量的石灰和氯气，设备腐蚀和环境污染严重。

Ugine 公司和 Enichem 公司开发的用 TS-1 分子筛作催化剂的新工艺如下：

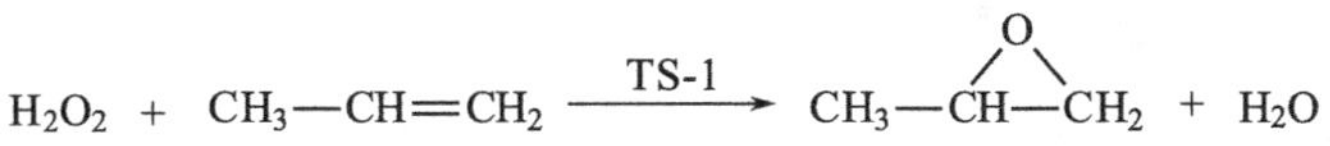

该工艺反应条件温和，在 40～50 ℃，常压下反应，氧源安全易得（30% H_2O_2），转化率高（以 H_2O_2 计算为 93%），选择性高达 97%以上，原子利用率为 76.3%，仅得副产物水，是低能耗、无污染的绿色化工过程，不足之处是 H_2O_2 成本高。

甲基丙烯酸甲酯（简称 MMA）是一种重要的有机化工原料，其聚合物俗称有机玻璃。其工业生产方法是 1932 年由英国帝国化学工业公司首先开发出来的丙酮-氰醇法。该法以丙酮、HCN、甲醇为原料，原子利用率为 47%，因为使用了剧毒的 HCN 和腐蚀性的硫酸，严重危

害环境，属于非环境友好的化学反应。但近期 Shell 公司开发出的新工艺，以甲基乙炔、甲醇、一氧化碳为原料，二价钯化合物作催化剂，一步制得 MMA，原子利用率为 100%，反应选择性高达 99.9%，单程转化率高达 98.9%，具有很高的经济效益和环境效益。

3. 使用环境友好介质，改善合成条件

传统的化学合成中，有机溶剂是最常用的反应介质，但是有机溶剂的毒性和难以回收又使之成为对环境有害的因素。理想的有机合成，可以水为介质进行，可用超临界液体为介质进行，可在无溶剂存在下进行，可以离子液体为介质进行等。

(1) 在有机合成中，用水来代替有机溶剂是一条可行的途径。水是地球上广泛存在的一种天然资源，价廉、无毒、不危害环境。尽管大多数有机化合物在水中的溶解性很差，且易分解，但研究表明有些合成反应不仅可以在水相中进行，而且还具有很高的选择性。最为典型的例子是环戊二烯与甲基乙烯酮发生的 D-A 环加成反应，在水中进行较之在异辛烷中进行速率快 700 倍。

(2) 超临界流体是当物质处于其临界温度和临界压力以上所形成的一种特殊状态的流体，是一种介于气态与液态之间的流体状态。这种流体具有液体一样的密度、溶解能力和传热系数，具有气体一样的低黏度和高扩散系数，同时只需改变压力或温度即可控制其溶解能力并影响它作为介质的合成速率。在有机合成中，CO_2 由于其临界温度和压力较低，且具有能溶解脂溶性反应物和产物、无毒、阻燃、价廉易得、可循环使用等优点而迅速成为最常用的超临界流体。

(3) 有些反应可在无溶剂存在的环境下进行，如固体化学反应的研究。在无溶剂存在下进行的反应比在溶剂环境中进行的反应能耗底、效果更好、选择性更高，又不用考虑废物处理问题，有利于环境保护。

(4) 离子液体，简单地说就是安全离子组成的液体。目前研究最多的是在室温左右呈液态的含有机正离子的一类物质。例如，含 *N*-烷基咪唑正离子的液体等，它们不仅可作为有机合成的良好溶剂，具有难挥发等优点，而且对环境十分友好。

4. 采用无毒、无害的原料

为使制得的中间体具有进一步转化所需的官能团和反应性，在现有化工生产中仍使用剧毒的硫酸二甲酯、光气和氢氰酸等作为原料。为了人类健康和社区安全，需要用无毒无害的原料代替它们来生产所需的化工产品。

(1) 替代硫酸二甲酯：碳酸二甲酯(DMC)是一种环境友好的新型绿色化工基础原料，用它代替剧毒的甲基化常用的试剂是硫酸二甲酯及卤代甲烷，可以避免生产过程中的操作风险、设备腐蚀和环境污染。例如，醚、胺的合成：

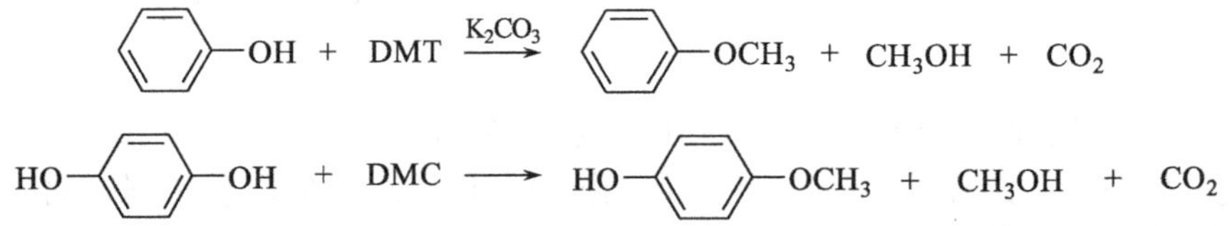

$$PhNH_2 + DMC \longrightarrow PhNHCH_3\ [或PhN(CH_3)_2] + CH_3OH + CO_2$$

(2) 替代光气：羰基化反应常用光气($COCl_2$)作羰基化试剂，光气剧毒，且生产过程中产生大量的氯化氢，既腐蚀设备又污染环境。在代替剧毒的光气作原料生产有机化工原料方面，

Riley 等报道了工业上已开发成功一种由胺类和二氧化碳生产异氰酸酯的新技术。在特殊的反应体系中，采用一氧化碳直接羰化有机胺生产异氰酸酯的工业化技术也由 Manzer 开发成功。Komiya 研究开发了在固态熔融的状态下，采用双酚 A 和碳酸二甲酯聚合生产聚碳酸酯的新技术，它取代了常规的光气合成路线，并同时实现了两个绿色化学目标：一是不使用有毒有害的原料；二是由于反应在熔融状态下进行，不使用作为溶剂的可疑的致癌物——甲基氯化物。

(3) 替代氢氰酸：孟山都公司从无毒无害的二乙醇胺原料出发，经过催化脱氢，开发了安全生产氨基二乙酸钠的工艺，改变了过去的以氨、甲醛和氢氰酸为原料的二步合成路线，并因此获得了 1996 年美国"总统绿色化学挑战奖"中的变更合成路线奖。

5. 生产环境友好产品

(1) 环境友好农药：陶氏化学子公司 Dow Agro Sciences LLC 发展了一种名为刺糖菌素(spinosad)的高选择性的、对环境友好的杀虫剂。该杀虫剂已经被证明在控制多种咀嚼昆虫对棉花、树木、水果、蔬菜、草皮和观赏植物的危害中有效。它作用快、选择性高，只对靶害虫起作用而不影响益虫和马蜂。

(2) 环境友好机动车燃料：随着环境保护要求的日益严格，推广使用新配方汽油，减小由汽车尾气中的一氧化碳以及烃类引发的臭氧和光化学烟雾等对空气的污染。新配方汽油要求限制汽油的蒸气压、苯含量，还将逐步限制芳烃和烯烃含量，还要求在汽油中加入含氧化合物，如甲基叔丁基醚、甲基叔戊基醚。这种新配方汽油的质量要求已推动了汽油的有关炼油技术的发展。

参考文献

黄培强. 1998. 绿色化学进展. 化学进展，10(3)：265.

李淑霞. 2001. 美国总统绿色化学挑战奖获奖情况介绍. 锦州师范学院学报(自然科学版)，22(1)：9.

闵恩泽. 2001. 绿色化学与化工. 北京：化学工业出版社.

任玉杰. 2007. 绿色有机化学实验. 北京：化学工业出版社.

王恩举. 2002. 漫谈绿色化学. 大学化学，4：24.

吴毓林，龙亚秋. 2001. 合成化学——新世纪再创辉煌. 大学化学，16(3)：1.

吴毓林. 2003. 新世纪有机化学与可持续发展的一些思考. 大学化学，18(3)：13.

朱清时. 1997. 绿色化学的进展. 大学化学，12(6)：71.

实验 32 超声波辐射合成苯亚甲基苯乙酮

实验目的与主要内容

超声波辐射法是一种新兴的无溶剂有机合成方法。本实验将超声波辐射法引入苯亚甲基苯乙酮的合成中，使学生了解这一交叉学科的背景，掌握利用超声波实施有机反应的具体操作；通过实施这种无溶剂反应，体会超声波辐射技术对以有机合成为基础的农药、药物等精细化学品的合成所产生的变革。

一、背景知识

超声波作为一种新型技术应用于有机合成工艺，具有非常独特的作用。超声波对许多反应具有明显的促进作用，有些在一般条件下很难发生的反应或需在催化剂存在下方可进行的反应，在超声波作用下可在较温和的条件下进行。

超声波促进化学反应并非是声场与反应物在分子水平上直接作用的结果。用于声化学反应的超声波频率一般在 20 kHz～10 MHz，能量非常低，甚至不足以激发分子的转动，因而并不能将化学键断裂而引发反应。在声化学反应中起关键作用的是空穴效应。超声波作用于液体时，这种机械纵波的周期性波动对液体形成了压缩和稀疏的作用，从而在液体内形成过压相位和负压相位。当达到一定程度时，液体形状被破坏，液体内部会形成肉眼难于观察到的微小气泡和空穴。不稳定空穴存在时间一般为一个或几个振动周期，其体积随后迅速膨胀且崩溃，从而在液体内出现微区和极短时间的高温(2727 ℃以上) 高压(几百或上千个大气压)，形成高能环境、强冲击波和微射流、空穴和放电等，引起分子热离解、离子化及产生自由基等，从而导致一系列化学变化。此外，超声波的许多次级效应，如机械振荡、乳化和扩散等，可加速反应体系的传热及传质过程，促进反应进行。

20 世纪 80 年代以来，随着声化学的发展，超声辐射(US)在有机合成中的应用研究得到蓬勃的发展，已广泛应用于氧化、还原、取代、缩合和水解等反应，几乎涉及有机反应的各个领域，超声化学方法被认为是绿色化学。许多实验表明，超声辐射可以改善反应条件，加快反应速率，提高反应收率。

二、实验原理

苯亚甲基苯乙酮是由苯甲醛与苯乙酮在 10%氢氧化钠溶液催化下缩合而合成。为了使反应顺利进行和控制苯甲醛的滴加速度，通常在装有搅拌器、温度计和滴液漏斗的三颈瓶中进行。反应时间由滴加苯甲醛算起至加入晶种继续搅拌待反应瓶中有结晶为止，需 1.5～2.0 h，收率 67%～72%。在超声辐射下，只需按顺序将药品、催化剂一次加入锥形瓶，放入超声清洗器中，超声辐射 35 min，反应瓶中就有晶体析出。用冷乙醇洗涤后，即可得到很好的结晶，产品熔点 55～57 ℃。

利用超声波实施有机合成反应，与传统经典法相比，超声辐射法不仅装置简单，操作简单，反应速率加快，收率提高，而且催化剂用量降低，对环境友好。

反应式如下：

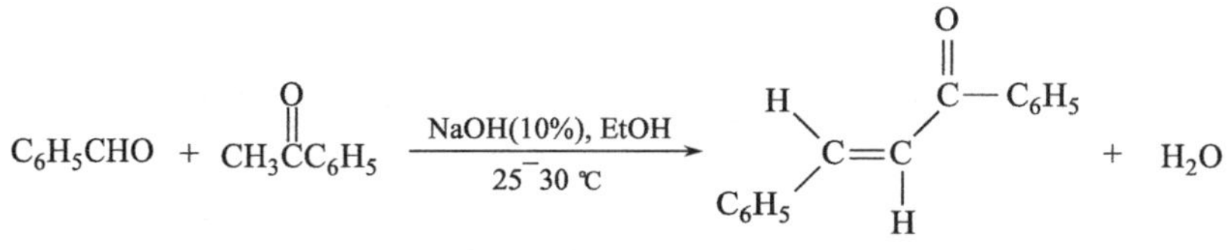

三、仪器和试剂

1. 仪器

超声清洗仪，1 台；50 mL 锥形瓶，1 只；熔点仪，1 台；烧杯，1 只；导线；滤纸；玻璃棒。

2. 试剂

10% NaOH 水溶液，95%乙醇，苯乙酮(A. R.)，新蒸苯甲醛(A. R.)。

四、实验步骤

1. 苯亚甲基苯乙酮合成

在 50 mL 锥形瓶中，依次加入 2.1 mL 10%NaOH 水溶液、2.5 mL 95%EtOH、1.0 mL (1.03 g，8.56 mmol)苯乙酮，冷却至室温，再加入 0.8 mL 新蒸过的苯甲醛(0.83 g，7.85 mmol)。启动超声波发生器，将反应瓶置于超声波清洗槽中，使清洗槽中的水面略高于反应瓶中的液面。控制清洗槽中的水温在 25～30 ℃，超声辐射时间 30～35 min，停止反应。将反应瓶置于冰水浴中冷却，使其结晶完全。抽滤，用少量冷水洗涤产品至滤液呈中性，然后用 2.5 mL冷乙醇洗涤结晶，干燥。平均收率为 87%，熔点 55～57 ℃。

注：①在超声波作用下，催化剂氢氧化钠的用量较经典法降低了 1/2。用氢氧化钾代替氢氧化钠催化时，亦可取得同样的效果。② 应该提及的是，若碱的用量过大，反应中会有大量的聚合物生成，相应缩合物的收率降低。③苯甲醛在空气中易被氧化成苯甲酸，使用前必须重新蒸馏。④反应温度高于 30 ℃或低于 15 ℃时，对反应均不利。⑤关闭超声波发生器之后，才能用温度计测试清洗槽内的水温。

2. 产物表征

对产物进行 IR 和 ^{1}H NMR 表征。

思 考 题

1. NaOH 水溶液在反应中的作用是什么？还可以用什么替代？如果 NaOH 水溶液使用过量会造成什么问题？
2. 测量清洗槽中水的温度时要注意什么问题？
3. 与经典的合成方法相比，超声辐射合成方法有什么优点？

参 考 文 献

任玉杰．2007．绿色有机化学实验．北京：化学工业出版社．

王振华，李记太，杨文智．2003．超声辐射技术合成苯亚甲基苯乙酮．实验室研究与探索，22(1)：51.

曾爱群，肖峻松．1999．超声辐射在有机合成中的应用．广西化工，28(2)：24-27.

实验 33 己二酸的绿色合成及表征

实验目的与主要内容

己二酸是一种具有重要用途的有机中间体，主要用于制造锦纶尼龙 66 和聚氨酯，还可用作增塑剂、塑料添加剂、食品添加剂，也可用于医药、农药、香料、黏合剂与助焊剂等的生产。本实验以双氧水为氧化剂，通过对环己酮的氧化，使学生了解原子经济性的概念，熟悉制备己二酸的操作方法。

一、背景知识

化学产业是人类文明和社会发展的基石，为人类生活的改善提供了源源不断的能源和物质基础，但同时造成了巨大的环境污染，给人类的生存带来极大的威胁。绿色化学的出现，给人类解决环境和能源问题带来了新希望，其主要特点是：①采用无毒无害的原料、催化剂、溶剂等；②反应选择性高，产生副产物少；③在无毒、无害的条件下进行反应；④产品和副产物易于分离；⑤催化剂、溶剂等可以循环重复使用；⑥产品对环境友好。因此，绿色化学又称环境无害化学、环境友好化学、清洁化学。

己二酸是一种重要的工业原料，主要用于制造锦纶尼龙 66 和聚氨酯，还可用作增塑剂、塑料添加剂、食品添加剂，也可用于医药、农药、香料、黏合剂与助焊剂等的生产。对于己二酸的生产工艺，目前使用最广泛的是以环己醇或环己酮为原料的硝酸氧化工艺路线。在此生产路线中，使用强氧化性的硝酸，严重腐蚀设备，而且生产过程中产生大量的 N_2O 气体和硝酸蒸气，给环境造成极大的污染。Ryoji Noyofi 提出了以环己烯为原料，用水作溶剂，H_2O_2 作氧化剂，钨酸钠作催化剂，在硫酸氢钾的参与下，甲基三辛基氯化铵作相转移催化剂制备己二酸的绿色合成路线。这种方法不用强酸，不产生 N_2O 危害气体，用水作溶剂，不产生废液，并且催化剂不用回收，可以直接循环使用。但是，相转移催化剂甲基三辛基氯化铵价格昂贵，用它来生产己二酸成本较高。此后，又有研究人员发现，无需相转移催化剂，采用水作溶剂，H_2O_2 作氧化剂，利用钨酸钠-草酸原位合成的配位催化剂或使用钨酸钠-硫酸体系亦可成功合成己二酸。由于绿色合成制备己二酸具有巨大的经济和社会效益，对于其催化体系的研究已成为近年来的热点。

己二酸的合成一般有 3 种不同的方法：①钨酸钠-硫酸氢钾催化体系，四丁基氯化铵替代价格昂贵的甲基三辛基氯化铵作相转移催化剂；②钨酸钠-草酸作催化剂体系；③钨酸钠-硫酸为催化剂体系。

二、实验原理

己二酸(ADA)是最重要的脂肪族二元酸，可同己二胺等多官能团的化合物进行缩合反应。己二酸为白色结晶粉末，微带酸味，微溶于水，易溶于甲醇、乙醇、异丙醇和醚。工业上，利用己二酸同己二胺的缩合反应生产尼龙 66 盐，再进一步缩聚即可得到尼龙 66 树脂。己二酸还可同醇类反应生产己二酸酯，用作增塑剂，是 PVC 及氯乙烯共聚物、PS、乙基纤维素和硝化纤维素等的重要增塑剂，也是聚氨酯、热熔胶等产品的中间体，到 2006 年年底全球需求量已达到 280 t。尼龙 66 是己二酸的最大用途，占其消费量的 63%。

许多二元酸主要是通过烃类氧化生产获得。在固体酸催化作用下，环己烯水合生成环己醇，然后在 Cu-V 催化剂作用下用硝酸将环己醇氧化成己二酸。该过程伴随着大量的 N_2O 生成，还有大量废酸液，环境污染严重。目前国外几乎所有己二酸生产厂商都采用以环己醇和环己酮混合物所组成的 KA 油为原料的硝酸氧化工艺路线。国内外实验室中也大多采用浓 HNO_3 或 $KMnO_4$ 直接氧化法制备己二酸，这些方法都存在着操作复杂，收率不高等问题，硝酸氧化法还存在严重的氮氧化物污染。

1998 年，Sato 等在 *Science* 上报道，在均相钨催化剂作用下，环己烯可以通过过氧化氢这种绿色氧化剂一步氧化为己二酸，是一条绿色合成路线。以过氧化氢氧化法合成己二酸具有反应条件温和、易于控制等优点，是绿化合成己二酸的好方法。本实验以环己酮为原料，在钨酸钠催化下，双氧水氧化合成己二酸。

反应式：

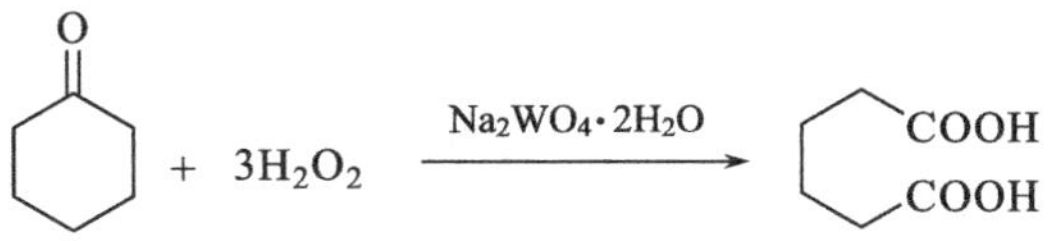

三、仪器和试剂

1. 仪器

回流冷凝管，1 支；熔点仪，1 台；温度计，1 支；烧杯，1 只；100 mL 三颈烧瓶，1 只；玻璃棒，1 根。

2. 试剂

$Na_2WO_4 \cdot 2H_2O$(A. R.)，磺基水杨酸(A. R.)，30%过氧化氢(A. R.)，环己酮(A. R.)。

四、实验步骤

1. 己二酸合成

在装有温度计和回流冷凝管的 100 mL 三颈烧瓶中加入 0.74 g 的 $Na_2WO_4 \cdot 2H_2O$ 和所需的配体磺酸水杨酸 0.32 g 作催化剂，再加入 50 mL 30.0% H_2O_2 溶液，室温下快速搅拌 20 min，然后加入 10.51 mL(98 g，约 0.1 mol)环己酮，将体系升温至 120 ℃回流反应 7 h。反应结束后，冷却至室温，用冰水浴将反应液冷却 0.5 h，己二酸从水相中结晶析出，抽滤，10 mL 冰水洗涤 2～3 次，得到己二酸晶体。空气中晾干后称量，计算收率，并测产品熔点。纯己二酸的熔点为 152 ℃。

2. 产物分析

对产物进行元素分析及 IR 和 ^1H NMR 光谱测定，并与标准谱图进行对比，结合元素分析结果，确定产物的结构。

注：①单纯的 $Na_2WO_4 \cdot 2H_2O$-双氧水催化体系对反应没有活性，目标产物己二酸几乎为零；必须在配体的存在下，$Na_2WO_4 \cdot 2H_2O$ 才有催化活性。②配体除了可用磺基水杨酸外，也可用水杨酸等酸性物。配体的酸性越强，己二酸的分离收率越高。③酚类(如邻苯二酚、间苯二酚、对苯二酚和 2,4-二硝基苯酚)的加入对己二酸的生成有显著的促进作用(邻氨基酚除外)。④本反应也可在超声辐射下进行，超声辐射能提高己二酸的收率。⑤本方法主要优势是 H_2O_2 利用率高，反应条件温和，操作简单，整个反应清洁无污染。

思　考　题

1. 己二酸的常用合成方法有哪些？为什么选择双氧水氧化法？
2. 磺基水杨酸的作用是什么？还可以用什么物质替代？

参考文献

曹小华，徐常龙，张康华，等．2010．推荐一个设计性综合化学实验——己二酸的绿色合成．大学化学，20(3)：62-66.
化学化工科学组．2010．化学化工创新性实验．南京：南京大学出版社．
任玉杰．2007．绿色有机化学实验．北京：化学工业出版社．
徐常龙，柳闽生，曹小华，等．2006．己二酸合成实验的绿色化探究．化工时刊，20(5)：7.
章文伟，薛强，张晖，等．2009．己二酸的绿色合成．实验室研究与探索，28(11)：22-24.

实验 34 芳基亚甲基丙二腈的绿色合成

实验目的与主要内容

芳基亚甲基丙二腈是合成杂环化合物及药物的重要中间体，本实验由活泼亚甲基化合物丙二腈和芳香醛在酸碱催化下，通过诺文葛耳(Knoevenagel)反应缩合合成芳基亚甲基丙二腈，使学生了解固相合成的概念，熟悉固相反应的操作方法。实验中所选用的方法，不需要用到有机溶剂，室温下在研钵中研磨数分钟反应即可完成，反应迅速，方法简单。

一、背景知识

α,β-不饱和腈衍生物是有机合成的重要中间体，由于其含有碳碳双键和腈基等反应活性部位，通过它可以合成多氢苯并吡喃衍生物、嘧啶衍生物、苯基吡唑啉并吡喃衍生物、苯基吡唑啉并吡啶衍生物、呋喃并吡喃衍生物等。由于这些杂环化合物一般含有活性部位，因此，合成它的前体α,β-不饱和腈衍生物引起了人们的关注。传统的合成方法是用芳醛和活性亚甲基化合物在乙酸铵、吡啶等催化下通过 Knoevenagle 反应制备，后来有许多报道介绍了该类化合物的合成方法。例如，Texier-Boullect 和 Foucaud 报道了用三氯化铝作催化剂合成该类化合物；Lehnert 报道了在四钛催化下目标化合物的合成；Wang 等报道了分子筛催化下合成目标化合物；高原等报道了 KF/Al_2O_3 催化下目标化合物的合成；Jose 等用 $AlPO_4$-Al_2O_3 作催化剂、Shanthan 等用氯化锌作催化剂、Dipak Prajapati 等用碘化镉作催化剂、Li 用磷酸铝得到了缩合产物，所有这些方法均在液相条件下进行。也有利用微波辐射合成目标化合物的报道。在室温下固体芳醛和丙二腈、氰乙酰胺在 NH_4OAc 催化下研磨即可得到目标化合物。

有机化学反应一般多在有机溶液中进行，以保证物料混合均匀和热量交换稳定。但近年来，固相反应在有机合成中得到广泛的应用，某些有机合成反应以固-固相进行，无论在转化速率、收率，还是反应选择性方面均较溶液具有优势。固相有机合成不仅减少了能耗，节约了溶媒，避免了环境的污染、毒害性等，而且提高了反应的空间效率。因此，研究固相有机反应既有重要的理论意义，又有广泛的应用前景。

二、实验原理

芳基亚甲基丙二腈是合成杂环化合物及药物的重要中间体，常由活泼亚甲基化合物丙二腈和芳香醛在酸碱催化下，通过 Knoevenagel 反应缩合而得。这些反应常在有机溶剂中加热，通过形成的低沸点恒沸物蒸除生成的水，达到加速反应的目的，操作步骤较繁琐。若使用固相催化剂壳聚糖催化该类反应，需要在乙醇中回流。三甲基十六烷基溴化铵(CTMAB)在水中能催化合成芳基亚甲基丙二腈，但由于CTMAB的乳化作用，产品过滤困难，在过滤之前，反应混合物需放置过夜。本实验所选用的方法，不需要用到有机溶剂，室温下，在研钵中研磨数分钟反应即可完成，反应迅速，方法简单，充分展现了绿色化学的优势。用不同的芳醛，可以得到不同芳醛取代的亚甲基丙二腈，反应式如下：

$$ArCHO + CH_2(CN)_2 \xrightarrow{K_2CO_3} (Ar)(H)C{=}C(CN)_2 + H_2O$$

a：$Ar=C_6H_5$，b：$Ar=4\text{-}CH_3OC_6H_4$，c：$Ar=4\text{-}HOC_6H_4$，d：$Ar=2\text{-}ClC_6H_4$，e：$Ar=2\text{-}C_4H_3O$(2-furyl)

三、仪器和试剂

1. 仪器

研钵，1套；熔点仪，1台；红外光谱仪，1台；抽滤装置，1套；核磁仪，1台；玻璃棒；滤纸。

2. 试剂

苯甲醛（A. R.），丙二腈（A. R.），碳酸钾（A. R.），乙醇（A. R.），4-甲氧基苯甲醛，4-羟基苯甲醛，2-氯苯甲醛，2-呋喃甲醛。

四、实验步骤

1. 苯亚甲基丙二腈合成

计算量取10 mmol苯甲醛、10 mmol丙二腈以及称取1 mmol碳酸钾于研钵中，快速研磨4 min后，将反应混合物用水洗，过滤，再用10 mL 5%乙醇洗涤，得到产品a，干燥。产品用红外及核磁表征。熔点83～84 ℃（文献值83.5～84 ℃）。^1H NMR δ(ppm)：7.55(t，J=8 Hz，2H)，7.64(t，J=7.6 Hz，1H)，7.78(s，1H)，7.91(d，J=7.6 Hz，2H)。IR (KBr) ν (cm^{-1})：3014，2223，1673，1164，754。

2. 其他取代芳醛甲基丙二腈合成

按照合成1相同的方法选用不同的芳醛来合成，并进行红外及核磁图谱表征。参考数据如下。

化合物b：研磨3 min，收率95%，熔点114～115°C（文献值115°C）。^1H NMR δ(ppm)：3.92(s，3H)，7.01(d，J=8.8 Hz，2H)，7.66(s，1H)，7.90(d，J=8.8 Hz，2H)。IR (KBr) ν (cm^{-1})：3030，2223，1650，1564，1223，810。

化合物c：研磨4 min，收率94%，熔点188～189°C（文献值188～188.5°C）。^1H NMR δ (ppm)：6.00(s，1H)，6.95(d，J=8.8 Hz，2H)，7.65(s，1H)，7.87(d，J=8.4 Hz，2H)。IR (KBr) ν(cm^{-1})：3395，3030，2223，1610，1580，1296，840。

化合物d：研磨4 min，收率93%，熔点95～96°C（文献值95～96°C）。1H NMR δ(ppm)：7.46(m，1H)，7.55(d，J=3.6 Hz，2H)，8.2(d，J=8 Hz，1H)，8.28(s，1H)。IR (KBr) ν (cm^{-1})：3024，2223，1634，1581，1214，754。

化合物e：研磨1 min，收率92%，熔点72～73°C（文献值72～72.5°C）。1H NMR ($CDCl_3$) δ(ppm)：6.72(q，J=1.6 Hz，1H)，7.36(d，J=3.6 Hz，1H)，7.52(s，1H)，7.81(d，

$J=1.2$ Hz,1H)。IR (KBr) $\nu(\mathrm{cm}^{-1})$:3115,3030,2222,1605,1228,887,764。

可根据需要,从上述合成的5个化合物中选取其中几个进行实验。

思考题

1. 固相合成的优点是什么?
2. 芳亚甲基丙烯腈的合成除了本实验的方法外,还有哪些合成方法?

参考文献

任玉杰. 2007. 绿色有机化学实验. 北京:化学工业出版社.
屠树江,荣良策,高原,等. 2002. 芳亚甲基丙二腈、芳亚甲基氰乙酰胺的固相合成. 有机化学,22(5):364-366.
章明,张爱琴,桂丽,等. 2007. 合成芳基亚甲基丙二腈的绿色方法. 大学化学,22(1):48.

第五节 无机非金属功能材料的研究方法

人类社会发展和进步有赖于其物质基础——材料的发展与应用程度。从这个意义上讲,材料是人类社会发展和进步的里程碑。人类社会从开始使用自然界物品加工而成的石器,到铜器,再到铁器,目前正前进在金属材料、合成材料和智能材料并举的复合材料时代。材料在加工和应用过程中,无不呈现某种或某些可供人们使用的功能。这些功能总体上划分为两大类,并形成两类别的材料:结构材料(structural materials),主要使用其力学性能,抵御外力作用下保持承载特性稳定不变,包括钢铁、玻璃、陶瓷、水泥和塑料、纤维等,在国计民生中应用十分广泛,且是使用时间最长、发展最早、占有比例最大的一类材料;功能材料(functional materials),使用中主要利用其优良的电、光、磁、声、化学和医学及生物学等性能,且用于非结构的目的,虽然发展较晚,却在现代电子、信息、计算机和现代生活中,扮演着重要的角色。无论是结构材料,还是功能材料,从其组成属性上看,均可以是金属材料、无机非金属材料、有机高分子材料以及复合材料,而无机非金属和分子杂化功能材料已成为近几十年来最有活力的热点发展领域,并在综合化学实验教材中予以较大的关注。因此,在这里结合实验项目,集中介绍无机非金属功能材料的合成技术与研究方法。

一、无机非金属功能材料的特点及类型

所谓无机非金属功能材料,是指由金属元素与非金属元素或者非金属元素相互作用而形成的材料,它们多为固态,且具有优良的电学、光学、磁学、化学和生物医学等性质。

1. 无机非金属功能材料的形态

首先,无机非金属材料一般存在形态为固体,但最终使用形式呈现为具有某种特定性能的器件。其实验室制备得到的形态多为超细粉末、多晶微粒以及单晶体。这些形态在某些应用领域可以直接用于构制器件。例如,防辐射纺织品可用超细粉末功能材料涂覆,显示器可用荧光超细粉末制作涂层,激光器直接使用一定组分生长的激光单晶。但在为数相当多的应用领域,却是采用一种所谓的制陶工艺,以无机非金属功能材料超微粉体高温烧结呈特定要求的陶瓷器件,如陶瓷热敏电阻、化合物超导线圈和线材以及磁性器件等。因此,从这个角度有时又

将这类功能材料称为精细陶瓷(fine ceramics)。

其次，一个物质称之为材料，必须具备特定的使用性质和规定的形态。从化学角度看，给定的物质可能存在多种形态，但作为材料使用时，可能只有规定的状态才能满足需要。例如，AgI 存在 α、β 和 γ 多种晶形，只有 β-AgI 才能作为快离子导体；Al_2O_3 存在晶形更多，α-Al_2O_3 用作陶瓷耐火材料，而 γ-Al_2O_3 即活性氧化铝，用作化学反应催化剂载体。

第三，实际材料往往存在缺陷(defect)。这些缺陷可以来源于非组成的结构缺陷。例如，晶格格点空位或者晶格间隙插入原子，它们属于热缺陷，只能选择条件控制其浓度，而不能根本消除。缺陷也可以来源于主体组分之外，称为杂质缺陷。这种缺陷有时是合成带入的，需要尽力克服。例如，发光材料中，存在 Fe、Co、Ni 等元素是有害的，它们使荧光猝灭，应当通过纯化试剂以及纯净实验合成来加以消除。有些材料正是由于杂质的存在，才体现出了优良品性。这种杂质是刻意加入的，即所谓实验中的掺杂过程。例如，发光材料中，含量极低的金属离子决定材料的发光性能；舍此，该材料就没有发光性能。一般这种掺杂材料的结构取决于占主体的组分的结构，称为基质晶格(host lattice)。杂质原子或离子的存在有两种形式：随机替代基质晶格格点的原子，称为替代杂质；插入基质晶格间隙位置的原子，称为间隙杂质。

2. 无机非金属功能材料的类型

无机非金属功能材料的种类繁多，应用广泛。从其性能上划分为电学、光学、磁学、化学和生物医学等类型材料；还可以由材料所服役的领域，划分为电气材料、显示器材料、仪器仪表材料、医用材料等。表 3.7 从两者交叉的角度，归纳某些人们感兴趣的材料类型。

表 3.7 某些代表性无机非金属材料的使用形态与性能

类型	材料名称	材料特性	使用形态	应用领域	材料代表
电性材料	快离子导体	离子电导率 10^{-2}～10^{-1} S·cm^{-1}，活化能 0.1～0.2 eV	烧结陶瓷器件	固体电化学器件及燃料电池等	钨青铜、$Na_3Zr_2Si_2PO_{12}$、β-AgI、$Ca_{1-x}Y_xF_{2-x}$
	超导材料	临界温度 T_c 零电阻，完全抗磁性	烧结陶瓷器件	超导电工器件、超导核磁体	$YBa_2Cu_3O_{7-x}$(T_c=95 K) $HgBa_2Ca_2Cu_3O_{10}$(T_c=134 K)
	压电和铁电材料	应力、电场等外界条件感生导电	烧结陶瓷器件	压电扬声器、超声波及电子打火	压电石英，$BaTiO_3$，$Pb(ZrTi)O_3$(PZT)
发光材料	光致发光材料	光激发发射白光或可见光	超细粉末	高效荧光灯	$BaMgAl_{10}O_{17}$: Mg, Eu(绿色)，Y_2O_3 : Eu，Y_2O_2S : Eu(红色)
	X 射线致发光材料	X 射线激发电荷转移发光	感光板	X 射线的检测系统、CT	$CaWO_4$、$MnWO_4Gd_2O_2S$: Pr,Ce(闪烁晶体)
	LED 发光	电致半导体发光	超细粉末	照明以及显示器	InGaN(蓝色)、$SrGa_2S_4$: Eu+SrS : Eu(三基色)
	激光材料	光致发光，波峰极窄且光束极强	单晶	照明、医疗、军事及科技	Cr-Al_2O_3(红宝石)

续表

类型	材料名称	材料特性	使用形态	应用领域	材料代表
磁性材料	铁氧体材料	磁性能	陶瓷或磁粉	电子电工器件等	尖晶石 $M^{2+}O \cdot Fe_2^{3+}O_3$（M=Fe,Ni,Cu,Zn,$Mn^{2+}$,Co,Mg)
	稀土磁性材料	磁性能	陶瓷或磁粉	电子电工器件等	$Nd_xB_yFe_{100-x-y}$（$x=8\%\sim30\%$，$y=2\%\sim28\%$）
	有机分子磁体	有机自由基载磁子	分子或超分子	分子机器等	氮氧自由基、硫氮自由基等
	无机分子磁体	过渡金属离子载磁子	分子或超分子	分子机器等	过渡金属离子-有机桥联配体(如氰根、草酰胺、叠氮)配合物
分子筛	微孔分子筛	吸附、离子交换和催化、微米孔道	高温微粒	化学和石油化工催化剂、吸附剂	硅酸盐沸石、杂原子沸石
	介孔分子筛	吸附、离子交换和催化、纳米孔道	高温微粒	化学和石油化工催化剂、吸附剂	MCM-41s
纳米材料	纳米氧化物	超细、分散、活性高	超细粉体	催化剂载体等	γ-Al_2O_3、TiO_2、ZnS、CdS、MoS
	纳米管	具有反应性	分子	能源、催化等	碳纳米管、硼纳米管、杂原子纳米管
	纳米器件	具有光、电功能	分子	分子器件和分子机器	分子开关、分子马达、分子线路、分子储存器

二、无机非金属功能材料的典型制备方法

无机非金属功能材料，大多是晶体、微粒粉体或者陶瓷材料，因而需要某些特定的合成与制备方法。各种形态的无机非金属材料的合成与制备方法总结如图 3.28 所示。

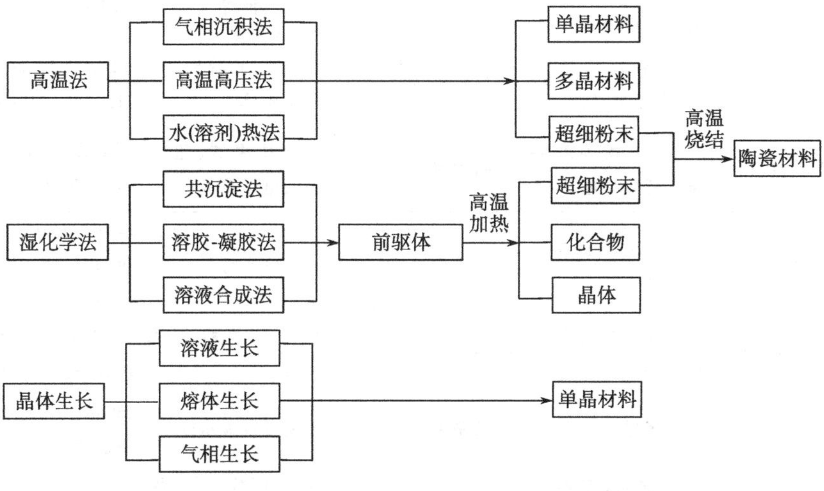

图 3.28　各种形态的无机非金属材料的合成与制备方法

显然，材料作为固体形态，其可控制化学计量组成、原子分子水平上的均匀化以及单晶生长，是合成与制备过程中经常需要面对的问题。在合成与制备过程中，最为迫切的是获得可控

化学组成的均匀前驱体。因而，这里主要要介绍材料前驱体的化学湿法工艺、水热合成技术以及室温固态反应合成方法。

1. 化学前驱体及其湿化学法工艺

湿化学法制备纳米粉末是目前公认的具有发展前途的制粉方法，也是实验室常用的手段。化学前驱体可以控制组成的均匀共沉淀、溶胶凝胶或者化合物，然后将其在一定温度下热解，得到所需要的粉体材料，还可以进一步根据需要烧结成陶瓷器件等。

1）化学沉淀法

在该方法中，首先是制成含有材料所规定的组分离子和化学计量的溶液，然后再加入沉淀剂，使之形成不溶性的氢氧化物、氧化物或盐类，并从溶液中析出，然后将溶剂和溶液中原有的阴离子洗去，得到沉淀后进行热处理。该方法可以采取直接沉淀、共沉淀、均匀沉淀等。显然，要得到均匀的化学计量沉淀是比较难的，其影响因素有相关沉淀的溶解度或溶度积，也有动力学的问题。常常会由于分步沉淀和组分流失，难于达到计量和均匀的要求。该方法优点是操作简单，实验条件简易，缺点是易引入杂质，纯度较低，粒度不易控制。但可以通过控制溶液 pH、沉淀剂正向和反向不同滴加方式和速率以及采用化合物水解形成沉淀组分的控速释放等方式进行改进，在前驱粉体制备，尤其是纳米粉体制备方面，该方法应用还是十分广泛的。

2）聚合物配位法和微乳液法

利用聚合物特有的官能团将金属粒子配位在骨架内，反应物组元通过短程扩散反应生成纳米粒子。其特点是粒度可控，粒径均匀，粒度分布窄，并可制得多元复合氧化物粒子。还可以将水溶性聚合物与金属离子螯合后，用还原剂还原金属离子，便可以原位制得纳米复合材料。

微乳液法中，反应物组元和絮凝剂制成微乳液，在一定的微区内控制胶粒成核和生长，热处理后得到纳米微粒。其特点是粒子分散性好，但粒径较大且不易控制。

3）溶胶-凝胶法

所谓溶胶是指分散在液相中的固态粒子足够小，以致可以通过布朗运动保持无限期的悬浮凝胶，液体与固体都呈现一种高度分散的状态。该法所使用的原料为无机盐或金属醇盐。其主要原理是前驱物溶于溶剂水或有机溶剂形成均质溶液，溶质与溶剂发生水解或醇解反应，反应生成物聚集形成溶胶，溶胶经蒸发干燥转变为凝胶。反应过程包括水解和聚合两个阶段：

水解：

$$M(OR)_n + mH_2O \longrightarrow M(OR)_{n-m}(OH)_m + mHOR$$

聚合：

$$M(OR)_{n-m}(OH)_m \longrightarrow O\left\langle\begin{array}{l} M(OR)_{n-m}(OH)_{m-1} \\ M(OR)_{n-m}(OH)_{m-1} \end{array}\right. + H_2O$$

最终反应：

$$M(OR)_m + \frac{m}{2}H_2O \longrightarrow MO_{\frac{m}{2}} + mHOR$$

溶胶-凝胶法的主要优点是产物的均匀性好，尤其是多组分制品，其均匀度可以达分子或原子尺度；纯度高，而且溶剂在处理过程中易被除去；烧结温度低，因为所需的生成物在烧成前已部分形成，而且凝胶所具有的大表面积利于产物生成；反应过程及凝胶的微观结构易于控制，大大减少副反应。该方法也有一定的不足，如原料成本较高，醇盐对人体健康有害，处理周期长等。

2. 水(溶剂)热合成技术

在高压釜里的高温(100～1000 ℃)高压(1～100 MPa)条件下，用水或有机溶剂作为反应介质，使得通常难溶或不溶的物质溶解，然后进行反应，结晶出产物晶体。以水为溶剂称为水热合成，以有机溶剂为介质的称为溶剂热合成。该法的特点是相对低的温度以及封闭系统避免了组分挥发。釜内发生的反应也多样化，例如

水(溶剂)热合成：

$$CaO \cdot nAl_2O_3 + H_3PO_4 \longrightarrow Ca_5(PO_4)_3OH + AlPO_4$$

水(溶剂)热分解：

$$FeTiO_3 + K_2O \longrightarrow K_2O \cdot nTiO_2 (n=4,6) + FeO$$

水(溶剂)热脱水：

$$Mg(OH)_2 + SiO_2 \xrightarrow{350\sim370°C, 8\sim23\ MPa} \text{温石棉}$$

水(溶剂)热氧化：

$$Zr + H_2O \longrightarrow ZrO_2 + H_2$$

水(溶剂)热还原：

$$Me + nL \longrightarrow MeL_n (Me=\text{金属离子}, L=\text{有机配体})$$

水(溶剂)热结晶：晶体之间互变，从籽晶培养大晶体以及凝胶、溶胶生长晶体等。

水(溶剂)热水解：金属的有机配合物在有机溶剂中高温反应，广泛用于纳米氧化物的制备。

水(溶剂)热合成技术的优点是粒子纯度高，粒径分布窄，晶形好且大小可控。采用水(溶剂)热合成技术，不但可以制备纳米晶体、纳米线、纳米棒和纳米管，还可以制备配合物晶体等。

3. 低温固态反应合成材料

室温固态化学反应是 20 世纪 80 末由我国南京大学忻新泉教授等开始研究，并不断发展起来的新的合成方法。该方法已成功地应用在原子簇化合物、多酸化合物、纳米材料以及功能材料的合成与制备，并逐步推动了低热固态化学反应逐步向材料合成领域发展。

低热固相反应合成，主要通过混合、研磨和超声洗涤、离心分离等几个简单的步骤，通过该法很多无机纳米材料只需一步化学反应即可获得。反应中增加、减少一些试剂或是略微改变反应条件即可获得不同结果，其对无机纳米材料形貌的影响尤为突出。常用的制备方法有：① 直接合成，将两种或两种以上的反应物直接混合，采用研磨或其他手段来增加固-固接触，加快反应速率，反应结束后，所得产物经过超声洗涤和离心分离，去除副产物从而得到纯净的产物；② 前驱体法，与直接反应法相比，只是本法直接得到的是前驱体，再经煅烧等使前驱体分解获得目标产物，前驱体法可采用的直接反应很多，包括氧化法，生成有机酸盐、碱式氧化物以及配合物等；③ 辅助试剂参与法，尤其在不同形貌及可控制粒度的纳米材料合成中非常有用，可以加入的试剂有无机盐和表面活性剂，它们不参与反应，充当模板剂，起模板和分散作用。

低热固态反应的最大的特点表现在：① 反应温度降至室温或近室温，大大节约了能源，简化了实验设备，同时便于操作和控制；② 合成过程不使用溶剂，大大消除了化学反应过程对环境的污染，非常符合绿色化学理念；③ 易于控制化学计量，反应选择性高，合成工艺简单。当然，低温热固相反应对对象也有一定的限制。

三、无机非金属功能材料的一般表征方法

无机非金属功能材料主要存在形态为固相，主要表征内容不外乎三个层次，如图 3.29 所示。

图 3.29　无机非金属材料表征分类

1. 材料组成表征

材料的化学组成是决定材料性质的最基本因素，除了主体成分外，杂质、辅助添加剂等次要成分的含量、分布和结构形态，均对材料制备工艺和性能的影响很大。组分分析有两个类型：一种是化学含量分析，可以采用制备溶液，采取酸碱滴定、氧化还原滴定以及配位滴定等化学分析方法，也可以采用光度法和原子吸收光谱等仪器分析方法，但测定结果均是材料的体相平均含量，不能反映组分在材料中的分布；另一种是采用原位分析方法，在不破坏材料形态的情况下，采取仪器分析，如 X 射线能谱仪等，直接给出材料相微区的组成元素及其体分布。采取何种方法，原则上取决于研究的需要。

2. 材料结构表征

材料的结构同样决定材料的性能，有时甚至更为重要。因此，材料研究中，结构分析起到重要的作用。结构分析主要划分为三大类。

1）晶体结构分析

晶体结构分析主要采用 X 射线衍射手段。对于单晶材料，最为有效的是 X 射线单晶衍射，可以获得晶体结构以及其中原子的位置和成键细节；对于粉末材料，则较多采用 X 射线粉末衍射(XRD)技术，它可以给出材料晶体类型，还可以确定多相材料的相组成以及定量含量。另外，还可使用 X 射线光谱(X 射线荧光光谱分析 XRF、吸收边精细结构分析 AEFS 和 X 射线精细结构衍射谱分析 EXAFS)等技术。

2）材料显微分析

材料的显微分析，主要使用光学显微镜(OM)、透射电子显微镜(TEM)和扫描电子显微镜(SEM)。光学显微镜主要用于 0.8～150 μm 范围内的颗粒的形貌和粒度分析；透射电子显微镜常用于 0.001～5 μm 甚至可达 0.1～0.2 nm 材料微区的形貌和结构分析，但材料样品必须对电子有高度透明性，且厚度不大于 20 nm；扫描电子显微镜采用样品表面图像扫描成像，可以形成成分像，表征微区组成元素的种类及其分布，也可以形成形貌相，获得多相材料的微细

结构、晶区、粗糙表面以及断裂表面、材料缺陷等信息。

3）材料谱学分析

谱学结果可以反映材料中组成元素原子的成键、价态以及性能等情况，主要手段有电子衍射(ED)、中子衍射(ND)、紫外-可见光谱(UV-vis)、红外光谱(IR)和拉曼光谱、核磁共振谱(NMR)、荧光光谱(LS)以及质谱(MS)等。表3.8给出了常用固体材料表征技术总揽。

表3.8　常用固体材料表征技术总揽

表征内容 / 表征技术	物相	无定形或单胞	晶体结构	局部结构	晶体缺陷	表面结构	元素分析	电子结构	键型
X射线衍射	√	√	√	√	√				√
中子衍射	√	(√)	√		√				
电子衍射和显微镜	√	√	√		√	√	√		
光学显微镜	√	√			(√)	√			
IR光谱	√	√		√		√	(√)		√
UV光谱				√	(√)		(√)	√	√
NMR、ESR光谱	(√)			√	(√)		(√)	(√)	√
电子光谱(ESCA，XPS，UPS，AES，EELS)				√	(√)	√	√	√	√
X射线光谱(XRF，AEFS，EXAFS)				√	(√)	√	√	√	√
Möshauer谱				√			(√)		√

注：根据刘光华编著的《现代材料化学》，上海科学技术出版社，2000年6月第一版，116页表2-17修改。

3. 材料性能表征

材料的性能主要为热学性能、力学性能、电学性能、光学性能、磁学性能、化学性能以及生物医学性能等。其性能测试可以划分为两大类型：一类直接测试材料固体制备形态的性质；另一类是先制成材料应用器件形态，然后进行测试。实验中常用的测试方法有

1）热分析技术(TA)

材料在程序控制升温或降温过程中，发生的物理和化学变化对应样品质量的变化(热重，TG)和能量变化(差示扫描量热，DSC)以及机械性质变化(热机械，TM)等，可以揭示材料热分解过程、相变过程以及应变和变形过程。

2）电学测试技术

一般制成烧结陶瓷器件，测定其电导、电阻及其温度系数；光谱方法可以测定半导体晶体的禁带宽度、杂质能级等；电化学和光化学电池，则构成电池，测定其电动势等。

3）荧光测试技术

通过荧光吸收光谱测定磷光体激发光谱，荧光发射光谱测定磷光体发光特性。

4）磁性测试技术

铁磁体采用高斯计测定磁性。分子磁体则可以采用磁天平和磁强计分别测定等温和变温过程的磁化率等。

参考文献

金春飞，景苏，忻新泉．2002．低热固态化学反应与材料合成．无机化学学报，18(9)：859-869.

刘光华. 2000. 现代材料化学. 上海:上海科学技术出版社.
刘海涛,杨郦,张树军,等. 2003. 无机材料合成. 北京:化学工业出版社.
杨彧,贾殿赠,葛炜炜,等. 2003. 低热固相反应制备无机纳米材料的方法. 无机化学学报,20(8):881-888.
Ronda C. 2008. Luminescence From Theory to Applications. Berlin: Wiloy-VCH verlag gmbh & Co kgaa.
Ye Z G. 2008. Handbook of Dielectric, Piezoelectric and Ferroelectric Materials: Synthesis, Properties and Applications. Boca Raton: CRC.

实验 35　非化学计量化合物 Na_xWO_3 的制备与鉴定

实验目的与主要内容

非化学计量化合物是指其组成元素的原子数不能像化学计量化合物那样,用一组较小的互质整数来表示的一类化合物。这类化合物往往存在结构缺陷(晶格格点空位或间隙位置插入原子)、价态缺陷(离子还原或氧化)以及电子缺陷(电子和空穴),因而会具有特殊的电、光、磁等性能,用作许多技术材料领域。本实验通过非化学计量化合物 Na_xWO_3 的合成与表征,使学生了解非化学计量化合物的概念和性质,学会应用 XRD 技术研究非计量化合物的组成与结构,并学习高温合成和熔融体电化学氧化及还原的方法与技术。

一、背景知识

人们知道,常见的化合物都具有严格的化学计量比,其建立在道尔顿(Dalton)原子-分子论基础上,在化学定律上表现为定组成定律:每个化合物都有一定的组成,即每个化合物的组分元素的质量之间都有一定的比。不管化合物怎样复杂,它们的组成元素的原子数都可以用一组较小的互质整数来表示。人们称这种化合物为化学计量(stoichimetry)化合物。其实,早在 18 世纪末,贝拖雷(Berthollet)就指出化合物的组成可随制备方法不同而不同,但并未得到当时化学家的承认和重视。后来,随着科学技术的发展,人们发现越来越多化合物的组成往往偏离化学计量组成,其组分元素的质量之间并没有一定的比,即它们的组成不符合化学的定组成定律,并称之为非化学计量化合物。习惯上,化学家还是采用化学计量化合物组成的表现形式 A_aB_b(a 和 b 为较小的互质整数),来表示非化学计量化合物,只是引入了组成原子数目的一个变更参数 δ(小的数字,一般为小数,可以为正值,亦可以为负值),如此其化学式的典型形式为 $A_{a-\delta}B_b$ 或 $A_aB_{b-\delta}$。

非化学计量化合物的形成,必然伴随化合物中存在这样或那样的不完美,称为缺陷(defect)。缺陷如果来自该化合物本体组成以外,称之为杂质缺陷或化学缺陷;如果缺陷并非来源于化学物组成原子,就称为本征缺陷或结构缺陷。这些缺陷可以是晶格上原子空位或晶格的间隙插入原子,也可以是杂质原子替代晶格上原来的原子,以及存在电子或空穴等。这种缺陷的存在,往往引起特殊的性质,如永久磁性材料、高温超导材料、类金属导体等。近几十年来,具有特殊物理化学性能的非计量化合物的研究引人关注,成为无机化学中的一个新领域。

本实验中预制备的非化学计量化合物 Na_xWO_3($0\leqslant x<1$),其实是一大类化合物,其中钠原子也可以是其他碱金属和钙、锶、钡、铝、铟、铊、铜、稀土、氢离子、铵离子等。它们统称为钨青铜,Na_xWO_3 通常称为钠钨青铜,有青铜那样的金属橙红色,具有典型的金属性质,除了有鲜艳的金属光泽外,还有良好的导电性能和与温度无关的顺磁性。

钠钨青铜的颜色随着 Na_xWO_3 中 x 值的变化而不同，当 x 值几乎等于 1 时呈金黄色；随着钠含量的逐渐降低，即 x 值逐渐变小，颜色逐渐变为橙红色、红色、紫色和蓝色，所有这些颜色都具有鲜艳的金属光泽。随着 x 值的变化，Na_xWO_3 的晶体结构也发生变化，当 $x<0.1$ 时，是纯的 WO_3 结构（图 3.30a），由 WO_6 八面体组成，该八面体与邻近的八面体共用氧原子作为顶角，这样每个钨原子与另一个钨原子共用相邻的 6 个氧原子，因而总的原子比率 W/O 为 1∶3；当 $0.1<x<0.35$ 时，Na_xWO_3 结构为四方晶体（图 3.30b），从这种晶体结构的俯视图看，四方单位晶胞含有 10 个钨原子和数目不等的钠原子，钠原子的数目取决于 x 值；当 $0.35<x<1$ 时，Na_xWO_3 结构为有缺陷的钙钛矿结构（图 3.30c），在该结构中钠原子占据 WO_3 结构中 12 个配位位置中的一部分；当 $x=1$ 时，即为化学计量化合物 $Na_xWO_3(x=1)$，其结构为真正的钙钛矿结构（图 3.30d）。

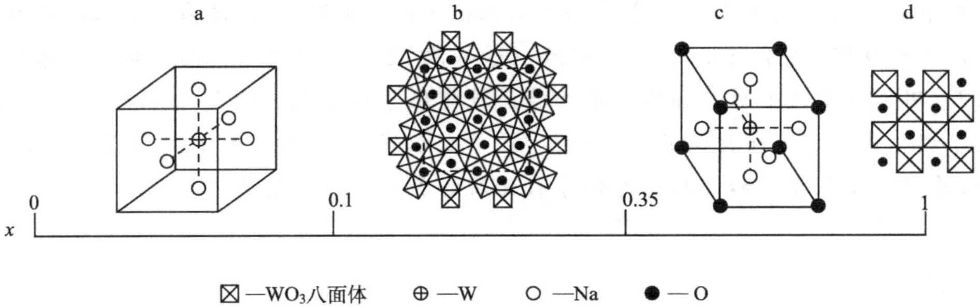

图 3.30　Na_xWO_3 的晶体结构

二、实验原理

1. 熔融电解还原法制备立方钙钛矿型 $Na_xWO_3(0.35<x<1)$

Na_xWO_3 化合物中的 x 值（钠含量）是由合成条件所决定的。钠可以在高温下扩散进入晶格或由晶格中扩散出而使钠含量发生变化。化合物可以用在 800～1200 ℃还原钨酸钠和三氧化钨的熔融混合物来制得，还原剂有氢气、电解、二氧化钨或金属钨等，还有电解还原法。本实验采用最方便的电解还原法。

电解还原反应可以用下列方程式表示：

$$xNa_2WO_4 + (2-x)WO_3 \longrightarrow 2Na_xWO_3 + \frac{x}{2}O_2 \quad (3.4)$$

金属钨还原反应为

$$3xNa_2WO_4 + (6-4x)WO_3 + xW \longrightarrow 6Na_xWO_3 \quad (3.5)$$

二氧化钨还原反应为

$$xNa_2WO_4 + (2-2x)WO_3 + xWO_2 \longrightarrow 2Na_xWO_3 \quad (3.6)$$

由上述反应式可知，钠钨青铜中的钠含量即 x 值，是还原剂的用量和熔融盐中 Na 与 W 比二者的函数，实际中要得到给出的 x 值，钠量要超过方程式中所需要的量。反应完成后，冷却熔融体，未反应的物质可溶于稀碱或草酸溶液中，这样钠钨青铜可以洗出。

2. 立方钙钛矿型 Na_xWO_3 中 x 值的测定

用一般的化学方法测定钠钨青铜中的钠含量有一定困难，因为只有很强的碱才能溶解 Na_xWO_3，溶解后测定 Na，由于其他碱金属（如 K、Li 等）存在而带来困难；即使将 Na_xWO_3 与 KNO_3-K_2CO_3 的混合物熔融分解而成易溶于水的产物，同样也会由于大量 K^+ 存在而影响钠的分析。在这种条件下可用离子选择电极、原子吸收光谱来测定钠。本实验可以采用方法有：

1）XRD 法测定

本实验中要求的 x 值为 $0.35<x<1$，这样产品是立方钙钛矿晶体，采用 X 射线衍射分析较为简单。一般说来，在一个均匀相内，该相晶胞参数会随 x 值发生连续变化；两个相的边界处则会发生突变。因此，可以对给定的一个相，由其 X 射线测定计算其晶胞参数，来确定相应的 x 值。立方钙钛矿型钠钨青铜晶体的晶胞常数 a 与钠含量 x 呈线性关系：

$$a = 3.7845 + 0.0820x \tag{3.7}$$

式中，a 的单位为 Å(0.1 nm)。因此，通过测定钠钨青铜的 X 射线衍射图可求出晶体的晶胞常数 a，由此可以计算出 x 值。

2）TGA 法测定

热重分析也能测定钠钨青铜中的钠含量，因 Na_xWO_3 在空气中 700 ℃加热时被氧化：

$$2Na_xWO_3 + \frac{x}{2}O_2 \longrightarrow xNa_2WO_4 + (2-x)WO_3 \tag{3.8}$$

x 值可根据氧化而产生的质量变化来计算。此法由于质量变化较小，因此误差较大。

3）高温非水溶液分析法

该方法是用 HCl 气体使钨氧化物挥发。将钨酸钠和氧化物在干燥的 HCl 气体中加热至 650 ℃，其反应为

$$xNa_2WO_4 + (2-x)WO_3 + (4+2x)HCl \longrightarrow 2xNaCl + 2WO_2Cl_2 + (2+x)H_2O \tag{3.9}$$

氯氧化钨和水在高温下可以除去，称量剩下的残渣为 NaCl，然后滴定其中的 Cl^- 来计算 Na 量。

本实验采用 XRD 法和组成分析法测定 Na_xWO_3 产品的 Na 含量。

三、仪器和试剂

1. 仪器

250 mL 容量瓶，1 只；制备装置（图 3.31），1 套；250 mL 烧杯，2 只；X 射线衍射仪，1 台；研钵，1 个；整流器（3 A），1 台；坩埚炉，1 台。

2. 试剂

钨酸钠（C. P.），氨水（C. P.），草酸（C. P.），三氧化钨（C. P.），盐酸（C. P.）。

四、实验步骤

1. 钠钨青铜的制备

按产物为立方钙钛矿型，选定钠钨比，称取一定量钨酸钠和三氧化钨，配制质量约40.0 g

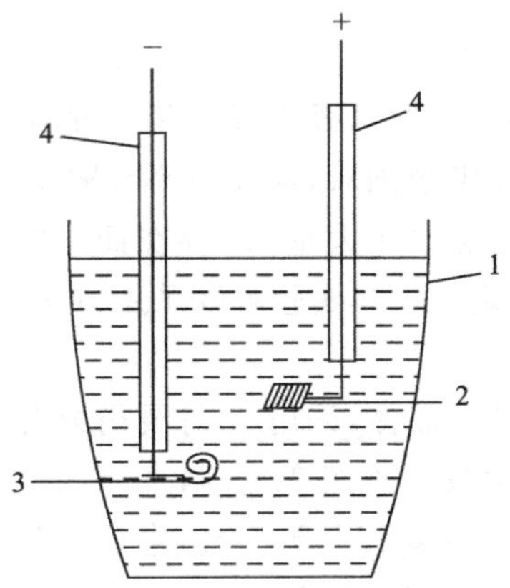

图 3.31　钠钨青铜的制备装置

的混合物。钠钨比在 0.85～1.40 较合适。在研钵中把混合物研细，充分混合均匀后装入小坩埚，再将小坩埚放入另一较大坩埚中，以防小坩埚破裂时，接纳熔融物。然后放入坩埚炉中加热到 850 ℃，等混合物呈清晰的熔融物时，插入两电极进行电解还原(图 3.31)。电解时阴极电流密度为 300～500 $mA \cdot cm^{-2}$(较低的电流密度得到较大的晶体)，在阳极有氧气放出，有时在电解过程中会形成枝状的晶体，这样会产生短路，阳极的氧气将停止逸出。遇到这种情况，应立即用石英棒移去枝状物，否则会使电极烧断。电解 1 h 后将电极从熔融物中取出，并冷却熔融体。

将熔融体注入 200 mL15%的草酸溶液中，在 80～100 ℃加热 2 h，以除去过量的反应物，这时可得到鲜艳的玫瑰色晶体，晶体再依次用水、稀盐酸和稀氨水洗涤，在 110 ℃烘干并称量。

2. 钠钨青铜的 X 射线衍射分析

将制得的钠钨青铜晶体研细，然后在 X 射线衍射仪上用铜靶或钼靶测定它的 X 射线衍射图。

3. 钠钨青铜的组成分析

在坩埚中，准确称取两份磨细的钠钨青铜样品(0.2～0.4 g)，每只坩埚中加入 2.0 g K_2CO_3 和 KNO_3 的 1∶1 混合物。将坩埚在煤气灯上加热，使混合物全部呈透明的液体，冷却后在坩埚中用水漂洗，固化熔融体外表面，然后把坩埚放入 250 mL 烧杯中加水浸没坩埚，再用6 $mol \cdot L^{-1}$ HNO_3酸化使固体溶解，酸化时应避免 CO_2 逸出过于剧烈以致溅出而使样品损失。过量的酸再用 1 $mol \cdot L^{-1}$KOH 溶液中和到 pH≈10，然后将此溶液稀释到 250 mL，以待测定用。

根据情况可选用原子吸收光谱或离子选择电极法来测定上述溶液中的钠含量。

五、实验结果和处理

1. 计算收率

外观：________________；产量：________________；收率：________________。

2. 由 X 射线衍射图计算 Na_xWO_3 中的 x 值

由实验测得的 X 射线衍射图确定满足布拉格方程的入射角 θ，然后对衍射图进行指标化，由式(3.10)：

$$a = \frac{\lambda}{2\sin\theta}\sqrt{H^2 + K^2 + L^2} \tag{3.10}$$

求得晶胞常数 a。为了能得到较精确的 a 值，选择高角度的衍射线进行计算，并计算 4 个 a 的数据平均值。若误差大，用外推法进行计算。求得了 a，由式(3.7)计算 x 值。

θ	a				x

3. 化学分析法测定 Na_xWO_3 的 x 值

由化学分析法直接测定的 Na 量来计算 Na_xWO_3 产物的 x 值。

思　考　题

1. 试讨论本实验中非化学计量化合物 Na_xWO_3 中可能缺陷的类型及其对材料导电和磁性性质的影响。
2. 计算晶胞常数时为何选择高角度区的衍射线进行计算能得到比较精确的结果？为何外推法能得到更精确的结果？
3. 试讨论 TGA 法测定 Na_xWO_3 中 Na 含量的计算公式及其测试结果影响因素。

参 考 文 献

李珺. 2003. 综合化学实验. 西安:西北大学出版社.
王伯康. 2000. 综合化学实验. 南京:南京大学出版社.
Lawrence E C. 1977. The preparation and charaeterization of a sodium tunpsten bronze. An inorganic experiment. J Chem Educ，54:45.

实验 36　低热固态反应合成热致变色材料

实验目的与主要内容

热致变色材料是指有色物质在温度改变时会发生颜色的可逆变化。一般说，这种变化对应在一定温度下，材料的主体物质可逆的晶形转变、结晶水合度转变以及氧化态转变等方式。在室温区间发生的颜色改变可以用于防伪印刷等。另外，低热固态反应合成技术具有操作简单、绿色环保节能的特点。本实验通过低热固态反应技术合成多晶转变和水合度改变的两类热致变色材料，使学生学习热致变色材料的原理，掌握低热固态反应合成技术。

一、背景知识

热色性(thermochromism) 是指物质受热或冷却时可见吸收光谱发生变化的性质。它属于广义的色性功能材料的一部分。所谓物质的色性(chromogenic materials) 是指受到热、光、电、压力等外界激发源作用后发生颜色的变化。

热色性有两种类型:①连续热色性，即随着温度的上升颜色逐渐改变，表现在光谱上为光谱线宽的变化;②不连续热色性，即在某一特定温度颜色发生显著改变，在光谱上表现为吸收峰位置发生较大变化，它具有颜色随温度变化而改变的特性。可逆热色性材料是指材料加热到某一温度(或温度区间)，颜色发生变化，呈现出新的颜色，冷却时又能恢复到原来的颜色，颜色变化具有可逆性。这种材料具有颜色记忆功能，可以反复使用。这种可逆热色性材料或称为热致变色材料，主要用途是作为示温材料和防伪材料。例如，可逆热色性油墨应用在纸币防伪、电子器件过热示温，变色瓷釉用作热水显示温度以及在医疗保健及诊断、显像等领域的应用。

可逆热色性材料按其组成、性质可分为无机材料、液晶和有机材料三大类。无机可逆热色性材料主要是金属碘化物、复盐、过渡金属配合物、金属氧化物、金属合金等;有机可逆热色性材料数量较多,可分为螺吡喃类、取代乙烯类、荧烷类、三芳甲烷类,有机复配物以及有机染料等。

可逆热色性材料按其颜色变化所涉及的反应类型,主要有:①温度变化导致晶形可逆转变,如碘汞酸亚铜(Cu_2HgI_4);②水合物水和度随温度变化而变化,如 Co(Ⅱ)-六次甲基四胺配合物;③金属离子配位场随温度变化的可逆改变;④给体-受体配合物的电子可逆传递;⑤氧化还原反应随温度变化可逆进行。

二、实验原理

低热固相反应合成主要是通过混合、研磨和超声洗涤、离心分离等几个简单的步骤来合成化合物及材料相,本实验采用低热固相反应以及溶液低温反应合成如下几个热变色材料。

(1) 碘汞酸亚铜(Cu_2HgI_4)是一种低温热致变色材料,混于油墨中,从而制得热敏防伪油墨,可以用作机电产品表面测温,名优商品的防伪等方面。在常温下为红色,α 晶形,随着温度的升高,约在 68 ℃以上时变成紫黑色晶形,降温又变为红色 α 晶形,随着温度的升高或降低晶形颜色可反复变化。本实验是将计量的 HgI_2 溶解在计量的 KI 水溶液中进行氧化还原反应,使二价铜被碘还原而制备得 Cu_2HgI_4 沉淀,反应式为

$$2CuSO_4 + 4KI + HgI_2 \xlongequal{} 2K_2SO_4 + Cu_2HgI_4 \downarrow + I_2$$

(2) $CoCl_2 \cdot 6H_2O$ 与六次甲基四胺($C_6H_{12}N_4$)室温固态反应,可以直接制备得到红色的水合配合物 $Co(C_6H_{12}N_4)_2Cl_2 \cdot 10H_2O$。将该配合物加热到一定温度后,失去部分结晶水变蓝,吸收水分后又能恢复到粉红色的十水化合物,颜色变化是可逆的,故是一种具有可逆性的示温材料。其示温性能和加热的温度及时间有关,变色温度在 40～100 ℃,同时由于示温性能又具有可逆性,所以该化合物又是一种较理想的化学防伪材料。其变色范围如表 3.9 所示。

$$Co(C_6H_{12}N_4)_2 \cdot 10H_2O \underset{冷却,+H_2O}{\overset{加热,-H_2O}{\rightleftharpoons}} Co(C_6H_{12}N_4)_2 \cdot xH_2O$$

表 3.9　$Co(C_6H_{12}N_4)_2Cl_2 \cdot 10H_2O$ 变化范围

t/ ℃	加热时间	颜色变化	x
31	1 d	亮红,不变色	9～10
35	1 h	亮红→浅蓝色	7～8
45	10 min	亮红→青蓝色	6～8
50	5 min	亮红→青蓝色	6～7
60	45 s	亮红→天蓝色	5～7
100	10 s	亮红→深蓝色	1～3

(3) 盐酸氨基脲与水杨醛缩合生成含有 C═N 双键的席夫碱 L,它与 $CuCl_2 \cdot 2H_2O$ 反应生成 1∶1 配合物。该配合物为墨绿色,当被加热到 50 ℃左右,会变为深褐色,静置冷却后,又会恢复为原来的墨绿色,表现出可逆的热色性。配合物中 Cu^{2+} 和配体 L 的 N、O 配位,加热时可能是 Cu—N 配位键断裂,产生颜色的变化,故由于配位数的变化而导致该配合物的热色性。反应方程式如下:

$$CuCl_2 + L \xlongequal{\quad} CuLCl_2(\text{墨绿色})$$

$$CuLCl_2(\text{墨绿色}) \underset{\text{冷却至室温}}{\overset{\sim 50℃}{\rightleftharpoons}} CuLCl_2(\text{深褐色})$$

三、仪器和试剂

1. 仪器

25 mL 量筒，1 支；电动搅拌器，1 台；250 mL 三颈烧瓶，1 只；电炉，1 台；400 mL 烧杯，1 台；冷凝管回流装置，1 套；250 mL 烧杯，1 只；电加热板，1 台；抽滤装置，1 套；红外光谱仪，1 台。

2. 试剂

$CuSO_4 \cdot 5H_2O$(A. R.)，六次甲基四胺(A. R.)，KI(A. R.)，甲醇(A. R.)，HgI_2(A. R.)，丙酮(A. R.)，$BaCl_2$(A. R.)，水杨醛(A. R.)，$CoCl_2 \cdot 6H_2O$(A. R.)，氨基脲(A. R.)，$CuCl_2 \cdot 2H_2O$(A. R.)，二甲苯(A. R.)，无水乙醇(A. R.)。

四、实验步骤

1. Cu_2HgI_4 的制备

将 14.4 g $CuSO_4 \cdot 5H_2O$ 加入干净的 250 mL 烧杯，且用适量水使之全部溶解，另取一只 400 mL 烧杯，放入 20 g KI 和 10.5 g HgI_2 固体，并加入 20 mL 水，搅拌使其全溶，在保持搅拌下将 $CuSO_4$ 溶液逐渐加入，这时便有红色 $CuHgI_4$ 生成，同时有游离 I_2 析出，加热让 I_2 升华（在通风橱进行），并用水洗至无 SO_4^{2-} 为止（用 Ba^{2+} 检验 SO_4^{2-}），抽滤干燥得产品。

2. $Co(C_6H_{12}N_4)_2Cl_2 \cdot 10H_2O$ 的制备

(1) 固相法合成：将固体 $CoCl_2 \cdot 6H_2O$ 与固体六次甲基四胺 ($C_6H_{12}N_4$) 以 1∶2 物质的量比混合，在室温常压下研磨，反应物由红色全部变为蓝色后，产物用甲醇和丙酮各洗涤一次，抽滤，在 30 ℃下干燥得 $Co(C_6H_{12}N_4)_2Cl_2 \cdot 10H_2O$ 晶体。

(2) 液相法合成：将饱和氯化钴溶液与饱和六次甲基四胺溶液以 1∶2 物质的量比混合，加热浓缩至表面有晶膜产生时，冷却结晶，晶体用少量蒸馏水洗涤 2～3 次，抽滤，在 30 ℃下干燥得 $Co(C_6H_{12}N_4)_2Cl_2 \cdot 10H_2O$ 晶体。

3. $CuCl_2$ 的酸氨基脲-水杨醛缩合席夫碱配合物合成

(1) 席夫碱配体合成：将 0.91 g 水杨醛加入三颈烧瓶，称取 1.0 g 盐酸氨基脲溶于 20 mL 水和 5 mL 冰醋酸中，将混合溶液也加入三颈烧瓶中，充分搅拌反应 2～3 h 后静置，得到白色沉淀。抽滤，用冰醋酸洗涤后，用二甲苯进行重结晶，真空干燥得到白色粉末固体。

(2) 配合物合成：称取以上合成出的配体盐酸氨基脲缩水杨醛 (HL) 约 1.0 g，溶于适量二甲苯中 (约 20 mL)。称取等物质的量的 $CuCl_2 \cdot 2H_2O$，溶于 20 mL 无水乙醇中。混合上述两种溶液于回流装置中，于 50 ℃加热 2～3 h。静置冷却，析出墨绿色的细晶粒。抽滤，用无水乙醇洗涤，再用无水乙醇重结晶，得到墨绿色固体。

4. 配合物红外光谱测定

将合成所得化合物进行 KBr 压片，测定红外光谱。

5. 热色性测定

所制的化合物平摊在玻璃上，置于电热板上，升高温度，观测颜色变化；电热板停止加热后，再观测温度下降时颜色的变化。记录现象。

样品名称	加热过程				降温过程			
	温度/℃	颜色	温度/℃	颜色	温度/℃	颜色	温度/℃	颜色

思 考 题

1. 查阅文献，讨论热色性材料的类型及其应用领域。
2. 低热固相反应合成技术的优点和限制有哪些？
3. 查阅文献，讨论热色性配合物的类型和变色原理。

参 考 文 献

陈昌云，周志华，薛蒙伟，等. 2002. 热色性材料变色机理及应用. 南京晓庄学院学报，18(4)：20-22.

邓建成，钟超凡，吴恒. 1996. 固相配位化学反应研究Ⅰ. 钴(Ⅱ)六次甲基四胺配合物的固相合成与应用. 精细化工，13(6)：27.

李珺. 2003. 综合化学实验. 西安：西北大学出版社.

朱少萍，杜亚峰，赵波，等. 2008. 盐酸氨基脲缩水杨醛与 $CuCl_2$ 配合物的热色性研究. 陕西师范大学学报(自然科学版)，36：24-26.

实验 37　荧光粉 Y_2O_2S：Eu 的合成和荧光性能测定

实验目的与主要内容

发光材料是一类由基质组分掺杂少量所谓激活剂或敏活剂离子组成的功能材料。材料形态可以是超细粉体，如磷光粉；也可以呈晶体形态，如闪烁晶体。发光材料广泛应用在照明、显示器以及医疗科技等领域。本实验通过光致发光材料 Y_2O_2S：Eu 的合成与荧光性能测定，学习化学沉淀法制备掺杂前驱体化合物、高温分解制备材料的原理和操作，了解发光材料原理及其研究进展，学会应用磷光材料发射光谱和吸收光谱的测定技术。

一、背景知识

荧光材料，也称为磷光体，大多是以无机固体作为基质晶格(host lattice，H)，然后掺杂低浓度的杂质离子而形成的，如图 3.32 所示。杂质离子可以是一种，它作为发光活性中心，称为激活剂离子(activator ions，A)。它接受 $h\nu$ 的能量后，电子从基态跃迁到较高的激发态，经过散射能量弛豫到较低的激发态，然后再返回基态时，便发出能量为 $h\nu'$ 的光；杂质离子也可以是两种或两种以上，其中一种离子接受能量为 $h\nu$ 的激发光，将这一能量无保留地通过非辐射方式传递给激活剂离子，这种离子称为敏活剂离子(sensitizers，S)。同样，激活剂离子再由激发态回到基态时便发出能量为 $h\nu'$ 的光。根据激发的方式，发光可以分为光致发光、阴极射线致发光、X 射线致发光等。发光材料可以应用在照明、显示器和医疗科技等领域。对于发光材料的激发和发光，从能量考虑，可以是 $\nu>\nu'$，如吸收紫外光后发射出可见光；也可以通过不同的发光原理，实现 $\nu<\nu'$，就是所谓的上转化发光体(upconversion phosphors)。不论是制作白光的照明系统，还是制作彩色显示器，通常采用红、蓝、绿的"三基色"系统，使用三种基色的发光材料，混合形成白色和彩色显示。所以，发光材料的研究中，主要是研究发现具有高效能量转化、高质量色标的三种基色的磷光体。图 3.33 为三基色荧光材料的发生光谱图，几乎覆盖了整个可见光区。

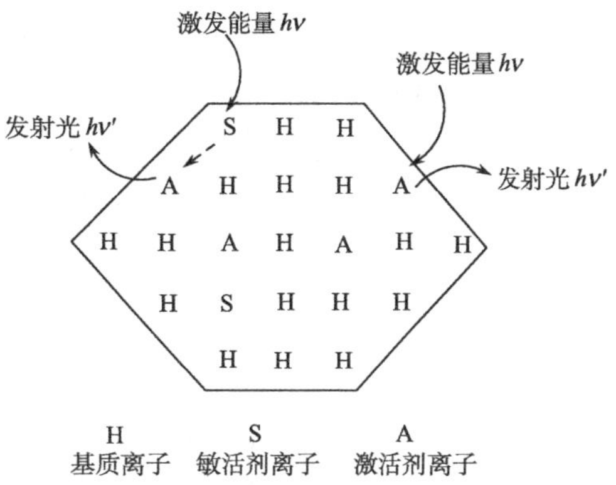

图 3.32 磷光体的组成与发光原理

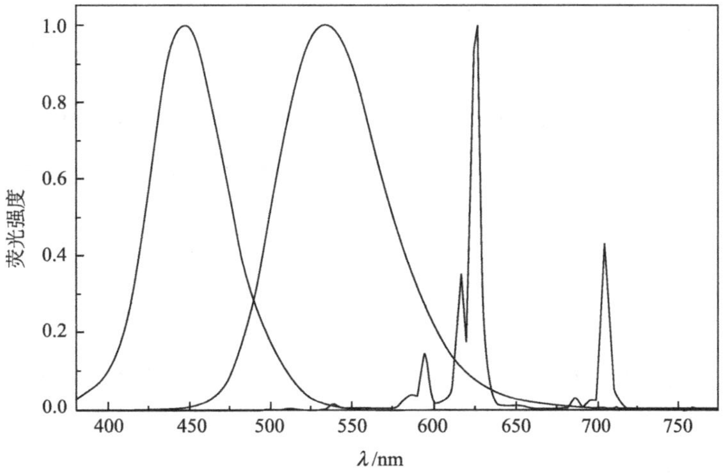

蓝色：ZnS：Ag，Cl；绿色：ZnS：Au，Cu，Al；红色：Y_2O_2S：Eu

图 3.33 三基色荧光材料的发射光谱

发光材料的发光本质是由激活剂和敏活剂离子的电子结构特征来决定的。一般来说，d 区过渡金属离子的发光，源自其 d 电子产生的 d-d 跃迁；稀土金属离子的发光则源自其 d 电子和 f 电子产生的 d-f 和 f-f 跃迁。由于相同类型电子轨道间的跃迁，d-d 和 f-f 跃迁属于自旋禁阻跃迁，故这类发光较弱，而稀土离子的 d-f 跃迁则是自旋允许的，所以它们发光较强。另外，尽管基质对材料的发光没有本质的影响，但它们和激活剂一起决定发光的性质。一般说，激活剂以及敏活剂离子与基质环境之间作用越小，发光越接近气态单原子的发光，发射光谱的线性越好，就成为窄带发光材料；反之，发射带较宽，就是宽带发光材料。本实验中合成的发光材料是以 Eu^{3+} 为激活剂离子，其电子结构能级图如图 3.34(a)所示，吸收和发射光谱如图 3.34(b)所示。可见，它是发射位于红色区域的窄带光谱。

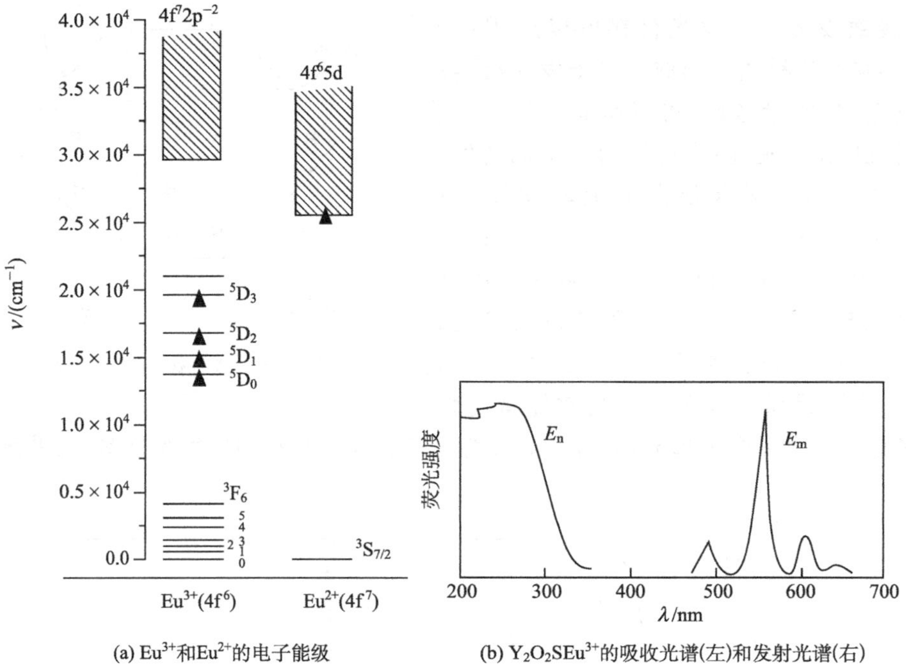

图 3.34　合成发光材料的电子结构能级图(a)及吸收和发射光谱(b)

二、实验原理

发光粉的化学组成及晶格结构对发光性能的影响很大，而影响这些性能的因素又很多。对于各种不同的发光材料，制备方法多种多样，主要有原料的制备、提纯、配料(或前驱体制备)、灼烧、后处理几部分。

1. 原料的纯度要求与纯化

要获得好的发光材料，首先要求原料有很高的纯度。人们发现，对发光材料有影响的各种杂质，特别是有害杂质，即使含量极小也会使发光性能有明显变化。所以，荧光粉的基本原料要经过特殊处理，不同的发光材料有不同的要求。例如，ZnS 要达到“荧光纯”，其中 Fe，Co，Ni，Mn 的含量不得超过 1×10^{-7}，Cu 含量不得超过 5×10^{-6}(制备过程中要避免接触这些金属器皿)；而磷酸盐、硅酸盐、钨酸盐荧光粉的原料一般用一级品或优级品(G. R.)即可；稀土荧光粉的原料纯度一般是 99.99%以上。各种杂质对发光材料的影响不同，同一杂质对不同发光材料的影响也不一样。按杂质作用性质的不同，除了制备刻意掺杂的激活剂、共激活剂和敏化剂外，有害的杂质主要有：①猝灭剂，是指损害发光性能使发光高亮度降低的杂质，如上所述的 Fe，Co，Ni 等是这类杂质的典型代表；②惰性杂质，是指对发光性能影响较小，不对发光亮度和颜色起直接作用的杂质，如碱金属、碱土金属、硅酸盐、硫酸盐和卤素等，分离它们比较复杂，所以，不必像对猝灭剂那样严格去除。

2. 组成与配料

发光材料的表示式一般都只写出基质和激活剂，如 $ZnSiO_4$ ∶Mn，正硅酸锌是基质，锰是激活剂。但制备发光材料时，除了这两类基本原料外，常加有助熔剂，有时还加还原剂、疏松剂、电荷补偿剂等。助溶剂是在发光体形成过程中起着帮助熔化和溶媒作用的物质。它可使激活剂容易进入基质，并促进基质形成微小晶体。常用的助熔剂有卤化物、碱金属和碱土金属的盐类，用量为基质的 5%～25%。助熔剂的种类、含量及其纯度都对发光性能有直接影响。制备材料时，按发光光谱的要求选择激活剂的种类和含量，一般用量很少，常为基质的 10^{-5}～10^{-2}。配料一般分干法、湿法、半干湿法。干法是把各种原料机械地混合起来，灼烧成一定的化合物或固熔体。湿法是把各种原料间的化学反应放在制备的最后阶段，炉料本身就是一定的化合物或各种组分均匀分布的固熔体。半干湿法是将干法湿法综合作用，是实验室常用的方法。在半干湿法中，首先要制备前驱体。前驱体可以是溶胶-凝胶法制备的凝胶，也可以是化学沉淀法获得的沉淀化合物。常见的沉淀化合物是金属离子的氢氧化物、氧化物、草酸盐、碳酸盐等。特别是在掺杂多种离子溶液中，加入沉淀剂形成沉淀化合物，最为关键的是选择合适的沉淀剂，有利于均匀共沉淀，克服分步沉淀以及组分离子的流失等。本实验采取草酸盐共沉淀制备前驱体路线。

3. 灼烧

把配好的炉料或者湿化学法制备的前驱体在一定的环境气氛、一定温度下加热处理一定的时间，使原来不发光的炉料变成发光材料。灼烧过程中的主要作用是：①基质组分间发生化学反应，或者前驱体发生热解，从而形成某一形态晶体的基质；②激活剂进入基质，使它处于基质晶格的间隙或置换晶格原子。

显然，灼烧是形成发光中心的关键步骤。灼烧条件（温度、气氛、时间等）直接影响着发光性能的好坏。

1）灼烧温度

灼烧温度主要依赖于基质的特性，取决于组分的熔点、扩散速度和结晶能力。组分之间的扩散速度越小，结晶能力越差，则需要的温度越高，一般以基质组分中的最高熔点的 2/3 为宜，但助熔剂的选择也有影响，最后由实验来确定最佳温度，一般在 800～1400 ℃。

2）环境气氛

灼烧时炉料周围的环境气氛对发光性能的影响很大。通常必须防止炉丝金属蒸气使发光体“中毒”，防止空气中的氧气使材料氧化变质。例如，硫化物和硒化物对氧特别敏感，即使只有微量的氧和水分都会使发光性能显著变坏。所以需要根据基质和激活剂的性质选定保护气氛。有的用 N_2、He、Ar 等惰性气体；有的用还原性气氛 H_2、H_2S、S 等；也有需要氧化性气氛的，如 Sb、Mn 激活的卤磷酸钙、镉灯粉，要想得到绿色材料就应在氧化性气氛中灼烧，要想得到橙黄色发光材料则需在氮气氛中灼烧。总之，环境气氛对发光粉的亮度和颜色都有直接影响。

3）灼烧时间

灼烧时间的长短取决于炉料的转化速率、炉料的多少，而影响转化速率的主要因素是温度，温度的改变引起活化分子数的改变。其次，发光体的形成是通过固相反应，其转化速率与表面间的接触面有关，这就要求炉料的颗粒细、混合均匀，并有适当的压力。当其他条件一定时，转化速率与颗粒半径的平方成反比。影响灼烧时间的因素很多，且材料不同，差别亦很大，从几十分钟到几小时，最终是由实验确定最佳值。

以上几方面是灼烧的主要条件。装料方式、进炉出炉的时间、冷却的快慢等都有影响，一般以热进热出速冷为宜。高温取出样品时必须注意安全。高温下取出的坩埚不能放在冷的水泥板上，否则会引起炸裂。为解决这一问题，可将其先放在炉门盖上，再分别转移到炉顶及耐火砖上，以形成一个温度梯度。

4. 后处理

后处理包括选粉、洗粉、包裹、筛选等工艺。这些环节常常直接影响荧光粉的二次特性，如涂复性能、老化性能等。洗粉方法有水洗、酸洗、碱洗，目的是洗去助熔剂、过量的激活剂和其他可溶杂质。因为助熔剂多是碱金属或碱土金属的盐类，这些金属离子抗电子轰击和抗紫外光作用的能力较差。它们留在发光体内会使荧光粉发黑变质，寿命缩短。出炉后的光致发光粉一般需要在紫外灯(254 mm 或 365 mm)下进行选粉，对不发光或发光强度低，或发杂色光的部分进行剔除。然后再进行粉碎，过筛，而某些发光材料还要专门按粒度分选，以便确保提高发光亮度和制得好的发光层。在研碎发光材料时，会使发光亮度下降，因此研碎条件必须严格控制。这是因为粉的粒度小，反射光的能力增强，导致光效降低。为了增强发光粉的稳定性，有的还要进行包膜处理。

Y_2O_3∶Eu 红粉原料制备的有关反应如下：

$$Y_2O_3 + Eu_2O_3 + H^+ \longrightarrow Y^{3+} + Eu^{3+} + H_2O$$

$$Y^{3+} + Eu^{3+} + H_2C_2O_4 \longrightarrow (Y,Eu)_2(C_2O_4)_3 \cdot xH_2O$$

$$(Y, Eu)_2(C_2O_4)_3 \cdot xH_2O \xrightarrow{\triangle} (Y,Eu)_2O_3 + CO_2 + CO + xH_2O$$

Y_2O_2S∶Eu 的制备方法很多，常用的有硫化氢法和固相反应法。通 H_2S 可以保证发光粉有最高的化学纯度，但反应不均匀、污染环境、操作不方便，因此，更多地采用固相反应法。其制备过程相关的反应如下：

$$Na_2CO_3 + S \xrightarrow{\triangle} Na_2S + Na_2S_x\text{（高温下）}$$

$$(Y,Eu)_2O_3 + Na_2S + Na_2S_x \xrightarrow{\triangle} Y_2O_2S:Eu[\text{或}(Y,Eu)_2O_2S]$$

配料中的 K_3PO_4 作助熔剂，还可用 KH_2PO_4、Na_3PO_4、$(NH_4)_2HPO_4$ 等磷酸盐。用量是 $(Y,Eu)_2O_3 + S + Na_2CO_3$ 总质量的 5%左右。

三、仪器和试剂

1. 仪器

布氏漏斗，1 只；RJK-2-13 型硅碳棒高温炉，1 台；玛瑙研钵，1 个；日立 4500 型荧光仪，1 台；电磁搅拌器，1 台；石英或刚玉坩埚，3 个；烧杯(150 mL)，2 只；紫外灯(254 nm，365 nm)，1 只。

2. 试剂

氧化钇(99.9%)，硫(S.P.)，氧化铕(S.P.)，草酸(A.R.)，碳酸钠(G.R.)，盐酸(G.R.)，磷酸钾(A.R.)。

四、实验步骤

1. 稀土混合离子溶液的制备

称取 1.0 g 的 Y_2O_3，并按 Y_2O_3 ∶ Eu_2O_3 = 1 ∶ (0.062～0.07)的质量比配好料(实验室可配好一定浓度的 $EuCl_3$ 溶液，按计量量取 $EuCl_3$ 溶液体积)，滴加 4 mol · L^{-1} HCl，加热，搅拌，使其刚好溶解，需要时补充少量去离子水。再加热使过量的 HCl 挥发降低溶液酸度后，用稀氨水将溶液的 pH 调到 2～3，并加热至 80 ℃待用。

2. $(Y,Eu)_2(C_2O_4)_3 \cdot xH_2O$ 的制备

配制 10%～15%的草酸溶液 20 mL，加热至 80 ℃。

将草酸溶液(按化学式计量过量 5%～10%)慢慢加到上述钇和铕的酸性溶液中(或者倒过来加)，不断搅拌，至沉淀完毕后再加入少量草酸。沉淀静置 0.5 h 后抽滤或过滤，水洗至中性。过滤后将沉淀置于蒸发皿中在小于等于 120 ℃下烘干。

3. $(Y,Eu)_2(C_2O_4)_3 \cdot xH_2O$ 的煅烧

将烘干后的$(Y,Eu)_2(C_2O_4)_3 \cdot xH_2O$ 放置在石英坩埚或者刚玉坩埚内并加盖，移入高温炉内，升温到 1000 ℃并保温 1 h，结束以后趁高温出炉。将煅烧产品分为两份，一份作为红色发光材料 Y_2O_3 ∶ Eu，一份用于进一步制备另一发光材料 Y_2O_2S ∶ Eu。

4. Y_2O_2S ∶ Eu 的合成

取一份煅烧后的产品，按$(Y,Eu)_2O_3$ ∶ S ∶ Na_2CO_3 ∶ K_3PO_4 = 100 ∶ 30 ∶ 30 ∶ 5 的质量比配料，在玛瑙研钵中混磨均匀，装入石英坩埚或者刚玉坩埚中压紧，覆盖适量的硫磺及次料(不合格的成品)，加盖，于 1150～1250 ℃下恒温 15 min，高温出炉，冷至室温。用水或浓度 2～4 mol · L^{-1} 的盐酸浸泡后再用热水洗至中性，抽滤，烘干，即得白色的 Y_2O_2S ∶ Eu 红色发光粉。

为了比较痕量杂质的影响，本实验可分为两部分，一部分以二次去离子水进行实验，另一部分以普通蒸馏水进行实验，其他操作步骤相同。

5. 发光材料掺杂量测定

采用等离子发射光谱仪(ICP)测定材料中 Eu 的掺杂量。

6. 发光性能的定性比较和测定

将以上制备的样品分别置于紫外灯下(365 nm)光照，观察所发光的光色和亮度。

在日立 4500 型荧光光度仪固体支架上放置样品，对样品 Y_2O_3 ∶ Eu 选择 265 nm 激发波长，测定其荧光发射光谱，再以最强的发射光谱波长(约 610 nm)，测定其激发光谱。

五、实验结果和处理

1. ICP 检测 Eu 含量

结果(质量分数)：__________

2. 荧光观察与光谱测定

样品	特征激发光峰/nm	特征发光峰/nm	254(或 365) nm 紫外灯观察	
			发光颜色	发光亮度
Y_2O_3 ∶ Eu				
Y_2O_2S ∶ Eu(二次去离子水处理)				
Y_2O_2S ∶ Eu(普通蒸馏水处理)				

思　考　题

1. 为什么在合成 Y_2O_3S ∶ Eu 之前要先合成$(Y,Eu)_2O_3$?
2. $K_3PO_4 \cdot 3H_2O$ 在合成 Y_2O_3S ∶ Eu 中有什么作用?

参 考 文 献

李珺. 2003. 综合化学实验. 西安:西北大学出版社.
刘祖武. 1999. 现代无机合成. 北京:化学工业出版社.
王伯康,钱文浙. 1984. 中级无机化学实验. 北京:高等教育出版社.
Ronda C. 2008. Luminescence from Theory to Applications. Berlin:Wiley-VCH verlag gmbh & Co kgaa.

实验 38　微孔分子筛的制备及其物性测定

实验目的与主要内容

分子筛本是一种新型的高效能和高选择性的吸附剂。但近年来,分子筛作为催化剂和催化剂的载体,已广泛应用于石油炼制和化学工业中。本实验合成表征 NaA 和 FeAPO-44 沸石分子筛。通过本实验,使学生掌握水热法合成技术,学会孔道材料的结构和性能表征手段。

一、背景知识

分子筛本是一种新型的高效能和高选择性的吸附剂。但近年来,分子筛作为催化剂和催化剂的载体,已广泛应用于石油炼制和化学工业中。

分子筛又称沸石,是一类结晶的硅酸盐,其化学组成一般可用以下通式来表示:

$$M_{2/n}O \cdot Al_2O_3 \cdot xSiO_2 \cdot yH_2O$$

式中,M 为金属离子;n 为金属离子的价数;x 为 SiO_2 的物质的量数;y 为结晶水的物质的量数。分子筛组成中 SiO_2 含量不同,或者说 SiO_2/Al_2O_3 物质的量之比不同可形成不同类型的分子筛。各种类型分子中 SiO_2 的物质的量如下:

A 型分子筛	$x=2$	X 型分子筛	$x=2.1 \sim 3.0$
Y 型分子筛	$x=3.1 \sim 5.0$	丝光沸石	$x=9 \sim 11$

当 SiO_2 含量不同时,分子筛的性质如耐酸性、热稳定性等也不同。不仅如此,不同类型的分子筛其晶体结构也不相同,由此各分子筛表现出自己所独有的性质。

分子筛的组成单元是硅铝氧四面体(图 3.35)。硅氧四面体和铝氧四面体按一定的方式公用顶点的氧而连接在一起,可以形成环状、链状或笼状骨架,称为次级结构单元(SBU)。这些次级结构单元组成沸石的三维骨架结构,一个骨架结构能够看成是由一个或多个 SBU 连接而成,通过这些 SBU 不同的连接可以产生许多甚至无限的结构类型。例如,从 β 笼(方钠石笼)出发,可以产生方钠石(SOD)(一个 β 笼直接连接到另外一个 β 笼)、A 型沸石(LTA)(两个 β 笼通过双四元环相连)、八面沸石(FAU)(两个 β 笼通过双六元环相连)和六方结构的八面沸石(EMT)(另一种两个 β 笼通过双六元环的连接方式)(图 3.36)。在 A 型沸石中,β 笼围成一个直径为 11.4 Å 的大笼,其最大窗口只有八元环(约 4.1 Å),而在八面沸石(FAU)中,β 笼围成一个直径为 11.8 Å 的大笼(称为超笼),其最大窗口为十二元环(约 7.4 Å)。高硅沸石结构的显著特征是含有五元环,ZSM-5 是典型的代表。

分子筛中的 SiO_4 四面体中的 Si 是四价的,而 AlO_4 四面体 Al 是三价的,它与四个氧配位,构成负电性的四面体。这样,整个硅氧铝骨架是带负电荷的,为此必须吸附阳离子以保持电中性平衡。通常合成分子筛时,在骨架中每个铝四面体的附近携带一个 Na^+,使整个分子筛保持电中性。这样,分子筛结构中的 Na 和 Al 的原子数应该是相同的。

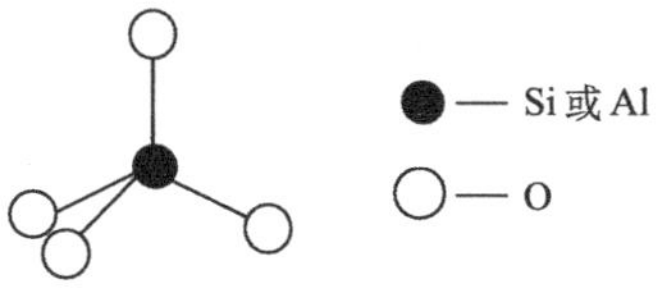

图 3.35 硅氧四面体或铝氧四面体图

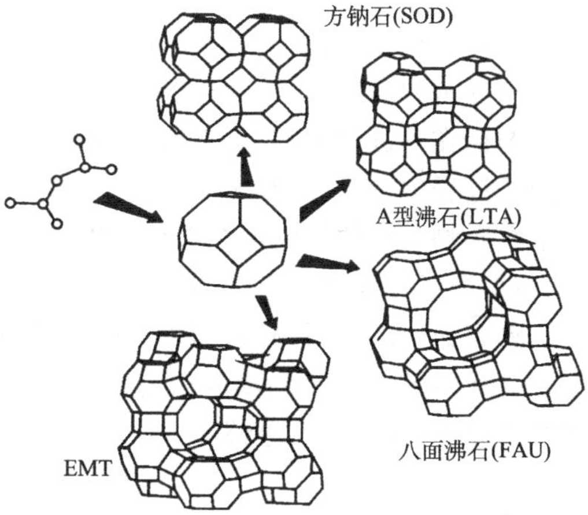

图 3.36 由方钠石笼组成的沸石结构

分子筛中硅氧四面体和铝氧四面体连接成的孔道是规则而均匀的,这些孔道直径为分子大小的数量级。通常这些孔道内被吸附水和结晶水所占据,加热脱水后的分子筛就可以吸附直径比它小的分子。分子筛的孔道具有非常大的内表面,由于晶体晶格的特点而具有高度的极性,因而对极性分子和可极化分子具有较强的吸附能力,这样就可以按吸附能力的大小对某些物体进行选择分离。分子筛骨架结构上所携带的 Na^+ 具有离子交能性能,为适合分子筛的各种不同用途,常把它交换成其他阳离子,交换的顺序与分子筛的孔径大小及离子的价数有关。经离子交换后,分子筛的化学物理性质有了极大的变化,因而可具有良好的催化性能。交换离子的不同及交换程度的不同,分子筛的催化性能不同。因此,分子筛催化剂可通过离子交换的方法来调整其催化活性和选择性。

磷酸铝(AlPO-n)是另一大类分子筛材料。它们的骨架是由 AlO_4 四面体和 PO_4 四面体连接而成。从概念上讲,认为中性的磷酸铝骨架是作为中性的纯硅分子筛中两个 Si 被一个 Al 和一个 P 所取代,而且磷酸铝骨架 Al 或 P 也能被其他元素取代生成 MeAPO-n 或 SAPO-n 分子筛，从而改变其表面酸性，使之具有好的催化性能。

二、实验原理

水热法是制备分子筛最常用也是最成功的方法。本实验通过水热法制备 NaA 分子筛和 FeAPO-44 分子筛。

NaA 分子筛也称为 4A 分子筛，孔口直径约 4.1 Å，是一种碱金属硅铝酸盐，能吸附 H_2O、NH_3、H_2S、SO_2、CO_2、C_2H_5OH、C_2H_6、C_2H_4 等临界直径不大于 0.4 nm 的分子，广泛应用于气体、液体的干燥，也可用于某些气体或液体的精制和提纯，如氩气的制取。4A 分子筛作为洗涤剂助剂的作用主要是交换水中的钙离子产生软化水，去除污垢和防止污垢再沉积。4A 分子筛是目前代磷助洗剂中应用最多和应用最成熟的产品。4A 分子筛替代三聚磷酸钠作洗涤助剂对解决环境污染有着重大作用。

4A 分子筛的合成比较容易，有多种方法，水热法是最基本的一种。

FeAPO-44 分子筛的骨架由 PO_4、AlO_4、FeO_4 四面体构成，-44 表示所形成的分子筛的结构类型，其结构类似于菱沸石，属小孔沸石类，孔口大小约为 0.43 nm，属于小孔分子筛。

本实验 FeAPO-44 分子筛的制备采用水热法：首先是成胶，将 H_3PO_4、$Al(OH)_3$ 和 $FeSO_4$ 的水溶液混合，由于盐的水解以及在碱性条件下形成磷酸铁铝胶体；然后是晶化，即在适当的温度及相应的饱和水蒸气压下将处于过饱和状态的碱性磷酸铁铝转化为晶体。这一过程是在有机模板剂存在下进行的，胶体溶液在模板剂存在下形成胶束，使得结晶保持一定的孔道结构。在制备过程中，原料的配比、体系的均匀度、反应温度、pH、晶化时间对分子筛的形成和性能都有很大影响。铝的原料可有氢氧化铝、硝酸铝、硫酸铝、铝酸钠等。铝质分子筛，由于其缺电子性，使得分子筛孔道表面成为质子酸中心，提供催化反应活性点。杂原子 Fe 的加入还可能改变材料表面酸的类型，成为催化反应路易斯酸碱活性部位。

分子筛材料常用 X 射线粉末衍射表征其结构，比表面测定反映其孔道性质，还可以测定表面酸的类型和强度，以及电镜测定材料的形貌等。

三、仪器和试剂

1. 仪器

磁力搅拌器，1 台；不锈钢反应釜，2 个；烧杯（100 mL），2 只；恒温干燥箱，1 台；显微镜，1 台；ST-03 比表面测定仪，1 台；TG/DSC 热分析仪，1 台；X 射线粉末衍射仪，1 台。

2. 试剂

NaOH（A. R.），$Al_2(SO_4)_3 \cdot 18H_2O$（A. R.），25% 硅溶胶（A. R.），$FeSO_4 \cdot 7H_2O$（A. R.），$H_3PO_4$(85%)（A. R.），$Al(OH)_3$（A. R.），环己胺（A. R.）。

四、实验步骤

1. 分子筛的制备

1）NaA 型分子筛

反应物物质的量配比为 $Na_2O : SiO_2 : Al_2O_3 : H_2O = 4 : 2 : 1 : 300$。具体实验步骤为

在 250 mL 的烧杯中，将 13.5 g NaOH 和 12.6 g $Al_2(SO_4)_3 \cdot 18H_2O$ 溶于 130 mL 的去离子水中，在磁力搅拌状态下，用滴管缓慢加入 9 g 25%的硅溶胶，充分搅拌约 10 min，所得白色凝胶转移入内衬有聚四氟乙烯的不锈钢水热反应釜中，密封，放入恒温 80 ℃的电热烘箱中，6 h 后取出。将反应釜水冷至室温，打开密封盖，抽滤，洗涤晶化产物至滤液为中性，移至表面皿中，放在 120 ℃的烘箱中干燥 2 h，取出称量后置于硅胶干燥器中存放。

2）FeAPO-44 分子筛

合成 FeAPO-44 分子筛反应物物质的量配比如下：

$$C_6H_5NH_2 : Al_2O_3 : P_2O_5 : FeO : H_2O = 1.8 : 1 : 1 : 0.3 : 120$$

取一个洁净的 100 mL 小烧杯，分别加入 4.0 g 磷酸、29.0 g 氢氧化铝，搅拌下加热至沸，放置至室温，再加入 36 g 水、2.6 g 七水硫酸亚铁，搅拌至晶体完全溶解。然后，在搅拌下加入 3.0 g 环己烷(作为模板剂，它是在分子筛晶体生长过程中起结构导向作用的物质)，形成均匀的胶状物。

将上述胶状物用乙酸或氨水调其 pH 为 6.0～6.5(用精密 pH 试纸测定)，装入内衬聚四氟乙烯的不锈钢反应釜中，旋紧釜帽，使之密封不漏气，然后在事先已调好温度(150 ℃)的烘箱中晶化 20 h。

晶化完后，取出反应釜，冷却至室温，打开釜，将产物倾入烧杯中。用倾析法洗净晶体，于室温下晾干，即得 FeAPO-44 分子筛原粉。

2. 分子筛的物性测定

1）X 射线物相分析

测定制得的分子筛样品的 X 射线粉末衍射图(X 射线洐射数据见表 3.10)，并与标准图谱对照。

表 3.10　FeAPO-44 分子筛 X 射线衍射数据

$2\theta/(°)$	9.440	16.020	18.960	20.660	21.740	24.460	30.760	48.680
d/nm	0.936	0.553	0.468	0.430	0.408	0.364	0.290	0.187
$100\times I/I_0$	100	14	10	41	11	23	33	8

2）分子筛的热重分析

测定所制备分子筛的 TG 和 DSC 图。温度范围为室温至 600 ℃。

3）分子筛的外形观察

用显微镜观察制备所得的分子筛晶体的外形。

4）饱和吸附量的测定

在 ST-03 型比表面测定仪上，测定样品的比表面积。

思　考　题

1. 试述制备分子筛过程中影响其类型和物性的因素。
2. 试讨论模板剂在合成中所起的作用。

参考文献

李珺，王秀山，白云山．1992．FeAPO-44型分子筛的合成与性能研究．高等学校化学学报，13(9)：1171．
李珺，王秀山，姚秀芝，等．1992．CoAPO-44型分子筛的水热法合成．应用化学，9(6)：100．
徐如人，庞文琴，屠昆岗．1987．沸石分子筛的结构与合成．长春：吉林大学出版社．
中国科学院大连化学物理研究所．1978．沸石分子筛．北京：科学出版社．

实验39　纳米TiO_2的制备及对硝基苯酚的光催化降解

实验目的与主要内容

纳米TiO_2是一种半导体氧化物，其中锐钛矿相可以作为光催化氧化反应的催化剂，用于有机合成和污水有机物深度氧化处理。本实验通过溶胶-凝胶法制备纳米TiO_2，选择硝基酚为底物，光度法检测光催化氧化反应进展过程，使学生学习纳米氧化物合成技术、表征手段以及催化性能研究原理和方法。

一、背景知识

纳米材料是指至少在一维方向具有纳米(1 nm＝10^{-9} m)的级尺度材料。据此，纳米材料可以分为纳米线(棒)、纳米膜和纳米球粒多种类型。依据组分，又可以分为纳米金属、纳米氧化物和硫化物以及其他纳米化合物等。纳米材料广泛地应用在工业、科技和日常生活各方面。20世纪70年代初，全球性能源危机促进了人们对太阳能利用的研究。以此为背景，1972年，Fujishima和Honda报道了在光电池中受辐照的TiO_2能够将水持续地分解产生氢气，开创了半导体光催化特性研究的先河。从此，TiO_2光催化技术得到迅猛发展，从最初的太阳能光电池，延伸到环境光催化技术，以及自洁净功能材料等诸多领域。

TiO_2有金红石、锐钛矿和板钛矿型多种晶形，是一种宽禁带半导体材料，具有优良的光电特性，常用作染料太阳能电池和光催化反应催化剂。目前研究表明，锐钛矿TiO_2光催化活性高于金红石型TiO_2。

锐钛矿相TiO_2(pH＝1，禁带宽度为3.2 eV，禁带激发波长为387.5 nm)，其光催化氧化原理如图3.37所示。当用紫外光照射TiO_2时，TiO_2价带上的电子被激发到导带，在价带上留下相应的空穴，形成电子(e^-)-空穴(h^+)对，在电场的作用下，电子和空穴发生分离，迁移到TiO_2表面不同的位置。分布在表面的空穴$h^{\cdot}$是很强的氧化剂(pH＝7时，E_{vb}＝＋2.53 V，vs NHE)，一般与表面吸附的水分子或OH^-反应生成具有强氧化性的羟基自由基·OH，这种高反应活性的物种对作用物几乎没有选择性，能够降解或矿化大多数有机物甚至微生物。而分布在TiO_2表面的

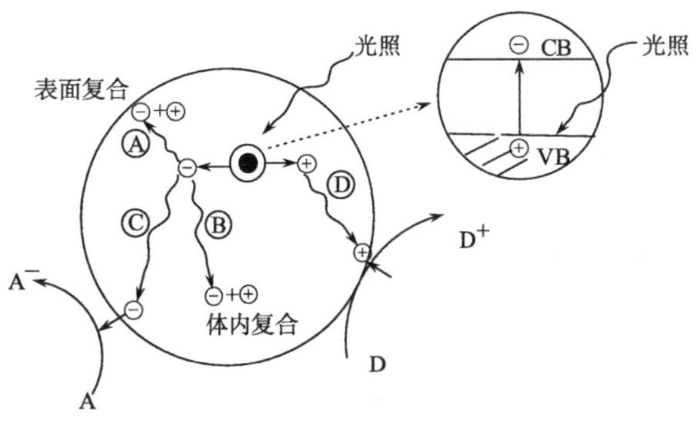

图3.37　半导体的光催化原理

高活性的电子 e^- 则是很好的还原剂（pH=7 时，$E_{cb}=-0.52$ V，vs NHE ），可以还原吸附于其上的氧分子，生成 O_2^-，并在水中进一步反应生成活性的 · OH 自由基。显然，光催化技术在对水或空气的净化中，能同时进行氧化和还原过程。研究发现，TiO_2 光催化技术能够有效降解和矿化各种有机物，包括卤代烃、卤代芳烃、有机酸类、染料、硝基芳烃、多环芳烃、杂环化合物、烃类、酚类、表面活性剂、农药等，在环境领域中已经引起越来越广泛的重视，是处理水相和气相中各种有机、无机污染物的一种最具潜力的高级氧化（还原）技术。

由于纳米 TiO_2 的禁带宽度为 3.2 eV，只能吸收波长小于 375 nm 的紫外光，对太阳光的利用率低，因而能量转换效率低，同时光激发产生的电子-空穴对寿命短。目前，为提高 TiO_2 的光催化活性，人们采取了很多方法，常见的有各种金属和非金属掺杂、光敏化等。

二、实验原理

纳米 TiO_2 的制备方法主要有气相法和液相法。气相法主要是利用 $TiCl_4$ 或 $Ti(OR)_4$ 在气相高温条件下水解或氧化热解得到，气相法生产的纳米 TiO_2 具有化学活性高，粒子呈球形，单分散性和可见光透过性好等优点，但气相法产量低，成本高。液相法具有合成温度低，设备简单，易操作，成本低等优点，是目前实验室和工业上广泛采用的制备纳米粉体的方法，尤其适合于氧化物系纳米粉体的制备。制备 TiO_2 纳米颗粒的液相方法主要有液相沉淀法、溶胶-凝胶法、水热法等。

液相沉淀法：以 $TiCl_4$、$TiOCl_2$ 等无机钛盐为原料，将其配成一定浓度后，加碱中和水解，所得的 TiO_2 水合物经洗涤、干燥和煅烧处理后即得纳米 TiO_2。此方法必须通过固液分离才能得到水合 TiO_2，由于 Cl^- 等无机离子的大量引入，需要反复洗涤除去这些离子，存在工艺流程长，废液多及产物损失较大等缺点，并且完全洗净无机离子较困难，所制备的 TiO_2 粉体纯度不高，该法适用于纯度要求不高的领域。

溶胶-凝胶法是在较温和条件下制备无机固体材料的重要方法，在软化学合成中占有重要地位。制备溶胶所用的原料为钛醇盐[如钛酸四丁酯、$Ti(OC_4H_9)_4$]、水、无水乙醇以及冰醋酸。反应物为 $Ti(OC_4H_9)_4$ 和水，分相介质为 C_2H_5OH，冰醋酸可调节体系的酸度，防止钛离子水解过快。在有机介质中进行水解、缩合反应得到溶胶，进一步缩聚制得凝胶，凝胶经干燥、煅烧得到纳米 TiO_2 粉体。其基本反应式如下：

水解反应：

$$M(OR)_n + xH_2O \longrightarrow M(OH)_x(OR)_{n-x} + xROH$$

缩聚反应：

$$—M—OH + HO—M— \longrightarrow —M—O—M— + H_2O$$

$$—MOR + HO—M— \longrightarrow —M—O—M— + ROH$$

该法在整个工艺流程中的水解反应对象是水，不引入杂质离子，因此产品纯度高，而且可以通过严格控制工艺条件，制得粒径小、粒度分布窄的纳米 TiO_2，缺点是原料成本高，干燥、煅烧时凝胶体积收缩大，易造成纳米 TiO_2 颗粒间的团聚。

水热合成法：在内衬耐腐蚀材料的密闭高压釜中加入前驱物，如 $TiOSO_4$、$TiCl_4$ 或钛醇盐，以水作为反应介质，按一定的升温速度加热，待高压釜内达到所需的温度时，恒温一段时间，卸压后经洗涤、干燥即可直接得到纳米 TiO_2。水热法制备的纳米 TiO_2 具有结晶度高、粒径小、粒度分布均匀、颗粒团聚较少的优点。尤其是用水热法制备纳米 TiO_2 时，直接得到结晶度高、比表面积大的纳米 TiO_2，因此，可以避免其他制备方法因需高温煅烧而造成的纳米

TiO_2粒子间的团聚和晶粒长大。缺点是设备要经历高温、高压，因此对设备材质要求较高，而且晶化时间长，成本较高。

本实验采用溶胶-凝胶法制备锐钛矿型纳米TiO_2，通过X射线粉末衍射鉴定制备的纳米TiO_2晶相及粒度大小。

硝基酚是一种比较难降解的有机污染物，存在于印染、造纸等多种废水中，TiO_2光催化氧化可以有效对其降解。本实验选用4-硝基苯酚为底物，其在319 nm处有最大吸收。在一定浓度的4-硝基苯酚水溶液中加入少量的纳米TiO_2，通入空气作为氧化剂，紫外光照射，每隔一定时间取样，离心后取上层清液，检测4-硝基苯酚在319 nm的吸光度值，绘出4-硝基苯酚浓度随时间降低曲线，计算降解率。主要反应如下：

$$TiO_2 \xrightarrow{h\nu} h^+ + e^-$$

$$OH^- + h^+ \longrightarrow \cdot OH \qquad H_2O + h^+ \longrightarrow \cdot OH + H^+$$

$$O_2 + e^- \longrightarrow O_2^- \cdot$$

$$O_2^- \cdot + e^- (+2H^+) \longrightarrow H_2O_2 \qquad O_2^- \cdot + H_2O_2 \longrightarrow \cdot OH + OH^- + O_2$$

$$H_2O_2 \xrightarrow{h\nu} 2 \cdot OH$$

$$h^+ + Org \longrightarrow CO_2 + H_2O \qquad \cdot OH + Org \longrightarrow CO_2 + H_2O$$

三、仪器和试剂

1. 仪器

250 mL烧杯，2只；温度计(100 ℃)，1支；200 mL烧杯，2只；研钵，1个；100 mL量筒，1支；瓷坩埚，3个；10 mL量筒，1支；恒温磁力搅拌器，1台；100 mL滴液漏斗，1只；马弗炉，1台；500 mL容量瓶，1只；光催化降解反应器，1台；11 cm培养皿，1个；紫外-可见光谱仪，1台；10 mL离心管，10支；X射线粉末衍射仪，1台；热重-差热仪(TG-DTA)，1台；扫描电镜(SEM)，1台。

2. 试剂

钛酸四丁酯(A. R.)，浓盐酸(A. R.)，乙醇(A. R.)，乙酸(A. R.)，4-硝基苯酚(A. R.)。

四、实验步骤

1. 纳米TiO_2制备

在200 mL烧杯中，加入23 mL无水乙醇和20 mL钛酸丁酯，混合配成A溶液，水浴加热到50～60 ℃，再取6 mL无水乙醇、2 mL乙酸、1.5 mL浓盐酸和3 mL蒸馏水于100 mL烧杯中，混合配成B溶液。在搅拌下慢慢将B溶液加入到A溶液中，控制滴加速度为每分钟100～140滴，滴加完后，继续搅拌过程中，液面漩涡由大变小，逐渐消失，此时液面生成一层薄膜，停止搅拌，静置5～10 min，得到淡黄色透明冻状凝胶。

将凝胶转入培养皿中，80 ℃恒温干燥12 h，得干凝胶。将干凝胶分别在400 ℃、500 ℃和600 ℃焙烧2 h，得纳米TiO_2粉体。

2. 纳米TiO_2表征

用X射线粉末衍射、热重-差热、扫描电镜对纳米TiO_2进行表征。

3. 光催化性能测定

(1) 配制 1×10^{-4} mol · L^{-1}的 4-硝基苯酚溶液 500 mL。

(2) 量取 150 mL 4-硝基苯酚溶液于 250 mL 烧杯中,加入 0.2 g 研细的纳米 TiO_2,磁力搅拌,并用鼓泡器鼓入空气,打开紫外灯进行照射。分别在照射时间为 0、20 min、40 min、60 min、80 min 时取 3 mL 左右溶液置于离心管中,离心后,取上层清液,测定其在 319 nm 处的吸光度,绘制吸光度随时间变化关系图(注意:紫外灯对眼睛有伤害,实验过程中需戴防紫外线眼镜)。

(3) 不同温度灼烧样品按照(2)相同步骤进行测定,并对它们的催化活性进行比较。

五、实验结果与处理

4-硝基苯酚光催化氧化在不同光照时间(t/min)时的消光值 A(319 nm):

A	____℃					____℃				
	t/min					t/min				
	0	20	40	60	80	0	20	40	60	80

思考题

1. 在溶胶-凝胶法制备纳米 TiO_2 的过程中,应注意哪些问题?为什么所有的仪器必须干燥?查阅文献,了解水热合成纳米 TiO_2 的具体方法。

2. 简述 TiO_2 作为光催化剂降解废水的原理。若要提高 TiO_2 光催化反应的光效率,可以有哪些方法?

参考文献

姜鸿基,李彦锋,叶正芳,等. 2002. 纳米 TiO_2 光催化剂的制备及在降解有机物方面的研究进展. 功能材料, 33(4): 360-362.

吴跃辉,邓岩松,吴建辉. 2004. 纳米 TiO_2 光催化剂在工业有机废水处理中的研究. 江西化工,(1):18-20.

Fujishima A, Rao T N, Tryk D A. 2000. Titanium dioxide photocatalysis. Journal of Photochemistry and Photobiology C: Photochemistry Reviews, 1:1-21.

Hoffmann M F, Martin S T, Choi W, et al. 1995. Environmental application of semiconductor photocatalysis. Chem Rev, 95:69-96.

Linsebigler A L, Guangquan L, Yate J T. 1995. Photocatalysis on TiO_2 surface: principles, mechanisms and delected results. Chem Rev, 95:735-750.

第四章　研究型综合实验与科研探索计划

第一节　研究型综合实验设计思路与实施路线

进入21世纪,高等教育理念发生了根本性的变革,将人才的综合素质和创新能力培养放在重要位置。我国著名化学家和教育家戴安邦教授历来倡导,将化学实验作为全面培养学生科学思维和科学精神的重要场所。

综合化学实验作为化学专业高年级本科生的化学实验课程,始终围绕学生科学研究意识、科学研究思想和科学研究精神的培养,采取层层推进的方式,进行实验内容、实施方式和训练目标的整体性推进:在第二章基本型综合实验模块中,学生通过若干个单元实验,受到了综合型实验思想、技能、研究方法和手段的训练,实验项目一般至少覆盖两个化学二级学科,但每一个实验则偏重某一项或某一种训练,单元时间较短;在第三章应用型综合实验中,则通过设计应用型和研究型领域的实验项目,使学生受到典型示例化合物和材料的制备、应用和性能测试训练,实验内容不仅包括化学的应用领域,而且也渗透到化学的交叉领域,但仍然是小单元实验,每次学习训练各有侧重。

在前两类实验基础上,本章设置了研究型综合实验与科学研究探索计划,简言之,就是学生借以进行化学研究的实验。实验项目形式上采取课题方式,包括模板实验和学生科学研究计划两个层面。不过,由于化学研究的领域繁花似锦,化学研究的课题花样繁多,若干个实验不足以概括化学研究的全貌,因而选题应当说只是某些代表性方向。因此,通过研究型化学实验进行化学研究,最中心的任务是学习研究思想、研究方法和研究精神。

方案构成

研究型综合化学实验,一定程度上成为学生学习科学研究思想,熏陶科学研究素养,培养严谨的科学态度和活跃的创新精神的实践环节。因此,在实验方案设置形式和内涵上,都有与前两类实验项目显著不同的特点,其构成形式如下:

1. 课题　2. 研究课题背景　3. 示范实验项目　4. 研究拓展

(1) 课题。从化学研究领域中选择若干有代表性的课题,既有基础化学研究,又有应用研究和化学交叉学科研究。期望通过一个课题,向学生展示化学的某一个领域或某一个方向,激发学生的化学研究兴趣,显示化学学科的无穷魅力。显然,课题的选择受到学生实验物质条件和教学过程要求的限制,未必能够代表化学研究最前沿的领域,但从人才培养的角度考虑,重在科研素质和科研精神培养,适应性显得更为重要。

(2) 研究课题背景。示范实验项目重在适应学生培养过程,并受到客观条件的限制,力求新,但难以达到最新。在每个课题中设置研究背景栏目,该栏目一般包括研究领域或方向的概述、主要研究内容以及研究动态等。通过研究背景,既可以使学生了解该领域或该方向的最新研究进展,也可以向学生推介某个具有科学意义和实际应用前景的领域或方向,为学生提供研究进展方向以及进一步学习和了解的指导。

（3）示范实验项目。针对某一研究领域或方向，设计模板训练实验项目。与前两类实验项目相比，此类实验项目具有几个特点：①实验项目更多直接移植自科学研究成果，或者是刻意设计的科学研究综合性非常强的实验；②实验项目研究内容完整，实验步骤多，表征和测试项目较为齐全，使用设备仪器接近或者直接采用科学研究层次；③实验周期较长，一般连续安排 3 天，在 24 小时左右。

（4）研究拓展。这一环节的目的是将学生直接引入科学研究活动之中。拓展栏目的内容涉及研究课题的发展趋势、研究文献的导读以及研究拓展的指导意见等。学生在示范实验基础上，自主进行选题立意，制订研究方案，开展研究工作，最后完成研究报告并撰写研究论文。

实施路线

科学研究课题类型的研究型实验，设计上更多赋予科学研究的真实情景训练。另外，实验室管理、教学组织和运行均采取新的运行模式，可以采用的实施路线如下：

（1）学生自主选择研究课题。一般选择 1～2 项。由于实验项目大、实验周期长，同时为了培养学生团结协作精神，一般由 2～4 人一组选题完成。

（2）实验室采用开放模式。实验固定台面，测试室全天开放，学生网上预约实验时间，自行进入实验室完成实验；也可以按连续三个实验单元在固定实验时间进行。

（3）示范实验项目采用科学研究情景模式运行。首先，选题采用课题申请书格式（表 4.1），学生完成包括选题意义、实验内容、研究方案以及关键技术等内容的申请书，课程指导教师组评阅后，编制实验运行表，再进入实验环节；其次，实验报告按论文写作模板完成，并以论文答辩方式评议实验成绩。

表 4.1　研究型实验研究拓展计划申请书格式

申请书封面	综合化学实验课程 **研究型实验研究拓展计划申请书** 项目名称：________ 申 请 人：________ 专业 ____ 年级 ____ 完成时间：____ 年 月 日至 年 月 日 完成方式：□ 暑期创新实验　□ 大学生创新基金（划√） 指导教师：________
申请书正文提纲	1. 研究课题的意义以及国内外研究现状（附必要的文献）： 2. 研究目标和研究内容： 3. 研究预期目标和创新点： 4. 研究可能遇到的问题及解决办法： 5. 研究时间安排： 6. 研究经费预算： 7. 指导教师及其推荐意见： 8. 中心审查意见：

（4）拓展研究施行科学项目计划机制。拓展研究计划由学生自愿申报、编制项目申请书，经答辩批准后，提交任务书，由实验中心组织暑期创新实验活动来完成，其中一部分也作为大学生各类创新基金项目活动来完成。项目完成后，提交研究论文，撰写结题报告，进行汇报验收。

第二节　染料敏化太阳能电池材料合成及其性能研究

研究课题背景

据有关专家预测，目前全世界对能源的需求量是 13 亿 W；而且，随着全世界人口的增长和科技的进步，预计到 2050 年，全世界对能源的需求将是现在的 2 倍；而到 21 世纪末，将可能是现在的 3 倍，世界范围的能源匮乏时代即将到来。另外，由于化石燃料的大量使用，全球范围的环境问题已经不容忽视。因此，减少化石燃料能源的使用，使用可再生的、无污染的替代能源，是未来能源利用的大趋势。太阳能转换技术以其高效率、低成本、无污染和不受地域限制等一系列优点，受到各国科学家的一致青睐。

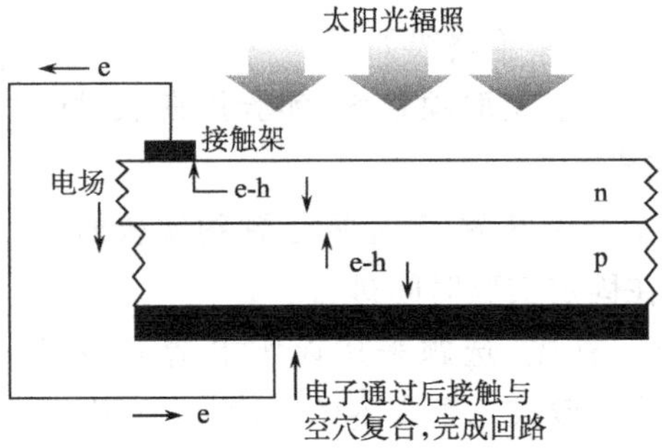

图 4.1　半导体太阳能电池工作原理示意图

1839 年，法国物理学家 Becquerel 发现光伏现象，可以视为太阳能电池发展的肇始理论。1954 年，建立了第一个基于半导体 p-n 光辐照注入电子原理的太阳能电池，其工作原理如图 4.1 所示。在光照射下，n 型半导体和 p 型半导体分别产生载流子 e^- 和 h^+，在内电场作用下，电子经过外电路与正极端的空穴复合，导致外电路中有电流形成。

这种太阳能电池材料经历了两代研发：第一代材料基本上以硅技术为主，尤其是单晶硅，也包括 GaAs 和 InGaP。这种技术现在已经相当成熟，理论效率达到 27%，但是，昂贵的原料纯化过程妨害了它的应用。据估测，原料成本大约占第一代太阳能电池的总成本的 70%。第二代材料则以更为经济的薄膜材料为基础，包括由 CVD（化学气相淀积）或者其他膜增长技术生产的无定形硅和多晶 CdS、InSe、$CuInSe_2$、CdTe 等。该类电池虽然比单晶原料的成本低得多，但其效率一般只能达到 15%，据报道最大效率也只能达到 18%[$Cu(In,Ga)Se_2$]，远远低于单晶材料太阳能电池，而且大多具有很高的毒性。毫无疑问，高效率、低成本且环保的太阳能电池将是未来主流的太阳能电池发展方向。

1991 年，瑞士洛桑高等工业学校 Grätzel 教授研究小组发展了一种基于吸附染料光敏化剂的纳米晶体 TiO_2 多孔膜的新型光化学电池。由于 TiO_2 无毒、稳定、抗腐性能好，且其光电转换效率可达 10%，是一种较有发展前途的光电转换技术，已引起了全世界科学家的关注。近年来，这种基于染料敏化的纳米晶光电池的转换效率已达到 13%以上。

这种电池不同于传统的太阳能电池，是一种全新类型的电池，称为染料敏化太阳能电池(dye-sensitized solar cell，DSSC)。DSSC 的基本结构如图 4.2 所示，它主要由透明 Pt 导电玻璃对电极、多孔纳米 TiO_2 膜、染料光敏化剂(S)、含有氧化还原电对(I_3^-/I^-)的电解质溶液组成。其工作原理为：当能量低于半导体二氧化钛禁带宽度、等于染料分子特征吸收波长的入射光照射在染料敏化纳米 TiO_2 的负极上时，染料分子中电子受激发跃迁至激发态(TiO_2/S^*)，然后将电子快速注入二氧化钛导带内，此时染料分子自身转变成氧化态(TiO_2/S^+)。注入二氧化钛层的电子富集到导电薄膜上，并通过外电路流向对电极正极。电解质溶液中的氧化还原电对中的氧化型(I_3^-)从正极接受电子被还原成还原型(I^-)，后者扩散到负极将氧化态敏化分子还原成还原态(TiO_2/S)，本身又被氧化成其氧化型(I_3^-)。这样，就完成了一个光化学循环，在电池外电路中形成电流，不断地将太阳能转换为电能。光电化学反应循环过程的相关光电化学反应方程式如下：

$$TiO_2/S + h\nu \longrightarrow TiO_2/S^* \quad (4.1)$$

$$TiO_2/S^* \longrightarrow TiO_2/S^+ + e_{cb} \quad (4.2)$$

$$TiO_2/S^+ + e_{cb} \longrightarrow TiO_2/S \quad (4.3)$$

$$TiO_2/S^+ + 3/2I^- \longrightarrow TiO_2/S + 1/2I_3^- \quad (4.4)$$

$$1/2I_3^- + e_{(Pt)} \longrightarrow 3/2I^- \quad (4.5)$$

$$I_3^- + 2e_{cb} \longrightarrow 3I^- \quad (4.6)$$

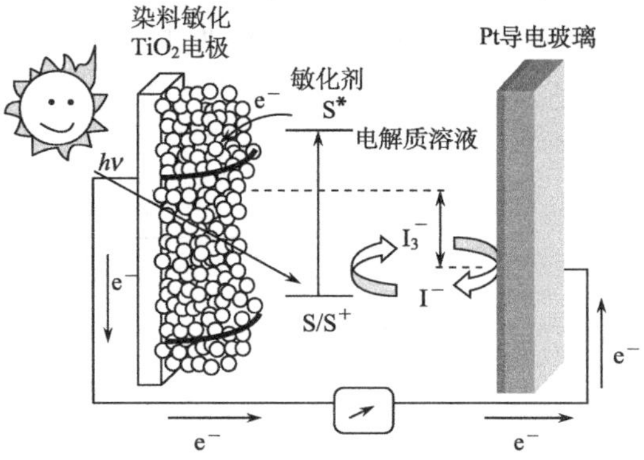

图 4.2 DSSC 的结构和光电转换原理

由 DSSC 的工作原理可见，其核心材料是染料敏化半导体氧化物构成的负极电极材料以及含有氧化还原电对的液体电解质。

半导体氧化物多采用 TiO_2 微晶。TiO_2 晶粒是一种禁带宽度为 3.2 eV 的宽禁带半导体，由填满电子的低能价带（valence band，VB）和空的高能导带（conduction band，CB）构成。当光照射在 TiO_2 晶粒表面时，能量大于或等于 3.2 eV 的光子可激发价带电子向导带跃迁，形成电子-空穴对，即

$$TiO_2 \xrightarrow{h\nu} e^- + h^{\cdot} \quad (4.7)$$

活泼的电子和空穴可以分别从半导体的导带（CB）和价带（VB）迁移至半导体/吸附物界面。正因为如此，在 DSSC 中，要求敏化剂的激发能量不能高于 TiO_2 的禁带宽度。

敏化染料研究得最多，其种类包括过渡金属配位化合物、叶绿素、花青素、类胡萝卜素、香豆素等。图 4.3 给出了其中 3 类敏化剂的分子结构：(a)为联吡啶钌配合物，即 Grätzel 研究团队研发的所谓“N3 染料”，转化效率可达 10.8%，成为敏化剂研究的“记录”；(b)为应用前景很好的卟啉或金属卟啉；(c)为聚噻吩类纯有机染料。

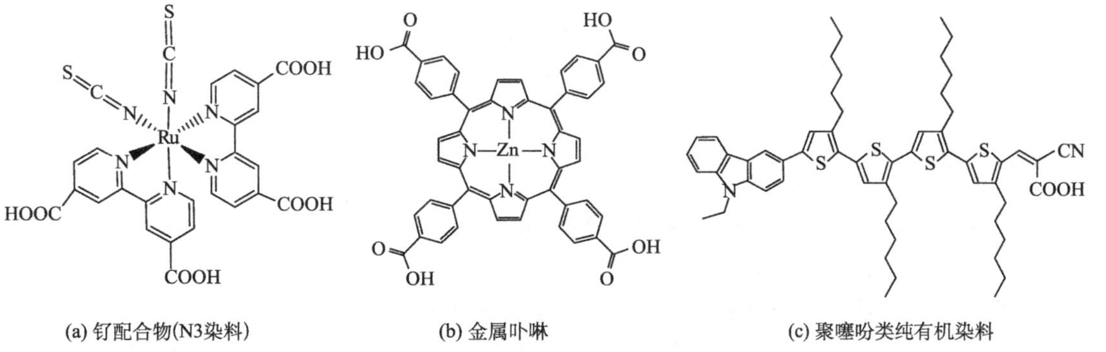

图 4.3 三种典型 DSSC 用 TiO_2 纳米晶敏化剂分子

在整个电池反应过程中，各反应物种总状态不变，而光能转化为电能。电池的开路电压（$V_{开}$）取决于二氧化钛的 Fermi 能级 $(E_{Fermi})_{TiO_2}$ 和电解质中氧化还原电对的能斯特电动势之差 E_{R/R^-}，用公式可表示为

$$V_{开} = \frac{1}{q}\left[(E_{Fermi})_{TiO_2} - E_{R/R^-}\right] \quad (4.8)$$

式中，q 为完成一个氧化还原过程所需要的电子数。

判断染料敏化太阳能电池是否有应用前景的最直接方法是测定电池的输出光电流和光电压曲线，即 I-V 曲线，由 I-V 曲线可以得到一系列反映电池性能的参数。典型的 I-V 曲线如图 4.4 所示。

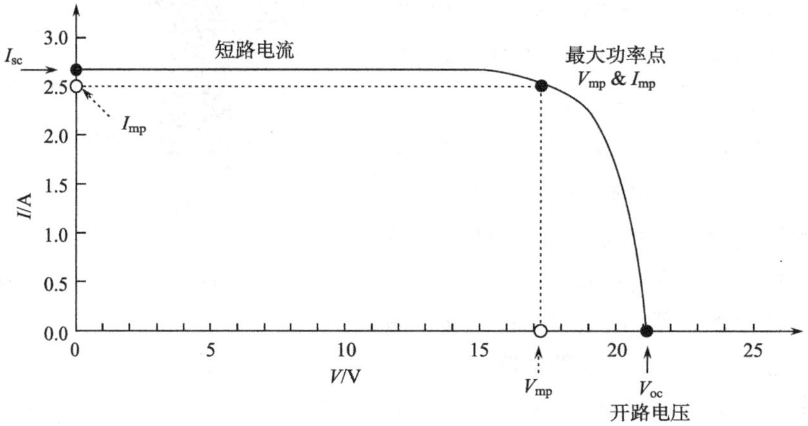

图 4.4　典型的染料敏化太阳能电池 I-V 曲线

课题示范实验

实验 40　纳米晶 TiO_2 太阳能染料电池的制作及性能测定

实验目的与主要内容

染料修饰 TiO_2 是目前研究和应用首选的太阳能电池电极材料。本示范实验项目以 N3 染料和锌卟啉敏化纳米 TiO_2 制作太阳能电池作示范，使学生了解染料敏化纳米二氧化钛光电池的制作方法和技术，了解染料太阳能电池的工作原理，掌握太阳能染料电池的性能测试方法，为探究拓展活动提供实验研究过程和操作技能的系统训练。

一、实验原理

本实验以 N3 染料和合成四苯基锌卟啉敏化的 TiO_2 纳米晶为电极，以 Pt 导电玻璃为对电极，以 KI-KI_3 溶液为电解质构成太阳能染料电池。

二氧化钛（俗称钛白粉）有板钛矿、金红石型和锐钛矿三种晶形。其中金红石型和锐钛矿型 TiO_2 应用较广，属于半导体氧化物。它们均属四方晶系，$4/mmm$ 点群，晶胞结构如图 4.5 所示。金红石型和锐钛矿型 TiO_2 晶胞中分子数分别为 2 和 4。这两种晶形都可用相互连接的 TiO_6 八面体表示，两者的差别在于八面体的畸变程度和八面体间相互连接的方式不同，而正是这种结构上的差异导致了这两种晶形有不同的质量密度和电子能带结构。

TiO_2 敏化剂可以采用天然染料，如叶绿素酸酯和类黄酮类染料，但是光电转换效率有限。目前，敏化效果好的染料主要是钌吡啶类配合物，如 N3 染料，此外还有金属卟啉类。本实验采用 N3 染料和锌四苯基卟啉为敏化剂，其中 N3 染料直接购买，锌四苯基卟啉自己合成，合成路线如下：

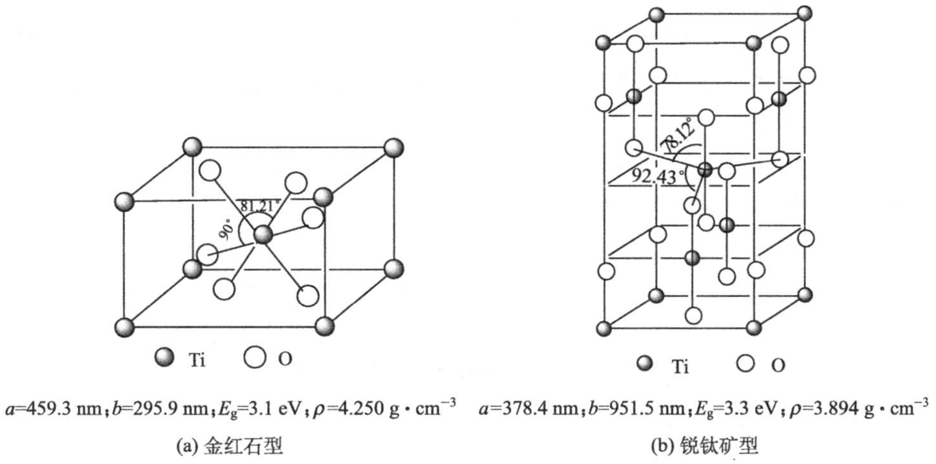

图 4.5　二氧化钛的晶胞结构

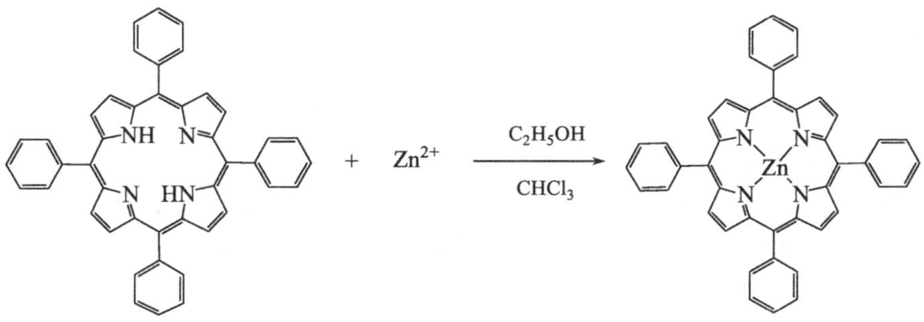

二、仪器和试剂

1. 仪器

高温炉(450～550 ℃)，1 台；透明导电玻璃(25 mm×25 mm)，数片；氙灯，1 个；万用电表，1 个；Keithley 2400 数字源表，1 个；研钵，1 个；烧杯，若干只；夹子，1 个；玻璃棒，若干支；胶带。

2. 试剂

二氧化钛(P25)（A. R.），无水乙醇(A. R.)，乙二醇(A. R.)，异丙醇(A. R.)，聚乙二醇-20000(A. R.)，乙基纤维素(A. R.)，碘(A. R.)，乙腈，碘化钾(A. R.)，$TiCl_4$，曲拉通-100，乙酰丙酮(A. R.)，四苯基卟啉(A. R.)，乙酸锌(A. R.)，三氯甲烷(A. R.)，氯铂酸，正己烷，N3 染料。

三、实验步骤

1. 染料合成与染料溶液配制

1) 四苯基锌卟啉合成及溶液配制

称取 68.2 mg 四苯基卟啉和 0.2 g 乙酸锌(过量)于 250 mL 单颈瓶中，加入 50 mL 三氯甲烷和 10 mL 无水乙醇，室温下搅拌 24 h，然后过滤除去未反应的无机盐，旋转蒸干溶剂。过硅胶柱（以 CH_2Cl_2-正己烷作为洗脱剂，$V:V=7:3$），第二色带（紫红色）即为产物。收集产物，旋干后，将其配成溶液（三氯甲烷为溶剂），保存于棕色瓶中待用，溶液浓度约为 1 mmol · L^{-1}。

2）N3 染料溶液配制

称取 56.1 mgN3 染料溶于 80 mL 干燥的无水乙醇中，避光条件下，置于 60 ℃水浴24 h，保存于棕色瓶中待用，溶液浓度约为 1 mmol · L^{-1}。

3）2.0 mol · L^{-1}四氯化钛储备液配制

量取 22.0 mL(0.2 mol)$TiCl_4$ 溶液于滴液漏斗中。在剧烈搅拌下，慢慢将其滴加到盛有 100 mL 0 ℃水的 250 mL 三颈瓶中（大约需要 4 h），滴加过程中注意保持水的温度在 0 ℃左右。滴加完后的溶液即为四氯化钛储备液，将其密封保存于冰箱中备用。

4）对电极用氯铂酸溶液配制

先将 1.0 g 氯铂酸（$H_2PtCl_6 \cdot 6H_2O$）溶于 100 mL 异丙醇中，配制成 0.0193 mol · L^{-1}的储备液。再取 15.5 mL 上述储备液，用异丙醇定容至 100 mL，即得到 0.003 mol · L^{-1}的对电极使用液。

5）导电玻璃的清洗

将裁切好的导电玻璃（20 mm×15 mm）依次用洗衣粉、自来水、蒸馏水、乙醇和丙酮超声 30 min，除去其表面污物，然后烘干后，保存于无水乙醇中备用。

6）电解质溶液的配制

称取 830 mg(0.1 mol · L^{-1})KI 和 634.5 mg(0.05 mol · L^{-1})I_2，溶于 50 mL 乙腈中，再加入 0.25 mL 甲基吡啶（0.05 mol · L^{-1}），将其储备于棕色瓶中备用。

7）乙酰丙酮水溶液的配制

量取 1 mL 乙酰丙酮，置于 10 mL 容量瓶中，用水定容至刻度线。

2. 电池制作

1）工作电极制备

称取 1.2 g 二氧化钛粉末、0.24 g 聚乙二醇-20000（螯合剂）和 0.08 g 乙基纤维素（调节薄膜孔隙率）于研钵中，加入 1 mL 乙酰丙酮的水溶液（防止纳米粒子团聚）。研磨，当 TiO_2 粒子被分散成黏性的糊状物时，缓慢分批次加入 1.6 mL 蒸馏水（分 8 次加入，每次加入 0.2 mL），再加入 0.1 mol · L^{-1}盐酸 0.5 mL（分 5 次加入），最后，为了使胶体在导电玻璃基底上分散得更好，加入 2 滴曲拉通-100，研磨均匀，静置 10 min 消泡。

将保存于无水乙醇中的导电玻璃用镊子夹出，晾干。将其导电面朝上，用透明胶带固定于表面皿上，两对边盖住 2～3 mm，另外两边盖住 4～5 mm，胶带的大部分与导电玻璃紧密相粘，形成一个小盆地，用以控制薄膜的厚度，同时为导电提供没有覆盖的区域。取 2 滴研磨好的二氧化钛胶体于其上，用玻璃棒沿一个方向徐徐滚动，使二氧化钛涂敷均匀（尽量一次碾成功，多次碾会使膜不均匀）。

待膜自然晾干后，撕掉胶带，将其转入马弗炉中烧结。开始时，控制升温速率为 1～2 ℃ · min^{-1}，至 130 ℃时，提高升温速率到 7～8 ℃ · min^{-1}，到 450 ℃后，恒温 30 min，然后待其自然冷却。

将四氯化钛储备液稀释 10 倍至 0.2 mol · L^{-1}，将冷却后的电极放入其中，密封处理 24 h，使膜上沉积一层薄薄的二氧化钛。

把四氯化钛处理后的电极拿出，用蒸馏水冲洗掉上面多余的未键合的四氯化钛。将其晾干，然后转入马弗炉中烧结。开始时，控制升温速率为 1～2 ℃ · min^{-1}，至 130 ℃时，提高升温速率到 7～8 ℃ · min^{-1}，到 450 ℃后，恒温 30 min，然后待其自然冷却至 70～80 ℃，放入配制好的染料溶液中(分别测试 N3 染料和锌四苯基卟啉作为染料的敏化性能)，避光保存敏化 24 h，使染料吸附在二氧化钛上。

2）铂对电极的制备

将保存于无水乙醇中的洗干净的导电玻璃用塑料镊子小心夹出，晾干。用万用电表测其导电面。将其导电面朝上，滴加几滴 0.003 mol · L^{-1}氯铂酸溶液(对电极使用液)。待其自然晾干后，将其放入马弗炉中，快速升温至 390 ℃，恒温 15 min 后，待其自然冷却后取出。

3. 电池组装和测试

小心地把浸在染料中 24 h 的二氧化钛多孔膜电极用镊子取出，用无水乙醇清洗晾干。把晾干或烘干后的二氧化钛多孔膜电极膜面朝上放在干净的实验台上，再将铂对电极面朝下放在着色膜上，两片玻璃微微错开，留出约 4 mm 宽的导电部分作为电池测试用。用两个夹子把电池夹住(图 4.6)。将整个电池倾斜放置，从一端的缝中滴入电解质。由于毛细管原理，电解质很快在两个电极间均匀扩散，直至充满整个电池。

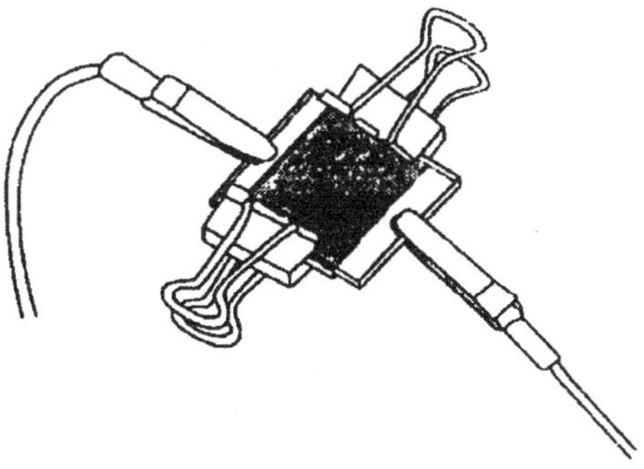

图 4.6 电池组装示意图

将电池接到 Keithley 2400 数字源表上，以氙灯作模拟太阳光源，测试 DSSC 太阳电池的 *I-V* 特性曲线。

由伏安特性曲线的拐弯处计算电池的最大输出功率，除以入射功率(50 W · cm^{-2})，即可获得电池的光电转换效率。

思 考 题

1. 要获得二氧化钛电极，还可以采用什么方法？
2. 根据有机化合物官能团的光谱吸收范围，还可以选择什么样的染料？
3. 可以通过什么简便可行的方式进行染料筛选？
4. 如何测量二氧化钛电极的电极电势？采用什么参比电极？
5. 本实验对你有什么启示？还应有哪些改进？

研究拓展

DSSC 敏化染料研究进展

染料敏化太阳能电池(DSSC)是一种非传统的、有机金属的、仿生的、激子的纳米晶光电技术，已经引起了各国科学家的广泛关注，也属于方兴未艾的材料研究热点领域。对高效染料敏化太阳能电池来说，制约因素很多，其中包括正极纳米晶氧化物的纳米结构、缺陷以及敏化剂的单层吸附等。

纳米晶半导体电极对于整个太阳能电池至关重要，纳米晶半导体膜的形态、直径、表面状态和多孔性等直接影响电子的传输和电解质在电池中的扩散。纳米晶半导体电极中，最常用、

最理想的是纳米晶 TiO_2。而纳米二氧化钛晶太阳能电池研发中，最核心的研究之一就是寻找优良的新型光敏化剂。优良光敏化剂应具有较宽的可见光谱吸收范围，激发态寿命较长，易于和半导体进行界面电荷转移以及化学性质稳定等卓越性能。

近年来，围绕新型敏化剂的发展，一直沿着有机染料和有机配体过渡金属配合物两条主线在开展工作，并且在世界范围内方兴未艾。有代表性的敏化剂如下：

(1) 有机染料敏化剂。有机染料种类繁多，分子结构多样，容易修饰，摩尔吸光系数高，成本低，合成工艺简单，且电池循环易操作。因此，巧妙设计出的纯有机染料在太阳能电池领域也具有相当强的竞争力。例如，在全太阳光照射下，基于二氢吲哚染料 D149 的 DSSCs 达到了高于 9%的能量转换效率，仍略低于 N3 系列染料。有机染料还有香豆素类、多烯类、芴类、四氢喹啉类、三苯胺类、噻吩类等，某些代表性染料分子结构如图 4.7 所示。

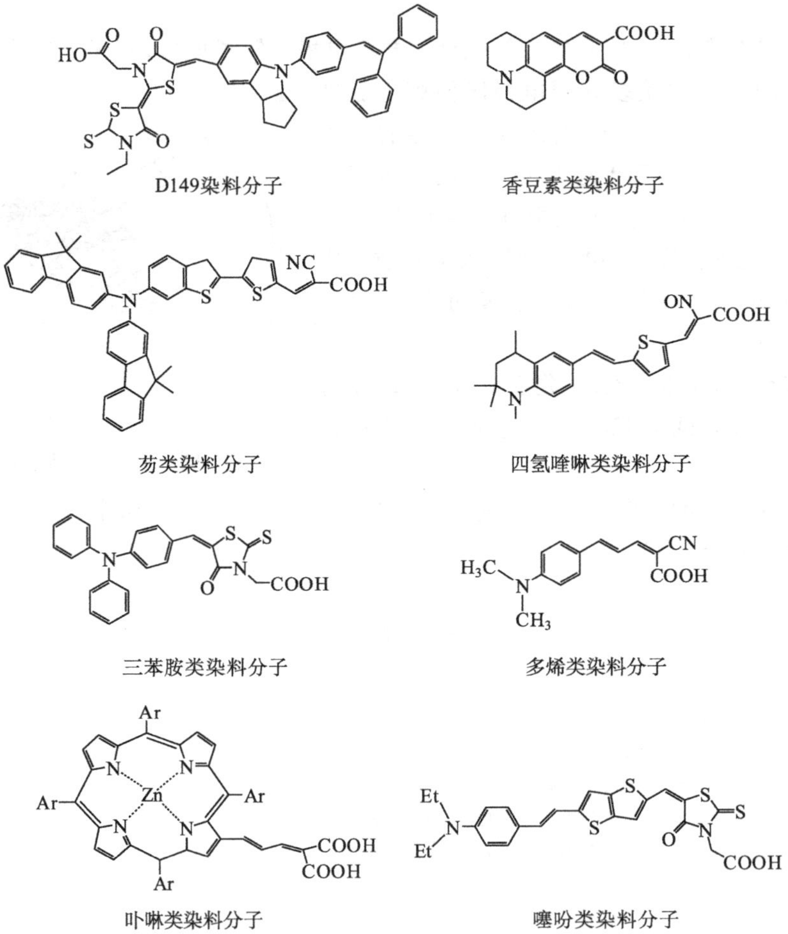

图 4.7　某些 DSSC 有机染料及配合物染料分子结构

纯有机染料敏化剂的研制过程中，人们在设计 D-π-A 型染料分子方面做了大量的工作。D-π-A 型染料是一些具有光诱导分子内电荷转移(PICT) 性质的电子供体、π 共轭体、电子受体(D-π-A) 组成的化合物。由于分子中电子供体部分与电子受体部分之间的电荷传输和分离会加速电子从染料分子到宽带隙半导体导带的注入，因此这些具有 PICT 性质的化合物成为制作 DSSCs 的理想染料。常用的电子供体材料有聚苯撑乙烯撑类、聚噻吩类、聚芴、聚苯胺、香豆素和低能带隙聚合物等。电子受体材料主要有富勒烯及其衍生物、酸酯、芳杂环类聚合物、梯形聚合物和碳纳米管等。通过调整电子供体、π 共轭体以及电子受体的分子结构，可以达到优化染料性能的目的。

(2) 大环类卟啉类及金属卟啉染料。卟啉由于在红外和近红外区没有吸收而不能与 N3 和黑色染料敏化剂相竞争，然而近期卟啉类染料性能有了新的突破。坎贝尔(Campbell)等合成了 6 种新型的卟啉敏化剂，芳基基团作为电子给体，丙二酸基团作为电子受体，其作为敏化剂基 DSSCs 的能量转换效率均高于 5%，其中最高达 7.1%。

(3) 过渡金属配合物。近年来，已发展了过渡金属配合物敏化半导体氧化物，或作为太阳能电池，或作为光催化材料。金属酞菁染料光敏剂是研究较多的一类敏化剂，已取得了相当的进展，厦门大学固体表面物理化学国家重点实验室万惠霖课题组研究了柠檬酸钛(Ⅳ)配合物作为敏化剂。目前公认的最好敏化剂“N3”就是过渡金属配合物 $RuL_2(NCS)_2$(L＝联吡啶)。

研究拓展课题建议

染料敏化半导体氧化物负极材料染料对半导体氧化物与染料的要求非常严格，一般要符合以下条件：

(1) 半导体电极表面有良好的吸附性，即能够快速达到吸附平衡，而且不易脱落。染料分子母体上一般应有易与纳米半导体表面结合的基团，如—COOH、—SO_3H、—PO_3H_2 等。

(2) 在可见光区有较强的、尽可能宽的吸收带。

(3) 其氧化态和激发态要有较高的稳定性。

(4) 激发态寿命足够长，且具有很高的电荷传输效率。

(5) 具有足够负的激发态氧化还原电势以保证染料激发态电子注入半导体导带。

(6) 在氧化还原过程(包括基态和激发态)中要有相对低的势垒，以便在初级和次级电子转移中的自由能损失最小。

根据上述要求，拓展研究建议从以下几个方面选题：

(1) 研究合成新的过渡金属有机配合物敏化剂。着力寻找低成本且性能优良的敏化配合物成为研究者首要考虑的因素，因为目前公认使用效果最好的 N3 系列染料的制备工艺比较复杂，钌本身是稀有金属，价格昂贵，来源也较困难，经济因素成为其实际应用的瓶颈。

(2) 研究合成新的有机染料敏化剂。在有机 DSSCs 研制过程中，染料敏化剂的光谱吸收特性和稳定性是很重要的因素。由于目前染料在紫外光区吸收很少，设计的 DSSCs 普遍存在太阳光利用率低的情况，若能找到具有更宽吸收范围的染料敏化剂，将有助于提高光电能量转换效率，但光生空穴的氧化能力会下降。如何平衡这一矛盾是研究者下一步努力的方向。TiO_2易使染料光解，从而导致接触不好，因此，设计稳定性高、更有效的染料成为当前研究的一个热点。

(3) 研究新型纳米氧化物半导体以及新型电解质电对物质。寻找纳米 TiO_2 以外的新的氧化物半导体，期望能够快速传导染料分子激发给出的电子；选择新的电解质电对，能使染料分子氧化型快速转变为中性态，并使电池效率最佳。

参考文献

李珺. 2003. 综合化学实验. 西安：西北大学出版社.

李磊. 2009. 金属卟啉敏化的纳米晶 TiO_2 太阳能电池的制作及其性能测试. 西安：西北大学 2005 级本科生毕业论文.

Chapin D M, Fuller C S, Pearson G L. A new silicon p-n junction photocell for converting solar radiation into electrical power. J Appl Phys, 25: 676-677.

Deng Y F, Zhang H L, Hong Q M, et al. 2007. Titanium-based mixed oxides from a series of titanium(Ⅳ)citrate complexes. Journal of Solid State Chemistry, 180: 3152-3159.

Hagfeldt A, Grätzel M. 1995. Light-induced redox reactions in nanocrystalline systems. Chem Rev, 95: 49.

Kelly C A, Meyer G J. 2001. Excited state processes at sensitized nanocrystalline thin film semiconductor interfaces. Coord Chem Rev, 211: 295.

Li B, Wang L, Kang B, et al. 2006. Review of recent progress in solid-state dye-sensitized solar cells. Solar Energy Materials and Solar Cells, 90(5): 549-573.

O'Regan B, Grätzel M. 1991. High-efficiency solar cell based on dye-sensitized colloidal TiO_2 films. Natrue, 353: 737-740.

Qin H, Wenger S, Xu M F, et al. 2008. An organic sensitizer with a pused dithienothiophene unit for efficient and stable dye-sensitized solar cells. J Am Chem Soc, 27: 1021.

Wang C, Yang G M, Li J, et al. 2009. Novel meso-substituted porphyrins: synthesis, characterization and photocatalytic activity of their TiO_2 tased composites. Dyes and Pigments, 80: 321-328.

第三节　纳米孔道材料的水热合成及其孔道功能化研究

研究课题背景

早在1756年人类就发现了天然沸石。但直到19世纪，人们才对天然沸石的微孔性质及其在吸附、离子交换等方面的性质有了一定的认识。20世纪40年代，人们成功地模仿天然沸石的生成环境，在水热条件下合成出首批低硅铝比的沸石分子筛，从而为分子筛工业与科学的发展奠定了科学基础。沸石分子筛以其奇妙的孔道结构特征、规整的孔道结构和一定的孔道体系所引起的分子择形性质，已用作催化材料、气体的分离与吸附材料和离子交换剂等，并广泛应用于石油与天然气加工、精细化工、环保与核废料处理等方面。但是，由于沸石的微孔将反应物的尺寸大小限制在约1.2 nm以下，各种孔道修饰改性等工作因而受到孔径尺寸的限制而无法实现。1992年，美国Mobil公司的科学家突破传统微孔沸石分子筛的合成方法，成功地合成了具有大的比表面积、孔道排列规则并可调节的有序介孔分子筛M41S(孔径为1.6～10 nm)，从而在分子筛发展史上翻开了崭新的一页。

介孔材料的结构

根据国际纯粹与应用化学联合会(IUPAC)对多孔材料的定义，按照多孔材料的孔径尺寸(d)可将其分为3类：$d<2$ nm，微孔材料(microporous material)；2 nm$<d<$50 nm，介孔材料(mesoporous material)；$d>$50 nm，大孔材料(macroporous material)。

早在20世纪70年代人们就已经开始了有序介孔分子筛的合成，只是1992年Mobil公司的MCM-41等介孔分子筛的报道才引起人们的广泛注意，并被认为是有序介孔材料合成的真正开始。M41S系列介孔分子筛包括六方相(MCM-41)、立方相(MCM-48)和层状结构(MCM-50)，其结构如图4.8所示。已经合成的有序介孔分子筛，按照化学组成不同，一般包括硅基和非硅组成两大类，具体如图4.9所示。MCM-41分子筛呈有序的"蜂巢状"多孔结构，即由一维线性孔道呈六方密堆积的阵列，其孔径可以在1.5～10 nm调节，且具有高比表面积、高空隙率，经过优化合成条件或后处理后，可具有很好的热稳定性。这些优异的结构特性使其在大分子催化、生物过程、选择吸附等领域具有广阔的应用前景。

介孔材料的合成机理

介孔材料的合成方法很多，主要有室温合成、微波合成、湿胶焙烧法和相转变法等。合

MCM-41　　MCM-48　　MCM-50

图 4.8 M41S 系列介孔分子筛结构简图

- 有序介孔材料 (ordered mesoporous)
  - 硅基 (silica basen)
    - 纯硅:MCM, SBA, MSU-n (silica)
    - 改性 (modified silica)
      - 掺杂:Al, Ti, V, Mn, Fe, B, Cu, Co, Ga, Zn, Cd (doped)
      - 有机分子修饰 organic molecular modified
        - 三甲氧基氯化硅烷(TMCS),
        - 3-巯丙基三甲氧基硅烷(TMMPS),
        - 磺酸化(sulfonic acid),
        - 乙烯基(vinyl)
      - 固载金属络合物 immobilization metal complexes
        - 全氟酞菁钌(PFRPC),
        - 金属卟啉(MPC),
        - 金属酞菁(metal phthalocyanine),T0P0-P204,
        - 联吡啶金属(metal bipyridine),
        - 邻菲咯啉金属(metal *o*-phenanthmline)
  - 非硅 (non-silicated)
    - 过渡金属氧化物 transition metal oxides
      - 氧化锆(ziroonia),氧化钛(titania),氧化锰(manganese oxide),
      - 氧化铌(niobium oxide),氧化钽(tantalum oxide)
    - 非氧化物 non-oxides
      - 磷酸盐 (phophate)
        - 磷酸钛(titanium oxophophate),磷酸铝(aluminophate),
        - 磷酸锆(zirconium phophate)
      - 硫族化合物 (chalcogenide)
        - $[SnSe+]^{4-}$,$[Ge+Q10]^{4-}$[Q=S,Se,T]$[Sm4Se10]^{4-}$,
        - 硫化锡(stannic sulfide),硫代锗酸盐(thiogermanate salts)
      - 介孔碳:CMK-1,CMK-2,CMK-3,CMK-4,CMK-5 (mesoporous carbon)

图 4.9 有序介孔材料的分类

TMCS=tri(metboxy) chlorosilane, TMMPS= tri(metboxy) mercaptopropylsilane, PFRPC=perfluorinated ruthenium phthalocyanine, MPC=metal porphyrin complexe, TOPO-204=tri(octyl) phosphorus oxide, CMK=ordered mesoporous carbon molecular sieves, MSU-n=Michigan State University No. n

成一般采用所谓的模板剂参与,合成得到的原粉必须除掉其中的模板剂,模板剂的脱除方法主要有高温灼烧、溶剂萃取、微波加热、超临界液体萃取以及使用 O_3、N_2O 或 NO_2 作为氧化剂氧化脱除等。

对于介孔结构的形成机理仍存在不少争论,已提出多种观点,但占主要地位的还是液晶模板机理(liquid-crystal templating,LCT),并探讨了 MCM-41、MCM-48、MCM-50 等合成过程中的液晶模板机理。图 4.10 为液晶模板机理的示意图。由图可见,硅酸盐和起模板剂作用的表面活性剂形成胶体溶液。表面活性剂在胶体溶液中形成胶束棒,硅酸盐围绕胶束棒成长,这些胶束棒排列成硅酸盐六边形核壳结构,煅烧后,脱除模板剂,就形成六边形孔道的 MCM-41 型介孔分子筛。

MCM-41 的化学修饰及其应用

介孔分子筛孔道表面存在游离的 Si—OH 基团。首先，根据制备条件不同，这些基团可以成为质子酸碱的活性中心，已广泛应用于工业生产，特别是作为催化剂或催化剂载体参与重油加工和大分子参加的有机反应；其次，可以在分子筛的骨架中引入杂原子，既可以调节质子酸碱强度，如 Al—Si—O 分子筛等，也可以由于引入杂原子不等价，新形成路易斯酸碱，即电子酸碱活性中心，增加材料对氧化还原反应的催化功能；第三，分子筛孔道表面的羟基具有良好的化学活性，可以通过羟基缩合反应，连接有机分子基团，使之具有配位性能，成为许多金属离子的吸附剂、捕获剂，在无机分离、吸附以及水体净化和环境污染处理过程中发挥重要作用，还可以成为有机反应的选择催化剂等。由此可见，利用化学修饰手段将无机半导体、有机化合物、金属配位化合物等物质引入其笼或通道内，或以其他金属氧化物部分取代其无机骨架，可以大大改善其性质，并形成优异的功能化介孔材料，从而拓展了介孔材料的应用前景。

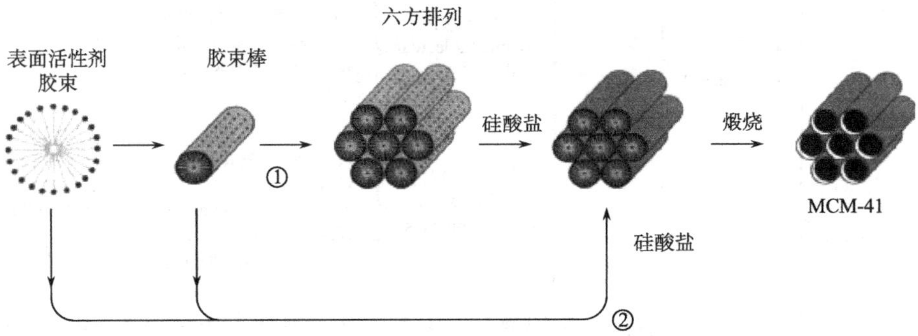

图 4.10　液晶模板作用合成介孔材料的机理示意图

课程示范实验

实验 41　MCM-41 型介孔分子筛的合成、孔道功能化与金属吸附性测定

实验目的与主要内容

MCM-41 型介孔筛孔具有孔道齐整、稳定性高等特点，并可以经过进一步孔道修饰，应用于催化和重金属离子吸附等方面。本示范实验项目采用碱法模板剂技术合成氧化硅基 MCM-41 型介孔分子筛，进一步在其表面键合形成含有—N，S 和—N，O 配位原子的有机基团，并进行过渡金属离子的吸附实验。通过该实验，学生了解液晶模板剂合成介孔分子筛的原理，熟悉其合成方法和技术，学会使用 X 射线粉末衍射、红外光谱、热分析等技术研究分子筛；通过重金属离子吸附实验，了解介孔分子筛的应用。

一、实验原理

硅氧基 MCM-41 型分子筛的合成，以十六烷基三甲基溴化胺(CTAB)为模板剂，加入硅源化合物，调节 pH，形成氧化硅凝胶，在水热条件下晶化而得到。根据需要，合成可在酸碱两种环境中进行。

(1) 碱法合成，以硅酸钠作硅源，用 H_2SO_4 溶液调 pH 为弱碱性，使硅酸钠水解形成凝胶，在模板剂存在下，于 130 ℃水热条件下晶化得到分子筛原粉，进一步高温脱除模板剂得到分子筛。

(2) 酸法合成。以正硅酸乙酯为硅源，用 HBr 酸调节 pH 为强酸性，水解形成凝胶，在模板剂存在下，于 50 ℃水热条件下晶化得到分子筛原粉，进一步高温脱除模板剂得到分子筛。

两种方法获得的分子筛原粉，酸法产品结晶度较高，而碱法产品活性较高，有利于后一步修饰。

MCM-41 型分子筛的孔道表面存在许多活性 Si—OH 基团，可通过其与某些有机化合物发生缩合反应，键合在孔道表面。这个过程称为孔道有机功能化。发生这种缩合反应的有机化合物，一般首先具有活泼氢，可与羟基缩合；其次，有机化合物为线形，有一定链长度，便于进入孔道内部；第三，有机化合物另一链端可以进一步与另一类有机化合物耦合，且能够增加新的功能基团，主要是金属配位功能基团。换言之，介孔分子筛的孔道修饰可以采用两个步骤，如图 4.11 所示。

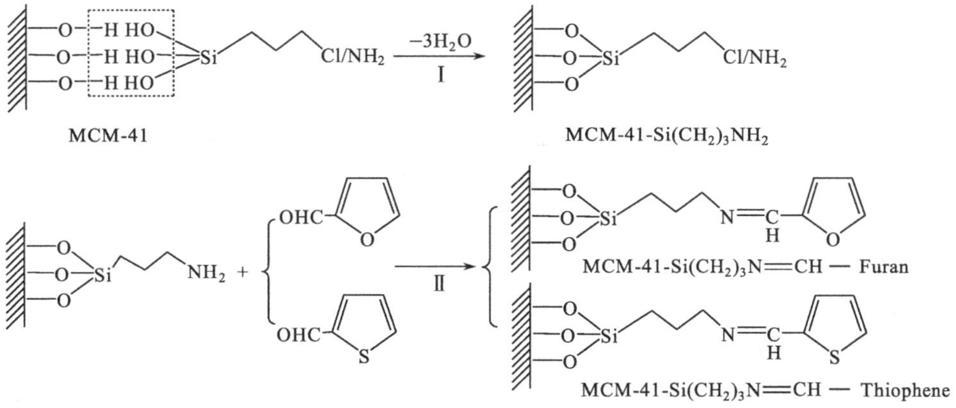

图 4.11　MCM-41 孔道键合席夫碱基团

在修饰Ⅰ中，可用的有机化合物有 $OHCH_2CH_2CH_2Cl$、$OHCH_2CH_2CH_2NH_2$ 等。本实验采用$(EtO)_3SiCH_2CH_2CH_2NH_2$。功能化产物的氨基既可以具有配位功能，也可以如图 4.11 所示，发生进一步反应。氨基和醛基发生缩合反应，形成含有"—N ═CH—"官能团的一大类化合物，称为席夫碱。由于其种类繁多，可以存在多种可以与过渡金属发生配位作用的 N、O、S 等原子，使得修饰后的介孔分子筛成为形成配合物以及金属离子吸附剂等的有重要应用价值的材料。

本实验第Ⅱ步采用 2-噻吩甲醛和 2-呋喃甲醛偶联修饰，产物成为含有—N,S 和—N,O 双齿螯合剂的金属吸附材料。使用合成修饰的材料，进行过渡金属离子 Cu(Ⅱ)、Fe(Ⅲ)、Ni(Ⅱ)、Cr(Ⅱ)、Pb(Ⅱ)和 Cd(Ⅱ)的吸附实验，探讨材料应用于这些金属离子废水的处理和净化。

二、仪器和试剂

1. 仪器

高温炉(800 ℃)，1 台；X 射线衍射仪，1 台；恒温干燥箱(室温至 300 ℃)，1 台；红外光谱仪,1台;30 mL不锈钢带衬套反应釜,2个;热分析仪,1台;索氏提取器,1个;三颈烧瓶,1只;冷凝管,1支;单颈烧瓶,1只;烧杯,若干。

2. 试剂

十六烷基三甲基溴化胺(A. R.),无水乙醇(A. R.),正硅酸乙酯(TEOS)(A. R.),乙醚(A. R.),$Na_2SiO_3 \cdot 9H_2O$ (A. R.),甲苯(A. R.),3-氨丙基三乙氧基硅烷(A. R.),二氯甲烷(A. R.),呋喃甲醛(A. R.),$CuCl_2$ 溶液,噻吩甲醛(A. R.),$FeCl_3$ 溶液,氢溴酸(A. R.),$ZnCl_2$ 溶液,5.0 mol·L^{-1} H_2SO_4 溶液,$CdCl_2$ 溶液,$Pb(NO_3)_2$ 溶液,$NiCl_2$ 溶液,0.01 mol·L^{-1} EDTA标准溶液。

三、实验步骤

1. MCM-41型介孔分子筛合成

1) 碱法合成

将25.0 g硅酸钠($Na_2SiO_3 \cdot 9H_2O$,$Na_2O : SiO_2 = 1.03 \pm 0.03$)加热溶解于50 mL蒸馏水中,用5 mol·$L^{-1}$ H_2SO_4 溶液调节pH为8~9,搅拌10 min,使溶液变为黏稠的透明凝胶状。加入十六烷基三甲基溴化胺(CTAB) 6.4 g,使合成物体系中各物质的物质的量比为 $SiO_2 : CTAB : H_2O = 1 : 0.2 : 40$,室温下搅拌0.5 h,形成白色凝胶状。将混合物放于反应釜中,130 ℃左右晶化72 h,冷却至室温后,布氏漏斗抽滤,蒸馏水洗去大量表面活性剂泡沫,烘干。由此得到的分子筛原粉在空气中于260 ℃焙烧2 h,再在540 ℃焙烧6 h,以除去表面活性剂。

2) 酸法合成

在50 ℃恒温下将CTAB 8.0 g溶于24 mL水中,加入氢溴酸,调至pH = 1左右,在强力搅拌下再加入40.0 g HBr,并缓慢滴入正硅酸乙酯15 mL,再加入40 mL蒸馏水,使合成体系中各物质的物质的量比为 $TEOS : CTAB : HBr : H_2O = 1 : 0.3 : 2.5 : 70$,在该温度下恒温搅拌30 h(晶化)后,50 ℃恒温静置6 h(老化),冷却至室温,抽滤,洗涤,烘干。最后将分子筛原粉在空气中,于260 ℃焙烧2 h,540 ℃焙烧6 h。

2. MCM-41型介孔分子筛的化学修饰

1) MCM-41-$Si(CH_2)_3NH_2$ 合成

将3.0 g煅烧过的MCM-41分子筛置于含60 mL甲苯溶剂的三颈烧瓶中,加入3.0 g 3-氨丙基三乙氧基硅烷[$(EtO)_3Si(CH_2)_3NH_2$],在 N_2 保护下,120 ℃回流搅拌反应12 h,冷却,过滤。然后将修饰的MCM-41-$Si(CH_2)_3NH_2$ 用滤纸包好,放入索氏提取器中,在圆底烧瓶中加入50 mL乙醚和二氯甲烷(体积比为1∶1)的混合溶液,回流洗涤2 h。最后在120 ℃干燥,即得白色产物MCM-41-$Si(CH_2)_3NH_2$。

2) MCM-41-$(CH_2)_3BS$ 合成

将1.0 g MCM-41-$Si(CH_2)_3NH_2$ 放入盛有60 mL无水乙醇的单颈烧瓶中,室温下搅拌,逐滴加入1 mmol呋喃甲醛或噻吩甲醛,反应24 h,然后过滤,并用无水乙醇洗涤未反应物,95 ℃空气中干燥,即得到浅黄色产物。

3. 合成产物的表征

(1) 制得的样品，采用X射线衍射仪(Cu靶，Kα辐射线，λ=0.154 18 nm，石墨单色器，管压40 kV，管流80 mA，扫描速度1.5°·min^{-1}，扫描范围2θ=2°～10°)测定其小角XRD图谱(图4.12)。

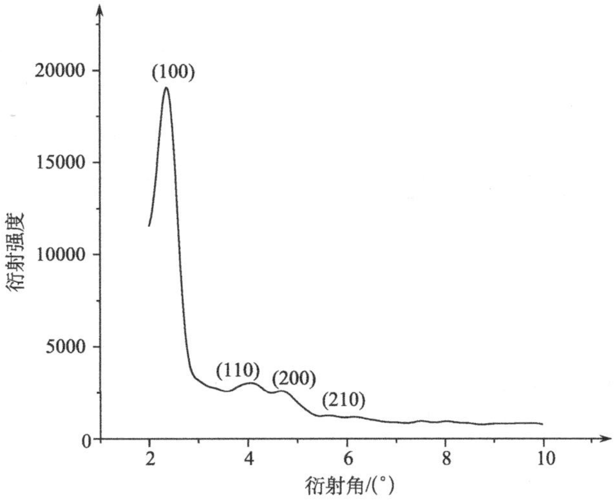

图4.12　MCM-41分子筛的XRD图

(2) 对修饰后产物进行红外光谱(KBr压片法)测定，热分析仪测定TG-DSC曲线(样品的质量为5 mg左右，在25～1000 ℃加热，升温速率为10 ℃·min^{-1}，氮气的流速为30 cm^3·min^{-1})。

4. 金属离子吸附性质测定

以键合席夫碱螯合剂的MCM-41分子筛作为溶液中单金属离子的捕获剂，配制0.1 mol·L^{-1}的Fe(Ⅲ)、Ni(Ⅱ)、Cu(Ⅱ)、Zn(Ⅱ)、Cd(Ⅱ)和Pb(Ⅱ)金属离子溶液。移取1.0 mL金属离子的溶液与9.0 mL不同pH的缓冲溶液，加二次蒸馏水定容到50 mL，再精确调溶液的pH，pH为1～7。分别将合成的金属捕获剂各30.0 mg加入上述溶液中，室温下搅拌30 min，达到吸附平衡。分离固相，用0.01 mol·L^{-1}的EDTA标准溶液滴定，或者用原子吸收光谱测定滤液中未被吸附的金属离子的含量。

四、实验结果和处理

(1) 根据XRD结果，对照文献，分析产物的结构；根据IR谱峰，分析修饰有机基团的键合结果，由热分析结果讨论修饰量。综合表征，给出实验结论。

(2) 计算两种修饰吸附剂对各种金属离子的吸附性能，绘制吸附量-pH曲线，讨论其影响因素和原因。

实验结果记录于下表：

离子	吸附剂 1						吸附剂 2					
	pH=1		pH=3		pH=5		pH=1		pH=3		pH=5	
	V	*n*	*V*	*n*	*V*	*n*	*V*	*n*	*V*	*n*	*V*	*n*
Cu(Ⅱ)												
Zn(Ⅱ)												
Cd(Ⅱ)												
Pb(Ⅱ)												
Fe(Ⅲ)												
Ni(Ⅱ)												

注：V 为滤液中滴定存留离子消耗 EDTA 的体积；n 为单位质量吸附剂吸附离子的量，单位为 $mmol \cdot g^{-1}$。

思 考 题

1. 查阅文献，讨论液晶模板原理中，模板剂的类型与电荷匹配之间的关系。
2. 讨论并推测吸附剂与金属离子可能的配位方式。
3. 要使吸附剂能够循环使用，需要洗脱吸附剂的金属离子，可选择哪些种类的洗脱剂？实验条件如何选择？

研究拓展

介孔分子筛由于其优良品质而具有广泛的应用领域，成为相关领域得以迅速发展的巨大推动力。介孔分子筛在分离提纯、生物材料、化学化工、催化、信息通信、环境、能源、新型组装材料等领域具有潜在的用途，尤其是介孔和大孔材料在生物化学，如蛋白质固定分离、生物芯片、生物传感器、药物的包埋和控释等方面具有广阔的应用前景。因此，介孔分子筛的研究和发展显然源自应用目标，设计合成功能化、大孔径、多维孔道结构的分子筛。基于这样的指导思想，建议选题方向如下：

(1) 根据用途，继续发展硅氧基、铝硅氧基新型孔道结构的分子筛，还可以发展非硅铝氧基类型，如钛氧基、钒氧基等。

(2) 合成含有杂原子的硅氧基及硅铝氧基可控制孔道类型和尺寸的分子筛，增强电子酸碱功能。

(3) 除了广泛应用的水热合成，还可以研究其他新合成技术，推进合成产物结构和性能的优化。为了后一步修饰过程，研究模板剂新型脱除技术，以期获得高表面活性的介孔分子筛。

(4) 开展孔道表面键合功能基团的修饰研究。键合金属螯合基团，用于实现金属分离和水体净化；键合半导体氧化物，用作催化剂；键合荧光基团，用作发光材料载体等。

总之，介孔分子筛材料发展沿着新型孔道类型以及现有孔道表面改性两个方向延伸，同时要对材料的应用，特别是石油化工和有机合成的择向催化予以更大的关注，扩展材料的实际应用；在研究思想上，更多关注设计合成，建立材料库，总结形成介孔分子筛的结构-性能关联规律，使合成材料的孔道类型和尺寸变得更加可控制、可设计。

参 考 文 献

霍涌前，李珺，李菲，等. 2003. MCM-41 型介孔分子筛的合成及其化学修饰. 西北大学学报(自然科学版)，33(1)：57-60.

贾雪平,杨春,何农跃,等. 2001. 酸性条件下纯硅六方介孔分子筛合成(Ⅰ)样品表征及酸介质的影响. 无机化学学报, 17(2): 249-255.
焦华. 2005. MCM-41型介孔分子筛的表面修饰及吸附性能研究. 西安:西北大学硕士学位论文.
焦华,李珺,张逢星. 2007. 有序介孔分子筛MCM-41的研究进展. 西北大学学报(自然科学网络版),5(3):0276.
Agger J R, Anderson M W, Pemble M E, et al. 1998. Growth of quantum-confined indium phosphide inside MCM-41. J Phys Chem B, 102(18): 3345-3353.
Aronson B J, Blanford C F, Stein A. 1997. Solution-phase grafting of titanium dioxide onto the pore surface of mesoporous silicates: synthesis and structural characterization. Chem Mater, 9(12): 2842-2851.
Beck J S, Vatrtuli J C, Roth W J, et al. 1992. A new family of mesoporous molecular sieves prepared with liquid crystal templates. J Am Chem Soc, 114: 10834-10843.
Dirrenzo F, Cambon H, Dutartre R. 1997. A 28-year -old synthesis of micelle-templated mesoporous silica. Microporous Mater,10: 283-286.
Goltner C G, Antonietti M. 1997. Mesoporous materials by templating of liquid crystalline phases. Adv Mater, 9: 431.
Goltner C G, Henks S,Weisseberger M C, et al. 1998. Mesoporous silica from lyotropic liquid crystal polymer templates. Angew Chem Int Ed,37: 613-616.
Hideaki Y, Toshiyuk Y, Takashi T. 2003. Adsorption behavior of arsenate at transition metal cations captured by amino-functionalized mesoporous silicas. Chem Mater, 15(8): 1713-1721.
Hirai T, Okuba H, Komasawa I. 1999. Size-selective incorporation of Cd-Se nanoparticles into mesoporous silica. J Phys Chem B,103(21): 4228-4230.
Kozhevnikovo I V, Sinnerma A, Jansen R J J, et al. 1995. New acid catalyst comprising heteropoly acid on a mesoporous molecular-sieve MCM-41. Catal Lett, 30: 241-252.
Kresge C T, Lenowiczme Rothw J,et al. 1992. Ordered mesoporous molecular sieve sunthesized by liquid crystal temp late mechanism. Nature,359: 710-712.
Maschmeyer T, Rev F, Snkar G, et al. 1995. Heterogeneous catalysts obtained by grafting metallocene complexes onto mesoporous silica. Nature,378: 159-162.
Robert T I N, Mohan K, Gordon K, et al. 2001. Heavy metal remediation using functionalized mesoporous silicas with controlled macrostructure. Langmuir, 17(2): 528-533.
Rouquerol J, Avnir D, Fairbridge C W, et al. 1944. Recommendations for the characterization of porous solids. Pure Appl Chem, 66: 1739-1742.

第四节　纳米氧化物催化剂的合成、性能与应用研究

研究课题背景

纳米催化剂的特性与类型

纳米催化剂具有与块体材料不同的特殊性质,主要表现在:

(1) 表面效应。表面效应包括颗粒尺寸、比表面积、孔径尺寸及其分布等参数。表面原子数剧烈增多,造成表面原子的配位数严重不足,出现不饱和键以及表面缺陷增加,同时还会引起表面张力增大,使表面原子稳定性降低,极易结合其他原子来降低表面张力,从而产生不同的吸附态,显示出不同的催化活性。

(2) 体积效应。当纳米颗粒的尺寸与传导电子的德布罗意波长相当或比其更小时,晶态材料周期性的边界条件被破坏,非晶态纳米颗粒的表面附近原子密度减小,使得其在光、电、声、力 、热、磁、内压、化学活性和催化活性等方面都较普通颗粒相发生很大变化。

(3) 量子尺寸效应。当纳米颗粒尺寸下降到一定值时,可使纳米颗粒具有较突出的光学非线性、特异催化活性等性质,可以有效地增强纳米半导体催化剂的光催化效率。

纳米催化剂可以划分为负载型和非负载型两个大类，每一类又可按照其化学属性分为金属型和金属氧化物型。表 4.2 给出了纳米催化剂的分类。

表 4.2　纳米催化剂的分类

负载型	金属纳米催化剂	贵金属	过渡金属
	金属氧化物纳米催化剂		
	金属配合物/分子筛复合催化剂		
非负载型	金属纳米催化剂	贵金属	过渡金属
		合金	金属簇
	金属氧化物纳米催化剂	主族金属氧化物	过渡金属氧化物
		稀土金属氧化物	金属复合氧化物
	纳米分子筛催化剂		
	纳米膜催化剂		
	生物纳米催化剂		

纳米氧化物催化剂具有广泛的应用领域，最为突出的表现在工业生产、合成化学以及环境保护与新能源方面：

(1) 工业氧化还原催化反应过程。其耐热性和抗毒化性能显著提高，同时还具有一定的光敏和热敏性能。例如，磁性纳米固体酸催化剂 $SO_4^{2-}/TiO_2\text{-}Fe_3O_4$ 广泛应用于烯烃双键异构化、烷烃骨架异构化、烯烃烷基化、煤液化及酯化等反应。

(2) 环境保护领域。例如，MnO_x/ZrO_2 纳米催化剂在催化还原 NO 反应中表现出较高的活性；纳米 Fe，$Ni/\gamma\text{-}Al_2O_3$ 混合轻烧结体具有极强的氧化还原性能，完全可以代替贵金属作为汽车尾气净化催化剂；纳米 TiO_2 或其染料敏化催化剂用于水体有机酚类化合物的深度氧化以及光催化制氢、太阳能电池等新能源发展。

纳米氧化物催化剂的合成方法

由于纳米氧化物在催化和材料诸多领域均有应用，其合成方法近年来发展迅速。各种方法各有特色。表 4.3 中给出了这些方法的原理及代表性示例。

表 4.3　纳米氧化物的制备方法原理及代表性示例

方法	基本原理	代表示例
溶胶-凝胶法	凝胶法是将硅氧烷或金属盐等在溶液中水解、缩合成溶胶液，然后加热除去溶剂而转化成凝胶，最终制得固体氧化物或其他固体化合物	钛酸丁酯醇解制备 TiO_2
水解法	在高温下先将金属盐的溶液充分水解，生成水合氧化物或氢氧化物沉淀，再加热分解得到氧化物纳米粒子	$Fe(NO_3)_3$ 或 $FeCl_3$ 水溶液 100 ℃水解制备 $\alpha\text{-}Fe_2O_3$，$TiCl_4$ 水解制备 TiO_2
水热合成法	无或加入表面活性剂作为模板剂，通过控制晶化条件，如 pH、温度、时间以及前驱体的结构，形成特定几何结构的金属氧化物纳米粒子	Al_2O_3、ZnO、Fe_2O_3、MnO_2、CeO_2、ZrO_2、TiO_2

续表

方法	基本原理	代表示例
微乳法	利用两种互不相溶的溶剂，在表面活性剂的作用下形成剂量小溶剂被包裹在剂量大溶剂中的许多微泡。微泡中发生成核、生长、凝结和团聚等过程，制备粒径小、单分散性好的粒子	TiO_2、ZnO、Fe_2O_3
沉淀法	利用可溶性盐溶液与沉淀剂反应得到难溶沉淀前驱物，进一步热分解得到纳米粒子。有均匀沉淀和直接沉淀法	Fe_2O_3、ZnO
固相反应法	用固相化学反应首先制备前驱体，然后在一定条件下热分解，从而制得纳米材料	Bi_2O_3、MnO_2
超临界干燥法	溶胶-凝胶法后期，对凝胶采用超临界干燥加热，可制得多孔和高比表面积的金属氧化物与混合金属氧化物	Cr_2O_3、MgO、CaO、ZnO 、Fe_2O_3
热分解法	化学气相沉积法(CVD)，利用沉淀法首先制备前躯体，然后在不同温度下分解，制备超细粒子	前躯体 $Zn_5(CO_3)_2(OH)_6$ 在不同温度下分解制备一系列 ZnO 超细粒子

催化剂的表征技术

催化剂的研究始终遵循组成-结构-催化性能之间的关系。因此，催化剂的表征与评价在催化剂研究中与合成制备同样重要。催化剂的表征与评价分为以下几个层次：

(1) 催化剂的静态表征，包括催化剂的基本结构组成、体相组成、表面组成及结合方式，检测催化剂表面结构、体相结构、微孔结构及其分布特征等。

(2) 催化剂的原位表征，包括催化剂的活性中心(相)结构、活性中间体结构与性能；揭示催化剂失活规律，提高催化剂的预期寿命；反应过程中催化剂结构与性能的变化，以及产物组成的变化，探讨催化反应机理。

(3) 催化剂性能评价，评价的目的是为了揭示催化剂对某些反应物、产物选择性的转化与生成的本质，改进催化剂的性能。评价包括测试其微观反应动力学特征，与催化剂反应中间体结构关联，揭示催化反应的本质；评价其宏观反应动力学特征，为催化剂工程应用奠定基础，为催化剂反应工艺、催化反应器的设计提供依据；最后，综合催化剂表征、反应动力学特征，建立催化反应理论，指导催化剂的合成与改进，提高催化反应的效率。

作为固体材料的现代表征技术，在第三章中已经给出了各种现代测试技术和仪器的应用范围。但就催化剂而言，主要表征内容有以下三个方面：

(1) 催化剂粒度及其粒度分布。纳米催化剂的粒度对反应性影响甚大，准确地测量纳米粒子的尺度大小及其粒度分布是催化剂表征的重要内容之一。可用于粒度分析的手段常用的有透射电镜(TEM)法、X 射线衍射线宽法、比表面法、X 射线小角散射法。

透射电镜法：利用透射电镜法可以直观测试纳米粒子的粒度大小及其分布，还可以同时得到如形状、微孔结构、表面形貌及其表面纹理等精细结构信息。

X 射线衍射线宽法：XRD 法是最典型的表征粉体材料体相结构特性的手段，可以利用谢勒(Scherrer)公式：

$$D = 0.89\lambda/(B\cos\theta) \tag{4.9}$$

式中，λ 为 X 射线波长(1.540 56 Å)；B 为衍射峰半高宽；θ 为衍射角。

外延 X 射线吸收精细结构(EXAFS)：EXAFS 是以 X 射线散射现象为基础建立的，仅仅是反映物质内部吸收原子周围很有限的短程有序结构的一种新的检测技术。它可以反映固体材料的局部或体相性质，既适合于晶形物质，更适合于非晶态物质，由于其易于进行原位考察，因此是研究催化剂、生物大分子的理想手段。

(2) 纳米催化剂表面表征技术。多相催化实质上是一种界面反应过程。而对于表面更发达的纳米尺度催化剂、纳米结构催化剂来说，界面作用显得更为突出。要了解这类催化剂上催化转化的本质，以便开发新的催化剂，就必须对其表面结构、表面活性位结构以及表面反应中间体的结构进行系统表征。除了利用现代仪器观察测定表面精细结构外，常用化学吸附法测定催化剂的比表面积以及粒度。目前，已有比表面测定仪商品，实验室常用的国产仪器为ST-03比表面测定仪。

(3) 催化性能表征技术。纳米催化剂的应用最终归结到对某个或某一类反应的催化性能。一般性能测试，对于不同类型的反应，设计不同的反应器和检测手段。例如，对于有机化学反应，可设计成微反应装置，将产物导入气相色谱仪系统，可在线实现反应监测；对于无机化学溶液反应，可以定时取出反应液，冻结反应后，进行化学分析或仪器分析；某些反应，也可以连接分析仪器，在线分析。

课题示范实验

实验42 γ-Al_2O_3 催化剂的凝胶法制备及其性能测定

实验目的与主要内容

活性高的 γ-Al_2O_3 有极其广泛的应用，主要表现在吸附作用、酸碱催化作用以及许多活性离子或分子的载体。本示范实验项目旨在对学生进行催化剂合成、表征和反应性能测定评价的程序化训练。通过实验，使学生掌握溶胶-凝胶法(sol-gel 法)制备 γ-Al_2O_3 超细粉体的操作，学会氧化物催化剂成型技术；了解并熟悉 BET 法测定比表面操作技术和微反应系统评价催化剂方法。

一、实验原理

γ-Al_2O_3 就是通常所说的活性氧化铝，有时也将 χ、η 和 γ 型氧化铝的混合物概括为活性氧化铝。其属于尖晶石型结构，在自然界中并不存在，一般在实验室制备，形成温度较低，粉体颗粒的粒径很小，尤其采用纳米技术制得的颗粒粒度可在数个到数十个纳米，因而拥有巨大的比表面积，可达 1000 $m^2 \cdot g^{-1}$ 以上。这些性质使得 γ-Al_2O_3 具有非常广泛的用途，可用作吸附剂、干燥剂、催化剂和催化剂载体等。例如，γ-Al_2O_3 广泛应用于石油炼制和石油化工工业中，如加氢精制、重整的催化剂载体等；在乙醇脱水制乙烯、三聚氰胺的制备中也使用 γ-Al_2O_3 作为催化剂。

纳米氧化铝的制造方法大致分为物理方法和化学方法两类，化学方法一般都是"由下至上"，即是通过液相反应、气相反应或固相反应，从原子、分子出发，合成纳米材料。在纳米氧化铝制备中，湿化学合成法发挥了特殊的作用，液相法是目前实验室和工业上最为广泛采用的合成超微粉体材料的方法。在湿化学纳米氧化物制备技术快速发展和应用的同时，高分子金属配合物前驱体热解技术的采用，也发展成了一项金属氧化物纳米粉体制备新工艺。

液相法有酸中和法、碱中和法、铝凝胶法和醇铝水解法等。本实验采用酸中和法制得薄水铝石，再加热脱水得到γ-Al_2O_3。制备γ-Al_2O_3的工艺流程及其相关化学反应如图4.13所示。制备不同形态的氧化铝，其影响因素很多，既取决于起始氢氧化铝的形态，又取决于中间氢氧化铝凝胶的加热脱水温度。酸化中和法制备氢氧化铝凝胶时，根据控制条件不同，其产物可以是胶体氢氧化铝、薄水铝石（$Al_2O_3 \cdot H_2O$）和湃铝石（$Al_2O_3 \cdot 3H_2O$）等。本实验制备γ-Al_2O_3的起始原料要求为薄水铝石，反应的主要影响因素是酸化中和的pH、温度和时间。实验三个关键步骤的条件控制讨论如下。

1）酸化中和

反应的pH对氢氧化铝的晶形影响起主导作用，pH＜9易生成胶体；pH＞8.0，尤其是大于8.5时，易生成湃铝石。反应温度太低，不易生胶，结晶状态亦很差；反应温度过高，易使氢氧化铝一水化合物向三水化合物转化，并使产品的堆积密度变小。另外，在45～50 ℃下反应时间过长，将影响成型产品和强度。

2）浆化洗涤

加适量稀氨水调节溶液的pH，作用是使凝胶易过滤，减少损失，并有助于保持一水合晶态。

3）加热脱水

随加热温度的不同会生成不同形态的氧化铝，其过程如下：

$$\text{薄水铝石}(Al_2O_3 \cdot H_2O) \xrightarrow{450\ ℃} \gamma\text{-}Al_2O_3 \xrightarrow{600\ ℃} \delta\text{-}Al_2O_3$$
$$\xrightarrow{1050\ ℃} \theta\text{-}Al_2O_3 \xrightarrow{1200\ ℃} \alpha\text{-}Al_2O_3$$

要使薄水铝石加热分解的直接产物是γ-Al_2O_3，加热温度是450～600 ℃。薄水铝石的脱水顺序受结晶度的影响，当结晶度较差时，会使δ-Al_2O_3推迟生成或者不生成，从而扩大γ-Al_2O_3的存在温度范围。

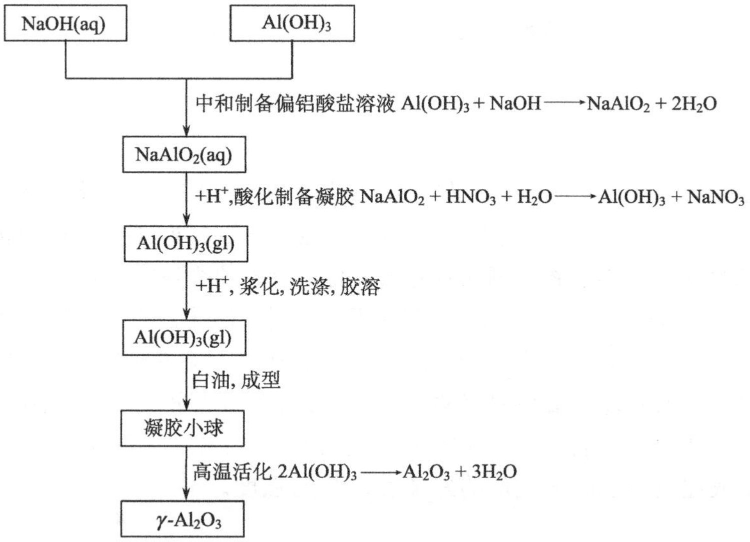

图4.13　制备γ-Al_2O_3的工艺流程及其相关化学反应

催化剂反应性能评价，采取微反应装置，产物经由气相色谱仪检测。

二、仪器和试剂

1. 仪器

400 mL 烧杯,2 只;比表面测定仪,1 台;250 mL 烧杯,2 只;微反应装置(含色谱检测),1 套;100 mL 量筒,2 支;马弗炉,1 台;精密 pH 试纸;控温仪,1 台;坩埚,1 个;电动搅拌器,1 台;抽滤装置,1 套;电炉,1 只;蒸馏装置,1 套;管式电炉(立式),1 台;红外光谱仪(液体样品槽),1 台;折光仪,1 台。

2. 试剂

氢氧化钠(A. R.),甘油(A. R.),氢氧化铝(A. R.),白油(工业油),稀氨水(A. R.),正辛醇(A. R.),浓硝酸(A. R.)。

三、实验步骤

1. 凝胶的制备

1) 偏铝酸钠的制备

将 2.5 g NaOH 加入干净的 100 mL 烧杯中,并用 15 mL 去离子水溶解,在电炉上加热沸腾,然后在搅拌下缓缓加入 3 g $Al(OH)_3$,保持沸腾搅拌反应约 1 h,使 $Al(OH)_3$ 溶解反应完全。在反应过程中,应随时补充去离子水,保持溶液体积在 15～20 mL,反应温度维持在 100 ℃左右。冷却后,用布氏漏斗抽滤,滤去少许未反应的 $Al(OH)_3$,得到偏铝酸钠溶液。

2) 酸化中和制备凝胶

在 100 mL 烧杯中加入 5 mL 去离子水,加热至 50 ℃左右,然后在搅拌下将上面制得的 $NaAlO_2$ 溶液和 5～7 mL 6.3 mol · L^{-1} HNO_3 均匀地倒入烧杯中,当混合均匀后,马上用精密 pH 试纸测定反应液的 pH,保持其 pH 在 7.2～8.0,加热搅拌 0.5 h,反应温度控制在45～50 ℃。

2. 浆化洗涤和胶溶

将以上制备的氢氧化铝凝胶及时用布氏漏斗抽滤,弃去母液,然后将氢氧化铝凝胶转移到 100 mL 烧杯中。取另一只 100 mL 烧杯加入 20 mL 去离子水,再加入适量的稀氨水,使 pH＝7.2～8.0,并加热到 40 ℃,然后将其倒入装有氢氧化铝凝胶的烧杯中,加热搅拌 5 min,维持温度在 35～45 ℃,使杂质 Na^+ 、NO_3^- 充分溶解,而后用布氏漏斗趁热抽滤,再如此浆化洗涤 2～3 次。

在盛有浆化洗涤后得到的氢氧化铝凝胶的烧杯中加入 0.5～1.5 mL 6.3 mol · L^{-1} 的 HNO_3,强烈搅拌 45 min,打成很细的流动性较好的浆液(胶溶液)。在胶溶时,HNO_3 的用量主要视浆液的流动性而定,若过滤得到的氢氧化铝凝胶比较干则可多加一些 HNO_3。这里 HNO_3 用量不足或过量均会影响成球的好坏和产品的强度。

3. 成型和活化

1) 成型

取一支 100 mL 的量筒,加入 30 mL 5.6 mL · L^{-1}的氨水和 1 mL 甘油,混匀,再在面上加 15 mL 白油,做成一支简单的油成型柱,用一干净滴管向油成型柱中不断地滴加上面制得的胶溶液，滴入的胶溶液成圆球状沉入量筒底部，滴加完毕后，倾去量筒里的上层液体(白油可回收利用)，将量筒底部的球状氢氧化铝用布氏漏斗滤去其余液体，然后将氢氧化铝小球移入有柄瓷蒸发皿中备活化用。

2) 活化

放置一天后，将蒸发皿放入高温马弗炉中，逐渐升温至(520±10) ℃，在该温度下保温活化 1.5 h，即可得到最终产品 γ-Al_2O_3。

4. 用 BET 法测定 γ-Al_2O_3 的比表面

γ-Al_2O_3 是一种多孔形物质。薄水铝石脱水活化中，当活化温度提高到 400 ℃时开始分解，生成微孔，比表面随之增大，到 500 ℃时达到最大值，超过 500 ℃微孔逐渐消失，比表面也大为减少，因此，活化温度绝对不能超过 550 ℃。产品 γ-Al_2O_3 的比表面积要求在 200～300 $m^2 \cdot g^{-1}$。本实验采用 ST-03 比表面计测定比表面积。

5. γ-Al_2O_3 质量的差热分析鉴定

制备氢氧化铝凝胶时，由于操作条件不同，也会生成湃铝石，而湃铝石加热脱水基本上只能获得 η-Al_2O_3。其脱水顺序如下：

$$\text{湃铝石} \xrightarrow{230\ ℃} \eta\text{-}Al_2O_3 \xrightarrow{850\ ℃} \theta\text{-}Al_2O_3 \xrightarrow{1200\ ℃} \alpha\text{-}Al_2O_3$$

因此，由差热分析图谱可以定性判断产物中湃铝石的生成量，从而判断产品的质量好坏。本实验即采用此法。

6. γ-Al_2O_3 催化性能的应用

实验采用如图 4.14 所示实验装置，并使用自己制备的 γ-Al_2O_3 作为催化剂，催化下列有机化学反应：

$$CH_3(CH_2)_6CH_2OH \xrightarrow[300\ ℃]{\gamma\text{-}Al_2O_3} CH_3(CH_2)_6CH{=}CH_2 + H_2O$$

(1) 在反应管底部装少量玻璃纤维，其上装入上述实验制得的活化了的 γ-Al_2O_3 6～7 g。

(2) 按图 4.14 装配好反应装置，并检查气漏性。

(3) 在滴液漏斗中加入 10 mL 正辛醇，开启冷凝水，加热；管式电炉升温至 300 ℃时，开始滴加正辛醇，滴加速率约为 10 滴 · min^{-1}。

(4) 滴加完毕后待 5 min 左右，将粗产品中的水层分出，油层水洗，加少量无水氯化钙干燥。

(5) 将干燥后的粗产品常压蒸馏，收取 120～123 ℃的馏分。

(6) 将产品称量，计算正辛醇的转化率；测定产品的折光率和红外光谱等，鉴定产品的纯度(正辛醇，无色透明液体，沸点 121.3 ℃，$d_4^{20} = 0.7149$，$n_D^{20} = 1.4087$)。

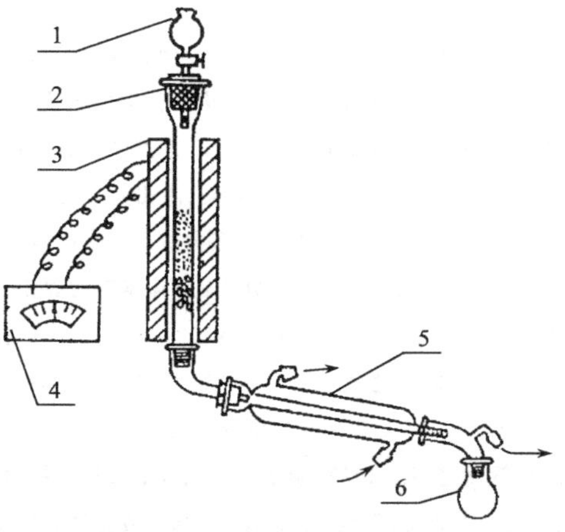

图 4.14　催化反应装置

1. 滴液漏斗；2. 硬质玻璃反应管；3. 管式电炉；4. 温度控制仪；5. 冷凝管；6. 产品接收器

思考题

1. 查阅文献，找出氮吸附法测定多孔物质比表面积的原理和步骤，指出该法的范围。
2. 查阅文献，指出 γ-Al_2O_3 的晶体结构。

研究拓展

纳米氧化物除了用作具有一定化学功能的催化剂材料之外，还有着其他更为广泛的应用。例如，日常生活中，用作纺织品防静电、防紫外线和防雨的涂覆材料，用作具有特殊声、光、电、磁等性质的功能材料等。有关纳米氧化物的研究课题非常广泛，建议选题从以下几个方面着手：

(1) 旨在发展新的纳米氧化物合成技术，针对主族金属氧化物、过渡金属氧化物以及稀土金属氧化物，研究可控制粒度和形貌结构的合成技术。

(2) 旨在发展多元金属复合氧化物合成技术，针对二元、三元金属氧化物，研究均匀组成、具有特定结构相且组成计量的复合氧化物材料，尤其针对介电材料、超导材料以及快离子导体研发新的材料。

(3) 旨在发展超微器件，针对纳米管、纳米线，合成发展新的材料相。

(4) 旨在扩展纳米氧化物功能，针对氧化物纳米簇表面化学修饰开展工作，包括纯有机化合物修饰以及有机-无机配位化合物或复合物修饰，在单分子层修饰技术上有突破。

(5) 旨在改善功能无机材料的性能，针对掺杂无机功能材料的均匀掺杂，开展设计合成新技术研究。

尽管研究课题的可选性范围很宽，具体选题时，要有明确针对性，善于总结文献，在研究的高起点上，设计研究核心内容，力争有大的突破，有切实的研究方案，有明确的应用目的。

参考文献

陈龙武，甘礼华，岳天仪，等. 1994. 微乳液反应法制备 α-Fe_2O_3 超细粒子的研究. 物理化学学报，10(8)：750.

大学化学实验改革课题. 1990. 大学化学新实验. 杭州：浙江大学出版社.

董国义，葛世艳，韦志仁，等. 2004. 水热法 α-Al_2O_3 自发结晶和形态控制. 人工晶体学报，33(3)：380-383.

李珺. 2003. 综合化学实验. 西安：西北大学出版社.

李敏，崔屾. 2006. 纳米催化剂研究进展. 材料导报，20：8-19.

李清文，李娟，夏熙. 1999. 纳米 Bi_2O_3 微粒的固相合成及其电化学性能的研究. 化学学报，57：491- 495.

李汶军，施尔畏，王步国，等. 1998. 水热法制备氧化锌粉体. 无机材料学报，13(1)：27-32.

李亚栋，李成韦，李龙泉，等. 1997. γ-MnO_2 纳米晶的水热合成及表征. 高等学校化学学报，18：1436-1437.

吕玉光. 2005. 如何用现代仪器表征纳米催化剂. 现代仪器，3：5-8.

施利毅，胡萤玉. 1999. 微乳反应法合成二氧化钛超细粒子. 功能材料，30(5)：495- 497.

王文进，方奕文，郭锐华. 2006. 纳米粒度金属氧化物催化剂制备方法的研究进展. 工业催化，14(5)：1-8.

张敬畅，李青，曹维良. 2003. 超临界流体干燥法制备纳米 TiO_2-ZnO 复合催化剂及其对苯酚降解的光催化性能. 催化学报，24(11)：831-834.

张青红，高濂，郭景坤. 2000. 四氯化钛水解法制备纳米氧化钛超细粉体. 无机材料学报，15(1)：21-25.

张绍岩，丁士文，刘淑娟，等. 2002. 均相沉淀法合成纳米 ZnO 及其光催化性能研究. 化学学报，60(7)：1225-1229.

第五节　功能配合物化合物的合成与性能研究

研究课题背景

在第三章第五节中，已简单介绍过功能材料，其中多数属于无机功能材料。近几十年来，又发展了一类所谓“分子功能材料”，如人们熟知的导电高分子聚乙烯咔唑与聚噻吩以及碳纳米管等。而人们熟知的配位化合物是由金属离子（原子）与无机或有机配体所组成的配位化合物（简称配合物），它们兼有无机化合物和有机化合物的特性，特别是其中金属离子含有的 d 或 f 电子轨道所引入的新奇价键特性和有机配体所导致的花样繁多的空间结构，使得它们在分子材料领域崭露头角。以配合物作为分子基块所组装的分子材料，将具有更为丰富的光、电、热、磁特性。通常人们将这种具有光、电、热、磁等物理功能的配合物称为功能配合物。以功能配合物为结构单元的分子材料，具有如下三个特点：

(1) 与金属材料和无机非金属材料依赖晶格能的空间堆积机理不同，分子材料是以分子为结构单元，通过非共价键作用，如氢键、π-π 键、静电作用、范德华力等弱相互作用和/或配位键构筑的固体材料。而近几十年来发展的超分子化学成为分子材料构建的有力手段。

(2) 功能配合物不仅在催化合成、分析分离、湿法冶金和环境保护等传统化学领域继续发挥作用，而且在涉及金属酶模拟、金属配合物药物、生物识别和生物芯片、仿生传感等生命科学领域也日显非凡作用，更为令人惊叹的是它们在分子水平上发挥功能的分子器件，包括分子导线、分子开关、分子存储器以及分子马达等组装的系统中，有着独特的前景。

(3) 人们可以实现分子的设计合成，且可以通过分子的剪裁，方便实现通过分子组成和结构改变来调节其性能，以实现材料更多和更新的功能。因此，功能配合物是联系分子材料的重要通道。

表 4.4 给出了功能配位化合物类型、设计原理以及典型示例。

表 4.4　功能配位化合物类型、设计原理以及典型示例

类型	类型设计原理	典型示例
磁性配合物	中心金属具有顺磁性，桥联配体（氰根、叠氮离子）构成多维结构，并实现铁磁耦合；中心金属和有机自由基具有顺磁性，构成多维结构，并实现铁磁耦合	$CsNi[Cr(CN)_6]_2 \cdot H_2O$、$[Mn(N_3)_2(pzdo)]$（pzdo＝二氧吡嗪）、$[CuCl_2(\cdot NO\text{-}py)_2]_2$（py＝吡啶）
分子导体	金属离子与负电子有机配体形成电荷转移型配合物，平面分子堆积形成载流子导带	$Z[M(dmit)_2]_2$[Z＝闭壳层阳离子，M＝Ni，Pd，dmit＝$(C_3S_5)^{2-}$]
分子开关	具有双稳定态的配合物，受到外界光、电、磁、酸碱度触发，实现信息传输的开关功能	光诱导开关、联吡啶-环糊精主客体配合物
分子存储器	具有双稳定态的配合物，在电场作用下，实现信息写入功能	卟啉-酞菁-铕“三明治”夹心结构
发光配合物	受光照、外加电场或电子束轰击，发光配合物部分能量以光的形式释放出来	OLED，Alq_3，$Eu(TTA)_3$

课题示范实验

实验43　过渡金属配合物的合成和表征

实验目的与主要内容

配合物已成为化学研究中课题最为广泛，应用前景极为广阔，且与材料、生命等学科联系极为紧密的领域之一。本示范实验项目是以未知配位化合物的合成为例，通过配合物的合成，并自主选择表征手段，使学生较系统地学习表征配位化合物的组成、成键以及结构和性能的方法。

一、实验原理

配合物已成为化学研究中课题最为广泛，应用前景极为广阔，且与材料、生命等学科联系极为紧密的领域之一。配位化合物的种类非常多，从中心金属出发，可以有主族金属配合物、过渡金属配合物以及稀土金属配合物；从配位体出发，可以划分为无机配体配合物、有机配体配合物以及无机和有机混配配合物；依配合物的性能，则有光功能配合物、电功能配合物、磁功能配合物以及生物功能配合物等。

配合物的合成手段取决于目标化合物的特性。常用的方法有：溶剂体系合成，将配体和中心金属离子溶解在相同的或不同的水或有机溶剂中，形成溶液，混合进行反应，有些反应还需要特定的温度、气氛等条件控制；固相反应，某些配合物可以采用混合相关物质的固态相研磨反应来制备。

显然，在研究中，更多得到的是未知的配合物，其表征成为配合物研究的重要内容。未知配合物的表征主要包括：① 组成确定，通过化学分析或者元素分析手段，确定化合物的化学式，通过离子交换或者电导率测定来确定配合物在溶液中的离解方式以及配位单元；② 结构与成键，如果能够获得单晶，可通过单晶衍射手段直观得到配合物的结构和成键信息，一般可以通过X射线粉末衍射、各种谱学手段来推断配合物的成键情况；③ 性能表征，根据研究目标，针对性地测定配合物的物理性能、化学反应性能以及生物功能等。总之，配合物的系统表征，一要借助各种表征手段，二要有一定的化学专业基础知识以及掌握必要的研究文献信息。例如，配合物的合成中要应用有关化学基础知识或查阅有关文献资料来判断有哪些基团参加反应而形成配体和外界离子，然后应用有关的研究方法和实验技术来确定配合物的配体及其含量，并选择相对应的实验技术来测定和研究。

本实验的目的是示范未知配合物的研究过程。选择过渡金属配合物作为研究对象，一类是无机配体配合物，分别学习溶液体系合成、固态反应合成；另一类是有机配体配合物，从有机配体合成出发，再进行配合物合成。最后，对于合成得到的目标化合物，学生自主选择表征手段，进行较为系统的表征，给出所合成配合物的组成、结构、成键、性能等方面的明确的研究结论。

二、仪器和试剂

1. 仪器

200 mL 烧杯，1 只；恒温控制烘箱，1 台；100 mL 烧杯，1 只；电导仪，1 台；研钵，1 个；元素分析仪，1 台；100 mL 容量瓶，4 只；红外光谱仪，1 台；X 射线单晶衍射仪，1 台；磁天平，1 台；磁强计，1 台；X 射线衍射仪，1 台。

2. 试剂

重铬酸铵(A. R.)，乙醇(A. R.)，硝酸铬(A. R.)，乙醚(A. R.)，硫氢酸铵(A. R.)，尿素(A. R.)，浓硝酸(A. R.)，异丙醇(A. R.)，氯化锌(A. R.)，乙二胺(A. R.)，无水硫酸钠(A. R.)，呋喃甲醛(A. R.)，n-Bu_4NBr(A. R.)，甲醇(A. R.)，$KMnO_4$(A. R.)，$CH_2ClCOOH$(A. R.)，$Mn(CH_3COO)_2 \cdot 4H_2O$(A. R.)，吡啶(A. R.)。

三、实验步骤

1. 配合物的固相合成

1) 配合物(S_1-1)、(S_1-2)的固相合成

将 4.0 g 硝酸铬和 6.0 g 尿素在研钵中研细并混合均匀，转移到 250 mL 烧杯中，烧杯盖上表面皿放入恒温控制烘箱，在 130～140 ℃反应 48 h，待冷却到室温后，用 50 mL 乙醇与 50 mL 0.5 $mol \cdot L^{-1}$ 硝酸混合溶液提取反应混合物，在 35～40 ℃条件下微微加热提取液，使反应混合物固体逐渐溶解，这过程中有橙红色小晶体悬浮在绿色溶液中，过滤得橙红色晶体，分别用 10 mL 0.5 $mol \cdot L^{-1}$ 硝酸、乙醇、乙醚洗涤晶体，产物在空气中晾干，即为配合物(S_1-1)。

称取部分配合物(S_1-1)溶于一定体积的 1∶1HCl 中，并在搅拌情况下慢慢加热混合溶液，温度不要超过 50 ℃，直到溶液中有粉红色晶体析出，再在 50 ℃搅拌 10 min，待溶液冷到室温后过滤得粉红色晶体，用少量异丙醇、乙醚洗涤晶体，在空气中晾干得配合物(S_1-2)。

2)配合物(S_2-1)、(S_2-2)的固相合成

将 4.0 g NH_4SCN 在蒸发皿中慢慢加热，并充分搅拌，当温度升到 145～150 ℃，有部分 NH_4SCN 熔融，这时分别加入预先充分研细的 0.85 g $(NH_4)_2Cr_2O_7$ 和 4.0 g NH_4SCN 的混合物，每次加入量为 0.2～0.3 g，加入混合物时必须充分搅拌，加入约为 10 次时会发生激烈反应并放出氨气，当温度升到约 160 ℃时停止加热，反应热使反应物保温在 160 ℃。当反应缓慢时，再分批加入剩余的混合物，这需要 5～8 min。加完混合物后，边搅拌边冷却，得到块状生成物。在生成物完全冷却前，弄碎块状物，转移到烧杯中，再加入 15 mL 冰水，搅拌15 min后，抽滤得不溶物，这不溶物是含有产物和副产物的混合物。

为分离上述混合物，在混合物中加入 65 ℃温水 50 mL，并充分搅拌，温度在 60 ℃时在热水漏斗中过滤(注意温度不能超过 65 ℃，否则会分解!)，滤液在水浴中冷却析出晶体，过滤得紫红色产物。除去产物的滤液中再加入上述 60 ℃提取的残留物，用同样的方法再提取产物。产物可用水或水和乙醇等容比的混合液来重结晶，在空气中干燥得配合物(S_2-1)，不溶物为配合物(S_2-2)。

2. 配合物的溶液合成

1) Zn(Ⅱ)的乙二胺-呋喃甲醛缩双席夫碱配合物

配体合成：称取乙二胺 1.2 g(10 mmol)和呋喃甲醛 3.8 g(20 mmol)，分别溶于少量无水乙醇中，在不断搅拌条件下将上述两溶液混合均匀，然后加入无水硫酸钠除去反应生成的水，静置 12 h后，过滤，减压蒸馏，除去溶剂，室温下静置即有白色晶体析出(熔点 50～51 ℃)。

配合物合成：称取上述所制得配体 0.2 g (1 mmol) 溶于少量无水甲醇溶液中，50 ℃搅拌下逐滴加入 $ZnCl_2$(2.1 g，1 mmol) 的甲醇溶液，反应 30 min 后，热过滤，滤液静置 2 d 后长出适合 X 射线衍射分析的无色晶体(S_3，熔点 250～251 ℃)。

2) 混合价 Mn 的多核配合物合成

n-Bu_4NMnO_4 合成：n-Bu_4NBr(12.0 g，37.2 mmol)在搅拌下慢慢加入 $KMnO_4$(5.0 g，31.6 mmol)的水溶液中，立刻有紫色沉淀生成，过滤，水洗，乙醚洗，室温下真空干燥即得。收率>90%(注意：n-Bu_4NMnO_4 易燃易爆炸，操作要小心)。

配合物合成：称取 $Mn(CH_3COO)_2 \cdot 4H_2O$(2.0 g，8.15 mmol)和 $CH_2ClCOOH$(10.0 g，106.95 mmol)，溶解在乙醇(20 mL)和吡啶(2 mL)的混合溶剂中，搅拌溶解；溶解完全后，向溶液中加入 n-Bu_4NMnO_4(1.1 g，3.15 mmol)固体，溶解产生深棕色均相溶液；放置 15 min，生成灰绿色晶体，用乙醚洗涤，真空干燥，得到配合物晶体(S_4)。

3. 未知配合物的表征

对所合成的未知配合物，制定表征方案，独立开展各种表征工作。表征工作包括确定配合物中心离子含量、配体基团及其含量、配合物外界离子种类和含量、配体的配位原子、配离子电荷数、配合物的性质和构型等；配合物若是混合物还需考虑混合物的鉴别和分离。配合物 S_3 和 S_4 适合 X 射线单晶分析，对其进行 X 射线单晶衍射结构测定。配合物 S_4 可能存在磁性，可测定其变温磁化率。经表征和综合测试，给出配合物组成、结构与成键的结论，并进行科学分析和讨论。

思 考 题

1. 根据实验数据写出配合物(S_1)合成的反应方程式。
2. 试说明配合物(S_2)制备过程中酸度和温度对产物的影响。
3. Mn 配合物合成中，为何采用 n-Bu_4NMnO_4 和 $Mn(CH_3COO)_2 \cdot 4H_2O$ 两种 Mn 源？试分析所发生的反应。

研究拓展

功能配位化合物研究已成为化学研究中极为活跃的领域之一，研究可以非常广泛。建议选题从以下几个方面着手：

(1) 从配合物性能出发，选择某一功能，如荧光配合物、分子磁体配合物以及分子电功能配合物，作为研究方向。

(2) 查阅该领域研究进展，总结出配体、中心金属离子以及配合物结构和空间堆积方式对性能的影响规律。在此基础上，提出配合物研究的思路。

(3) 选定配合物类型后，制定配体合成、配合物制备以及性能测定的可行方案，然后实施研究计划。

参 考 文 献

王伟，张逢星，李珺，等. 2004. Zn(Ⅱ)-双呋喃甲醛缩乙二胺配合物的合成、结构和性质. 化学学报，62(16)：1529-1532.

王伯康. 1984. 中级无机化学实验. 北京：高等教育出版社.

游效曾. 1992. 配位化合物的结构和性质. 北京：科学出版社.

游效曾. 2001. 分子材料——光电功能化合物. 上海:上海科技出版社.

游效曾,熊仁根,左景林,等. 2003. 光电功能配合物及其组装. 化学通报,4:219-227.

朱道本. 2005. 功能材料化学进展. 北京:科学出版社.

Bull G S,Searle G H. 1986. Complete characterization of trans-[co(en)$_2$Cl$_2$]$_3$[Fe(Ox)$_3$] · H_2O: An extended undergraduate project involving an unknown metal complex. J Chem Educ,63:902.

Li J, Zhang F X, Shi Q Z, et al. 2002. Synthesis, structure and magnetic property of a new oxo-centered mixed-valenttrinuclear manganese complex. Inorganic Chemistry Communications,5:51-55.

第六节 卟啉和金属卟啉的合成与性能研究

课题研究背景

卟啉(porphyrin)是生物体内的一种具有大共轭环状结构的化合物,其基本骨架是由四个吡咯环通过次甲基相连形成的环状共轭大分子,即卟吩(porphine),如图 4.15 所示。卟吩具有芳香性,闭合环内含有 18 个 π 电子。通常,吡咯环上的 5,10,15,20 位称为中位(*meso-*),四个氮原子分别占据 21,22,23,24 位,卟吩环相对于吡咯 β 位的位置也称为卟吩的 β 位。当卟吩的大共轭环上的氢原子部分或全部被其他基团取代时,所得的一类衍生物就是卟啉,其中心的 4 个氮原子可以与金属离子结合生成非常稳定的有机配合物及金属卟啉。

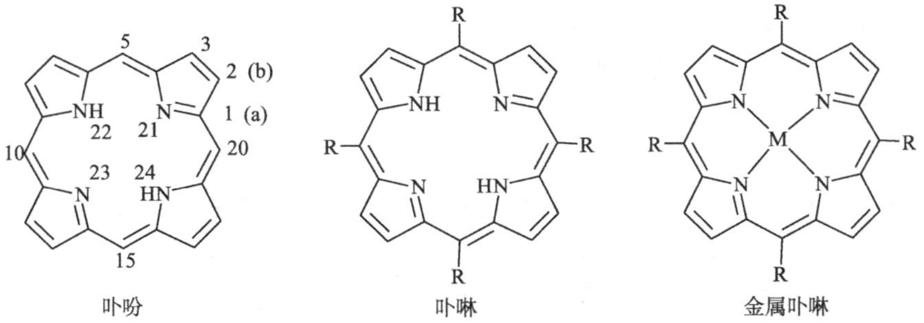

图 4.15 卟吩、卟啉和金属卟啉结构

金属卟啉及其衍生物在生物体系中广泛存在,在载氧(血红蛋白 Hb)、贮存氧(肌红蛋白 Mb)、催化(细胞色素 P-450)、电子传递(细胞色素酶催化过氧化酶)和光合作用(叶绿素)等方面起着十分重要的作用。它在生物系统中极其重要的生物功能已被人们所认识,长期以来,生物化学家和化学家们对金属卟啉配合物的研究倍加关注,对其进行了各种生物功能模拟研究。人们通过对卟啉配合物的研究,试图了解这类化合物的生物功能、产生机理、作用条件,模拟各种反应,合成类似化合物,再将它们的特殊性质和功能应用于各个科技领域,推动科学发展。如今,随着卟啉和金属卟啉合成的发展,它们在仿生化学、催化、太阳能利用、特种材料、医学和分析化学等方面有着越来越重要的作用和应用。

天然存在的卟啉通常在吡咯环上含有取代基,而人工合成的卟啉大多在 4 个 *meso*-位引入取代基。卟啉类物质的合成主要是构造卟吩核,它由于取代基团的不同而有许多种衍生物。早在 1978 年,多尔芬(Dolphin)编辑的“*The Porphyrin*”系列丛书中就对卟啉的合成作了全面的阐述。2000 年,Shanugathasam 等也对卟啉(包括 meso-,β-取代的各种卟啉化合物)的合成进展作了比较全面的综述。

卟啉及金属卟啉都是高熔点、深紫色的固体，多数不溶于水，溶于氯仿等有机溶剂，溶液有荧光，对热非常稳定。由于卟啉具有独特的结构及性能，近年来在材料化学、医学、生物化学、分析化学、能源化学和地球化学等领域都有着广泛的应用。

(1) 卟啉在材料化学上的应用。金属卟啉配合物在光电材料方面用途广泛，可用于液晶材料和非线性光学材料等。卟啉具有很强的发光特性，尤其是与过渡金属配位后发出很强的磷光，而这种磷光又可被 O_2 猝灭，所以用作光敏器件的磷光材料。卟啉类化合物因为光敏性好、性能稳定和易于修饰等优点成为分子器件研究的理想模型化合物。分子器件是指在分子水平上由光子、电子或离子(总称为介体，mediator)操纵的器件。在分子器件中，卟啉可以作为卟啉分子导线、卟啉分子开关、卟啉超分子天线、卟啉光能转化器、光控制输入输出器、光电子闸门、癌治疗荧光探针和生物传感器等。

(2) 卟啉在医学上的应用。卟啉具有强的荧光，在肿瘤细胞中容易聚集，在医学研究中可作为检测癌症的光敏剂和抗癌药物。随着人们对卟啉类物质的不断深入研究，以卟啉类光敏剂为核心的光动力疗法(photodynamic therapy，PDT)也逐渐成为继手术、放疗和化疗之外的第四种成熟的癌症治疗方法。光动力疗法的基础是先给予肿瘤组织有选择性摄入作用的光敏剂，然后用一定波长的光照射瘤区，由光敏剂诱发光动力效应，产生单线态氧(·O_2)活性物质，它们与生物分子中的氧化敏感基团作用，导致其氧化失活，最终引起肿瘤细胞死亡而显示治疗作用。目前应用在人类临床试验和已批准使用的所有光敏剂全部是卟啉类化合物，主要有如下几种：血卟啉、苯并卟啉衍生物、短肽链修饰的卟啉衍生物、糖基卟啉衍生物、糖肽卟啉衍生物、核苷卟啉衍生物、类固醇卟啉衍生物、硼烷卟啉衍生物、*meso*-四(间-羟基苯基)二氢卟吩(*m*-THPC)和肽菁类等。

(3) 卟啉在仿生化学上的应用。卟啉是血红素、细胞色素和叶绿素的生物大分子核心部分。利用人工合成的金属卟啉配合物对血红蛋白、血红素和细胞色素等生物大分子功能进行模拟一直是人们研究的主要目的。例如，通过合成各种具有不同金属离子或不同取代基以及具有不同轴向配位的金属卟啉衍生物，已经实现了对过氧化物酶、过氧化氢酶、细胞色素 P-450 等的模拟。人工合成的模拟物可以克服天然纯化物的缺点，因此，利用人工合成的金属卟啉配合物来模拟酶，对酶促反应机理（如氧的传递、光合作用、酶催化等）的模拟研究在理论上和实际运用上都具有重要意义。此外，为了更接近生物体内环境，一些大分子也被引入，如卟啉或金属卟啉与环糊精的包结可作为一类新的人工酶模型。

(4) 卟啉在分析化学上的应用。卟啉类试剂早在 20 世纪 50 年代就作为贵金属银的光度分析显色剂而得到应用。到 20 世纪 70 年代由于卟啉化合物与金属离子配合物索雷(Soret)谱带的选用及表面活性剂的引入，试剂可溶性及其测定金属离子的灵敏度大大改善，卟啉试剂被广泛应用于光度法测定过渡金属离子。金属卟啉配合物可制备 ISE 膜，并可被电聚合到硅氧烷、石墨、银电极上。

(5) 卟啉在能源方面的应用。随着石油资源的枯竭，原油价格上升。汽车尾气的大量排放，环境污染日趋严重，可持续性绿色能源及其利用转换技术的开发迫在眉睫。作为高效清洁能源转换系统的金属空气电池(MAB)是一类特殊的燃料电池，它们在电动车上的发展潜力引起了国际上的广泛重视。其中金属卟啉是空气电极最有希望的催化剂，它能有效促进 H_2O_2 分解，使电池的工作电压提高，增加放电容量。金属卟啉配合物具有高的共轭结构和化学稳定性，对分子氧还原表现出良好的电催化活性，近几年来成为氧还原电催化剂的研究热点。

(6) 在利用太阳能方面，卟啉的应用也很重要。人们研究光能转换主要是模拟自然界绿色植物的光合作用。卟啉是优良的光敏剂，能够有效吸收太阳能，将其转化为电能（光电转化）、化学能（光化学转化）等。例如，卟啉作为光敏剂在染料敏化太阳能电池研制方面显示了优良的性能。

课题示范实验

实验44　四萘基卟啉衍生物的合成、表征及对癌细胞的光灭活性研究

实验目的与主要内容

卟啉是光动力学癌症治疗中非常有前景的一类光敏剂。本示范实验先合成中位取代的四萘基卟啉（TNP），通过硝化得到硝基卟啉，然后还原得到氨基卟啉，最后，氨基卟啉与噻吩醛反应得到含噻吩醛的萘基卟啉。通过卟啉的合成、提纯、光谱表征及对癌细胞的光抑制实验，使学生熟悉卟啉的基本合成方法，掌握柱色谱法提纯化合物的基本技术，了解卟啉的光谱性质及作为光敏剂对癌细胞的光灭活性。

一、实验原理

在寻找理想光敏药物的过程中，人们给予了卟啉化合物特殊的关注。由于大π共轭骨架的存在，卟啉化合物在紫外-可见光区有强吸收。研究表明，卟啉不仅能吸收可见光能量，而且对光具有很好的灵敏性，毫无疑问，卟啉具有极好的作为光敏药物的潜质。卟啉在医药方面的应用主要集中在癌细胞的检测和治疗上，即利用卟啉及其金属配合物对病变组织有特殊的亲和力，将卟啉化合物注入肿瘤患者体内，过一段时间卟啉聚集在病变部位，再利用它特殊的电子吸收和荧光吸收与机体的其他部位相区分（通过核磁共振或γ射线成像），就可确定恶性、良性或水肿肿瘤及其准确部位，并杀死肿瘤细胞，这也就是通常所说的光动力疗法。它是近年来新发展起来的一种治疗恶性肿瘤的方法，主要用于治疗癌前病变、早期癌症或不能手术的癌瘤。对于浅表性肿瘤前期损害和早期癌，尤其是弥漫性病变，PDT显示出良好的应用前景。

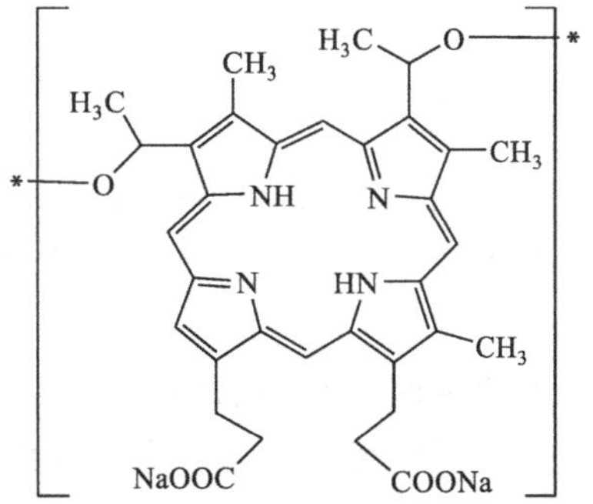

图4.16　血卟啉结构

对于深部的、进展期癌瘤，PDT可有效改善患者症状，提高生活质量。PDT已广泛应用于治疗传统疗法无效或副作用大的肿瘤，对某些肿瘤的控制率不亚于手术、放疗、化疗等传统疗法。血卟啉（photofrin，图4.16）是最早使用的PDT光敏剂，该药于1995年12月被美国食品安全局批准进行临床应用，也是目前为止应用最广泛、研究最深入的唯一商品化的光敏药物。

光敏剂分子通常是以单线基态（^1S）存在，在PTD的实施过程中，一旦光敏剂分子吸收了光子，即被光激活，可能引起一系列的光化学反应。图4.17概括出卟啉分子被激发前后主要的光物理过程。处于基态的光敏剂分子受到一定波长的激光照射，从基态 S_0 跃迁到单线态激发态 S_1，单线态激发态 S_1 可以释放能量回到基态 S_0。S_1 有三种可能的衰变方式：①由激发单态非辐射地衰变为基态；②由激发单态辐射性地衰变为基态，在这个过程中发

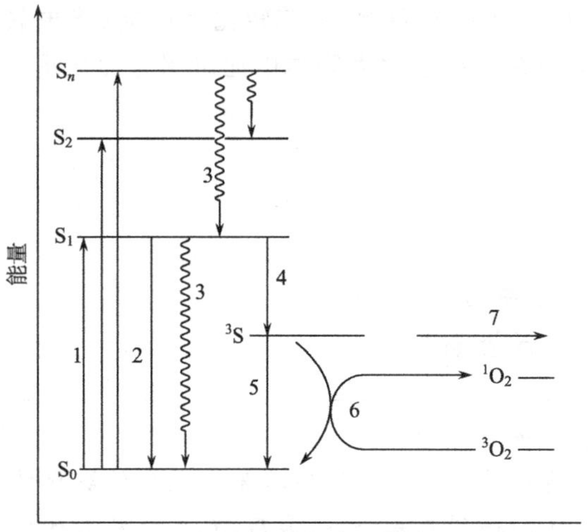

图 4.17　卟啉光敏剂分子吸收光子后各种光物理过程的雅布伦斯基(Jablonski)图

1. 光吸收；2. 荧光；3. 非辐射弛豫；4. 系间穿越；5. 磷光；6. 单线态氧还原(光合作用Ⅱ)；7. 氢或电子传递(光合作用Ⅰ-光致褪色)

射荧光，常用来标记癌细胞；③通过系间穿越衰变为受激三重态(^3S)，然后三重态又可以通过发射磷光的辐射过程或以非辐射的方式经过系统间交叉衰变到基态。由于三重态^3S的寿命比较长(微秒数量级)，因此，可能与周围分子发生碰撞，产生一些不同的光致敏化反应。

大多数细胞中都有三线态氧的存在，其光敏剂中一个反应过程(过程 7，类型Ⅰ)是三重态^3S光敏剂与周围分子发生反应，伴有电子或H的转移，转移的类型取决于光敏物质和基质的性质：

$$^3S + RH \longrightarrow R^* + SH^* \qquad (4.10)$$

$$^3S + R \longrightarrow (R^+)^* + (S^-)^* \qquad (4.11)$$

$$^3S + R \longrightarrow (R^-)^* + (S^-)^* \qquad (4.12)$$

式中，R 为底物；R^* 为 R 正离子的受激态。反应中产生多种自由基离子，它们与氧分子发生反应产生多种所谓的活性氧片段的混合物，如 ·HO，HO_2·，·O^{2-} 和 H_2O_2，可氧化多种生物分子。类型Ⅰ反应通常发生于低氧环境以及反应底物浓度高的情况下。

另一个反应过程是三重态光敏分子^3S和三重态氧作用，将能量转移到三重态氧分子，产生高度活泼的单线态氧（过程 6，类型Ⅱ)：

$$^3S + {}^3O_2 \longrightarrow {}^1O_2 + S \qquad (4.13)$$

单线态氧是主要的细胞毒性剂，非常活泼，能与生物底物快速反应，导致细胞的氧化和坏死，从而有效地摧毁肿瘤细胞。一般认为，类型Ⅱ是大多数光敏剂主要的作用方式。

卟啉环上引入共轭性大的基团和功能性分子，有利于提高其光敏性。卟啉常用的合成方法有：丙酸回流的阿德勒(Adler)法和条件温和的 Lindesy 法，本实验采用前一种方法先合成中位取代的四萘基卟啉(*meso*-TNP)，通过硝化得到硝基卟啉 1，然后还原 1 得到氨基卟啉 2，最后 2 与噻吩醛反应得到含席夫碱的卟啉 3。反应流程如图 4.18 所示。

对合成的卟啉进行包括紫外-可见光谱、红外光谱、荧光光谱、核磁共振等表征，并测试卟啉 3 对人体白血病 K562 癌细胞的光灭活活性。

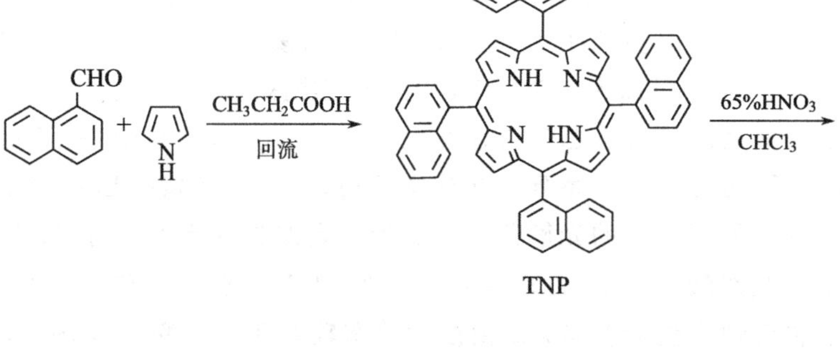

TNP

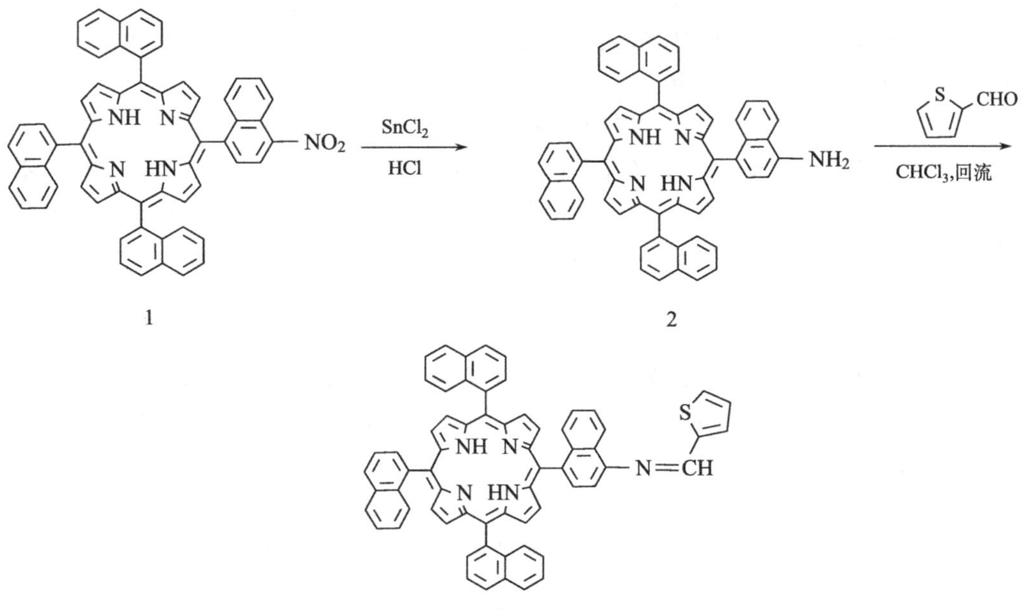

图 4.18　取代卟啉的合成反应

二、仪器和试剂

1. 仪器

250 mL 三颈圆底烧瓶,1 只;加热磁力搅拌器(带磁子),1 台;回流冷凝管,1 支;布氏漏斗,1 只;5 mL 注射器,1 支;抽滤瓶,1 个;10 mL 量筒,1 支;色谱柱,1 支;100 mL 量筒,1 只;旋转蒸发仪,1 台;空心塞,2 个;恒压滴液漏斗,1 只;UXL-75 型氙灯,1 个;旋转蒸发仪,1 台;pH 试纸(1～14)。

2. 试剂

吡咯(使用前重蒸),无水乙醇(A. R.),1-萘醛(A. R.),三氯甲烷(A. R.),丙酸(A. R.),二氯甲烷(A. R.),65%硝酸(A. R.),氯化亚锡(A. R.),甲醇(A. R.),无水硫酸钠(A. R.),冰醋酸(A. R.),浓盐酸(A. R.),浓氨水(A. R.),噻吩醛(A. R.),正己烷(A. R.),硅胶(200～300 目,柱色谱用),细胞株 K562(慢性髓性白血病细胞),细胞株(西安交通大学第一医院),RPMI1640 培养基及胎牛血清(GIBCO 公司)。

三、实验步骤

1. 卟啉合成

1) 四萘基卟啉的合成

在 250 mL 三颈圆底烧瓶中,加入 90 mL 丙酸和 3.4 mL(0.025 mol)1-萘甲醛,加热至回流,用注射器慢慢加入新蒸吡咯 1.3 mL(0.025 mol),回流 45 min,冷却至室温后,加入一定体积的无水乙醇，静置，抽滤，用无水乙醇充分洗涤，得紫黑色粗产物。

将粗品用氯仿溶解，用硅胶柱提纯，洗脱液为三氯甲烷，收集紫红色色带，用旋转蒸发仪蒸去溶剂，得亮蓝色晶状四萘基卟啉。

2) 5-(4-硝基萘基)-10,15,20-三萘基卟啉(1)合成

将 0.2 g TNP(0.25 mmol) 溶解在 30 mL 三氯甲烷中，加入 0.7 mL 65%硝酸，室温搅拌。薄层板监测，直到 TNP 完全消失为止，反应过程约需 20 min。将得到的深绿色液体用氨水中和，并调节 pH＝8～9。然后用 30 mL 水洗涤三次，无水硫酸钠干燥。溶液浓缩后，以二氯甲烷：正己烷(6：4,体积比)为展开剂，收集第一色带。

3) 5-(4-氨基萘基)-10,15,20-三萘基卟啉(2)的合成

在装有机械搅拌器、回流冷凝管、恒压滴液漏斗的 250 mL 三口瓶中，加入 0.3 g (0.35 mmol)硝基卟啉 1 和 30 mL $CHCl_3$：HOAc(2：1,体积比)的混合液。搅拌下，在 72 ℃预热 30 min，然后通过恒压滴液漏斗加入 10 mL 溶解有 0.5 g(2.21 mmol)$SnCl_2 \cdot 2H_2O$ 的浓盐酸，搅拌回流 12 h。反应完后用 25%的氨水中和并调节 pH 到 8～9，用 100 mL 二氯甲烷萃取三次，收集有机相，无水硫酸钠干燥。浓缩得粗产品，用二氯甲烷作淋洗液，柱层析分离提纯粗产品。

4) 5-*N*-(4-氨基萘基-缩-2-噻吩醛)- 10,15,20-三萘基卟啉(3)合成

在 100 mL 烧瓶中加入 0.1 g(0.120 mmol)氨基卟啉 2 和 10 mL 三氯甲烷，加热搅拌，同时，通过恒压滴液漏斗加入 30 mL 溶有 0.28 g (2.5 mmol)2-噻吩醛的三氯甲烷溶液。继续搅拌回流 12 h，浓缩，粗产物用 10 mL 甲醇洗涤三次，用二氯甲烷作淋洗液，硅胶柱分离提纯。

2. 卟啉光谱分析

(1) 分别配制 1×10^{-6} mol · L^{-1}的 TNP、(1)、(2)、(3)的三氯甲烷溶液，测定它们的紫外-可见和荧光光谱。

(2) 测定红外光谱，对主要峰进行归属分析。

(3) 用氘代氯仿作溶剂，测定氢核磁谱，并对其谱图进行分析。

3. 人体白血病 K562 癌细胞的光灭活性测试

1) 细胞培养

K562 细胞株在含 10%胎牛血清、100 IU · mL^{-1}青霉素和 100 IU · mL^{-1}链霉素的 RPMI1640 培养基，37 ℃、5% CO_2 的培养箱中培养。待细胞进入指数生长期后，用细胞计数板确定细胞的浓度，通过倍比稀释法获取一定细胞浓度(1×10^5 cells · mL^{-1})的细胞悬液。

2) 配制卟啉溶液

配制成 10.00×10^{-6} mol · L^{-1}的卟啉 3 的 DMSO 溶液，灭菌后待用。空白(新鲜培养液＋DMSO)对照同时进行。

3) PDT 测试

实验分四组，即空白对照组(新鲜培养液＋DMSO)、单纯光照组、单纯给药组(只给药不光照)及卟啉-PDT 组(又给药又光照)。每组实验平均做三次。

调整培养基中细胞浓度为 1×10^5 cells · mL^{-1}，分别加入到 24 孔培养板中，每孔加入细胞悬液 2 mL。在避光条件下向卟啉-PDT 孔和单纯给药孔中加入预先配制的卟啉溶液，使细胞悬液中卟啉的终浓度为 10×10^{-6} mol · L^{-1}。培养板在培养箱中避光孵育 4 h，然后取出单纯

光照组和卟啉-PDT 组，用聚光后的氙灯光照 3 min，避光孵育 24 h。照相观察肿瘤细胞形态及死亡变化情况。

思 考 题

1. 为什么卟啉及其衍生物具有很深的颜色？分析四萘基卟啉的紫外-可见光谱，对其谱峰进行归属分析。
2. 查阅有关文献，对卟啉常见的 Adler 和 Lindesy 合成方法进行比较，并分析为什么合成卟啉的收率一般都比较低？

研究拓展

PDT 光敏剂的结构与光敏活性有着直接关系。本课题可以进一步深入研究作为光敏剂的卟啉 3，测量它的荧光量子收率、产生的单线态氧的量与光敏活性之间的关系，以及不同浓度的卟啉 3、照射时间等对 K562 细胞的暗毒性和光毒性影响。此外，也可以选取其他肿瘤细胞进行实验，以研究卟啉 3 作为 PDT 光敏剂的广谱或特异选择性。建议拓展课题如下：

（1）制备卟啉 3 的金属配合物，如 Sn(Ⅳ)、Mn(Ⅲ)等金属卟啉，研究金属离子的引入对卟啉光谱和光敏性的影响。

（2）合成的卟啉 3 结构中，如何把中位的四萘基卟啉通过化学反应合并到卟啉环上去，使萘环与卟啉环共面，从而使最大吸收波长红移，增加光对肿瘤组织的穿透力，也是值得研究的内容。

（3）卟啉外围再连接具有主动靶向功能基分子，实现光敏剂对肿瘤组织的特异选择性聚集，尽量减少对正常组织的毒副作用。

参 考 文 献

黄紫洋，薛金萍，陈锦灿，等. 2008. 含哌啶取代酞菁金属配合物的合成及其对癌细胞光灭活作用. 高等学校化学学报，29(3)：445-448.

杨高买. 2009. Meso-四萘基卟啉的选择性硝化、衍生物的合成及其对癌细胞的光灭活作用. 西安：西北大学硕士学位论文.

余松林，林黎升，林慧韫，等. 2008. 三种卟啉类光敏剂的荧光量子收率. 光电子·激光，19(9)：1283-1286.

Adler A D, Longo F R, Finarelli J D, et al. 1967. A simplified synthesis for meso-tetraphenylpor-phine. J Org Chem, 32 (2)：476.

Burrell A K, Officer D L, et al. 2001. Synthetic routes to multiporphyrin arrays. Chem Rev, 101：2751-2796.

Dolphin D. 1978. The Pophyrins. New York：Academic Press.

Schuster D I, Li K, Guldi D M, et al. 2007. Azobenzene-linked porphyrin-fullerene dyads. J Am Chem Soc, 129 (51)：15973-15982.

Shanmugathasan S, Edwards C, Boyle R W. 2000. Advances in modern synthetic porphyrin chemistry. Tetrahedron, 56(8)：1025-1046.

Smith J M. 2002. The Porphyrins Handbook. Amsterdam：Elsevier.

Spence J D, Lash T D. 2000. Porphyrins with exocyclic rings：synthesis of tetraacenaphtho-porphyrins, a new family of highly conjugated porphyrins with record-breaking long- wavelength electronic absorptions. J Org Chem, 65：1530-1539.

Xu H J, Shen Z, Okujima T, et al. 2006. Synthesis and spectroscopic characterization of meso-tetraarylporphyrins with fused phenanthrene rings. Tetrahedron Lett, 47：931-934.

Zanelli G D, Kaelin A C. 1981. Synthetic porphyrins as tumor-localizing agents. Br J Radiol, 54(641)：403-407.

第七节　金属有机化合物二茂铁及其衍生物的合成与性能研究

研究课题背景

二茂铁也称二环戊二烯铁，由两个环戊二烯负离子与二价铁正离子用 d 轨道重叠而形成的一个对称的"特殊共价键"，是一类夹心结构的 π 型金属有机配合物。其典型的化学结构式如图 4.19 所示。

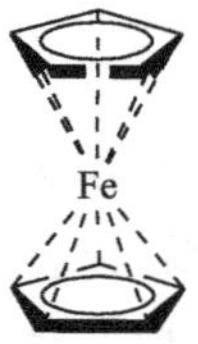

图 4.19　二茂铁分子结构式

二茂铁在常温下是一种橙黄色棱柱状晶体，有樟脑气味，在 100 ℃以上易升华，熔点 173～174 ℃，沸点 249 ℃。它能溶于苯、乙醇、乙醚和烃类等许多有机溶剂，不溶于水但随水蒸气蒸发，常用水蒸气蒸馏法加以纯化。二茂铁化学性质稳定，400 ℃以下不分解，在乙醇和乙烷中于紫外光谱 325 nm(ε=50)和 440 nm 处有极大的吸收值。二茂铁在碱性介质中极稳定，但在酸性介质中易被氧化为蓝绿色的二茂铁离子(ferricinium)，后者溶于水，可还原为二茂铁，这是个可逆过程。据此可以用比色分析法测定 Fe^{3+}、Mo^{3+}、Re^{7+} 等离子，其灵敏度高于其他常规法。

$$\underset{\text{橙色}}{(C_5H_6)_2Fe} \underset{H_2O}{\overset{H^+}{\rightleftharpoons}} \underset{\text{蓝绿色}}{[(C_5H_6)_2Fe]^+}$$

二茂铁结构中，两个茂环不能进行环戊二烯那样的加成反应，也不易发生还原反应，易发生亲电取代反应，具有突出的芳香性。因此，二茂铁茂环在性质上与苯环有许多相似之处(但由于氧化作用，二茂铁茂环上不能直接进行硝化和卤化反应)，且反应活性比苯高，在茂环上引入含有各种官能团的取代基，如含 P、N、Si、S、M 等杂原子以及手性等具有潜在功能的取代基，从而形成丰富多样的二茂铁的衍生物。这些衍生物基于特殊的化学结构所表现出的独特性能，能在多个领域有广阔的应用前景，如在燃烧控制剂或调节剂、生化研究与医学、液晶材料、光敏剂、电化学及高分子化学等方面有很重要的应用。

(1) 合成化学催化剂。二茂铁具有良好的电子效应和独特的刚性骨架，是催化剂的理想原料，广泛应用在不对称催化、羟醛缩合、烯烃常压氢化、苯酮氢化硅烷化等领域。例如，将二茂铁和钾吸附在活性炭上作为合成氨催化剂，可使合成氨反应在非常缓和的条件下进行；二茂铁合成的乙烯基二茂铁和某些二茂铁烯类对含有交联和过氧化物引发剂的不饱和聚酯树脂具有优良的催化作用，可加速树脂的交联和硬化；20 世纪 90 年代以来，二茂铁基衍生物应用于不对称催化研究成为了一个热点，利用茂金属手性(metallocene chirality)的特性，二茂铁衍生物及其类似物作为手性配体，在过渡金属催化的不对称合成中获得巨大的成功，其中具有平面或平面中心的手性二茂铁磷配体在众多的手性配体中脱颖而出，以 α-二茂铁乙胺及其磷基化合物最为重要，这些化合物在许多不对称合成反应中表现出异常奇特的催化性能而备受青睐。

(2) 电化学及光电功能材料。二茂铁具有夹心型结构和芳香性的高度富电子体系，热稳定性好，有良好的反应活性，较易进行结构修饰，在大多数常见溶剂中可经受可逆的单电子氧化还原，具有易受环境影响的可逆氧化还原电对的特点；极化的二茂铁衍生物具有一定的电化学及光学特性，连接吸电子基共轭体系的二茂铁衍生物则表现出独特的二阶非线性光学响应。利用二茂铁基团的可逆氧化还原特性，有可能通过可逆的电化学反应来控制其衍生物的光化学特性，实现氧化还原开关效应，这类氧化还原开关材料在电致变色、光电记忆和光通信领域具有较大的应用价值，同时在离子的选择性迁移、氧化还原催化及发展为新一代的传感器有着诱人的应用前景。

(3) 生物医药。二茂铁结构单元是具有一定厚度的夹心结构，能阻止二茂铁衍生物接近某些酶的活性部位，具有较强选择性，且稳定性好，毒性较低。同时，二茂铁基团具有疏水性(或亲油性)，能顺利通过细胞膜，与细胞内各种酶、DNA、RNA 等物质作用。修饰后的二茂铁衍生物具有某些特殊的生理活性(如抗肿瘤、杀菌、杀虫、治贫血、抗炎、调节植物生长、抗溃疡、酶抑制剂等)，在生物学、医学、微生物学等领域有广泛的应用前景。Neuse 等利用二茂铁甲醛与乙二胺合成了一种结构类似于顺铂的配合物$[FcCH(CH_3)NH_3]_2PtCl_2$，成为具有潜在抗肿瘤性能的重要试剂。席夫碱类二茂铁衍生物一直是二茂铁化学研究的热点之一，由于酰腙有较强的生物活性，又易与金属离子配位，将二茂铁基引入酰腙，并与金属离子形成配合物，将其用于临床实验表现出独特的抗肿瘤、抗癌、抗结核等生物活性。

课题示范实验

实验 45 二茂铁及其衍生物的合成与性能研究

实验目的与主要内容

设计合成具有特殊结构和性能的二茂铁基衍生物是目前二茂铁化学研究热点。本示范实验项目以经典的二茂铁合成出发，设计并合成一系列二茂铁衍生物，同时探索寻求更为简便、高效的合成手段，使学生掌握功能化合物设计合成的基本原理，熟悉傅瑞德尔-克拉夫茨(Friedel-Crafts)反应的机理和实验方法；通过二茂铁的合成掌握无水无氧实验操作的基本技术，了解手性二茂铁席夫碱的合成及手性催化剂的制备，尝试催化剂性能筛选的方法，学习并掌握柱层析分离有机化合物的方法和操作及使用 TLC 监测反应进程的方法，为探究拓展活动提供实验研究过程和操作技能的系统训练。

一、实验原理

二茂铁分子中，二价铁离子被夹在两个平面环之间，与环戊二烯环形成牢固的配位键。固态时，两个环戊二烯环互为交错构型。在溶液中，两个环可以自由旋转。二茂铁具有芳香性，可以进行和苯类似的反应，比苯芳香性更强，易与亲电试剂作用，在环上能形成多种取代基的衍生物，这些取代基进一步功能化修饰，可衍生性能更为特殊的分子结构。

1. 二茂铁的合成

二茂铁的合成方法很多，基本路线是先生成环戊二烯负离子，然后与 Fe^{2+} 反应。为了促进环戊二烯的脱质子反应，常采用的方法有

(1) 加碱：常用的无机碱有碱金属及碱土金属的氢氧化物、氨及氨基钠等，常用的有机碱有胺类(如二乙胺、三乙胺)和碱金属、碱土金属的烷氧化物。

(2) 直接与活泼金属(如金属钠)作用。

(3) 用电化学方法，在阴极进行还原。

本实验采用无水无氧的合成方法，在无水无氧的惰性气氛下，以四氢呋喃为溶剂，用铁粉

将三氯化铁还原为氯化亚铁：

$$2FeCl_3 + Fe \xrightarrow{THF} 3FeCl_2$$

在二乙胺的存在下，氯化亚铁与环戊二烯反应而生成环戊二烯基合铁：

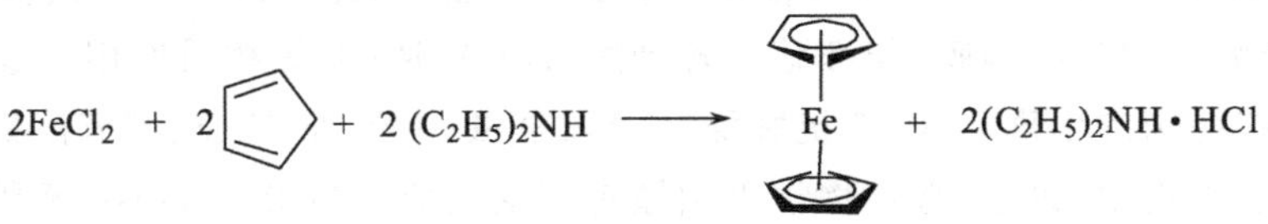

反应物环戊二烯久存后会聚合为二聚体，使用前应解聚为单体。

2. 乙酰二茂铁的合成

二茂铁的茂基具有芳香性，茂基环上能发生多种取代反应，特别是亲电取代反应，比苯容易发生。例如，二茂铁与乙酸酐反应可以制得乙酰二茂铁，其反应条件不同形成的产物可以是单乙酰基取代物或双乙酰基取代物。反应式如下：

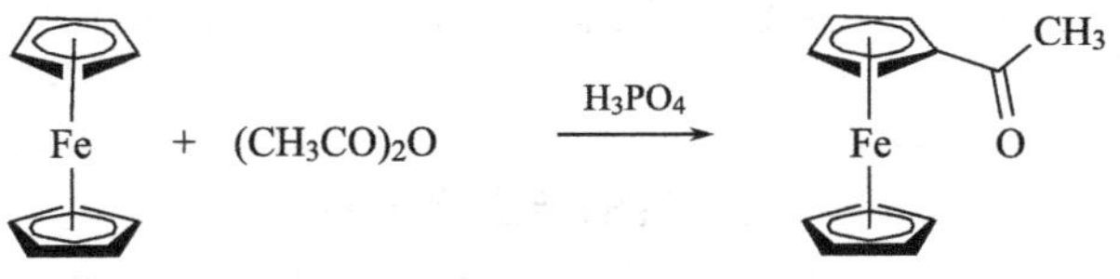

1　　　　2

二茂铁的茂基环上发生取代反应时，其反应条件不同形成不同的取代产物，同时产物还会含有一定量未反应的二茂铁，因而需采用柱色层分离法从混合物中分离不同的产物。先用薄层层析探索分离混合产物的层析条件（如洗脱剂种类及比例等），然后再经柱层析色谱分离得到较纯的产物。

3. 两类二茂铁基衍生物的合成及性能研究

二茂铁基取代的查尔酮及席夫碱是两类重要的二茂铁衍生物（图 4.20），由于二茂铁核特

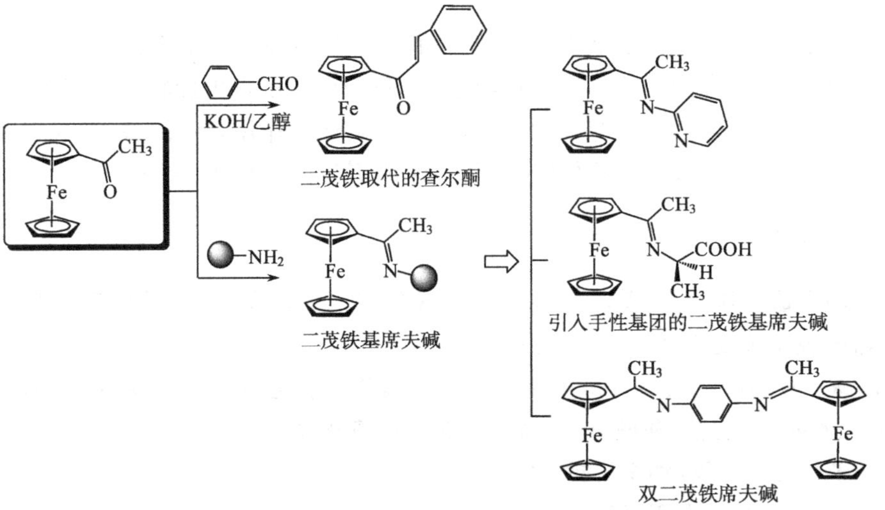

图 4.20　二茂铁基取代的查尔酮及席夫碱的合成

殊的结构和化学性能，使其显示出广泛的应用和研究价值。二茂铁基的亲油性使得这类化合物能顺利通过细胞膜，从而与细胞内的各种酶、DNA、RNA 等物质相互作用，表现出很强的生物活性；其氧化还原可逆性也使其在生物酶的作用下参与各种代谢作用；同时其结构的特殊性，使其在与某些酶相互作用时表现出一定的选择性。功能化的二茂铁衍生物在电化学领域表现异常奇特，其结构的稳定性和氧化还原可逆性使其一直备受关注。对两类化合物通过电化学研究揭示其应用前景，进而延伸相关衍生物的设计合成及应用研究，适宜于学生科研拓展训练。

二、仪器和试剂

1. 仪器

常用玻璃合成制备仪，1 套；干燥塔，2 台；三颈烧瓶（250 mL，19#），1 只；圆底烧瓶（250 mL，19#），1 只；茄型烧瓶（250 mL，24#），1 只；球形冷凝管（30 cm ，19#），2 支；刺型分馏柱、接液管及接收器，1 套；滴液漏斗（14#），1 只；分液漏斗（250 mL），1 只；干燥管（19#），1 支；导气管（14#、19#），各 2 支；弯管塞（24#），2 只；磁力及电动搅拌装置，各 1 套；氮气钢瓶，1 个；空干燥器，1 只；冰浴、油浴、熔点测定仪，各 1 套；旋转蒸发仪，1 台；载玻片（2.5 cm×7.5 cm），5 片；抽滤瓶和布氏漏斗，各 1 只；层析柱（ϕ1.0 cm×120 cm），2 支；真空泵，1 台；层析缸（ϕ3.0 cm×18 cm），5 个；红外光谱仪，1 台；电化学工作站，1 台；荧光仪，1 台。

2. 试剂

盐酸（A. R.），NaOH（A. R.），磷酸（A. R.），KOH （A. R.），碳酸氢钠（A. R.），活性氧化铝（三级），乙酸钠，碳酸钠，氯化亚铁（A. R.），无水硫酸镁，无水氯化钙（A. R.），环戊二烯（A. R.），四氢呋喃（C. P.），无水三氯化铁（C. P.），二乙胺（C. P.），环已烷（C. P.），石油醚（C. P.），对苯二胺（C. P.），乙酸酐（C. P.），*R*-2-氨基丙酸或 *S*-2-氨基丙酸（手性纯），苯甲醛（C. P.），吡啶醛（C. P.），乙酸乙酯，石油醚，聚乙二醇（C. P.），铁粉（C. P.），金属钠（C. P.），活性炭（C. P.），乙醇（无水，95%）。

三、实验步骤

1. 无水氯化亚铁的制备

取一只 250 mL 三颈烧瓶，在一个口颈上装一支回流冷凝管，另一个口颈作为通入氮气口，在中间口颈上装电动搅拌器，整个装置如图 4.21 所示。

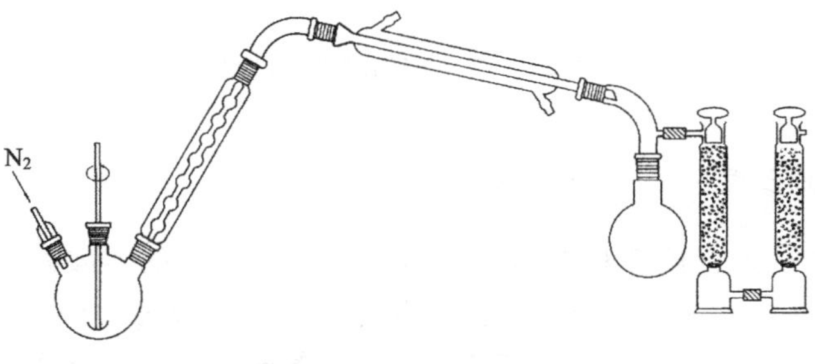

图 4.21 氯化亚铁的制备装置

通入干燥氮气，将三颈烧瓶内的空气逐尽，并用电吹风机在装置外部吹热气，使整个系统进一步干燥。冷却后，将 100 mL 纯净而干燥的四氢呋喃加入到三颈烧瓶中，搅拌并分批加入无水三氯化铁 27.0 g 和细的纯铁粉 4.5 g。在不断通入氮气以维持平衡气流的条件下，将混合物搅动回流 4.5h。

2. 环戊二烯的解聚

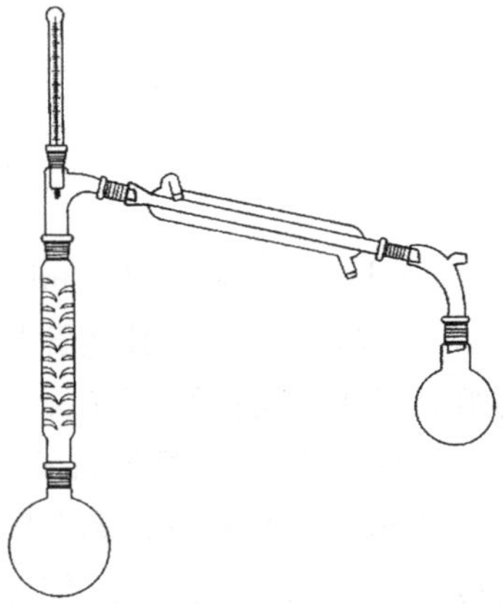

图 4.22　环戊二烯的解聚装置

上述搅动回流期间，将环戊二烯蒸馏制得单体。在100 mL 烧瓶内盛有约 70 mL 环戊二烯，烧瓶口上装一只分馏柱，柱外包石棉绳，在柱顶装上蒸馏头（并附有温度计）和冷凝管，装置如图 4.22 所示。加热蒸馏，收集 44 ℃的馏分约 45 mL，馏出液密封后放在液氮中以备待用。

3. 二茂铁的合成

在制备无水氯化亚铁的回流结束以后，用减压蒸馏出四氢呋喃，待残留物近干时停止加热。取下尾部的接收瓶（所收集的四氢呋喃要回收经处理后再用），接上空接收瓶并继续通入氮气。用冷水冷却反应瓶，在残留物中加入 45 mL 新蒸馏的环戊二烯和 100 mL 二乙胺，在继续通入氮气的情况下，强烈搅动 4 h。然后用减压蒸馏蒸出过量的胺。再用若干份（每份 20 mL）新蒸馏过的石油醚回流提取残留物中的二茂铁。用布氏漏斗趁热过滤，并将滤液蒸发近干，所得产物即为二茂铁。最后用戊烷或环己烷将产物重结晶，产物经真空干燥后，称量并计算其收率。产物可以通过所得的红外光谱图与标准谱图（图 4.23）对照来加以鉴定。

注：四氢呋喃除水处理。本实验要求严格的无水无氧条件，因此对所用的溶剂四氢呋喃必须进行除水处理。取约 150 mL 四氢呋喃于 250 mL 圆底烧瓶中，分批加入少量固体氢氧化钾，浸泡一天，总加入量应视溶剂的含水量而定。然后加入金属钠片浸泡 4 h，经过滤后，再蒸馏收集沸点为 66 ℃的馏出液约 100 mL，停止蒸馏，馏出液密封待用。

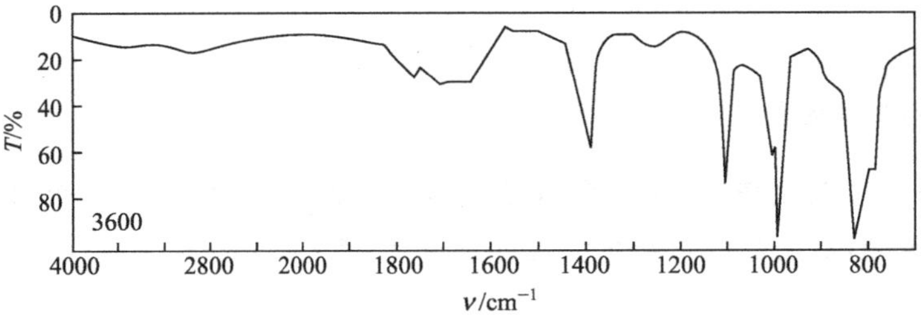

图 4.23　二茂铁的红外标准谱图

4. 乙酰二茂铁的合成

将 3.0 g(0.016 mol)二茂铁和 10.0 g(9.4 mL，0.1 mol)的乙酸酐放入 50 mL 的三颈瓶中，三颈瓶上装有带有干燥管的回流冷凝器，在搅拌下自滴液漏斗中滴加 2 mL85%的磷酸。滴加完后，于沸水浴上加热 10 min。另于 250 mL 的烧杯中放入 40 g 冰，将上述反应混合物倾入烧杯中，小心地用碳酸氢钠中和反应物（有二氧化碳逸出），将烧杯于冰水中冷却半小时，过滤收集橙黄色固体。用水洗涤，抽干后放入真空干燥器中干燥。

将上述粗产品进行柱上层析分离提纯，用三级活性氧化铝作吸附剂，用石油醚和乙醚的混合物(3∶1)作淋洗剂。首先流出的黄色部分是二茂铁，然后流出的橙黄色部分是乙酰基二茂铁。将两部分溶液分别在旋转蒸发仪上蒸除溶剂，得二茂铁和乙酰基二茂铁。称量并计算收率。记录回收二茂铁的量，再计算乙酰基二茂铁的收率，并测定熔点(81～83 ℃)。

5. 两类二茂铁基衍生物的合成

1）二茂铁取代的查尔酮的合成

参阅相关文献，参照类似物的合成法合成红色固体化合物二茂铁取代的查尔酮 3，计算其收率，测定熔点(理论值为 139～140 ℃)、红外光谱、紫外光谱、荧光光谱等。

2）二茂铁基席夫碱的合成

参阅相关文献，参照类似物的合成方法合成二茂铁基席夫碱类物质 4～6，计算其收率，测定熔点、红外光谱、紫外光谱、荧光光谱等。

合成可选用微波辅助下的无溶剂固体合成，也可采用常规法合成。常规合成法参阅：量取 20 mL 无水乙醇于三颈瓶中，加入 1.00 mmol 乙酰二茂铁，加热回流；此时开始滴加约 1.30 mmol 胺类化合物的无水乙醇溶液，在氮气氛围下回流搅拌，用 TLC 跟踪反应进程或用红外光谱监测亚胺峰的出现，至胺基红外谱图中 3400 cm^{-1} 处双峰消失；减压浓缩，得到粗产品，然后用乙酸乙酯∶石油醚＝1∶3 混合溶剂为淋洗剂，柱层析分离得相应产物。

6. 二茂铁衍生物的性能研究

(1) 参阅相关文献，选择适当的一种溶剂，测试并比较两组化合物(化合物 1～3 以及化合物 4～6)的电化学行为(循环伏安法)，总结电化学行为与结构的关系，并加以解释。

(2) 参阅相关文献，选择适当的一种溶剂，测试化合物 1～6 的荧光光谱并加以比较，研究其荧光性质与结构的关系，并加以解释。

思　考　题

1. 在合成二茂铁实验中，为什么要求严格控制无水无氧条件，环戊二烯与氯化亚铁物质的量比是多少？
2. 环戊二烯的二聚属于哪一类反应？环戊二烯解聚又属于哪一类反应？
3. 试分析影响二茂铁收率的因素。如何提高它的合成收率？
4. 二茂铁乙酰化属于哪一类反应？反应中除用 85％磷酸作催化剂外，还有哪些化合物对此反应有催化作用？
5. 乙酰基二茂铁与苯甲醛的反应类型和机理。
6. 柱层析分离时要注意哪些实验操作？如何正确有效地使用柱层析技术对有机混合物进行分离？
7. 柱层析分离过程中，如何才能装好柱子？选用洗脱剂有什么讲究？

研究拓展

建议从以下几个方面选题：

(1) 含二茂铁基的药物修饰及生物活性研究。在长期使用一些杀菌药物后会产生耐药性，因此必须使抗生素不断更新换代。人们发现，通过对药物化学结构进行修饰，既可保持药物的生物活性，又可克服抗药性，扩展药物的活性范围等。鉴于二茂铁分子具有芳香性、低毒性、稳定性等特点，同时茂环具有很好的反应性，可进行功能化修饰，可以此选题设计合成新型二茂铁衍生物，并进行性质研究。可借鉴思路，例如，爱德华兹(Edwards)等人曾将二茂铁引入青霉素核头孢菌素，产生了一个独特的优点：具有杀菌特性所要求的基本结构得到保持，因此，可以从三维空间加以修饰，以进一步完善这类药物的性质。

(2) 新型含二茂铁基催化剂的研制。二茂铁的茂环上除常规修饰外，引入含 P(Ⅲ)、Si、S、N 等杂原子的取代基时，由于这些杂原子上有孤对电子，可以成为潜在的供电子体，它们能够与 Ru、Rh、Pd、Pt、Au、Ni 和 Co 等过渡金属螯合而形成具有催化活性的配合物，其中手性二茂铁磷(chiral ferrocenyl-phosphine)类是研究最多的二茂铁衍生物，其在 C═C 键加成反应、羰基不对称合成反应、烯丙基反应、交叉偶联反应、不对称羟醛缩合反应等有机反应中得到广泛应用。借鉴二茂铁磷配体的设计合成构思，设计合成结构新颖、性能优良的高选择性不对称合成催化剂，以期在不对称合成手性药物、天然产物以及非线性材料等许多领域发挥特殊的性能。

(3) 设计合成新的二茂铁基分子电子器件。由超分子体构成的结构上有组织、功能上集成的化学系统称为分子器件，分子电子器件是其中一类，用它代替现有的集成电路，将极大地提高集成度。二茂铁具有良好的、可逆的电化学特性，当二茂铁通过有机共轭体系相连时，在光电诱导下，可发生长距离的分子内电子转移，构成分子导线。若二茂铁与光敏基团相连，可构成分子开关，开关功能由二茂铁中铁的氧化态决定，通过光诱导，引发二茂铁进行氧化还原，从而实现开关控制。以下两类二茂铁基分子电子器件曾被深入研究(图 4.24)，可参阅并作为拓展训练素材。

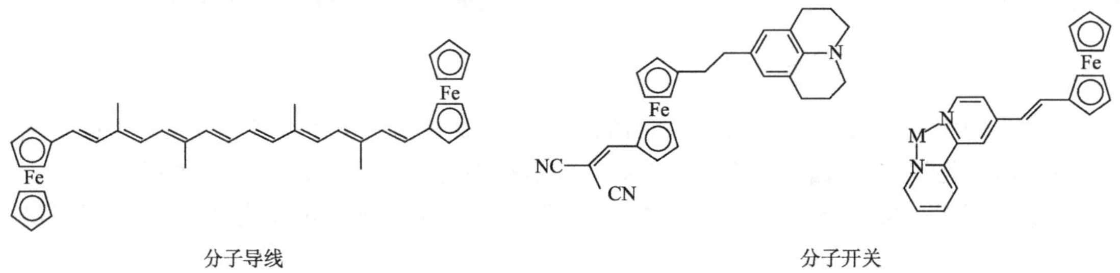

图 4.24　二茂铁基分子电子器件

近期有关二茂铁作为分子电子器件研究的一项非常有趣的工作是：Guldi 等人将二茂铁与 C_{60} 组装成 Donor-Bridge-Accepted 分子，二茂铁作为供电子体，C_{60} 是电子接受体，桥基是有机共轭体系，在光诱导下(激光光源 523 nm)产生电子激发，从二茂铁经共轭体系，传递到 C_{60}，该过程如图 4.25 所示。其分子内光诱导电子传递行为，可通过时间分辨激光光谱仪测试。

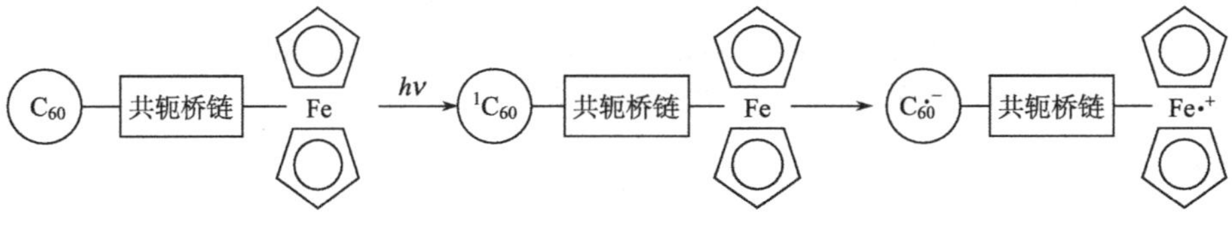

图 4.25　二茂铁与 C_{60} 通过共轭体系桥链光致(523 nm)电子激发示意图

设计并合成以二茂铁为骨架或含有二茂铁基的新的或具有特殊性能的二茂铁衍生物是近年来二茂铁研究的一个必然方向，因此，它的广泛应用和研究也必将带来一场化学生物学和材料化学界的新变革。

参考文献

李珺. 2003. 综合化学实验. 西安：西北大学出版社.

李敏，杨秉勤，袁宏安，等. 2006. 二茂铁环蕃化合物研究进展. 有机化学，26(2)：189-193.

孙尔康，张剑荣，路建美，等. 2009. 综合化学实验. 南京：南京大学出版社.

田中孝一. 2005. 无溶剂有机合成. 刘群，译. 北京：化学工业出版社.

吴毓林，麻生明，戴立信. 2005. 现代有机合成化学进展. 北京：化学工业出版社.

Atkinson R C J, Gibson V C, Long N J. 2004. The syntheses and catalytic application of unsymmetrical ferrocene ligands. Chem Soc Rev, 33:313.

Chandrasekhar V, Andavan G T S, Nagendran S, et al. 2003. Cyclophosphazene hydrazides as scaffolds for multi-ferrocenyl assemblies: synthesis, structure, and electrochemistry. Organometallics, 22: 976.

Claudia M C, Tracy D M, Angel E K. 2000. Synthesis, electrochemistry, and interactions with β-cyclodextrin of dendrimers containing a single ferrocene subunit located "off-center". J Org Chem, 65: 1857.

Dai L X, Tu T, You S L, et al. 2003. Asymmetric catalysis with chiral ferrocene ligands. Acc Chem Res, 9: 659.

Francis E A, Donald S T, Kraatz H. 2005. Glutamic acid dendrimers attached to a central ferrocene core: Synthesis and properties. Macro molecules, 38: 7562.

Mourgues S, Serra D, Lamy F, et al. 2003. Chiral[(Dial kylamino) methyl](phospholyl)ferrocene ligands as a new class of 1,2-disubstituted ferrocene ligands. Eur J Inorg Chem: 2820.

Zheng W H, Sun N, Hou X L. 2005. Highly regia and enantioselectire palladium-catalyzed allylie alkylation and amination of dienyl esters with 1, 1′-P, N-ferrocene ligands. Org Lett, 7:5151.

第八节　生物辅酶仿生有机合成研究

研究课题背景

生物体与生命过程是亿万年进化的产物，其结构和功能都达到了非常理想、科学甚至完美的境地，各种生物分子通过不同层次的组装由微观到宏观，自发地实现着各种复杂但精确的生物特异性功能，也成为人类科技创新的绝佳样板和丰富的智慧源泉。仿生学就是通过对生物的观察和研究，进而模仿生物整体或部分，或器官的结构、形体、特性和功能的科学。在分子水平或分子层次上进行仿生，就是仿生化学或者化学仿生学，如模拟酶反应、模拟生物膜的功能等。仿生化学研究的意义在于：①设计合成新物质、新材料、新方法和新工艺；②加深对生命现象和生命奥妙的认识。

仿生化学研究的内容十分丰富，主要涉及：模拟酶——仿生催化剂、仿生合成、仿生膜、仿生光化学——光能的仿生利用和仿生发光、仿生农药——绿色农药、仿生材料、仿生传感器等。其中仿生农药、仿生材料和仿生传感器和人们生活联系密切。

酶在生物体复杂且神奇的质能转化过程中扮演着非常重要的角色。几乎生物体内的所有生化反应都是在酶的参与下实现的，而且是在异常温和的条件下完成的，酶活力的调控使生命活动中各个生化体系得以有条不紊地进行。酶在生物合成和代谢过程中所表现出的高活性、高选择性、高专一性和高效性，引起了人们对生命现象探究的浓厚兴趣。在分子水平上模拟生物酶是近年来仿生化学研究的前沿课题和热点，四氢叶酸辅酶化学是其中一个重要的课题。

四氢叶酸(5,6,7,8-tetrahydrofolic acid or tetrahydrofolate, THFA, THF, FH4) 辅酶在生物合成及代谢过程中起着传递处于不同氧化态的一碳单元的作用，由三部分组成，即 2-氨

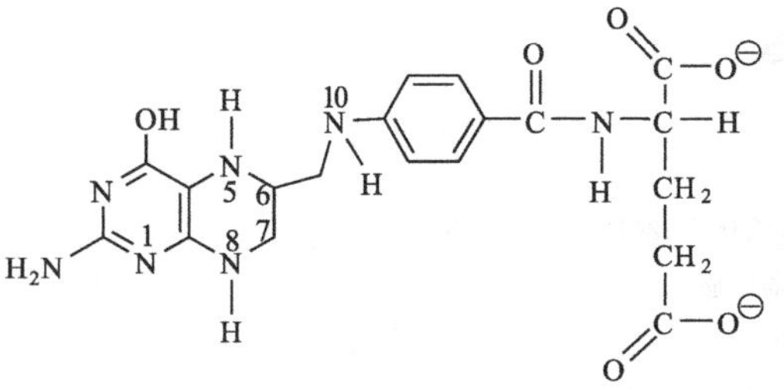

图 4.26　四氢叶酸辅酶分子结构式

基-4-羟基-6-甲基四氢蝶呤、对氨基苯甲酸和谷氨酸(或多聚谷氨酸)，结构式如图 4.26 所示。除二氧化碳外(二氧化碳由辅酶生物素传递)，其他相应于甲醇、甲醛和甲酸各氧化态的一碳单元都由四氢叶酸辅酶传递。

当可转移的碳单元处于甲醇、甲醛、甲酸等不同氧化态时，它们的四氢叶酸衍生物(图 4.27)分别为 5-CH_3-THF (1)、5,10-CH_2-THF (2) 以及 5,10-$^+$CH-THF(3)、5-CHO-THF(4)、10-CHO-THF(5)和 5-CH(═NH)-THF(6)。一般认为甲酸氧化态 THF 衍生物为 3，Benkovic 等认为除此外，还应包括 4、5 和 6。通过研究其结构及转移一碳单元的过程，发现它的活性中心是可转移的碳单元与四氢叶酸的 N5、N10 相连所形成的五元环状结构(结构 1 除外)。THF 活性部位由于 N5、N10 相连有不对称基团(嘧啶环、苯甲酸部分)，形成共轭酸时的 pK_a 分别为 4.82 和－1.25。

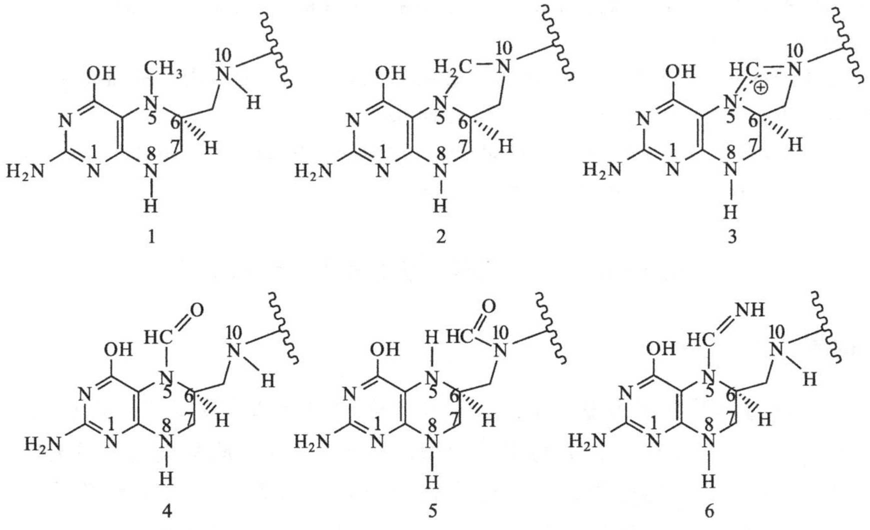

图 4.27　四氢叶酸辅酶不同氧化态衍生物分子结构式

研究发现，四氢叶酸辅酶传递一碳单元的化学行为恰与活性环上 N5、N10 位共轭酸的 ΔpK_a 密切相关，正是由于活性环中 N5、N10 差异较大的 pK_a 的存在，咪唑啉环保持了相当大的活性，这也就为打开咪唑啉环转移一碳单元提供了条件，而与嘧啶环及谷氨酸残基部分基本无关，后两部分的作用是把辅酶结合在适当的酶表面上。

在生物体内，四氢叶酸辅酶具有丰富的存在和转化形式，并表现出多样的反应活性。当四氢叶酸辅酶与丝氨酸、甘氨酸等作用时，连接上一个一碳单元，生成甲醇、甲醛、甲酸三种氧化态的形式。这三种氧化态可以在还原型辅酶Ⅱ(NADPH)、辅酶Ⅱ($NADP^+$)的作用下，实现相互转化，并在适当的条件下把一碳单元转移给受体，其相互转化及部分转移过程如图 4.28 所示。

近年来，研究工作的热点主要集中在甲酸、甲醛氧化态的一碳单元转移反应上，尤其是伴随着嘧啶、嘌呤、丝氨酸和甘氨酸的生物合成机理的揭示。结构研究发现，当一碳单元处于甲酸氧化态时，四氢叶酸辅酶的活性结构中心是生成或断开的咪唑啉五元环，处于甲醛氧化态时

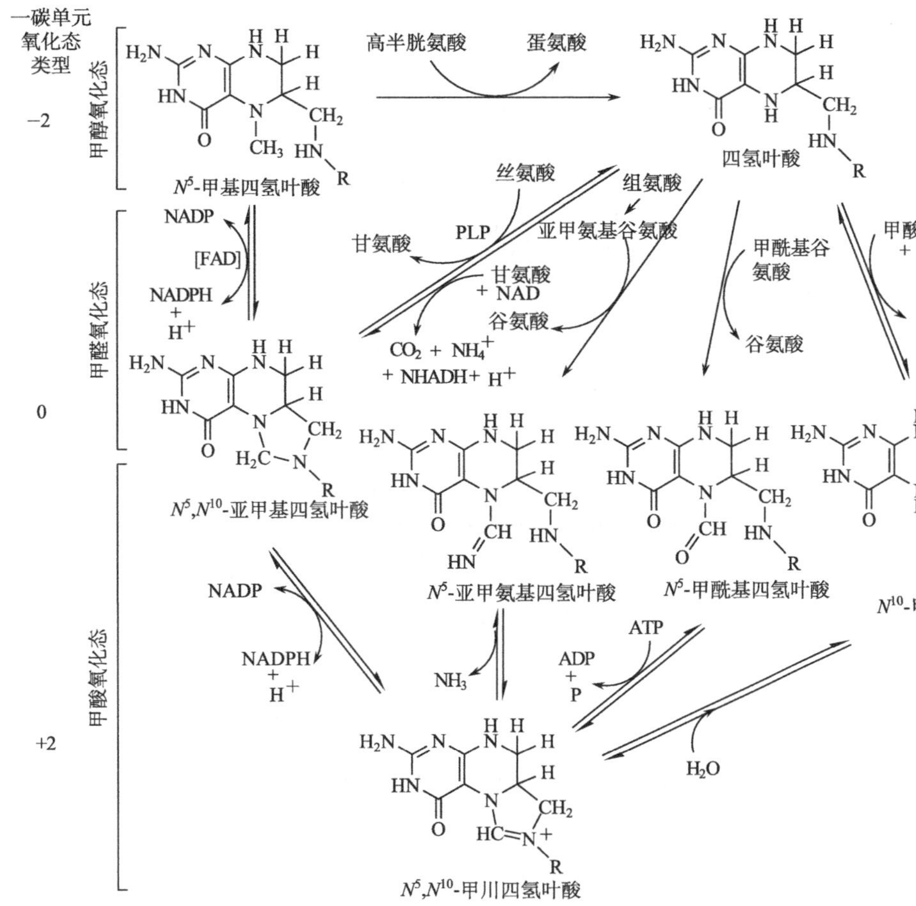

图 4.28　四氢叶酸辅酶不同氧化态衍生物一碳转移示意式

是生成或断开的咪唑烷五元环，环上两个不对称氮原子差异较大的 pK_a 是环的活性构成之源。四氢叶酸辅酶甲酸及甲醛氧化态分子模型结构式如图 4.29 所示。

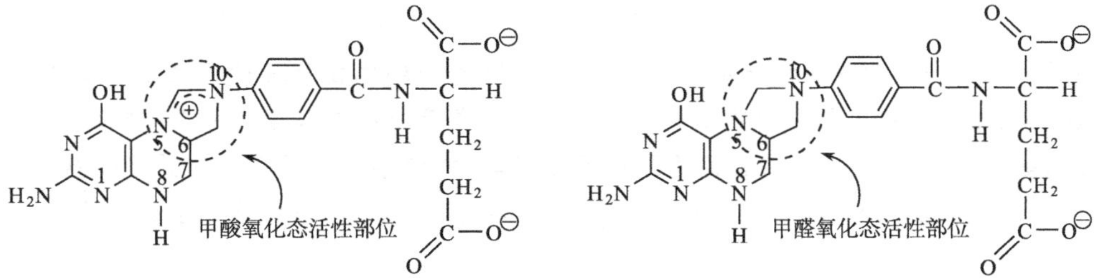

图 4.29　四氢叶酸辅酶甲酸及甲醛氧化态分子结构式

西北大学史真教授课题组则提出四氢叶酸辅酶另一全新系列的新模型——苯并咪唑盐化合物，并研究和报道了此类含大 π 共轭体系模型化合物与多种亲核试剂的加成-水解反应，实现一碳单元转移的仿生合成，表现出许多意料之外的综合性能优势，为多种醛、酮和大环酮等有机化合物的合成提供了常规方法难以实现或实现不理想新方法(图 4.30)。本实验以史真课题组提出的苯并咪唑盐作为四氢叶酸辅酶甲酸氧化态模型物，对多种酮类化合物进行合成设计，并通过模拟四氢叶酸辅酶一碳单元转移反应仿生合成。

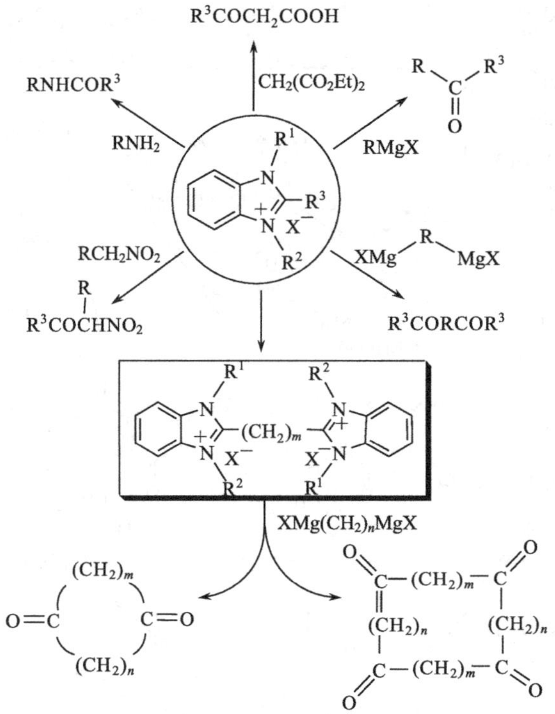

图 4.30　苯并咪唑型四氢叶酸辅酶甲酸氧化态模型仿生一碳单元反应示意

课题示范实验

实验 46　多种酮类化合物的合成设计与仿生合成

实验目的与主要内容

四氢叶酸辅酶仿生化学是近年来在分子水平上模拟生物酶研究的前沿课题和热点。本示范实验项目模拟四氢叶酸辅酶一碳单元转移反应，对多种酮化合物进行仿生合成设计；通过格利雅(Grignard)试剂惰性气氛中的无水、无氧制备，合成产物有效成分的分离、纯化等基本技能的综合训练，强化学生多方位实验操作技能的运用能力，使学生学习掌握苯并咪唑盐与亲核试剂的加成-水解反应机理，为探究拓展活动提供实验研究过程和操作技能的系统训练。

一、实验原理

酶在生物体复杂且神奇的质能转化过程中扮演着非常重要的角色。几乎生物体内的所有生化反应都是在酶的参与下实现的，而且是在异常温和的条件下完成的，酶的调控使生命活动中各个生化体系得以有条不紊地进行。酶在生物合成和代谢过程中表现出的高活性、高选择性、高专一性和高效性，引起了人们对生命现象探究的浓厚兴趣。在分子水平上模拟生物酶是近年来仿生化学研究的前沿和热点。四氢叶酸辅酶化学是其中一个重要的研究课题。

四氢叶酸辅酶在生物体内的作用是传递一碳单元进行生物合成和代谢，模拟其结构功能和作用机制，构筑模型化合物以实现仿生一碳单元转移反应，可为有机合成开拓新的反应途径，提供新的合成方法。苯并咪唑盐是史真课题组提出的可转移甲酸氧化态一碳单元的四氢叶酸辅酶新模型，通过变换苯并咪唑盐 2 位不同取代基与不同的 Grignard 试剂发生加成-水解反应，可为许多酮类化合物提供仿生合成新方法(图 4.31)。

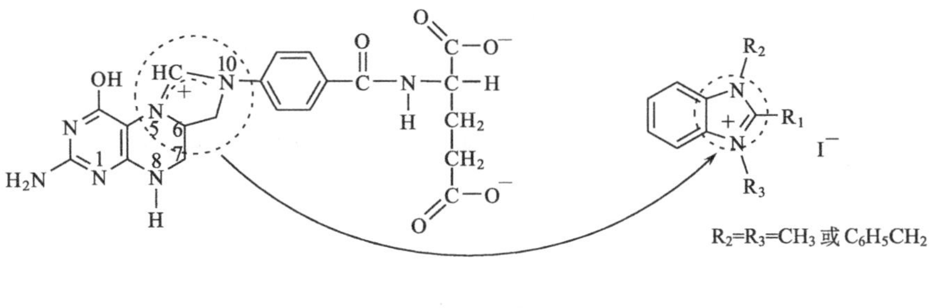

甲酸态四氢叶酸辅酶结构　　　　苯并咪唑盐模型

图 4.31　酮类化合物仿生合成模型

本实验 2-取代苯并咪唑可以由相应的羧酸制备，这样就提出了一种从羧酸和 Grignard 试剂经取代苯并咪唑盐制备酮的新合成方法。由于羧酸直接与 Grignard 试剂作用会生成不溶性的羧酸盐，而不能制备酮，采用本实验合成法为以羧酸为原料制备酮提供了一条重要途径。本实验的合成设计线路如图 4.32 所示，通过变换 R_1、R_4 结构可以实现多种酮化合物的仿生合成。

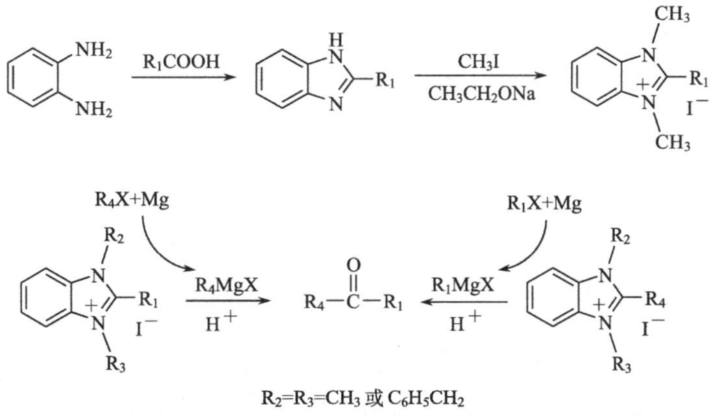

图 4.32　苯并咪唑型四氢叶酸辅酶模型仿生合成酮示意线路

本实验可能的反应机理(图 4.33)：极化的 C ═N 键使 Grignard 试剂的碳负离子的亲核进攻成为可能，生成中间体苯并咪唑烷，酸性水解成酮。

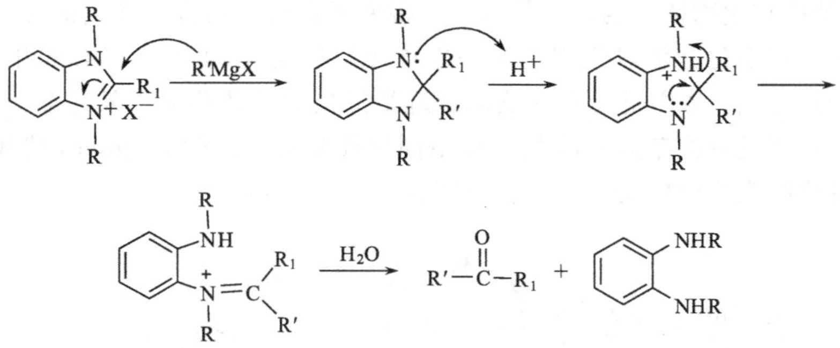

图 4.33　苯并咪唑型四氢叶酸辅酶模型加成-水解反应机理示意

二、仪器和试剂

1. 仪器

常用玻璃合成制备仪,1 套;干燥塔,1 台;三颈烧瓶(250 mL,19#),1 只;圆底烧瓶(250 mL,19#),1 只;干燥器,1 只;球形冷凝管(30 cm ,19#),2 支;接液管及接收器,1 套;滴液漏斗(14#),1 只;分液漏斗(250 mL),1 只;干燥管(19#),1 支;磁力及电动搅拌装置,各 1 套;氮气钢瓶,1 个;冰浴、油浴、熔点测定仪,各 1 套;旋转蒸发仪,1 台;载玻片(2.5 cm×7.5 cm), 5 片;抽滤瓶和布氏漏斗,各 1 只;层析柱(ϕ1.0 cm×120 cm),2 支;真空泵,1 台;层析缸(ϕ3.0 cm×18 cm),5 个;红外光谱仪,1 台。

2. 试剂

5%盐酸,NaOH(A. R.),多聚磷酸(A. R.),无水硫酸镁 (A. R.),碳酸氢钠(A. R.),四氢呋喃(C. P.),邻苯二胺(A. R.),冰醋酸(A. R.),碘化钾(C. P.),环己基甲酸(C. P.),卤代烷(如正溴丁烷或溴苯)(C. P.),氯仿(C. P.),苯甲酸(A. R.),镁条(C. P.),苯甲酸甲酯(C. P.),乙醚(C. P.),乙醇(无水,95%),金属钠,氯化钠(C. P.)。

三、实验步骤

1) 2-取代苯并咪唑的合成

在圆底烧瓶中,分别加入 0.12 mol 邻苯二胺、0.12 mol 羧酸(如冰醋酸或环己基甲酸或苯甲酸)或其衍生物(如苯甲酸甲酯)和 50 mL 多聚磷酸,在氮气氛下,加热升温至固体物全部溶解,反应体系呈液态回流 2～3 h(或熔融态搅拌反应 1 h,再升温至 135～175 ℃持续搅拌反应 2～3 h),冷至室温,加冰水,用 10%NaOH 调节至弱碱性,将析出的固体抽滤,冷水洗涤,粗品用乙醇/水重结晶得相应的 2-取代苯并咪唑。

2) 2-取代苯并咪唑盐的合成

2-取代苯并咪唑在醇钠作用下,与碘甲烷在回流温度下反应 3～5 h,用乙醇/水体系重结晶得苯并咪唑碘盐,其转化率为 78%～86%。碘甲烷易使苯并咪唑季铵化成盐且转化率比较高,也可以用苄氯在相转移催化剂的作用下实现苯并咪唑氮杂环季铵化成盐。

3) Grignard 试剂的合成

在 100 mL 三颈烧瓶上分别装置搅拌器、冷凝管及滴液漏斗,并装置氯化钙干燥管。瓶内放 0.06 mol 除去氧化膜的镁条、7.5 mL 无水乙醚及一小粒碘片。在滴液漏斗中混合 0.06 mol 卤代烷（如正溴丁烷或溴苯）和 7.5 mL 无水乙醚。先向瓶内滴入 2.5 mL 混合液，数分钟后即见溶液呈微沸状态，碘的颜色消失。待反应缓和后，自冷凝管上端加入 12.5 mL 无水乙醚。开动搅拌，并滴入其余的混合液，控制滴加速度使反应呈微沸状态。滴加完毕后，在水浴回流 20 min，使镁屑几乎作用完全。

4）酮的合成

在氮气保护下，将 0.02 mol 苯并咪唑盐每隔 15 min 分 5 次批量加入 0.06 mol Grignard 试剂的四氢呋喃溶液（或与无水乙醚的混合液）中，待苯并咪唑盐加完后，搅拌 24～26 h，静置 30 min 后，将 5%盐酸水溶液滴加到反应液中，调节溶液 pH＝2～3，温水浴（40～50 ℃）下搅拌 45 min 后，蒸去溶剂，用氯仿（30 mL×5）萃取，5%碳酸氢钠水溶液、饱和食盐水洗涤后，无水硫酸镁干燥，蒸除溶剂得粗品，经柱色谱分离得纯品酮。

5）产物表征

合成得到的产物，采用元素分析、红外光谱、核磁共振谱和质谱等进行表征。

注：① 2-取代苯并咪唑由于取代基不同，其中间体的合成条件会有差异，可参阅文献对合成作适当的调整，也可使用无溶剂微波辅助合成法，参阅相关文献，并将其与常规溶剂加热法进行比较。② Grignard 试剂的合成注意无水、无氧操作，该操作对实验结果影响很大。③ 2-取代苯并咪唑盐的合成中，醇钠-醇体系制备时必须保持钠充分溶解，再加入 2-取代苯并咪唑；否则钠存在的还原体系，可使反应生成物苯并咪唑盐被还原成苯并咪唑烷。

思　考　题

1. 模拟四氢叶酸辅酶一碳单元转移反应合成酮，哪些酮不能使用此合成法实现？
2. 若苯并咪唑盐类四氢叶酸辅酶模型化合物 2 位是 H，则与 Grignard 试剂发生加成-水解反应的产物是什么？
3. 副产物 N,N'-二取代的邻苯二胺能否转化为模型物苯并咪唑盐循环使用？通过文献查阅，简要整理其转化条件。
4. 若模型物苯并咪唑盐的 1、3 位氮被不同的基团修饰，且修饰基团电子效应差异大，那么模型物的反应活性如何变化？
5. 苯并咪唑 C═N 未被极化（N 未被取代成盐），能否与 Grignard 试剂发生一碳单元转移反应，为什么？

研究拓展

四氢叶酸辅酶参与的酶催化一碳单元转移反应不仅与生物体内氨基酸的代谢密切相关，而且涉及嘌呤、嘧啶以及 S-腺苷甲硫氨酸的生物合成，在生物体内担负着非常重要的角色。模拟四氢叶酸辅酶生物学行为，能够帮助构筑新型的模型物并探索其仿生合成新反应和新方法。利用四氢叶酸辅酶三种氧化态转移一碳单元进行新化合物合成探索如下：

（1）甲酸氧化态一碳单元转移反应。甲酸氧化态一碳单元传递者应包含四类，分别为 5,10-CH$^{\oplus}$-THF（图 4.27 中 3），5-CHO-THF（图 4.27 中 4）、10-CHO-THF（图 4.27 中 5）和 5-CH(═NH)-THF（图 4.27 中 6）。5,10-CH$^{\oplus}$-THF 在生物体内存在广泛，主要是在甘氨酸代谢过程中形成的，甘氨酸脱氨基生成乙醛酸，乙醛酸与 THF 反应生成甲酸和 5,10-CH$^{\oplus}$-THF。甲酸氧化态（5,10-CH$^{\oplus}$-THF）一碳单元转移主要涉及嘌呤核苷酸的代谢合成过程中的两步关键反应，如图 4.34 所示。

（ⅰ）甘氨酰胺核苷酸转甲酰基酶（glycinamide ribonucleotide transformylase，GAR Tfase）催化的甘氨酰胺核苷酸（GAR）（7）生成甲酰甘氨酰胺核苷酸（Formyl-GAR，F-GAR）

(8)的反应中发生了一碳单元的转移(甲酰化),该反应中一碳单元的供体为 5,10-CH$^{\oplus}$-THF(3),溶液中的水也参与了反应。

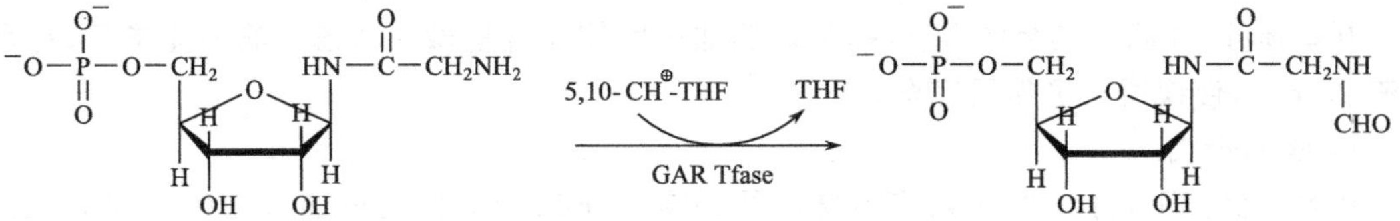

7　　　　8

图 4.34　甘氨酰胺核苷酸转甲酰基酶一碳单元转移

(ⅱ)氨基咪唑甲酰胺核苷酸转甲酰基酶(5-aminoimidazole-4-carboxamide ribonucleotide transformylase, AICAR Tfase)催化的 5-氨基咪唑-4-甲酰胺核苷酸(AICAR)(9)甲酰化反应,甲酰基由 10-CHO-THF(5)转移给 AICAR 而生成 5-甲酰胺基咪唑-4-甲酰胺核苷酸(Formyl-AICAR, F-AICAR)(10),该反应中一碳单元的供体是 10-CHO-THF,如图 4.35 所示。

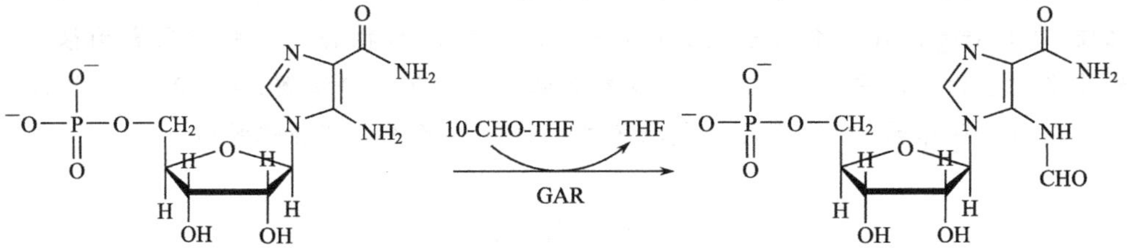

9　　　　10

图 4.35　氨基咪唑甲酰胺核苷酸转甲酰基酶一碳单元转移

(2) 甲醛氧化态一碳单元转移反应。在生物体内,丝氨酸分子上的 β-碳原子可转移到 THF 上,同时脱去一分子水,生成甲醛氧化态的一碳单元传递者为 5,10-CH$^{\oplus}$-THF(3)。丝氨酸的 β-碳原子转移后其自身变为甘氨酸,这样丝氨酸既可直接与 THF 作用形成四氢叶酸衍生物,又可通过甘氨酸途径形成 5,10-CH$^{\oplus}$-THF。在嘧啶苷酸的生物合成中,甲醛氧化态一碳单元传递者(5,10-CH$^{\oplus}$-THF)作为"甲基提供者"和还原剂参与反应,其间经历两个协同过程。

(ⅰ)开环过程(图 4.36):胺基质子化,分子内电子转移,碳氮化学键断裂开环,由于形成 N5 亚胺正离子比 N10 亚胺正离子相对稳定,因此,开环后形成亲电中间体 5-CH$_2^{\oplus}$-THF(12)。

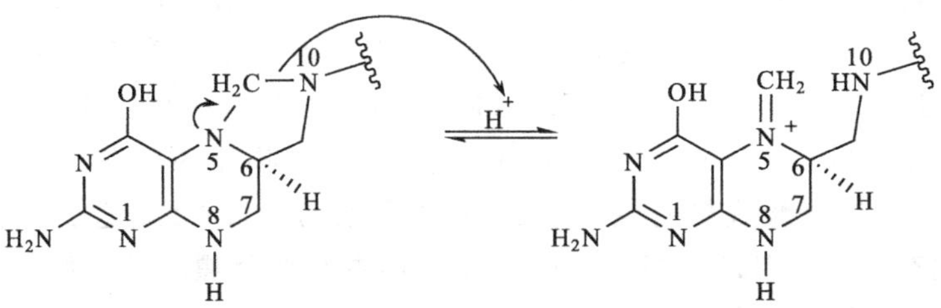

2　　　　12

图 4.36　亲电中间体 5-CH$_2^{\oplus}$-THF(12)示意图

（ⅱ）亲核加成-还原转移过程(图 4.37)：胸苷酸合成酶 cys-180(Enz-SH)巯基进攻尿嘧啶脱氧核糖核苷酸(DUMP)14 的 C6，在 C5 处形成亲核中心，与 13 作用形成酶-底物-辅酶复合物 14，随即分解为中间体 15 和 5，6，7，8-THF(1)，1 中 C6 上的 H 还原中间体 15 得到胸腺嘧啶核苷酸(DTMP)(16)，1 被转变为 7，8-二氢叶酸(DHF)(17)。

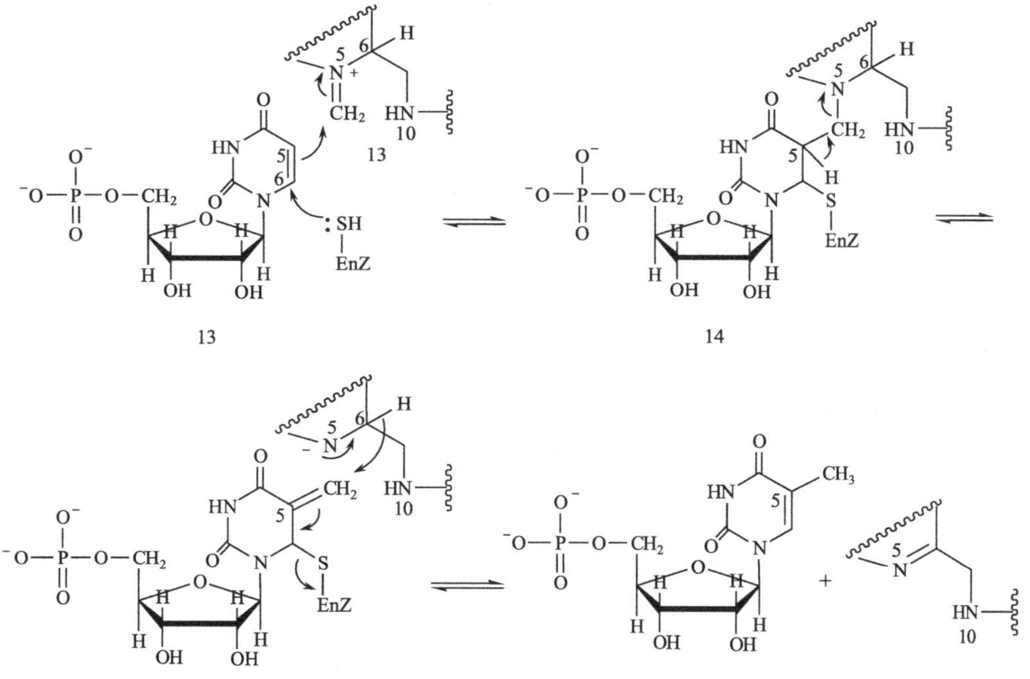

13　14　15　16　17

图 4.37　亲核加成-还原转移过程示意图

(3) 甲醇氧化态的一碳单元转移反应。在 L-高半胱氨酸转甲基酶催化的 L-高半胱氨酸转化为 L-甲硫氨酸的反应中，5-CH_3-THF 作为甲醇氧化态的一碳单元传递者提供甲基，使 L-高半胱氨酸 18 甲基化生成 L-甲硫氨酸 19，L-甲硫氨酸再在 ATP 参与下，进一步活化生成 S-腺苷甲硫氨酸 20，后者约是 50 种不同甲基受体的供给者，可在合成胆碱、肌酸、肾上腺素等反应中提供甲基，如图 4.38 所示。

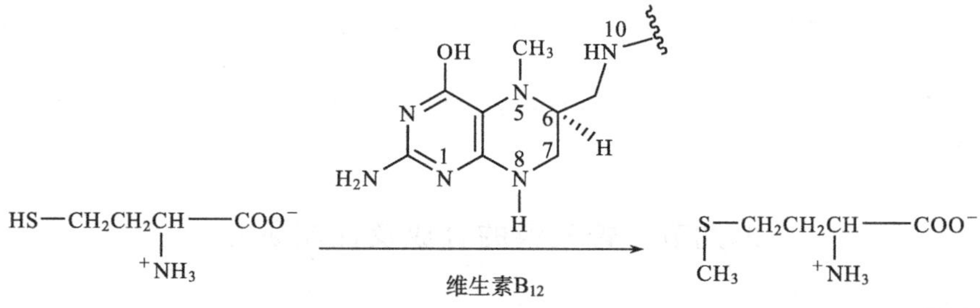

18　19

图 4.38　L-高半胱氨酸转甲基酶催反应示意图

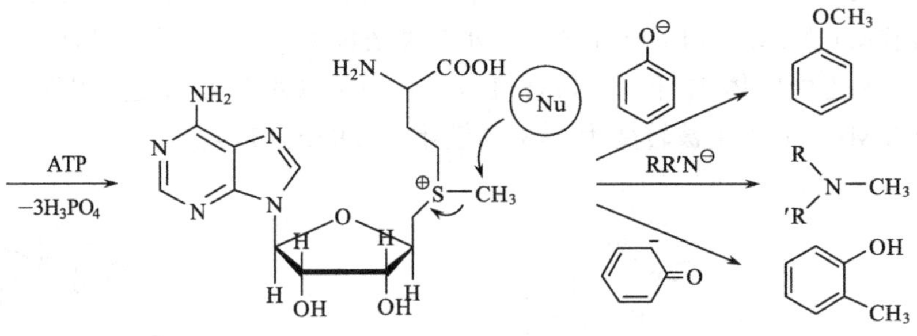

20

图 4.38(续)

参 考 文 献

史真. 1998. 现代杂环化学选论. 西安：陕西科学技术出版社.

史真，顾焕. 1996. 从苯并咪唑盐制备酮的新合成方法研究. 中国科学(B 辑)，26(5)：403-408.

史真，强琚莉. 1998. 环二酮的新合成方法研究. 中国科学(B 辑)，28(3)：207-210.

Fukamizu K，Miyake Y，Nishibayashi Y. 2008. Ruthenium-catalyzed enantioselective carbon-carbon bond forming reaction via allenylidene-ene process：synthetic approach to chiral heterocycles such as chromane，thiochromane，and 1,2,3,4-tetrahydroquinoline derivatives. J Am Chem Soc，130(32)：10498-10499.

Guo Y，Wu X L，Li J L,et al. 2005. A novel synthetic method for muscone. Synthetic Communications，35：2489-2494.

He Q，Cui Y，Li J B. 2009. Molecular assembly and application of biomimetic microcapsules. Chem Soc Rev，38：2292-2303.

He Q，Duan L，Qi W,et al. 2008. Microcapsules containing a biomolecular motor for ATP biosynthesis. Adv Mater，20：2933-2937.

Li C,Qi L M. 2008. Bio-inspired fabrication of 3D ordered macroporous single crystals of calcite via a transient amorphous phase. Angew Chem Int Ed，47：2388.

Norbert H. 2008. Photochemical reactions as key steps in organic synthesis. Chem Rev,108(3)：1052-1103.

Qi W，Duan L，Yan X H，et al. 2009. Triggered release of insulin from glucose-sensitive enzyme multilayer shells. Biomaterials,30：2799-2806.

Trost B M，Dong G B. 2008. Total synthesis of bryostatin 16 using atom-economical and chemoselective approaches. Nature，456(27)：485-488.

Yang S，Zhang S P，Winnik F M，et al. 2008. Group reorientation and migration of amphiphilic polymer bearing phosphorylcholine functionalities on surface of cellular membrane mimicking coating. J Biomed Mater Res A，84A(3)：837-841.

Zhang B，Gao Y，Li J L,et al. 2006. Novel synthetic method for triacetylbenzene. Chinese Chemical Letters，17(9)：1165-1168.

第九节　菁染料的合成及性能研究

研究课题背景

早在古代，人们在长期的劳动实践中就从自然界的动植物体内提取了天然染料靛蓝、胭脂红等，可以染料和颜料的出现使得世界变得更加五彩缤纷。染料工业的发展与人们的生活息息相关，除了简单的纺织品、皮革染色外，染料还广泛地应用于橡胶、塑料、墨水、印刷、食品、医药等领域中。在染料世界中，它的种类也非常多，由于染料的化学结构决定着染料的性能，根据染料分子中相似的化学结构、共同的发色团等，人们常用化学分类方法将染料分为如下几大类：偶氮染料、蒽醌染料、靛族染料、酞菁染料、芳甲烷染料、硫化染料、菁染料、硝基和亚硝基染料等。菁染料是一类重要的功能性染料，在染料大家庭中起着非常重要的角色，它们被广泛应用于照相材料光谱增感剂、光盘存储介质、太阳能电池光敏剂、pH 探针、检测甲基丙烯酸甲酯（MMA）聚合作用的荧光探针、非线性光学材料等领域。近年来，菁染料在生物医学领域的应用也有了新的突破性进展，如应用于凝胶电泳中染色 DNA、DNA 测序、流式细胞术、光动力学疗法（PDT）、活细胞成像、生物大分子的标记等，特别是菁染料对 DNA/RNA 具有较好的亲和能力，已成为新一代高灵敏的荧光标记染料。菁染料在新领域中应用的突破，推动了菁染料的不断发展，并已成为人们研究的热点。

菁染料分子主要是通过一根发色的甲川链将两个含氮的助色团（称为正中心）连接在一起（图 4.39），一般甲川链的一端为电子给体（donor，如含三价氮的芳杂环），另一端为电子受体（acceptor，如含五价氮的芳杂环），整个分子具有给-拉电子效应，形成一个大的 D-π-A 共轭体系，通常甲川菁染料具有两个共振结构，如图 4.40 中的 A-A′、B-B′和 C-C′所示。

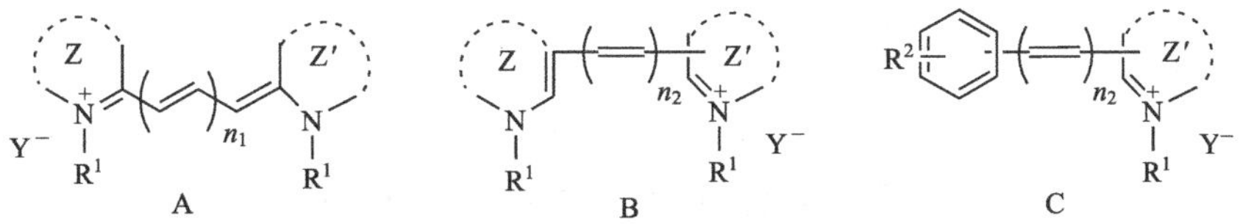

Z, Z′= 吲哚, 噻唑, 咪唑, 喹林, 噁唑……
R^1= H, 烷基, ……　R^2= CH_3, OCH_3, OH, $N(CH_3)_2$, ……
Y=I, Br, Cl, ClO_4, ……　n_1= 0, 1, 2, 3, 4, …　n_2= 1, 2, 3, 4, ……

图 4.39　菁染料的结构通式

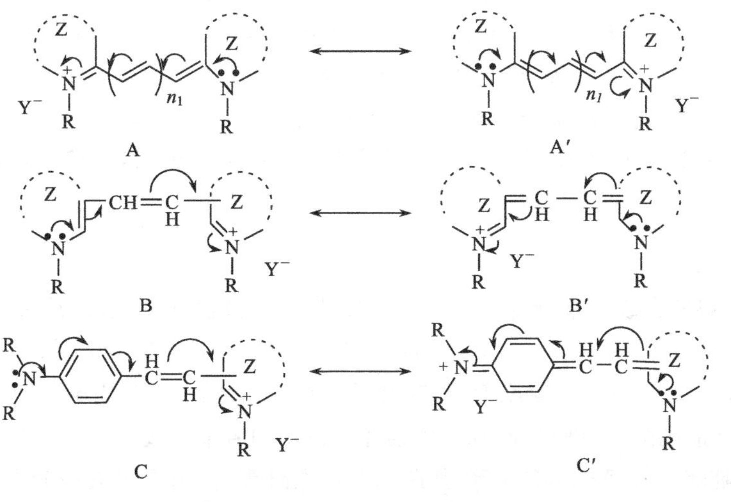

图 4.40　甲川菁染料的共振结构

在菁染料结构中，阴离子 Y^- 可以是 I^-、Br^-、Cl^-、ClO_4^- 等酸根负离子。N 原子上所带的 R^1 基团可以是 H、烷基等。分子中的杂环核可以是吲哚、苯并吲哚、噻唑、苯并噻唑、萘噻唑、咪唑、 唑、喹啉等，根据不同的杂环核，可以将菁染料称为吲哚菁染料、噻唑菁染料、咪唑菁染料等。通过延长甲川链，可以增大菁染料的共轭体系，对于结构 A：$n_1=0$ 时，杂环核中间含有一个次甲基，称为一甲川菁染料（或单菁染料），当 $n_1=1$、2、3 时，分别为三、五、七甲川菁染料；对于结构 B：$n_2=1$ 时，杂环核中间有一根乙烯基链，称为二甲川菁染料，当 $n_2=2$ 时，为四甲川菁染料。当甲川链的一端连接的是芳环时，将其称为半菁染料，对于结构 C：$n_2=1$ 时，称为二甲川半菁染料或苯乙烯型半菁染料。

菁染料的合成主要是通过杂环季铵盐 2 位上的具有亲核活性的甲基与具有亲电性的甲川缩合剂进行反应实现的。常用的合成三甲川菁染料的缩合剂有 $HC(OCH_2CH_3)_3$、$HC(OCH_3)_3$、$CH_3C(OCH_2CH_3)_3$、氯仿、甲醛及硫代甲酰胺等；五甲川缩合剂有 $(CH_3O)_2CHCH=CHOCH_3$、$CH_2(CH=NPh)_2\cdot HCl$ 等；常见的七甲川缩合剂则为 $PhNHCH=CHCH=CHCH=NPh\cdot HCl$ 等。一甲川菁则通常通过一个带有活性甲基的杂环季铵盐与另一分子含甲硫基的杂环季铵盐在碱性条件下缩合，常用的催化剂有吡啶、哌啶、三乙胺等。二甲川菁染料和苯乙烯型半菁染料的合成通常由杂环季铵盐和芳杂醛或者芳醛衍生物在催化剂（碱性催化剂如哌啶、吡啶、三乙胺、NaOH 等，强脱水剂乙酸酐等）作用下脱去一分子水得到；或者由杂环季铵盐和硫醛在催化剂作用下脱去一分子的 H_2S 得到。

课题示范实验

实验 47　含喹啉核二甲川菁染料的合成及作为 DNA 荧光探针的应用

实验目的与主要内容

菁染料是一类重要的功能性染料，它们被广泛应用于照相材料光谱增感剂、光盘存储介质、太阳能电池光敏剂、pH 探针、非线性光学材料、凝胶电泳中染色 DNA、DNA 测序、流式细胞仪、活细胞成像、生物大分子的标记等。本示范实验利用迈克尔加成和亲核加成-消去反应得到含喹啉核二甲川菁染料，使学生掌握喹啉杂环核和二甲川菁染料的通法合成和反应原理，通过紫外-可见光谱监测染料的生成，并且应用紫外-可见光谱和荧光光谱技术，将染料与 DNA 在生理条件下作用，根据其光谱性质的变化，探讨其作为 DNA 荧光探针的可能性。

一、实验原理

二甲川菁染料的合成通常分为三步：①中间体杂环季铵盐的合成，通常由碱性杂环中间体与烷基化试剂反应得到；②芳杂醛、芳醛的合成，由带有甲基的芳杂环或者芳环在氧化剂作用下氧化得到相应的醛，或者由芳杂环或芳环在 DMF 和 $POCl_3$ 的作用下利用维尔斯迈尔（Vilsmeier）甲酰化反应，得到相应的醛；③染料的合成，由杂环季铵盐和芳杂醛或者芳醛衍生物在催化剂（碱性催化剂如哌啶、吡啶、三乙胺、NaOH 等，强脱水剂乙酸酐等）作用下脱去一分子水得到；或者由杂环季铵盐和硫醛在催化剂作用下脱去一分子的 H_2S 得到。反应方程式如下：

二甲川菁染料本身不带有活性基团，它们与核酸等生物大分子作用时不是形成共轭配合物，而是以亲和力嵌入生物分子中，由于染料与 DNA 分子作用后，染料分子的刚性平面增大，其荧光强度剧增，可利用此特性来检测 DNA。

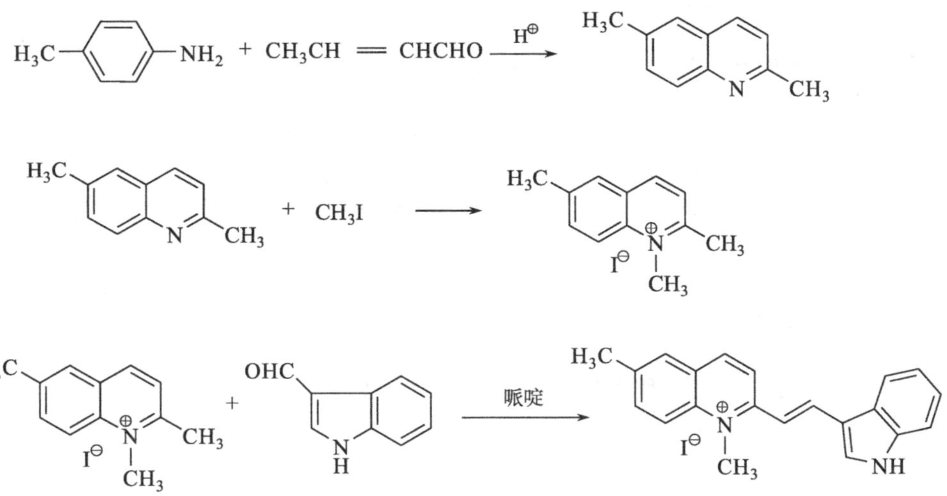

二、仪器和试剂

1. 仪器

250 mL 三颈瓶,1 只;滴液漏斗,1 只;25 mL 容量瓶,1 只;分液漏斗,1 只;100 mL 容量瓶,1 只;数字显示显微熔点仪,1 台;500 mL 容量瓶,1 只;紫外-可见分光光度计,1 台;回流冷凝管,1 支;荧光分光光度计,1 台。

2. 试剂

无水 $ZnCl_2$(A. R.),丙酮(A. R.),浓盐酸(A. R.),甲醇(A. R.),异丙醇(A. R.),正己烷(A. R.),乙醚(A. R.),3-吲哚甲醛(A. R.),无水乙醇(A. R.),鲑鱼精 DNA,氨水(A. R.),对甲苯胺(A. R.),无水 $MgSO_4$(A. R.),巴豆醛(C. P.),碘甲烷(A. R.),EDTA-Na_2(A. R.),NaOH(A. R.)。

三、实验步骤

1. 2,6-二甲基喹啉的制备

将对甲基苯胺 21.4 g(0.2 mol)溶于 6 mol · L^{-1}的盐酸中,加热回流,搅拌下,在 1 h 内加入 17.3 g(0.21 mol)85%的巴豆醛水溶液,继续加热 1 h,冷却,用乙醚洗去少量黑色不溶物。将干净的溶液转入三颈瓶中,在剧烈搅拌下加入 27.2 g(0.2 mol)无水 $ZnCl_2$,抽滤,用冷的 3 mol · L^{-1}的盐酸洗涤,得到浅黄色固体,抽滤干燥,用异丙醇洗涤,再用乙醚洗涤,干燥过夜。将固体放入分液漏斗中,加入大约 100 mL 水,振荡,再加入 50 mL 氨水,振荡,用乙醚萃取三到四次,合并萃取液,得到黄色液体,用无水 $MgSO_4$ 干燥,蒸去乙醚,得到黄色固体,用正己烷重结晶,得到亮黄色固体(熔点 61~62 ℃)。

2. 1,2,6-三甲基喹啉碘盐的制备

将 6-甲基喹哪啶 2.5 g(0.016 mol)和碘甲烷 2.5 mL(0.023 mol)加入带有回流冷凝管及干燥管的圆底烧瓶中,在 43 ℃搅拌反应 15 h,得到黄色固体,用无水乙醇重结晶,得到黄色针状晶体，干燥即得产品(熔点 239～242 ℃)。

3. 含 6-甲基喹啉核二甲川菁染料的合成

在带有干燥管和冷凝管的圆底烧瓶中加入 2,6-二甲基喹啉季铵盐 0.75 g(2.5 mmol)、3-吲哚甲醛 0.36 g(2.8 mmol)和 20 mL 无水乙醇，加热溶解，然后加入 5 滴哌啶回流 1 h，有红色固体析出，冷却抽滤，用少量乙醚洗涤，粗产物用甲醇重结晶，得到红色固体(熔点 262～263 ℃)。

4. TE 缓冲溶液的配制

1) 0.25 $mol \cdot L^{-1}$的三羟甲基氨基甲烷(Tris)储备液

称取 Tris 3.0260 g，溶于 50 mL 蒸馏水中，用 6 $mol \cdot L^{-1}$的盐酸调 pH 为 7～8，定容于 100 mL 容量瓶中。

2) 0.05 $mol \cdot L^{-1}$ EDTA-Na_2 的储备液

称取 EDTA-Na_2 1.8612 g 溶于 50 mL 蒸馏水中，用 NaOH 调 pH 至 7～8，定容于 100 mL 容量瓶中。

3) TE 缓冲溶液(Tris-HCl 和 EDTA 的终浓度分别为 10 $mmol \cdot L^{-1}$和 1 $mmol \cdot L^{-1}$)

吸取 20 mL 的 0.25 $mol \cdot L^{-1}$的 Tris 储备液和 10 mL 的 0.05 $mol \cdot L^{-1}$ EDTA-Na_2 的储备液，混合，调 pH 为 7.0～7.5，定容于 500 mL 的容量瓶中。

5. 染料、染料-DNA 溶液的配制

1) 染料储备液

配制含 6-甲基喹啉核二甲川菁染料浓度约为 5×10^{-4} $mol \cdot L^{-1}$的 DMSO 溶液，然后用 TE 缓冲溶液(pH=7.5)稀释成浓度为 5×10^{-5} $mol \cdot L^{-1}$的储备液。

2) DNA 储备液

称取鲑鱼精 DNA 1.32 mg，定容于 25 mL 的 TE 缓冲溶液中。

3) 工作液

吸取一定量的染料储备液于 25 mL 容量瓶中，使染料的最终工作溶液的浓度为 1×10^{-6} $mol \cdot L^{-1}$。

吸取 5 mL 的 DNA 储备液于 25 mL 容量瓶中，加入一定量的染料储备液，定容，使染料和 DNA 的最终工作溶液浓度分别为 1×10^{-6} $mol \cdot L^{-1}$和 0.01 $mg \cdot mL^{-1}$。所有溶液的配制及测试都在 2 h 内完成。

6. 染料、染料-DNA 的紫外-可见和荧光光谱测定

1) 紫外-可见光谱

测量染料、染料-DNA 的最大吸收波长和吸光度。

2) 荧光光谱

测量染料、染料-DNA 的最大发射波长和荧光强度。

四、实验结果和处理

λ_{abs}/nm	A	ε_{DNA}/ (L · mol^{-1} · cm^{-1})	λ_{ex}/nm	λ_{em}/nm	I (荧光强度)
染料					
染料-DNA					

思 考 题

染料-DNA 和单纯染料的荧光光谱有什么变化？荧光强度是否发生变化？请解释。

研究拓展

21 世纪是生命科学的世纪，揭示生命现象的本质，探究疾病的根源，已成为科学研究的重点。菁染料是一类功能型染料，除在非线性光学材料、光谱增感剂、光盘存储材料等方面有着广泛的应用之外，还具有良好的生物相容性、较大的摩尔吸光率、较高的荧光量子效率、低毒性等优点，在生物医学中显示了独特的优势。大量文献报道了菁染料的合成及其在核酸测定、蛋白质分析、作为活细胞染色剂、肿瘤检测及癌细胞识别、作为生物大分子的标记物及光动力疗法中的应用。

（1）在核酸测定中的应用。菁染料与核酸形成复合物后光谱特征一般有明显变化，有的复合物荧光强度较染料本身强很多，而有些复合物却出现荧光淬灭，利用这一性质可以对核酸进行测定。

（2）在蛋白质分析中的应用。菁染料与蛋白质结合后一般都有较明显的荧光强度变化现象，因此，菁染料广泛应用于蛋白质的测定。

（3）作为活细胞染色剂。菁染料光谱范围可调，摩尔消光系数大，荧光量子收率高，灵敏度高，以及具有可穿过细胞膜、无毒、不干扰细胞的正常生理功能、对核酸有较强的亲和性等特征，可以作为活体细胞内成像检测 RNA、DNA 的荧光探针，并对活细胞进行染色。

（4）在肿瘤检测、癌细胞识别及光动力疗法中的应用。众所周知，癌症一般是在癌细胞的数量很多时才能被发现。如果能够在早期刚刚出现几个癌细胞时就可以检测出，自然有利于治疗。由于菁染料在肿瘤组织中的浓度高于周围的正常组织，且在正常细胞中很容易代谢、排除，而在肿瘤细胞上却能停留相当长的时间，在一定时间之后正常细胞组织上的标记物已消失，只有在癌细胞组织上保留着这些标记物。因此，根据染料在活体中的浓度大小分布可测出肿瘤结点的位置，实时无损监测、诊断、治疗。

参 考 文 献

常建华，董绮功. 2001. 波谱原理及解析. 北京：科学出版社.

胡宏纹. 1990. 有机化学. 下册. 2 版. 北京：高等教育出版社.

Anikovsky M Y, Tatikolov A S, Shvedova L A, et al. 2001. Photochemical investigation of the triplet state of 3, 3′-diethylthiacarboyanine iodide in the presence of DNA. Russian Chemical Bulletin, 50: 1190-1193.

Carreon J R, Stewart K M, Jr K P M, et al. 2007. Cyanine dye conjugates as probes for live cell imaging. Bioorganic & Medicinal Chemistry Letters, 17: 5182-5185.

Cheng G Z, Huang X Z, Zheng Z Z, et al. 1990. The Analytical Method of Fluorescence. 2nd ed. Beijing: Science Press.

El-Shishtawy R M, Santos C R, Goncalves I, et al. 2007. New amino and acetamido monomethine cyanine dyes for the detection of DNA in agarose gels. Bioorganic & Medicinal Chemistry, 15(16):5537-5542.

Eriksson M, Westerlund F, Mehmedovic M, et al. 2006. Comparing mono- and divalent DNA groove binding cyanine dyesbinding geometries, dissociation rates, and fluorescence properties. Biophysical Chemistry, 122: 195-205.

Fechter E J, Olenyuk B, Dervan P B. 2005. Sequence-specific fluorescence detection of DNA by polyamide-thiazole orange conjugates. Journal of American Chemical Society, 127: 16685-16691.

Hilal H, Taylor J A. 2007. Determination of the stoichiometry of DNA-dye interaction and application to the study of a biscyanine dye-DNA complex. Dyes and Pigments, 75: 483-490.

Karunakaran V, Lustres J L P, Zhao L, et al. 2006. Large dynamic stokes shift of DNA intercalation dye thiazole orange has contribution from a high-frequency mode. Journal of American Chemical Society, 128(9): 2954-2962.

第十节 液相色谱中溶质的保留机制及其热力学分析

研究课题背景

高效液相色谱(high performance liquid chromatography, HPLC)具有高效、快速、高灵敏度、高分辨率、重现性好等特点，是目前最好的分离方法之一。它不仅可以分离有机化合物、无机化合物等小分子物质，还可分离生物大分子或高聚物。随着生命科学和生物技术的发展，生物大分子的分离纯化更显得至关重要。HPLC 还可用于蛋白质、酶和核酸等与生命活动息息相关的生物大分子的分离与纯化，已成为生物大分子分离纯化和生产制备必不可少的手段。因此，HPLC 已广泛应用于生物工程、生命科学、临床医学、制药工业、环境监测、石油化工、食品卫生、商品检验等领域。

依据分离机制，HPLC 主要可分为正相色谱、反相色谱、离子交换色谱、疏水相互作用色谱、体积排阻色谱、亲和色谱，此外，还有离子对色谱、胶束色谱、电色谱以及用于对映体化合物拆分的手性色谱等。在这些高效液相色谱中，以反相液相色谱应用的最多，占到高效液相色谱的 70%～80%。

随着液相色谱分离技术和色谱柱技术的发展，不断有新的分离技术发展起来。例如，为了药物对映体的拆分，发展出来各种各样的手性分离介质；分子印迹固定相的出现，发展出了新的分子印迹色谱分离技术；整体柱是近年来出现的新型色谱柱，它打破了传统的单分散的颗粒型填料填充色谱柱的概念，它的出现使色谱柱技术跨入了一个新的时代。

随着生命科学、材料科学和环境科学等的发展，复杂样品体系的分离分析已经成为分析化学的重要研究方向。所谓复杂样品体系，不仅仅是指样品中的组分多样性，而且包含完全不同体系的物质共存于一个样品中。对于复杂样品体系的分离分析，多维液相色谱分离(multi-dimensional high-performance liquid chromatography, MDHPLC)技术在蛋白质组学和代谢组学研究中起着越来越大的作用。MDHPLC 分离技术是将分离机理不同而又相互独立的多种分离模式串联起来构成的分离系统。样品经过第一维分离后进入切换接口中，通过接口的富集、浓缩以及切割后进入第二维继续分离。对于完全正交的二维系统，理论上系统的分辨率是对应每一种一维模式分辨率平方和的平方根，峰容量是对应每一种一维模式峰容量的乘积。因此，在一维系统中不能完全分离的组分，有可能在二维系统中得到较好的分离，二维系统提高了分离能力，系统分辨率、峰容量也有所提高。

上述所有的分离方法的建立与发展都是基于对溶质在色谱保留过程中保留机理的深入研究。对溶质在LC中保留机理的研究是了解溶质在LC上分离过程的基础。帝塞留斯(Tiselius)及马丁(Martin)和辛格(Synger)因提出吸附色谱理论和分配色谱理论分别获得了1947年和1952年诺贝尔化学奖。这两个色谱理论的提出对色谱的发展具有重大指导意义和巨大的推动作用。例如,马丁和辛格提出的液-液分配色谱中的塔板理论,该理论的实质是将溶质在不相混溶的两种有机溶剂中的分配机理引入到色谱中来,认为溶质是在流动相和固定相进行多次分配,类似于串级萃取,因此分离效果远比萃取好,结果LC成为了物质分离纯化的主要手段。依据塔板理论,色谱柱越长,即理论塔板数越多,则分离效果越佳,依此发展了气相色谱分析方法及以后的高效液相色谱法。这两种色谱法的出现,不仅解决了诸如复杂的石油和天然气中复杂成分的分离和分析以及生产中的许多难题,而且对科学的发展也起到了至关重要的推动作用。

化学热力学是应用热力学的基本定律研究化学变化及其有关的物理变化的一门科学,主要研究化学过程的能量转换关系及化学反应的方向与限度。色谱热力学研究的则是用色谱方法找出与溶质保留过程中相关的热力学参数及其溶质分子结构间的关系,并深入了解在色谱过程中溶质的保留机理,它已成为LC中的一个重要的研究课题。与气相色谱(GC)相比,用LC对此研究报道要少得多。原因之一是在LC中一直未有一个公认的柱相比的定义及其测定方法,故无法准确测定熵变和吉布斯自由能变,所以在文献中的有关报道多属测定在流动相组成一定时的焓变。人们依据LC中溶质的计量置换保留理论(stoichiometric displacement theory for retention, SDT-R),从热力学角度对柱相比进行了新的定义,并用SDT-R中的两个基本公式准确地测定了柱相比,建立了准确测定反相高效液相色谱(RPLC)中溶质在保留过程中的吉布斯自由能ΔG、焓变ΔH、熵变ΔS及其分量的理论公式和实验方法。

课题示范实验

实验48　溶质在RPLC保留过程中热力学函数的测定

实验目的与主要内容

通过研究芳香醇同系物在RPLC各种流动相组成中的保留行为,熟练掌握RPLC的保留机理;根据RPLC中计量置换保留理论(SDM-R),准确测定两组线性参数:Z与$\lg I$,j与$\lg\phi$;熟练掌握HPLC中溶质保留过程的热力学基本概念、基本方程和基本关系式;学习利用线性范特霍夫(van't Hoff)公式,将$\lg k'$与柱温的倒数$1/T$作图,求出该过程的热力学参数(ΔG,ΔH,ΔS);了解溶质在RPLC保留过程中的各种收敛现象。

一、实验原理

1. 色谱热力学原理

在物理化学中,体系的吉布斯自由能变ΔG、焓变ΔH和熵变ΔS的关系式为

$$\Delta G = \Delta H - T\Delta S \tag{4.13}$$

对于可逆的化学平衡,当温度变化范围不太宽时,对平衡常数的对数与热力学温度的倒数

作图，可得到一条直线，从该直线的斜率和截距便能计算出 ΔH 和 ΔS，这便是常讲的 van't Hoff 作图。

在 RPLC 中溶质的容量因子 k' 与溶质在两相中的分配系数 P_a 及柱相比 ϕ 间的关系为

$$k' = P_a\phi$$

或者

$$\lg k' = \lg P_a + \lg\phi \tag{4.14}$$

因为液相色谱中溶质的容量因子 k' 包括了分配系数 P_a 和柱相比 ϕ，所以，只要能从式(4.14)中扣除柱相比 ϕ，便有可能用在不同温度条件下得到的溶质 k' 值计算出分配系数 P_a，从而利用 van't Hoff 作图计算出溶质在色谱保留过程中的 ΔG、ΔH 和 ΔS。这便是色谱热力学研究的基础。

色谱过程中溶质在固定相上保留是一个自发的过程，溶质在色谱过程中的吉布斯自由能变 $\Delta G_{(P_a)}$ 通常可表示为

$$-\Delta G_{(P_a)} = 2.303RT\lg P_a = 2.303RT(\lg k' - \lg\phi) \tag{4.15}$$

式中，R 为摩尔气体常量；T 为热力学温度。

将式(4.14)和式(4.15)代入式(4.13)可得

$$\lg k' = \frac{-\Delta H}{2.303RT} + \frac{\Delta S}{2.303R} + \lg\phi \tag{4.16}$$

用 van't Hoff 公式，以 $\lg k'$ 对 $1/T$ 作图便可得一条直线，从直线的斜率计算出 ΔH，从截距可计算出[$\Delta S/(2.303R) + \lg\phi$]。但是通常由于无法准确求得相比 ϕ，因而无法准确计算溶质在色谱保留过程中的吉布斯自由能变 ΔG 和熵变 ΔS，而只能用此法从斜率准确测定其焓变 ΔH，因此，准确测定柱相比 ϕ 是色谱热力学研究中首先要解决的问题。

2. 液相色谱中溶质的计量置换保留模型

液相色谱中溶质的计量置换保留理论(stoichiometric displacement model for retention，SDM-R)是适用于除体积排阻色谱以外的各类液相色谱的保留模型。其核心思想是在色谱保留过程中，当一个溶剂化的溶质分子被溶剂化的固定相吸附时，在溶质与固定相的接触界面上必然要释放出一定计量的溶剂分子 Z。

在 RPLC 中，适用于二组分流动相体系中的简化 SDM-R 表达式可写为

$$\lg k' = \lg I - Z\lg a_D \tag{4.17}$$

$$Z = nr + q \tag{4.18}$$

$$\lg I = \lg K_a + nr\lg a_{Ld} + \lg\phi \tag{4.19}$$

式中，k' 为容量因子；a_D 为流动相中有机溶剂或置换剂的活度；Z 为 1 mol 溶剂化溶质被溶剂化固定相吸附时，从两者接触表面处释放出溶剂或置换剂的总物质的量，其中从溶剂化固定相表面上释放出的物质的量为 nr；n 为溶质能覆盖固定相表面配基的个数；r 可以从两个方面理解，如果溶质与固定相配体接触(常讲的 RPLC 中的吸附机理)，则 r 为在固定相表面所形成的吸附层中分子层个数；q 为在该接触处从溶剂化溶质表面释放出溶剂的物质的量；$\lg I$ 为一个与 1 mol 溶质对固定相亲和势有关的常数。式(4.19)中的 $\lg I$ 包括了一组常数，其中 K_a 为溶质置换有机溶剂的计量置换平衡常数，a_{Ld} 为在固定相表面的吸附层中置换剂的活度。当流动相中 a_D 变化范围不很大时，a_{Ld} 是一个与 a_D 变化无关的常数。在流动相和固定相选定时，n

也只与溶质分子结构有关。由于式(4.17)中 $\lg I$ 和 Z 为两个常数，故式(4.17)是一个线性方程式，也称为计量置换理论的第一组线性方程。

在 SDM-R 中的第二组线性方程式为

$$\lg I = Zj + \lg\phi \tag{4.20}$$

式中，ϕ 为柱相比；j 为一个与 1 mol 置换剂对固定相的亲和势有关的常数，它与溶质种类无关，且已经从理论上得到了证明，j 的理论值应等于纯置换剂物质的量浓度的对数值。

3. 柱相比的新定义和测定

RPLC 中溶质的容量因子 k' 与溶质在两相中的分配系数 P_a 及柱相比 ϕ 间的关系如式(4.14)所示。式中的 ϕ 原为用传统柱色谱法定义的柱相比，即吸附在固定相表面的吸附层液相体积(mL)与色谱柱中除固定相颗粒外的流动相体积(mL)之比，是量纲为一的常量。但是，反相色谱中化学键合相的情况比液-液色谱复杂得多，这主要是由于吸附在固定相表面的吸附层液体的体积(V_s)很难准确求得，所以不能简单地将传统的 LC 中有关柱相比的定义用于 RPLC。

通常用式(4.15)计算溶质在色谱过程中的吉布斯自由能变 $\Delta G_{(P_a)}$。因色谱过程中溶质在固定相上保留是一个自发的过程，故将在此过程中的吉布斯自由能变规定为负值，那么，相反的解吸附过程的吉布斯自由能变应为正值。依据吉布斯自由能的可加和性原则，从式(4.14)和式(4.15)得

$$\Delta G_{(k')} = \Delta G_{(P_a)} + \Delta G_{(\phi)} \tag{4.21}$$

式(4.21)中各吉布斯自由能变项来源于式(4.14)中各项乘以 $2.303RT$。在式(4.21)中带小括号的下角标分别表示各吉布斯自由能变的种类。在热力学研究中，真正需要测定的是由溶质的分配系数 P_a 而得的保留吉布斯自由能变 $\Delta G_{(P_a)}$。依据式(4.14)，从热力学观点可以方便地定义柱相比为非溶质项对溶质的容量因子 k' 的贡献，即当溶质对色谱保留吉由斯自由能的贡献为零[$\Delta G_{(P_a)} = 0$]，或溶质在两相中分配系数等于 1 时溶质的容量因子 k'。依此定义，不同溶质的 $\Delta G_{(P_a)}$ 的差别则完全来源于它们分配系数的不同，因而才能表示出溶质在色谱保留过程中吉布斯自由能的变化。

依此方式定义的柱相比来源于非溶质项对保留的贡献，即固定相与流动相物理及化学性质对溶质保留的影响，它可能与流动相在固定相表面上所形成的体积等因素有关。

在 SDM-R 中，式(4.20)亦是一个线性方程。只要用溶质的 $\lg I$ 对 Z 线性作图，从截距便可求出柱相比 ϕ。准确测定了柱相比 ϕ 后，就可依据式(4.15)计算出溶质在 RPLC 保留过程中的吉布斯自由能变 ΔG，依据式(4.16)，从 $\lg k'$ 对 $1/T$ 作图所得直线的斜率得到焓变 ΔH，从截距得到熵变 ΔS。

4. 溶质在 RPLC 保留过程中的收敛

在液相色谱中有这样一个非常有趣的现象，就是溶质保留过程中有许多收敛(convergence)。在 RPLC 中当流动相中有机浓度不断地升高，或者作为溶质的同系物的碳数不断地减小时，各溶质的保留值趋向于一个相同值，这种现象称为收敛，此点称为敛点。

1) 收敛的概念

(1) 碳数收敛。如溶质为一同系物，只要该同系物中重复结构单元数(简称碳数)N 在不

断地减小，则无论流动相中有机改性剂浓度如何变化，当以lgk'对 N 作图，并将所得到的一组直线外推时，各直线近似地相交于一共同点，这种收敛是因同系物中重复单元中碳原子数目的变化形成的，故称其为碳数收敛(图 4.41)。

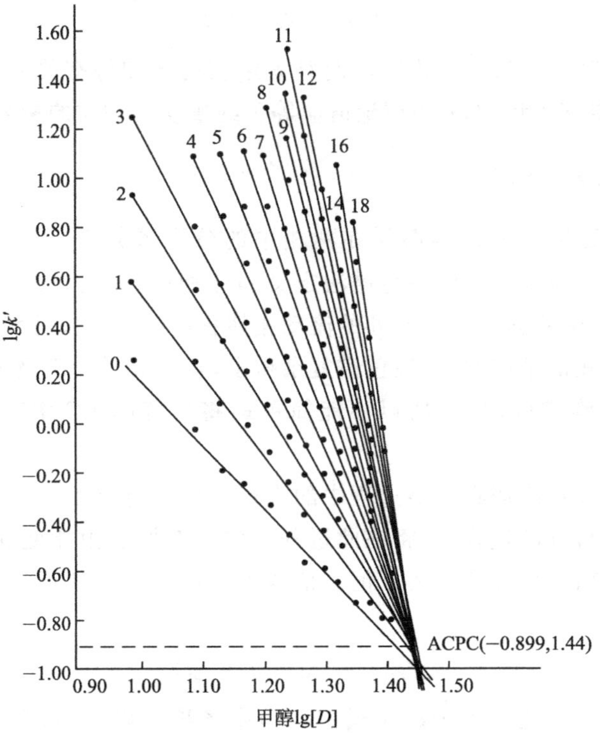

图 4.41　正烷基邻苯二甲酰亚胺的同系物(0-18)的 ACPC(固定相：LiChrosorb RP 8，流动相：甲醇-水)

(2) 浓度收敛。当流动相中有机改性剂浓度增加到一定值时，不同溶质的lgk'值持续减小而趋于相同，由此，当将lgk'对 ϕ(流动相中有机改性剂的体积分数)或lgϕ 作图时就会产生保留值收敛现象。这类收敛是因流动相中强溶剂浓度变化引起的，故称其为浓度收敛(图 4.42)。

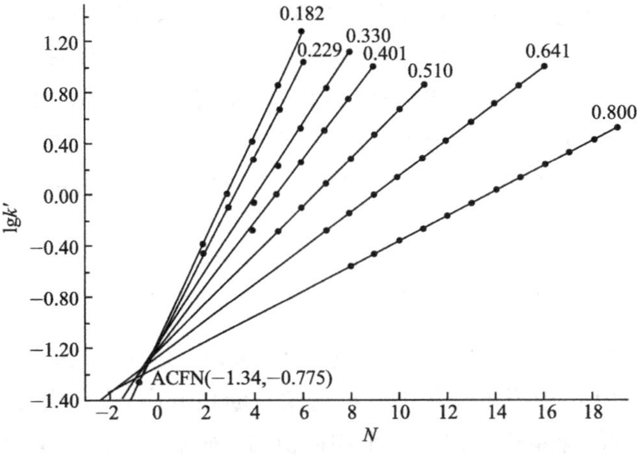

图 4.42　正羧酸同系物(4-16)的 ACPC

(C_{18}柱，流动相：甲醇-水)

2) 收敛的表征

在RPLC体系中依据五种热力学平衡和几个假定，该SDT-R推导出了两个线性方程，如式(4.17)和(4.20)所示。将该两式联立，便能得到式(4.22)

$$\lg k' = \underbrace{\lg\phi}_{a} + \underbrace{Z}_{b}\underbrace{(j - \lg a_D)}_{c} \tag{4.22}$$

当固定相和流动相一定，但 a_D 项可以变化时，式(4.22)右边可以分为 a，b 和 c 三部分。a 项表示柱相比 $\lg\phi$ 对 $\lg k'$ 的贡献，而 b，c 项分别表示溶质和置换剂对 $\lg k'$ 的贡献。当将式(4.22)用于同系物时，RPLC中SDM-R的第三组线性方程如式(4.23)所示。

$$Z = i + sN \tag{4.23}$$

式中，s 为1 mol同系物的重复结构单元对1 mol同系物的 Z 值的贡献；i 为1 mol同系物的末端和极性基团对 Z 值的总的贡献。i 和 s 与溶质的种类有关，均与 a_D 无关。

将式(4.23)代入式(4.22)可得溶质在RPLC保留过程中收敛的通用表达式(4.24)：

$$\lg k' = \underbrace{\lg\phi}_{a} + \underbrace{(i + sN)}_{b}\underbrace{(j - \lg a_D)}_{c} \tag{4.24}$$

在式(4.22)和式(4.24)中 $\lg\phi$ 是一个与溶质项 b 或置换项(溶剂) c 无关的独立项。当用式(4.22)或式(4.24)以 $\lg k'$ 对 $\lg a_D$ 作图，或用式(4.24)以 $\lg k'$ 对 N 作图时，如所得的斜率为0，即 $Z=0$ 或 $i+sN=0$，则两式相同，即 $\lg k'=\lg\phi$。j 的理论值为纯置换剂对数。当流动相为纯置换剂时，则式(4.24)的 c 项为零。这样，无论式(4.22)和式(4.24)中 $(i+sN)$ 的值是多大，这时该两式中的 $\lg k'$ 均与 $\lg\phi$ 相等。故这时所得的浓度收敛的纵坐标应当是 $-\lg\phi$，而横坐标应为纯置换剂对数。另一方面，当式(4.24)右边 b 项为零，即 $i=-sN$ 时，无论流动相中置换剂浓度有多大，$\lg k'$ 还是等于 $\lg\phi$，这便是碳数收敛点，即纵坐标仍然为 $\lg\phi$，它与浓度收敛有相同的纵坐标。然而横坐标为重复结构单元个数，其值为 $N=-i/s$。如果对同系物使用三维坐标，即相同的 $\lg k'$ 轴和另外两个坐标轴 $\lg a_D$ 和 N，可以得到由三个向量 $\lg\phi$，j 和 $-i/s$ 所表示的收敛点的三维坐标。

式(4.24)仅是式(4.22)的一种特殊情况。实际上只要 Z 值和与溶剂性质有关的任意一种物理量存在线性关系，就可以用 $\lg k'$ 和 $\lg a_D$ 及与 Z 呈线性的各种溶质分子结构参数，如范德华表面积 S_v、范德华体积 V_v 和疏水片段常数 $\lg f$ 等绘制三维坐标。

二、仪器和试剂

1. 仪器

高效液相色谱仪，1台；超声清洗仪，1台；超级恒温水浴，1台；量筒(500 mL)，1支；注射器(50 μL)，1支；ODS色谱柱，1支。

2. 试剂

甲醇(色谱纯)，苯丙醇(A. R.)，苯甲醇(A. R.)，苯丁醇(A. R.)，苯乙醇(A. R.)，亚硝酸钠(A. R.)。

三、实验步骤

1. 色谱条件

(1) 流速：1.0 mL·min^{-1}。

(2) 检测波长：254 nm。

(3) 流动相：A液为H_2O，B液为CH_3OH。

2. 实验步骤

(1) 芳香醇同系物溶液的配制：苯甲醇、苯乙醇、苯丙醇、苯丁醇四种同系物用1∶1(V∶V)的甲醇水溶液配成5 mg· mL^{-1}溶液。

(2) 保留值的测定：采用等度洗脱，在30 ℃下分别用30%、35%、40%、45%、50%甲醇溶液洗脱时测定四种同系物的保留时间。测定前体系用相应浓度的流动相平衡30 min，进样采用混合进样，进样量分别为苯甲醇3 μL、苯乙醇3 μL、苯丙醇3 μL、苯丁醇3 μL。死体积用5%的$NaNO_3$测定。

(3) 采用40%甲醇等度洗脱，分别在20 ℃、30 ℃、40 ℃、50 ℃、60 ℃下，测定苯丙醇的保留时间。测定前在此温度下，体系用40%甲醇平衡30 min，用苯丙醇进样，进样量3 μL。死体积用5%的$NaNO_2$溶液测定。

四、实验结果和处理

1) 苯甲醇、苯乙醇、苯丙醇和苯丁醇4种同系物$\lg I$、Z、j和$\lg\phi$的测定

苯甲醇的测定结果记录如下：

甲醇浓度/%	甲醇浓度/(mol·L^{-1})	$\lg a_D$	t_0	t_r	t_r-t_0	k'	$\lg k'$
30							
35							
40							
45							
50							

苯乙醇的测定结果记录如下：

甲醇浓度/%	甲醇浓度/(mol·L^{-1})	$\lg a_D$	t_0	t_r	t_r-t_0	k'	$\lg k'$
30							
35							
40							
45							
50							

苯丙醇的测定结果记录如下：

甲醇浓度/%	甲醇浓度/(mol·L^{-1})	$\lg a_D$	t_0	t_r	t_r-t_0	k'	$\lg k'$
30							
35							
40							
45							
50							

苯丁醇的测定结果记录如下：

甲醇浓度/%	甲醇浓度/($mol \cdot L^{-1}$)	$\lg a_D$	t_0	t_r	$t_r - t_0$	k'	$\lg k'$
30							
35							
40							
45							
50							

由四种同系物 $\lg k'$-$\lg a_D$ 图可知苯甲醇、苯乙醇、苯丙醇、苯丁醇各自的 $\lg I$ 和 Z；依据式 $\lg I = jZ + \lg \phi$，由 $\lg I$-Z 图可知苯甲醇、苯乙醇、苯丙醇、苯丁醇各自的 j 和 $\lg \phi$。

	苯甲醇	苯乙醇	苯丙醇	苯丁醇	j	$\lg \phi$	R
Z							
$\lg I$							

2）绘制苯甲醇、苯乙醇、苯丙醇和苯丁醇在 RPLC 保留过程中的浓度收敛和碳数收敛图

3）溶质在 RPLC 保留过程中热力学函数的测定

（1）分别在 20 ℃、30 ℃、40 ℃、50 ℃和 60 ℃下，测定苯丙醇的保留时间。

No.	T/K	$1/T$	t_0	t_R	$t_R - t_0$	k'	$\lg k'$
1	293.15	0.003411					
2	303.15	0.003299					
3	313.15	0.003193					
4	323.15	0.003095					
5	333.15	0.003002					

（2）$\lg k'$ 对 $1/T$ 作图（van't Hoff 作图）。

（3）热力学参数 ΔH、ΔS、ΔG 的测定。依据线性 van't Hoff 方程，以溶质 $\lg k'$ 对 $1/T$ 作图，从直线的斜率可以求得溶质的 ΔH，从直线的斜率以及 $\lg \phi$ 值可准确计算出溶质在 RPLC 保留过程中的 ΔG 和 ΔS。不同温度下溶质的 ΔG 由 $\Delta G = \Delta H - T\Delta S$ 求出，见下表。

T/K	293.15	303.15	313.15	323.15	333.15
ΔG/($kJ \cdot mol^{-1}$)					

思 考 题

1. 通过对苯甲醇、苯乙醇、苯丙醇和苯丁醇四种溶质热力学函数的测定，试从热力学的角度分析这四种溶质在 RPLC 上的保留机理。

2. 通过对苯甲醇、苯乙醇、苯丙醇和苯丁醇四种同系物收敛现象的研究，试说明各收敛点的横坐标和纵坐标是什么，并指出它们的物理意义。

研究拓展

色谱热力学研究对于深入了解溶质在色谱保留过程中的保留机理具有重要的意义。如前所述，依据液相色谱中的 SDT-R 可以准确测定柱相比和溶质在色谱保留过程的热力学函数(ΔG、ΔH 和 ΔS)；但通常用量热法和包括色谱法在内的其他方法所测定的在液-固界面上的热力学函数 ΔG、ΔH、ΔS 均为在平衡状态下的最终结果。事实上，众所周知，它是包括了在可逆吸附过程中的净吸附和净解吸附这两种过程的总结果，这是自液-固界面热力学研究以来的一个从未改变过的事实。然而如果能将这两者的各自量，称其为分量，如净吸附吉布斯自由能和净解吸附吉布斯自由能分别测定出来，则对深入了解液-固界面吸附机理会有很大的帮助。这不仅会大大丰富热力学的研究内容，在其理论上有重大意义，而且会提供许多过去根本无法提供的热力学数据。

此外，随着生命科学的发展，生物大分子的分离纯化变得越来越重要。由于生物大分子具有与小分子溶质许多不同的特性，如构成蛋白分子的肽链是由重复的、具有极性的、种类不同的氨基酸残基通过肽键连接起来的，蛋白分子的相对分子质量高达数万乃至几十万道尔顿(Dalton)，并且具有三级或四级结构，因此，生物大分子在 RPLC 保留过程中与小分子溶质有很多不同的现象。例如，在 RPLC 中小分子溶质的洗脱与柱长有关，而生物大分子洗脱基本上与柱长无关，这与马丁-辛格塔板理论中色谱柱越长，分离效果越佳的理论相矛盾；小分子溶质的洗脱范围宽，而生物大分子的洗脱范围非常窄，表现为或吸附在固定相表面"不动"或"瞬时"解吸附到流动相中，并随同流动相一起流出色谱柱，几乎呈现不出像马丁-辛格塔板理论中所描述的吸附和解吸附的多次的"分配"过程。要解释上述这些实验现象，就必须深入研究生物大分子在色谱保留过程中热力学及其保留机理。而计量置换理论为解决这些问题提供了理论依据和实验方法，为研究生物大分子在 RPLC 保留过程中的热力学奠定了理论基础。

参考文献

白泉，张瑞燕，耿信笃. 1997. 反相高效液相色谱中溶质保留过程的热力学研究：Ⅳ. 焓熵补偿. 化学学报，55：1025-1029.

耿信笃. 1995. 反相高效液相色谱中溶质保留过程中热力学研究——Ⅰ. 柱相比，吉布斯自由能变及其分量、吸附和解吸附自由能变. 化学学报，53(4)：369-375.

耿信笃. 1996. 反相高效液相色谱中溶质保留过程中热力学研究Ⅱ. 焓变及其分量，吸附及解吸附焓变. 化学学报，54(5)：497-503.

耿信笃. 2004. 计量置换理论及应用. 北京：科学出版社.

张瑞燕，白泉，耿信笃. 1996. 反相高效液相色谱中溶质保留过程的热力学研究Ⅲ. 熵变及其分量，吸附及解吸附熵变. 化学学报，54(9)：900-905.

Bai Q, Geng X D. 2001. The temperature convergence of biopolymers in reversed-phase liquid chromatography. Chromatographia，54(5/6)：335-338.

Bai Q, Geng X D. 2003. Studies on the thermodynamics during the biopolymers retention process in reversed-phase liquid chromatography I. the free energy change and its fractions, adsorption and desorption free energy changes. J Liquid Chromatogr & Related Tech, 26(19)：3199-3215.

Geng X D, Regnier F E. 1984. Retention model for proteins in reversed-phase liquid chromatography. J Chromatogr，296：15-30.

Geng X D, Regnier F E. 1985. Stoichiometric displacement of solvent by non-polar solutes in reversed-phase liquid

chromatography. J Chromatogr, 332: 147-168.
Geng X D, Regnier F E. 1994. Convergence of retention for small solutes in reversed-phase liquid chromatography. Chromatographia, 38(3/4): 158-162.

第十一节 钙离子荧光探针有机试剂的合成与应用研究

研究课题背景

Ca^{2+}是机体各项生理活动不可缺少的离子，它对于维持细胞膜两侧的生物电位，维持正常的神经传导功能以及维持正常的肌肉伸缩与舒张功能起着至关重要的作用。基于基本的细胞功能，Ca^{2+}的生理功能主要表现为①作为凝血因子参与凝血过程；②参与肌肉（包括骨骼肌、平滑肌）的收缩过程；③参与神经递质的合成与释放、激素的合成与分泌；④是骨骼构成的重要物质。

常见的胞内Ca^{2+}的测定方法有生物发光蛋白法、有机显色剂法、离子传感器法、微电极法、核磁共振法、荧光探针法等，其中又以Ca^{2+}荧光探针法的应用最为广泛。荧光探针标记是通过荧光显微成像分析来实现，钙离子荧光探针的设计合成是在对钙离子高度专一的钙离子螯合剂的母体上连接适当的荧光发色团和靶向定位基团，通过改变钙离子螯合剂具有的配位功能团或与之相连接的荧光发色团和靶向定位基团结构，即可获得具有不同分析性能的钙离子荧光探针。螯合剂部分主要决定探针与钙离子结合的亲和力和选择性；而荧光发色团部分除了作为螯合剂分子上的取代基对探针与钙离子结合的亲和力和选择性有影响外，还主要决定试剂的光谱性能。该方法的最大特点是具有高度的灵敏性和极宽的动态响应范围。

荧光探针可按发射波长分为紫外-可见光区荧光探针和近红外区荧光探针；按探针分子种类可以分为无机类荧光探针和有机类荧光探针。其中有机类荧光探针以其诸多优点而被广泛应用，其按结构主要划分为以下几类：

（1）菁类。菁类染料是一类在两个含氮杂环之间，用一个或多个甲川基相连的染料，其骨架结构主要是吲哚环、苯并噻唑、苯并　唑以及苯并吲哚。常见的有 TOTO、YOYO 类、多甲川类 CY_3、CY_5、CY_7，发射波长 600～1000 nm。

（2）酞菁类。酞菁染料是由四个异吲哚结合而成的十六元环共轭体，在骨架结构上，取代的官能团可以是氢原子、烷基、苯并基团、杂环等，骨架中心可容纳 Na、Zn、Pt、Pd、Si、Ge 等金属或非金属原子，如四磺酸基铝酞菁。然而，酞菁类染料在合成中溶解度小，体积大，会影响生物分子的其他性能。

（3）吖啶类。吖啶类是以吖啶为母体，在甲烷碳原子上的对位上引入氨基或取代氨基。

（4）罗丹明类（rhodamine）。罗丹明类染料是以罗丹明为母体，引入不同的官能团得到的系列衍生物。这类染料形成的探针荧光量子收率较低，但是最大吸收和发射波长较长，一般在 600 nm 左右，因此，受样品背景干扰相对较少。这类探针大部分含有异硫氰基、磺酰卤基等活性基团。以罗丹明为母体可以发展一系列激发波长在红外或近红外区域的荧光探针，从而可解决现有的较长波长范围的荧光探针较少的问题。

（5）荧光素类。以荧光素为母体结构的荧光素类染料，具有较好的荧光量子收率以及良好的水溶性。其最大激发波长在 500 nm 左右，适用于氩离子激光器的 488 nm 光谱线。然而，这类染料探针容易导致光致褪色，光猝灭率高，且对 pH 敏感性强，发射波谱较宽，也不是一种十分理想的荧光探针。

(6) 香豆素类。香豆素衍生物由于其分子结构中不但含有六元杂环，而且含有羰基，二者都具有产生荧光的潜能，因此引起了广泛的关注。大多数的香豆素荧光染料为黄色，带有明亮的绿色荧光。然而，香豆素的母体结构本身是无色的，在常温下是没有荧光的，当给其母体结构中引入给电子基团时，可以增加其荧光量子收率。

总之，长期以来，由于没有更为理想的探针母体结构出现，以罗丹明、荧光素及其衍生物为母体结构的荧光探针的研究仍在继续进行着。

常用的研究钙调节及活性的荧光探针主要有钙调蛋白荧光探针、蛋白激酶C荧光探针和有机小分子 Ca^{2+} 荧光探针。

(1) 钙调蛋白荧光探针。可用于制备探针的钙的类似物有三氯化铽及其他三价铜系化合物，这些化合物均可被激发产生荧光，能与钙调蛋白Ⅰ和Ⅱ位点强烈结合，从而用于钙调蛋白的研究。

(2) 蛋白激酶C荧光探针。蛋白激酶C是激素信号转导过程中发挥关键作用的钙敏感性和磷脂敏感性酶，可以作为荧光探针的蛋白激酶C主要有佛波乙酸酯和乙酰辅酶A两种。

(3) 有机小分子 Ca^{2+} 荧光探针。有机小分子 Ca^{2+} 荧光探针是以EGTA为螯合母体设计、合成的，它们与 Ca^{2+} 结合后会发生荧光变化。此法最大的特点就是可以直接用于测量胞内 Ca^{2+} 浓度。

有机小分子 Ca^{2+} 荧光探针法之所以可被广泛应用，是因为具备了以下的优点：①负载容易，探针的AM酯型具有良好的酯溶性，可无损伤地直接进入细胞；②在生理条件下，可高选择性地响应 Ca^{2+} 的变化，由此，可进行活细胞内游离 Ca^{2+} 的测量；③采用荧光显微成像技术，可提供细胞内 Ca^{2+} 分布的二维或三维图像，空间的高分辨率实现了 Ca^{2+} 的实时显示；④响应速度快，灵敏性优于其他方法；⑤可进行图像分析，利于观察亚细胞的结构。基于以上优点，Ca^{2+} 荧光探针法成为目前应用最为广泛的胞内游离 Ca^{2+} 的测定方法。

20世纪80年代初，美籍华裔科学家，2008年诺贝尔化学奖得主，钱永健教授（R. Tsien）等合成的具有EGTA[乙二醇双（β-氨基乙基）醚四乙酸]分析功能团的四羧酸盐类(tetra-caboxytate)Ca^{2+} 荧光探针，广泛地用于细胞内游离 Ca^{2+} 浓度的测定。该类试剂具有的EGTA分析功能团的空间结构恰能与 Ca^{2+} 的大小相匹配，在生理条件下可与 Ca^{2+} 高选择性地结合。目前广泛使用的 Ca^{2+} 探针的母体均是由EGTA演变而来，有BAPTA、APTRA等，结构见图4.43。

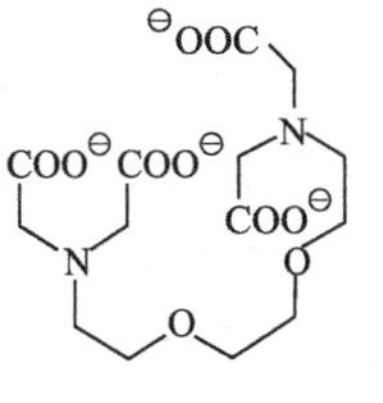
EGTA

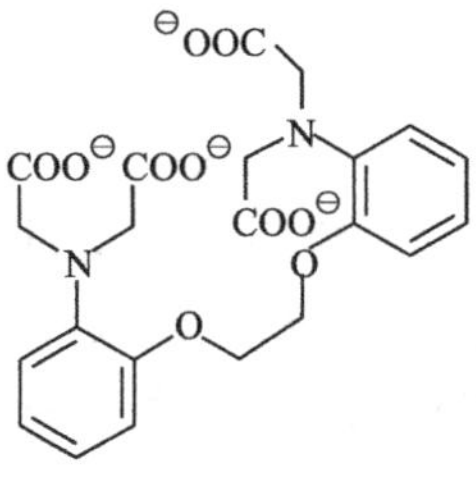
BAPTA

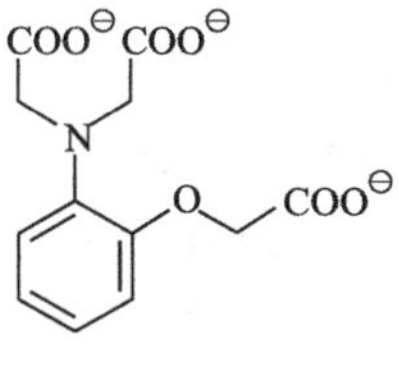
APTRA

图4.43　Ca^{2+} 荧光探针的基本母体结构

Ca^{2+} 在生命活动中扮演了重要的角色，它的作用几乎涉及细胞的所有生理、生化过程。实时、准确、无损伤地测定活细胞中 Ca^{2+} 的浓度变化，具有重要的意义。

课题示范实验

实验 49　Ca^{2+}探针 Fluo-Cl 甲酯的合成、表征及应用

实验目的与主要内容

Ca^{2+}是细胞内的第二信使，细胞内Ca^{2+}的检测与成像一直是人们研究的热点。Ca^{2+}荧光探针是一种可以穿透细胞膜的荧光染料，广泛用于检测细胞中Ca^{2+}浓度。本实验设计合成了一种新型荧光素类细胞钙离子荧光探针 Fluo-Cl，使学生了解并掌握其具体的合成路线和操作步骤，并学习利用元素分析、红外光谱、核磁共振和飞行时间质谱等手段对其结果进行表征。

一、实验原理

钙离子作为细胞内的第二信使具有重要的生物学功能，而钙离子的信使功能是通过细胞内游离钙离子浓度及其分布的变化来实现的，钙离子信号的产生和终止是细胞内钙离子增减及波动的结果。因此，细胞内钙离子含量及其分布变化的动态监测对于钙离子信号传递本质的认识至关重要。

本实验以具有高选择性钙离子配位功能的 BAPTA 为母体，在该母体上引入取代基—CH_3，偶联荧光发色团合成了一种新型的荧光素类钙离子荧光探针，并利用元素分析、红外光谱、核磁共振和飞行时间质谱等手段对产物进行了结构表征。

1. 卤化试剂的选择

文献报道的 1-(2-氯代乙氧基)2-硝基苯的合成方法是选取 1,2-二溴乙烷作为反应原料，由于两个溴原子的反应活性一样，故常会产生如下的副产物：

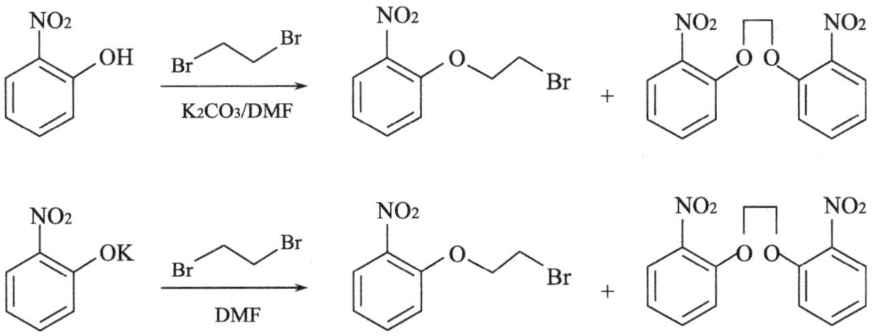

为了避免副产物的生成，选用 1-溴-2-氯乙烷为卤代试剂，获得了理想的收率。采用 1-溴-2-氯乙烷具有以下优点：

(1) 利用溴原子和氯原子反应活性的差异，最大限度地避免了副产物的生成；

(2) 反应即获得两种结构：

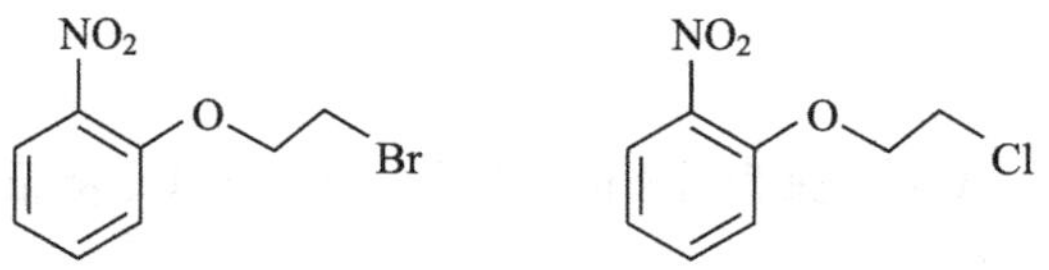

不需进行分离，直接进行下步反应。

2. 还原剂的选择

在硝基转变为氨基这一步，以 2-(2-(2-氨基-5-甲基苯氧基)乙氧基)5-甲基苯胺的合成为例，进行了加氢还原法、电化学还原法及化学催化剂法多种尝试。最终选用铁粉在酸性条件下进行还原，为此类物质的小剂量合成提供了一种简便温和的方法。

1) 加氢还原法

加氢还原法以 Pd-C 为催化剂，在 120～150 ℃，0.15～1.0 MPa 下，通入氢气进行反应。该方法虽可获得 90%以上的收率，但由于整个反应体系温度高、放热现象明显，且反应成本过高，并没有在此研究工作中广泛采用。

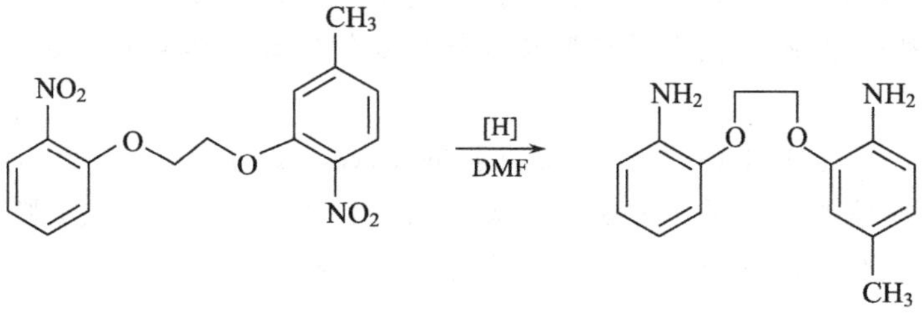

2) 电化学还原法

电化学还原法是把电子作为试剂来合成有机化合物的一种“绿色化学”方法，它在很大程度上从工艺本身消除了污染，保护了环境，副产物少，能耗低，已成为绿色化学合成研究的热点。但电解过程中，需要对通电量和超电势进行严格控制，工艺相对复杂，也不适合于本研究。

3) 化学催化剂还原法

化学催化剂还原法常采用铁粉、锌粉或水合肼在催化剂作用下将芳香硝基物直接还原制得芳胺。

(1) 水合肼还原。以水合肼作为还原剂，反应很难引发，反应不完全，收率极低。

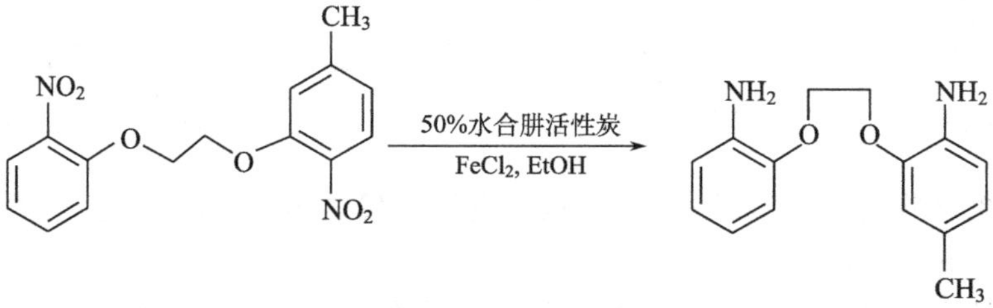

(2) 铁粉酸性催化还原。以铁粉作为还原剂，可以考察不同种类的酸、酸的用量及后处理方法对收率的影响，以确定其最佳反应条件。

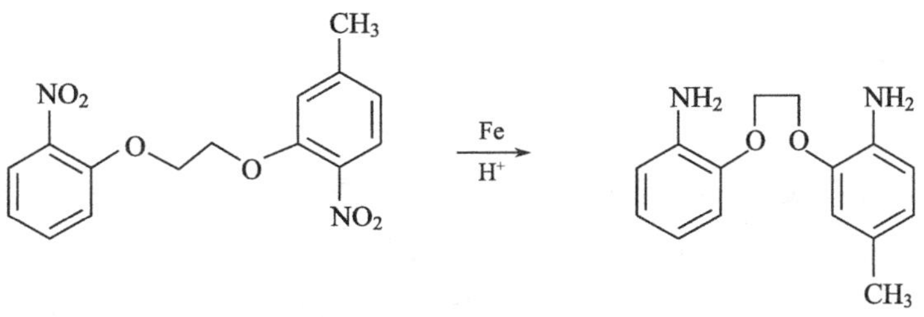

3. 取代的 1,2-双(2-氨基苯氧基)乙烷-N,N,N',N'-四乙酸甲酯合成路线的优化

取代的 1,2-双(2-氨基苯氧基)乙烷-N,N,N',N'-四乙酸甲酯是本合成的重要中间体，文献采用取代的 2-(2-(2-氨基-5-甲基苯氧基)乙氧基)苯胺与溴乙酸甲酯在 1,8-双-(二甲氨基)萘或 Na_2HPO_4 的作用下，在氮气氛围中反应。本实验以$(i\text{-Pr})_2NEt$ 代替 Na_2HPO_4，以乙腈作为溶剂，将取代的 2-(2-(2-氨基-5-甲基苯氧基)乙氧基)苯胺与溴乙酸甲酯直接反应，降低了反应条件，提高了反应收率。

通过对各步反应条件进行的合理优化，确定了最佳反应条件。在此反应条件下，反应副产物较少，反应进行得较为完全，荧光素类钙离子荧光探针 Fluo-Cl 的合成路线如下：

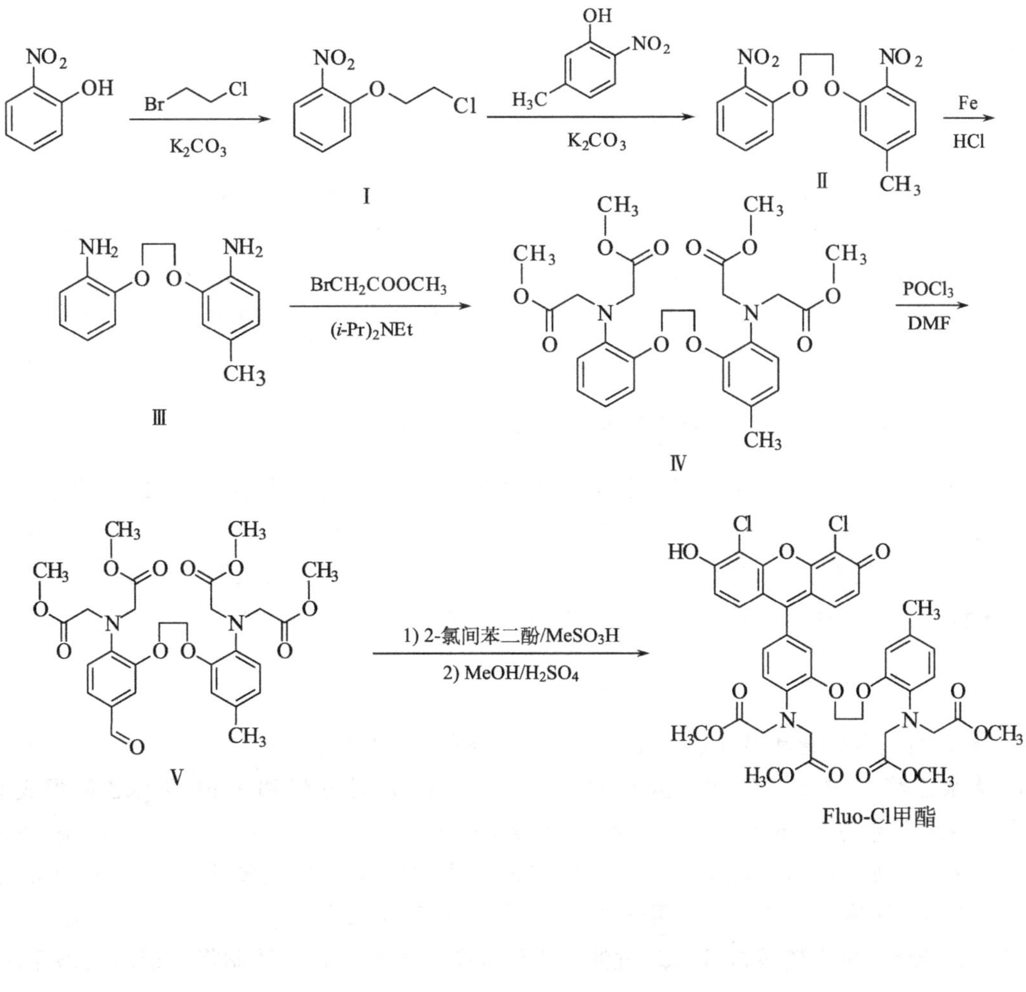

二、仪器和试剂

1. 仪器

常用玻璃合成制备仪,1套;温度计,1支;三颈烧瓶(250 mL,19#),2只;球形冷凝管(30 cm,19#),2支;分液漏斗(250 mL),1只;滴液漏斗(14#),1只;磁力及电动搅拌装置,各1套;氮气钢瓶,1个;冰浴、油浴、熔点测定仪,各1套;旋转蒸发仪,1台;载玻片(2.5 cm×7.5 cm),5片;抽滤瓶和布氏漏斗,各1个;层析柱(ϕ1.0 cm×120 cm),2支;空干燥器,1个;层析缸(ϕ3.0 cm×18 cm),5个;红外光谱仪,1台;元素分析仪,1台;真空泵,1台;熔点测定仪,1台;荧光仪,1台;超导核磁共振仪,1台;飞行时间质谱仪,1台。

2. 试剂

浓硫酸(A. R.),甲烷磺酸(A. R.),三氯氧磷(A. R.),无水甲醇(A. R.),活性氧化铝(C. P.),DMF(C. P.),无水氯化钙(C. P.),乙氰(C. P.),无水硫酸镁(A. R.),1-溴-2-氯乙烷(A. R.),无水碳酸钾(A. R.),乙醇(无水,95%)(A. R.),4A分子筛,*N*,*N*-二异丙基乙基胺(A. R.),活性炭,丙酮(A. R.),2-硝基苯酚(A. R.),5-甲基-2-硝基苯酚(A. R.),溴乙酸甲酯(A. R.),2-氯间苯二酚(A. R.)。

三、实验步骤

1. 1-(2-氯乙氧基)-2-硝基苯(Ⅰ)的合成

在250 mL圆底烧瓶中加入6.95 g (0.05 mol) 2-硝基苯酚、40 mL DMF,待溶解完全后,搅拌下加入12.4 mL (0.15 mol) 1-溴-2-氯乙烷,室温搅拌5 min,加入10.35 g (0.1 mol) K_2CO_3。将此反应液于室温下搅拌4~6 d。待反应结束后,加入70 mL乙酸乙酯稀释,用水(50 mL×3)洗涤,合并有机相,真空蒸除溶剂,将残渣溶于40 mL甲醇中,放置于冰箱中过夜,待析出结晶。抽滤,干燥。粗品用甲醇-水重结晶。

2. 4-甲基-1-硝基-2-(2-(2-硝基苯氧基)乙氧基)苯(Ⅱ)的合成

在装有机械搅拌器、回流冷凝管和温度计的250 mL三颈烧瓶中加入20.1 g (约0.1 mol) 1-(2-氯乙氧基)-2-硝基苯、18.4 g (0.12 mol) 5-甲基-2-硝基苯酚、100 mL DMF,搅拌使之溶解。向上述反应液中加入27.6 g (0.2 mol) K_2CO_3,回流(150 ℃)搅拌4~6 h。待反应结束后,冷至室温,真空浓缩,将残渣分散于水中,抽滤,收集形成的固体。粗品重结晶得产物。

3. 2-(2-(2-氨基-5-甲基苯氧基)乙氧基)苯胺(Ⅲ)的合成

在装有回流冷凝管和搅拌器的100 mL三颈烧瓶中,加入17.0 g (0.3 mol) 还原铁粉和20 mL无水乙醇,搅拌下慢慢加入由1.04 mL (0.012 mol) 浓盐酸和5 mL无水乙醇配成的溶液,小火加热煮沸约20 min。分批加入15.9 g (0.05 mol) 4-甲基-1-硝基-2-(2-(2-硝基苯氧基)乙氧基)苯,加热回流。待反应完全后向热混合物中加入15%氢氧化钾乙醇液,调混合液的pH=7~8,趁热除去铁粉,并用热无水乙醇洗涤反应瓶和滤饼。合并滤液、洗液,加入6 mol·L^{-1}硫酸,析出硫酸盐,冷却,过滤。固体经空气干燥。将上述制得的硫酸盐溶于60 ℃

热水中，待完全溶解后，冷至 40 ℃，加入饱和氢氧化钠溶液使呈碱性，冷却，抽滤析出的固体。粗品重结晶得产物。

4. 5-甲基-1,2-双(2-氨基苯氧基)乙烷-*N*,*N*,*N*′,*N*′-四乙酸甲酯(Ⅳ)的合成

在装有回流冷凝管的 100 mL 三颈烧瓶中，加入 25 mL 热乙腈，搅拌下加入 6.45 g(约 0.025 mol) 2-(2-(2-氨基-5-甲基苯氧基)乙氧基)苯胺，待完全溶解后，加入 21.75 mL (0.125 mol)$(i\text{-}Pr)_2NEt$、11.75 mL (0.125 mol)溴乙酸甲酯，加热回流约 48 h。待反应完成后，将反应液冷至 40～60 ℃，倾入 50 mL 乙酸乙酯中，抽滤，洗涤，合并滤液、洗液，真空除去溶剂，加入 28 mL 甲醇，室温搅拌 4～6 h，抽滤，用少量冷甲醇洗涤。粗品用甲醇重结晶。

5. 5-甲基-5 -甲酰基-1,2 -双(2-氨基苯氧基)乙烷-*N*,*N*,*N*′,*N*′-四乙酸甲酯(Ⅴ)的合成

在装有回流冷凝管和温度计的 250 mL 三颈烧瓶中，加入 50 mL 新蒸的 DMF，将此反应液冷却至 5～10 ℃，滴加 9.6 mL 三氯氧磷，滴加完后，于室温搅拌 1～2 h。冷却至 5～10 ℃，称取 11 g 化合物Ⅳ溶于 50 mL 新蒸的 DMF 中，滴加至上述反应液中，滴加过程中保持温度 5～10 ℃，完毕后，将反应混合物加热至 40～45 ℃，反应过夜。待反应完成后，冷却至室温，倒入 200 kg 水浴中，抽滤，收集生成的固体，用水洗涤至 pH＝4～5。粗产品用丙酮重结晶。

6. 荧光探针 Fluo-Cl 甲酯的合成

在装有回流冷凝管的 100 mL 三颈烧瓶中(图 4.44)，加入 15.0 g(0.026 mol)化合物Ⅴ、9.46 g(0.065 mol)2-氯间苯二酚和 100 mL 甲烷磺酸，通氮气 3～4 min，升温至 50～60 ℃，反应 30 min，然后向反应液中鼓入氧气，升温至 100～120 ℃，TLC 检测反应直至完全。冷却，将反应液倾入冰水中，抽滤生成的红棕色固体，干燥。称取5 g上述固体溶于 80 mL 无水甲醇中，加入 0.2～0.3 mL 浓硫酸，于 70～90 ℃回流 24 h。待反应结束后，冷却至室温，倾入冰水中，抽滤，干燥。粗品经柱分离提纯。

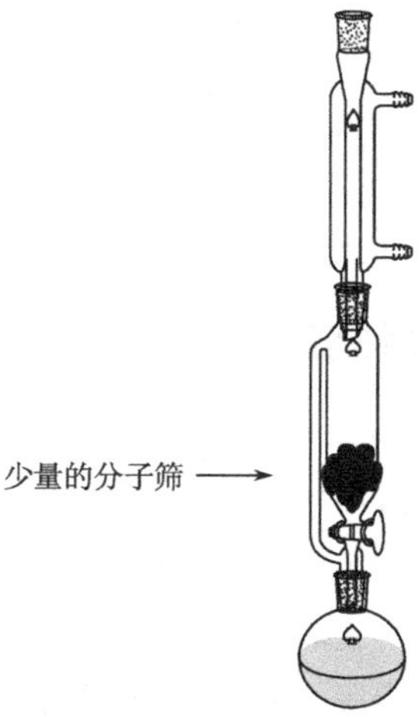

图 4.44　荧光探针 Fluo-Cl 合成反应(酯化)装置图

目标化合物Ⅴ的物理参数与元素分析数据见表 4.5，目标化合物的 MS，IR 和 ^{1}H NMR 数据见表 4.6。

表 4.5　目标化合物Ⅴ的物理参数与元素分析数据

物质	熔点/ ℃	性状	元素分析(计算值)/%		
			C	H	N
目标化合物Ⅴ	131～132	淡黄色固体	58.59(58.53)	5.90(5.96)	4.79(4.88)
Fluo-Cl 甲酯		深红棕色固体	58.29(58.19)	6.79(6.64)	3.28(3.39)

表 4.6 目标化合物的 MS、IR 和 ^{1}H NMR 数据

物质	MS-TOF	IRν /(cm^{-1})	^{1}H NMR($CDCl_3$)δ/ppm
目标化合物Ⅴ	575.61(M+1)	2885, 2728, 1748, 1594,1518,1256,1167	9.80(s,1H,CHO),7.38～7.39(m,3H,Ar—H),6.66～6.77(m,3H,Ar—H),4.32(s,4H,OCH_2CH_2O),4.25～4.13(m,8H,NCH_2),3.58(s,12H,CO_2CH_3),2.27(s,3H,CH_3)
Fluo-Cl 甲酯	824.84(M)	3424, 2923, 1745, 1516,1446,1256,1170	7.390～7.263(m,2H,Ar—H),7.048～6.945(m,4H,Ar—H),6.775～6.668(m,4H,Ar—H),4.276(s,8H,NCH_2),4.093(s,4H,OCH_2CH_2O),3.640～3.585(m,12H,CO_2CH_3),2.256(s,3H,CH_3)

注:这种荧光探针有如下优点:①其荧光发射波长所处的波段可以避免细胞自身荧光和背景散射的影响。②激发波长所需的能量较低,避免了高能量的激发波长对细胞造成的潜在伤害。③其激发波长与现有仪器所需的波长相互匹配,如共聚焦激光扫描显微镜。这类可见光激发的荧光探针还可以用来测量多种生理学参数,如细胞 pH 和细胞膜电位等。

思 考 题

1. 缩合反应中,反应物的配比对反应有什么影响?
2. 荧光探针的分类有哪些?它们各有什么特点?
3. 钙离子探针 Fluo-Cl 甲酯的合成除了本实验中方法外,还有哪些方法?
4. 荧光探针试剂必须具备的条件有哪些?
5. 荧光探针的应用有哪些方面?

研究拓展

1867 年,Goppetsroder 采用桑色素为荧光试剂用荧光法检测铝,到 20 世纪初,人们已经知道包括罗丹明、荧光素、稠环芳烃及曙红等在内的 600 余种化合物有荧光。随后 Wwillous 在 1924 年进行了荧光收率的测定,1926 年,Gavila 又对荧光寿命进行了测定。在仪器的发展与荧光试剂相结合之后,出现了多种荧光分析方法,如荧光偏振及同步荧光测定、时间分辨荧光测定、微分荧光测定等。时至今日,由于荧光的高灵敏度、高选择性,以及新型荧光试剂的发展和仪器的优良性能,荧光分析及荧光检测已成为化学、生物学、环境科学的有力研究工具和重要的研究方法。

在有机荧光染料中,有些化合物可以作为荧光探针染料与生物大分子结合形成荧光探针,有些可以直接作为荧光探针对生物体内的相关物质、结构、生命过程进行识别、荧光标记和荧光显影。当利用其荧光依赖于 pH 变化的性质时,荧光素可以直接作为荧光探针指示细胞内的 pH;当利用其荧光性质时,荧光素可以作为荧光探针染料对抗体进行标记。

除利用荧光强度的改变进行检测外,荧光偏振、峰位以及谱带宽度、荧光寿命的改变也都是荧光探针技术的基础。

荧光探针在分子生物学、微生物学、生物化学、分析化学、化工和医药工业等领域有着广泛的应用,同时它的发展与生物技术、环境科学、诊断医学等学科紧密相关。根据荧光探针的用途可将其分为极性探针、膜电位探针、离子荧光探针、细胞骨架蛋白荧光探针、DNA 荧光探针等。

拓展研究建议从以下几个方面选题:

(1) 荧光素特异选择性的改进及在生物分析中的应用。最佳的荧光标记必须不能阻碍配

体与受体的结合，即必须保持配体的选择性和专一性。由于荧光素本身不含特异性的活性基团，已不能满足不断发展的生物分析要求。为了适应发展，国内外许多化学及生物学家通过引入不同功能的化学基团对荧光素的结构进行改进修饰，活性基的引入就是一个成功的改进。由于含活性基的荧光素衍生物易与其他分子发生某些特异反应而更适合对不同的生物体进行标记，已开发研制出许多活性基荧光素衍生物。如今，开发特异选择性好的具有活性基的荧光素衍生物已成为生物分析领域中研究的热点。目前，应用较为广泛的含活性基的荧光素衍生物有荧光素异硫氰酸酯(FITC)、氨基荧光素(AF)、羧基荧光素(CF)，其活性基能与蛋白质、核酸的—NH_2、—SH、—COOH 发生反应形成共价键，因而所得标记物具有高选择特异性、高稳定性和高灵敏性的优点。

(2) 荧光素的亲脂性的改进及在细胞和酶活性分析中的应用。因荧光素的结构中具有两个酚羟基，所以它的亲水性强，与脂膜的亲和力差，无法通过细胞膜进入细胞内部，制约了它在细胞及酶的活性分析中的应用。国内外研究者们进行了大量的研究工作，发现对荧光素酚羟基进行酯化或烃基化修饰所得到的衍生物，其亲酯性得到了很大改善。

此外，在设计合成活性基荧光素衍生物的同时，研究者还通过其他方面的结构修饰改进其性能，使其更适于生物体内的检测分析。Khanna 等发现不对称荧光素衍生物具有的较大的斯托克斯位移和高的荧光量子收率，能够提高检测的分辨率，尤其是用于在长波长处有吸收的内源荧光体(如乳清)的检测。Gee 等合成了系列氟代荧光素衍生物，发现某些氟代衍生物能提高荧光探针的光稳定性，降低发射荧光所适合的 pH。

综上所述，荧光素及其衍生物是生命科学研究中使用最为广泛的一种荧光探针材料，尤其在 20 世纪 80 年代以来一直是化学和生物分析领域中研究的热点。研究者通过对荧光素进行结构修饰，以改善其应用性能。经修饰的荧光素衍生物能更灵敏、高选择性地对待定生物体进行检测。同时，也可以看出，国外虽然在设计合成荧光素衍生物方面相关报道颇多，但均是为解决某一特定问题而有针对性地进行研究；而国内在此领域的报道大部分集中在荧光素衍生物的应用方面，存在荧光探针材料少、特异选择性差等缺点。因此，在整体上设计合成新的荧光素衍生物显得十分重要。研究荧光素衍生物结构与其荧光性能的关系以发现某些规律性的认识是至关重要的。只有在此基础之上才能更好地设计合成出一系列适合生物体检测的专用新型荧光素衍生物，这是一个值得进一步研究探讨的重要课题。

参考文献

邓必阳，陈震华，尹权. 1992. 新型荧光钙试剂 Fura-3 的合成及其性质的研究. 化学试剂，14(1)：40-45.

高凤新，李亚平，李前树. 2004. 细胞内钙离子体系中的双参数内信号随机共振. 高等学校化学学报，25(9)：1727-1729.

韩洁，李剑利，贺怀贞，等. 2008. 新型荧光素类细胞钙离子荧光探针 Fluo-Cl 的设计、合成及表征. 高等学校化学学报，29(10)：2003-2006.

韩洁. 2008. 新型荧光素类细胞 Ca^{2+} 荧光探针的设计合成及在细胞信号转导中的应用研究. 西安：西北大学博士学位论文

韩晓军，宋永海，吴正岩. 2001. 钙离子对支撑磷脂膜离子通道行为的诱导作用. 高等学校化学学报，22(8)：1298-1300.

贾宏瑛. 2004. 靶向性细胞 Ca^{2+} 荧光探针的合成及其应用. 西安：陕西师范大学硕士学位论文.

屠惠萍，王隽，杨利苹，等. 1995. 钙敏荧光试剂 Fluo-2 的合成. 合成化学，3(4)：332-335.

许若千. 2008. 吲哚类 Ca^{2+} 荧光指示剂及螯合母体的合成. 西安：西北大学硕士学位论文.

杨利苹，屠惠萍，傅红燕，等. 1996. 控制细胞内游离 Ca^{2+} 的螯合剂 BAPTA 衍生物的合成及结构与性能关系. 华东师范大学学报(自然科学版)，1：45-51.

杨利苹，张熊德，黄小安，等. 1991. BAPTA 及 BAPTA-AM 的合成与性能研究. 华东师范大学学报(化学专辑)：30-33.

杨利苹，张熊德，游福有，等. 1993. 荧光钙敏试剂 Indo-1 AM 的合成. 合成化学，1(4)：341-347.

杨利苹，赵著，张小兵，等. 1995. Fura-新荧光试剂的合成和结构与性能关系的研究. 有机化学，15：609-614.

Gee K R，Brown K A，Chen W-N U. 2000. Chemical and physiological characterization of flwo-4 Ca^{2+} indicator dyes. Cell Calcium，27(2)：97-106.

Grynkiewicz G，Poenie M，Tsien R Y. 1985. A new generation of Ca^{2+} indicators with greatly improved fluorescence properties. J Biol Chem，260：3440-3450.

Kao J P，Harootunian A T，Tsien R Y. 1989. Photochemically generated cytosolic calcium pulses and their detection by fluo-3. J Biol Chem，264：8178-8184.

Minta A，Kao J P，Tsien R Y. 1989. Fluorescent indicators for cytosoilc calcium based on rhodamine and fluorescein chromophores. Jounral of Biological Chemistry，264(14)：8171-8178.

Pething R，Kuhn M，Payne R，et al. 1989. Cn the dissociation constants of BAPTA-type calcium buffers. Cell Calcium，10：491-498.

Tsien R Y. 1980. New calcium indicators and buffers with high selectivity against magnesium and protons：design，synthesis and properties of prototype structures. Biochemistry，19：2396-2404.

附　录

附录1　元素的相对原子质量表

原子序数	元素	符号	相对原子质量*	原子序数	元素	符号	相对原子质量*
1	氢	H	1.008	38	锶	Sr	87.62
2	氦	He	4.003	39	钇	Y	88.91
3	锂	Li	6.941	40	锆	Zr	91.22
4	铍	Be	9.012	41	铌	Nb	92.91
5	硼	B	10.81	42	钼	Mo	95.94
6	碳	C	12.01	43	锝	Tc	[97]
7	氮	N	14.01	44	钌	Ru	101.1
8	氧	O	16.00	45	铑	Rh	102.9
9	氟	F	19.00	46	钯	Pd	106.4
10	氖	Ne	20.18	47	银	Ag	107.9
11	钠	Na	22.99	48	镉	Cd	112.4
12	镁	Mg	24.31	49	铟	In	114.8
13	铝	Al	26.98	50	锡	Sn	118.7
14	硅	Si	28.09	51	锑	Sb	121.8
15	磷	P	30.97	52	碲	Te	127.6
16	硫	S	32.07	53	碘	I	126.9
17	氯	Cl	35.45	54	氙	Xe	131.3
18	氩	Ar	39.95	55	铯	Cs	132.9
19	钾	K	39.10	56	钡	Ba	137.3
20	钙	Ca	40.08	57	镧	La	138.9
21	钪	Sc	44.96	58	铈	Ce	140.1
22	钛	Ti	47.88	59	镨	Pr	140.9
23	钒	V	50.94	60	钕	Nd	144.2
24	铬	Cr	52.00	61	钷	Pm	[147]
25	锰	Mn	54.94	62	钐	Sm	150.4
26	铁	Fe	55.85	63	铕	Eu	152.0
27	钴	Co	58.93	64	钆	Gd	157.3
28	镍	Ni	58.69	65	铽	Tb	158.9
29	铜	Cu	63.55	66	镝	Dy	162.5
30	锌	Zn	65.39	67	钬	Ho	164.9
31	镓	Ga	69.72	68	铒	Er	167.3
32	锗	Ge	72.61	69	铥	Tm	168.9
33	砷	As	74.92	70	镱	Yb	173.0
34	硒	Se	78.96	71	镥	Lu	175.0
35	溴	Br	79.90	72	铪	Hf	178.5
36	氪	Kr	83.80	73	钽	Ta	180.9
37	铷	Rb	85.47	74	钨	W	183.9

续表

原子序数	元素	符号	相对原子质量*	原子序数	元素	符号	相对原子质量*
75	铼	Re	186.2	92	铀	U	238.0
76	锇	Os	190.2	93	镎	Np	237.0
77	铱	Ir	192.2	94	钚	Pu	[244]
78	铂	Pt	195.1	95	镅	Am	[243]
79	金	Au	197.0	96	锔	Cm	[247]
80	汞	Hg	200.6	97	锫	Bk	[247]
81	铊	Tl	204.4	98	锎	Cf	[251]
82	铅	Pb	207.2	99	锿	Es	[252]
83	铋	Bi	209.0	100	镄	Fm	[257]
84	钋	Po	[209]	101	钔	Md	[258]
85	砹	At	[210]	102	锘	No	[259]
86	氡	Rn	[222]	103	铹	Lr	[260]
87	钫	Fr	[223]	104		Rf	[261]
88	镭	Ra	226.0	105		Ha	[262]
89	锕	Ac	227.0	106		Sg	[263]
90	钍	Th	232.0	107		Bh	[262]
91	镤	Pa	231.0				

注:[ ]为放射性元素半衰期最长同位素的质量。

* 全部取四位有效数字。

参考文献

北京大学化学系. 1982. 元素周期表. 北京:科学出版社

Weast R C. 1989-1990. CRC Hand Book of Chemistry and Physics. 70th ed. Boca Raton: CRC Press Inc.

附录 2　水的饱和蒸气压

温度/ ℃	压力/(133.3Pa)	温度/ ℃	压力/(133.3Pa)
0	4.579	16	13.634
1	4.926	17	14.530
2	5.294	18	15.477
3	5.685	19	16.477
4	6.101	20	17.535
5	6.534	21	18.650
6	7.013	22	19.827
7	7.513	23	21.068
8	8.045	24	22.377
9	8.609	25	23.756
10	9.209	26	25.209
11	9.844	27	26.739
12	10.518	28	28.349
13	11.231	29	30.043
14	11.987	30	31.824
15	12.788	31	33.695

续表

温度/℃	压力/(133.3Pa)	温度/℃	压力/(133.3Pa)
32	35.663	46	75.65
33	37.729	47	79.60
34	39.898	48	83.71
35	42.175	49	88.02
36	44.563	50	92.51
37	47.067	52	102.09
38	49.692	54	112.51
39	52.442	56	123.80
40	55.324	58	136.08
41	58.34	60	149.38
42	61.50	62	163.77
43	64.80	64	179.31
44	68.26	66	196.09
45	71.88	68	214.17

参考文献

Weast R C. 1989-1990. CRC Handbook of Chemistry and Physics. 70th ed. Boca Raton:CRC Press Inc.

附录 3　常用离子交换树脂

名称	国内型号	国外型号	特性
强酸性阳离子交换树脂	强酸 1×7(732) 强酸 1×8(732) 强酸 1×12	Amberlite IR-120(美) Dowex-50(美) Zeo-Karb-225(英) Wofatit KPS-200(德) 神胶-1(日) Ky-2(俄)	苯乙烯型 官能团:—SO_3H 商品:Na 型 适用 pH 范围:0～14 交换容量:≥4.5 mmol·g^{-1}树脂
多孔强酸性阳离子交换树脂		Amberlite IR-112(美)	同上
弱酸性阳离子交换树脂	弱酸 101×4(724) 弱酸 101×12.8(724) 弱酸 110×4 弱酸 125	Amberlite IRC-50(美) Zeo-Karb-226(英) Wofatit CP-300(德) KB-KB4(俄)	羧酸(丙烯酸)型 官能团:—COOH 商品:H 型 适用 pH 范围:6～14 交换容量:≥9 mmol·g^{-1}树脂
螯合型阳离子交换树脂		Dowex A-1 (美)	苯乙烯型 官能团:—$CH_2N(CH_2COONa)_2$ 适用 pH 范围:6～14 交换容量:≥3 mmol·g^{-1}树脂
强碱性阴离子交换树脂	强碱 201×4(717) 强碱 201×7(717) 强碱 201×8(717) 强碱 202	Amberlite IRA-400(美) Dowex-1.2 (美) Zeo-Karb FF(英) Permatit (德) 神胶 800，801(日)	苯乙烯型 官能团:—$CH_2N(CH_3)_3Cl$ 商品:氯型 适用 pH 范围:0～14 交换容量:≥3.5 mmol·g^{-1}树脂

续表

名称	国内型号	国外型号	特性
多孔强碱性阴离子交换树脂	强碱 201×7(717)	AB-17(俄) Amberlite IRA-411(美)	同上
弱碱性阴离子交换树脂	弱碱 301 弱碱 311×4(704) 弱碱 330(701) 弱碱 351×10(大孔)	AmberliteIR-413 (美) Dowex-3 (美) De-Acidite M (英) Wofatit L-50 (德) Kokoslkgaku KK NO-12 (日)，-10(俄)	苯乙烯(或环氧)型 官能团：—CH_2NH $(CH_3)_2$ OH，—$CH_2NH(CH_3)OH$，—CH_2NH_3OH 商品：氯型 适用 pH 范围：0～7 交换容量：≥3 mmol · g^{-1}树脂

参考文献

复旦大学放化专业. 1976. 铀钍工艺过程化学. 上海：上海人民出版社.
李洪桂. 1981. 稀有金属冶金原理及工艺. 北京：冶金出版社.

附录 4　常用溶剂的物理常数

溶剂	沸点/ ℃ (760 mmHg)	熔点 / ℃	摩尔质量 /(g · mol^{-1})	密度 /(g · cm^{-3}) (20 ℃)	介电常数	溶解度 /(g · g^{-1} H_2O)	和水的共沸混合物	
							沸点/ ℃	%H_2O
乙醚	35	−116	74	0.71	4.3	6.0	34	1
戊烷	36	−130	72	0.63	1.8	不溶	35	1
二氯甲烷	40	−95	85	1.33	8.9	1.30	39	2
二硫化碳	46	−111	76	1.26	2.6	0.29 (20 ℃)	44	2
丙酮	56	−95	58	0.79	20.7	∞		—
氯仿	61	−64	119	1.49	4.8	0.82(20 ℃)	56	3
甲醇	65	−98	32	0.79	32.7	∞		—
四氢呋喃	66	−109	72	0.89	7.6	∞	64	5
己烷	69	−95	86	0.66	1.9	不溶	62	6
三氟乙酸	72	−15	114	1.49	39.5	∞	105	21
四氯化碳	77	−23	154	1.59	2.2	0.08	66	4
乙酸乙酯	77	−84	88	0.90	6.0	8.1	71	8
乙醇	78	−114	46	0.79	24.6	∞	78	4
环己烷	81	6.5	84	0.78	2.0	0.01	70	8
苯	80	5.5	78	0.88	2.3	0.18	69	9
甲基乙基甲酮	80	−87	72	0.80	18.5	24.0(20 ℃)	73	11
乙腈	82	−44	41	0.78	37.5	∞	77	16
异丙醇	82	−88	60	0.79	19.9	∞	80	12
正丁醇	82	26	74	0.78(30 ℃)	12.5	∞	80	12
乙二醇二甲醚	83	−58	90	0.86	7.2	∞	77	10
三乙胺	90	−115	101	0.73	2.4	∞	75	10
丙醇	97	−126	60	0.80	20.3	∞	88	28

续表

溶剂	沸点/℃ (760 mmHg)	熔点/℃	摩尔质量/(g·mol^{-1})	密度/(g·cm^{-3}) (20 ℃)	介电常数	溶解度/(g·g^{-1} H_2O)	和水的共沸混合物	
							沸点/℃	%H_2O
甲基环己烷	101	−127	98	0.77	2.0	0.01	80	24.1
甲酸	101	8	46	1.22	58.5	∞	107	26
硝基甲烷	101	−29	61	1.14	35.9	11.1	84	24
1,4-二氧己烷	101	12	88	1.03	2.2	∞	88	18
甲苯	111	−95	92	0.87	2.4	0.05	85	20
吡啶	115	−42	79	0.98	12.4	∞	94	42
正丁醇	118	−89	74	0.81	17.5	7.45	93	43
乙酸	118	17	60	1.05	6.2	∞	无	—
乙二醇单甲醚	125	−85	76	0.96	16.9	∞	100	85
吗啉	129	−3	87	1.00	7.4	∞	无	—
氯苯	132	−46	113	1.11	5.6	0.05(30 ℃)	90	28
乙酸酐	140	−73	102	1.08	20.7	反应	—	—
二甲苯(混合体)	138～142	13	106	0.86	2	0.02	93	33
二丁醚	142	−95	130	0.77	3.1	0.03(20 ℃)	93	33
均四氯乙烷	146	−44	168	1.59	8.2	0.29(20 ℃)	94	34
苯甲醚	154	−38	108	0.99	4.3	1.04	96	41
二甲基甲酰胺	153	−60	73	0.95	36.7	∞	无	—
二甘醇二甲醚	160	—	134	0.94	—	∞	100	78
1,3,5-三甲基苯	165	−45	120	0.87	2.3	0.03(20 ℃)	97	—
二甲亚砜	189	18	78	1.10	46.7	25.3	无	—
二甘醇单甲醚	194	−76	120	1.02	—	∞	无	—
乙二醇	197	−13.2	62	1.11	37.7	∞	无	—
N-甲基-2-吡咯烷酮	202	−24	99	1.03	32.0	∞	—	—
硝基苯	211	6	123	1.20	34.8	0.19(20 ℃)	99	88
甲酰胺	210	3	45	1.13	111	∞	—	—
六甲基磷酰三胺	233	7	179	1.03	30	∞	—	—
喹啉	237	−15	129	1.09	9.0	0.6(20 ℃)	—	97
二甘醇	245	−7	106	1.11	31.7	∞	无	—
二苯醚	258	27	170	1.07	3.7(>27 ℃)	0.39	100	96
三甘醇	288	−4	150	1.12	23.7	∞	无	—
环丁砜	287	28	120	1.26(30 ℃)	43	∞(30 ℃)	无	—
甘油	290	18	92	1.26	42.5	∞	无	—
三乙醇胺	335	22	149	1.12(25 ℃)	29.4	∞	—	—
邻苯二甲酸二丁酯	340	−35	278	1.05	6.4	不溶	无	—

注：除非另作注明外，皆为 25 ℃的溶解度，溶解度<0.01 作为不溶解。

参 考 文 献

李述文. 1981. 实用有机化学手册. 上海：上海科学技术出版社.

附录 5 市售试剂(等级酸和碱)的大概浓度

酸或碱	质量分数/%	物质的量浓度/($mol \cdot L^{-1}$)
乙酸(冰醋酸)	99.8	17.4
氨(氨水)	29	14.8
盐酸	37	12.0
硝酸	70	15.9
高氯酸	70	11.7
磷酸	85	14.7
硫酸	96	18

附录 6 25 ℃[1]下某些普通溶剂中不同类型电解液($\sim 10^{-3}\ mol \cdot L^{-1}$)预计的摩尔电导($\Lambda_M$)范围[2]

溶剂	介电常数	电解液类型			
		1∶1	2∶1	3∶1	4∶1
水[3]	78.4	118～131	235～273	408～435	～560
硝基甲烷	35.9	75～95	150～180	220～260	290～330
硝基苯	34.8	20～30	50～60	70～82	90～100
丙酮	20.7	100～140	160～200		
乙腈	36.2	120～160	220～300	340～420	
二甲基甲酰胺	36.7	65～90	130～170	220～240	
甲醇	32.6	80～115	160～220		
乙醇	24.3	35～45	70～90		

① Geary W J. 1971. Coord Chem Rev, 7: 81。

② 所有摩尔电导单位均为 $\Omega^{-1} \cdot cm^2 \cdot mol^{-1}$。

③ Snned M, Maynard J. 1942. General Inorgamic Chemistry. New York: Van Nostrand。

附录 7 常用的热浴与冷浴

(1) 常用热浴

热浴名称	所用热载体	在浴上加热的极限温度/ ℃
水浴	水	98
油浴	石蜡油	200
	甘油	220
	DC300 硅油[1]	280
	DC550 硅油	250
硫酸浴	浓硫酸	300
石蜡浴	石蜡(熔点 30～60 ℃)	300
空气浴	空气	300
盐浴	55%(质量)KNO_3＋45%(质量)$NaNO_2$(熔点 137 ℃)	550
	55%(质量)KNO_3＋45%(质量)$NaNO_3$(熔点 218 ℃)	600
合金浴	伍德合金[2]	＞600

① DC 为 Dow Corning 的缩写。

② 伍德合金成分为:50%Bi,25%Pb,12.5%Sn 及 12.5%Cd。

(2) 干冰有机溶剂组成的冷浴①②

溶剂	冷浴温度/ ℃	溶剂	冷浴温度/ ℃
四氯化碳	−23	无水乙醇	−72
乙腈	−42	乙醚	−77
环己烷	−46	丙酮	−78
氯己烷	−60	乙酸戊酯	−78
三氯甲烷	−61	一氯甲烷	−82

① 配制方法：一小块干冰加入有机溶剂中至干冰稍过量。

② 干冰中加入无水乙醇，因乙醇的量不同可配制成−78～−50 ℃或更高温度的冷浴，而干冰加入不同浓度的 $CaCl_2$-H_2O 溶液中，可配制成−50～−0 ℃的冷浴。

(3) 液氮与有机溶剂组成的冷浴①

溶剂	冷浴温度/ ℃	溶剂	冷浴温度/ ℃
四氯化碳	−23	甲醇	−98
氯苯	−45	二硫化碳	−112
三氯甲烷	−63	乙醇	−116
乙酸乙酯	−116	正戊烷	−131
甲苯	−95	异戊烷	−161

① 配制方法：将液氮缓慢注入盛有有机溶剂的杜瓦瓶中，并不断搅拌以免加入的液氮的溶剂表面结壳，而导致杜瓦瓶胆破裂。

附录 8　常见基团和化学键的红外吸收特征频率

化合物	基团	频率/cm^{-1}	强度	振动类型
烷烃	$-CH_3$	2962±10	强	C—H 伸
		2872±10	强	C—H 伸
		1450±20	中	C—H 弯
		1375±10	强	C—H 弯
	$-CH_2-$	2962±5	强	C—H 伸
		2853±5	强	C—H 伸
		1465±20	中	C—H 弯
	$-C(CH_3)_3$	1395～1385	中	C—H 弯
		1365±5	强	C—H 弯
		1250±5		C—C 伸
		1250～1200		C—C 伸
	$-C(CH_3)_2-$	1385±5	强	C—H 弯
		1370±5	强	C—H 弯
		1170±5		C—C 伸
		1170±1140		C—C 伸
	$-(CH_2)_n-$	750～720		C—C 伸(n=4)

续表

化合物	基团	频率/cm^{-1}	强度	振动类型
不饱和烃	C═C	1680～1620	变化	C═C 伸
	C═C(共轭)	～1600	强	C═C 伸
	—CH=CH—	3040～3010	中	C—H 伸
		970～960	强	C—H 伸
	R—C≡CH	2140～2100	中	C≡C 伸
	R—C≡C—R′	2260～2190	中	C≡C 伸
	—C≡C—(共轭)	2260～2235	强	C≡C 伸
	≡C—H	3320～3310	中	C—H 伸
		680～610	中	C—H 伸
芳烃	苯环	3070～3030	强	C—H 伸
		1600～1450	中	C—C 伸
		900～695	强	C—H 弯
胺	伯胺	3398～3381	弱	N—H 伸
		3344～3324	弱	N—H 伸
		1079±11	中	C—N 伸
		3400～3100	强	N—H 伸(氢键)
		1650～1590	强	N—H 弯
		900～650	弱	N—H 弯
	仲胺	3360～3310	弱	N—H 伸
		1139±7	中	C—N 伸
		1650～1550	弱	N—H 弯
醇和酚	OH (二聚)	3550～3450	变化	O—H 伸
	(分子间氢键),(多聚)	3400～3200	强	O—H 伸
	伯醇	3643～3630	强	O—H 伸
		1075～1000	强	C—O 伸
		1350～1260	强	O—H 伸
	仲醇	3635～3620	强	O—H 伸
		1120～1030	强	C—O 伸
		1350～1260	强	O—H 弯
	叔醇	3620～3600	强	O—H 伸
		1170～1100	强	C—O 伸
		1410～1310	中	O—H 弯
	酚	3612～3593	强	O—H 伸
		1230～1140	强	C—O 伸
		1410～1310	中	O—H 弯
羰基化合物	酮	1725～1705	强	C═O 伸
	芳酮	1690～1680	强	C═O 伸
	醛	1745～1730	强	C═O 伸
		2900～2700	弱	C—H 伸
		1440～1325	强	C—H 弯
	酯	1750～1730	强	C═O 伸
		1300～1000	强	C—O—C 伸

续表

化合物	基团	频率/cm^{-1}	强度	振动类型
羰基化合物	酸	1725～1700	强	C=O 伸
		1700～1680	强	C=O 伸(芳酸)
		2700～2500	弱	O—H 伸(二聚体)
		3560～3500	中	O—H 伸(单体)
		1440～1395	弱	C—O 伸
		1320～1211	强	O—H 弯
羰基化合物	COO—	1610～1560	强	C=O 伸
		1420～1300	中	C=O 伸
	酰卤	1810～1970	强	C=O 伸
	伯酰胺	1690～1650	强	C=O 伸
		～3520	中	N—H 伸
		～3410	中	N—H 伸
		1420～1405	中	C—N 伸
	仲酰胺	1680～1630	强	C=O 伸
		～3440	强	N—H 伸
		1570～1530	强	N—H 弯
		1300～1260	中	C—N 伸
	叔酰胺	1670～1630	强	C=O 伸
硝基化合物	$C—NO_2$ (脂肪族)	1554±6	极强	N—O 伸
		1383±6	极强	N—O 伸
	$C—NO_2$ (芳香族)	1555～1487	强	N—O 伸
		1357～1348	强	N—O 伸
		875～830	中	C—N 伸
	O—N=O	1640～1620	强	—N=O 伸
		1285～1270	强	—N=O 伸
有机卤化合物	C—F	1100～1000		C—F 伸
	C—Cl	830～500	强	C—Cl 伸
	C—Br	600～500	强	C—Br 伸
	C—I	600～465		C—I 伸
其他有机化合物	—C—S—H	2950～2500	弱	S—H 伸
		700～590	弱	C—S 伸
	C=S	1270～1245	强	C=S 伸
	C—P—H	2475～2270	中	P—H 伸
		1250～950	弱	P—H 弯
	C—Si—H	2280～2050	极强	Si—H 伸
		890～860		Si—H 弯
无机化合物	CO_3^{2-}	1490～1410	极强	C—O 伸
		880～860	中	C—O 弯
	SO_4^{2-}	1130～1080	极强	S—O 伸
		680～610	中	S—O 弯

续表

化合物	基团	频率/cm^{-1}	强度	振动类型
无机化合物	NO_2^-	1250～1230 1360～1340 840～800	强 强 弱	N—O 伸 N—O 伸 N—O 弯
	NO_3^-	1380～1350 840～815	极强 中	N—O 伸 N—O 弯
	NH_4^+	3300～3030 1485～1390	极强 中	N—H 伸 N—O 弯
		～	强	伸
	ClO_3^-	980～930	极强	Cl—O 伸
	ClO_4^-	1140～1060	极强	Cl—O 伸
	$Cr_2O_7^{2-}$	950～900	强	Cr—O 伸
	CN^-，CNO^-，CNS^-	2200～2000	强	C—N 伸

参 考 文 献

Bellamy L J. 1975. The Lnfrared Spectra of Complex Molecules. New York:Wiley.

附录 9　摩尔磁化率、反磁磁化率和结构改正参数

(1) 部分原子(离子)的摩尔磁化率

原子	$\chi_M\times10^6$	原子	$\chi_M\times10^6$
H	−2.93	P	−26.3
C(链)	−6.00	As (Ⅴ)	−43.0
C(环)	−5.76	Bi	−192
N(链)	−5.55	Li	−4.2
N(环)	−4.61	Na	−9.2
N(酰胺)	−1.54	K	−18.5
N(酰二胺、酰亚胺)	−2.11	Mg	−10.0
O(醇、醚)	−4.61	Cu	−15.9
O(醛、酮)	+1.73	Al	−13.0
O(羧基)	−3.36	Zn	−13.5
F	−6.3	Sb^{3+}	−74.0
Cl	−20.1	Hg^{2+}	−33.0
Br	−30.6	Sn^{4+}	−3.0
I	−44.6	K^+	−14.9
S	−15.6	Cu^+	−15.0
Se	−23.0	Na^+	−7.0

(2) 部分配体的反磁磁化率

配体	$\chi_D \times 10^6$	配体	$\chi_D \times 10^6$
Br	−35	ClO_4^-	−32
Cl^-	−23	IO_4^-	−52
I^-	−51	NO_2^-	−10
CN^-	−13	NO_3^-	−19
NCS^-	−31	SO_4^{2-}	−40
CO	−10	H_2O	−13
CO_3^{2-}	−28	O_2^{2-}	−7
$C_2H_3O_2^-$（乙酸根）	−30	OH^-	−12
$C_2H_8N_2$（乙二胺）	−46	NH_4^+	−13
$C_2O_4^{2-}$（草酸根）	−25	NH_3	−18

(3) 部分结构改正参数

配体	$\chi_B \times 10^6$	配体	$\chi_B \times 10^6$
>C═C<	+5.5	>C—Cl	+3.1
—C≡C—	+0.8	>C—Br　>C—I	+4.1
>C═C—C═C<	+10.6	苯环	−1.4
>C═C—C—	+4.5	萘环	−31.0
—N═N—	+1.8	CH (α、γ、ε、δ)	−1.29
>C═N	+8.2	—C— (α、γ、ε、δ)	−1.55
—C≡N	+0.8	—C—(β)　H—C—(β)	−0.48

注：α、γ、ε、δ 表示相对于氧基(oxygen group)的位置，如 α 表示最邻近氧基。

参 考 文 献

游效曾. 1980. 结构分析导论. 北京：科学出版社.

附录 10　核磁共振中常见各种氢质子的化学位移

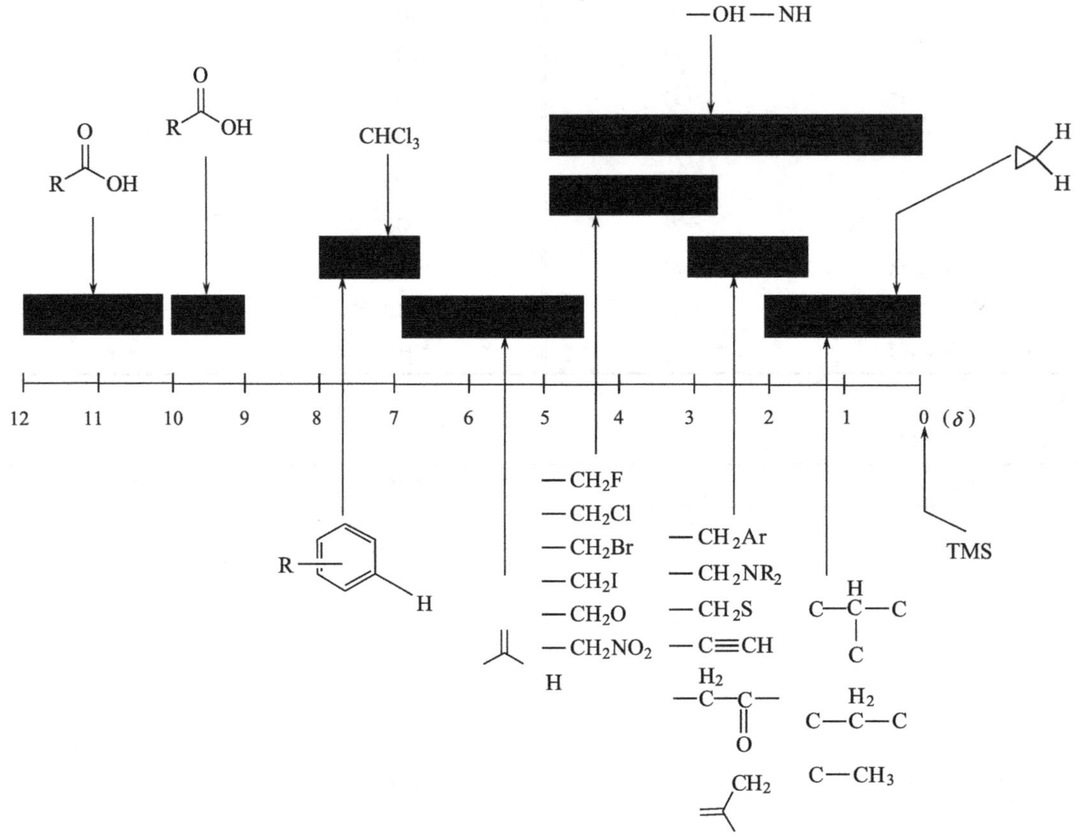

附录 11　重要聚合物的英文缩写

英文缩写	英文全称	中文名称(简称)
ABS	acrylonitrile-butadiene-styrene copolymer	丙烯腈-丁二烯-苯乙烯共聚物(丙烯腈丁苯共聚物)
AMMS	acrylonitrile-methyl methacrylate copolymer	丙烯腈-甲基丙烯酸甲酯共聚物
ASA	acrylic ester-styrene-acrylonitrile copolymer	丙烯酸酯-苯乙烯-丙烯腈共聚物
BR	polybutadiene rubber	聚丁二烯橡胶
CA	cellulose acetate	醋酸纤维素
CAB	cellulose acetobutyrate	醋酸-丁酸纤维素
CAP	cellulose acetopropionate	醋酸-丙酸纤维素
CF	cresol formaldehyde	甲酚-甲醛树脂
CMC	carboxymethyl cellulose	羧甲基纤维素
CN	cellulose nitrate	硝酸纤维素
CP	cellulose propionate	丙酸纤维素
CPE	chlorinated polyethylene	氯化聚乙烯
CPVC	chlorinated poly (vinyl chloride)	氯化聚氯乙烯
CS	casein resin	酪朊树脂

续表

英文缩写	英文全称	中文名称(简称)
EC	ethyl cellulose	乙基纤维素
EP	epoxide resin	环氧树脂
EPP	ethylene-propylene rubber	乙烯-丙烯橡胶(乙丙橡胶)
EPTR	ethylene-propylene terpolymer rubber	三元乙丙共聚物橡胶
ETFE	ethylene-tetrafluoroethylene copolymer	乙烯-四氟乙烯共聚物
EU	polyether-urethane	聚醚-氨酯
EVA	ethylene-vinyl acetate copolymer	乙烯-乙酸乙烯酯共聚物
HD-PE	high-density polyethylene	高密度聚乙烯
IR	isoprene rubber	异戊二烯橡胶(异戊橡胶)
LD-PE	low-density polyethylene	低密度聚乙烯
MBS	methyl methacrylate-butadiene-styrene copolymer	甲基丙烯酸甲酯-丁二烯-苯乙烯共聚物
MF	melamin-formaldehyde resin	三聚氰胺-甲醛树脂(密胺树脂)
NBR	acrylonitrile-butadiene rubber	丙烯腈-丁二烯橡胶(丁腈橡胶)
NCR	acrylonitrile-chloroprene rubber	丙烯腈-氯丁二烯橡胶(丙烯腈氯丁橡胶)
NR	natural rubber	天然橡胶
PA	polyamide	聚酰胺(尼龙)
PA6	polycaprolactam	聚己内酰胺(聚酰胺 6)
PA66	poly (hexamethylene adipamide)	聚己二酰己二胺(聚酰胺 66)
PA610	poly (hexamethylene sebacamide)	聚癸二酰己二胺(聚酰胺 610)
PA11	poly of 11-aminoundecanoic acid	聚 ω-氨基十一酸(聚酰胺 11)
PA12	polylaurolactam	聚十二内酰胺(聚酰胺 12)
PAA	poly (acrylic acid)	聚丙烯酸
PAN	polyacrylonitrile	聚丙烯腈
PB	polybutylene	聚丁烯
PBTP	poly (butylene glycol terephthalate)	聚对苯二甲酸丁二酯
PC	polycarbonate	聚碳酸酯
PCTFE	poly (chlorotrifluoroethylene)	聚三氟氯乙烯
PDAP	poly (diallyl phthalate)	聚邻苯二甲酸二烯丙酯
PE	polyethlene	聚乙烯
PEC	chlorinated polyethylene	氯化聚乙烯
PETP	poly (ethylene terephthalate)	聚对苯二甲酸乙二酯
PF	phenol-formaldehyde resin	苯酚-甲醛树脂(酚醛树脂)
PIB	polyisobutylene	聚异丁烯
PMMA	poly (methyl methacrylate)	聚甲基丙烯酸甲酯
PMP	poly (4-methylpentene-1)	聚 4-甲基戊烯-1
POM	polyoxymethylene	聚甲醛
PP	polypropylene	聚丙烯

续表

英文缩写	英文全称	中文名称(简称)
PPO	poly (2，6-dimethyl-1，4-phenylene oxide)	聚 2，6 –二甲基对苯醚
PS	polystyrene	聚苯乙烯
PTFE	poly (tetrafluoroethylene)	聚四氟乙烯
PTMT	poly (tetramethylene terephthalate)	聚对苯二甲酸丁二酯
PUR	polyurethane	聚氨基甲酸酯(聚氨酯)
PVA(L)	poly (vinyl alcohol)	聚乙烯醇
PVAC	poly (vinyl acetate)	聚乙酸乙烯酯
PVB	poly (vinyl butyral)	聚乙烯醇缩丁醛
PVC	poly (vinyl chloride)	聚氯乙烯
PVCA	vinyl chloride-vinyl acetate copolymer	氯乙烯-乙酸乙烯酯共聚物
PVDC	poly (vinylidene chloride)	聚偏氯乙烯
PVDF	poly (vinylidene fluoride)	聚偏氟乙烯
PVF	poly (vinyl fluoride)	聚氟乙烯
PVFM	poly (vinyl formal)	聚乙烯醇缩甲醛
PY	unsaturated polyester resin	不饱和聚酯树脂
RF	resorcinol-formaldehyde resin	间苯二酚-甲醛树脂
RP	reinforced plastic	增强塑料
SAN	styrene-acrylonitrile copolymer	苯乙烯-丙烯腈共聚物
SBN	styrene-butenenitrile copolymer	苯乙烯-丁烯腈共聚物(丁苯共聚物)
SBR	styrene-butadiene rubber	苯乙烯-丁二烯橡胶(丁苯橡胶)
SI	silicone rubber	硅橡胶
SIR	styrene-isoprene rubber	苯乙烯-异戊二烯橡胶
SMS	styrene-α-methylstyrene copolymer	苯乙烯-α-甲基苯乙烯共聚物
UE	polyurethane rubber	聚氨酯橡胶
UF	urea-formaldehyde resin	尿素-甲醛树脂(脲醛树脂)
UP	unsaturated polyester resin	不饱和聚酯树脂
UR	polyurethane rubber	聚氨酯橡胶

参考文献

范克雷维伦 D W. 1981. 聚合物的性质. 许元泽，等译. 北京：科学出版社.

附录 12　国际单位制(SI)基本单位及具有专门名称的导出单位

(1) 国际单位制的基本单位

物理量	长度	质量	时间	电流	热力学温度	物质的量	发光强度
名称	米	千克	秒	安[培]	开[尔文]	摩[尔]	坎[德拉]
符号	m	kg	s	A	K	mol	cd

(2) 国际单位制中具有专门名称的导出单位

物理量及符号	SI 单位及符号	SI 单位的定义
频率, f, ν	赫兹, Hz	s^{-1}
能量, E	焦耳, J	$kg \cdot m^2 \cdot s^{-2}$
力, 重力 F	牛顿, N	$kg \cdot m \cdot s^{-2} = J \cdot m^{-1}$
功率, P	瓦特, W	$kg \cdot m^2 \cdot s^{-3} = J \cdot s^{-1}$
压力, p	帕斯卡, Pa	$kg \cdot m^{-1} \cdot s^{-2} = N \cdot m^{-2}$
电荷, Q	库仑, C	$A \cdot s$
电位, $V(\varphi)$	伏特, V	$kg \cdot m^2 \cdot s^{-3} \cdot A^{-1} = J \cdot A^{-1} \cdot s^{-2}$
电阻, R	欧姆, Ω	$kg \cdot m^2 \cdot s^{-3} \cdot A^{-2} = V \cdot A^{-1}$
电导, G	西门子, S	$kg^{-1} \cdot m^{-2} \cdot s^3 \cdot A^{-2} = \Omega^{-1}$
磁通量, Φ	韦伯, Wb	$kg \cdot m^2 \cdot s^{-2} \cdot A^{-1} = V \cdot s$
电感, L	亨利, H	$kg \cdot m^2 \cdot s^{-2} \cdot A^{-2} = V \cdot A^{-1} \cdot s$
磁感应强度, B	特斯拉, T	$kg \cdot s^{-2} \cdot A^{-1} = V \cdot s \cdot m^{-2}$
电容, C	法拉, F	$kg^{-1} \cdot m^{-2} \cdot s^4 \cdot A^2 = A \cdot s \cdot V^{-1}$

(3) 导出的 SI 单位

物理量及符号	SI 单位及符号	物理量及符号	SI 单位及符号
波数, $\sigma(\tilde{\nu})$	m^{-1}	磁化强度, M, H_i	$A \cdot m^{-1}$
面积, A	m^2	磁场强度, H	$A \cdot m^{-1}$
体积, V	m^3	磁化率, k	量纲为一
密度, ρ	$kg \cdot m^{-3}$	比磁化率, χ	$m^3 \cdot kg^{-1}$
浓度, c	$mol \cdot m^{-3}$ 或 $mol \cdot L^{-1}$	摩尔磁化率, χ_m	$m^3 \cdot mol^{-1}$
质量体积, υ	$m^3 \cdot kg^{-1}$	比光学旋光度, a_m	$m^2 \cdot kg^{-1}$①
摩尔体积, V_m	$m^3 \cdot mol^{-1}$	摩尔光学旋光度, a_n	$m^2 \cdot mol^{-1}$①
摩尔热力学能, U_m	$J \cdot mol^{-1}$	摩尔吸收系数	$m^2 \cdot mol^{-1}$
摩尔熵, S_m	$J \cdot K^{-1} \cdot mol^{-1}$	表面张力, σ, υ	$N \cdot m^{-1}$ 或 $J \cdot m^{-2}$
电流密度, $J(S, \delta)$	$A \cdot m^{-2}$	偶极矩, μ, p	$m \cdot C$
电解质电导率, $\kappa(\sigma)$	$S \cdot m^{-1}$	电动势, $V(\varphi)$	$m^2 \cdot kg \cdot s^{-3} \cdot A^{-1}$
摩尔电导率, Λ_m	$S \cdot m^2 \cdot mol^{-1}$	导热系数, λ, k	$m \cdot kg \cdot s \cdot K^{-1}$
磁矩, m	$A \cdot m^{-2}$		

① 将平面角视为一个数，而半径角为一衍生单位，其值为 1。

附录 13　常用物理常数

物理常数	符号	数值	SI 单位
法拉第常量	F	$9.648\,456 \times 10^4$	$C \cdot mol^{-1}$
普朗克常量	h	$6.626\,176 \times 10^{-34}$	$J \cdot s$
玻耳兹曼常量	k	$1.380\,662 \times 10^{-23}$	$J \cdot K^{-1}$
阿伏伽德罗常量	N_A	$6.022\,045 \times 10^{23}$	mol^{-1}
里德伯常量	R_∞	$1.097\,373\,177 \times 10^7$	m^{-1}
摩尔气体常量	R	$8.314\,441$	$J \cdot mol^{-1} \cdot K^{-1}$
理想气体的摩尔体积	$V_{m,o}$	$0.022\,413\,83$	$m^3 \cdot mol^{-1}$
真空中的光速	c	$2.997\,924\,58 \times 10^8$	$m \cdot s^{-1}$
真空中的磁导率	μ_0	$4\pi \times 10^{-7}$	$H \cdot s^{-1}$

续表

物理常数	符号	数值	SI 单位
电子的电荷	e	$1.602\ 189\ 2\times10^{-19}$	C
原子质量单位	u	$1.660\ 565\ 5\times10^{-27}$	kg
电子[静止]质量	m_e	$0.910\ 953\ 4\times10^{-30}$	kg
质子[静止]质量	m_p	$1.672\ 648\ 5\times10^{-27}$	kg
中子[静止]质量	m_n	$1.674\ 954\ 3\times10^{-27}$	kg
玻尔半径	a_0	$0.529\ 177\ 06\times10^{-10}$	m
玻尔磁子	μ_B	$9.274\ 078\ 10^{-24}$	$A\cdot m^2$
重力加速度	g	9.806 65	$m\cdot s^{-2}$

附录 14　波数、能量与频率关系换算表

	cm^{-1}	$J\cdot mol^{-1}$	eV	$kcal\cdot mol^{-1}$	MHz
cm^{-1}	1	11.957	1.2394×10^{-4}	2.8584×10^{-3}	2.9979×10^{4}
$J\cdot mol^{-1}$	8.3626×10^{-2}	1	0364×10^{-6}	2.3904×10^{-4}	2506.2
eV	806.83	9.6484×10^{4}	1	23.063	2.4188×10^{8}
$kcal\cdot mol^{-1}$	349.83	4183.3	4.3359×10^{-2}	1	1.0487×10^{7}
MHz	3.3356×10^{-5}	3.9903×10^{-4}	4.1344×10^{-9}	9.5345×10^{-8}	1

附录 15　常用化学文献

1. 工具书

化工辞典，王箴主编，化学工业出版社

The Merck Index，Merck & Co Inc

CRC Handbook of Chemistry and Physics，美国橡胶公司 CRC 出版

Lange's Handbook of Chemistry，中文译本即《兰氏化学手册》，科学出版社

Gmeline's Handbush der Anorgainschen Chimie，即《格梅林无机化学大全》

Analytical Chemistry Handbook，J. A. Dean，McGraw-Hill Book Co.

Beilstein's Handbush Organischen Chemie，即《贝尔斯坦有机化学大全》

2. 期刊杂志

1）国外

Nature，英国 Macmillan 公司出版，世界上最有影响的顶级综合性自然科学期刊之一

Science，美国科学发展促进协会主办，世界上最有影响的顶级综合性自然科学期刊之一

Journal of the American Chemical Society，缩写 J Am Chem Soc 或 JACS，世界上最著名、摘引最广的权威化学刊物之一

Journal of Chemical Society，英国皇家化学会主办，世界著名化学期刊

Chemical Review，美国化学会主办，世界著名化学评论杂志

Angewandte Chemie，应用化学，德文版，其英文版是 *Angewandte Chemie International*

English Editon，半月刊，化学方面的著名权威杂志

Inorganic Chemistry，美国化学会主办，世界著名无机化学杂志

Organic Chemistry，美国化学会主办，世界著名有机化学杂志

Journal of Physical Chemistry，美国化学会主办，世界著名物理化学杂志

Analytical Chemistry，美国化学会主办，世界著名分析化学杂志

Journal of Catalysis，美国 Academic Press Inc. 出版，世界著名催化方面杂志

Tetrahedron，英国 Elsevier Science 出版社出版，有机化学方面的权威国际性杂志

Polyhedron，英国 Elsevier Science 出版社出版，无机化学、核化学、金属有机和生物无机化学方面的权威国际性杂志

Analyst，英国 Royal Society of Chemistry 出版，国际著名分析化学方面杂志

2）国内

《中国科学》，英文版是 *Science in China*，其中 B 辑为化学，综合性自然科学期刊

《科学通报》，英文版是 *Chinese Science Bulletin*，综合性自然科学期刊

《化学学报》，综合性化学期刊

《高等学校化学学报》，综合性化学期刊

《无机化学学报》，编辑部在南京大学，国内无机化学方面的杂志

《有机化学》，编辑部在上海有机化学研究所，国内有机化学方面的杂志

《分析化学》，中国化学会主办，分析化学领域杂志

《物理化学学报》，编辑部在北京大学，物理化学领域杂志

3. 文献网站

1）美国化学文摘

美国化学文摘（Chemical Abstracts，CA）是美国化学会（ACS）旗下的化学文摘服务社 CAS(Chemical Abstract Service)编辑出版的一种大型化学文献检索刊物，创刊于 1907 年。CA 每周出版 1.3 万多篇化学文献的摘要，摘录全球化学文献的 98%。其中 SciFinder Scholor 是所出版的化学资料电子数据库，它是全世界最大、最全面的化学和科学信息数据库。作为化学和生命科学研究领域中不可或缺的参考和研究工具的“化学文摘”的网络版，SciFinder 在线数据库每天更新数千条记录，更整合了 Medline 医学数据库、欧洲和美国等 50 家专利机构的全文专利资料，它可以透过网络直接查看“化学文摘”1907 年以来的所有期刊文献和专利摘要，以及四千多万的化学物质记录和 CAS 注册号。可访问的蛋白质和核酸信息远多于任何可公开获得的资源。它涵盖的学科包括应用化学、化学工程、普通化学、物理、生物学、生命科学、医学、聚合体学、材料学、地质学、食品科学和农学等诸多领域，是研发人员不可或缺的研发工具。

2）CNKI

CNKI（中国知网）：http://dlib.cnki.net，包括的主要数据库有：

中国期刊全文数据库，由清华大学主办，《中国学术期刊（光盘版）》电子杂志社出版，光盘国家研究中心和清华同方公司制作的中国期刊全文数据库（简称 CJD），是国内收录较为全面的全文多功能的电子学术期刊。它择优收录了中国正式出版的核心期刊与专业特色期刊 7200 种，文献量约 1550 万篇，每年新增 160 万篇，分成理工 A、B、C 辑，农业，医药卫生，经济政治与法律，文史哲，教育与社会科学，电子与信息等九个专辑，可提供题录、摘要和全文检索

服务。该系统可通过全文、篇名、著者、机构、关键词、分类、期刊目录、引文索引、组合检索等进行检索，还可进行二次检索，以上述任何方式，任意一次的检索结果为基础，选用新的检索词进行二次检索，缩小范围，提高查准率。检索结果可下载、显示或打印检索报告、题录摘要及文章全文。

中国优秀硕士学位论文全文数据库是目前国内相关资源最完备、高质量、连续动态更新的中国优秀硕士学位论文全文数据库，收录了全国530家硕士培养单位1999年以来的硕士学位论文全文87.5万多篇。

中国博士学位论文全文数据库是目前国内相关资源最完备、高质量、连续动态更新的中国博士学位论文全文数据库，收录了全国380家博士培养单位1999年以来的博士学位论文全文11.7万多篇。

3）万方数据

万方数据：http://g.wanfangdata.com.cn/类似于中国知网，是北京万方数据股份有限公司开发的大型网上数据库联机检索系统，内容以理工类文献和科技信息为主，也有一部分经济、金融、社会、人文以及生活实用信息。收录对象包括期刊、会议、文献、书目、题录、报告、论文、标准、专利、连续出版物和工具书等。数据库资源有科技文献、科技名人、政策法规、中外标准、成果专利、台湾系列库、商务与贸易、公共信息八大类，共110多个数据库，记录总数达1300多万条。整个数据资源系统分为商务信息、科技信息、数字化期刊、学位论文和学术会议五个子系统，其中的数字化期刊子系统收集了理、工、农、医、人文等5大类70多个类目的期刊全文。在“学位论文”子系统中还可以查到我校部分博、硕士学位论文的全文。

4）维普中文期刊全文数据库

维普中文期刊全文数据库：http://www.cqvip.com/，是重庆维普资讯公司2000年正式推出的大型全文文献数据库，内容以科技类为主，也有部分社科门类，包括自然科学、工程技术、农业科学、医药卫生、经济管理、教育科学和图书情报七大类。收录自1989年开始，收录期刊9000余种，其中核心期刊1747种，文献总量达1250万篇。